한국 근현대 학문 형성과 계몽운동의 가치 01

한국 근현대 지식 유통 과정과 학문 형성·발전

이 연구는 한국학중앙연구원이 지원하는 2014년 한국학총서(한국 근현대 총서) 개발 사업(AKS-2014-KSS-1230003)에 따라 이루어진 것입니다.

지은이

허재영: 단국대학교 교육대학원 교육학과 부교수. 일본연구소장. HK+ 사업 책임자.
『일제 강점기 교과서 정책과 조선어과 교과서』, 『우리말 연구와 문법교육의 역사』 외
다수의 논저가 있음.
김경남: 단국대학교 일본연구소 HK연구교수.
『시대의 창: 근대 기행 담론과 기행문의 발전 과정 연구』, 『실용작문법』(엮음) 외 다수의
논저가 있음.
고경민: 건국대학교 교양교육원 강사.
『새로운 국어사 연구 방법론』(공동) 외 다수의 논저가 있음.

한국 근현대 학문 형성과 계몽운동의 가치 01

한국 근현대 지식 유통 과정과 학문 형성·발전

© 허재영·김경남·고경민, 2019

1판 1쇄 인쇄__2019년 2월 01일
1판 1쇄 발행__2019년 2월 10일

지은이__허재영·김경남·고경민
펴낸이__양정섭

펴낸곳__도서출판 경진
　　　　등록__제2010-000004호
　　　　이메일__mykyungjin@daum.net
　　　　블로그(홈페이지)__mykyungjin.tistory.com
　　　　사업장주소__서울특별시 금천구 시흥대로 57길(시흥동) 영광빌딩 203호
　　　　전화__070-7550-7776 팩스__02-806-7282

값 30,000원
ISBN 978-89-5996-596-0 93300

※ 이 책은 본사와 저자의 허락 없이는 내용의 일부 또는 전체의 무단 전재나 복제, 광전자 매체 수록 등을 금합니다.
※ 잘못된 책은 구입처에서 바꾸어 드립니다.
※ 이 도서의 국립중앙도서관 출판예정도서목록(CIP)은 서지정보유통지원시스템 홈페이지(http://seoji.nl.go.kr)와 국가자료공
　동목록시스템(http://www.nl.go.kr/kolisnet)에서 이용하실 수 있습니다. (CIP제어번호: 2019002485)

한국 근현대 지식 유통 과정과 학문 형성·발전

허재영·김경남·고경민 지음

학문은 어떤 현상에서 문제를 발견하고 그것을 해결하는 논리적인 사고 과정과 그로부터 이론이나 법칙을 산출하는 과정을 말한다. 학문의 목적이 진리를 탐구하는 데 있다는 말은 학문적 성실성을 의미할 뿐 아니라, 학문적 진리가 곧 지식 또는 이론이나 법칙을 탐구하는 데 있다는 말과 같다. 학문의 본질이 합리성과 실증성에 있다는 데카르트나 베이컨적 사고 역시 학자라면 누구나 공감하는 바이다.

학문의 발달, 곧 지식과 이론의 발달은 한 사회와 역사의 발달을 의미한다. 특히 전근대의 '수기치인(修己治人)'을 목표로 하는 학문과는 달리, 지식 산출을 목표로 하는 근대의 학문 발달은 한 사회의 발전뿐만 아니라 역사적 진보를 기약하는 전제가 된다. 이 점에서 최근 한국의 근대 학문 형성과 발전 과정에 대한 관심이 높아진 것도 자연스러운 현상일 것이다.

이 총서는 2014년 한국학중앙연구원이 지원하는 한국학 총서 개발 사업 '근현대 학문 형성과 계몽운동의 가치'의 결과물이다. 연구를 처음 시작할 때, 연구진은 근현대 학문사를 포괄할 수 있는 지식 기반 데이터 구축과 근현대 분과 학문의 발전 과정을 기술하고자 하는 거시적인 목표를 세우고 출발하였다. 그 과정에서 근현대 한국 학문사의 주요 정신적 기반이 '계몽'에 있었음을 주목하였다.

지난 3년간의 연구 과정에서 연구진은 수많은 자료와 씨름하였다. 출발 당시 1880년대의 자료를 기점으로 1945년까지 각종 신문과 잡지,

교과서류의 단행본 등을 수집하고, 이를 주제별로 분류하는 작업을 진행하였다. 그 가운데 근대 계몽기 잡지의 경우 '학문 분야별 자료'를 분류하여 9종의 자료집을 발간하기도 했다. 자료집은 학회보(잡지)에 수록된 논설·논문 등을 학문 분야별로 나누어 8종으로 출판하고, 권9는 분류 기준과 결과를 별도로 편집하였다. 연구 과정에서 시행착오를 줄이기 위해 지속적으로 월례발표회를 가졌으며, 연구진 각자 개별 논문을 쓰기도 하였다. 그러면서도 근현대 학문 형성과 발전, 계몽운동의 전개 과정 등과 관련된 자료가 수없이 많음을 확인하게 되었다.

총서는 제1권 '한국 근현대 지식 유통 과정과 학문 형성 발전', 제2권 '한국 근대 계몽운동의 사상적 기반', 제3권 '계몽의 주체로서 근대 지식인과 유학생', 제4권 '학문 사상과 근현대 계몽운동의 지향점', 제5권 '계몽의 이데올로기와 대상', 제6권 '일제 강점기 계몽운동의 실제', 제7권 '계몽의 수단: 민족어와 국어'로 구성되었으며, 집필 과정에서 통일성을 기하기 위해 집필 원고에 대하여 각 연구원의 동의를 얻어 연구 책임자가 일부 가감하기도 하였다.

이처럼 3년이라는 짧지 않은 기간 연구진 모두 최선을 다해 연구에 매진하고자 하였으나, 아직까지 다루지 못한 자료가 적지 않고, 또 정치한 해석이 필요한 자료도 많음을 고려할 때, 근현대 학문사상과 분야별 이론 발전 과정에 대한 연구는 끊임없이 지속되어야 할 것이라는 결론을 얻었다.

다행히 3년의 연구 기간을 거쳐 제출한 결과물에 대해 익명의 심사자들께서 '수정 후 출판' 판정을 해 주셔서, 수정 의견을 반영하여 책을 출판할 수 있게 된 것을 기쁘게 생각한다. 여전히 아쉬움이 많지만, 이번에 다루지 못한 내용은 후속 연구를 기약하며 총서 집필을 마무리한다. 과제 심사를 맡아 주신 심사위원 여러분과 책의 출판을 맡아 주신 양정섭 경진출판 사장님께 거듭 감사의 말씀을 올린다.

2018년 12월 연구 책임자 씀

목차

제1장 근현대 학문론과 계몽운동 연구의 대상과 방법

허재영

1. 서론

1.1. 연구의 필요성

축자적인 의미에서 '학문(學問)'은 '묻고 배우는 일'을 의미한다. 묻고 배우는 일은 무엇인가를 알기 위하여 하는 인간의 사고방식의 하나이다. 그런데 학문의 결과로 아는 '앎'은 단순한 앎이 아니라 체계적이고 논리적인 앎이다. 이성규(1994)에서는 "학문은 단순한 앎이 아니라 한 사회가 '연구, 교육, 학습'할 만한 가치가 있다고 설정한 '지식의 체계적인 집합'이며, 이것은 보다 효과적인 접근을 위해 그 내용과 성격, 또는 수준에 따라 세분, 조직되어 수용자의 요구와 능력에 상응해 공급되는 것이 보통"이라고 하였다. 이 말은 학문이라는 용어에는 '단순한 글 배우기'의 차원을 넘어 지식 산출을 목표로 하며, 그 가치를 유용하게 해야 한다는 뜻이 내포되어 있음을 의미한다.

　학문과 관련된 담론은 인류가 사회를 이루기 시작한 이래로 끊임없이 이어져 왔다. 동양의 고전인『논어』에는 '학(學)'이란 글자가 66회가 등장하고, '문(問)'이란 글자는 121회나 출현한다. 다만『논어』에서는 '학문(學問)'이란 단어가 쓰인 적이 없고, 그 대신 '글 배우기'를 뜻하는 '학문(學文)'이라는 표현이 쓰였다. 곧 공자가 말한 "제자는 들어서는 효도하고, 나가서는 공경하며 삼가고 믿음 있게 하며 널리 사람들을 사랑하되 인을 가까이 할지니, 행함에 남은 힘이 있거든 곧 글을 배울지니라(弟子, 入則孝, 出則悌, 謹而信, 汎愛衆, 而親仁. 行有餘力, 則以學文)."라고 한 구절이 그것이다. '학문(學問)'이라는 용어가 언제부터 쓰였는지는 알 수 없으나『맹자(孟子)』'등문공상(滕文公上)'에서는 "연우(然友)에게 일러 가로되, 내 타일(他日)에 일찍 학문(學問)을 아니하고 말을 기르며 칼을 시험함을 좋아하더니 이제 부형과 백관이 나를 만족스럽게 여기지 아니하니(謂然友曰 吾他日未嘗學問 好馳馬試劍 今也父兄百官 不我足也)"라는 구절과 '고자상(告子上)'에서 "학문의 도는 다름이 아니라 방심(放心)을 구하는 것일 따름이다(學問之道無他 求其放心而已)."라고 한 데서 볼 수 있듯이, 동양의 고전에서도 오래 전부터 쓰였음을 알 수 있다.

　학문이 '계몽(啓蒙)'과 불가분의 관계를 맺는다는 사실은 '계몽'이라는 한자의 축자적인 의미를 고려할 때 자연스러운 현상이다. '계몽'에서 '몽(蒙)'은 '어린이'를 뜻한다.『동몽선습(童蒙先習)』의 '동'이나 '몽'은 '유치(幼稚)'를 뜻하는 글자이다. 1900년 이후 근대식 한자 사전으로 편찬된 지석영(1909)의『자전석요』(회동서관)나 최남선(1915)의『신자전』(신문관)에서는 '몽(蒙)'의 근본 의미를 '치야(穉也)'라고 풀이하고, '동(童)'을 '몽유야(蒙幼也)'라고 풀이한다. 곧 '계몽'의 '몽'은 어린이를 뜻하는 말이자, '유치함'을 의미한다. 여기서 '유치하다'의 어근인 '유치'가 어린이뿐만 아니라 '수준이 낮거나 미숙함'을 뜻하는 말이라는 사실은 흥미롭다. 중세의 국어에서도 '어리다'는 나이가 어리다는 뜻보다 '어리석다'는 뜻을 갖고 있었다. 달리 말해 '계몽'의 넓은 의미는 '어리석은 사람을 깨우치는 일'을 의미한다.

서구의 학문사, 또는 철학사에서 '계몽주의'는 일반적으로 17세기 후반에서 18세기에 걸쳐 유럽을 지배한 전형적인 사상으로 인식된다. 좀 더 구체적으로 말하면 이 시기 영국이나 프랑스를 중심으로 모든 유럽에 확산된 시민 계급의 사회사상이라는 뜻이다. 르네상스와 종교개혁을 거쳐 인간의 이성 능력을 전적으로 신뢰하게 된 유럽 사회는 영국의 홉스나 루소, 프랑스의 볼테르와 루소 등으로 대표되는 자연법사상과 사회계약설, 프랑스 계몽사상의 선구자로 평가되는 데카르트의 합리주의를 바탕으로 학문의 발전을 이루어 왔다. 이처럼 유럽의 계몽주의는 특정 시대의 학문 사조 또는 철학사상을 일컫는 용어이다.

우리나라에서 '계몽'이라는 용어가 널리 쓰이기 시작한 것은 1920년대 전후로 볼 수 있다. 특히 1920년 4월 7일 『동아일보』의 창간호에서 김정혁(金正赫)이라는 필자는 "우리 신문의 언론을 축하함이여(祝我報之言論兮), 자유를 부르짖고 몽매함을 열어가노라(唱自由而啓蒙)."라고 노래하였다. 그뿐만 아니라 이 시기부터는 '계몽의 서광'이나 '계몽운동', '계몽대'라는 표현도 상투적으로 등장한다.

그러나 '계몽'이라는 용어가 나타나지 않았을 뿐, 근대 학문이 형성되는 1880년대에도 '개유(開諭)' 또는 '개발(開發)', '개화(開化)' 등의 계몽의식이 등장한다. 1882년 8월 29일에 쓰인 것으로 알려진 지석영의 시무책에 대한 상소문에도 각국 인사가 지은 『만국공법』, 『조선책략』, 『보법전기』, 『박물신편』, 『격물입문』, 『격치휘편』' 등이나 김옥균의 『기화근사』, 박영교의 『지구도경』, 안종수의 『농정신편』, 김경수의 『공보초략』 등의 서적이 "구곡(拘曲)을 개발(開發)하고 시무를 밝게 해 준다."고 주장한 내용이 나오며, 유길준(1895)의 『서유견문』(교순사)에는 '개화의 등급'을 설명하고 있다. '구곡'은 『논어』 '자한편'에도 등장하듯이 오랜 구습을 의미한다. 오랜 구습을 버리고 민지(民智)를 새롭게 하는 것은

'계몽'의 본질이며, 백성을 교화(敎化)하는 첫걸음이다.

　한국의 근대 학문사는 본질적으로 계몽의 담론을 포함하고 있었다. 이 담론은 단순히 서구의 근대 지식이 유입되었기 때문에 생성된 것이 아니다. 널리 알려진 것과 같이 1880년대의 화두였던 '개화(開化)'나 일본의 메이지 유신 이후 국가주의가 유입되면서 빈번히 사람들의 입에 오르내렸던 '유신(維新)'이라는 용어도 그 유래가 동양의 고전에 있었다. '개화'라는 용어가 『주역』의 '개물성무화성천하(開物成務化成天下)'에서 온 말임은 대조선 재일 유학생으로 서양의 문명론을 번역 소개하고자 했던 원응상이 『친목회회보』 제6호에 게재한 '개화의 삼원칙'에서도 밝힌 바 있다. '유신' 또한 『시경』 '대아(大雅)'의 "주나라는 오래된 나라지만 그 명은 새롭기만 하다(周雖舊邦 其命維新)"을 줄여 쓴 말이라는 사실은 널리 알려져 있다.

　이처럼 어느 분야에서든지 한국의 학문사를 연구하는 사람이라면 1880년대 이후 사용된 '학문', '개화', '계몽', '근대'라는 용어의 의미를 규명하는 데 어려움을 느낄 경우가 있다. 이뿐만 아니라 자연과 인간사에 내재하는 원리를 규명하고자 했던 '격물치지(格物致知)의 학'과 서구의 자연과학의 괴리감, 백성을 교화하는 일을 표현했던 '교화(敎化)'의 개념이 '종교'적인 의미로 쓰일 경우 등도 한국 학문의 전통과 근대 지식의 유입 과정을 고려하지 않는다면, 적절한 독해가 이루어지지 않는다. 이는 한국 근대 학문 형성과 계몽사상의 특징을 규명해야 하는 근본적인 이유가 된다.

1.2. 연구 목적

　이 연구는 근대 계몽기로부터 일제 강점기에 이르기까지의 지식 형성과 유통 과정, 이를 바탕으로 형성된 계몽사상과 계몽운동의 전개 과정을 집중적으로 조명하는 데 의의가 있다. 이 연구에서 제기한 문제는 크게 일곱 가지이다.

첫째는 한국사에서 근대 지식은 언제, 어떻게 형성되고 유통되었는가를 규명한다. 이 문제는 근본적으로 '근대란 무엇인가?' 그리고 '한국 학문사에서 근대와 전근대는 어떤 관계를 맺는가?'로부터 출발해야 한다. 이에 대해서는 역사학뿐만 아니라 한국 철학, 교육사 등의 여러 분야에서 많은 연구가 이루어진 바 있다. 그럼에도 한국 학문사에서 전통적인 학문과 근대 학문의 관계, 근대 지식의 형성과 보급 과정에 대한 충분한 규명이 이루어진 것은 아니다. 이를 고려하여 '한국의 근대, 개항과 개화의 의미', '근대 한국의 지식 유통 과정', '근대 한국 학문의 뿌리', '근대 한국의 학문 사상' 등을 규명한다.

둘째는 계몽사상과 근대 지식은 어떤 관련을 맺고 있는가를 규명해야 한다. 앞에서 간략히 언급했듯이 '학문'과 '지식'은 본질적으로 슬기나 재능 또는 사상을 일깨워주는 '계발(啓發)'의 기능을 포함한다. 이를 고려한다면 한국 근대 학문사에서 계몽주의는 '이성'과 '자유 관념'을 중시하는 칸트식 "계몽주의란 무엇인가"(1784년 논문)라는 명제 대신 사전적인 의미에 충실한 '민지 개유(民智開諭)', '동몽계발(童蒙啓發)'의 차원에서 접근해야 할 과제가 된다. 이 과제를 중심으로 '계몽시대로서 근대 학문의 특징과 사유 방식', '계몽시대의 인간관', '사회와 국가관', '자연관' 등을 중점적으로 규명한다.

셋째는 '누가 계몽을 주도하는가?'의 문제이다. 이 문제는 근대의 학문 발전과도 밀접한 관련을 맺는다. 근대 지식 형성 과정에서 빈번히 출현한 '신학문과 구학문의 갈등'은 계몽의 주체를 이해하는 데 중요한 자료가 된다. 또한 유학생을 비롯한 학생 집단이나 언론사 중심의 계몽운동, 종교 단체 등과 같이 계몽운동을 주도하는 집단이 다양하며, 계몽운동을 전개하는 목적이나 내용, 그들이 보인 태도 등도 다양성을 갖게 됨을 의미한다. 그것은 단순히 한국의 계몽운동가로 국한되지 않을 수 있다. 예를 들어 국권 침탈기 도한(渡韓)한 오가키 다케오(大垣丈

夫), 다카하시 도오루(高橋亨), 무라야마 지준(村山智順) 등 일본인 계몽가, 학자, 교육자들과도 연계하여 연구하지 않으면 안 될 과제이다. 이러한 배경에서 근대 지식인과 유학생 문제를 중점적으로 다룬다. 선행 연구를 종합하여 재일 유학생, 서구와 중국 유학의 의미 등을 규명하며, 시기별 유학생 단체와 그들이 전개한 계몽운동의 특징을 기술한다.

넷째는 근대 학문사상의 주요 내용과 계몽운동의 스펙트럼을 분석하는 문제이다. 근대 사상의 주된 특징은 '민족주의'와 '국가주의'에 있다. 그런데 한국 근대사상에서 '국(國)'과 '민(民)'은 시민혁명사를 거친 서구와는 다른 개념으로 사용된다. 이른바 '충군애국'이 그것이다. 이는 민권사상이 발달하는 과정에서도 '군민공치(君民共治)'의 개념을 산출한다. 이 점에서 '국가', '민족', '국민' 등의 개념이 분화되기까지는 일정한 시간이 요구된다. 그럼에도 근대 계몽기의 핵심 이데올로기는 '문명개화론'에서 등장하는 '사회진화론'이다. 이 진화론은 때로 인종론이나 민족우열론으로 이어지기도 한다. 그 과정에서 계몽운동의 다양한 스펙트럼이 형성된다. 이 스펙트럼은 근대 지식인들의 학문 배경과도 밀접한 관련을 맺는다. 이 점에서 근대 학문사상의 주요 내용을 분석하는 일은 유학 담론이나 식민 시기의 민족 담론과도 이어진다.

다섯째는 계몽사상이 계몽운동으로 변화해 가면서 '누구를 위한 계몽인가?'라는 문제가 대두된다. 갑오개혁 직후의 협성회나 독립협회, 국권 침탈의 위기에서 출현한 각종 신문과 단체, 일제 강점기 국권 상실의 상황에서 전개된 계몽운동 등은 일률적인 모습을 보여주지 않는다. 근대식 학제가 도입되기 이전의 『한성순보』, 『한성주보』의 계발 담론과 1894년 갑오개혁 이후의 문명개화론, 1900년대의 각종 국가 담론과 국민사상, 일제 강점기에 등장하는 '노동자·농민'의 개념, 그리고 '농촌'은 계몽사상의 변화뿐만 아니라 계몽 대상의 다양성을 보여준다. 이러한 대상의 변화는 '무엇을 깨우칠 것인가?'라는 문제와도 직결된다. '국가'와 '국민', '민족 담론'에 대한 해결은 계몽의 대상으로 '국민',

'노동자', '농민', '여성' 등으로 구체화되는 과정을 밝히는 데 도움을 줄 수 있다.

여섯째는 식민 시대의 계몽운동의 성격을 규명하는 문제이다. 일제 강점기는 '청년 계몽론'이 등장하며, 농민 단체가 출현한다. 천도교를 중심으로 개벽사가 설립되고, 『개벽』과 같이 계몽을 표방하는 잡지가 등장한다. 그뿐만 아니라 『농민』, 『조선농민』과 같은 잡지가 발간되며, 『학생』, 『학등』과 같은 학생 독자를 대상으로 한 잡지도 출현한다. 근대 계몽기 출현했던 가정잡지류가 더 많아졌으며, 어린이를 대상으로 한 계몽운동도 활성화된다. 식민 시기 도시문제나 언론 지식인들의 활동도 다양해졌다. 그럼에도 이 시기 계몽운동은 때로는 식민 통치 이데올로기인 '문화 통치 이데올로기'와 혼종되고, 때로는 병참 수탈을 위해 생산성 향상을 도모하고자 했던 '자력갱생 이데올로기'와 뒤섞기기도 한다. 이러한 혼란의 근원은 근대의 학문사상이 갖는 불완전성에서 기인한 것이다. 최제우와 김옥균으로부터 1960년대까지 한국 지식인의 특징을 연구하고자 했던 최윤(1997)에서 한국 지식인들이 "한 시대의 방향을 점지하고 국민과 인민들을 인도하는 향도로서의 역할"을 제대로 수행하지 못한 채 '기회주의적 속성'을 보이는 까닭을 규명하고자 했듯이, 근대 지식의 형성과 학문 보급, 그에 기반한 계몽운동의 전개 과정을 규명하는 일은 일제 강점기 계몽운동의 착종 현상(錯綜現象)을 이해하는 데도 중요한 의미를 갖는다.

일곱째는 언어 문제이다. 이 문제는 근대 학문 형성과 지식 보급, 계몽운동의 효과 면에서 심층적인 접근이 필요하다. 특히 '국문'과 '국어 의식'의 성장 과정, 문체의 혼란과 국문 통일 과정은 근대 계몽기와 일제 강점기 '영어'와 '일본어'로 대표되는 외국어 세력을 극복하는 험난한 과정이었다. 흥미로운 것은 근대 계몽기 일본에서도 모리 아리노리(森有禮)와 같이 '영어공용어론'을 주장하는 논리가 있었다. 『황성신문』 1906년 4월 30일부터 12월 31일까지 일본 박문관에서 출판한 『메이지

삼십년사』가 '일본유신삼십년사'로 번역 등재되었듯이, 일본의 유신 담론이 한국에 유입되면서 재일 유학생이나 일부 지식인들 사이에 '외국어 교육의 중요성'을 전적으로 강조하는 논리가 등장하기도 한다. 그럼에도 '국문자와 한문자의 손익 여하'나 '국한문 과도시대'의 논리를 거쳐 국문 통일을 이루어낸 것은 한국 학문사나 계몽운동사에서 큰 의미를 갖는다. 이 통일 과정은『독립신문』창간 당시부터 1933년에 이르기까지 근 40년의 세월이 필요했다.

이와 같은 연구를 통해 근대 지식의 형성과 보급 과정이 계몽사상에 어떤 영향을 주었으며, 그 성과 또는 결과는 무엇인가를 규명하는 것이 이 연구의 주요 과제이다. 이를 고려하여 이 연구에서는 지식의 양적 증가와 사상적 스펙트럼의 다양화, 국문 보급 등은 한국 근대 학문과 사상의 특징을 규명함으로써, 근대 학문과 사상이 갖는 의미를 규명할 예정이다.

2. 연구 방법과 대상

2.1. 연구 방법

지식의 산출을 위해서는 일정한 연구 대상과 그에 적합한 연구 방법이 뒷받침되어야 한다. 이 점에서 근대의 학문은 전통적인 수기치인(修己治人)에서 벗어나, '격물치지(格物致知)'의 원리를 탐구하는 데 목표를 두었으며, 이를 위한 다양한 연구 방법을 산출하였다. 우리나라에서 근대식 학문 연구 방법을 처음으로 소개한 것은『한성순보』와『한성주보』의 '서양 학문'에 대한 논설로 볼 수 있다.『한성순보』에서는 다양한 지리, 지구 관련 지식뿐만 아니라 '성학원류(星學源流)'(제16호, 1884.3.27), '행성론(行星論)'(제20호, 1884.5.5), '논양기(論養氣)', '논경기(論輕氣)', '논담기(論淡氣)'(이상 제22호, 1884.5.25) 등의 과학 지식을 소개하고 있다. 이들 이론은 대부분 상해나 일본에서 발행된 격치학 관련 역술서를 지식원(智識源)으로 하고 있지만, 이 시기 학문 연구의 목적과 대상, 방법을 소개했다는 점에서 큰 의미가 있다. 그 이후 유길준(1895)의『서유견문』 제13편에서도 '태서학문의 내력'을 소개하면서 학문하는 방법으로서 귀납과 연역이 갖는 의미를 비교적 상세히 풀이한 바 있다.

근대식 학문 연구 방법론이 도입된 이후 한국 학문사에서는 '가설의 설정', '자료의 수집과 정리', '분석과 종합', '설명', '수정', '예측' 등의 지식 탐구 과정을 체계화하기 시작하였다. 특히 현대 과학에서는 개념화와 논리적 체계를 강조하는 인문학적 사유 방식과 사회현상의 역사성이나 관찰 또는 통계를 중시하는 사회과학의 방법론이 확립된 이후, 특정 분야의 연구 과제를 해결하기 위한 방법론적 틀을 중시하는 경향이 우세하다.

이 연구의 과제인 '근현대 학문 형성과 계몽운동의 가치'는 '근현대'라는 용어에 내재되어 있는 것처럼 근본적으로 역사학의 연구 방법을 적용한다. 김정근·이용재(2000)에서는 문헌 정보학 연구 방법을 논의하면서 기본적으로 "역사에 대한 이해 방법은 '위에서 아래로(top down)' 살펴보는 방법과 '아래에서 위로(bottom up)' 추적하는 방법"이 있음을 언급하였다.[1] 특히 과제 해결을 위한 일차적인 연구 방법은 실증적이고 계량적인 양적 연구 방법이다. 이 연구는 1880년대부터 1945년에 이르기까지 한국의 학문사를 이끌어 온 주요 문헌 자료를 종합적으로

---

1) 이 연구에서 사용하는 방법은 소광희 외(1994)의『현대의 학문 체계』(민음사), D. 라이트·S. 켈러 지음, 노치준·길태근 옮김(1995)의『사회학 입문』(한울 아카데미), S. W. 리틀존·김홍규 역(1996)의『커뮤니케이션 이론』(나남출판)에 설명한 사회학 연구 방법, 김정근 편(1998)의『학술 연구에서 문화기술법이란 무엇인가』(한울), 김정근 편(2000)의『우리 문헌 정보학의 길, 어떻게 걸어갈 것인가』(태일사)에서 서술한 문헌학의 역사적인 연구 방법, 조동일(1996)의『우리 학문의 길』(지식산업사)에서 서술한 방법론에 대한 각성 등을 종합적으로 적용한다.

검토하는 데 중점을 둔다. 특히 학문 담론과 계몽사상을 연계하는 데 주요 역할을 담당했던 신문류, 잡지류, 교과서를 비롯한 서적의 저역술 상황, 계몽운동을 전개하는 과정에서 사용한 자료들을 양적인 차원에서 정리하는 것을 일차적인 목표로 삼는다. 이처럼 실태 조사를 중시하는 양적 연구 방법을 취하고자 하는 이유는 이 연구의 대상인 '학문사상'이나 '계몽운동'은 그 자체로서 주관적인 의미를 가질 가능성이 높기 때문이다.[2] 그러나 어떤 연구이든 연구자 또는 연구 집단의 주관적인 해석을 완전히 배제하는 일은 불가능하다. 질적 연구 방법론을 주장하는 많은 학자들이 '문화 기술적 연구, 자연주의적 탐구, 현장 연구, 비참견적 측정, 관찰, 근거 이론 연구, 현상학적 연구, 해석적 과정, 생활사 방법, 일상생활 이론, 사례 연구' 등의 다양한 방법[3]을 적용하는 것은 연구 대상이나 주제가 갖는 의미를 규명하고자 하는 데 목적이 있다. 이를 고려할 때 '학문 형성사'와 '계몽사상'은 그 자체로서 연구자의 의미 부여와 해석이 요구되는 주제이다. 한 시대의 지적 풍토나 사회운동을 자료의 계량으로 해석하는 것도 불가능한 일은 아니지만, 그 자체만으로 지적 발달 과정을 적절히 규명하기는 어렵다. 그렇기 때문에 주요 자료를 선별하고 해석하는 작업은 이 연구 과제를 수행하는 데 꼭 필요한 일이 된다. 이를 고려하여 이 연구의 진행 과정을 서술하면 다음과 같다.

첫째는 이 연구의 핵심이 되는 '근현대', '학문', '지식', '계몽' 등의 개념을 규정하는 일이다. '근현대'는 '근대'와 '현대'를 합친 역사학의 용어이지만, 역사학뿐만 아니라 다른 학문 분야에서도 널리 사용된다. 한국사의 시대 구분 논쟁이 한창이던 1960~70년대 한국경제사학회에

---

2) 김정근(2000: 1999)에서는 양적 연구는 연구자의 가치 인식, 규범적 진술 등 주관적 대상 이해를 금기시하는 데 비해 질적 연구는 '의미' 부여가 중요한 기능을 갖는다는 점을 지적한 바 있다.
3) 여기에 서술한 방법론은 김정근(2000: 1999)에서 옮겨온 것임.

서는 '한국사의 시대 구분 문제'라는 주제로 역사 서술에서 '시대', '발전' 등이 무엇을 의미하는지 논의한 적이 있었다. 그 결과는 한국경제사학회 편(1970)의 『한국사 시대 구분론』(을유문화사)으로 출간되었는데, 조기준(1970)의 '한국사에 있어서의 근대의 성격'이라는 논문에서는 "과학적 지식, 경제적 상호 의존, 인문주의, 민주주의, 민족주의, 세계주의"가 근대의 특징으로 제시될 수 있음을 밝히고, 이 개념이 르네상스 및 종교 개혁 이래의 과도기적 시대인 '근세'와 구별하기 위해 설정되었음을 설명하였다. 그러나 '근대'라는 용어가 갖는 의미는 학문 분야마다, 또는 같은 분야일지라도 학자마다 다르며, '근대의 기점은 언제인가?'라는 물음에서는 그 답이 더욱 다양해질 수밖에 없다. 그뿐만 아니라 '근대'와 '현대'는 또 어떻게 구분하며, 언제부터 현대로 규정할 수 있는가는 근대 논쟁 못지않게 혼란스러운 문제가 될 수 있다. 다만 조기준(1970)에서 '근대'라는 용어보다 '근대적이라고 부를 수 있는 양상'에 주목하여 한국 민족사의 전개 과정을 설명하고자 했듯이, 한국 학문사에서도 '근대적인 성격'을 주목하여 '근대'라는 용어를 사용하는 것이 적절하다. 그럼에도 '근현대'를 함께 논의하고자 하는 것은 한국 학문사상사와 계몽운동의 특정을 규명하는 데 두 시기를 연계하는 것이 유용하다는 믿음 때문이다. 이처럼 '근현대'를 연장선에서 연구하고자 하는 사례는 많이 있다. 예를 들어 한국학술연구정보 서비스(http://www.riss.re.kr)에서 '근현대 학문'을 키워드로 검색할 경우 400건 이상의 학위 논문, 학술지 논문, 단행본 연구 서적이 검색된다.4) 이러한 차원에서 이 연구서에서는 '근

---

4) 예를 들어 방기중(1992)의 『한국근현대사상사연구: 1930~40년대 백남운의 학문과 정치 경제사상』(역사비평사), 조경란(2003)의 『중국 근현대 사상의 탐색: 캉유웨이에서 덩샤오핑까지』(삼인), 류대영(2009)의 『한국 근현대사와 기독교』(푸른 역사), 숙명여자대학교(2004)의 『한국 여성 근현대사』(숙명여자대학교 출판부), 김창수(1996)의 『역사와 민족: 한국 근현대사와 민족운동』(삼문), 서울시립대(2003)의 『한국 근현대문학 담론에 나타난 민족 개념의 변모양상 및 국가주의』(서울시립대학교) 등은 근현대를 연장선으로 파악한 연구서로 볼 수 있다.

대'와 '현대'의 경계를 구분하지 않고 '근현대'라는 개념을 사용하며, 구체적으로는 1880년대부터 1945년까지의 시기를 근현대로 설정한다. 물론 이에 대해서는 역사학계를 비롯하여 각 학문 분야마다 다양한 비판이 제기될 수 있다. '근대'의 출발점을 영정조로 보고자 하는 견해가 있을 수 있고, 광복 이후를 '현대'로 규정하고자 하는 견해도 있다.[5] 그러나 조기준(1970)에서 지적한 근대의 특징이 1880년대 이후 뚜렷해졌다는 관점이 존재하고, 또 윤여탁 외(2005)와 같이 이 시기를 근현대로 묶어 연구한 사례가 있으므로, 이를 준용하여 시대를 설정한다.

또한 이 연구에서 사용하는 '학문'의 개념은 지식 산출을 위한 노력 또는 그 결과로 얻은 이론이나 법칙 등을 의미한다. 근대 계몽기의 '학문'이라는 용어는 '교육' 또는 '배움'을 뜻하는 말로도 널리 쓰였다. 이는 '학문'의 축자적인 의미를 고려한 것이다. 그러나 근대의 학문이라는 개념은 단순한 '묻고 배우기'의 의미가 아니라 과학적 지식 산출 방법이나 그 결과에 대한 담론을 의미한다. 이는 '계몽사상'의 의미도 마찬가지이다. 1920년대 동아일보사에서 '구주 사상의 유래'를 자세히 연재하는 과정에서 '계몽사상'을 소개한 경우도 있지만,[6] 한국 학문사에서의 '계몽'은 '이성'과 '자유'라는 관념보다 '교도(敎導)'와 '교화(敎化)'를 중시하는 개념이었다. 이를 고려하여 이 연구에서 대상으로 삼는 '근현대', '학문', '계몽'이라는 용어는 다음과 같은 뜻으로 사용된다.

【 이 연구에 사용하는 용어의 기본적인 개념 】
　　ㄱ. 근현대: 역사적인 의미에서 근세 이후 형성된 "과학적 지식, 경제적
　　　　상호 의존, 인문주의, 민주주의, 민족주의, 세계주의"를 특징으로 하

---

5) 이 문제는 연구 결과물에 대한 익명의 심사자께서도 지적한 바 있다.
6) 이 연재물은 『동아일보』 1922년 3월 10일부터 6월 22일까지 84회에 걸쳐 연재되었다. 그 가운데 제4장 '유리사상(唯理思想)'의 하나로 '계몽철학'을 소개하였다. '유리사상'은 말 그대로 '오로지 이성을 중시하는 사상'으로 풀이할 수 있다.

는 '근대' 이후로부터 외형적으로 현대의 특징을 보이는 일제 강점기까지. 좀 더 구체적으로 말하면 1876년 개항 이후로부터 1945년 광복에 이르는 시기.

ㄴ. 학문: 과학적 탐구 방법에 의해 탐구된 지식이나 그 지식을 산출하기 위한 활동. 좀 더 넓게는 이와 관련된 논문이나 논설, 저서들.

ㄷ. 계몽: 지식의 보급이나 국민 계발을 목적으로 이루어지는 계도적(啓導的)인 모든 활동. 계몽의 주체와 목적, 객체에 따라 계도 방식이 다르더라도 '계도'를 목표로 한 활동을 모두 포함함.

이처럼 '근현대'의 개념을 설정하더라도 구체적인 연구 과정에서는 각 시기를 좀 더 세분할 필요가 있다. 왜냐하면 한국 학문사에서 1881년부터 1945년 사이는 지식 도입과 형성 과정에서 다양한 변화를 보이며, 학문 외적인 요소도 매우 많이 작용하기 때문이다. 특히 1880년대에는 비록 한문으로 쓰였지만 신문 매체가 등장하고, 1894년 갑오개혁 직후에는 근대식 학제가 도입된다. 그 이후『독립신문』, 협성회의『매일신문』,『제국신문』과 같은 국문 신문이 창간되고,『황성신문』과 같은 국한문 신문도 보급되었다. 다수의 중국어 또는 일본어로 된 서적이 유입되기 시작했으며, 학부 편찬의 교과서류가 등장한다. 1905년 러일 전쟁 이후 통감시대의 정치적인 통제와 학정 잠식 아래에서도『대한매일신보』,『황성신문』,『만세보』등의 민지 개발 노력이 지속되었고, 다수의 민간인 역술본 교과서류도 등장한다. 1910년 이후 국권 상실기에도 무단통치기와 1920년대의 이른바 '문화통치기', 1930년대의 병참기지화 시기에 따른 학문사상 및 계몽운동의 변화가 뚜렷한 차이를 보인다. 이 연구에서는 이러한 변화의 시기를 고려하여 기초 자료를 수집하고 정리하며, 그에 따른 설명과 해석을 진행한다.

둘째는 구체적인 연구 활동으로 '기초 자료의 수집과 정리' 방법을 정하는 일이다. 근현대 학문사상과 계몽운동의 특징을 규명하기 위한 대상 문헌은 매우 방대하다. 이 점에서 기초 자료를 수집하고 정리하는 방법을 정하는 일은 중요한 의미를 갖는다. 기초 자료의 수집 범위는 일차적으로 근대 학문과 관련된 다수의 논설과 논문, 서적 등을 대상으로 한다. 이를 위해서는 각 시기별 신문에 소재하는 학문 담론과 그에 담긴 계몽성을 분석하는 작업을 진행해야 한다. 연구 대상이 되는 문헌을 정리하고, 대상 문헌의 학문 또는 계몽 관련 자료를 추출하여 학문 분야, 문체, 지식원이나 유통 관련 정보 등을 고려한 분류를 시도한다.[7] 예를 들어 『한성순보』와 『한성주보』의 경우, 관훈클럽신영연구기금 (1983)에서 조사한 바와 같이 총1,557건의 기사가 등장한다. 이 가운데 학문 분야별 관련 기사는 대략 270건으로 추출되며, 분야별 분포는 다음과 같다.

【 『한성순보』와 『한성주보』의 학문 분야별 담론 분포 】

분야	순보	주보	계
지리	37	15	52
경제	23	10	33
군사	19	5	24
과학	17	7	24
국제 정치	18	3	21
외교	15	3	18
교육	5	12	17
천문	6	9	15
교통	11	1	12

---

7) 분류의 정확성을 높이기 위해서는 기준을 명료하게 할 필요가 있다. 이 연구에서 적용하는 학문 분야는 한글학회(1992)의 『우리말큰사전』과 국립 국어원(1999)의 『표준국어대사전』에 등장하는 전문 용어의 분야별 분류 기준을 최대한 활용한다. 다만 여러 분야를 나눌 수 없을 경우 대상 문헌에서 사용한 용어를 그대로 사용한다. 예를 들어 '격치학'의 경우 철학, 물리, 지구과학, 생물 등의 분야를 설정하기 어려운 경우도 있다. 따라서 '격치학'이라는 용어는 앞의 기준에 들어 있지 않지만, 이 용어를 분류에 포함한다. 문체는 '한문, 국문, 국한문'의 세 가지를 기준으로 하며, 지식원과 지식 유통 정보는 해당 지식의 유래나 국내로 유입되는 경로(국가와 언어)를 의미한다.

분야	순보	주보	계
학문/격치	8	2	10
정치	5	3	8
법률	3	2	5
행정		4	4
사회	3	1	4
역사	2	1	3
기타	2	1	3
의학	2	1	3
풍속		3	3
출판	2		2
서사		2	2
언론		2	2
의료		1	1
위생	1		1
전기	1		1
통신	1		1
종교	1		1
계	183	87	270

  셋째는 연구 대상 문헌에서 각 시기별 학문사상과 계몽운동 관련 자료를 정리하고 해석하는 과정을 거친다. 이는 각 시기별 학문의 주된 내용과 사상의 흐름을 이해하는 데 기초가 되는 작업이다. 『한성순보』와 『한성주보』처럼 이미 번역된 자료도 있으나, 『문부성소할목록』을 비롯한 한문본 서적, 『친목회회보』, 『대조선독립협회회보』 등에 소재한 '격치론', 다수의 현토체 한문본 교재 등은 학문사상과 계몽운동을 이해하는 데 중요한 자료임에도 번역 작업이 이루어지지 않았다. 이 작업은 많은 인력과 시간이 소요되는 작업이다. 그렇기 때문에 이 연구에서는 학문사상의 흐름을 보여주는 학회보의 주요 자료와 교육학 자료를 중심으로 작업을 진행한다.

2.2. 연구 대상

근현대 학문 형성과 계몽운동의 가치를 규명하기 위해 살펴보아야 할 대상 문헌을 유형별로 정리하면 다음과 같다.

첫째는 신문류이다. 자료 중심 한국 신문사를 연구한 이해창(1971)에 따르면 우리나라 신문의 역사는 1880년대 『한성순보』와 『한성주보』를 시작으로, 갑오개혁 직후 『독립신문』, 『협성회회보』, 『매일신문(협성회)』, 『대한황성신문』, 『제국신문』, 『대한매일신보』 등의 신문이 있었고, 국한문으로 발행된 『시사총보』나 기독교계 신문으로 『죠션 크리스도인 회보』(1897.2.2, A. G. Appenzeller), 『그리스도 신문』(1897.4.1, H. G. Underwood), 『예수교 신보』(1907.12.10, J. S. Gale) 등이 더 있으며, 일본인이 운영하던 『조선신보(朝鮮新報)』(1881.12.10, 日文, 大石德夫), 『조선시보(朝鮮時報)』(1894.2, 熊本縣人), 『조선매일신문(朝鮮每日新聞)』(1904.12), 『조선일보(朝鮮日報)』(후에 朝鮮時事新報, 釜山日報로 제호 변경. 1905.2, 葛生修吉·上田黑潮子), 『인천 경성 격주상보(仁川·京城 隔週商報)』(후에 朝鮮新報로 변경, 인천 지역의 일본 거류민 신문) 등이 있었다. 이 가운데 『제국신문』, 『대한매일신보』, 『황성신문』은 1910년 국권 상실에 이르기까지 지속되었고, 『대한매일신보』는 일제 강점기 『매일신보』로 제호와 편집자를 바꾸어 1945년까지 발행되었다. 일제 강점기에도 다종의 신문이 발행되었는데, 대표적인 것이 『동아일보』, 『조선일보』, 『시대일보』, 『중외일보』, 『조선중앙일보』 등이다. 각 시기별 차이는 있으나 이들 신문 가운데에서 종교계 신문이나 일본인 발행의 신문은 한국 근대 지식의 형성과 밀접한 관련을 맺는 것으로 보이지 않는다. 이 점에서 이 연구의 주요 대상은 한국 국민을 대상으로 한 주요 신문으로 한정한다.[8] 각 시기별 조사 대상 신문은 다음과 같다.

---

8) 각 시기별로 발행된 신문 목록은 부록으로 제시함.

【 각 시기별 학문 형성 및 계몽운동 관련 자료 조사 대상 신문 】
ㄱ. 1880~1894: 『한성순보』, 『한성주보』
ㄴ. 1896~1905: 『독립신문』, 『협성회회보』, 『매일신문』, 『제국신문』,
　　　　　　　『황성신문』
ㄷ. 1905~1910: 『황성신문』, 『대한매일신보』, 『만세보』
ㄹ. 1910~1945: 『동아일보』, 『조선일보』(『매일신보』와 비교함)

　둘째는 근대 계몽기와 일제 강점기의 각종 학회나 단체에서 발행한
학회보, 또는 기관지를 참고할 수 있다.
　근대 계몽기의 각종 단체나 학회 조직 상황에 대한 종합적인 연구
보고가 미흡하기 때문에 전수 조사 차원의 모든 자료를 섭렵하기는 어
렵다. 그러나 『만세보』 1907년 3월 30일자 '논설'을 참고하면 이 시기
활동한 각종 학회와 단체가 대략 40개 이상에 이르는 것으로 보인다.
이들 단체의 명칭을 살펴보면 다음과 같다.

【 1907년 당시의 각종 단체 】
　近日 我國 民族의 智識이 漸次 開進ᄒᄂ 現狀이 有ᄒ야 各般 社會를 組織
홈이 雨中竹筍과 如ᄒ니 其名目을 略擧ᄒ건ᄃᆡ 自彊會, 一進會, 國民敎育会,
東亞開進敎育會, 萬國基督靑年會, 懿法會, 西友學會, 漢北學會, 同志親睦會,
法案硏究會, 普仁學會, 大東學會, 天道敎會, 天主敎會, 基督敎會, 淨土敎會,
佛宗會, 神䕃敎會, 眞理敎會, 神宮敬奉會, 婦人學會, 女子敎育會, 國債報償會
(各種), 養正義塾討論會, 普專親睦會, 實業硏究會, 殖産奬勵會, 商業會議所,
手形組合, 農工銀行, 漢城銀行, 天一銀行, 韓一銀行, 合名彰信會社, 湖南鐵道
會社, 東洋用達會社, 紳商會社, 少年韓半島社, 夜雷雜誌社, 朝陽雜誌社, 大東
俱樂部, 官人俱樂部

— 『만세보』, 1907.3.30

이들 단체에서는 대부분 여러 종류의 기관지를 발행하였는데, 그 가

운데 주목할 대상은 학술 단체에서 발행한 학회보이다. 이 연구에서는 한국학문헌연구소(1977)에서 펴낸 '한국 개화기 학술지'를 주된 대상으로 삼았다. 주요 대상은 다음과 같다.

【 한국학문헌연구소(1977) 편 '개화기 학술지' 】

권수	학회명	학회보명	수록 권수	비고
1	대한자강회	大韓自强會報(上)	1호(1906.7)~ 7호(1907.1)	장지연, 윤정효, 심의성 등이 조직한 구국 단체
2		大韓自强會報(下)	8호(1907.2)~ 13호(1907.7)	
3	대한협회	大韓協會報(上)	1호(1908.4)~ 6호(1908.9)	대한학회 후신
4		大韓協會報(下)	7호(1908.10)~ 12호(1909.3)	
5	서우학회	西友(上)	1호(1906.12)~ 9호(1907.8)	서북지방 인사들이 중심이 되어 조직한 학회
6		西友(下)	10호(1907.9)~ 17호(1908.5)	
7	서북학회	西北學會月報(上)	1호(1908.6)~ 7호(1908.12)	서우학회와 한북학회를 합쳐 만든 학회
8		西北學會月報(中)	8호(1909.1)~ 13호(1909.6)	
9		西北學會月報(下)	14호(1909.7)~ 19호(1910.1)	
10	기호흥학회	畿湖興學會月報(上)	1호(1908.8)~ 6호(1909.1)	정영택, 이우규, 이광종 등 기호 지방 중심의 학회
11		畿湖興學會月報(下)	7호(1909.2)~ 12호(1909.7)	
12	독립협회	大朝鮮獨立協會會報	1호(1896.11)~ 18호(1897.8)	우리나라 최초의 잡지
13	태극학회	太極學報(壹)	1호(1906.8)~ 7호(1907.2)	일본 유학생 중심의 학술 단체: 친목회, 제국청년회 이후 본격적인 단체임
14		太極學報(貳)	8호(1907.3)~ 14호(1907.10)	
15		太極學報(參)	15호(1907.11)~ 20호(1908.4)	
16		太極學報(肆)	21호(1908.5)~ 26호(1908.11)	

권수	학회명	학회보명	수록 권수	비고
17	호남학회	湖南學報	1호(1908.6)~ 9호(1909.3)	호남 인사 중심(강엽, 백인기 등)
18	대한학회	大韓學會月報(上)	1호(1908.3)~ 6호(1908.7)	일본 유학생 단체
19		大韓學會月報(下)	7호(1908.8)~ 9호(1908.11)	
20	대한유학생회	大韓留學生會學報	1호(1907.3)~ 3호(1907.5)	일본 동경 유학생회(유승흠, 최 남선 등)
21	대한흥학회	大韓興學報(上)	1호(1909.3)~ 5호(1909.7)	일본 동경 유학생 중심
22		大韓興學報(下)	6호(1909.10)~ 13호(1910.5)	
23	대동학회	大東學會月報(上)	1호(1908.2)~ 9호(1908.10)	사학 육성, 학보 발간을 위해 조 직한 단체로 대동전문학교를 병 설 운영함
24		大東學會月報(下)	10호(1908.11)~ 20호(1909.9)	
25	교남교육회	嶠南敎育會雜誌	1호(1909.4)~ 12호(1910.5)	박정동, 이하영 등의 교육자 중심 의 학회

이 자료집에 포함되지 않은 것으로는 대조선재일유학생친목회에서 발행한 『친목회회보』(차배근, 2000에 영인), 소년한반도사의 『소년한반도』(케이포북스 영인), 조양사 발행 『조양보』(1906년 제11호까지 발행), 『수리학 잡지(數理學雜誌)』(1905.12), 『가뎡잡지』(1906.6, 창간; 1908.1, 신채호 속간), 『소년(少年)』(1908.11), 『교육월보(敎育月報)』(1908.6, 남궁억), 『야뢰(夜雷)』(1907.2, 종합지 성격) 등이 있다. 이들 학회보는 근대 학문 형성과 계몽사상에 중요한 의미를 갖고 있으므로, 전수 조사 차원에서 자료를 수집하고 분석한다.

일제 강점기의 잡지는 그 종수를 파악하기조차 힘들 정도로 다양하다. 한국잡지협회(1972)에서 조사한 바에 따르면 1910년부터 1945년까지 발행된 잡지의 총수는 700종에 이른다.[9] 이들 잡지의 내용을 고려할

---

9) 일제 강점기 발행된 잡지 목록과 성격은 부록에서 표로 제시한다.

때 가장 많은 수를 차지하는 잡지는 종합지(88종)이다. 그 다음 단체나 학교 또는 기관의 회보(78종), 문예(58종), 종교(41종), 공산주의 또는 사회주의 관련(35종), 여성(30종), 독립운동 관련(25종), 사상(24종), 아동(23종) 등의 분포를 보인다. 각 잡지마다 발행 시기와 호수가 동일하지 않기 때문에, 이 연구에서 중심 대상으로 삼는 잡지는 종합잡지, 학술 잡지, 노동자·농민·여성 등을 대상으로 하는 계몽 잡지를 주요 대상으로 한다. 일차적으로 1910년대 『학지광』, 1920년대 『개벽』, 『별건곤』, 『동광』, 『농민』, 『학생』, 1930년대 『조광』, 『신동아』, 『사해공론』, 『한글』, 『진단학보』 등을 중점적으로 검토한다.

넷째는 교과서 및 단행본이다. 근대 계몽기의 교과서 발행 상황에 대해서는 강윤호(1973), 박붕배(1987), 이종국(1992), 윤여탁 외(2005), 허재영(2009) 등의 선행 연구가 있다. 특히 이종국(1992)에서는 이 시기의 교과서 발행 상황을 비교적 자세히 연구한 바 있는데, 1895년부터 1910년 사이에 발행된 교과서의 종류는 대략 560종에 이르는 것으로 집계한 바 있다. 다음은 이종국(1992: 166)에서 정리한 교과서 발행 상황이다.

【 교과용 도서의 교과별 범위 】

교과 \ 구분	전기: 1895~1905	후기: 1906~1910	계
修身	4	14	18
國語	6	13	19
文法	1	13	14
漢文	3	43	46
國史	11	19	30
外國史	13	17	30
韓國地理	4	12	16
外國地理	11	14	25
算術	11	53	64
物理	4	24	28
化學	5	15	20

교과 \ 구분	전기: 1895~1905	후기: 1906~1910	계
動植物	1	15	16
音樂		3	3
美術	3	10	13
體育	2	4	6
外國語	8	33	41
家政		3	3
政治		14	14
法律	3	30	33
經濟		12	12
農業	3	14	17
商業		11	14
生理衛生(醫藥學)	3	13	16
其他	7	55	62
계	106	454	560

【교과용 도서의 교과별 범위】 표에서 확인할 수 있듯이 이종국(1992)의 조사에서는 '학문론'이나 '교육학'과 관련된 교과서를 별도의 항목으로 처리하지 않았다. 그러나 이종국(1992: 138)에 포함한 유옥겸(1908)의 『간명교육학』(우문관), 최광옥(1907)의 『교육학』(면학회), 학부 편집국(1910)의 『보통교육학』(학부), 윤태영(1907)의 『사범교육학』(보성관), 임경직(1908)의 『쇼ᅌ교육(小兒敎育)』(휘문관) 등은 수신서가 아니라 학리나 교육 원리를 밝히는 교육학 교과서류이다. 이뿐만 아니라 김상연(1908)의 『간명교육학』(이 책은 현재 이화여자대학교 중앙도서관에 소장되어 있음)이나 장지연(1908)의 『간명교육학』이 발행되었으며, 『대한매일신보』1906년 6월 6일 평양 종로 대동서관 주인의 광고를 참고할 때, 『윤리교과 범본(倫理敎科範本)』, 『교수법 원리(敎授法原理)』, 『논리학(論理學)』, 『논리학 강요(論理學綱要)』, 『교육사(敎育史)』, 『교육심리학(敎育心理學)』, 『각과 교수법(各科敎授法)』 등의 학문론이나 교육학 관련 서적명이 더 보인다. 엄밀히 말해 이들 교육학 서적이 어떤 성격을 갖고 있는지

자세히 알기는 어려우므로 연구자가 확보하여 살핀 교육학 교과서 가운데 기무라지치[木村知治](1896)의 『신찬교육학(新撰教育學)』(大阪活版製造所), 유옥겸(1908)의 『간명교육학(簡明教育學)』(우문관)을 중점적인 연구 대상으로 한다. 기무라(1896)은 한문에 한글을 현토한 교과서로 비록 일본인이 저작자이며 오사카에서 발행되었지만 국내에 유통된 최초의 교육학 교과서로 보인다. 또한 유옥겸(1908)은 근대 계몽기 교육학 연구 수준을 집약적으로 보여주는 성과라고 할 수 있다. 교육학뿐만 아니라 1900년대 전후부터는 근대 지식의 유통 과정을 보여주는 다수의 서적들이 등장한다. 예를 들어 『태서신사언역본』에 들어 있는 '광학회 서목'이나 『황성신문』, 『대한매일신보』의 광고에 등장하는 서목들은 근대 계몽기의 지식 유통 상황을 보여준다. '광학회 서목'의 서적 45종 가운데 국내에서 그 존재가 확인되는 것은 35종 정도이다. 또한 1895년 학부 설립 이후 1905년까지 발행된 교과서는 대략 78종 정도이며, 1906년부터 1910년까지 국내에 유통된 교과서류는 대략 520종에 이른다.

일제 강점기의 교과서 발행 및 유통 상황에 대해서는 아직까지 본격적인 조사가 이루어지지 못한 상태이다. 다만 조선어과 교과서에 대해서는 강윤호(1973), 박붕배(1987), 이종국(1992)를 거쳐 강진호·허재영(2011)에서 영인 자료가 나왔다. 그러나 일제 강점기에는 조선어과를 제외한 모든 교육이 일본어로 이루어졌기 때문에, 국어로 된 교과서는 발행되지 않았고, 학술 서적이나 계몽 독본류 등이 국어로 간행되었다. 이에 대한 전수 조사가 이루어지지 않은 상황에서 이 시기 학문 담론을 논의하는 것은 쉽지 않다. 다만 종교 기관이나 교육자 개인 차원에서 보조 교재 형태로 학문론 또는 계몽서를 출간한 경우가 있었으므로, 이에 대한 기초 조사를 진행한다. 이와 같이 각 시기별 분포 자료에서 학문론이나 계몽 담론 논설, 논문, 저술을 찾아내고 그 가운데 주요 논문을 한글로 입력하여 별도의 자료집을 작성한다.

3. 선행 연구

3.1. 근대 학문사 연구 경향

이 연구는 근본적으로 '학문사'와 '계몽사'를 키워드로 하고 있다. 우리나라 학문사에서 '과학적'이라는 용어를 대체할 수 있는 '격치'의 원리가 강조된 이래, 연구 대상의 세분되고 방법론이 개발되면서 학문의 분화가 이루어져 왔다. '근대'는 이러한 학문 발달의 출발점이 되는 셈이다. 이는 학문사에 대한 선행 연구를 통해서도 확인할 수 있는데, 한국연구재단의 학술지 관리 정보를 참고할 경우 '근대' 관련 등재 학술지를 발행하는 학술 단체 6곳, 등재 후보지 1곳, 대학 연구기관 2곳이 있다. 그뿐만 아니라 학술지에 '근대'라는 용어를 사용하는 학회는 20여 곳에 이른다. 각 학회 및 기관, 학술지명은 다음과 같다.

【 '근대' 관련 학회, 기관, 학술지명 】
ㄱ. 학회

등재	2004	2007	인문학	한국어와 문학	한국근대 문학회	한국근대 문학연구	Journal of Modern Korean Literature	1229-8131
등재	2000	2005	인문학	영어와 문학	한국근대 영미소설학회	근대 영미소설	British and American Fiction	1229-3644
등재	2005	2009	인문학	일본어와 문학	한국일본 근대학회	일본 근대학연구	The Japanese Modern Association of Korea	1229-9456
등재	2003	2006	인문학	역사학	중국근대 사학회	중국 근현대사연구	Korean Studies of Modern Chinese History	1598-8287
등재	2003	2005	인문학	역사학	한국근현대 사학회	한국근현대사 연구	JOURNAL OF KOREAN MODERN AND CONTEMPORARY HISTORY	1227-8203
등재	2003	2006	예술 체육	미술	한국근현대 미술사학회 (구 한국근대 미술사학회)	한국근현대 미술사학 (구 한국근대 미술사학)	Journal of Korean Modern & Contemporary Art History	1976-6467
후보					서양근대 철학회	근대철학	Modern Philosophy	1975-907x

ㄴ. 대학 연구 기관

연세대학교 (원주캠퍼스)	근대한국학 연구소	Institute for the study of Korean Modernity	19840302	20070813	인문학	기타 인문학
세종대학교	한국근현대사 연구소	Institute for Korean Modern History	20100501	20130729	인문학	역사학

ㄷ. '근대' 관련 학술지명

한국 일본근대학회, 『일본근대학연구』, 근대 영미소설학회, 『근대영미소설』, 근대서지학회, 『근대서지』, 한국정신문화연구원, 『한국근대여성운동사연구』, 서양근대철학회, 『근대철학』, 근대중국연구위원회, 『근대중국연구』, 근대중국편집위원회, 『근대중국』, 근대사연구잡지사, 『근대사연구』, 한국근대미술연구소, 『한국의 근대 미술』, 한국근대문학회, 『한국근대문학연구』, 한국일본근대문학회, 『일본근대문학: 연구와 비평』, 한국외국어대학교 대학원 일본근대문학회, 『일본 근대문학 산책』, 국립현대미술관, 『근대미술연구』, 근대중국잡지사, 『근대중국』, 근대건축사, 『근대건축』, 한국정신문화연구원 역사연구실, 『근대문명과 한국 근대사』, 근대출판사, 『월간 근대분재(月刊 近代盆栽)』, 근대사연구편집주, 『근대사연구(近代史研究)』, 근대가구, 『근대가구(近代家具)』, 한국일본근대문학회, 『일본근대문학: 연구와 비평』, 중국근현대사학회, 『근대중국연구』,

이 자료에는 나타나지 않지만, 제주대학교의 '한국일본근대학회'나 '한국근대영미문학회'와 같은 학회도 있다. 이처럼 한국에서의 '근대'는 역사, 문학(영미, 한국), 서지, 철학, 건축 등 다양한 학문 분야에서 많은 연구가 이루어지고 있다. 이러한 경향은 일본이나 중국도 비슷한 것으로 보이는데, 국내에 유입되는 학술지 가운데 게이오의숙 후쿠자와 연구 센터(慶應義塾福澤研究センタ)나 일본근대문학회 구주지부(日本近代文學會九州之部) 등은 일본의 근대 연구 학회이며, 중국사회과학원 근대사연구소와 중국인민대학 서보자료사(中國人民大學 書報資料社)는 중국의 근대 연구 기관이다. 체계적인 조사가 이루어진 것은 아니지만 일본의 경우에도 '동아시아 근대사학회', '일본근대문학회', '근대영어협회' 등의 학술 단체가 검색되며, 중국에도 '중국근대문학회', '홍콩근대문학회' 등의 단체가 검색된다.[10]

그렇다면 학문사에서 '근대'의 의미는 무엇일까? 이 점에서 '근대 학문'을 키워드로 한국학술연구정보서비스를 검색하면 학위 논문 1,136건, 학술지 논문 1,336, 단행본 4,790을 포함하여 대략 7,600건의 자료명이 등장한다. 이 자료들이 모두 '근대의 학문'을 전문적으로 다룬 것은 아니지만, 검색량이 많다는 것은 우리나라에서 그만큼 근대의 학문에 대한 관심이 높아졌음을 의미한다. 이 가운데 학문과 사상의 근대성을 주제로 한 연구 논문 460편을 분석해 본 결과, 가장 많은 비중을 차지하는 연구 분야는 문학(127편), 근대사상 및 철학(90편), 교육(46편), 학문 일반론(39편), 여성 문제 관련(27편),[11] 국어 문제(24편), 인물론 또는 그 인물의 사상을 주제로 한 것(20편) 등의 분포를 보였다. 이밖에 종교(13편), 정치(11편), 역사(10편), 과학(9편), 사회(9편), 예술[12](8편), 문화(7편), 신문이나 매체 문제(7편) 등의 연구 논문을 찾을 수 있었다. 단행본의 경우도 비슷한 경향을 보이는데, 근대성을 주제로 한 170종을 선별하여 분야별 분포를 조사한 결과 문학(47종), 사상과 철학(37종), 역사(19종), 교육(14종), 일반적인 학문과 지식의 근대성을 다룬 것(12종), 사회(6종), 언어(6종), 한중일 관계(6종) 등의 순서로 나타났다. 학술지 논문과는 달리 단행본에서 역사서가 많은 까닭은 '근대사'를 주제로 한 단행본이

---

10) '근대' 연구와 관련한 일본과 중국 등의 연구 단체, 연구 현황에 대한 조사는 이 연구와 직접적인 관련이 없기 때문에 실시하지 않았다. 다만 일본은 1885년 발족한 '일본학술회의협력 학술연구단체(日本學術會議協力 學術研究團體)'에서 제시한 2005년 자료를 참고하였다. 이 자료는 일본어판 '위키피디아 백과사전'에서 검색할 수 있다. 중국의 경우 전수 조사 자료를 확보하지 못했기 때문에 '근대' 관련 학회의 분포를 확인할 수 없으나, 여기에 제시한 두 학회는 구글에서 검색이 가능한 단체이다.

11) 문학에서의 여성 문제를 다룬 것도 이 범주에 포함하였다.

12) 음악, 미술 분야 포함.

많이 나타났기 때문이다.

이 가운데 근대의 학문 형성과 지식 수용 과정을 주제로 한 논문으로는 조동일(1995), 류시현(2000), 김재현(2002), 이준식(2002), 조동일(2002), 김도형(2003), 김문영(2003), 김재현(2003), 양통문(2003), 이상엽(2003), 이현구(2003), 조동일(2003), 조은정(2003), 최기숙(2003), 양일모(2004), 박상환(2007), 양일모(2007), 유권종(2007), 홍승표(2007), 양일모·홍영두(2008), 송민호(2008), 이상현(2008), 박노종·권혁건(2009), 박노종(2009), 이행훈(2009), 조규헌(2009), 김우필·최혜실(2010), 구희진(2010), 김윤선(2010), 임준태(2010), 김수영(2011), 이기동(2011), 정일균(2011), 최기숙(2011), 박정심(2012), 박의경(2013), 박정심(2013), 임상석(2014)[13] 등 40여 편을 참고할 수 있다. 또한 근대 학문의 특징과 지식 형성 및 유통 과정에 대한 연구서로는 독서신문사(1972)의 『20세기 학문사상』(독서신문사), 이광린(1979)의 『한국 개화사상 연구』(일조작), 강재언(1981)의 『한국의 개화사상』(비봉출판사), 이광린(1986)의 『한국 개화사의 제문제』(일조각), 보성전문학교의 법학경상학 교육과 한국의 근대화 연구위원회(1986)의 『근대 서구 학문의 수용과 보성전문학교』(고려대학교 출판부), 소광희 외(1994)의 『현대의 학문 체계』(민음사), 이화여대 한국문화연구원(2005)의 『근대 계몽기 지식 개념의 수용과 그 변용(소명출판), 이화여대 한국문화연구원(2006)의 『근대 계몽기 지식의 발견과 사유 지평의 확대』(소명출판), 이화여자대학교 한국문화연구원(2007)의 『근대 계몽기 지식의 굴절과 현실적 심화』(소명출판), 구연상(2008)의 『우리말로 학문학기』(푸른사상), 허재영(2013)의 『한국 근대의 학문론과 어문사상』(지식과교양) 등이 있다.

학문 분야를 고려했을 때 근대의 학문사 연구는 더 풍부한 연구 성과를 보인다. 그 중 지식 형성과 계몽운동의 차원에서 '교육사' 연구의

---

13) 배열순서는 발표 연도를 기준으로 하였음.

성과를 살펴볼 필요가 있다. 교육사에 대한 본격적인 논술은 1906년 조양사에서 발행한 『조양보』 제3호~제4호의 '아한(我韓)의 교육내력(教育來歷)'이나 제5호~제11호의 '태서교육사(泰西教育史)'로 보인다. 그 이후 교육사에 대한 논의는 일본 교육의 역사나 서구 교육철학자들에 대한 단편적인 논술을 거쳐 광복 이후 이만규(1947), 박상만(1956) 등에서 체계적인 기술이 이루어진다. 이 흐름 속에서 한국 근대 교육사에 대한 연구는 손인수(1970)에서 집중적으로 연구된 것으로 보이는데, 이 연구에서도 '교육사'와 '교육의 학문적 성격'을 고려한 '교육학사'를 구분한 것은 아니다. 이는 이원호(1987), 한기언(1989) 등에서 '교육학사'라는 용어 대신 '교육사상사'라는 용어를 사용한 데서도 확인할 수 있다.

'교육의 역사'와 '교육학의 역사'는 구분하여 논의할 필요가 있다. 이 점은 '교육학사'에 대한 보편적인 정의를 통해서도 확인할 수 있다. 다음은 브리태니커 사전(daum 백과사전)의 '교육학의 역사'에 대한 설명 가운데 일부이다.

【 교육학사의 개념14) 】

교육의 역사는 인류의 역사만큼이나 긴 것이기 때문에 교육에 관해 논하기 시작한 역사도 매우 깊지만, <u>교육학이 하나의 학문으로 등장한 것은 늦은 편이다.</u> 서양에서 교육학은 16세기 봉건사회의 붕괴과정에서 급속하게 늘어나는 교육의 요구에 적응하기 위하여 발생한 것이다. 교회나 법률이나 의학만을 위한 전문적 훈련과는 별도의 보통교육에 대한 요구는 16세기의 반항적 부르주아와 더불어 최초로 일어나게 되었으며, 종교개혁과 정치적 자유를 추구하는 운동과 밀접히 관련되어 있었다. 17~18세기에도 보통교육은 인정받기 위해 투쟁해야만 했다. <u>코메니우스, 루소, 페스탈로치</u> 등 초기의 교육가들은 저명한 철학자요 개척가였으며 봉건질

---

14) 다음 백과사전(http://100.daum.net/)의 '교육학사'에서 인용함.

서의 이데올로기를 타파하는 데 많은 역할을 했다. 그러나 일단 산업자본가들이 권력을 잡게 되자, 보통교육을 확대하려는 그들의 열정은 이내 사라져 버리고, 오히려 대중교육이 지나치지 않도록, 그리고 불온한 사상이 주입되지 않도록 배려하게 되었다. 이렇게 되자, 이번에는 산업노동자 계급이 권력을 잡기 위한 길로써 교육을 요구하게 되었고, 각종 노동운동에 있어서 교육에 대한 요구가 중요한 부분을 차지하게 되었다.

체계화된 학문의 형태로서의 교육학의 시조로 보통 J. F. 헤르바르트(1776~1841)를 꼽는다. 그는 교육의 목적과 관련하여 윤리학을, 교육의 과정과 방법을 위하여 심리학을 기초과학으로 삼았다. E. 뒤르켐(1858~1917)은 교수학을 넘어 교육과학을 강조하고, 인간과 교육은 본질적으로 사회적인 것이기 때문에 사회학적인 연구가 중요하다고 강조했다. 그후 이들의 연구 전통은 다양한 형태로 계승·변화되어 오늘날의 교육학은 다양하고 복잡하게 발달하였다.

1945년 이전에는 일제의 이론적 탐구 불필요 정책 밑에서 교육이론과 학설의 탐구가 억제되었으며, 소수의 일본 교육학의 번역 소개가 있었을 뿐이다. 따라서 해방 이전까지는 교육학연구전사(教育學研究前史) 시기로 볼 수 있다.

해방과 동시에 일제 식민주의 교육론이 중단 내지 배척되었고, 일본 지향적인 교육학의 사회체제도 붕괴되기 시작하였다. 한국의 교육학 연구는 해방과 더불어 갑자기 그리고 일시에 닥쳐온 교육에 대한 막대한 필요에 따라 응급적으로 시작되었으며, 외래적인 것은 곧 진보적인 것이고 한국적인 것은 곧 보수적인 것이라는 해방기의 정신적 상황 속에서 그리고 미군정과 그후의 미국 원조 체제하에서 시작되고 전개되었다. 해방 후에야 비로소 대학에 교육학과가 설치되었고, 교육학이 하나의 독립된 학문으로 연구되기 시작했다. 한국의 교육학은 주로 해방 이후 후발성 학문으로 발달하게 되었으며, 해방 초기에는 일반교육학도 번역을 통하여 약간 소개되었으나, 전반적으로 서구 의존성이 강하며 특히 대미 의존성이 강했다.

이 진술은 서구의 교육학사나 한국 교육학사의 주요 경향을 정리한 것으로 볼 수 있다. 서구에서도 교육학의 학문적 정체성 확립이 교육의 역사에 비해 뒤늦었으며, 한국의 교육학 발전 과정은 근대 이후의 식민 상황에서 상대적으로 더 지체될 수밖에 없었다. 이러한 흐름은 광복 이후의 교육학 연구에서도 비슷했던 것으로 보이는데, 이는 교육 연구가들조차도 학문적 차원의 교육 이론 발달보다는 교육 현안 문제를 해결하는 것이 더 급했기 때문으로 보인다. 그 결과 교육학 분야에서는 근대 계몽기에 시기 도입된 학제 분석이나 학교 설립 과정, 교육 사상사 연구에 많은 노력을 기울여 온 것으로 보인다. 이러한 흐름은 교육학이 본격적으로 연구되기 시작하던 1950~1960년대부터 비롯된 것으로 보이는데, 한국 교육사를 연구한 이만규(1949)는 근대 계몽기의 교육을 '신교육 태동기'로 명명한 뒤 학제 도입과 교육 사조를 정리하였으며, 박상만(1959)에서도 '근세'의 '새교육'으로 명명하고 이 시기 교육학자인 이승훈과 남궁억을 소개하는 데 중점을 두었다. 학제나 학교 설립과 관련된 연구는 그 이후에도 지속적으로 이어져 이해명(1991)의 '개화기 교육 개혁'에 관한 연구 성과가 나오기도 하였다. 또한 강윤호(1973), 이종국(1992)와 같은 교과서 연구, 이응호(1973)과 같은 한글 운동사 연구, 박붕배(1987), 윤여탁 외(2005)와 같은 국어 교육사 연구 등과 같이 교과 또는 교육 분야별 교육사가 재구되기 시작하였다. 이처럼 교과 교육사가 재구되는 과정은 교육학 발달사와 밀접한 관련을 맺을 뿐만 아니라 학문과 지식 형성사를 이해하는 데도 중요한 역할을 한다.

3.2. 근현대 학문 형성과 계몽운동 연구 경향

이 연구는 근대 학문사의 관점에서 근대적 지식 형성과 유통 과정,

근현대 계몽사상 및 계몽 운동의 특징을 연구 대상으로 한다. 이를 위해서는 근대 학문사 연구 경향과 함께 근대의 성격과 기점에 대한 논의, 지식 유통 과정이나 근대 학문사상 관련 담론(문명론, 진화론, 국가론, 민족론, 여성문제 등), 계몽운동의 주체와 객체, 계몽의 수단(교재) 등과 관련된 선행 연구를 좀 더 다양하게 살펴볼 필요가 있다. 이 점에서 먼저 이 연구와 관련을 맺는 선행 연구를 네 가지 관점에서 정리하고자 한다.

첫째는 '근대의 시점'이나 '성격'과 관련된 연구이다. 한국경제사학회(1970)에서 한국사의 시대 구분 문제를 집중적으로 제기한 이후, 각 학문 분야마다 시대 구분 문제에 대한 다양한 검토가 이루어져 왔다. 특히 주제별 시대 구분론의 한 예로 한국 문학사 연구에서는 1960년대 후반 이후부터 근대의 기점에 관한 문제가 중요한 논쟁거리로 떠올랐다. 대표적인 논의로 백철(1966)의 「한국 문학과 근대인」을 시작으로 쟁점화된 근대성 논의는 '이식문화론', '전통단절론'을 어떻게 극복할 것인가를 과제로 한 논쟁으로 이어졌다. 이러한 논의는 1970년대 다양한 '근대 문학의 기점론'으로 이어졌으며, 그 결과 김윤식·김현(1973, 1995, 27판: 21)의 '방법론 비판'에서 제기한 시대 구분 인식은 비교적 고전적인 이론으로 수용되는 경향이 있다. 김윤식·김현(1995) 제1장의 방법론 비판은 "1) 문학사는 실체가 아니라 형태이다. 2) 한국 문학은 주변 문학을 벗어나야 한다."는 전제 아래, 근현대 문학을 네 시기로 구분한 바 있다. 이에 따르면 한국 문학사는 '근대 의식의 성장[1780~1880, 영·정조 시대]', '계몽주의와 민족주의 시대[1880~1919, 개항에서 3·1운동에 이르는 시대]', '개인과 개인의 발견[1919~1945, 3·1운동 후부터 해방까지]', '민족의 재편성과 국가의 발견[1945~1960, 해방 후부터 4·19까지]'이라는 연속적인 흐름으로 구성되어 있다. 이 이론을 전적으로 따를 수는 없지만, '근대 의식'과 '계몽주의'에 대한 김윤식·김현(1995)의 논의는 이 연구의 기본적인 전제로 삼을 수 있다.

근대의 기점이나 근대와 현대의 관계에 대한 논의는 '국어사'나 '국어 교육사'의 차원에서도 많은 논란이 있어 왔다. '국어사 연구'에서 '근대 국어'에 관한 논의는 홍윤표(1995)에서 집중적으로 제기되었다. 홍윤표(1995)에서는 국어사 시대 구분의 문제점으로 '한국사의 시대 구분과 일치하지 않는다는 점', '시대 구분이 주로 음운사를 기준으로 하였다는 점', '국어사 시대 구분에 사용된 언어가 주로 중앙어에 치우쳐 있다는 점', '현대 국어에 대한 인식이나 근대 국어를 세분하지 못하고 있다는 점' 등을 제시하였다. 이러한 흐름에서 홍종선(2000)과 같이, 갑오개혁 이후를 현대 국어로 설정할지라도 국어 어휘 및 문법 변화 양상을 주목하여 이를 세분하고자 하는 시도가 늘어나고 있으며, 일부에서는 국어 문화나 국어 생활사의 관점에서 국어사를 재구해야 한다는 주장도 설득력을 얻고 있다. 이와 같은 흐름에서 '근대적 글쓰기'와 관련된 다수의 연구 성과도 주목할 필요가 있다. 예를 들어 신지연(2005), 배수찬(2008), 문혜윤(2008) 등과 같이, 1890년대 전후의 글쓰기에 드러나는 근대 의식을 주목하여 이 시기 민족어의 가치를 '근대어'의 관점에서 연구하고자 하는 경향도 뚜렷해지고 있다. 이러한 흐름을 종합해 볼 때, 고전적인 견해에 해당하지만 김윤식·김현(1973)에서 제기한 "근대성" 관련 논의는 현재의 입장에서도 어느 정도 수용 가능성을 갖고 있다는 결론을 내릴 수 있다. 따라서 이 연구에서도 1880년대부터 1910년대까지를 근대 시기로 규정하고, 현 시대와 직접적인 연관을 맺는 '일제 강점기'를 포함하여 '계몽 운동의 흐름과 특징'을 분석하고자 한다.

둘째는 근대의 지식 형성과 유통, 학문론의 관점이다. 이 주제는 주로 문학, 사학, 철학 등의 인문학 분야에서 집중적으로 연구되어 왔다. 근대 지식 유통과 학문 형성에 대한 본격적인 논의는 1980년대 전후부터 이루어진 것으로 보인다. 이 시기 이광린(1979)의 개화사상 연구는 근대 계몽기 '강위, 유길준, 서재필' 등의 개화사상과 구한말 진화론의 수용 과정을 연구 대상으로 삼았다는 점에서 가치 있는 연구로 평가된다.

이 성과는 이광린(1986)에서 '개화승 이동인, 김옥균'의 사상과 함께 '만국공법 수용과 영향', '신구학의 논쟁' 등으로 확장된다. 특히 개화 초기 재일 유학생 파견 역사나 한국 최초의 미국 대학 졸업생으로 알려진 '변수(邊燧)'라는 인물을 연구한 것은 지식 수용 과정에서 중요한 역할을 담당했던 유학생의 역사를 본격적으로 연구한 성과라는 점에서 더 큰 의미가 있다. 강재언(1981)의 연구는 한국 근대 지식 형성 과정이 신지식의 도입뿐만 아니라 전통적인 학문 환경과 어떤 관련을 맺고 있는지를 분석했다는 점에서 의미가 있다. 이 책은 제1장 한국 유학사에 나타난 실학사상(주자학의 전래와 유교 입국, 실학사상 형성과 영정조 시대), 제2장 실학에서 개화에로의 사상적 계보(실학사상의 근대 지향성, 실사구시의 개화파), 제3장 조선에 건너온 서양 서목(개화 전의 서양 인식과 관련하여), 제4장 개화파의 형성과 개화운동(개화의 의미, 박규수의 사상과 개국문제, 초기 개화파의 형성과 그 분화, 개화 운동의 단계적 발전)으로 구성되었는데, 그 가운데 제3장의 서목은 주목할 만하다. 이에 따르면 우리나라에 최초로 전래한 서양서는 이수광의 『지봉유설』에 소개된 마테오리치 저작 『구라파국여지도(歐羅巴國與地圖)』를 비롯하여 1602년 북경에서 이지조(李之藻)가 저술한 『곤여만국지전도(坤輿萬國全圖)』 6폭이었다고 한다. 그뿐만 아니라 『지봉유설』에서는 마테오리치의 『천주실의』, 『교우론』 등을 소개하기도 하였다. 그 이후 잇따라 서양서가 전래되기 시작했는데 17세기 제수이트 회의 저역서가 조선에 전래되었으며 실학자 이익, 김육 등도 서양 서적을 접했던 인물임을 밝혔다. 강재언(1981)에서는 1928년 이능화가 저술한 『조선 기독교 급 외교사』(조선기독교창문사)15)를 중심으로 개항 이전까지 조선에 전래된 서양 서목(書目)을 살피고자 하였다. 이에 따르면 1876년 개항 이전 전래된 서양의 학술서는 22종, 종교·윤리서 16종의 서목이 확인된다. 이처럼 개항 이전의 서양

---

15) 이 책은 국립중앙도서관에 소장되어 있으며, 1992년 민속원에서 영인하였다.

서 전래 상황을 규명하고자 한 것은 한국의 근대 지식이 단순히 개항이라는 외부의 충격을 통해 형성된 것만은 아니라는 사실을 보여준다는 점에서 의미가 있다.

소광희 외(1994)의『현대의 학문체계』(1994)는 학문의 체계와 여러 분야의 지식 형성 담론을 담고 있다는 점에서 근대 지식 형성사를 규명하는 원리를 제공해 준다. 이 저서는 이성규 '동양의 학문 체계와 그 이념', 김남두 '서양 학문의 형성과 학문 분류의 기본 원칙', 이태진 '한국의 학문적 전통과 서양 학문에 대한 반응', 김영식 '과학의 발전과 서양 학문 체계의 전통', 박상섭 '근대 사회의 전개 과정과 사회과학의 형성 및 변천', 이태수 '학문 체계 안에서 인문학의 위치에 대한 고찰', 김두철 '기초 과학과 응용 과학의 학문적 성격 대비와 상호 보완성', 권욱현 '현대 과학 기술과 공학의 학문 조직', 백낙청 '세계 시장의 논리와 인문 교육의 이념', 소광희 '학문의 이념과 분류'로 구성되었는데 학문의 전통과 인문·사회·자연과학(공학) 등의 학문이 형성되는 과정을 이해하는 데 도움을 줄 수 있는 저서이다. 또한 이화여대 한국문화연구원(2005)에서는 근대 계몽기 지식 형성을 주제로 19세기 말의 독립 개념이나 문명·야만 담론, 개인과 사회의 개념 탄생, 국민 담론 등을 분석한 12편의 논문을 수록했다. 이화여대 한국문화연구원(2006, 2007)도 비슷한 주제로 구성되었는데, 이 세 종의 연구서에서 필자는 중복된다. 이 연구서들은 한국 근대 지식 형성에 대한 심층적인 분석을 시도했다는 점에서 의미가 있다. 또 하나의 연구로 주목할 만한 경향은 박성진(2003)의『사회 진화론과 식민지 사회사상』(선인)과 같이 근대 계몽기의 지식 사상을 중점적으로 연구한 성과이다. 이 연구서에서는 한국 사회에서 전개된 다윈이즘과 사회 진화론, 사회 유기체설 등의 실체를 규명하고, 사상사적 관점에서 사회 진화론이 갖는 이데올로기를 규명하는 데 초점을 맞추었다. 이와 함께 사회 진화론이 식민 정책에 어떻게 작용하는지를 규명하고자 했는데, 이러한 경향은 진성곤 외(2011)의『근대 동아시아 담론의 역설과 굴절』(소명출판)에서도 엿볼 수 있다. 이 연구서는 일본의 동아시아 식민지 제국 담론이 어떤 특징을 갖고 있는가를 정치 및 문학사의 차원에서 접근하고자 한 시도로 볼 수 있는데, 이들 담론에서 명시적으로 사회 진화를 언급하지는 않았을지라도 그 담론의 기저에 '적자생존', '민족 우열', '동아시아 제국' 등의 사회 진화론이 전제되어 있음을 확인할 수 있다. 이처럼 선행 연구에서는 한국 근대 지식 형성과 유통 과정에서 일본의 역할과 제국주의 담론이 많은 비중을 차지하고 있다. 그러나 근대 한국의 학문사는 매우 복잡한 성격을 띤다. 이 복잡성은 근대 한국학이 정립되어 가는 과정, 학문 분야, 지식의 수용과 변용 과정 등 전반적인 분야에서 나타난다. 흥미로운 것은 문명사적 관점에서 근대 계몽기를 '문명 전환기'로 설정하고자 하는 시도이다. 이러한 시도 가운데 하나로 김용섭 외(2008)의 『동아시아 역사 속의 한국 문명의 전환』(지식산업사)을 들 수 있는데, 이 저서는 2007년 '문명의 전환과 세계화'라는 학술원 인문·사회 분과의 국제 학술회의의 주제를 바탕으로 한 것이었다. 이 저서에서는 문명의 전환이 '충격, 대응, 통합'의 방식으로 전개됨을 전제로, '중국 문명의 수용'을 제1차 한민족의 문명 전환기로 설정하고, 근대 계몽기를 '제2차 한민족의 문명 전환기'로 설정하였다. 문명사의 관점에서 근대 계몽기가 한국사의 '문명 전환기'가 된다는 점은 지극히 자연스러워 보인다. 여기서 주목할 점은 문명 전환의 내적 조건과 외부 상황을 어떻게 이해할 것인가에 있다. 이 문제는 다양한 각도에서 조명이 가능할 것으로 보이나, 그 근본에는 자연과 사회 또는 인문 환경을 고찰하는 학문 정신이 자리잡고 있으며, 그것은 근대 한국의 학문을 형성하는 요인이 된다.16)

셋째는 계몽 운동의 주체가 되는 학생 계몽 운동과 유학생 담론, 계

---

16) 문명 진화론뿐만 아니라 근대 계몽기 학문사상, 곧 계몽운동의 의식적 기반을 이루는 '국가주의'나 '민족주의', '여성문제' 등에 대한 연구도 다양하게 축적되었다. 이에 대해서는 연구 진행 과정에서 별도로 정리한다.

몽의 객체가 되는 국민론과 노동자, 농민론 등이다. 먼저 계몽의 주체와 관련된 선행 연구를 살펴볼 필요가 있다. 근대 계몽기 학생 운동은 크게 두 가지 개념으로 사용될 수 있다. 하나는 학생을 대상으로 하는 계몽 운동이며 다른 하나는 학생이 주체가 되는 계몽 운동이다. 전자의 경우 1890년대 이후의 각종 유학 담론이나 학생의 책임을 자각하게 하는 운동이 포함되며, 후자의 경우 각종 학생 단체 조직과 그 단체가 실행한 계몽 운동이 주요 연구 대상이다. 기존의 연구에서는 이 두 가지 개념을 구분하지 않는 경향이 있었는데, 그 이유는 전자의 경우 주로 1890년대 이후의 유학생 문제나 일제 강점기 유학 문제를 다룬 데 비해, 후자의 경우 일제 강점기 학생 저항 운동을 연구 대상으로 삼았기 때문으로 보인다. 이 점에서 기존의 학생 운동 연구는 유학생의 생활상이나 유학생 중심의 운동에 초점을 맞춘 경우가 많았다. 예를 들어 재일 유학생 관련 연구로는 김기왕(1998), 김기주(1991), 김대성(1996), 박선미(2004), 손환(1998) 등의 박사논문이 있으며, 김기주(1989)의 「舊韓末 在日韓國留學生의 抗日運動」, 김소영(2011)의 「재일조선유학생들의 '국민론'과 '애국론'」, 오노[小野容照](2011)의 「1910년대 전반 재일유학생의 민족운동」, 이민주(2006)의 「일제시기 재일 유학생의 문화·문명 인식: 학지광(學之光)을 중심으로」, 정미량(2008)의 「1920년대 일제의 재일조선유학생 후원사업과 그 성격」 등의 연구도 있다. 이들 선행 연구를 검토해 보면, 노영택(1979)이 제시한 '일제하 민중 교육 운동사'와 마찬가지로, 유학생 담론과 문제점 파악보다는 유학생들의 '구국 운동' 또는 '계몽 활동'을 부각하고자 하는 경향이 드러난다. 이 점에서 한국 근대 학생 운동사를 체계화하고자 시도한 김호일(2005)의 성과는 주목할 만하다. 김호일(2005)에서는 '개화·애국 계몽기', '1910년대', '1920년대 학생 운동 단체', '1920년대 동맹 휴학', '6·10 학생운동', '11·3 학생운동', '1930년대 학생운동', '1940년대 학생운동'으로 장을 나누어 각 시대별 주요 학생 운동의 실체를 실증적으로 연구하였다. 또 하나의 성과로 김형목(2005)의 『대한 제국기 야학 운동』이 있다. 김형목(2005)에서는 '근대 교육의 도입', '근대 교육 보급과 민중 층 성장' 과정을 살피고, '1905년 이전의 야학', '한말 전개 양상과 실태', '야학 교재와 운영 주체' 등을 객관적으로 살피고자 하였다. 다만 김형목(2005)에서 대상으로 삼은 야학 교재는 '노동야학독본', '교육월보', '유년필독' 세 종이어서 그 한계는 뚜렷해 보인다. 그러나 계몽 운동의 주요 분야였던 야학의 성격과 전개 과정을 객관화한 점은 큰 성과라고 할 수 있다. 다음으로 계몽의 객체라고 할 수 있는 '국민론', '노동자·농민 계몽 운동' 관련 연구이다. 이 문제는 주로 농민 수탈상이나 농업 정책, 농민 항쟁사의 관점에서 이루어져 왔다. 예를 들어 미승우(1983)에서는 '삼림 수탈', '농산물 수탈', '축산물 수탈', '농촌 생활', '수산 자원 수탈'을 중심으로 일제 강점기의 수탈상을 살피고자 하였으며, 김용달(2003)에서는 '한말 일제의 농업 침략과 한국 중앙 농회', '일제 초기 식민지 농업 정책과 조선 농회', '제2차 산미 증식 계획과 조선 농회의 계통 체계 수립', '농촌 진흥 운동과 조선 농회의 변화' 등을 중심으로 연구를 진행하였다. 이러한 연구는 식민 지배자들의 수탈 정책과 농민의 저항상을 이해하는 데 도움을 준다. 유사한 맥락에서 김용달(2009)의 『농민 운동』이나 마쓰모토 다케노리/윤해동(2001)의 『조선 농촌의 식민지 근대 체험』 등도 식민 시대 농민 생활상을 이해하는 데 도움을 준다. 학위 논문의 경향도 이와 유사하다. 특히 계몽 운동의 차원에서 '조선 농민사'와 관련된 관심이 높았는데, 주봉로(1990)의 박사논문이나 성주현(2009)의 천도교 청년당에 관한 연구가 대표적이다. 천도교 단체나 조선 농민사와 관련된 학술 논문으로는 지수걸(1985), 송종복(1997), 조성운(2003), 박지태(1998), 김택호(2011), 조규태(2006), 정혜정(2007) 등이 있다. 이처럼 일제 강점기 농민상이나 농민 단체, 농업 정책 등과 관련된 선행 연구가 비교적 많음에도 불구하고, 농민 계몽의 차원에서 본다면 이 분야의 연구에도 보완해야 할 점이 매우 많다. 그 가운데 대표적인 것이 농촌 계몽의 실체에 관한 것이다. 특히 농촌 계몽의 주체가 누구인가에 따라 계몽 운동의 성격도 매우 달라진다. 이를 고려할 때 노동자·농민 대상의 계몽 정책과 운동에 대한 종합적인 접근이 시도되어야 할 것으로 보인다.

넷째, 계몽 운동의 도구로 사용된 교재에 대한 연구이다. 이 분야의 선행 연구는 교과서 연구나 국어 교육사 또는 야학 교재 연구의 차원에서 진행되어 왔다. 교과서와 국어 교육사의 차원으로 접근한 성과로는 박붕배(1987), 이종국(1992), 윤여탁 외(2005) 등이 대표적이다. 이들 성과에서는 근대 계몽기 이후 교과서 발행 실태를 조명하는 데 중점을 두었다. 그렇기 때문에 계몽 운동 교재만을 별도로 연구한 것은 아니다. 이에 비해 김형목(2005), 조정봉(2007), 김민남(1999), 배수찬(2006) 등은 야학 운동의 교재로 한정하여 연구를 진행하였다. 또한 일제 강점기 언론사를 중심으로 한 문자 보급 교재에 대한 정진석(1999)도 주목할 만하다. 그러나 선행 연구를 종합해 볼 때, 계몽 운동 교재나 문자 보급 교재에 대한 연구는 기초 연구가 충분하지 않다. 그 주된 이유 가운데 하나는 계몽 운동 교재에 대한 인식 부족 때문으로 보인다. 예를 들어 각 대학 및 국립 또는 공립의 도서관에서 '농민독본'이나 '문자 보급 교재'를 수집·정리·보관하는 예가 많지 않다. 그뿐만 아니라 개인 차원에서도 이와 같은 자료를 수집하는 일이 쉽지 않다. 특히 대부분의 자료가 노동자·농민을 대상으로 한 것이어서, 이 자료를 보관하는 사례도 많지 않다. 그렇기 때문에 발행 실태 확인조차 쉽지 않다.

이와 같은 상황에서 계몽 운동 교재 수집과 정리는 기초 작업부터 다시 진행할 필요가 있다. 현재까지 연구진에서 확인한 바에 따르면, 근대 계몽기의 『노동야학독본』, 『유년필독』, 『교육월보』, 일제 강점기의 일부 농민 독본류, 노농 독본류, 문자 보급 교재 정도가 알려져 있는 것으로 보인다. 다만 독본류를 집중적으로 연구한 구자황·문혜윤(2012)의 독본 자료 영인 사례가 있고, 허재영 해제(2012)의 '계몽 운동·문자 보급 자료 총서' 영인 사례가 확인된다. 구자황·문혜윤(2012)의 자료집은 계몽 운동만을 대상으로 한 것은 아니다. 그렇기 때문에 이 자료집에는 『시문독본』(최남선, 1922), 『문예독본』(이윤재, 1931), 『어린이독본』(새벗사, 1928), 『이십세기 청년독본』(태화관, 1922), 『중등조선어작문』(조선문교원회, 1928), 『조선어작문학습서』(박기혁, 1931), 『신체미문 시문 편지투』(조선시문연구회, 1936)가 들어 있다. 후자의 자료집은 계몽 운동에 초점을 맞춘 것으로 〈근대 계몽기 노동 야학과 성인 강습 자료: 노동야학독본, 노성인강습용 목민집설, 경상북도 내무부 잠업지남〉, 〈작문법과 근고문선: 실용작문법, 학생자작 일선신작문법, 실지응용작문대방, 근고문선〉, 〈농민독본 및 갱생 운동: 조선어독본, 부인강습회 강의록, 농정신편, 구황지남〉 등이 실려 있다. 이처럼 교재에 대한 연구는 2010년 이후 기초 연구가 본격적으로 이루어지기 시작하고 있으며, 아직까지는 충분한 성과를 거두었다고 보기 어렵다.

4. 연구의 지향점

한국 근현대 학문 형성과 계몽운동에 대한 선행 연구를 종합해 보면, 학문 분야별 또는 특정 주제별 연구 성과는 매우 풍요롭다고 볼 수 있다. 그럼에도 선행 연구는 대부분 '역사학', '한국문학', '국어학', '철학', '사상사', '인물사', '특정 교과의 역사' 등으로 한정되는 경향이 있다. 근대의 학문 형성이나 이를 기반으로 한 계몽운동의 전개 과정은 특정 분야나 인물을 중심으로 규명하기 어렵다. 근대의 개념이나 근대성을 규정하기 위해서는 여러 학문을 아우를 수 있는 기초 자료의 구축이 중요하다. 이 점에서 사회과학의 양적 방법론이 적용될 필요가 있다. 사회과학의 제반 분야나 사회학과 인문학이 합쳐진 다수의 학문 분야에서는 비록 힘든 작업일지라도 양적 방법론을 고수하는 경우가 많다.

자료에서 도출된 객관적인 데이터를 가급적이면 몰가치적으로 해석하고자 하는 셈이다. 이는 언어 연구도 마찬가지이다. 사회언어학의 주된 방법 가운데 하나는 양적 계량화이다. 기초 자료를 정리하고 분류하며, 그것을 데이터화하는 작업은 근현대 학문 형성과 지식 유통, 이를 기반으로 한 계몽운동사를 규명하는 과정에서 반드시 거쳐야 할 작업이다. 이 점에서 기초 자료는 최대한 전수 조사를 하는 것이 바람직하다.

양적 연구의 몰가치성은 때때로 가치를 배제한 연구라는 비판을 받는다. 그런데 '학문과 지식', '계몽'이라는 키워드는 본질적으로 가치를 내재한 용어들이다. 이 점은 근현대 학문 형성과 계몽운동의 가치를 연구하는 과정에서 질적 연구가 필요한 이유가 된다. 달리 말해 '근대의 학문 정신은 무엇일까?', '계몽운동의 실태에서 찾아낼 수 있는 가치는 무엇일까?', 그리고 이 연구를 통해 '오늘날 한국 사회에서 필요로 하는 의식(또는 사상)은 어떤 것이어야 할까?' 등을 밝혀내지 못한다면, 몰가치성에 대한 비판을 벗어나기 어렵다. 이 작업은 결코 쉬운 일이 아니다. 그렇지만 어려운 과정을 거쳐 찾아낸 의식은, 개항 이후 근 150년의 세월이 흐른 지금도 한국 사회 곳곳에 내재된 전근대적 사유나 행동양식을 벗어나게 하는 토대가 될 수 있다.

제2장 한국 근대 학문 형성과 발달 방향

허재영

1. 학문사에서의 근대

한국 학문사에서 '근대'라는 용어가 언제부터 사용되었는지를 확인하는 일은 쉽지 않다. 1881년 조사 시찰단의 한 사람으로 일본에 파견되었던 조준영의 『문부성소할목록』[1]의 '대학 법리문 삼학부(大學法理文三 學部)'의 '교과세목(敎科細目)' 가운데 '철학' 교과목으로 "제3년은 근대 심리학·철학 관련 결과의 대요를 강의하여 생도로 하여금 도의학 연구에 전념하게 한다."[2]는 기록이 등장하는 것으로 볼 때, 이 시기 일본에서 '근대심리학'이라는 용어를 사용했던 것으로 보인다. 이 기록 이외에도 박영효(1888)의 '건백서(建白書)'[3]에도 "예전의 성시에 문명이

---

1) 허동현(2004), 『조사시찰단자료집』, 국학자료원.
2) "第三年講近代心理學·哲學之緊坊結果之大要, 而後使生徒, 專研究道義學."
3) 박영효(1888)은 『日本外交文書』第21卷(明治 21年) 事項 10 朝鮮國 關係 雜件에 실려 있는데, 국사편찬위원회(2011), 『한국근대사 기초 자료집 2: 개화기의 교육』(탐구당)에서 재

아닌 것이 없으나 근대에 이르러 구주(歐洲)에 뒤쳐지고 양도하는 것은 무슨 까닭입니까."4)라는 표현이 들어 있는 것으로 볼 때, 1880년대에도 '근대'라는 용어가 사용되었음을 알 수 있다.

그러나 이 시기 각종 학문과 지식을 소개하면서 '근대'라는 용어를 사용하지는 않았다. 서양 학문의 역사를 소개한『한성순보』나『한성주보』, 유길준(1895), 대조선재일유학생친목회의『친목회회보』, 독립협회의『대조선독립협회회보』등에 등장하는 다양한 학문 담론에서도 이 용어는 거의 찾아보기 어렵다. 그런데 1906년을 전후한 '교육사' 관련 논문에서는 이 용어가 시대를 구분하는 용어의 하나로 쓰이기 시작한다. 예를 들어『조양보』제5호(1906.8)부터 제11호에 연재된 '태서교육사(泰西教育史)'에서는 '제5장 문학 재흥의 근대(文學再興之近代)'와 '제6장 교육개량의 근대(教育改良之近代)'를 설정하였다. 이 부분의 일부를 살펴보면 다음과 같다.

【 제5장 문학재흥의 근대(第五章 文學再興之近代) 】

近世文物之開明과 教育之昌盛이 其源이 發於十六世紀 文學再興之時 故로 欲述 近世 教育史인딕 須先述 文學再興之情狀也니, 當中古暗世之末에 幽微之光이 点点發生於歐洲諸地ᄒ니 如何 阿拉比亞人의 學問은 在黑闇歐洲之邊疆ᄒ야 發光이 頗明이나 然이나 爲歐洲文學再興의 近因者ᄂ 則在阿拉比亞而在君士坦 丁諾泊兒之亡滅하니 卽 第四紀 君士坦丁帝의 所立ᄒ 東羅馬帝國이 至千四百十三年하야 爲土耳其人所滅也라. 其時 留居帝國하ᄂ 希臘學者가 其文學을 抱하고 遠遁(원둔)하니 是爲古代文學이 再移於意大利之原因하니 歐洲文學의 再興之端이 此에서 肇하니라.

수록하였음.

4) "古昔盛時, 非不文明, 然至于近代, 却讓歐洲者何也."

번역 근대 문물의 개명과 교육의 창성은 그 기원이 16세기 문학 재흥의 시기에서 발생한 까닭에 근세 교육사를 서술하고자 하면 먼저 문학 재흥의 상황을 서술해야 한다. 당시 중고 암흑시대 말에 작은 빛이 비추어 점점 구주 여러 나라에 발생하니 아라비아 인의 학문은 흑암기 구주의 변방에서 빛을 발하여 비추었으나, 구주 문학의 재흥의 가장 밀접한 요인은 아라비아와 군사탄정제(君士坦丁帝, 콘스탄티노플) 정약박아(丁諾泊兒, 콘스탄티누스 11세)의 멸망에 있으니, 곧 4세기 군사단정제(콘스탄티누스 황제)가 세운 동로마제국이 1413년에 이르러 토이기에게 멸망되었다. 이때 제국에 거주하던 희랍학자가 그 문학을 안고 멀리 달아나니 이로 고대 문학이 이탈리아에 다시 이식되는 원인이 되었으니, 구주 문학의 재흥의 발달이 이로부터 시작되었다.

—조양사, '태서교육사', 『조양보』 제9호

이 설명에서는 '근대'가 '근세'와 혼용되었으며, 그 의미는 '중고의 암흑시대'와 대립하는 개념이었다. 그뿐만 아니라『소년한반도』제2호(1906.12)의 양재건 '자수론'에서는 '근대 철학가'라는 표현을 사용했으며, 『태극학보』제4호(1909.12) 전영작(全永爵)의 '학술상의 관찰로 상업 경제의 공황 상태를 논함'이라는 논문에도 '근대 경제'라는 표현이 등장한다. 이처럼 '근대'라는 용어는 '중고' 또는 '중세'와 대립하는 개념으로, '문명이 발달한 상태'를 뜻하는 말로 쓰이기 시작한 용어이다. 이는『대한흥학보』제3호(1909.5)의 '자치의 모범'에서 '근대 문명'이라는 표현에서도 확인되는데, '근대 경제'나 '근대 문명'은 정치, 경제, 문화의 차원에서 중세와는 달리 발달된 상태를 뜻하는 시대 용어였다.5)

---

5) 1900년대 학문사에서는 '근대'라는 역사 용어보다 '문명'을 기준으로 한 서술이 다수를 차지했다. 예를 들어 장계택(1906)의 「경찰지연혁(警察之沿革)」(『태극학보』제5호, 1906.12)에서는 경찰의 역사를 '야만시대의 경찰(野蠻時代之警察)', '봉건시대의 경찰(封建時代之警察)', '군주시대의 경찰(君主時代之警察)', '문명과도시대의 경찰(文明過度之時代警察)', '문명시대의 경찰(文明時代之警察, 自十七世紀로 至今世紀)', '일본유신 이후의 경찰

그럼에도 '근대'가 무엇을 의미하는지는 학계의 합일된 견해가 존재하지 않는 것으로 보인다. 이 점은 역사학계에서 '시대 구분 문제'나 '근대의 기점'에 대한 논의가 끊임없이 반복 논란이 되는 점을 통해서도 확인할 수 있다. 시대 구분이나 근대 기점 논의의 배경은 1993년 7월 한국역사연구회 대회의실에서 열린 '한국 근대의 기점 논의'라는 토론회에서도 찾아볼 수 있는데,6) 당시 사회자였던 이영호(과학기술대) 교수는 시대 구분 토론회를 갖게 된 배경이 '한국역사연구회 내부의 사정'과 '사회적·학문적 상황'에서 비롯된 것임을 밝혔다. 곧 전자는 한국사연구회가 '한국사의 과학적 체계화를 위한 연구 활동과 대중 활동'을 전개해 온 결과 『한국사강의』, 『한국역사』 등과 같은 성과를 낸 상황을 의미하며, 후자는 4.19혁명 이후 1967~1970년대 시대 구분 논쟁 이후 1980년대의 학문 사상 발전을 반영하는 시대 구분 이론이 충분히 진전되지 못한 상황을 의미하는 것이었다. 이 토론회는 '시대 구분 이론, 방법, 실제' 전반에 걸쳐 이루어졌는데, 역사학계에서 주목하는 시대 구분의 준거는 '사회구조와 경제', '국가의 역할', '자주성의 문제' 등이라고 할 수 있다. 특히 이 토론회에서 집중적으로 검토한 '자주성'의 문제는 한국 근대의 기점을 언제로 볼 것인가와 직접적인 관련을 맺는데, 역사학계에서 제기된 '1860년대 설', '1876년 설', '1894년 설' 등은 정치적인 면에서 각 시점별 자주성을 어떻게 부여할 것인가에 따라 설정된 기준이라고 볼 수 있다. 그런데 이 토론회에서 좀 더 주목되는 것은 역사학의 시대 구분 논쟁의 배경이나 내용이 모두 '한국사의 과학적 체계화'라는 표현을 기반으로 한 논쟁의 하나라는 점이다. 이는 '근대' 논의가 곧 '과학'이라는 용어 속에서 해결되어야 할 과제임을 뜻

(日本 維新以從之警察)'의 여섯 단계로 설명하였다. 이 구분에서 '군주시대'와 '문명과도 시대'는 '봉건시대'에 이어져 있으므로 '근세'에 해당하는 시기로 볼 수 있으며, '문명시대'는 '근대'로 볼 수 있을 것이다.

6) 도진순 외(1993), 「한국 근대의 기점 논의」, 『역사와 현실』 9, 한국역사연구회, 179~204쪽.

한다.

선행 연구에서 '근대'는 역사학 이외에 '사상사'와 '철학', '문학', '경제학' 분야에서 많은 논의가 이루어졌다. 특히 사상사의 관점에서 '근대사상'은 '과학사상'과 밀접한 관련을 맺고 있는데, 송건호(1973)에서는 '사상의 과학성'이 '논리적 이론성'을 기반으로 한다고 규정하고, '종교성'과 대립하는 개념이자, '직관적·감성적 인식'과 대립하는 개념이라고 설명한 바 있다. 이 부분을 인용하면 다음과 같다.

【 사상의 과학성 】

과학성이란 첫째 종교성과 대립된다. 과학적이라는 것은 인식적인 것인데, 종교적이라는 것은 신앙적인 것이다. 신앙이 지식이 아님은 말할 것도 없다. 과학은 '체계적인 지식'이기를 그 자체가 요구하고 있다. 그리고 지식이란 단순한 사변적인 것이 아니고 무엇인가 대상의 지식이며, 따라서 객관적 지식이다. 즉 하나의 인식이다. 지식은 또한 체계성을 가진 것이 아니면 안 된다. 왜냐하면 객관적 존재는 개개가 서로 분리 고립되어 있지 않고, 일정한 질서와 일정한 통일을 가진 즉 체계적이며 법칙을 가진 것인데 지식-인식이란 곧 이 법칙을 파악한 것이기 때문이다. (…중략…)

과학성이란 다음으로 사유적 인식이 아니면 안 된다. 단순히 직관적 감성적 인식은 아직 과학이 아니다. 감성적인 규정은 개별적이며, 사유적인 규정은 보편적이다. 감각은 개별적인 것이지만 사유는 이 개별적인 것의 필연적인· 전체적(보편적) 연관 즉 제현상(諸現象)의 법칙, 객관적 존재의 조직 체계를 인식하는 것이다.[7]

---

7) 송건호(1973), 「한국 사상의 과학화 문제」, 한국사상사연구회 편, 『한국사상사총서』 3, 경인문화사.

이 설명은 '과학'과 '학문', '근대'가 어떤 관련을 맺고 있는지를 비교적 명료하게 진술하고 있다. 달리 말해 '과학'은 '객관적 지식의 체계이며, 보편적 인식 체계'이다. 이러한 의식이 발생하고 보편화된 시기가 사상면에서 '근대기'라고 할 수 있다. 이 점은 천관우(1990)의 '한국의 근대사상에 대하여'라는 논문에서도 확인된다. 이 논문에서는 "근대 사상사라고 할 때 흔히 암묵적 전제로 삼고 있는 서양 근대 사상사가, 르네상스로부터 비롯하여 예컨대 베이컨·데카르트를 거쳐 혹은 홉스·로크를 거쳐 줄기찬 자체 논리의 발전으로 이루어지는 일련의 구성"[8]을 이루고 있음을 전제로 한국의 근대 사상사를 논의한다. 이러한 전제에서 천관우(1990)에서는 전통사상의 근대화와 서양 사상의 토착화를 적절하게 표현하기 위해 '근대 사상사'라는 용어 대신 '근대 지향적 사상의 역사'라는 표현을 사용하기도 하였다. 이는 곧 서양적인 개념에서의 '근대'를 적용하는 것보다 '근대적인 성격'을 기준으로 사상사를 기술하는 것이 타당하다는 판단이 작용한 것으로 볼 수 있다.

'근대적인 성격', 곧 '근대성' 논의는 황성모(1986)에서도 찾아볼 수 있다. 지성의 근대화를 논한 이 저서에서는 "근대적인 것이란 무엇인가?"라는 질문 아래 "근대성이란 과학 기술 발전과의 직접적인 관계 속에서 발생한 개념"이라고 규정하고 있다.[9] 이러한 관점에서 과학 기술은 현실 인식과 가치관의 변화를 유발한다. 황성모(1986)에서 관심을 가진 '근대화 과정'은 두 가지 차원이었는데 하나는 '자유주의적 근대화론'이며 다른 하나는 '집단주의적 근대화론'이었다. 전자는 자연법 사상의 발생과 인간 해방의 결과로 만들어진 사회관계, 공동의 이익, 개인의 의지 등에 주목하는 관점이며, 후자는 독일의 관념철학과 계급 이론의 국가 사회관을 주목한 관점이라고 할 수 있다.

---

8) 천관우(1990), 「한국의 근대 사상사에 대하여」, 『한국의 근대사상』 6, 삼성출판사.
9) 황성모(1986), 『지성의 근대화』, 서울대학교 출판부.

이처럼 '근대화'와 '근대성'은 과학기술과 개인의 의식, 국가와 사회, 이를 뒷받침하는 사회 구조와 경제 문제 등이 종합적으로 작용하는 개념이다. 특히 인간의 삶과 밀접한 관련을 맺는 경제 문제는 근대성 논의에서 중요한 의미를 갖는데, 신용하(2006)에서는 '경제적 근대화'를 "중세적 봉건적 경제 조직과 생산방식으로부터 산업자본주의 공업화의 달성"을 가리키는 개념10)으로 규정한 뒤, 일제 강점기가 근대화 과정이었는가를 해명하고자 하였다.

이상과 같이 '근대'는 '과학기술', '사상', '개인의 의식', '사회구조', '경제' 등이 종합적으로 작용하는 개념이며, 이는 송건호(1973)의 논의와 같이 '과학', 곧 '체계적인 지식', '필연적이고 보편적인 법칙'을 탐구하는 학문 정신에서 비롯된 것이다. 달리 말해 학문사에서의 근대는 단순한 경험이나 비합리적·종교적 인식을 벗어나 과학적인 지식 체계를 탐구하는 시대를 의미하며, 학문사에서 근대의 기점은 이러한 인식과 방법이 언제부터 시작되었는가를 의미하는 개념으로 정리할 수 있다.

2. 학문의 목적과 방법에 대한 자각

2.1. 학문의 목적

한국의 전통 학문이 '수기치인(修己治人)'을 이념으로 한다는 사실은 소광희(1994)에서도 언급된 바 있다. 동양 고전인 『대학』에서 '큰 학문의 도'가 '명덕(明德)'을 밝히고 '신민(親民)'하며, '지선(至善)'에 이르게 하는 데 있음을 명시한 것처럼, 소학의 도나 학교의 모범이 '수기(修己)'

---

10) 신용하(2006), 「일제 '식민지 근대화론'과 식민주의 사관 비판」, 『일제 식민 정책과 식민지 근대화론 비판』, 문학과지성사.

를 바탕으로 한 '치인(治人)'의 원리를 추구하고자 하였다. 『소학』에서 '내칙(예기)'을 근거로 자상하고 인혜롭고 온화하고 어질고 공순하고 조심하고 삼가고 말이 적은 사람을 구하여 자식의 스승을 삼게 하는 일로부터 어린 아이의 나이에 따라 밥 먹는 방법과 말하는 태도, 헤아리기와 방향과 처소의 이름을 알기, 사양하는 방법과 날짜 세기, 스승을 모시고 육예를 배우기, 관례와 혼인, 벼슬하기와 물러나기를 서술한 것[11]은 수기치인의 학문 방향을 구체적으로 제시한 예이다. 이는 율곡의 『격몽요결』에서도 찾아볼 수 있는데, 이에 따르면 "배우는 자는 항상 이 마음을 보존하여 사물이 이기는 바가 되지 않게 하고, 모름지기 이치를 궁리하여 선을 밝힌 연후에야 마땅히 행할 도가 뚜렷하게 앞에 있어 진보하게 된다. 그러므로 도에 들어가는 데 이치를 궁구하는 것보다 더 먼저 할 것이 없으며, 이치를 궁구하는 데 있어 독서를 하는 것보다 먼저 할 것이 없으니, 이것은 성현의 마음을 쓴 자취와 선악의 본받을 만한 것, 경계할 만한 것이 모두 책에 있기 때문이다."[12]라고 하였다. 곧 학문은 마음가짐을 바르게 하는 데서 시작한다는 것이다.

학문사에서 근대성을 논의하는 사람들은 대부분 마음을 보존하는 한국 또는 동양의 학문적 전통과 대비하여 서양의 학문이 사물에 대한 보편적 인식을 중시한다는 점을 강조한다. 그렇기 때문에 '근대'에 관한 논의는 어느 학문 분야이든 '서양'과의 관계에서 시작되는 경향이 있다. 예를 들어 이태진(1994)에서도 한국의 학문적 전통을 논의하면서, 오늘날 우리의 학문 체계는 거의 서양 것에 의존하고 있으며, 그러한 현상은 19세기 말엽 이후 서양의 물질문명의 우위에서 출발한 것으로 설명한다.[13] 또한 근대 학문 체계의 성립 과정을 논의한 김재현(2002)

---

11) 『소학』 권1 '입지'.
12) 민족문화추진회(1968), 『국역 율곡집』 1 '격몽요결', 민족문화추진회.
13) 이태진(1994), 「한국의 학문적 전통과 서양 학문에 대한 반응」, 소광희 외, 『현대의 학문 체계』, 민음사.

에서도 서양 철학의 수용 과정을 논의하는 자리에서 기라타니 고진의 "근대는 항상 '서양'과 혼동되고 있다. 서양에도 근대와 전근대가 존재하는 이상, 근대란 당연히 서양과 별개의 개념이지만 근대가 서양에 기원을 갖는 이상, 양자를 간단히 분리할 수 없기 때문이다."라는 진술을 인용하고 있다.[14] 기라타니 고진이나 김재현의 표현처럼 학문사나 사상사에서 근대는 서양과 밀접한 관련을 맺고 있으며, 특히 한국과 일본의 학문·사상사는 더욱 그러하다. 그럼에도 한국 학문사에서 김재현(2002)의 논의처럼, '근대'가 서양적인 것만을 의미할 수 없는 까닭은 서양 학문의 근대성이 한국을 비롯한 동서양 모두에 적용될 수 있는 개념이기 때문이다. 그 중 하나가 '학문은 왜 하는가?'라는 자기반성의 태도이다.

조동일(1997)에 따르면, 현대 학문의 관점에서 학문론의 성과에 대한 반성의 목소리가 본격화된 시점은 1990년 전후로 볼 수 있다. 관점에 따라 다른 견해가 존재할 수도 있지만, 조동일(1997)에 따르면 서울대학교 인문학연구소 편(1984)의 『인문과학의 새로운 방향』(서울대학교 출판부)이 출간된 이후 1990년대 다종의 학문 반성론 관련 서적이 출현하였다.[15] 이러한 반성은 주로 학문 태도와 관련된 것이거나 서양 의존적인 글쓰기를 반성하는 차원, 그로부터 파생된 오늘날 한국의 학문 체계와 내용 등을 반성하는 데 초점을 맞추고 있다. 학문 연구 방법과 그 결과

---

14) 김재현(2002), 「근대적 학문 체계의 성립과 서양 철학 수용 과정」, 『한국문화연구』 3, 이화여대 한국문화연구소, 115.

15) 조동일(1997), 『인문학문의 사명』, 서울대학교 출판부. 이 책에서는 서울대학교 인문학연구소 편(1984)의 『인문과학의 새로운 방향』(서울대학교 출판부), 경상대학교 인문학연구소 편(1993)의 『새로운 인문학을 위하여』(백의), 경상대학교 인문학연구소 편(1994), 『현대의 새로운 패러다임과 인문학』(백의), 소광희 외(1994)의 『현대의 학문 체계』(민음사), 한국산업사회연구회 편(1994)의 『현대 한국 인문사회과학 연구사』(서울아카데미), 성균관대학교 인문과학연구소 편(1995)의 『인문과학의 이념과 방법론』(성균관대학교 출판부), 김영민(1996)의 『탈식민지성과 우리 인문학의 글쓰기』(민음사), 김정근 편(1996)의 『학술 연구에서 글쓰기의 혁신은 가능한가』(한울아카데미) 등을 학문론 반성의 성과로 제시한 바 있다.

에 대한 반성적인 접근은 공시적인 차원뿐만 아니라 통시적인 차원에서도 꼭 필요하다. 그렇기 때문에 각 학문 분야에서 근대성을 규명하고자 하는 노력이 지속적으로 이루어져 왔다. 국문학과 철학, 국어사와 교육사, 과학사, 사회학사, 예술사 등의 제반 분야에서 근대의 특징을 규정하고, 언제부터 그것이 시작되었는가를 밝히는 데 힘을 쏟는다. 그렇지만 학문 전분야를 통괄하여 근대의 성격을 규정하는 일은 좀처럼 시도된 일이 없으며, 또 가능해 보이지도 않는다.

그럼에도 근대에는 전통적인 수기치인의 학문과는 다른 차원에서 학문의 가치를 주장하는 논리가 대두되었음을 확인할 수 있는데, 그 중 하나가 '학문의 본질'에 관한 것이다. 이러한 논의는 갑오개혁 직후 파견된 관비 유학생들의 논설에서 찾아볼 수 있는데,『친목회회보』제1호에 수록된 다음 논설을 살펴보자.

【 대조선재일유학생 친목회의 『친목회회보』 소재 학문론 】

ㄱ. 人이 志를 立호고 氣를 養호야 學問을 勉勵호며 知識을 擴張호야 君에 忠호고 國을 愛호는 實際에 應用호면 天下에 難事가 無호리니 今에 吾人이 惟我, 大君主 陛下의 聖旨를 欽奉호며 政府의 明訓을 遵循호야 日本에 留學홈은 無他라. 文明開化의 實學을 講究호며 國家 政治의 時務를 鈞致호고 外邦에 新政이 可用者와 美俗의 可尙者가 有호거든 隨意 酌量호야 將來의 實用을 自期홈이니 萬一 學問을 徒事호고 志氣를 不立호면 國을 爲호야 寅協홈에 妨害가 或有호고 路를 當호야 試用홈에 實效가 必無호리니 故로 居常에 念念호되 何以則 吾君의 聖德을 對揚호야 萬世의 皇基를 鞏固케 호며 何以則 吾國의 政柄을 贊補호야 四隅의 民心을 悅服케 호리오 호야 沉深 弘毅흔 本志를 確立호고 勇武不屈흔 正氣를 養成호야 其國의 有홈을 知호고 其身의 有홈일 忘홈이 臣子의 職分이요 男兒의 事業이라.

번역 사람이 뜻을 세우고 기를 양성하여 학문을 힘쓰며 지식을 확장하여 임금에 충성하고 나라를 사랑하는 실질적인 일에 응용하면, 천하의 어려운 일이 없을 것이니, 지금 우리들이 오직 우리 대군주 폐하의 성지를 흠선하고 받들며 정부의 훈령을 준수하여 일본에 유학하는 것은 다름이 아니다. 문명개화(文明開化)의 실학을 강구하며 국가 정치의 시무를 구하고 외국의 새로운 정치에서 쓸 만한 것과 미풍양속에서 숭상할 만한 것이 있으면 이에 따라 살펴 앞으로의 실용을 스스로 기약하고자 함이니, 만일 학문에 종사하고 지기를 세우지 않으면 나라를 위해 협력 운용하는 데 방해가 있고 앞길을 헤쳐 나가는 데 실효가 없을 것이다. 그러므로 일상생활에 염염하되 어찌 우리 임금의 성덕을 높여 만세의 황국 기틀을 공고하게 하며 어떻게 하여 우리나라 정부의 기틀을 보조하여 사해 민심을 열복케 할 것인가를 생각하여 깊고 넓은 본뜻을 확립하고, 용감하고 굽히지 않는 바른 기운을 양성하여 나라가 있음을 알고, 자신을 잊는 것이 신하된 자의 직분이요, 남아의 사업이라.

―여병현(呂炳鉉, 1896), '권학입지론(勸學立志論)', 『친목회회보』 제1호

ㄴ. 大工이 屋을 營營홈에 몬저 材木을 裁斷ᄒᆞ야 結構ᄒᆞᄂᆞᆫ 時의 尺寸도 違홈이 無홈은 其規距繩墨의 料算이 已有ᄒᆞᆫ 바라. <u>治國ᄒᆞᄂᆞᆫ 理</u>가 엇지 此에 異ᄒᆞ리오. 今에 五洋과 六洲의 風帆烟輪이 橫縱紆着(횡종우착)ᄒᆞ야 朝에 東ᄒᆞ고 暮에 西ᄒᆞ야 治律商工을 互相通規홈에 此時에 迨(태)ᄒᆞ야 能히 厥國을 富强ᄒᆞ고 其治를 <u>文明</u>에 就ᄒᆞ지 못ᄒᆞᄂᆞᆫ 者ᄂᆞᆫ ᄌᆞ못 結構의 疎虞ᄒᆞᆫ 바라. 留學ᄒᆞᄂᆞᆫ 者도 맛당히 實地를 確充ᄒᆞ야 써 規距繩墨을 備ᄒᆞᆫ 後에 結構를 謀홀지니 巧ᄒᆞ고 拙홈이야 엇지 學問의 有ᄒᆞ리요.

번역 큰 목수가 집을 지을 때 먼저 재목을 재단하여 결구할 때 한 자라도 어긋남이 없는 것은 먹줄의 규거를 계산하기 때문이다. 치국하는 도리가 어찌 이와 다르겠는가. 지금 오대양과 육대주가 화륜선과 기차로 종횡 도달하여 아침에 동편에 있고 저녁에 서쪽에 도달하여 정치 법률 상공을 서로 통하는 이 때에 능히 그 나라를 부강하게 하고 그 정치를 문명에 나아가게 하지 못하는 자는 자못 결구가 소홀할 까닭이다. 유학하

는 자도 마땅히 실지를 확충하여 승묵의 규거를 갖춘 연후에 결구를 꾀할
것이니 교하고 졸함이 어찌 학문에 있겠는가.

　　　　—이하영(李廈榮, 1896), '학문(學問)', 『친목회회보』 제1호

　　두 편의 글은 전통적인 학문 이념인 '수기치인'이 '지식 확장', '충군애
국', '치국의 이치', '문명개화'의 도구로 변화해 가는 과정을 보여준다.
이때 사용된 '지식'의 개념이 학문 이론이나 법칙을 의미하는 것인지는
확인할 수 없으나, 『친목회회보』에 수록된 다양한 분야의 학문 방법론
에 관한 논설은 이 시기 '지식'의 개념이 사물 현상에 대한 객관적 설명
을 목표로 한 이론과 법칙을 의미하는 것으로 해석할 수 있다.16)

　　이처럼 학문의 본질에서 '지식'이라는 개념이 도입되고 '직업의식'이
합쳐지면서17) '학문에 전념하는 사람'이라는 뜻의 '학자(學者)'라는 개
념이 생성된다. 『친목회회보』의 학문 담론에서 '학자'는 '기술자'나 '정

---

16) 차배근(2000)의 분석에 따르면 『친목회회보』에 수록된 기사 건수는 각 호당 대략 120건
내외이다. 총6호가 발행되었으므로 이 회보에 수록된 기사는 대략 700건 정도로 추산할
수 있다. 이 건수는 내보와 외보 학회 관련 기사를 모두 포함한 것이다. 이 가운데 학문
관련 논설 또는 논문으로 분류할 수 있는 것은 150편 정도이다. 이 가운데 남순희(南舜熙)
의 「입지권학론(立志 勸學論)」, 윤나현(尹那鉉)의 「지학설(志學說)」, 박병구(朴炳龜)의 「분
발론(奮發論)」, 여병현(呂炳鉉)의 「근학설(勤學說)」(제1호), 고의준(高義駿)의 「사물 변천
의 연구에 대한 인류학적 방법」, 김용제(金鎔濟)의 「본회취지(本會趣味)」, 장태환(張台煥)
의 「지학론(志學論)」, 농구자(弄球子)라는 필명의 「일견이 백문의 우열」(제2호), 신해영
(申海永)의 「면학의 호시기(好時機)」, 홍석현(洪奭鉉)의 「실행적·부실행적, 진보적·퇴보
적, 국민적 대문제」, 지영준(池永俊)의 「학문(學問)의 공효(功效)」, 남순희(南舜熙)의 「국
실진취(國實進就)의 여하(如何)」, 원응상(元應常)의 「학문의 연구(研究)」(제3호), 이면우
(李冕宇)의 「학문 실행과 허식(虛飾)의 이해(利害)」, 김홍진(金鴻鎭)의 「만각론(晩覺論)」
(제4호), 신해영(申海永)의 「환성옹(喚惺翁)의 설(說): 변화 기질(變化氣質)의 사대 중요
(四大重要)」(제5호) 등은 이 시기 유학생들의 학문에 대한 인식을 보여주는 논설이다.
17) '직업'은 '생계를 위하여 행하는 일'을 의미한다. 직업의식은 각자가 자신이 맡고 있는
일에 대해 어떤 태도를 보이는가를 의미하는데, 직업이 분화되고 직업의식이 확립되는
과정은 자본주의 체제에서 이루어지는 분업과 밀접한 관련이 있다. 『친목회회보』에도
'직업'이라는 용어는 빈번히 등장하는데, 대체로 사회 구성원의 일원으로서 책임을 강조
할 때 이 용어가 쓰이고 있다. '직업'이라는 용어가 교과서에 등장하는 것은 1896년 학부
에서 발행한 『심상소학(尋常小學)』 권2의 24과 '직업(職業)에는 귀천(貴賤)이 업는 거시라'
부터이다.

치가' 등의 부류가 설정되는 것과 같이 '공부를 업으로 하는 일군의 사람들'을 범칭하는 용어로 쓰였다. 예를 들어 제2호의 농구자(弄求子)라는 필명의 '백견(一見)과 백문(百聞)의 우열(優劣)'에서는 "수많은 사람마다 몇 천 몇 백년간에 이르도록 경험하고 실제 거쳐온 것은 학자와 기술가가 천사만고하여 발명한 자취의 실적을 한 권에 모아"[18]라는 표현처럼 문명개화를 추구하는 사람들로 '학자'와 '기술자'를 언급하고 있다. 그러나 이 시기 '학자'의 개념이 현대와 같이 '오로지 학문 업에 종사하는 사람'을 의미했던 것으로 볼 수는 없다. 그 이유는 해외에 공부하러 가는 사람을 뜻하는 '유학생(留學生)'도 '유학(留學)하는 사람' 곧 '유학자(留學者)'로 표현했기 때문이다. 그뿐만 아니라 이 시기 '학자'는 '학문 업에 종사하는'이라는 의미보다 '공부하여 한 사회를 이끌어 갈 사람'이라는 의미가 강했다.[19] 그럼에도 사회 분화에 따라 '학자'를 '천직(天職)'의 하나로 인식하는 논의가 출현하기 시작했다. 다음 논설을 살펴보자.

【 人生 各自에 關ᄒᆫ 天職 】

此에 硏究코저 ᄒᆞᄂᆞᆫ 바ᄂᆞᆫ 社會國家의 耳目이 되ᄂᆞᆫ 學者 紳士의 天職이 在ᄒᆞ며 ᄯᅩ 一般 人類에 對ᄒᆞᆫ 關係ᄭᅡ 如何ᄒᆞ며 天職을 完全히 ᄒᆞᄂᆞᆫ 途 如何ᄒᆞᄂᆈ ᄒᆞᄂᆞᆫ 問題를 解決코저 홈이라. 大抵 學者 紳士라 云홈은 如何ᄒᆞᆫ 意味뇨. 無他라. 一般 人類에 對ᄒᆞ야 一種 關係的 品位를 賦與ᄒᆞᆫ 딕로 從來ᄒᆞᆫ 名稱 資格이라. 그러ᄂᆞ 學者 紳士의 天職을 論코저 ᄒᆞ면 몬저 元來 人生이 社會 國家에 對ᄒᆞᆫ 天職이 무어시냐 ᄒᆞᄂᆞᆫ 疑問을 解釋홀 必要ᄭᅡ 有ᄒᆞ고 人生이 社會 國家에 對ᄒᆞᆫ 天職을 論ᄒᆞ야면 人生 各自의 關ᄒᆞᆫ 天職이 무어시뇨.

---

18) 농구자(弄求子), 「一見과 百聞의 優劣」, 『친목회회보』 제2호. "今의 文明社會의 書籍과 名利器가 有ᄒᆞ야 古今 幾多의 人人이 幾千百年間의 至ᄒᆞ도록 經驗 實歷을 혼 거슨 學者와 技術家가 千思萬考上의 發明혼 成蹟 實得을 一卷 中의 收ᄒᆞ야 細大를 不遺ᄒᆞ고"

19) '학자'라는 의식, 곧 '지식을 소유한 사람'이라는 개념은 '계몽 담론'의 뿌리를 형성한 것으로 보인다. 이에 대해서는 뒤에서 좀 더 구체적으로 논의할 예정이다.

(…中略…) 盖 自我가 外界를 打克ᄒ고 此를 利用ᄒ고 ᄯ 外界的 奴隷를 免케 ᄒᄂ 一種의 技量을 養成ᄒ랴면 此實 文化敎育이라. <u>文化敎育은 理性을 有ᄒ 人生의 究竟 目的을 爲ᄒ야 最上의 手段이라</u> 否라. 만일 人生을 感覺的 生物의 一面으로 觀察ᄒ면 文化敎育은 도리여 人生의 目的이 된다 謂치 아니치 못ᄒᆯ지라. <u>敎化ᄂ 人生 感受性에 對ᄒ야 無上ᄒ 至寶로라.</u> 如斯히 論來ᄒ면 吾人 人生이 自己의 本性도 一致融化를 得코저 ᄒ면 外界와 外界에 對ᄒ 觀念(卽 外界의 實相을 悟得ᄒᄂ 觀念) 等의 一致融化를 要ᄒᆯ지니 此를 兩個 方面으로 分ᄒ야 言ᄒ면 一은 <u>吾人 行爲의 意思와 永久的 價値를 有ᄒ 自由意思의 觀念과 一致ᄒᆷ이니 此를 道德이라</u> 云ᄒ고 一은 <u>吾人의 合理的 意思와 外界的 事物과 一致ᄒᆷ이니 此를 幸福이라</u> 云ᄒᄂ니라. (…中略…) 文化敎育의 進步ᄂ 人類의 面目이라. 哲學이든지 科學이든지 만일 此에 反ᄒ면 一毫의 價値가 無ᄒᆯ지라. 本述의 主眼도 此에 在ᄒ려니와 <u>文化敎育의 必要ᄂ 腐敗ᄒ 國民의 思想을 健全케 ᄒ고 ᄯ 靑年時代를 經過ᄒ야 學校敎育을 受ᄒᆯ 形便이 못되ᄂ 人生에게 感化시키ᄂ 手段 中 가장 必要ᄒ도다.</u> (…中略…) 我京中에 多數의 會가 有ᄒ 즉 會마다 講談會를 設ᄒ고 愛國誠과 社會의 諸般事를 學問的 事實的으로 有志ᄒ 先覺者가 公衆의 感受性을 振起ᄒ면 國家 前途의 利害ᄂ 勿論ᄒ고라도 學者 紳士의 天職을 盡ᄒ든 ᄒ리로다. 特히 在內 先覺者에게 告ᄒᄂ니 此點에 一層 注意ᄒ시믈 希望ᄒ옵ᄂ이다.

> **번역** 이에 연구하고자 하는 바는 사회 국가의 이목이 되는 <u>학자 신사에게 천직</u>이 있으며, 또 일반 인류에 대한 관계가 어떠하며, 천직을 완전히 하는 길이 어떠한가 하는 문제를 해결하고자 함이라. 대저 학자 신사라고 일컫는 것은 어떤 의미인가? 다름이 아니라 <u>일반 인류에 대해 일종 관계적 품위를 부여한 대로 종래부터 사용되어 온 명칭이자 자격이다.</u> 그러나 학자와 신사의 자격을 논하고자 하면 먼저 원래 인생이 사회 국가에 대한 천직이 무엇인가 하는 의문을 해결할 필요가 있으며, <u>인생의 사회 국가에 대한 천직을 논하려면</u> 인생 각자에 관한 천직이 무엇인가

(…중략…) 대개 자아가 외계를 극복하고 이를 이용하고 또 외계의 노예를 면하게 하는 일종의 기량을 양성하려면 이는 곧 문화를 교육해야 한다. 문화교육은 이성을 가진 인생의 궁극적인 목적을 위해 최상의 수단이 아닐 수 없다. 만일 인생을 감각적 생물의 일면으로 관찰하면 문화교육은 도리어 인생의 목적이 된다고 말하지 않을 수 없다. 교화는 인생의 감수성에 대한 더 없이 지극한 보배이다. 이처럼 논하면 우리 인생이 자기의 본성도 일치 융화하고자 하면 외계와 외계에 대한 관념(곧 외계의 실상을 깨우쳐 이해하는 관념) 등의 일치 융화를 필요로 할 것이니 이를 두 방면으로 나누어 말하면, 하나는 우리 행위의 의사와 영구적 가치를 가진 자유의사의 관념과 일치하는 것이니 이를 '도덕'이라 하고, 하나는 우리의 합리적 의사와 외계의 사물과 일치함이니 이를 '행복'이라 한다. (…중략…) 문화교육의 진보는 인류의 참된 모습이다. 철학이든 과학이든 만일 이에 반하면 조금도 가치가 없다. 본 논술의 주안점도 이에 있으니 문화교육의 필요는 부패한 국민의 사상을 건전케 하고 또 청년시대를 지나 학교 교육을 받을 형편이 못 되는 사람들을 감화시키는 수단 가운데 가장 필요하다. (…중략…) 우리 서울에 다수의 학회가 있으니 곧 회마다 강담회를 설시하고 애국성과 사회의 제반 일을 학문적 사실적으로 뜻있는 선각자가 공중의 감수성을 떨쳐 일으키면 국가 앞날의 이해는 물론 학자 신사의 천직을 다한다 할 것이다. 특히 국내의 선각자에게 고하노니 이 점에 일층 주의하시기를 희망하옵니다.

　　　　　　—전영작(1906), '인생 각자(人生各自)에 관(關)한 천직(天職)',
　　　　　　　　　　　　　　　　　　　　　　『태극학보』 제6호

　이 논설에서는 '학자'와 '신사'를 묶어서 '일반인'과 대립하는 개념으로 설정하였다. 이 글에서는 학자와 신사의 천직을 논의하기 전에 일반인이 지녀야 할 '사회·국가'에 대한 천직을 논의하면서 '자아가 외계를 극복하기 위한 방편'이 '교화'에 있으며, 교화의 수단으로 '문화교육'의 중요성을 내세우고 있다.[20] 특히 진보론적 관점에서 학자 신사가 문화교육을 이끌어야 한다는 주장은 근대 사상의 주된 특징 가운데 하나인 '계몽성'을 강하게 드러낸다. 이 논술에 드러난 바와 같이 '학자'는 '일반인과 관계적 품위를 부여한 종래부터 사용된 명칭'이다. 그러나 학문하는 사람을 일반인과 구별하여 인식한 점은, 문화교육을 이끌어 갈 주체로서 학자를 설정한 셈이다.

2.2. '과학적'인 연구 방법

한국 근대의 학문사에서 학자들은 '충군애국', '국가진보', '문명개화'를 이끌어 갈 계몽의 책임자로 인식되었다. 이 책임이 부여된 이유가 무엇인지에 대한 논의는 별개로 하더라도, 학자의 업을 인식한 것은 학자에게 이 책임을 완수하기 위해 '지식'이 필요하다는 담론을 이끌어낸다. 곧 학자에게 필요한 지식, 그것은 학문 연구의 결과이며, 이 결과를 얻기 위해 학문 연구의 방법을 찾아내야 하는 것이다.

'과학적인 연구 방법'은 학문 진보에서 매우 중요한 의미를 갖는다. 이에 대해 소광희(1994)에서는 '방법론의 승리'라는 명칭을 부여하였다. 곧 19세기 서양 학문의 발달은 자연과학의 승리가 아니라 방법론의 승리를 뜻하는 것이라는 말이다. 김영식(1994)에서는 과학사에 등장하는 과학의 방법으로 '일상 경험, 관찰, 실험' 등의 귀납적 방법과 '논리적·수학적 방법'을 중시하는 가설연역법이 존재함을 설명한 바 있다. 이 두 가지는 명시적이든 암시적이든 대부분의 학자들이 사용하는 지식

---

20) 이 논술에서는 인간이 이성적 존재임을 가정(입론)하고 이를 증명하는 방식을 취했는데, 자아를 '순적 무형의 자아'와 외계 또는 타물(他物)에 대한 '현실 실험적 자아'로 구분하고, 자기의 천직을 다하는 것은 '자아와 일치하는 일'이며, 따라서 인간은 자유의사를 가진 존재로 목적적이라는 설명을 부가한다. 이러한 논증 내용은 서양의 '공리주의'의 영향을 받은 것으로 볼 수 있는데, 이 시기 각 학회보에서 스마일스의 '자조론'이나 '용기론'을 역등했듯이, 이 논술도 영국의 공리주의의 논증 방식과 유사한 면을 지니고 있다.

탐구의 방법이다.[21] 이 두 가지 탐구 방법은 '근대성'의 특징인 '과학적 사유 방식'을 결정하는 요인이 된다.

우리나라에서 근대식 학문 연구 방법을 처음으로 소개한 것은 『한성순보』와 『한성주보』의 '서양 학문'에 대한 논설로 보인다. 『한성순보』에서는 다양한 지리, 지구 관련 지식뿐만 아니라 '성학원류(星學源流)'(제16호, 1884.3.27), '행성론(行星論)'(제20호, 1884.5.5), '논양기(論養氣)', '논경기(論輕氣)', '논담기(論淡氣)'(이상 제22호, 1884.5.25) 등의 과학 지식을 소개하고 있다. 이들 이론은 대부분 상해나 일본에서 발행된 격치학 관련 역술서를 지식원(智識源)으로 하고 있지만, 이 시기 학문 연구의 목적과 대상, 방법을 소개했다는 점에서 의미 있는 자료가 된다. 특히 제14호(1884.3.8)에 게재된 '태서문학원류고(泰西文學原流考)'는 서양의 학문 내력을 동양에서 찾고자 한 논문으로 격치학의 본질과 내용을 구체적으로 설명하고자 한 점이 특징이다. 특히 서양의 근대 과학 사상을 대변하는 격포래(格布萊, 케플러), 우돈(牛頓, 뉴튼), 알리류(戛里畱, 갈릴레오), 배사격(裴司格, 파스칼), 래포니자(萊布尼玆, 라이프니츠), 배근(培根, 베이컨), 달이온(達爾溫, 다윈) 등과 같은 학자들을 다수 소개하고 있다.[22] 이처럼 서양 학자를 소개하는 과정은 그 학자들이 추구했던 연구 방법을 자연스럽게 수반한다.

【 아리사다득리전(亞里斯多得里傳) 】

中西見聞錄 艾約瑟書云 當中國成周安烈王之世 爲泰西希臘國文學彌盛之時 耶蘇降生前三百八十四年 亞里斯多得里生於希臘國之斯大該納城. (…中略…) 亞此次之居於雅典約十有三年之久 所著之書甚多 其著有論鳥獸草木之學者 蓋亞力散大王意欲廣括鳥獸草木之學 乃命在亞細亞 希臘各地隨處所居

---

21) 김영식(1994), 『역사와 사회 속의 과학』, 서울대학교 출판부.

22) 서양 학문 소개는 『한성주보』의 「서학원류(西學源流)」(제52호, 1887.2.28), 「속 서학원류고(續西學源流)」(제53호, 1877.3.7)에서도 찾아볼 수 있다.

之漁者獵者牧者 及 圉人圃人校人數千 各察取鳥獸草木之狀 返報於亞 而亞力散大王復貨亞多金 欲其斯學日進 (…中略…) 故亞之察審旣精述 亦博其所作之書 分爲十種 一論詳審之理 二論無形之理 三辨駁之理 四詩學 五綱常六國政七賦稅 八格致 九造作 十岐黃

번역

중서견문록(中西見聞錄) 중의 애약슬서(艾約瑟書)에 실린 내용이다. 중국의 주(周)나라 안열왕(安烈王) 세대 무렵에 서양 그리스에 문학(文學, 학문)이 성하였다. 야소(耶蘇, 예수) 탄생 전 3백 84년 아리사다득리(亞里斯多得里, 아리스토텔레스)가 그리스의 사대해납성(斯大該拉城, 스타게이로스)에서 태어났다. (…중략…) 아리사다득리는 이로부터 13년간 아전(雅典, 아테네)에 머물면서 많은 저서를 남겼다. 그의 저서에는 새·짐승·초목에 관한 학설을 논했는데, 이는 아력산대왕(亞力散大王, 알렉산더 대왕)이 널리 새·짐승·초목에 관한 학문을 총괄하려고 아시아나 그리스 각국에 명하여 곳곳에 있는 어부·사냥꾼·목동과 어인(圉人, 마부)·유인(圃人), 교인(校人) 수천 명으로 하여금 각각 초목·새·짐승의 상태를 관찰하여 아리사다득리에게 보고하게 하고 알력산대왕은 그에게 다시 많은 돈을 주어 이 학문이 날로 발전하도록 하였다. (…중략…) 그렇기 때문에 아리사다득리의 관찰은 자세하며 정미(精微)했고, 저술 역시 많았다. 그의 저작(著作)을 열 가지로 나누는데 일은 상세한 이치를 논하는 것이며, 이는 무형의 이치를 논하는 것, 삼은 변박의 이치, 사는 시학, 오는 강상, 육은 국정, 칠은 부세, 팔은 격치, 구는 조작, 십은 기황(岐黃, 의술)이다.

—'아리사다득리전(亞里斯多得里傳)',[23] 『한성순보』, 1884.6.14

'각국 근사(各國近事)'에 실려 있는 이 전기문은 1872년 중국에서 발행된 『중서견문록(中西見聞錄)』[24]을 옮긴 것으로, 고대 그리스의 철학자

---

23) 번역문은 관훈클럽신영연구기금(1983)의 번역본을 참고하였음.

아리스토텔레스의 학문 세계를 소개하고 있다.[25] 이 가운데 '찰취조수 초목지상(조수와 초목의 상태를 관찰함)'과 '찰심기정구(관찰한 바가 정묘 하였다)'는 구절은 고대 그리스의 학문이 '관찰'에서 출발하였음을 보여 준다.

연구 방법론과 관련된 본격적인 진술은 유길준(1895)의 『서유견문』 (교순사)에 등장한다. 이 견문기 제13편에는 '태서 학술의 내력'과 '학업 하는 조목'을 소개하여, 서양 학문의 역사와 학문 분야를 체계적으로 소개하였다. 또한 1896년 3월 이후 일본에 관비 유학생이 파견된 뒤 '대조선재일유학생친목회'가 조직되어 『친목회회보(親睦會會報)』 제1호 ~제6호가 발행되었다. 이 회보에는 고의준(高義峻)의 '사물 변천(事物變 遷)의 연구에 대한 인류학적 방법'(제2호, 1896.3.15), 원응상(元應常)의 '학 문의 연구'(제3호, 1896.3.23), '개화의 삼 원칙'(제6호, 1898.4.9), 이면우(李 冕宇)의 '학문의 실행과 허식의 이해'(제4호, 1896.12.15) 등의 학문 방법론 과 관련된 논문이 수록되었다. 이 가운데 원응상(1896)은 '인류학적'이 라는 표현이 들어 있지만 연구 방법론적 차원에서 의미 있는 내용을 담고 있다.

【 事物變遷의 研究에 對흔 人類學的 方法 】

夫 事物 變化 研究흐는 디 三法이 有흐니 第一은 엇던 事物을 採흐야 其 性質를 調査흐고 此 性質의 幾分은 如何흔 事物이 有흔 事를 理論上으로 硏究흐야 得흔 事物에 付흐야 쏘 先進者를 追究흐야 漸漸 溯上흐야 本源을 探究흐는 法이라. 是를 推理的 方法이라 흐는 거시오, 第二는 엇던 事物에 關係흔 古今之事實을 別殊히 記錄흔 디 由흐야 知得홀 만흔 古今之事實을

---

24) 『중서견문론』은 1872년 8월 베이징(北京)에서 발행된 중국 근대 신문이다. 미국 선교사 마틴 윌리암슨(Martin, William Alexander Parson, 1827~1916, 중국명 丁韙良), 영국인 선 교사 요셉 에드킨스(Joseph Edkins, 1823~1905, 중국명 艾約瑟)이 주간을 맡았다.

25) 아리스토텔레스에 대한 기록은 성호 이익의 『성호사설』 권1 천문부에도 등장한다. 그러 나 그 기사는 단편적인 것이므로 학문적 성과를 소개한 것으로 보기는 어렵다.

集호야 年代順序를 列擧호야 多少 直接이 其 事物의 變化홈을 知호는 法이
니 是는 <u>歷史的 方法</u>이라. 第三은 諸人種에 付호야 過去 現在 事物 異同을
研究호야 如何흔 時節로 自호야 如何흔 時期에 移호얏는지 如何흔 時期之
事物은 轉호야 如何흔 時期의 事物이 도얏는지 이러흔 事를 比較上으로
推究호야 <u>年代之前後를 不拘호고 但 事物 變遷홀 만흔 途筋을 算出호는 法</u>
이라. 以上 <u>人類學的 方法</u>이라 記錄홈이 卽 此事也라.

번역 대저 사물 변화를 연구하는 데는 세 가지 방법이 있으니, 제1은
어떤 사물을 채집하여 그 성질을 조사하고, 이 성질의 일부분은
어떤 사물이 갖고 있는 것을 이론상으로 연구하여 얻은 사물에 대해, 또
앞선 사람이 연구한 방법을 따라 점차 소급하여 그 근본을 탐구하는 방법
으로, 이를 '추리적 방법'이라 하는 것이며, 제2는 어떤 사물과 관련된 고
금의 사실을 특별히 기록한 것을 근거하여, 이해하여 터득할 만한 고금의
사실을 모아 연대 순서를 열거하여 다소 직접 그 사물의 변화함을 아는
법이니 이는 '역사적 방법'이다. 제3은 모든 인종에 따라 과거, 현재 사물
의 같고 다름을 연구하여 어떤 때 시작하여 어떤 때 옮겨졌는지, 어떠한
시기의 사물이 변화하여 어떠한 시기의 사물이 되었는지, 이러한 일을
비교의 방법으로 추구하여 연대의 전후를 불구하고 단 사물 변천할 만한
도근(途筋,주요 과정)을 산출하는 방법으로, 인류학적 방법이라 기록한 것
이 곧 이것이다.

—원응상(1896), '事物變遷의 研究에 對흔 人類學的 方法',
『친목회회보』 제2호

이 논설에서는 사물 연구의 세 가지 방법으로 '추리적 방법', '역사적
방법', '인류학적 방법'을 제시하고, '의복 변천'을 예로 들어 의복이 변
화하는 이유를 '추리'하고, 의복 변천의 '역사'를 조사하며, 사회 진화에
따라 의복의 영향 관계를 추론하는 '인류학적 방법'이 적용될 수 있다
고 설명하였다. 추리적 방법의 기초가 되는 '조사', 역사적 방법의 기초

가 되는 '연대적 사실 열거' 등은 문제 해결의 기초 단계인 '기술(記述)'
과 밀접한 관련을 맺고 있으며, '도근'을 산출하는 일은 이론이나 법칙
을 만드는 일을 의미한다. 이러한 방법론을 바탕으로 원응상(1898)에서
는 '개화의 삼 원칙'을 상술하고 있는데, 이 삼 원칙은 '자연'과 '사회'의
개념과 영향, '개인'의 능력 등을 서술한 내용이다.

【 開化의 三 勢力 】

開化라 홈을 此世上에 誰가 不知ᄒ오릿가마는 太半 禿髮洋服으로 佛帽
나 戴ᄒ고 米靴나 納ᄒ고 時計 尺杖은 隨手不釋ᄒ야 自以謂 歐米 開化風에
一層 高尚ᄒ 듯 階級업시 自由나 說 ᄒ고 團合업시 獨立을 唱ᄒ야 外觀皮想
의 如此ᄒ 開化者는 도리혀 開化의 進路를 防遮ᄒ듸 ᄒ오. 大抵 開化라 홈
은 義經에 開物成務化成天下 八字를 引用略刪ᄒ야 듸만 開化라 名稱홈이니
此는 英語에 시ᄲᅵ리쓰슌(CIVILIZATION)의 意義를 探究ᄒ야 支那人이 意譯
ᄒ 바ㅣ요, 開化 二字의 意義를 存心致意ᄒ야 古今 天下 萬般 狀態를 回轉
思量ᄒ니 何代에 自然, 社會, 一個人 等 三勢力으로 人心力을 刺擊ᄒ야 狀態
를 左右치 아니흔 씩 업듸 ᄒ오. (力者는 有形物을 運動케 ᄒ는 바ㅣ를 謂
홈이니 物은 皆不動性이 有ᄒ야 外他力이 來着흔 後에 비로소 運動ᄒᄂᆞᆫ
바ㅣ라. 鐵丸을 飛去케 홈은 熱力이오 輪車를 馳去케 홈은 蒸氣力이오 音信
을 通케 홈은 電氣力이오 鍛鐵을 引홈은 磁石力이오 同質分子를 結合케 홈
은 凝集力이오 異質分子를 化合케 홈은 親和力이라. 人心도 亦然ᄒ야 外他
力이 來着흔 后에 運動ᄒᄂᆞ니 喜怒哀樂 憂思恐의 發홈과 或 穿山埋海馳車
運械ᄒ는 神變不測의 動홈은 다 自然의 勢力이라. 社會의 勢力과 一個人
勢力 等의 刺擊 來着홈으로 人心力을 成ᄒ는 거시오.) 此 三 勢力이 人類
刺擊ᄒ기를 時로 顯著흔 威勢를 作ᄒ기도 ᄒ고 時로 隱潛ᄒ야 不現ᄒ기도
ᄒ고 或 可驚흔 速力으로 來ᄒ기도 ᄒ고 或 寂然ᄒ야 運動을 停止ᄒ기도
ᄒ고 或 此地方에 隆盛도 極케 ᄒ야 他地方에 衰弱을 呈ᄒ기도 ᄒ야 擊石火
도 곳치 閃電光도 곳치 浩浩焉 冥冥焉ᄒ야 變化를 莫測이라. 國家 此에 依

ㅎ야 興亡ㅎ고 社會 此에 因ㅎ야 隆替ㅎ야 天覆地載에 血氣가 苟有ㅎ 者ᄂ 其化를 蒙치 아니홈이 업ᄃ ㅎ오. 故로 三 勢力의 張弛開關과 潜運默移에 注目揣摩(주목췌마)ㅎ야 利케 ㅎᄂ 時ᄂ 人類 發達ㅎ며 社會 進步ㅎ야 一國이 無限 隆盛에 趍(추)ㅎ고, 惡케 ㅎ야 不利ㅎ 時ᄂ 人類 窮困ㅎ며 社會 退步ㅎ야 一國이 無限 衰退에 傾ㅎᄂ니 於此에 <u>野蠻族과 開化國의 區別</u>이 自判ㅎ오. 是以로 開化에 對ㅎ야 三勢力이 人類에 密着 關係된 바를 逐條演陳ㅎ오리ᄃ.

번역 개화라고 하는 것을 이 세상 누가 모르겠습니까마는 대개 머리를 깎고 양복을 입고 프랑스 모자를 쓰고 미국 구두를 신고 시계를 차고 지팡이를 짚어 손을 풀지 않음을 따라 스스로 구미 개화풍에 일층 고상한 듯 말함으로써 계급이 없이 자유나 말하고 단합 없이 독립을 부르짖어 외관 겉으로 생각하니, 이와 같으면 개화라는 것이 도리어 개화의 진로를 방해한다 합니다. 대저 개화라는 말은 '희경(역경)'의 '개물성무화성천하' 여덟 자를 줄여 인용하여 대만 개화라 이르는 것이니, 이는 영어의 시빌라이제이션의 의의를 탐구하여 중국인들이 의역한 바요, 개화 두 자의 의의를 마음 깊이 뜻을 새겨 고금 천하 만반 상태를 돌이켜 생각하면 어느 시대에 자연과 사회, 한 개인 등 세 세력으로 인심력을 자극·충격하는 상태를 좌우하지 않는 때가 없다고 합니다. (힘이라는 것은 유형물을 움직이게 하는 것을 일컬음이니 사물은 대개 움직이지 않는 성질이 있어 외부의 다른 힘이 닿은 후에야 비로소 움직이는 것이니, 철환을 날게 하는 것은 열력이요, 수레를 나아가게 하는 힘은 증기력이요, 소리를 통하게 하는 것은 전기력이요, 단철을 끌어당기는 것은 자기력이요, 동질 분자를 결합하게 하는 것은 응집력이요, 이질 분자를 화합하게 하는 것은 친화력이니, 인심도 이와 같아 외부 세력이 닿은 후에 운동하니 희로애락 근심 공포가 발동하는 것과 혹은 산을 뚫고 바다를 메우고 수레를 몰고 기계를 움직이게 하는 신변불측의 움직임은 모두 자연의 세력이며, 사회의 세력과 한 개인의 세력 등이 자극·충격하여 닿음으로 인심력을 이루는 것입니다.) 이 세 세력이 인류를 자극·충격하는 것은 때로 현저한 세력으로 나타나며 때로는 숨어 나타나지 않고 혹은 놀랄만한 속력으로 다가오고 혹은 적막하여 운동이 멈추기도 하고 혹은 이 지방에서 융성한 것이 다른 지방에서 쇠약하게 나타나나, 석화를 부딪히는 것과 같기도 하며 섬광 불빛 같이 밝았다가 어두워 변화를 추측하기 어렵습니다. 국가가 이에 의해 흥망하고 사회가 이로 인해 융성 쇠퇴하며 천복지재(天覆地載)에 혈기를 갖고 있는 자는 그 변화를 입지 않음이 없다고 합니다. 그러므로 이 세 세력이 확장되고 이완되며 열리고 닫힘과 은연 운동하고 묵연히 이동함을 주목하고 두려이 연마하여 이롭게 하는 때는 인류가 발달하며 사회가 진보하여 일국이 무한이 융성하나 이를 싫어하여 이용하지 않을 때는 인류가 곤궁하며 사회가 퇴보하여 일국이 무한히 쇠퇴의 길에 기우나니 이에 야만족과 개화국의 구별이 분명해집니다. 이로 개화에 대해 세 세력이 인류에 긴밀한 관계를 이루는 바를 조목에 따라 진술코자 합니다.

　　　　　　　　　—원응상(1898), '開化의 三 勢力', 『친목회회보』 제6호

　이 논설은 원응상(元應常)이 관비 유학생으로 게이오대 보통과를 졸업한 뒤, 도쿄 법학원 법률과에 재학 중에 투고한 글이다. 문명개화론과 사회진화론적 사상에 기반한 이 논설에서는 사회진화를 위한 방책으로 자연과 사회, 개인의 세력(힘, 능력)을 분석하고 있다. 비록 "한다 하오"처럼 자신의 생각이 아니라 여러 사람의 의견을 종합한 형식을 취하고 있으나, 이 논설에서 제시된 '자전, 공전, 사계, 지리, 기후, 공기, 산물, 지형, 토지' 등의 자연력과 '사고력, 예비심, 협합심, 억정심, 호기심, 자유심, 실의심(實義心)' 등의 사회력, '수리, 추상, 인과, 정률' 등의 개인의 능력 등은 학문 연구 방법이 정밀해질 수 있는 개념을 소개한 것으로 평가할 수 있다. 특히 개인의 능력에 해당하는 '수리, 추상, 인과, 정률'은 근대 학문 발전의 결과로 생성된 것인데, 이에 대해 다음과 같이 설명하고 있다.

【 開化의 三 勢力 】

仲尼 述而不作ᄒ며 信而好古ᄒ샤 垂敎以來 近三千年에 東洋人은 先王을 動稱ᄒ야 好古卑今ᄒ고 舊態 舊法을 墨守ᄒᄂ 氣風이 生ᄒ야 ᄒ갓 古人의 糟粕만 舐ᄒ고 新進의 發明이 無ᄒ며 培根은 歸納法을 唱道ᄒᆷ으로븟터 英米人은 實物에 考徵ᄒ야 實驗 證據로 萬有 現象을 硏究ᄒ며 此를 物理에 應用ᄒ야 電氣 蒸氣ᄭᆺᄒ 文明 利器를 發明ᄒ고 心理에 應用ᄒ야 經濟 法律의 國民 要典을 施行ᄒ니 如此ᄒ 一 個人의 勢力은 直接 間接으로 人心力을 刺擊ᄒ야 東西洋 社會의 氣質을 構成ᄒ얏소. 其 勢力 特立ᄒᄂ 要領을 演述ᄒ오리ᄃ.

數理: 心力 發達치 못ᄒ 民種은 數理를 解得치 못ᄒ오. 五에 五를 加ᄒ면 十됨은 文明 三歲兒라도 能解ᄒ나 亞弗利加의 陀摩羅人은 五個ᄭ지ᄂ 右手로 左手의 指를 屈伸加減ᄒ나 五個 以上은 手指不及ᄒᆷ으로 算치 못ᄒ야 物品 交易에 一品식 아니면 交易치 못ᄒ니 此等 人種은 長時 闇黑時代로 好歲月을 虛送ᄒ오. 大抵 數理ᄂ 凡百眞理의 基本이라 學術 技藝 發達上 進의 最必要라 ᄒ오.

抽象: 抽象의 觀念은 數多 事物을 經驗ᄒ 後에 비로소 可得ᄒᄂ 故로 心力 發達 後 아니면 起치 못ᄒ오. 現今 印度의 山人과 伯羅字兒의 土韃[26]은 草木 動物 采色 光明 音聲 等에 對ᄒ 抽象의 觀念 言語가 업ᄃᄒ오. 盖 抽象 槪括의 觀念은 智力으로 類似에 應用ᄒ야 推理 斷定ᄒᄂ 高等 智力의 本源이라, 此想이 업시면 眞理를 發見치 못ᄒ며 心力이 發達치 못ᄒᄃ ᄒ오.

因果: 原因 結果의 理ᄂ 抽象 槪括의 觀念이 漸漸 高尙ᄒ 바ㅣ라. 未開人은 姑捨ᄒ고 稍開ᄒ 社會人도 容易히 解得치 못ᄒ오. 宇宙의 萬有ᄂ 다 原因 結果에 依ᄒ야 存立ᄒᄂ 바ㅣ니 此를 知ᄒ랴 ᄒ면 第一 某某의

---

26) 인도의 산인과 백라자아의 토달: 미개인종을 가리키는 말이나 어느 지역의 인종인지 정확히 추정하기 어려움.

事物은 某某의 結果 生ᄒᆞᄂᆞ 일을 多識ᄒᆞᆫ 後 推想ᄒᆞᄂᆞᆫ 바ㅣ나 事物이 千態萬象에 關係 錯雜ᄒᆞ야 비록 一個 事物의 因果를 知ᄒᆞ나 莫大의 經驗이 업시면 不得ᄒᆞᄂᆞ니 稍開ᄒᆞᆫ 國人도 雨來ᄒᆞᄂᆞᆫ 原因을 不知ᄒᆞ고 祈雨ᄒᆞ며 疾病의 原因을 不知ᄒᆞ고 神佛에 祈禱ᄒᆞᆷ은 原因 結果의 眞理를 推知ᄒᆞᄂᆞᆫ 心力이 업ᄂᆞᆫ 연고라 ᄒᆞ오.

定律: 自然의 定律은 抽象 槪括의 觀念이 高尙에 進ᄒᆞ야 莫大의 經驗을 積聚ᄒᆞᆫ 後에 知ᄒᆞᆫᄃᆞ ᄒᆞ오. 物躰ᄂᆞᆫ 반ᄃᆞ시 相引ᄒᆞ며 生物은 반ᄃᆞ시 死亡ᄒᆞ고 物質은 逢熱ᄒᆞ면 膨脹ᄒᆞ며 逢寒ᄒᆞ면 收縮ᄒᆞᄂᆞᆫ 等 理ᄂᆞᆫ 簡單ᄒᆞᆫ 眞理나 그러나 自然의 定律이 何地何時라도 變化 增減치 아니ᄒᆞᆷ을 知코ᄌᆞ ᄒᆞ면 몬져 定律이 自然界에 存在ᄒᆞᆷ을 發見 後에 다시 萬世不變ᄒᆞᆷ을 發見ᄒᆞᆫᄃᆞ ᄒᆞ오. 未開人은 恒常 不變의 定律을 不知ᄒᆞᄂᆞᆫ 故로 小有變怪ᄒᆞ면 곳 鬼神의 所爲라 ᄒᆞ야 宗敎妄誕에 惑ᄒᆞ고 怪談虛說을 信ᄒᆞ야 人心 進發上에 理解치 못ᄒᆞᆫᄃᆞ ᄒᆞ오.

번역 중니가 술이부작(述而不作)하며 신이호고(信而好古)하셔서 가르침을 드리운 이래 근 3천년에 동양인은 선왕을 감동하여 일컫고 옛것을 좋아하여 지금을 낮추고 구태 구법을 묵수하는 기풍이 생겨 한갓 고인의 조악한 찌개미만 핥고 신진의 발명이 없으며, 배근(培根, 베이컨)이 귀납법을 창도함으로부터 영미인은 실물을 고찰 징험하여 실험 증거로 만유 현상을 연구하며 이를 물리에 응용하여 전기, 증기력 같은 문명 이기를 발명하고, 심리에 적용하여 경제 법률의 국민이 필요한 전범을 시행하니, 이와 같은 일 개인의 세력은 직접 간접으로 인심력을 자격하여 동서양 사회의 기질을 구성하였습니다. 그 세력이 특히 드러나는 요령을 이어 서술하겠습니다.

수리: 심력이 발달하지 못한 민족은 수리를 해득하지 못합니다. 5에 5를 더하면 10이 됨은 문명한 세 살짜리 아이라도 능히 이해하나 아불리가(亞弗利加, 아프리카)의 타마라인(陀馬羅人)은 5세까지는 오른손으로 왼손의 손가락을 구부리고 펴서 헤아리나 5 이상은 손가락

이 부족하므로 계산하지 못하여 물품 교역에 한 물건씩이 아니면 교역하지 못하니, 이런 인종은 오랜 기간 암묵시대로 좋은 세월을 허비합니다. 대저 수리는 모든 진리의 기본이라, 학술 기예의 발달상 가장 필요한 것이라고 합니다.

추상: 추상의 관념은 다수의 사물을 경험한 후에 비로소 이해하는 까닭으로 심력이 발달한 후가 아니면 생겨나지 못합니다. 지금 인도의 산속 사람들과 백라자아(伯羅字兒)의 토달(土韃) 사람들은 초목, 동물, 채색, 광명, 음성 등을 추상하는 관념의 언어가 없다고 합니다. 대개 추상하고 개괄하는 관념은 지력으로 유사(類似)에 응용하여 추리 단정하는 고등 지력의 근본이어서, 이 생각이 없으면 진리를 발견하지 못하며, 심력이 발달하지 못한다고 합니다.

인과: 원인과 결과의 이치는 추상·개괄하는 관념이 점점 고상한 바입니다. 미개인은 고사하고 조금 개화한 사회인도 용이하게 해득하지 못합니다. 우주의 만유는 다 원인과 결과에 의하여 존립하는 것이니 이를 알고자 하면 가장 먼저 어떠어떠한 사물은 어떠어떠한 결과가 생겨나는지 많이 안 뒤 추상하는 것이나, 사물이 천태만상에 관계가 존재하여 비록 한 개 사물의 인과를 이해하나 많은 경험이 없으면 깨닫지 못하니, 조금 개화한 나라의 사람들도 비가 오는 원인을 알지 못하고 비를 기원하며 질병의 원인을 알지 못하고 부처에 기도하는 것은 원인과 결과의 진리를 추측하여 아는 심력이 업는 연고라고 합니다.

정률: 자연의 정해진 법칙은 추상·개괄의 관념이 고상한 데 나아가 많은 경험을 쌓은 뒤 아는 것이라고 합니다. 물체는 반드시 서로 끌어당기며 생물은 반드시 사망하고 물질은 열이 닿으면 팽창하고, 차가운 데 닿으면 수축하는 등의 이치는 간단한 진리이나 자연의 정률이 어느 곳 어느 때라도 변화 증감하지 아니하는 것을 알고자 하면 먼저 정률이 자연계에 존재함을 발견한 후에 다시 만세 불변함을

발견한다고 합니다. 미개인은 항상 불변의 정률을 알지 못하는 까닭에 작은 변괴가 있으면 곳 귀신의 소행이라 하여 종교 망탄에 빠지고 괴담허설을 믿어 인심 발전의 과정을 이해하지 못한다고 합니다.

　　　　　　　　　—원응상(1898), '開化의 三 勢力', 『친목회회보』 제6호

　'개인의 세력'이라고 명명한 '수리, 추상, 인과, 정률'은 학문 연구에 작용하는 사고력을 일컫는 개념으로, 학문적 진리를 탐구하는 데 작용하는 주요 개념들이다. 이러한 사유 방식이 베이컨의 귀납법으로부터 '사물을 고징(考徵)하며 실험한 증거로 만유의 현상을 연구하고 적용'하는 학문 연구 방법에서 비롯된 것임은 인용문 앞부분에 명시되어 있다.

　서구 학문의 방법론은 국내에서 발행된 독립협회의 『대조선독립협회회보』에도 나타난다. 이 회보는 1896년 11월 30일 제1호부터 1897년 8월 15일까지 통권 18호가 발행되었다.[27] 그 가운데 중국어로 역술된 부란아(傅蘭雅, 프라이어)의 '격치휘편',[28] 제2호(1896.12.16)의 '법률적요(法律摘要)' 등은 학문 방법론과 밀접한 관련을 맺고 있다. 특히 '법률적요'에서는 학문 연구의 주요 방법으로 '귀납'과 '연역'이 있으며, 법학에서 귀납법을 적용하는 학파와 연역법을 적용하는 학파를 구체적으로 설명하였다.

---

27) 한홍수(1973), 「독립협회 회보의 내용 분석」, 『사회과학논집』 6, 연세대학교 사회과학연구소, 17~55. 이 분석에서는 논설이나 기사를 하나의 건으로 간주하여 내용을 분석했는데, 총 건수는 226건으로 나타난다. 이 가운데 학문 관련 담론은 대략 60편 정도가 나타난다.

28) 『격치휘편』은 부란아(傅蘭雅, John Fryer, 1839~1928)가 1876년 창간한 중국어판 신문으로, 현재 서울대학교 규장각에 1876년부터 1882년까지 46책이 소장되어 있다.

法學 主意는 法律의 關한 原理를 硏究하는되 在하야 惟一不分홈이라. 雖然이나 그 主意에 達코져 하는 攷究 方法은 學者를 從하야 異한 故로 天下 法學 各派에 諸說이 從하야 生홈이니 歸納法에 依하야 攷究하는 學派와 밋 演繹法에 依하야 攷究하난 學派의 二種이 有하고 歸納演繹 兩法派 中에도 또한 各部分이 有하니 歸納法 中에 三種이 有하며 演繹法 中에 二種이 有한지라. 歸納法을 依하야 攷究하는 學派 三種 中에 第一은 分析法學派니 此派는 法律에 關한 觀念을 解剖 分析하야 그 本質을 明케 홈으로 主義하는 學派니, (…中略…) 第二는 沿革 法學派니 此派는 法律의 現象을 歷史上 事實에 徵照(징조)하야 其 原理를 顯闡홈으로 旨趣하는 學派라. (…中略…) 第三은 曰 比較法學派니 此派는 各種 法律을 對比 計較하야 其性質 異同을 辨別흔 걸로 法律 原理를 採求하랴는 主意하는 學派라. (…中略…) 演繹法을 依하야 攷究하는 學派 二種 中에 第一은 自然法學派니 此派는 希臘 스도익派 哲學에셔 出하야 羅馬 法律家가 此說을 尊崇하야 漸漸 널니 世上에 行홈으로 今日에 至하야 此 學派의 說者ㅣ 多少 異義가 有흔 故로 其 主要흔 學說을 枚擧하노니 (…中略…) 盖 人事의 複雜홈과 物理의 森羅홈을 一定의 法則이 秩然(질연)이 綜合하고 劃一이 貫通흔 原理가 發見키 難흔지라. 然이나 方今에 理想派와 實驗派의 兩派 對峙홈이 古今 社會 學問上에 二大 表觀이 되야 互相 得失이 有하니 吾人은 不可不 此에 講究흘지라. 理想派는 純理를 써 事實 上에 置하고 一定 繩墨을 假設하야 實行케 홈이요, 實驗派는 事實에 證明흔 處를 把하야 此를 眞理로 하야 一定에 繩墨홈으로이니 一은 演繹方法으로 主하야 事實을 理論 下에 收홈이요, 一은 歸納方法으로 主하야 理論를 事實에 搜홈이라. 學問 講究의 方法은 一處 膠守치 말고 彼此 採擇하야 精一흔 處에 執中홈이니 余輩는 반다시 以上 法學 各派를 對하야 偏倚치 말고 其中에 正鵠를 向하야 射하기를 望하노라.

> **번역** 법학의 주요 취지는 법률에 관한 원리를 연구하는 데 있으니 오직 나누기 어렵다. 그러나 그 주요 취지에 도달하고자 하는 연구 방

법은 학자에 따라 다른 까닭에 천하의 법학 각파에 여러 가지 설이 생겨나니 귀납법에 의하여 연구하는 학파와 연역법에 의해 연구하는 학파 두 종류가 있으며, 귀납 연역 두 법학파 중에도 또한 각 부분이 있어 귀납법 중 제1은 분석 법학파이니 이 파는 법률에 관한 관념을 해부 분석하여 그 본질을 밝히는 것을 중심으로 하는 학파이니 (…중략…) 제2는 연혁 법학파니 이 파는 법률의 현상을 역사상의 사실에 근거하고 조명하여 그 원리를 드러내고자 하는 취지의 학파이다. (…중략…) 제3은 비교 법학파니 이 파는 각종 법률을 대비 계교하여 그 성질의 같고 다름을 구분하는 것으로 법률 원리를 탐구하고자 하는 학파이다. (…중략…) 연역법에 따라 연구하는 학파의 두 종 가운데 제1은 자연법학파이니 이 파는 희랍 스토아 파 철학에서 출발하여 로마 법률가들이 이 설을 존숭하여 점차 널리 세상에 행해졌으므로 지금 이 학파의 설이 다소 차이가 있는 까닭에 그 주요 학설을 매거(枚擧)하니 (…중략…) 대개 인사의 복잡함과 물리의 삼라(森羅)하여 하나의 법칙이 질서와 자연스러움을 종합하고 획일되게 관통하는 원리를 발견하기 어렵다. 그러나 지금 이상파와 실험파의 두 파가 대치하는 것은 고금 사회 학문상 크게 두 부류가 드러나 서로 득실이 있으니 우리들은 불가불 이것을 강구해야 한다. 이상파는 순리를 사실의 위에 두고 일정한 승묵(繩墨, 방법)을 가설하여 실행하게 하는 것이며, 실험파는 사실에서 증명한 것을 근거하여 이를 참된 이치로 한 원리를 찾는 방법이니 하나는 연역 방법을 주로 하여 사실을 이론의 아래에 두고자 하는 것이요, 하나는 귀납 방법을 주로 하여 이론을 사실에서 찾고자 하는 것이다. 학문 강구의 방법은 어느 하나에 얽매이지 않고, 피차를 선택하여 정교한 것에 집중하고자 하는 것이니 우리는 반드시 이상의 법학 각 학파에 대하여 치우치지 말고 그 가운데 정곡을 쏘기를 희망한다.

—본회 편집국 수집(1896), '법률적요(法律摘要)',
『대조선독립협회회보』 제2호

이 논설에 따르면 '귀납법'은 사실에서 이론을 찾는 학파이며, '연역법'은 사실보다 이론을 중시하는 학파이다. 법학에서 귀납법을 중시하는 학파로 '분석 법학파', '연혁 법학파', '비교 법학파'를 제시한 것은 경험론에 근거한 학문 연구의 대표적인 방법이 '분석', '역사적인 방법', '비교' 등에 있음을 의미하는 것이다. 연역 법학파는 두 부류로 제시하였으나 실제 설명한 법학파는 '자연법학파'뿐이다.[29] 게재 내용이 불완전한 점은 있으나 학문하는 방법으로 귀납과 연역이 조화를 이루어야 함을 촉구한 점은 과학적인 연구 방법을 각성한 결과로 보인다.

이러한 방법론은 근대식 학제 도입과 사범학교의 '교육학' 교과 개설이후 활발해졌다. 예를 들어 1896년 한글 토가 달린 기무라지치(木村知治)의 『신찬교육학(新撰敎育學)』이 출현했으며, 『독립신문』, 『제국신문』, 『황성신문』, 『대한매일신보』 등의 신문류와 『소년한반도』, 『조양보』, 『태극학보』, 『서우』, 『기호흥학회월보』 등의 각종 학회지에 교육 관련 논설 및 교육학 관련 논문에서도 다수의 방법론과 관련된 논의를 찾아볼 수 있다. 이는 교육에 관한 학리적 접근은 '과학사상'의 정착을 가져온 것으로 볼 수 있는데, 재일 유학생으로 교육학을 전공했던 장응진(1906)의 '과학론'(『태극학보』 제5호), 이창환(1908)의 '철학과 과학의 범위'(『대한학회월보』 제5호) 등의 과학 논문이 출현하였다.

이처럼 학문 연구가 '진리', 곧 '지식'을 탐구하는 일임을 자각하고, 그에 적합한 방법이 존재함을 이해하는 과정은 한국 학문사의 과학화, 곧 근대화가 이루어지고 있음을 의미한다. 그러나 방법론의 도입이 각 학문 분야마다 체계적으로 수용되어 근대적인 지식을 산출하는 데 직접적으로 작용했는지에 대해서는 좀 더 차분한 검토가 필요하다. 김재현(2002)에서도 논의했듯이, 철학뿐만 아니라 다른 학문 분야에서도 근

---

29) 이 논설에서는 자연법학파의 자연법 사상을 다시 네 부류로 나누어 설명하였다. 연역법
   학파를 두 부류로 제시하고 그 중 하나만 설명한 이유를 짐작하기는 어려우나 자연법의
   개념을 논술하는 과정에서 다른 한 학파를 누락한 것으로 보인다.

대적인 학문이 체계화되기까지에는 여러 가지 과제가 남아 있다. 더욱이 국권 침탈과 상실 과정에서 제도적으로 학문 연구가 이루어질 수 없었고, 문명개화와 충군애국의 계몽 담론 속에서 '신지(新智)'로 명명된 서구 지식의 도입이 토착화되기까지는 적지 않은 진통을 겪을 수밖에 없었다. 또한 지식을 수용하고 보급하는 과정에서 발생하는 '역술보급(譯述普及)'과 '국문 통일(國文統一)' 등의 문제는 한국 학문의 근대화과정에서 부딪힌 본질적인 문제의 하나였다.

3. 근대의 학문 형성과 발달

3.1. 지식의 개념과 학문

학문의 근대화에서 주목할 점은 '지식'에 대한 인식의 변화이다. '학문'이나 '지식'이라는 용어에 새로운 의미가 부여되는 과정은 근대의 학문 형성에서 중요한 의미를 갖는다. 곧 '학문'과 '지식' 또는 근대 계몽기에 사용된 다수의 학술어들은 근대성이 부여되면서 기존의 의미와는 다른 의미를 획득한다. 특정 단어의 생성이나 기존 단어가 새로운 의미를 획득하는 과정에 대한 관심은 의미론자들의 주된 연구 과제의 하나였다. 언어학자들은 신조어의 생성이나 의미 변화에 대해 언어 내적구조에 주목한다. 슈테른(Stern, 1932), 메이예(Meillet, 1948), 울만(Ullamn, 1962) 등에서는 의미 변화의 주요 원인을 '역사적 차원', '언어 구조 자체', '사회적 요인', '심리적 요인' 등으로 제시한다.[30] 이 가운데 역사적원인은 제도나 기술, 관습, 도덕 등의 변화가 의미의 변화를 수반할 때사용하는 개념이다.

---

30) 이에 대해서는 심재기 외(1984)의 『의미론서설』(집문당)을 참고할 수 있다.

학문사에서 근대는 다양한 개념어와 학술어가 생성되는 시기이다. 사전적 의미에서 '개념(concept)'이란 '어떤 사물 현상에 대한 일반적 지식'을 의미한다. 오그덴과 리차드(Ogden C. K. & Richard I. A., 1923)는 "어떤 언어 기호(symbol, name)의 개념은 '사물(thing)·지시물(referent)·대상(object)'이 '지시(refer to, adequate)'하는 '의미(meaning, concept, thought)'"를 말한다고 설명한 바 있다. 여기서 언어 기호는 개념을 나타내는 어휘 또는 용어를 뜻한다. 특정 어휘나 용어에 부여된 상징적인 의미가 그 용어의 개념에 해당하는 셈이다. 개념어는 그 용어의 개념이 형성되면서 등장한다. 그러나 의미론자들의 주장에서 확인할 수 있듯이, 이 개념은 어느 순간 한 개인에 의해 형성되는 것은 아니다.[31]

근대에 이르러 다양한 개념어가 출현하는 것은 그에 합당한 새로운 개념이 형성되기 때문이다. 개념사 연구는 이러한 개념의 형성 과정과 개념어의 의미를 연구한다.[32] 김현주(2007)에서는 개념어 연구가 사회·정치적인 담론의 핵심을 이루는 개념 요소를 연구하는 일임을 밝힌 바 있다. 이는 개념어를 연구한 다른 성과에서도 확인할 수 있는데, 조홍식(2005)의 '민족 개념', 고석주(2010)의 '국민, 인민, 시민' 등이 대표적이다.

근대 계몽기는 '문명', '개화', '진보', '민족', '국가', '국민', '시민' 등을 비롯하여 다양한 개념들이 형성되었다. 코젤렉의 『개념사 사전』의 부제에서 확인되듯이,[33] '문명과 문화', '진보', '제국주의', '전쟁', '평화',

---

31) 개념 연구에서 '개념'의 의미를 어떻게 사용할 것인가에 대해서는 논란이 있을 수 있다. 일부에서는 개념사 연구에서 사용하는 '개념'과 의미론에서 사용하는 '개념'을 다른 것으로 규정하는 사례도 있으나 고석주(2010)에서는 두 개념을 같은 차원에서 다루고 있다.

32) 개념어 연구의 동향과 성과에 대해서는 김현주(2007)을 참고할 수 있다. 이에 따르면 개념어 연구는 독일의 라인하르트 코젤렉의 '사회사적 개념사'를 바탕으로 역사학, 언어학, 문학사 연구로 확장되었음을 확인할 수 있다.

33) 코젤렉의 『개념사 사전』은 푸른역사(출판사)에서 권1 '문명과 문화', 권2 '진보', 권3 '제국주의', 권4 '전쟁', 권5 '평화', 권6 '계몽', 권7 '자유주의', 권8 '개혁과 (종교)개혁', 권9 '해방', 권10 '노동과 노동자' 등으로 번역 출판하였다.

'계몽', '자유주의', '개혁', '해방', '노동' 등의 개념은 그 용어가 기존에 사용되었든 아니면 새로 생성된 것이든, 전근대와는 전혀 다른 의미로 쓰인다. 이 점은 '지식'이라는 개념도 마찬가지이다. 문헌 자료에서 '지식(知識)'이라는 용어가 빈번히 쓰인 예는 박영효(1888)의 '건백서'를 들 수 있다. 그 가운데 일부를 살펴본다.

【 '건백서'의 '지식(知識)'의 사용 맥락 】

ㄱ. 且藉其物品, 而助世之文明開化, 博人之知識見聞, 親人類之交際, 而能保太平無事, 且人者不能獨處, 必賴他而逐生者也.

번역 또한 그 물품으로 문명개화의 세계를 도와 사람의 지식과 견문을 넓히고 인류의 교제에 가까이하면 능히 태평무사를 보호할 수 있습니다. 또한 사람이라는 것은 홀로 살아갈 수 없으니, 반드시 다른 사람을 따라 살아가는 것입니다.

ㄴ. 敎者猶磁石也 人在大洋或沙漠之中 雖不能辨南北 然有磁石卽可辨之 故磁石卽通四方就文明之要具也 人生而無知其所以知者敎育也 子生卽父母先敎之而導之 開其知識 而次入學校以成其學 故設校之事 天下之急務也 要務也.

번역 교육이란 것은 자석과 같은 것이니 사람이 대양이나 혹 사막 가운데 있거나 비록 남북을 변별하지 못할지라도 자석이 있은 연후라면 가히 그것을 구분할 수 있습니다. 그러므로 자석은 곧 사방을 통하게 하고 문명의 중요한 곳으로 나아가게 하는 도구입니다. 사람이 나서 그 무지한 바를 알게 하는 것은 교육이니 자식이 태어나면 부모는 먼저 그를 가르쳐 이끌어 지식을 열어주며 다음으로 학교에 다님으로써 그 학을 이루게 하는 것이니 학교를 세우는 일은 천하의 시급한 일이요 힘써야 할 일입니다.

ㄷ. 蓋人民幼不學 則長無識, 無識則相愛之情淺, 而相信之義薄, 輕擧妄動, 不

顧前後. 逐觸罪科, 害世之交際者多矣. 受教導而有知識者, 或犯罪蒙罰, 甘其罰之至當, 服罪改過, 然無知識者, 不能辨是非曲直, 而不服其罪改其過, 故不便處罪也.

번역 인민이 어렸을 때 배우지 않으면 성장하여 지식이 없게 됩니다. 무식하면 곧 상애(相愛)하는 정이 옅으며, 상신(相信)하는 도의가 박하고, 경거망동하며 전후를 돌아보지 않고, 드디어 죄과에 저촉되어 세상을 살아가는 데 해를 끼치는 자 많습니다. 교도(敎導)를 받아 지식이 있는 자는 혹 범죄에 빠지고 벌에 몽매해도 그 벌의 지당함을 달게 받으며, 죄에 복종하여 허물을 고치게 됩니다. 그러나 무지식자는 시비곡직을 구분하지 못하며 죄에 복종하지 않고, 허물을 고치지 않으니, 그러므로 죄에 처하는 것이 불편합니다.

'지식(知識)'이라는 단어는 '앎'을 뜻하는 '지(知)'와 '깨우침'을 뜻하는 '식(識)'이 합쳐진 말이다. 이처럼 '지'와 '식'을 합친 개념으로 '지식'이라는 용어를 사용하게 된 것은 근대 이후의 일이다. 인용문에서 확인되듯이 '지식'은 단순한 '지'와 '무지'와는 달리 '견문(見聞)'과 대등한 의미로 쓰이며, '무지식'과 대립한다. 이는 『독립신문』에 등장하는 '지식'도 마찬가지이다.

【 『독립신문』에서의 '지식' 】

ㄱ. 열직는 틈틈이 외국 물경을 듯고 빅화 아마조록 쇼견을 넓히고 빅화 더 놉고 큰 사름이 될 싱각들을 ᄒ야 다만 군슈로만 잇슬의 아니라 만일 지식과 학문이 놉흐면 일후에 군부대신도 될 싱각들을 먹고
　　　　　　　　　　　　　　　　　　　　　　　　—(논설) 1896.7.9

ㄴ. 나라른 것은 몃 사름믄 위히셔 믄든 것이 아니라 젼국 인민을 모도 위ᄒ야 믄든 것이요 젼국 인민이 모도 학문이 잇고 지식이 잇게 되여야 그 나라이 남의게 대졉을 밧고 ᄌ쥬 독립을 보호ᄒ며 스 롱 공 샹이

늘어가는 법이라.

ㄷ. 아시로 평싱을 여긔만 젼심 치지 하니 하기에 범빅 스물샹에 <u>지식과 문견을 넓히리오</u> 지어 당무에 긴급 한것과 산업에 관계 되는 실무는 아죠 치지도외 하고 지내엿슨즉 챵쵸 고인네가 챵츌한 <u>학문 중에</u> 업시 홀것도 만커니와 그즁 <u>지식이 엇게 마련흔</u> 것인즉 (…중략…) 대져 청년 유싱이 되여 십년 쳥등에 신고히 슈학홀 젹에 경륜이 첫지는 지 덕을 닥고 <u>지식을 널녀</u> 후일 국가에 동양지지를 긔양홈이오

—1898.1.27, 기셔

ㄹ. 셔양 사름은 부즈런하야 물론 무슴일이던지 아지 못하는 일이 잇스면 슈빅년이 지나도 쓰치지 아니하고 <u>리치를 궁구히 싱각하야 격치하는 신둙에 지식이 열녀셔</u> 지금 문명 진보가 셰계에 쮜여 낫고 (…중략…) 대뎌 학교라 하는 것은 후싱을 규모 잇게 교육을 식혀 <u>문명과 지식이 열니게 하는 곳인즉</u> 진보에 급흔 일이라.

—1898.9.19, 기셔

ㅁ. 뎨五 <u>지식(智識)을 셰계에 구하야</u> 크게 황긔(皇基)를 진긔(振起)홀 일
—1898.12.6, '일본 개화의 긔초'

ㅂ. 그런 고로 사름마다 무음이 죠하야 긔화홀 방법을 싱각하야 화륜션 텰로 뎐보 광산 스무를 셜시하랴 하며 <u>신문과 연셜과 토론으로 지식 을 발달하랴</u> 하며

—1899.1.6, '교육이 뎨일 급무'

ㅅ. 셔양 사름의 도덕은 몸의 리로은 것을 밀우어 남의게 밋게 하야 죠흔 일을 아모죠록 넓히 견하랴 하기로 돈 잇는 사름들이 닷호아 학교 병 원 회당 셔젹관 젼교 등스 여러 사름의게 리익 잇는 일을 셜시하고 보죠하며 쟈긔 나라 사름들의게만 그러홀 쑨 외라 타국에도 젼도하는 교사들을 파숑하야 야만을 긔화식히며 부식흔 사름을 굴ㅇ치며 병든 사름을 곳치며 교육을 힘써셔 덕힝을 놉게 하고 <u>지식을 넓게 하니</u> 이

것이 진실노 넓히 스룽홈이라.

—1899.2.6, '광학회 사긔'

『독립신문』에는 '지식과 학문', '지식과 문견'을 문명화의 수단으로 인식한 논설이 다수를 차지한다. 곧 '지식과 학문이 높다'거나 '지식과 문견을 넓히다'와 같이 '지식' 자체가 '이치'를 궁구하고, '격치'하는 행위와 결과를 의미하는 개념으로 사용되기 시작한 것이다.

이처럼 '지식'이라는 단어의 사용 빈도수가 높아지고 있음에도 이 시기에 '지식이란 무엇인가?'를 논의한 논문은 찾아보기 어렵다. 1896년 『독립신문』 창간 이후 1900년까지의 각종 신문이나 『친목회회보』, 『대조선독립협회회보』 등에서도 '지식의 개념과 성격'에 대한 논의는 찾을 수 없다. '문명 지식', '지식 견문' 또는 각종 학문 관련 '지식'이 수없이 거론되면서도 '지식' 자체의 개념과 성격에 대한 논의가 이루어지지 않은 것은, '학문과 관련된 앎, 또는 견문을 통해 확장된 앎'을 뜻하는 '지식의 개념'이 보편화되었기 때문으로 추정된다. 이와 같이 이 시기 '지식'이 학문과 견문을 통해 얻은 '체계적인 앎'을 의미하고 있음은 '지식'의 성격을 규명하고자 하는 '교육학' 분야의 논의를 통해 확인할 수 있다.

우리나라에서 교육학에 대한 관심이 높아진 것은 1895년 4월 16일 한성사범학교 관제(칙령 79호)가 공포된 이후이다. 사범학교는 소학교 교육을 담당할 교사를 양성하는 기관으로 교사가 되기 위해 '교육에 관한 학문', 곧 '교육학'을 공부해야 한다. 관제에 따라 1895년 7월 23일 공포된 '한성사범학교 규칙' 제11조의 '본과 교과목 정도(本科 敎科目 程度)'에서는 교과목으로 '수신(修身), 국어(國語), 한문(漢文), 교육(敎育), 역사(歷史), 지리(地理), 수학(數學), 물리(物理), 박물(博物), 화학(化學), 습자(習字), 작문(作文), 체조(體操)'를 설정했으며, 가운데 '교육'의 교수 내용과 정도를 "내외 교육의 연혁 및 저명한 교육가의 전기로부터 교육 및

교수의 원리, 원칙을 가르치고 부속 소학교에서 실지 수업 방법을 연습함"이라고 밝혔다.34)

사범학교의 교육 교과를 가르치기 위해서는 '교육학' 지식이 요구된다. 그런데 이 시기의 각종 학문론에서는 '교육학'이라는 용어가 등장하지 않는다. 예를 들어 학제에 대한 자세한 논의를 담고 있는 『한성주보』 제1호(1886.1.25)~제3호(1886.2.15)에 연재된 '논학정(論學政)'이나, 유길준(1895)의 『서유견문』에 등장하는 '학업하는 조목' 등에서도 '교육학'이라는 학문 분야는 없다. 이런 상황에서 한성사범학교에 '교육' 교과가 도입되었으므로, 어떤 방식으로 어떤 내용을 교육했는지 확인하기는 어렵다. 이 점에서 비록 일본 오사카에서 발행된 것이지만, 기무라지치(木村知治, 1896)의 『신찬교육학』은 한문에 한글로 현토를 한 교재라는 점에서 사범교육에 활용되었음을 짐작할 수 있다.35) 이 책에서는 먼저 '학술의 요체와 의의'를 밝히면서 '학(學)'은 '이치를 탐구하는 일'이며, '술(術)'은 '실행'과 '방법'의 기술임을 명시하고, 교육을 '지육', '덕육', '체육'으로 구분하였다. 이 중 '지육'은 '지식 교육'과 밀접한 관련을 맺는다. 그에 따르면 지식은 제반 각력(諸般覺力), 곧 여러 가지의 깨우치는 능력과 이를 바탕으로 한 개념화를 통해 획득된다.

---

34) "教育: 內外 教育의 沿革 及 著名혼 教育家의 傳記로붓터 教育及教授의 原理原則을 授ᄒ고 附屬小學校에 就ᄒ야 實地修業의 方法을 練習홈."(『구한국관보』, 1895.7.24, '한성사범학교 규칙')

35) 이 책은 1896년 일본 오사카에서 발행된 교육학 교과서로, 한문에 한글 현토를 하였다. 저자인 기무라에 대한 기록은 찾기 어려우나 일본 효고현(兵庫縣) 거주자로 책이 발행될 당시 조선에 체류했던 것으로 보인다. 『대한매일신보』 1906년 6월 6일자 평양 대동서관 주인의 서적 광고에도 이 책이 광고되었을 정도로 국내에 널리 유통된 교과서이다. 허재영 엮음(2012)의 『근대 계몽기의 교육학 연구와 교과서』(지식과교양)에서 전문을 입력하고 번역한 바 있다.

【 기무라(1896)의 제반 각력(諸般覺力)과 개념력(槪念力)[36] 】

ㄱ. 以上所說感覺知覺記臆想像力者는 關于特種之事物이 所謂特關智識이 是也요 而槪念斷定推理之三種은 謂之普關識也라. 關于事物이 爲汎且高尙矣니 復謂之心意之思念作用也니라.

> **번역** 이상 언급한 바 감각, 지각, 기억, 상상력이라는 것은 특별한 종류의 사물에 관계된 것이니 이른바 특별 관계의 지식이 그것이요, 그러나 개념, 단정, 추리 세 종류는 보편적 지식과 관련된 것을 말함이다. 사물과 관계된 것은 보편적이고 고상한 것이니 다시 말해 심의의 사념작용(思念作用)이라고 할 것이다. 〈우는 제반 각력(覺力)의 관계를 밝힌 것이다.〉

—우명제각역지관계(右明諸覺力之關係)

ㄴ. 槪念力者는 因知覺力之所得ᄒ야 個個特殊之直識이요 且因記臆力想像力之所得ᄒ야 個個特殊之復現識이니 唯抽象槪括其類似之形像ᄒ야 以達普關智識之心意作用也니라. 此槪念者는 吾人所以相互之思想與言辭也ㅣ니 除固有名詞之外면 槪借此力而表出焉이라. 例如稱山之言에 不稱何地何邦之山ᄒ고 總稱曰山者也로다. 或曰日本國富士山之白雪과 吉野山之櫻花와 日光山之丹楓以外에는 無比特殊之風景로 不問其何國何縣之山ᄒ고 以均有山之形勢로 除所稱富士吉野日光之冠詞ᄒ고 使單稱山而通言焉ᄒᄂ니 卽自槪念識想像發也ㅣ라. 而抽象與槪念을 不可相分離요 從普關事物而抽象이면 則必作槪念矣니 槪念이 發則抽象이 亦隨而起焉이니라. 槪念者는 雖未通言語之孩兒도 亦有焉이니 如曩認一猫而後에 復見一猫면 兒童도 旣知了爲其猫ᄒ고 亦擬其叫聲이니라. 今擧槪念力敎授之三要則於左ᄒ노라.

> **번역** 개념력이라는 것은 지각력으로 얻은 바로 인하여 개개 특수한 직접 지식이요, 또 기억력과 상상력으로 얻은 바에 의해 개개 특수

---

36) 번역은 허재영 엮(2012)의 번역문을 사용하였음.

하게 재현한 지식이니 유사한 형상을 추상하고 개괄하여 보편적인 지식의 심의 작용에 도달하게 하는 것이다. 이 개념이라는 것은 우리들이 서로 상상하고 말로 표현하는 것이니 고유명사를 제외하면 개념이 모두 이 능력을 표출하는 것이다. 예를 들어 산을 일컬을 때 어느 땅 어느 나라의 산이라 하지 않고 총칭하여 산이라고 하는 것과 같다. 혹자는 일본의 후지 산의 백설과 요시노 산의 벚꽃과 닛코 산의 단풍 이외에 특히 비교할 만한 풍경이 없다고 말하는데 어느 나라 어느 현의 산을 묻지 않고 모두 산의 형세로 후지 요시노 닛코의 관사를 제외하고 홀로 산으로만 통칭을 하니 곧 개념의 지식이 상상하여 발동한 데서 비롯되는 것이다. 그리고 추상과 개념은 서로 분리할 수 없으며 보편적으로 사물과 관계하는 것과 추상을 따르면 곧 개념이 만들어지니 개념이 발동하면 곧 추상이 또한 뒤따라 생겨나는 것이다. 개념이라는 것은 모름지기 언어를 사용하지 못하는 아동일지라도 또한 갖고 있는 것이니 만약 이전에 고양이를 본 이후 다시 고양이를 보면 아동도 이미 그 고양이를 알고 있어서 또한 그 소리를 흉내 내게 된다. 이제 개념력 교수의 세 가지 요령을 좌에 제시하고자 한다. 〈우는 개념력의 정의를 밝힌 것이다.〉

—우명개념역지정의(右明槪念力之定義)

이 두 부분은 지식의 성격과 개념화 과정을 과학적으로 인식하고 있음을 보여준다. 비록 서구의 이론을 바탕으로 일본인이 저술한 것이지만, 이 시기 '지식'의 개념화가 어떤 과정을 거쳐 이루어졌는지를 의미한다. 곧 지식은 '감각, 지각, 기억, 상상' 등을 통해 얻어지는 '특별한 지식'과 '개념, 단정, 추리'를 통한 '보편적 지식'이 존재한다. 또한 개념은 '지각, 기억, 상상' 작용과 '추상, 개괄'하여 얻는 '심의 작용'을 의미한다. 이처럼 기무라(1896)에서 제시한 지식 개념은 단순한 감각적인 앎을 초월한다. 또한 이 책에서는 지식의 산출에 작용하는 능력으로 '단정력'과 '추리력'이 필요함을 강조하였다. 단정력(斷定力)은 '개념과 개념을 연합하는 능력'으로 '유사관계'를 중시하는 능력으로 이때 사용한 '단정'이란 용어는 논리학에서 사용하는 '명제'와 유사한 개념으로 파악된다. 또한 '추리력'은 '둘 이상의 단정(명제)을 인식하여 하나의 단정으로 결론짓는 방법'이라고 정의하였는데, 추리 방법에 '귀납'과 '연역'이 있음을 밝혔다. 이처럼 '제반 각력'과 '개념화 능력', '단정력', '추리력'을 바탕으로 형성된 것이 교육할 가치가 있는 '지식'인 셈이다.

이상과 같이 근대 계몽기 형성된 '지식' 개념의 형성 과정은 언어 교육학의 '어휘 지식 습득 과정'과 비교하더라도 유사한 점이 매우 많다. 손영애(2004)에서는 '어휘 지도의 단계'를 설정하면서 대일(Dale, 1965)의 '낱말에 관한 지식 수준'이 발달하는 네 단계를 응용한 바 있다. 대일(Dale, 1965)에 따르면 낱말 인지의 제1단계는 '그것이 낱말인지 아닌지를 아는 단계'이다. 제2단계는 '본 적은 있지만 무슨 뜻인지 잘 모르겠다'는 수준의 단계이며, 제3단계는 '문맥 속에서 그 낱말의 뜻을 알 수 있는 단계', 제4단계는 '특정 낱말의 의미를 설명할 수 있는 단계'이다.[37] 근대 계몽기 '지식'이라는 개념이 형성되는 과정도, 기존의 '지'와 '식'이 합쳐져 특정 의미로 쓰이기 시작하다가 지식인 사회에서 '학문'과 '견식'의 결과 얻어진 논리적인 앎을 뜻하는 개념을 공유하는 단계를 거쳐, 지식의 개념과 본질을 규명하는 단계로 변화해 간다. 이러한 지식 개념의 확장은 근대의 분과 학문 발전을 거쳐 이루어졌다.

3.2. 전문 학문의 형성과 발달

근대 학문의 형성과 발달 과정을 이해하고자 할 때 대두되는 중심 과제 중의 하나는 어떤 학문이 어떻게 발전했는가를 기술하는 문제이다. 이 문제에 대한 지금까지의 논의는 대체로 해당 분야의 학자들이

---

37) 손영애(2004), 『국어과 교육의 이론과 실제』, 박이정.

그 분야의 연구사를 검토하는 수준에서 진행되어 온 것으로 보인다. 예를 들어 기유정(2014)의 '근대 한국의 정치학과 그 학적 전환의 논리', 김도형(2002)의 '근대개혁기의 역사서술과 변법론', 김재현(2007)의 '한국에서 근대적 학문으로서 철학의 형성과 그 특징', 김종욱(2006)의 '한국근대만화의 예술적 특징에 관한 연구' 등과 같이 개별 학문 분과의 역사를 기술하는 관점에서 근대 학문사가 규명되어 왔다. 이에 비해 중국과 일본의 근대 학문에 대한 종합적인 분석을 시도한 사례도 있는데, 김수영(2011)의 '중국 근대 지식지형의 형성과 패러다임: 전문지식과 전문가집단의 탄생을 중심으로', 박노종·권혁건(2009)의 '동아시아적 근대 학문의 관념과 체계에 대하여', 양일모(2004)의 '근대 중국의 서양학문 수용과 번역', 녹야정직·서정완(2008)의 『근대 일본의 학문』(소화) 등이 있다.

선행 연구에서 학문의 분류 체계를 고려하여 근대 학문의 형성 과정을 연구한 성과가 많지 않은 데에는 여러 가지 이유가 있다. 첫째로 근대 학문을 분류할 만한 적절한 기준을 확립하기가 쉽지 않은 까닭이다. 예를 들어 유길준(1895)의 '학업하는 조목'에 등장하는 학문 분야를 현대의 분과 학문으로 분류한다면 적합한 항목을 찾기 어려운 분야가 많다. 이는 동양의 전통적인 학문 분류 방식과 서구 중심의 학문 분류 방식이 동일하지 않기 때문이다.[38] 둘째는 특정 학문을 전공하는 학자들의 입장에서 인문학과 사회학, 자연과학을 아우르는 통합적인 학문 체계를 기술하는 문제가 쉽지 않다는 데 있다. 더욱이 인문, 사회, 자연, 응용 학문을 아우르는 통합 원리를 찾아내는 일은 거의 불가능해 보인다. 이뿐만 아니라 통합적인 학문 체계를 다루고자 할 때 분석해야 할

---

38) 이 문제는 근대 학문을 연구한 여러 학자들이 고민한 바 있다. 예를 들어 박정심(2011)의 「자강기신구학론(自强期新舊學論)의 신학(新學)과 격물치지학(格物致知學)에 관한 연구」나 이행훈(2009)의 「學問 개념의 근대적 변환: 格致, 窮理 개념을 중심으로」 등은 전통적인 학문 개념을 어떻게 해석해야 하는가를 주목한 성과이다.

자료가 매우 방대한 점도 학문의 체계를 고려하여 근대 학문의 형성과 발전 과정을 기술하기 어렵게 만드는 요인이 된다.

이러한 상황에서도 근대의 분과 학문 형성 과정에 대해 관심을 기울인 성과가 있다. 예를 들어 한홍수(1973)의 '독립협회회보 분석', 임상석 (2014)의 '근대계몽기 잡지의 번역과 분과학문의 형성:『조양보』와『대한자강회월보』의 사례', 차배근(1999)의 '대조선인일본유학『친목회회보』에 관한 연구' 등은 특정 단체의 회보를 전수조사하고, 그 회보에 수록된 학문 담론을 분석한 사례이다. 그뿐만 아니라 구장률(2012)의 『근대 초기의 잡지와 분과 학문의 형성』(케이포북스)은 근대 초기의 잡지를 대상으로 지식장(知識場)의 변화와 학문 분류 체계를 논의한 뒤, 인문학과 자연과학 두 분야를 중심으로 학문 형성과 발전 과정을 논의하였다. 이때 적용한 분류 기준은 인문학의 경우 '문학, 철학, 언어학, 국가학, 사회학, 정치학, 경제학, 법률학, 교육학, 심리학, 윤리학, 가정학, 농학, 삼림학'이며, 자연과학은 '과학, 수학, 물리학, 화학, 천문학, 지리·지문학, 식물학, 동물학, 광물학, 생리학, 위생학'이다. 이러한 시도는 비록 분류상 중복되거나 제시한 개념으로 해결할 수 없는 자료가 다수 존재한다는 점에서 논란의 여지가 있으나, 현대의 분과 학문 체계를 기준으로 근대의 학문 형성과 발전 과정을 체계화하고자 했다는 점에서 큰 의미가 있다.

그런데 근대의 개념 형성 과정에서 '과학적 방법론'을 지각하고, 학문과 지식에 대한 개념이 형성되면서 두드러지게 나타나는 특징을 주목한다면, 근대 학문의 성격과 분과 학문이 발달되어 가는 과정을 기술할 때 좀 더 유용한 기준을 찾을 수도 있다. 그 중 하나가 근대 계몽기의 지리 지식과 계몽성이다.

이광린(1979), 강재언(1981) 등을 종합해 볼 때, 근대 지식이 도입되기 시작할 때 우선적인 관심사는 지리나 지도 관련 지식으로 볼 수 있다. 강재언(1981)에서는 지도 관련 지식 전파의 사례로 개항 이전의 마테오리치의『곤여만국전도(坤輿萬國全圖)』(1602년 중국 간행),『혼개통헌도설 (混蓋通憲圖說)』(1607년 중국 간행), 샬의『건상곤여도(乾象坤輿圖)』 등이 전래되었음을 밝힌 바 있고, 이광린(1979)에서는 1844년 권대긍(權大肯) 이 주청겸사은·동지사(奏請兼謝恩·冬至使)의 부사(副使)로 청나라에 갔다 가 위원(魏源, 1794~1856)이 저술한『해국도지(海國圖志)』를 가져 왔음을 규명한 바 있다. 이처럼 근대 지식 도입 과정에서 지리 관련 지식이 중요한 역할을 하는 것은 서구의 르네상스가 지리상의 발견과 밀접한 관련을 맺고 있는 점을 참고하더라도 자연스러운 일이다.39) 개항 이후 1883년 10월 31일 박문국에서 발행한『한성순보』창간호에 '지구전도 (地球全圖)'와 '지구도해(地球圖解)'를 게재한 것도 같은 이유로 볼 수 있 다. '순보서(旬報序)'에서는 "독자들이 먼 것을 외면하고 가까운 것만 좋 아한다면 휩쓸려 걷다가 자기 걸음걸이마저 잃어버리는 격이 될 것이 고, 새 것에는 어둡고 옛 것만을 고집한다면 우물에 앉아서 제 것만 크다고 하는 격이 될 것이니, 반드시 때와 형세를 살펴 무작정 남만 따르거나 자기 것만 고집하지 말고 취사(取捨)와 가부(可否)를 반드시 도(道)에 맞도록 하여 정도를 잃지 않은 뒤에야 거의 개국(開局)한 본지 에 맞을 것"40)이라고 하여, 신문 발행의 취지가 '먼 것', '새로운 것'을 알게 하여 '정관자대(井觀自大)'의 폐를 없도록 하는 데 있음을 명시하였 다. 이는 근대 지식의 도입이 '계몽' 및 '교육' 문제와 밀접한 관련을 맺고 있음을 의미할 뿐 아니라, 지리 지식이 정관자대(井觀自大)의 폐를 줄이는 데 필수불가결한 지식이라는 인식을 반영한 셈이다.

지리에 대한 관심에서 출발한 근대 지식의 확장은 학정 개혁과 교육

---

39) 그러나 이광린(1979: 2)에서는『해국도지』전래 이후 세계의 지리와 풍속, 문화에 대한 관심이 높아지기는 하였지만, 이 사상이 개화사상가들에게 큰 영향을 미친 것 같지는 않다고 주장하였다.

40)『한성순보(漢城旬報)』, 1884.10.30, '旬報序'. "雖然覽者 驚遠好近則是市步而失故者也. 昧新 膠舊則是井觀而自大者也. 其必度時審勢勿流泥取捨可否必求諸道不失其正然後庶乎開局之本 旨歟."

운동으로 이어진다. 이 과정에서 본격적으로 등장한 문제가 '학과' 또는 '교과'의 개념이다. 교과란 "학교 교육에서 교육 목적에 맞게 가르쳐야 할 내용을 계통적으로 짜 놓은 일정한 분야"를 말한다. 가영희 외(2011: 20~21)에서는 "교과라는 개념은 시대에 따라서 또는 교육과정관에 따라서 상이한 의미를 가져왔다. 예를 들어 교과중심 교육과정관에서는 교과를 가르쳐야 한다고 했고, 그 교과란 인류가 역사를 통해서 축적해 온 문화유산들을 체계적으로 잘 정리해 놓은 것으로서 학생들이 공부해야 할 주제, 배워야 할 기능, 외워야 할 사실들을 의미하는 것이었다. 이와 대조적으로 경험중심 교육과정 관에서는 아동의 흥미나 필요에 기초하여 부딪히는 문제들을 해결해 나갈 수 있도록 아동들의 경험을 교과에 담아야 한다고 보았다. 한편, 학문중심 교육과정에서는 각 학문의 내용 또는 기본 개념들을 각 학문의 탐구 방법이나 논리에 따라 조직한 교과를 가르쳐야 한다고 보았다."라고 정리한 바 있다. 어떠한 관점을 취하든 '학과' 또는 '교과'는 그 시대의 학문적 성과를 반영한다. 이 점에서 근대의 학문 형성 과정을 이해할 때, 학과론 또는 교과론의 전개 과정을 주목하는 것은 자연스러운 현상이다. 이러한 교과(학과) 개념의 형성은 학제의 성립 과정과도 밀접한 관련을 맺는다.

근대 교육 형성기 학제 관련 지식은 '서구의 제도'에 근원을 둔 '일본식 학제'와 밀접한 관련을 맺고 있다. 그 가운데 대표적인 것이 조준영의 『문부성 소할 목록(文部省所轄目錄)』이다. 이 자료는 개항 이후 일본의 교육 실태에 대한 최초의 보고서로, 일본 문부성의 연혁과 학제를 체계적으로 소개하였다. 그 가운데 '대학 법학부, 이학부, 문학부', '대학 예비문', '대학 의학부'의 학과목은 이 시기 일본 근대 학문을 이해하는 자료가 될 수 있다. 그 가운데 '법학부, 이학부, 문학부'의 '학부 과목(學部課目)'을 표로 정리하면 다음과 같다.

【 『문부성 소학 목록』 소재 일본 대학 법·리·문학부 학과목 】

ㄱ. 법학부

제1년	영문 학급작문	논리학	심리 학대의	사학 (국사, 영국사)	네덜란드학	한문 학급작문	프랑스어	
	일년(4)	반년(2)	반년(2)	일년(3)	일년(2)	일년(4)	일년(3)	18
제2년	일본 고대법률	일본현금법률 (형법)	영길리 법률	영길리국헌	프랑스어			
	일년(2)	일년(2)	일년(6)	반년(3)	일년(2)			16
제3년	일본 고대법률	일본 현행법률	영길리 법률	프랑스 법률 요령				
	일년(1)	일년(2)	일년(9)	일년(3)				15
제4년	일본 고대법률	일본 현행법률	영길리 법률	열국교제법	법론	프랑스 법률요령	졸업논문	
	일년(1)	일년(2)	일년(2)	일년(3)	일년(3)	일년(3)		14

ㄴ. 이학부

〈공통〉

1년 공통	수학	중학대의	성학대의	화학	금석학 대의	지질학 대의	화학	논리학	심리학 대의	영길리어
	일년(4)	일년(2)	반년(3)	반년(2)	반년(2)	일년(2)	반년(2)	반년(2)	반년(2)	일년(4)

〈화학과〉

제2년	분석화학	유기화학	물리학	금석학	영길리어	불란서어 혹은 독일어	
	일년(2)	일년(2)	일년(4)	일년(2)	일년(2)	일년(2)	14
제3년	분석화학	제조화학	야금학	물리학	불란서어 혹은 독일어		
	일년(2)	일년(3)	일년(3)	일년(2)	일년(2)		14
제4년	분석화학	제조화학	졸업논문				
	일년(21, 오기일 듯)	일년(3)					?

〈수학, 물리, 성학〉

제2년	순정수학	물리학	성학	분석화학 (物)	영길리어	불란서어 혹은 독일어	전공별 부동
	일년(8)	일년(6)	일년(6)	일년(3)	일년(2)	일년(2)	
제3년	순정수학 (數, 星)	응용수학	물리학	분석화학 (物)	성학 (數, 星)	불란서어 혹은 독일어	
	일년(3)	일년(4)	일년(6)	일년(4)	일년(6)	일년(2)	
제4년	순정수학 (數, 星)	응용수학	물리학	성학 (數, 星)	졸업논문		
	일년(5)	일년(5)	일년(8)	일년(6)			

〈생물학〉

제2년	동물학	식물학	생리화학	영길리어	불란서어 혹은 독일어
	일년(8)	일년(8)	반년(2)	일년(2)	일년(2)
제3년	동물학	식물학	고생물학	불란서어 혹은 독일어	
	일년(10)	일년(10)	일년(2)	일년(2)	
제4년	동물학	식물학	졸업논문		
	일년(16)	일년(10)			

〈공학〉

제2년		수학	중학 (重學)	물질 강약론	육지측량	물리학	기계도 (機械圖)	영길리어	불란서어 혹 독일어
		일년(5)	일년(4)	일년(2)	일년(4)	일년(4)	일년(5)	일년(2)	일년(2)
제3년		열동학 (熱動學) 급 증기 기관학	결구 강약론 (結搆 強弱論)	기계학	도로 급 철도측량 급 구조	물리학	기계도	불란서어 혹 독일어	
		일년(2)	일년(2)	일년(2)	일년(6)	일년(6)	일년(5)	일년(2)	
제4년	기계 공학	기계계획 제도실험	재료시험	기계장 실험	졸업논문				
	토목 공학	토목공학	교량구조	측지술	해상 측량	야수 공학	조영학	응용 지질학	졸업논문
		일년(12)					반년(3)	일년(1)	

〈지질학〉

제2년	지질연혁론	금석학	금석식별	취관검질분석(就管檢質分析)	채광학	육지측량 급 지지도(地誌圖)	식물학	지질순검(地質巡檢)	영길리어	불란서어 혹은 독일어
	일년(2)	일년(2)	일년(1)	일년(2)	일년(3)	일년(2)	일년(2)		일년(2)	일년(2)
제3년	고생물학	식별실험암석	식별실험화석	측량지질 급 변동지질학	순검지질	불란서어 혹은 독일어				
	일년(2)	일년(1)	일년(2)	일년(2)		일년(2)				
제4년	식별실험암석	식별실험화석	용현미경사찰암석(用顯微鏡查察巖石) 급 금석	측량지질 급 표면지질학	순검지질	졸업논문				
	일년(2)	일년(3)	일년(3)	일년(1)						

〈채광야금학〉

제2년	채광학	금석학	석질학	측량육지	응용중학(應用重學)	식별금속	검질분석(檢質分析)	기계도(機械圖)	영길리어	불란서어 혹 독일어
	일년(3)	일년(2)	일년(1)	일년(4)	일년(4)	일년(1)	일년(8)	일년(2)	일년(2)	일년(2)
제3년	야금학	취관검질분석	도태광광법(淘汰鑛礦法)	정량분석(定量分析)	기계도	식별금속	지질연혁론	광산조업실험	불란서어 혹 독일어	
	일년(4)	일년(3)	일년(2)	일년(10)	일년(2)	일년(2)		일년(2)		
제4년	시금(試金)	지중측량	정량취관분석	광업계획	도태광광법 급 야금학시험	응용지질학	조영학	순시광산	졸업논문	
	일년(5)	일학기(1)	일변(3)	일년(4)	일년(4)	일년(1)	2학기(3)			

ㄷ. 문학부

〈공통〉

제1년	화문학	한문학 급 작문	사학	영문학 급 작문	논리학	심리학대의	불란서어 혹 독일어
	일년(2)	일년(4)	일년(3)	일년(4)	반년(2)	반년(2)	일년(3)

〈철학, 정치, 이재학(理財學)〉

제2년	철학	사학	화문학	한문학 급 작문	영문학	불란서어 혹 독일어	
	일년(4)	일년(3)	일년(2)	일년(4)	일년(3)	일년(3)	
제3년	철학	정치학	이재학	사학	화문학	한문학 급 작문	영문학
	일년(3)	일년(3)	일년(3)	일년(3)	일년(2)	일년(4)	일년(3)
제4년	정치학 급 열국 교제공법	사학	한문학 급 작문	영문학	졸업 논문		
	일년(4)	일년(3)	일년(3)	일년(3)			

〈화한문학(和漢文學)〉

제2년	화한문학 급 작문	한문학 급 작문	영문학 혹 사학 혹 철학	
	일년(5)	일년(9)	일년(3)	
제3년	화문학 급 작문	한문학 급 작문	영문학 혹 사학 혹 철학	
	일년(5)	일년(10)	일년(3)	
제4년	화문학 급 작문	한문학 급 작문	영문학 혹 사학 혹 철학	졸업논문
	일년(5)	일년(11)	일년(3)	

　　이 시기 이 목록에 등장하는 학제와 학과가 한국 근대 학문에 어떤 영향을 미쳤는지는 구체적으로 확인할 방법이 없다. 그러나 허재영(2013)에서 밝힌 바와 같이 어윤중의 『수문록(隨聞錄)』이나 『한성순보』 1884년 6월 14일 '각국근사(各國近事)' 등에서 일본 교육 제도에 관심을 표명하고 있었던 점을 보면, 이 시기 지식인들에게 일본의 근대식 학제와 학과, 근대 학문 형성과 관련된 정보 등이 어느 정도 영향을 주었을 가능성은 높다.

이러한 맥락에서 『한성주보』 제1호~제3호(1886.1.25/2.1/2.15)에 실린 '논학정(論學政)'에 등장하는 학과목명은 근대 학문 형성 과정에서 또 하나의 정보를 제공한다. 이 논설은 유럽과 일본의 직공학교 학과목을 소개한 논설이다.

【 '논학정'의 학과와 학과목 】

ㄱ. 구주의 학교와 학과

학교급	학과 관련 설명
소학교	여정(閭正) 사이에 설립하는데 그 교육의 내용은 보통적인 것이다. 즉 모든 백성들이 보통적인 도움을 받을 수 있다는 뜻이다.
중학교	부현(府縣)에 각각 2~3개를 설립하는데 14세 이상으로 소학교의 과정을 수료한 자를 취학시킨다. 또한 농학(農學), 공학(工學), 상학(商學), 어학(語學) 등의 학교가 있는데, 각기 한 가지씩을 전문으로 연구하여 생리(生利)에 도움을 주게 한다.
대학교	국도(國都)에 설립한다. 여기에는 이학(理學), 법학(法學), 의학(醫學), 병학(兵學) 등 제과(諸科)가 있고 그 생도는 총명하고 재능이 있어 치국경세(治國經世)에 뜻을 둔 사람들이다.

ㄴ. 학과목

유럽 소학교	학문(學文), 습자(習字), 가감승제(加減乘除), 지리 초보(地理初步), 세계 지략(世界誌略), 물리 초보(物理初步), 본국 약사(本國史略), 각국 약사(各國史略), 비례산(比例算), 이식산(利息筭), 급수산(級數算), 인의학 초보(仁義學初步), 농상공 등학 대의(農工商等學大意), 화학 대의(畵學大意)
일본 직공학교	대수학(代數學), 대수용법(代數用法), 기하학(幾何學), 삼각술(三角術), 물리학(物理學), 화학(化學), 화학(畵學), 화법 기하학(畵法幾何學)
	[화학공예] 무기화학(無機化學), 유기화학(有機化學), 분석화학(分析化學), 응용화학(應用化學), 중학(重學), 화학(畵學), 직공 경제학(職工經濟學), 부기학(簿記學), 실지 강습(實地講習), 수신학(修身學)
	[기계공예] 수학(數學), 물질 강약론(物質强弱論), 수조 공구론(手操工具論), 기교 공구론(機巧工具論), 발동기론(發動機論), 중학(重學), 화학(畵學), 제조소용 기계론(製造所用器械論), 공장용도(工場用圖), 직공 경제학(職工經濟學), 부기학(簿記學), 수신학(修身學), 실지 강습(實地講習)

'논학정'에서는 『문부성 소할 목록』의 보고서와는 달리 우리나라에 학제를 도입하고 교과를 운영해야 한다는 논리를 담은 논설이다. 일반

적으로 학과목을 설정할 때에는 국가나 사회, 학문적인 요구를 반영하게 된다. 이 점에서 학업과 학과, 학문은 필연성을 가질 수밖에 없다. 근대 계몽기 학문과 학업, 학과의 관계를 구체적으로 밝힌 논설이 유길준(1895)의 『서유견문』이다.

【 태서 학술의 내력 】

二千七百餘年前 時代로브터 希臘國에 學士가 輩出ᄒ니 詩에ᄂ 胡邁[호머]와 喜時遜[히시옷]와 扁道[핀더]의 諸人이오 文에ᄂ 喜老道[히로도타스]와 秋時伊[츄싯이듸스]와 杜娛道[듸오도라스]와 弼婁台[풀누타치]의 諸人이며 (…中略…) 西曆 一千二百年 時代[六百餘年前]에 英吉利國人 裵昆[베큰]이 博洽ᄒ 智識과 宏傑ᄒ 才操로 學術의 衰頹ᄒ 世間에 出ᄒ야 古今의 相傳ᄒᄂ 道를 不足ᄒ다 ᄒ고 乃實驗ᄒᄂ 理術을 倡起ᄒ야 天文學에ᄂ 望遠鏡을 作ᄒ며 化學에ᄂ 萬物의 性質을 探頤ᄒ야 其 分析과 和合ᄒᄂ 理致를 議論ᄒ고 又 醫學과 器械學의 大綱을 發明ᄒ니 一時의 大學者라 稱ᄒ나 此時ᄂ 猶草昧ᄒ 世界라. 如此ᄒ 大學者로도 神仙의 荒唐ᄒ 道를 信ᄒ야 鍊丹ᄒᄂ 法에 其 工을 徒費ᄒ며 又 星辰의 來往ᄒᄂ 軌度로 人事의 吉凶을 判斷ᄒ야 迂怪ᄒ 理論이 有ᄒ니 此ᄂ 姑捨ᄒ고 尤其 慘酷ᄒ 者ᄂ 此時에 人民의 知識이 晦暝ᄒ며 政府도 學術에 蒙昧ᄒ야 裵昆의 高明ᄒ 學業을 不信ᄒ고 妖術이라 指目ᄒ야 裵昆 及 其 友人 麥那秀를 嚴刑ᄒ니라. (…中略…)

大抵 泰西 學術의 大主意ᄂ 萬物의 原理를 硏究ᄒ며 其功用을 發明ᄒ야 人生의 便利ᄒ 道理를 助ᄒ기에 在ᄒ니 諸學者의 日夜로 苦心ᄒᄂ 經綸이 實狀은 天下人을 爲ᄒ야 其用을 利케 ᄒ고 因ᄒ야 其生을 厚ᄒ게 ᄒ며 又 因ᄒ야 其德을 正ᄒ게 홈이니 學術의 功效와 敎化가 엇디 不大ᄒ리오. 泰西 學者의 言에 曰호ᄃ 人의 才智ᄂ 古今이 無異ᄒ니 後人이 前人을 不及ᄒ다 홈은 學業에 怠慢ᄒ야 病世ᄒᄂ 議論이라. 然ᄒ 故로 人이 世에 生홈에 當然히 學問을 務ᄒ야 古人의 不發ᄒ 者를 發ᄒ야 不及ᄒ 者를 補ᄒ고 又 新工을 想出ᄒ야 前人이어셔 駕高홈이 是可ᄒ다 ᄒ니 此 言을 潛究ᄒ면

自恃ᄒᆞᄂᆞᆫ 癖이 有ᄒᆞᆫ 듯ᄒᆞ나 然ᄒᆞ나 修學ᄒᆞᄂᆞᆫ 人을 向ᄒᆞ야ᄂᆞᆫ 最美ᄒᆞᆫ 意思라.

2천 7백여 년 전부터 그리스에는 많은 시인·학자가 배출되었으니, 시에는 호머(胡邁, 일리아드, 오딧세이의 저자)와 헤시오도스(喜時遨, 그리스 시인)와 핀더(扁道, 그리스 서정시인) 등 여러 사람이요, 문장에는 헤로도투스(喜老道, 그리스 역사학자)와 투키디세스(秋時伊, 그리스의 역사학자)와 디오도루스(杜娛道, 그리스의 역사학자)와 풀루타르크(彌婁台, 그리스 역사학자) 등 여러 사람이 있고 (…중략…) 서력 1200년경 영국에는 베이컨(裵昆, 영국의 철학자)이라는 사람이 나와 해박한 지식과 뛰어난 재주로 마침 미미하던 학계를 주름잡았다. 그는 옛날부터 전해 내려오는 학문의 방법만으로는 부족하다고 하여, 실험을 위주로 하는 연구법을 제창하기에 이르렀다. 즉 천문학에는 망원경을 만들며 화학에는 모든 물건의 성질을 탐색하여 그 분석 과정과 화합되는 이치를 설명하고, 또 의학과 기계학의 대강을 발명하게 되자 일세를 풍미하는 대학자라고 일컬어졌다. 그러나 그 무렵은 아직 인지가 깨추치이 못한 때여서 이러한 대학자도 신선의 황당한 도를 믿어 (불로장생)의 연단 제조에 열중하기도 했으며, 또 별의 궤도로 사람의 길흉을 판단하는 해괴한 이론을 주장하기도 했다. 이러한 일은 그만두고 더욱 참혹한 것은 이 때 사람들의 지식이 어리석고 정부도 학술에 몽매하여 베이컨의 고명한 학업을 믿지 않고 요술이라고 하여 베이컨과 그 친구 맥나구(麥那秀)를 엄벌에 처했다. (…중략…) 대저 서양 학술의 중심 주의는 만물의 원리를 연구하며 그 효용을 밝혀 인류생활의 편리한 도리를 돕는 데 있으니 여러 학자들이 밤낮으로 고심하는 경륜이 실제로는 천하의 사람들을 위해 그 실용에 이롭게 하고 이로 인해 그 생활을 두텁게 하며 또 인하여 덕을 바르게 하는 게 있으니, 학술의 공효와 교화가 어찌 크다 하지 않겠는가. 서양학자의 말에 사람의 재주는 고금이 다르지 않으니 후세 사람이 앞선 사람에 미치지 못한다 하는 것은 학업에 태만하여 세상을 근심하는 의논이다. 그러므로 사람이 세상에서 생활하는 데 당연히 학문을 힘써 고인이 밝히지 못한 것을 밝혀

미치지 못한 것을 보충하고 또 새로운 기술을 생각하고 만들어서 앞선 시대 사람에 이어서 고상이 높여야 할 것이니 이 말을 깊이 생각하면 스스로 믿는 병폐가 있을 듯하나 학문하는 사람을 향해서는 가장 아름다운 뜻이다.

―유길준(1895), 『서유견문』 제13편 '서양 학술의 내력'

『서유견문』에서 언급한 학문의 방법은 '만물의 성질을 탐구하여 분석하고 종합함으로써 이치를 밝히는 것'이라고 할 수 있다. 이러한 논술은 학문 연구가 진리 탐구에 있음을 의미하며, 그 목적이 '만물의 원리를 연구하여 인생의 편리한 도리를 보조하는 것'에 있음을 고려할 때 보편타당한 원칙에 입각한 것이라고 할 수 있다. 더욱이 그가 제시한 '조목'은 근대적 서구 학문의 일반 분야를 의미한다. 그가 제시한 학문 분야는 모두 20개이다.

【 條目[41] 】

농학(農學), 의학(醫學), 산학(算學), 법률학(法律學), 격물학(格物學), 화학(化學), 철학(哲學), 광물학(礦物學), 식물학(植物學), 동물학(動物學), 천문학(天文學), 지리학(地理學), 인신학(人身學), 박고학(博古學), 언어학(言語學), 병학(兵學), 기계학(器械學), 종교학(宗敎學)

여기에 제시된 학업 조목은 현대의 학문 분야를 고려할 때 분류 체계나 전문성 등에서 견줄 바는 아니다. 더욱이 유길준(1895)에서 제시한 학문 분야는 명칭 면에서도 통일성을 보이지는 않는다. 예를 들어 학문사를 진술하는 과정에서는 '철학'이라는 용어 대신에 '성리학(性理學)'이라는 용어를 사용하였고, '격물학(格物學)' 대신에 '궁리학(窮理學)'이라

---

41) 학업하는 조목은 학문 분야명만 제시하였음.

는 용어를 사용하였다. 이처럼 분류 체계나 용어가 불분명한 것은 『서유견문』이 말 그대로 '견문'에 입각해 있기 때문이다. 달리 말해 철저한 고증과 논리를 바탕으로 한 연구서가 아니라 당시의 서구 사정을 소개하는 데 목적이 있었기 때문이다. 그러나 『서유견문』은 근대식 학제 도입 이후 교과서 개발이 충분하지 못했던 상황에서 각 학교의 교과서로 널리 활용되었음을 고려할 때, 근대 학문 형성과 지식 보급 과정에서 큰 의미를 갖는다.

4. 결론

지금까지 논의한 바와 같이, 학문사에서 근대는 '과학사상'을 기반으로 한다. 이 과학사상은 '수기치인'을 목표로 하는 전통적인 학문 이념과는 달리 '지식 탐구'를 목표로 하는 '학자'의 개념이 등장하였다. 이시기 '학자'는 '신사'와 마찬가지로 '일반인'과 대립하는 개념이었으며, 그들에게 부여된 천직(天職)은 일반인을 교화하는 역할, 즉 계몽성을 띠고 있었다.

근대의 학문 사상에서 중요한 의미를 지니는 것은 '연구 방법'을 자각한 점이라고 할 수 있다. 견문과 경험을 바탕으로 한 지식이 전근대에도 없었던 것은 아니다. 그러나 사물에 대한 보편적 인식을 목표로 '관찰', '추리(귀납과 연역)', '역사적 방법', '인류학적 방법' 등의 개념을 도입하고, 자연 변화의 세력이나 개인의 '수리, 추상, 인과, 정률'의 능력을 고려하게 된 점은 방법론적 진보에 해당한다고 볼 수 있다. 이러한 방법론이 구체적인 학문 분야에 어떻게 적용되었으며, 어떠한 발전을 이루었는가는 개별 학문 분야에서 좀 더 살펴야 할 과제이다.

이처럼 근대 학문이 도입되는 과정에서 '지식'과 '학문'에 대한 새로운 개념이 형성되어 갔다. 특히 '지식'이라는 용어는 단순한 '앎' 대신

'학문', '문견'과 합쳐져 '이치를 궁구하고 격치하는 행위의 결과'를 의미하는 용어로 변화해 갔다. 이 지식 개념의 성립과 확장에서 근대식 학제의 도입과 교육학의 영향 관계를 주목할 수 있는데, 교육에서 '지육(智育)'을 위한 '지식 개념'의 정립은 학과 개념의 도입과 함께 근대 학문을 이끌어 가는 동력이 되었다.

근대에 이르러 문명개화와 국가 진보를 위해 지식과 문견이 필요하다는 논리가 강화되면서 유학생을 중심으로 다양한 분과 학문 지식이 소개되기 시작하였다. 『서유견문』이나 『친목회회보』는 이러한 시대상황을 반영한 것으로, 충분하지는 않지만 다양한 분야의 지식이 등장한다. 이러한 지식 확장은 국내의 신문과 학회보에도 적지 않은 영향을 미쳤는데, 구체적인 내용은 다음 장에서 기술한다.

제3장 근현대 한국의 지식 유통 상황

김경남

1. 개항 이전의 지식 유통

1.1. 학술서의 도입과 영향

학문사에서 근대가 과학사상 및 지식 발달과 밀접한 관련을 맺고 있음을 고려할 때, 지식 교류의 역사를 살펴보는 것은 중요한 일이다. 지식 교류의 차원에서 개항 이전에는 중국의 지식을 수용하거나 중국을 통해 서구의 지식을 수용하는 일이 적지 않았다. 이는 한국 근대의 학문이 일방적으로 서구의 것을 모방하는 데 그친 것이 아니라 전통적인 학문 교류의 차원에서 지식 수용이 이루어졌을 가능성을 의미하는 것이다.

지식 수용의 차원에서 고려해야 할 문제는 어느 시대 어떤 책이 어떤 경로로 우리나라에 유입되었으며, 그 영향은 무엇인가를 따지는 문제이다. 이에 대해 이광린(1979)에서는 1700년대의 『해국도지』, 『이언(易

言)』을 집중적으로 검토한 바 있고, 강재언(1981)에서는 1600년대 이후 다수의 서양 종교 서적과 과학 서적이 국내에 소개된 사례를 서술한 바 있다. 최근에는 사상사의 차원에서 서양의 수학·윤리학·과학 등이 어떻게 유입되었는가에 대한 연구도 활발히 이루어지고 있다. 예를 들어 구만옥(2010)의 '동아시아 지식 세계와 마테오리치'에서는 서양 수학의 도입과 그에 따른 조선 지식인들의 반응 문제를 다루었고, 전용훈(2010)의 '17세기 서양 세차설의 전래와 동아시아 지식인의 반응'을 연구하였다. 권인호(2008)의 '한국 근현대에서 서양 윤리사상과 실학의 만남'이나, 임종태(2012)의 '서양의 물질문화와 조선의 의관(衣冠): 이기지(李器之)의 『일암연기(一菴燕記)』에 묘사된 서양 선교사와의 문화적 교류', 임종태(2003)의 '17·18세기 서양 과학의 유입과 분야설의 변화: 『星湖僿說』「分野」의 사상사적 위치를 중심으로', 권인호(2010)의 '한국 실학사상과 근현대철학에서 실용주의', 김일권(2011)의 '『성호사설』「만물문」의 실학적 만물관과 자연학', 오영숙(2012)의 '조선후기 산학(算學)의 일면(一面): 최석정(崔錫鼎)의 산(算) 읽기', 노용필(2006)의 '조선인 홍대용과 서양인 천주교신부의 상호 인식: 『유포문답(劉鮑問答)』의 분석을 중심으로'(조선 후기의 주체와 타자 인식) 등도 개항 이전의 지식 교류를 주제로 한 주요 연구 성과로 판단된다.[1]

강재언(1981)에 따르면 1602년 이수광이 『구라파국여지도』 1건 6폭과 함께 『곤여만국지도』를 들여온 이후 성호 이익의 『지봉유설』, 홍대

---

[1] 지식 교류의 차원에서 개항 이전의 서양 지식 유입을 주제로 한 논문은 대략 100편 정도로 추산된다. 그 가운데 일부는 실학자 개인을 대상으로 한 경우도 있고, 어떤 논문은 거시적인 맥락에서 사상 형성을 주제로 한 것도 있다. 본문에 언급한 논문 이외에 김용헌(1995)의 「서양 과학에 대한 洪大容의 이해와 그 철학적 기반」, 원재연(2003)의 「조선시대 학자들의 서양인식」, 신익철(2013)의 「18세기 연행사와 서양 선교사의 만남」, 이헌창(2004)의 「개화사상의 대외 인식과 그 대응」, 김문용(2012)의 「조선 후기 서양 수학의 영향과 수리 관념의 변화」, 정수일(2011)의 「세계인식에 관한 한국고전과 문명교류: 『지봉유설(芝峯類說)』 속 외국명 고증문제」, 임지영(2008)의 「朝鮮 正祖朝에 購入된 中國本의 書誌學的 硏究」, 허남진(1994)의 「서구사상의 전래와 실학」 등도 주목할 만한 연구 성과이다.

용의 『담헌서』 등에 등장하는 서양 학술서가 대략 22종, 천주교 및 서양 윤리에 관한 서목 13종이 존재하는 것으로 추정된다. 강재언(1981)에 등장하는 서양 학술 서목은 『곤여만국전도(坤輿萬國全圖)』(마테오리치, 중국명 리마두, 1602), 『혼개통헌도설(渾蓋通憲圖說)』(마테오리치, 1607), 『기하원본(幾何原本)』(마레오 리치, 서광계, 1607), 『동문산지(同文算指)』(마테오리치, 이지조, 1614), 『측량법의(測量法義)』(마테오리치, 1617), 『구고의(句股義)』(마테오리치, 1617), 『간평의설(簡平儀說)』(우르시스, 중국명 熊三拔, 1611), 『태서수법(泰西水法)』(우르시스, 서광계, 1612), 『천문략(天問略)』(디아즈, 1615), 『직방외기(職方外紀)』(아레니, 1623), 『서학범(西學凡)』(아레니, 1623), 『기기도설(奇器圖說)』(테렌츠, 1627), 『치력연기(治曆緣起)』(롱고바르디, 서광계, 발행 연도 미상), 『성도(星圖)』(샬, 발행 연도 미상), 『건상곤여전도(乾象坤輿全圖)』(샬, 1628), 『원경설(遠鏡說)』(샬, 1630), 『기하요법(幾何要法)』(아레니, 1631), 『측량전의(測量全義)』(로오, 서광계, 1631), 『곤여전도(坤輿全圖)』(훼르비스트, 1674), 『곤여외기(坤輿外紀)』(훼르비스트, 발행 연도 미상), 『서방요기(西方要紀)』(훼르비스트, 발행 연도 미상), 『수리정온(數理精蘊)』(梅殼成 外, 1723) 등 22종이다. 서목명에서 짐작할 수 있듯이 이들 서적은 천문과 지리, 관측·측량, 기하·산술 등과 관련을 맺고 있다.

또한 천주교 및 서양 윤리에 관한 것으로는 『천주실의(天主實義)』(마테오리치, 1595), 『교우론(交友論)』(마테오리치, 1595), 『칠극(七克)』(빤또오하, 1604), 『기인십편(畸人十篇)』(마테오리치, 1608), 『변학유독(辨學遺牘)』(마테오리치, 1609), 『영언문작(靈言蠡勺)』(삼비아소, 서광계, 1624), 『만물진원(萬物眞源)』(아레니, 1628), 『주제군징(主制群徵)』(샬, 1629), 『경교유행중국비정전(景敎流行中國碑正詮)』(디아즈, 아레니, 1644), 『교요서론(敎要序論)』(훼르비스트, 1670), 『진도자증(眞道自證)』(샤비냑, 1718), 『성세추요(盛世芻蕘)』(마이아, 1733), 『성년광익(聖年廣益)』(마이아, 1738) 등 13종의 서목이 등장한다.

이들 서목은 이수광의 『지봉유설』, 이익의 『성호사설』과 같이 견문·

사유한 것을 '유취(類聚)'한 것이기 때문에, 체계적인 지식 탐구 자세를 보인 것은 아니다. 이 점은 서구 사상의 전래가 실학에 구체적으로 어떤 영향을 미쳤는지를 연구한 허남진(1994)에서도 지적한 바 있다. 예를 들어 『성호사설』의 경우 223항목의 천지문(天地門)과 368항목의 만물문(萬物門), 990항목의 인사문(人事門),[2] 1048항목의 경사문(經史門), 378항목의 시문문(詩文門)으로 이루어져 있는데, 이 가운데 천지, 만물의 일부 항목에서 서양 서적과 이론을 근거하여 항목을 설명하고 있다.

【 천문 지리 관련[3] 】

ㄱ. 星土拆開圖: 六宅方星圖出自西國. 中土人所未及. 然六宅之內亦各中西如車蓋平鋪爲圖則心縮而旁濶. 故又托開. 上下兩頭爲十二宅. 皆腹濶而兩頭纖. 於是長短之度咸得眞形也. 中土人不曾見南極 故但知天河首艮尾坤圍如佩玦而開一面 孰知夫統南而復北 如環之無少缺哉. 猶此推極其理當然.

번역 성토탁개도: 육택방성도(여섯 쪽으로 된 방성도)는 서양에서 나온 것으로, 중국 사람이 미처 생각하지못했던 것이다. 그러나 육택 내부가 모두 중앙이 볼록한 것이 수레뚜껑처럼 되어 있으니, 반듯하게 펴서 평면으로 기리면 중앙은 좁고 옆은 넓기 때문에 상하 두 머리를 12택으로 만들어야 중심부가 넓고 두 머리가 좁아져 장단이 원형을 이룬다. 중국 사람은 일찍이 남극을 보지 못했기 때문에 은하(天河)가 동북방으로 머리를 두고 둘레가 반원형 고리처럼 되어 한쪽이 트인 줄로 알았지, 그것이 남쪽으로 돌아서 북쪽으로 제자리에 돌아가 둥근 고리처럼 중간이 끊어진 곳이 없음을 누가 알았겠는가. 이 이치를 추구하면 당연하다.

—권1 천문부, '성토탁개도'

---

2) 각 문의 항목수는 민족문화추진회(1984) 참조.
3) 번역문은 민족문화추진회(1984)를 일부 다듬음.

ㄴ. 首艮尾坤: 天問略云, 所謂天河者小星稠密. 故其體光顯相連 若白練. 西國有視遠鏡能察如此也 未知然否.

번역 수간미곤: <u>천문략</u>에 이르기를, 은하는 작은 별들이 주밀하게 모여 있어 그 자체가 빛을 발하여 흰 비단처럼 연속되어 있는 것이라고 한다. 서양에는 <u>시원경(視遠鏡, 망원경)</u>이 있어 능히 이와 같이 관찰한 것인데, 과연 그런지는 알 수 없다.

—권1 천문부, '수간미곤'

ㄷ. 日天之極: 西洋曆法 日天之北極 比星辰天極之稍東稍故.

번역 일천지극: <u>서양 역법</u>에 태양 노선의 북극은 성신(星辰)의 북극보다 약간 동쪽이며 약간 높다.

—권1 천문부, '일천지극'

ㄹ. 九重天: 九重天之說 始於屈原天問. 謂日月五星及經星之外更有一重 西曆所謂宗動天也.

번역 구중천: '구중천'은 굴원의 천문에서 처음 나왔다. 그것은 일월과 오성, 경성(經星) 외에 또 한 중(重, 노선)이 있다는 것이다. 이것이 <u>서력(西曆)</u>에서 말하는 종동천이다.

—권1 천문부, '구중천'

ㅁ. 中西曆三元: 西國之曆中華殆不及也. 泰西爲最 回回次之步. 天定以三百六十度 無奇零之數 其零數只以日行爲準 非天之所知也.

번역 중서력삼원: <u>서양 역법</u>은 중국으로서는 따를 수 없다. 서양이 가장 뛰어나며 회회가 그 다음이다. 하늘을 측정하는 데 삼백육십도로 하고 나머지는 계산하지 않는데 영수(零數)는 다만 태양의 운행의 준거로 하니 이는 하늘과 관계가 없는 것이다.

—권1 천문부, '중서력삼원'

ㅂ. 一日七潮: 職方外紀 歐邏巴 尼歐白亞海 潮一日七次 昔有名士 亞利斯多者 適究物理惟此溯 不得其故 遂赴水死. 諺云 亞里斯多欲得此潮反得亞里斯多.

> **번역** 일일칠조: 직방외기에 구라파 니구백아해에는 밀물이 하루 일곱 번 들어온다고 하였다. 옛날 아리사다(亞里斯多, 아리스토텔레스)라는 명사가 있어 물리를 연구했는데 오직 이 조수의 이치를 깨닫지 못하므로 드디어 물가에서 빠져 죽었다. 세간에 이르기를 아리사다는 이 조수의 이치를 알고자 하였으나 도리어 조류가 아라사다를 잡아갔다고 한다.

—권1 천문부, '일일칠조'

ㅅ. 時憲曆: 今陰陽家推奪吉凶 不用湯若望時憲曆 猶守大統曆. 夫郭太史授時曆 出於元世祖時幾於大成 曆家猶不用消長爲欠 大統曆者明太祖時 元統之所造 距授時不過百年而至 順治湯若望又不容不改也.

> **번역** 시헌력: 지금 음양가들은 길흉을 점칠 때 아직도 탕약망(湯若望, 독일인 아담 샬)의 시헌력을 쓰지 않고 오직 대통력을 사용한다. 대저 곽태사의 수시력은 원세조 때 나와 이루어진 것으로 역가들은 소장(消長)을 하지 않는 것을 결점으로 여긴다. 대통력은 명 태조 때 원통이 만든 것으로 수시력을 만든 때와 백년이 지나지 않았고 순치(順治) 연간에 이르러 탕약망이 또 개정하지 않을 수 없었다.

—권1 천문부, '시헌력'

ㅇ. 女國: 古今言 西方有女國 職方外紀 但云韃靼池西舊有女國 國俗惟春月容男子一至 其地生子男輒投之今亦爲他國所倂存其名耳 此說最近然. 生男輒殺則春月所用必丐于異國恐是一時之俗也. (…中略…) 女國在北胡之西 介居亞細歐羅之間 意者本爲女多之方 故仍成流俗耶.

> **번역** 여국: 옛날 서방에 여국이 있었는데 직방외기에 따르면 달단(韃靼, 타타르) 서쪽에 옛날의 여국이 있어 봄철에 남자 한 사람만 그곳에 오는 것을 허용하고, 아들을 낳으면 죽였는데, 지금은 나른 나라에

병합되어 그 명칭만 남았을 따름이라고 하니, 이 말이 가장 근사하다. 그러나 아들을 낳으면 갑자기 죽였다고 하니 봄에 들어오는 남자는 반드시 다른 나라 사람일 것이므로 한 때의 풍속이었을 것이다. (…중략…) 여국은 북호의 서쪽에 있어 모두 아세아와 구라파 사이에 살았으니 여자가 많은 지방이어서 이 풍속이 흘러왔을 것이다.

—권1 천문부, '여국'

ㅈ. 方星圖: 今見西國方星圖與中國差別 又或有有絡而無星者 此卽其地視遠鏡之所燭也. 如金星大於月 日大於地毬 銀河爲星氣

> **번역** 방성도: 지금 서양의 방성도를 보면 중국과 다르다. 혹은 연결한 것이 있으나 별은 없는데, 이는 그곳에서 시원경(망원경)으로 본 것이니, 금성이 달보다 크고, 태양이 지구보다 크며, 은하는 성기(星氣)로 이루어진 것과 같다.

—권2 천문부, '방성도'

ㅊ. 地厚: 地如彈丸 以北極言則 北走二百五十里而極高一度 南走二百五十里而極低一度 此不可誣也 從此推之 天有三百六十度 故北走南走皆九萬里而極還. (…中略…) 據方星圖自中台之下歷常陳織女之上輦天津螣蛇之下 奎宿之上天大將軍五車天潢座旗而復矣此不可察.

> **번역** 지후: 지구는 탄환과 같다. 북극으로 말하면 곧 북으로 250리를 가면 극이 일 도 높고, 남으로 250리를 달리면 극이 일 도 낮아진다. 이로 미루어 보면 하늘은 360도가 있으므로 북으로 달리고 남으로 달려 모두 9만리로 극을 되돌아 온다. (…중략…) 방성도에 근거하면 중태 밑에 상진, 직녀성의 위와 연도 천진 등사 아래 규수의 위, 천대장군 오거 천황좌기를 지나가 되돌아오게 되었으니 이것을 고찰하지 않으면 안 된다.

—권2 천문부, '지후'

ㅋ. 一萬二千峯: 余考萬國全圖 大地一周不過九萬里 豈復有八萬由旬

번역 일만이천봉: 내가 만국전도를 상고해 보니 지대지는 불과 구만리에 지나지 않는다하였으니 어찌 팔만 유순이 있겠는가.

—권2 천문부, '일만이천봉'

ㅌ. 陸若漢: 壬辰之後 陳慰使鄭斗源赴燕遇西洋人陸若漢者 年九十七歲精神秀發飄飄若神仙 (…中略…) 以大砲授斗源使啓知于國王 又授 治曆緣起 一卷, 天問略 一卷, 遠鏡說 一卷, 職方外紀 一卷, 西洋貢獻神威大鏡疏 一卷 及 千里鏡 自鳴鐘 鳥銃 藥筒 等物.

번역 육약한: 임진년 후 진위사 정두원이 연경에 가서 서양인 육약한(이탈리아 신부 로드리게스)을 만났는데, 그는 나이 97세에 정신이 뛰어나고 표표한 모습이 신선과 같았다. (…중략…) 그는 정두원에게 대포를 주어 국왕에게 알리게 했고, 또 『치력연기』1권, 『천문략』1권, 『원경설』1권, 『직방외기』1권, 『서양공헌신위대경소』1권과 천리경, 자명종, 조총, 약통 등물을 주었다.

—권4 만물문, '육약한'

ㅍ. 指南針: 泰西 熊三拔 簡平儀說云 羅經自有正針處身嘗經歷大浪山去中國西南五萬里過.

번역 지남침: 태서의 웅삼발(이탈리아인 우루시스)의 『간평의설』에 이르기를 나경(羅經)에 정침이 있어 방위를 가리키는데 내가 일찍이 대량산을 지났는데 중국 서남쪽까지의 거리가 5만리가 되었다.

—권4 만물문, '지남침'

『성호사설』 천문부에는 『직방외기(職方外紀)』, 『천문략(天問略)』, 『만국전도(萬國全圖)』 등을 근거하여 천문학 지식과 지구 형세 등을 소개한 부분이 많다. 인용한 부분에서 알 수 있듯이, 서양 지도가 중국과 다른 이유를 '시원경(망원경)'으로 관찰한 결과임을 소개하였고, 조수의 이치나 태양계의 특징 등도 소개하였다. 서양인 학자 아리스토텔레스(亞里斯多)의 조수 관찰 기록이나 독일인 아담 샬(湯若望)의 역법이 등장하는 점도 흥미롭다. '태서'라는 용어와 '구라파'라는 용어가 여러 차례 등장하는 점도 이 시기 지식 교류의 한 면을 보여준다. '방성도'를 근거하여 지구가 둥글고 하늘이 360도를 이루어 북극과 남극을 되돌아온다는 설은 서양 천문학 지식을 바탕으로 세계관이 변화하고 있음을 의미한다. '만물문'의 '육약한'에서는 이탈리아인 로드리게스가 정두원에게 전해준 5종의 책명이 등장하며, '지남침'에서는 우루시스의 『간평의설』이 등장한다. 이 모두 천문 지리에 관한 지식 교류의 사례이다.

성호의 천문 지식이 갖는 의미에 대해서는 임종태(2004)에서도 검토된 바 있다. 이에 따르면 천문에 대한 중국인의 관점은 한대(漢代)에 형성된 분야설(分野說)에 기반을 두고 있다. 달리 말해 하늘의 세계를 적당히 구획지어 중국 여러 곳에 대응시키는 방식이다. 실학시대에 이르러 이에 대한 비판은 여러 사람에 의해 이루어졌는데, 임종태(2004)에서는 그 가운데 성호의 비판이 가장 합리적인 것이었다고 평가한다.[4] 『성호사설』권1 '천문부'의 '분야(分野)'를 고려한다면 성호는 분명 분야설을 포기하지 않고 있다. 이는 중화주의 우주관과 그를 답습해 온 성리학자들의 유풍에서 비롯된 것이다. 그럼에도 성호의 천문 지식은 '천변', '일식'을 비롯한 자연현상이 비과학적 미신과는 달리 과학적으로 규명할 수 있는 현상임을 제시하였다.[5] 이와 같이 개항 이전 1600년대부터 도

---

4) 임종태(2003), 「17·18세기 서양 과학의 유입과 분야설의 변화: 『星湖僿說』 「分野」의 사상사적 위치를 중심으로」, 『한국사상사학』 21, 한국사상사학회, 391~416. 이 논문에서는 중화주의 관점에서 확립된 분야설이 성호에 이르러 '어느 나라, 어느 군현'을 기준으로 하든 분야의 대응이 가능하다는 사상으로 이어졌다고 하였다.

5) 천재지변에 관한 성호의 생각은 권1 천문부 '천변(天變)'에서 "시간과 공간을 막론하고 하늘은 일시라도 인류를 사랑하지 않은 적이 없는 것인데, 하필 사람이 잘못을 저지르기를 기다려서 그렇게 하겠는가? 대체로 여름은 덥고 겨울은 추우며 낮은 밝고, 밤은 어두운 것은 하늘의 정상이다. 이변이란 자연의 비정상적인 현상이다(古今遍四海而天地無一

입되기 시작한 서양서는 실학자들에게 적지 않은 영향을 미쳤다. 더욱이 '비(雨)', '뇌진(雷震)' 등이 길흉과는 관련이 없는 자연현상임을 밝히고자 한 것은 과학사상의 태동이 1600년대에 이미 이루어지고 있었음을 의미한다.

그러나 실학 시대의 과학사상은 그 시대의 시대사조로 변화하기까지는 여러 가지 제약이 많았다. 『성호사설』권2 천문부의 '지구'를 살펴보자.

【 地毬 】

地毬上下有人之說 至西洋人始詳. 近世或薦李時言有將才 金荷潭謂言 吾聞某崇信西說 此猶不知其非 況窺敵制變耶. 荷潭所稱明智者多所臆中 而此猶不知其然則其識之不深可想 金參判始振亦深非其說 南斯文克寬著說辨之云 今有一卵蟻從皮殼上周行不墜入居地面 何以異是. 余謂南之誚金 以非攻非也 蟻附於卵能無墜者 以蟻足粘着也. 今有虫豸緣壁失足便墜 何以曉入 此宜地心論. 從一點之心 上下四旁都湊向內觀之毬之大愍在中央 不少移動可以推測也 卵在地毬一面 卵亦離地便墜下矣 卵之下面顧可以附行耶.

번역 지구: 지구의 아래와 위에 사람이 살고 있다는 말은 서양인에 의해 밝혀진 것이다. 근세 어떤 사람이 이시언을 천거하면서 훌륭한 장재가 있다고 하니, 김하담이 말하기를 내가 들으니 아무개는 서양 학설을 믿는다 하니, 이 사람이 서양 학설이 잘못된 줄도 모르거든 하물며 적진을 엿보고 적의 행동을 제지할 수 있겠느냐 하였다. 하담은 명지(明智)한 사람으로 일컬어지니 생각하는 바가 많을 것이나, 이에 오히려 그

時不仁愛下民也 何待人事之失而後然哉 凡夏熱冬寒 晝明夜暗 天之常也 災孼者氣數之變也"라고 한 데서 알 수 있듯이, 자연현상의 하나로 간주하였다. 또한 권1 천문부 '일식'에서는 일식의 원리를 설명하고 "하늘이 꾸짖고 경고하는 것은 진실로 정치와 관련이 없으니, 그렇다면 일식이 없는 것인가? 이는 위와 아래가 서로 이유 없는 사실을 가지고 속이는 것이다(天之譴告耶苟無關政日其不蝕乎 是上下相蒙虛文以誣之也)"라고 주장하였다. 일식에 관한 논의는 권2 천지문 '위박(衛朴)'에서도 이어진다.

이치를 알지 못하니 그 식견이 깊지 못함을 상상할 수 있다. 참판 김시진도 지구 아래 사람이 살고 있다는 말을 그르다고 믿어 사문 남극관이 글을 지어 밝히기를, 지금 계란 한 개가 있는데 개미가 계란 껍데기에 올라 두루 다녀도 떨어지지 않으니 사람이 지면에 사는 것과 이것이 무엇이 다르겠는가 하였다. 나는 남극관이 김시진을 나무란 것은 잘못된 것으로 잘못을 공격한 것이라고 생각한다. 개미가 계란 껍데기에서 떨어지지 않는 것은 발이 끈끈하여 달라붙기 때문이다. 지금 충치(虫豸, 발 없는 벌레)가 벽에 오르다가 실족하여 떨어지니 어찌 이로써 밝힐 수 있겠는가. 이 문제는 마땅히 지심론(地心論)을 따라야 한다. 한 점의 지심(地心)을 따라 상하 사방이 모두 안으로 향하니 지구의 큰 중앙에 지심이 있어 조금도 움직이지 않음을 가히 추측할 수 있다. 계련이 지구 일면에 있는 것은 계란 역시 지구와 떨어지면 곧 아래로 추락하니, 계란의 아래에 붙어 다닐 수 있겠는가?

—권2 천문부, '지구'

이 항목은 지구가 둥근데도 지구의 위와 아래에 사람이 모두 살아갈 수 있는 이유를 지심(地心, 중력)으로 설명한 글이다. 이치를 추구하는 방법이나 논증법 자체가 정연하다. 그런데 이 글에 등장하는 김하담은 '서양 학설은 잘못되었다', '서양 학설을 믿는 사람을 신뢰할 수 없다'라고 생각한다. 글에 명시되었듯이 김하담은 '명지자'이다. 이는 이 시기 지자로 일컬어지는 사람들이 서양 학설을 불신하고 있음을 의미한다. 이러한 불신은 성리학적 전통과 중화주의에서 비롯된 시대사조일 것이다. 이 점은 정조조의 중국본 서적 구입 상황을 연구한 임지영(2008)에서도 확인할 수 있다. 이 논문은 정조조의 서적 정책을 규명한 것으로, 이 시기 구입한 서적의 대부분이 성리학 서적과 유교 경전이었음을 확인할 수 있다.[6] '당판본'에 대한 금수정책(禁輸政策)이나 경서류 중심의 서적 유입 상황에서 과학 지식이 보편화되기는 쉽지 않았을 것으로 보

인다.[7]

1.2. 방법론적 가치와 한계

1600년대부터 시작된 지식 교류는 개항 이전까지 실학자를 비롯한 일부 지식인들의 학문 연구에 적지 않은 영향을 주었다. 이는 전통적인 성리학에서 탈피하여 '학'이 '격물치지', 곧 '인간과 자연의 이치'를 탐구하는 일과 관련을 맺고 있음을 깨달았다는 뜻이다. 이는 학문에 대한 성호의 생각에서도 찾아볼 수 있다.

【 성호의 학문 방법 】

ㄱ. 驟進工夫: 致知涵養 是兩下功 夫在初學致知爲先 致知者讀書窮理爲要 豈可專靠於涵養 朱子曰人言讀書 當從容玩味 此乃自怠之一說 若徜徉終日謂之從容却無做工夫處 故因歎驟進二字 最下得好湏是. (…中略…) 余嘗驗之讀一編經中有十段 先讀一段理會有未透更讀理會 過兼三至四猶不通方讀 第二段如前三階四階以至於十階 如前輪回復讀第一階 如前輪回十過二十過必有可通

번역 취진공부: 치지와 함양은 공부하는 두 방법인데, 초학자는 치지를 먼저 한다. 치지란 글을 읽고 궁리하는 것이 요점인데 어찌 오직 함양에만 의존하겠는가. 주자는 "사람들이 글을 읽는 데는 마땅히 완미(玩味)함을 따라야 한다고 하나 이는 곧 태만하려는 구실이다. 만일 종일토록 노닐며 그것을 여유라고 여긴다면 공부할 곳이 없는 것이다."라고 하였다. (…중략…) 내가 일찍이 시험한 결과 한 권의 경서를 읽는데 10단

---

6) 임지영(2008)에서는 『정조실록(正祖實錄)』, 『청장관전서(青莊館全書)』, 『내각방서록(內閣訪書錄)』, 『규장총목(奎章總目)』, 『열고관서목(閱古觀書目)』을 참고하여 정조조에 전래된 중국본 46종을 조사한 뒤, 그 영향 관계를 밝히고자 하였다.

7) 임지영(2008)의 분석에 따르면 46종의 서적은 경부(經部) 6종, 사부(史部) 8종, 자부(子部) 12종, 집부(集部) 5종의 분포를 보인다. 이 가운데 과학 기술 관련 서적은 사부(史部)의 의가(醫家) 1종, 잡가(雜家) 2종, 천문·산법(天文·算法) 1종, 서학(西學) 1종이 있다.

이 있어, 먼저 일단으로 읽어 이회하여 통하지 못하는 바가 있으면 다시 이회하도록 하고, 겸하여 삼사에 이르도록 오히려 통하지 못하는 바가 있다면 다시 제2단으로 앞과 같이 3단계 4단계에서 10단에 이르도록 한다. 앞과 같이 제1단계로 다시 읽고 앞과 같이 열 번 스무 번 읽는다면 반드시 통할 바가 있을 것이다.

—권13 인사문, '취진이자'

ㄴ. 手板: 學莫尚于溫故而知新 猶易溫故尤難 凡學者孰不欲 故老皆溫奈記性 不遠何哉 (…中略…) 聖人每聞善言 輒曰小子記之 非聖人自懼其或忘也 卽勉 門人之頻此而警覺也 故有記於策者有記於座右者甚 則有記於紳者策則 或曰 有所不及坐則或居有所不同 惟紳動靜不離也. 至此寧復有遺失之可憂.

번역 수판: 배움은 옛 것을 익혀 새 것을 아는 것보다 더 좋은 방법이 없다. 그런데 새 것을 알기는 오히려 쉬우나 옛 것을 연구하기는 더욱 어렵다. 무릇 학자가 누구인들 온고(溫故)를 하지 않고자 하겠는가 마는 늙어 기억력이 미치지 못함을 어찌하겠는가. (…중략…) 성인도 매양 좋은 말을 들으면 곧 "얘들아, 기록해 두어라."라고 하였으니, 이 말은 성인 자신이 혹 잊을까 두려워 하는 것이 아니라 곧 문인들이 기록한 말에 힘입어 깨닫도록 권면한 것이다. 그러므로 책(策)에다 기록한 자도 있고 좌우(座右)에다 기록한 자도 있고 심지어 큰 띠(紳)에 기록한 자도 있었다. 그러나 책은 혹 갖고 다니지 않으면 눈에 보이지 않고, 좌우에 기록한 것도 거처를 옮기면 잊기 쉽지만, 오직 큰 띠에 기록한 것은 움직이더라도 늘 몸에 지니니 어찌 잊어버릴 걱정이 있겠는가.

—권4 만물문, '수판'

이 글은 단편적이지만 성호의 학문 방법을 보여주는 글들이다. 이 글에 나타난 학문의 목적은 '치지(致知)'와 '함양(涵養)'으로 표현할 수 있다. 치지는 사물의 이치를 궁리하여 아는 것을 의미하며, 함양은 사람으로서의 도리를 수양하는 것을 의미한다. 성호는 초학자의 경우 치지가 함양보다 우선한다고 하였다. 이처럼 치지를 중시하는 것은 동양 고전인 『대학』의 학문관과 크게 다르지 않다. 그가 생각한 치지의 주요 방법은 '독서'이다. 그의 독서법은 '이해할 때까지' 반복하여 읽고 생각하는 방법이다. 또한 '기록'은 학문의 주된 방법 가운데 하나이다. 독서와 기록 이 두 가지는 성호뿐만 아니라 실학자 대부분이 중시했던 학문 방법이다. 이 점은 다수의 실학자들이 백과사전식의 문집을 남긴 이유이기도 하다.8)

백과사전식 항목 기술 과정에서 '관찰'하거나 '견문'한 것, 또는 이치를 탐구하는 방법 등도 나타난다. 성호의 경우에도 권5 만물문 '도죽장(挑竹杖)'처럼 죽장의 원료인 대나무의 성질을 관찰하고 그것을 인생에 유추하거나 '악어(鰐魚)'에서 악어의 생태를 관찰하기 위해 같은 종이라고 알려져 있던 '자라'를 실험하는 내용도 등장한다. 그럼에도 실학자들의 학문 방법론이 지식 산출에 널리 활용된 것으로 판단하기는 어렵다. 이처럼 실학의 지식 산출과 보급의 한계는 여러 학자들이 논의한 바 있다. 국승규(2010)에서 서양 근대의식과 실학 성립 배경을 비교하고, 실학사상이 개화사상과 어떤 연계를 가질 수 있을지 살핀 것도 이러한 맥락으로 볼 수 있다.

실학의 과학사상과 학문 방법이 미친 영향은 좀 더 다차원적으로 규명해야 할 과제임에 틀림없다. 이 기간에도 어느 정도는 지식 교류가

---

8) 선행 연구에서는 실학자들의 독서법과 역사 연구 방법에 대해 고찰하고 있다. 예를 들어 김영(2003)의 「실학파의 독서관」, 황혜영(2011)의 「이덕무의 작품에 나타난 삶으로서의 독서」 등은 이러한 경향을 나타낸다. 고대사 연구 방법과 관련된 논의로 채미하(2011)의 「실학자들의 신라사 연구 방법과 그 해석」, 문창로(2011)의 「조선 후기 실학자들의 삼한 연구: 연구 추이와 특징을 중심으로」 등과 같은 다수의 연구가 이루어졌으며, 정재훈(2011)의 「실학자들의 '한국사' 탐구」도 방법론을 포함하고 있다. 일부에서는 실학자들의 사회과학이나 철학 방법과 관련한 논의도 이루어졌는데, 신상준(1993)의 「조선조 후기 실학자의 사회과학 방법론과 사회복지이론에 대한 재조명: 이익 및 정약용의 학리론을 중심으로」, 방인(1993)의 「다산 역학의 방법론적 고찰: 모기령과 정약용의 역학 방법론 비교」 등이 있다.

있었고, 또 천문·지리 분야를 비롯한 다수의 과학 지식도 등장했다. 그럼에도 1600년대부터 1880년에 이르기까지 근 300백년의 학문 연구가 개항 이후 한국의 근대화에 큰 동력으로 작용하는 데 한계가 있었다는 사실은 선행 연구뿐만 아니라 한국 근대사가 그것을 증명한다. 이러한 한계는 근본적으로 '지식의 체계화', '지식 탐구의 제도화', '지식 보급을 위한 언어 문제' 등에서 요인을 찾아야 할 것이다. 여기서 지식의 체계화란 백과사전식 기술이 아니라 특정한 문제를 발견하고, 과학적인 연구 과정을 거쳐 지식을 산출해야 한다는 뜻이다. '지식 탐구의 제도화'는 학문 연구 기관의 설립이나 교육 기관의 제도화를 의미하는 것이다. 비록 '규장각'이라는 일종의 도서관이 존재하기는 했지만, 제도적인 차원에서 연구 기관의 존재를 논하는 것은 시기상조일 수 있다. 더욱이 신분과 남녀의 차별 상황에서 근대 지식을 보급하고 교육하는 문제는 의식하기조차 어려운 상황이었을 것이다. 성호의 경우에도 '남녀 문제'나 '문자 문제'는 성리학적 사회구조에서 조금도 벗어나 있지 않음을 확인할 수 있다.

【 부녀지교(婦女之敎) 】

余家新婦入門戒之云　維孝與敎不侍訓而知　吾言止於三勤也偸也男女有別也. 勤則不窮 偸則有節 古之敎子始於七歲面云 男女不同席 閨門之所當嚴者無過於此也. 讀書講義是丈夫事 婦人有朝夕寒暑之供鬼神賓客之奉 奚暇對卷諷誦哉. 多見婦女通古今說禮義者未必躬行而弊害 無窮. 東俗與中土不伴凡文字之功非致力不能 初非可責也. 其小學內訓之屬都是丈夫之任. 宜嘿究而知其說隨事儆誨而已. 若令閨人緩於蠶織 而先務執卷 則奚可哉.

번역 부녀지교: 우리 가문에는 신부가 처음 들어오면 경계하기를, 효도와 공경은 가르치지 않아도 알아야 할 것이고, 내 말은 세 마디에 그치니 근면과 도독과 남녀의 구별이다. 근면하면 궁핍하지 않고, 훔치지 않으면 절약하게 되며 옛날 자식을 가르치는 것은 일곱 살이 되면 남녀가

같은 자리에 앉지 않으니 규문에서 엄격히 지켜야 할 것은 이에 지나지 않는다. 독서와 강의는 장부의 일이니 부인이 조석 한서에 조상과 빈객을 봉사하니 어느 겨를에 책을 대하고 시문을 읊조리겠는가. 부녀로 본 바가 많고 고금에 통하여 예의를 논하는 것은 반드시 실천하지 않고 폐단만 무궁하다. 우리나라 풍속은 중국과 달라서 문자의 공부에는 힘을 쓰지 않으면 성공하기 어려우므로 처음부터 유의할 일이 아니다. 소학과 내훈 등속도 모두 남자가 익힐 일이니 부녀자는 묵묵히 연구하여 그 논지만 알고 일에 따라 훈계할 뿐이다. 부녀자가 만약 누에치고 직조하는 일을 소홀히 하고 먼저 책을 잡는다면 어찌 가한 일이겠는가.

—권16 인사문, '부녀지교'

이 글은 부녀자의 교육을 대상으로 한 논설이지만, 신분이나 남녀차 별뿐만 아니라 독서와 문자에 대한 전근대적 사고를 드러낸다. 남자와 는 달리 신부에게 '근, 투, 남녀구별'을 교훈으로 요구하며, '독서, 강의' 는 장부의 일로 규정하였다. '동속(東俗)'이 중국과 달리 '문자 공부에 힘을 쓰지 않으면 효과를 나타내기 어렵다'는 말은 중국 사람이 중국어 를 공부하는 것과는 달리 우리나라 사람이 한문을 공부하여 성과를 거 두기 어렵다는 뜻이다. 그렇기 때문에 부녀자의 경우 처음부터 문자 공부에 힘써서는 안 된다는 것이다. 심지어 『소학』과 『내훈』조차도 남 자의 학문으로 간주하였다. 이러한 생각은 이 시기 사대부들의 일반적 인 관념이다. 『성호사설』에도 '언문'9)이 세종대왕이 창제하여 적지 못 할 소리가 없는 글자라는 사실을 밝히고 있지만, 그것이 지식 보급에 큰 영향을 줄 수 있다는 실용적인 사고에는 이르지 못했다. 과학 지식

---

9) 권16 인사문 '언문'에서 "我東諺字 刱於世宗丙寅 凡有音者莫不有字 人稱頡籀以來未始有也. (우리 동방의 언문자는 세종 병인년에 창제한 것으로, 무릇 소리가 있으면 글자로 나타내 지 못할 것이 없다. 사람들이 창힐과 태사 주 이래 처음 있는 일이라고 하였다)"라고 하였다.

의 수용에 따른 천문·지리관의 변화에 견준다면 사회구조적인 차원에서는 아직까지 전근대성을 면하지 못한 셈이다. 이 점에서 성호를 비롯한 실학사상에는 '합리적 자연 인식'과 이에 따른 계몽의식을 찾아볼 수 있으나, 정치·사회적인 차원의 계몽성을 기대하는 일은 쉽지 않다.

2. 개항에서 갑오개혁까지(1880~1894)

2.1. 번역·저술의 필요성

개항 이후 각종 통상 조약이 체결되고, 그에 따라 수신사, 영선사, 시찰단을 파견하면서부터 근대적인 지식 유통 상황에도 많은 변화가 일어났다. 그 중 대표적인 것은 '지식 유통에 필요한 국문자의 필요성'을 인식한 것이며, 다른 하나는 서적이나 신문을 통한 지식 보급의 필요성을 인식하게 된 것이다.

먼저 국문자의 인식은 번역의 필요성과 밀접한 관련을 맺는다. 초기의 번역 문제는 통상 조약과 관련한 한역(漢譯)의 문제점과 관련되어 있다. 최영철·허재영(2014)에서 밝힌 바와 같이, 한역(漢譯)은 개항 이후 서구와의 접촉에서 가장 먼저 등장한 어문 문제라는 뜻이다. 한역 문제는 개항 이후 서구와의 외교 통상 과정에서도 빈번히 등장하였다. 다음 〈통상 조약의 언어〉10)를 살펴보자.

---

10) 각국과의 통상 조약은 국회도서관 입법조사국(1965)의 『구한말조약휘찬』 (상)·(중)·(하)를 참고할 수 있다.

【 통상 조약의 언어 】

연도 (조인일자)	국가	조약명	조약 언어	내용
1876.02.26	일본	韓日修好 條規	일본문, 한문	第三款 嗣後兩國往來公文日本用其國文自今十年間別 具譯漢文一本朝鮮用眞文.
1876.08.24	일본	韓日通商 暫定協約	일본문	第一則 (…中略…) 所謂報單者詳細開明貨物之名或其 物質之實名貨主之姓名記號番號[不用記號番號之貨物 不在此例]報之也. 此報單及呈明諸書之類悉用日本 國文無副譯漢文.
1882.05.22	미국	韓美修好 通商條約	영문, 한문	第十三款 此次兩國訂立條約與夫日後往來公牘朝鮮專 用華文美亦華文或用英文必須以華文註明以免歧誤.
1883.11.26	영국	韓英修好 通商條約	영문, 한문	第十二款 一. 兩國議立比約原係 漢英兩國文字均經詳細 校對詞意相同嗣後倘有辭語分歧之處應歸英文講解以 免彼此辯論之端. 二. 凡由英國官員照會朝鮮官員文件暫可譯成漢文與英 文配送.
1883.11.26	영국	韓英修好 通商條約 附屬通商 章程	영문	第三款 防守逾漏邊越 (…中略…) 以上章程內所報單淸 擢等件均可以英文書寫.
1883.11.26	독일	韓獨修好 通商條約	독일문, 영문, 한문	第十二款 兩國議立約原係 德漢英兩三國文字均經詳 細校對詞意相同嗣後倘有文辭分歧之處應歸英文講解 以免彼此辯論歧之.
1883.11.26	독일	韓獨修好 通商條約 附屬通商 章程	영문	第三款 防守逾漏邊越 (…中略…) 以上章程內所列報單 淸招等件均可以英文書寫.
1884.06.26	이탈리아	韓伊修好 通商條約	이탈리아문, 영문, 한문	第十二款 兩國議立比約原係 英漢義兩三國文字均經 細校對詞意相同嗣後倘有文辭分歧之處應歸英文講解 以免彼此辯論之端.
1884.06.26	이탈리아	伊約附屬 通商章程	이탈리아문, 영문	第三款 防守偸漏邊越 (…中略…) 以上章程內所列報單 淸招等件均或以義文書寫或以英文書寫均無不可.
1884.06.25	러시아	韓露修好 通商條約	러시아문, 한문	第十二款 一. 兩國議立約原係 俄漢兩國文字均經詳細 校對詞意相同嗣後倘有文辭分歧之處應歸俄文講解以 免彼此辯論之端. 二. 凡由俄國官員照會朝鮮官員文件暫可譯成漢文與俄 文配送.
1888.08.20	러시아	韓露陸路 通商章程	러시아문, 한문, 조선문	第八款 一. 兩國議立約原係 朝俄兩國文字均經詳細校 對詞意相同嗣後倘有文辭分歧之處應歸俄文講解以免 彼此辯論之端. 二. 凡由俄國官員照會朝鮮官員文件暫可譯成漢文或朝 鮮文與俄文配送.
1886.06.04	프랑스	韓佛修好 通商條約	프랑스문, 한문	第十二款 一. 兩國議立比約原係 (漢法) 兩國文字均經詳 細校對詞意相同嗣後倘有文辭分歧之處應歸法文講解 以免彼此辯論之端. 二. 凡由法國官員照會朝鮮官員文件暫可譯成漢文與法 文配送.

여기서 주목할 것은 이 시기 각종 통상 조약에 사용한 언어는 해당 국가의 언어와 한문(漢文)이었다는 사실이다. 특히 통상 조약의 부속 통상 장정에 사용하는 '보단(報單)'11)은 한역(漢譯) 없이 해당 국가의 언어만을 사용하는 경우가 많았다. 이는 이 시기 체결한 각종 조약이 불평등 조약이었음을 의미할 뿐 아니라, 이 시기 조선 정부의 공공 문자가 '한문'이었음을 의미한다. 이러한 배경에서 근대의 학문과 지식을 도입하는 과정에서 등장한 '번역(繙譯)'은 '한역(漢譯)'을 의미했다. 이 점은 순보의 '서(序)'를 통해 확인할 수 있다.

【 旬報序 】

今風氣漸開 智巧日長 輪舶馳駛 環瀛電線聯絡四土 至於定公法修聘問等港埔通交易 而窮髮燋齒羊胛樓面無殊聯壤事變物類幻詭百出 車服器用技巧萬端固雷心 世務者所不可不知也. 是以我 <u>朝廷開局設官廣譯外報 幷載內事頒示國中弧分列名曰旬報 以之廣聞見辨衆惑補商利 中西之官報申報郵便交詢其義一也.</u> 守內之方位鎭浸政令法令度府庫 器機貧富飢饒與夫人品之藏否物値之低昂 攗實儹載 可以燭照鏡考而褒貶勸懲之義 又未嘗不行乎其間也. 雖然覽者 驚遠好近則是市步而失故者也. 昧新膠舊則是井觀而自大者也. 其必度時審勢勿流泥取捨可否必求諸道不失其正然後庶乎開局之本旨歟.

> **번역** 지금은 풍기((風氣)가 점차 열리고 智巧도 날로 발전하여 선박(船舶)이 전 세계를 누비고, 전선(電線)이 서양까지 연락되었으며 공법(公法)을 제정하여 국교를 수립하고 항만·포구를 축조하여 서로 교역하므로 남북극 열대 한대(南北極 熱帶·寒帶) 할 것 없이 이웃 나라와 다름이 없으며 사변(事變)과 물류(物類)가 온갖 형태로 나타나고 거복 기용(車服·器用)에서도 그 기교가 일만 가지니 세무(世務)에 마음을 둔 사람이면 몰

---

11) '한일통상잠정협약'에 따르면 '보단(報單)'은 화물의 이름, 그 물질의 실명, 화물 주인의 이름, 근량, 무게, 기호, 번호를 적은 것을 의미한다.

라서는 안 될 것이다. 그러므로 우리 조정에서도 박문국을 설치하고 관리를 두어 <u>외보(外報)를 폭넓게 번역</u>하고 아울러 내사(內事)까지 기재하여 국중(國中)에 알리는 동시에 열국(列國)에도 반포(頒布)하기로 하고, 이름을 순보(旬報)라 하여 문견(聞見)을 넓히고 여러 가지 의문점을 풀어주고 상리(商利)에 도움을 주고자 하였으니, 중국·서양의 관보(官報), 신보(申報)를 우편(郵便)으로 교신하는 것도 그런 뜻에서이다. 세계 속의 방위(方位)·진침(鎭浸)·정령(政令)·법도부고(法度府庫)·기기(器機)·빈부(貧富)·기찬(飢饌)에서 인품(人品)의 선악(善惡), 물가의 고조(高低)까지 사실대로 정확히 실어 밝게 알 수 있을 뿐만 아니라 그 사이사이에는 포폄권징(褒貶勸懲)의 뜻도 들어 있다. 그러나 독자들이 먼 것을 외면하고 가까운 것만 좋아한다면 휩쓸려 걷다가 자기 걸음걸이마저 잃어버리는 격이 될 것이고, 새 것에는 어둡고 옛 것만을 고집한다면 우물에 앉아서 제 것만 크다고 하는 격이 될 것이니, 반드시 때와 형세를 살펴 무작정 남만 따르거나 자기 것만 고집하지 말고 取捨와 可否를 반드시 道에 맞도록 하여 정도를 잃지 않은 뒤에야 거의 개국(開局)한 본지에 맞을 것이다.

―관훈클럽 신영연구기금 역(1983)

밑줄 친 부분에서 확인할 수 있듯이, 순보에 나타나는 번역은 '외보'를 한문으로 옮기는 것을 의미한다. 그렇기 때문에 순보는 모두 한문으로 기록되었고, 주보 대부분의 기사들도 한문으로 이루어졌다.

그러나 이 시기 번역이 '한역'만을 뜻하는 것은 아니었다. 예를 들어 주보 제1호에서 제3호까지 연재되었던 '논학정(論學政)'에서는 '언문 번역(諺文繙譯)' 문제를 제기하면서, 언문이 '조선방문(朝鮮邦文)'임을 논의한 바 있다.[12] 그뿐만 아니라 언문 번역은 1888년 1월 13일자의 박영효

---

12) 『漢城週報』 第3號, '論學政'. "凡歐洲大中小學校 皆教以本國文字言語事物 無有所沮而其交以二十六字母相連相生分合成聲 與我國諺文毫無殊異 以之教習初學者費工二三朔 便可讀書作文 以之記述凡百書籍, 初不用力於誦讀 亦可曉解義理 或為貧民資者 雖學一朔 文辭足用 比

건백서(建白書)에도 나타난다.[13] 이러한 흐름에서 앞에 제시한 '한로육로 통상장정(韓露陸路通商章程)'에서는 "凡由俄國官員照會朝鮮官員文件暫可譯成漢文或朝鮮文與俄文配送."이라고 함으로써 통상 언어에서 '조선문(朝鮮文)'이 사용될 수 있음을 처음으로 규정한 것으로 볼 수 있다. 이처럼 외교 문서에 조선문을 사용한다는 규정을 둘 수 있었던 것은 주보에 등장하는 국문과 국한문(國漢文)이 일정한 영향을 주었던 것으로 해석된다. 왜냐하면 1880년대 이전 정부 차원의 공용 문서에서는 이러한 문체가 보이지 않기 때문이며, 주보에서 국문을 사용하지 않았을 경우, 1894년 갑오개혁 당시 '국문위본(國文爲本)'을 천명한 것도 갑작스러워 보이기 때문이다. 이 점에서 근대 학문과 지식의 수용 과정에 나타난 '번역'의 문제와 '국문 사용'의 특징을 좀 더 면밀히 분석해 볼 필요가 있다.

앞서 살펴본 바와 같이 순보가 창간될 당시 정부 차원의 공식 문자는 한문(漢文)이었다. 그렇기 때문에 순보에서는 근대 학문과 지식을 한역하여 보급하는 데 힘쓰고자 하였다. 그러나 한역은 일본어나 서구 언어를 한문으로 번역하여 조선인에게 보급해야 한다는 점에서 이중 번역의 한계를 지닐 수밖에 없다. 이 문제는 '화문(華文)'으로 표시되는 '중국어'도 마찬가지이다. 그렇기 때문에 근대 학문과 지식을 조선의 '방문(邦文)'인 '언문(諺文)' 곧 '국문(國文)'으로 번역하는 문제가 자연스럽게 대두된 것으로 보인다.

於東洋學制則便否不啻宵壤也. 然則我國設立學校 亦當以諺文敎習學生 自孔孟聖賢之書以至歐人殖貨之術 皆用諺文繙譯之 數十年就學無累於家計者則傍令學習漢文可做鴻儒. 如是則學校普便敎化周洽矣. 我國素無分類學科之制 況於近時 始開之學術敎之 以諺書則學士大夫擧皆恥於入學矣. 惟願秉軸諸公議 自政府特設繙譯處 盡以諺文記述 各種學科另成一冊頒布國內 使士民周知其便 且自政府補助學費激勸奬勵則學將不日而大張矣. 西語曰朝鮮有邦文 比於東洋各國 尤爲簡便 若朝鮮士民利用邦文 感得其宜則其政學政必冠於東洋."

13) 이에 대해서는 국사편찬위원회(2011)의 자료집을 참고할 수 있다. 건백서의 언문 번역은 '六. 敎民才德文藝以治本'의 "一 設壯年學校 以漢文 或以諺文 譯政治 財政 內外法律 歷史 地理 及 算術 理學學 大意等書. 敎官人之少壯者.[此似湖堂古事, 而其益必大也] 或徵壯年之士于八道, 以敎之, 待其成業, 以科擧之法試之, 而擇用於文官."에 등장한다.

홍미로운 것은 신문에 국문체와 국한문체가 처음 등장한 것이 1886년 1월 25일 복간된 주보 제1호라는 점이다. 구체적으로 주보 제1호 '외보'의 '대마도기사(對馬島紀事)', '일본근자(日本近滋)', '서왕병조(西王病狙)'의 '재상 성명', '영국개반(英國開畔)'은 국한문으로 기록되었으며, '외보'의 '인군에 은혜가 빅성을 감격케 흠이라'와 '집녹'의 '늇주논총'은 순국문으로 기록되었다. 그런데 갑작스럽게 국한문체와 국문체가 출현했음에도 왜 이러한 문체를 사용하게 되었는지에 대한 설명은 없다. 이 점에서 려증동(1977)에서는 주보의 편집인이었던 이노우에[井上角五郞]의 국한문체 창작설을 제기한 바 있다. 이노우에는 그 스스로 식민 통치 기간 박문국 시절을 회고하면서 여러 차례 '국한문체 창작설'을 제기하였는데, 예를 들어 조선신문사(朝鮮新聞社, 1936)에서 간행한 『조선통치의 회고와 비판(朝鮮統治の回顧と批判)』에 실린 '협화융화 복지의 증진을 도모함(協力融和·福祉の增進を圖れ)'이나 『매일신보』 1938년 5월 3일, 4일, 5일에 연재한 '반도문명(半島文明)의 여명사(黎明史): 삼선각(三先覺)의 감회(感悔)'에도 등장한다.14) 특히 그의 회고에는 이 문체를 만들 당시 강위라는 사람의 도움을 받았으며, 이 문체로 '동몽선습'과 같은 아동 학습서, '일본 내각대신 열전', '북미 합중국 노예 폐지의 역사'와 같은 책을 저술하였다고 했는데, 이는 국한문체가 교육적인 차원에서 중요한 의미를 갖고 있었음을 뜻한다. 그러나 이광린(1968)에

---

14) '반도 문명의 여명사'에서 이노우에는 '漢諺混合文은 내가 作成한 것'이라고 주장하였는데, 그는 "半島의 新聞界는 實로 福澤諭吉 (後彌) 象二郞 兩先生으로 나는 明治 十五年(1883) 先生의 命을 受하야 朝鮮學의 計劃에 着手하야다. 나는 國王의 委任을 어더 外衙門 顧問이 되자 博文局 主催로 그 當年 漢城旬報를 發行하엿는데 當時는 (…中略…) 金玉均의 內亂으로 因하야 博文局은 火災를 當하고 또 얼마 동안 停刊할 수밧게 업섯다. 이 사이에 나는 漢諺混合文을 作成하야 大日本 內閣大臣에게 傳達 是 國奴隷制度廢止의 歷史 事實 等을 募하야 國王殿下께 供하얏는데 殿下께서는 日本 支那 等을 비롯하야 海外의 事情을 特히 알려 하시는 故로 東京 其他의 新聞을 오려서 日本(假名) 여페다 諺文을 다러 드리기로 하엿는데 特 기써하시여 內官이 나를 차저 왓섯다. 그 後 博文局의 新聞을 發行하라는 國王殿下의 命令에 依하야 그 實行次로 (…中略…) 十九年 一月 漢城週報 第一號 發行時는 漢諺混合文의 紙面을 처음으로 編成하엿든 바"라고 회고한 바 있다.

서 밝힌 바와 같이, 순보 발행과 관련된 유길준의 창간사[15] 및 신문 게재용으로 썼을 가능성이 높은 '국채종류(國債種類)', '경쟁론(競爭論)' 등이 국한문체로 된 점을 고려할 때, 주보 이전에 유길준에 의해 고안 되었을 가능성이 높으며, 근대 학문과 지식 수용의 필요성이 높아지면 서 한역(漢譯)을 대신하여 국한문체의 수요를 증대시킨 것으로 보인다.

이 점에서 순보와 주보의 문체 분포를 살펴볼 필요가 있다. 유길준의 창간사와는 달리 순보의 경우 국문이나 국한문체가 사용된 적은 없다. 그러나 정진석(1983)에서 밝힌 바와 같이 주보에서는 총 40건의 국문 기사와 44건의 국한문 기사가 나타난다. 그 가운데 학문과 지식 관련 기사의 경우 국문 12건, 국한문 6건이 분포한다. 이들 기사를 학문 분야 별로 계량하면 순국문은 '지리' 분야의 10건, '천문학' 2건이 존재하며, 국한문은 '대마도기사' 1건, 지리 교재인 '지리초보' 4건, '제중원과 공 립의원 규칙'을 소개한 글 1건 등이 있다.

이는 근대 학문과 지식 가운데 '지리', '천문' 분야를 우선적으로 도입 했을 가능성을 높여주며, 이러한 지식을 국문으로 보급해야 할 필요성 이 높았음을 의미한다. 이는 한역(漢譯) 기사도 마찬가지인데, 순보 제1 호에 '地球圖解'가 실린 점이나 주보 제1호에 '뉵주논총'이 실린 것은 이를 증명한다. 이러한 맥락에서 주보 제26호에서 제28에 수록된 '지리 초보(地理初步)'를 주목할 필요가 있다. 이에 대해 주보에서는 다음과 같 이 서술하고 있다.

【 集錄 】

現設小學校以開敎育之方將見文運日昌英才就矣. 豈壹不休哉. 本局而著小 學校條旣經謄報而其中所云地理初步者敷衍譯錄   以供衆覽而書中所用程里專

---

15) 창간사는 박문국 창설과 순보 창간과 관련된 글로 유길준전서편찬위원회(1971)의 권4에 수록되어 있다.

據英里 至於論說則參用泰西諸書不敢妄以己意參於其間云.

번역 현재 소학교를 설립하여 교육을 하고 있으니, 앞으로 문학이 날로 번창하고 영재들이 날로 성취될 것이니 어찌 훌륭한 일이 아니겠는가. 본사에서 지난번에 소학교에 대한 조목을 이미 보도했거니와 전호에 말한 지리초보(地理初步)를 덧붙여 역록(譯錄)하여 중람에 이바지하고자 한다. 이 글 속에서 사용한 이정 표시는 오로지 영리(英里)(마일)에 의거한 것이며, 논설은 태서의 서책들을 참고한 것이므로 감히 본인의 뜻을 덧붙이지 않는다.

—관훈클럽 신영연구기금(1983)의 번역을 사용함

이에 따르면 '지리초보'는 소학교 조목을 보도한 뒤 부연하여 번역 등록한 것으로, 태서의 서책을 참고하고 서술자의 의견을 배제한 글이다. 이 점에서 이 글은 국한문으로 이루어진 소학교용 교재라고 볼 수 있다. '지리초보'는 권1(卷之一)의 '제1장 논본학(第一章 論本學, 地理學), 제2장 천문지리학(天文地理學), 제3장 지구형상(地球形象), 제4장 경위선도(經緯線度, 1986.8.23, 제25호), 제5장 자전(自轉, 1986.8.30, 제26호), 제6장 공전(公轉, 1986.9.6, 제27호), 제7장 지구 각처의 구분(地球 各處의 區分: 熱帶, 北溫帶, 南溫帶, 北寒帶, 南寒帶, 1986.9.13, 제28호)'으로 구성되었다. 역술(譯述) 과정에서 참고한 서책이 명시되지 않고, 장절의 구성에서 부제 사용의 일관성이 없는 등의 한계가 있기는 하지만, 소학교용 교재를 국한문체로 번역 수록한 점은 획기적인 일로 보인다.

이러한 흐름에서 근대의 학문과 지식을 도입하는 과정에서 '지리', '천문' 등의 학문 분야는 국문 사용의 빈도가 높았던 것으로 보이는데, 이는 전근대적 사고방식을 탈피하여 개화 지식을 얻는데 이 분야의 지식이 우선적으로 필요했기 때문으로 보인다. 이 점은 육영공원의 교사였던 헐버트가 집필한 『ᄉᆞ민필지』(1886~1892년 사이 저술되었을 것으로 추정)에서 "텬하 형셰가 녜와 지금이 크게 ᄀᆞᆺ지 아니ᄒᆞ야 젼에는 각국이 각각 본디방을 직희고 본국 풍쇽만 ᄯᆞ르더니 지금은 그러치 아니ᄒᆞ여 텬하 만국이 서로 밋고 사룸과 물건과 풍쇽이 서로 통ᄒᆞ기를 맛치 ᄒᆞᆫ 집안과 ᄀᆞᆺᄒᆞ니 이는 지금 텬하 형셰의 곳치지 못ᄒᆞᆯ 일이라. 이 곳치지 못ᄒᆞᆯ 일이 잇슨즉 각국이 젼과 ᄀᆞᆺ치 본국 글ᄉᄌᆞ와 ᄉᆞ젹만 공부ᄒᆞᆷ으로 는 텬하 각국 풍긔를 엇지 알며 아지 못ᄒᆞ면 서로 교졉ᄒᆞᄂᆞᆫ ᄉᆞ이에 맛당 치 못ᄒᆞᆷ과 인졍을 통ᄒᆞᆷ에 거리씸이 잇슬 것이오 거리씸이 잇스면 졍의 가 서로 도탑지 못ᄒᆞᆯ지니"라고 서술한 것과도 같다. 헐버트의 경우도 천하의 형세가 변화한 시점에 '천하 각국의 풍긔'를 공부해야 할 필요가 있음을 강조하고, "ᄯᅩ 싱각건대 즁국 글ᄉᄌᆞ로는 모든 사룸이 ᄲᆞᆯ니 알며 널니 볼 수가 업고 죠션 언문은 본국 글ᄉᆞᄅᆞᆫ더러 션븨와 빅셩과 남녀가 널니 보고 알기 쉬오니"라고 하여 '조선 언문'으로 천하의 풍긔를 기록 하는 뜻을 밝혔다. 이 과정에서 헐버트는, "텬하 각국 디도와 이문목견ᄒᆞᆫ 풍긔를 대강 긔록ᄒᆞᆯ시 몬져 싸뎡이와 풍우박뢰의 엇더ᄒᆞᆷ과 ᄎᆞ례로 각국 을 말슴ᄒᆞ니"라고 하여, 순보 제1호에서 '지구도해'를 설명하고 주보 제1호에서 '뉵주논총'을 서술한 것과 같은 태도를 보이고 있다.

여기서 주목할 것은 근대 학문과 지식을 수용하는 과정에서 등장하 는 번역상의 문제이다. 그 가운데 하나가 순국문 사용에서 발생하는 '인지명 표기'의 혼란이다. 이러한 예는 1886년 6월 31일자 제22호의 '스베인 사룸 마르미아가 아다란짓그를 차진 속고'의 끝에 등장한다. 이 자료에서는 '콜럼부스의 지리상의 발견'과 관련된 기사의 인지명을 대조하였다. 이처럼 인지명에 대한 국문과 한자의 대조가 필요했던 이 유는 띄어쓰기를 포함하여 국문의 규범이 정리되지 못했기 때문으로 보인다. 이는 주보의 근대 학문과 지식이 국문보다 한역된 형태로 도입 되는 요인이 되었음에 틀림없다. 이러한 차원에서 국한문체의 출현은 이노우에의 진술처럼 국어 외적인 요인이 작용한 면도 있겠지만, 학문 보급의 차원에서 인지명이나 개념어를 표기하는 수단으로 자연스럽게 출현했을 가능성이 높음을 의미한다.[16)]

2.2. 1880년대의 지식원(知識源)과 서적 유입

1880년대는 개항 이전에 비해 지식 유통이 급속도로 확산되던 시기였다. 그 출발점은 수신사, 조사시찰단, 영선사의 파견과 밀접한 관련을 맺는다. 앞서 살펴본 바와 같이 1881년 조사시찰단의 일본 파견 결과 일본의 교육 제도 및 교과서에 대한 정보가 유입되었음을 확인할 수 있다. 그뿐만 아니라 시찰단 일원으로 파견되었던 어윤중(魚允中)은 상해를 거쳐 귀국했으며, 김윤식(金允植)은 영선사의 일원으로 중국을 방문하여 그 시기 중국의 서적을 접하기도 하였다. 이와 함께 다수의 근대식 학교가 설립되면서 교과서의 저술도 시작되었다.

먼저 이 시기 일본과 중국을 다녀온 사람들의 자료에 나타나는 서적 및 교과서류를 살펴볼 필요가 있다. 이 시기 이른바 개화사상가들에게 가장 많은 영향을 미친 책은 이광린(1979)에서 밝힌 바와 같이, 『해국도지』, 『영환지략(瀛環志略)』(1850년대 청의 서계여(徐繼畬)가 지은 세계 지리서), 황준헌(黃遵憲, 1848~1905)의 『조선책략』으로 알려져 있다.[17] 이규경(李圭景)의 『오주연문장전산고(五洲衍文長箋散稿)』에서 "중국에 근일 새로 나온 기서가 심히 많은데, 우리나라에 전래된 것도 많다. 해국도지 수십책, 완씨전서, 또 문선루총서 일백 책, 영환지략 십여 책, 수산각총서 일백20책, 휘각서목 십 책 등으로, 해국도지, 완씨전서, 영환기략, 수산각총서, 휘각서목 이러한 것은 모두 해내의 기서이다."[18]라고 밝히

---

16) 이러한 번역상의 문제는 국어의 통일이 이루어지기까지 지속적으로 대두되었다. 하동호 편(1977)의 『국문론 논설 집성』(탑출판사), 고영근(1998)의 『한국 어문 운동과 근대화』(탑출판사), 허재영(2010)의 『근대 계몽기 어문 정책과 국어교육』(보고사) 등에 수록된 다수의 국문 논설 자료는 번역상의 문제와 국문 통일의 필요성이 시대별로 어떤 변화를 보여주고 있는지를 규명한 성과이다. 1907년 국문연구소의 출현이나 일제 강점기 조선총독부의 '언문철자법' 제정 과정, 1933년 조선어학회의 '한글맞춤법 통일안'에 이르기까지 어문 문제가 지속된 이유는 지식 보급을 위해 국문의 정리와 통일이 절실했기 때문이다.
17) 이 세 종의 유입 과정은 이광린(1979)에서 규명한 바 있다.
18) 『오주연문장전산고(五洲衍文長箋散稿)』 권19, '중원신출기서변증설(中原新出奇書辨證說)'.

면서 협주에 이 책들이 영상 조인승과 상사 최한기(崔漢綺) 등이 소장하고 있었다는 이야기를 적고 있다. 이를 고려할 때 『해국도지』와 『영환기략』은 개항 이전부터 국내에 유입되어 지식인들에게 읽혔음이 분명하다. 그런데 황준헌의 『조선책략』과 정관응(鄭觀應, 1841~1923)의 『이언(易言)』은 1880년 수신사로 파견되었던 김홍집(金弘集)이 주일 청국 공사관의 참찬관(參贊官)이었던 황준헌으로부터 받아온 책으로 알려져 있다. 『조선책략』은 '친중국(親中國) 결일본(結日本) 연미국(聯美國)'을 통해 러시아를 방비하자는 이상주의적 외교론을 핵심으로 하는 책19)으로써 조사시찰단이나 영선사 파견에 영향을 주었던 책이며, 『이언(易言)』은 상하 2책으로 상권에서는 '공법(公法), 세무(稅務), 아편(阿片), 상무(商務), 개광(開鑛), 화차(火車), 전보(電報)' 등과 같은 국가 제도 및 과학기술 관련 18항의 논설을 다루고, 하권에서는 '변방(邊防), 교섭(交涉), 전교(傳敎)' 등의 부국강병책 관련 항목을 논의한 책이다. 『이언』은 1883년 4권 4책의 언해본이 출간될 정도로 이 시기 한국의 학문에 큰 영향을 끼쳤다.20) 홍윤표(1992) '해제'에 따르면 『이언』은 1893년 『성세위언(盛世危言)』, 1896년에는 『성세위언 증정후편(盛世危言 增訂後編)』이라는 책명으로 간행될 정도로 근대 계몽기 지식인들의 주목을 받았던 책이다.

이상의 4종은 지리를 포함하여 세계정세와 중국, 조선의 진로에 관한 정책을 담고 있는 서적들이다. 이뿐만 아니라 일본과 중국을 견문하고 각종 과학기술 및 학문 관련 서적 정보를 제공하는 자료들이 나타난

"中原近日新出奇書甚多 而來于我東者亦夥 如海國圖志數十冊 阮氏全書 又稱文選樓叢書 一百冊 瀛環地略 十餘冊 壽山閣叢書 一百二十冊(錢熙朝所著), 彙刻書目 十冊 海國圖志(五大洲諸國事棠 趙領相寅承 及 崔上舍漢綺 收藏于家). 阮氏全書 瀛環志略 壽山閣叢書(阮氏全書 壽山閣叢書 趙領相 崔上舍藏 瀛環志略 崔上舍家收藏云) 此皆海內奇書也(餘今跫伏鄕谷未得一覽 故略辨其目)." 이광린(1979: 5)에서 다시 옮김.

19) 이 책의 번역본은 조일문 역(2006)의 『조선책략』(건국대학교 출판부), 김승일 역(2007)의 『조선책략』(범우사) 두 종이 있다.

20) 『이언언해』는 1992년 홍문각에서 홍윤표 '해제'와 함께 영인된 바 있다.

다. 이 시기 중국과 일본에 유통되던 서적명을 보여주는 자료로는 조준영의 보고서, 김윤식의 『음청사』 등이 있다. 조준영의 보고서(『문부성소할 목록』)에는 각급 학교의 교과목과 함께, 해당 교과의 교과서명이 등장한다. 예를 들어 '대학 법·리·문학부'의 경우는 25개 교과의 338종의 교과서명이 등장한다.[21] 예를 들어 '영국 법률' 교과에 사용하는 교과서명은 다음과 같다.

【 대학 법·리·문학부의 '영국 법률' 교과에 사용하는 교과서명 】

○ 法律緒篇: 巴辣克思頓 或 弗兒武 及 合土來 著, 『英國法律註釋』

○ 憲法: 特利 著, 『法律原論』, 亞禰思 著, 『英國憲法』, 利伯耳 著, 『自治論』,

○ 結約法: 西密斯 著, 『結約法』, 勃洛克 著, 『結約法』, 蘭克特兒 著, 『結約法·摘要判決錄』, ○ 不動産法: 巴辣克思頓 著, 『法律註釋』, 維兼 著, 『不動産法』,

○ 刑法: 卑涉 著, 『刑法註釋』, ○ 私犯法: 弗婁姆 著, 『法律註釋』, ○ 賣買法: 蘭克特兒 著, 『賣買法·摘要判決錄』, ○ 衡平法: 伯燕 著, 『衡平法』, 斯內兒 著, 『衡平法』, ○ 證據法: 斯知般 著, 『證據法』, 伯斯特 著, 『證據法』, ○ 列國交際私法: 哈華兒頓 著, 『萬國私法』, ○ 列國交際公法: 哈伊頓 著, 『萬國公法』,

○ 法論: 豪斯丁 著, 『法論』, 墨因 著, 『古代法律』

이들 교과서 가운데 『만국공법』은 우리나라에서도 사용된 바 있는데, 저자명의 차자 표기를 고려하면 일본에서 사용된 책이 우리나라에 유입된 것으로 보이지는 않는다. 왜냐하면 우리나라에서 사용된 것은 미국 법학자 휘튼(Henry Wheaton, 惠頓, 1785~1848)의 『국제법 원리』를 미국인

---

21) 교과별 제시된 교과서의 수(괄호 안의 숫자)는, 일본 고대 법률(10), 일본 현행 법률(0), 영국 법률(20), 불란서 법률(0), 분석 화학(7), 응용 화학(0), 유기 화학(1), 순정 급 응용 수학(32), 물리학(24), 성학(14), 식물학(40), 동물학(8), 토목공학(16), 기계공학(11), 도학(圖學)(0), 금석학 급 지질학(11), 야금 급 채광학(4), 철학(40), 정치학(10), 이재학(理財學)(17), 화문학(和文學)(28), 한문학(14), 사학(21), 영문학(12), 불란서 급 독일어(11)로 모두 338종이다.

선교사 윌리엄 마틴(William A. P. Martin, 丁韙良, 1827~1916)이 중국 동문 관에서 한역한 것인데, 저자명 차자 표기가 일본의 교과서는 '합이돈(合 伊頓)'인 데 비해 동문관 번역본은 '혜돈(惠頓)'이기 때문이다. 이뿐만 아 니라 조준영의 보고서에는 '대학 예비문'과 '대학 의학부', '사범학교', '부속 소학교', '여자 사범학교', '외국어 학교'의 교과 세목이 들어 있는 데, '대학 예비문'과 '부속 소학교'의 세목에도 몇 종의 교과서명이 보인 다. 대학 예비문에는 25종의 교과서명이 등장하며,22) '부속 소학교'에서 는『소학독본』권1~권7,『독본』권1~권5가 등장한다. 가타기리 요시오· 기무라 하지메 외 지음, 이건상 옮김(2011: 129)에서는 1873년 일본 문부 성에서 처음으로『소학독본』권1을 편찬했다고 하였는데,23) 시기상으 로 볼 때 이 보고서에 등장하는 독본과 동일한 것일 가능성이 높다.

이처럼 근대 교육 형성기 서구식 학제를 도입한 일본을 시찰한 결과 학제뿐만 아니라 교과서에 대한 관심도 높아졌던 것으로 보인다. 이는 앞에서 살펴본 지석영의 상소문이나『한성주보』의 '논학정', 박영효의 '건백서' 등에서 지속적으로 학제와 서적에 관한 논의가 포함되는 데서 도 확인할 수 있다. 그럼에도 근대 교육 형성기의 각종 학교에서는 '교 과'와 '교과서'에 대한 확고한 지식이 부족했던 것으로 보인다. 그렇기 때문에 각급 학교의 실정에 맞는 교과서를 편찬하기보다는 외국에서

---

22) 대학 예비문의 교과서는 다음과 같은 것이 있다. (괄호 안의 숫자는 학년, 과목임) 占弗兒 著,『讀本』권3, 권4(1년, 독방), 弗羅翁 著,『英國小文法書』(1년, 영문법), 斯維頓 著,『萬國 史畧』(1년, 해석), 路敏遜 著,『實用算術書』(1년, 수학),『日本外史』(1년, 화한서),『由尼恩 讀本』권4 (2년, 독방), 伯羅恩 著,『英國大文法書』(2년, 영문법), 盧敏遜 著,『實用筭術書』, 來土 著,『平面幾何書』(2년, 수학), 莫耳列 著,『自然地理書』(2년, 지리학), 斯維頓 著,『萬國 史略』(2년, 사학),『日本政記』(2년, 화한서), 格賢勃 著,『英國 作文 及 修辭書』(3년, 수사), 來土 著,『平面幾何書』, 突土蕃太兒 著,『小代數書』(3년, 수학), 弗利萬 著,『萬國史』(3년, 사학), 巴苫斯列·由曼 合撰,『生理書』(3년, 생물학),『通鑑覽要』(3년, 화한서), 語太耳烏土 著,『掌中英國文學書』(4년, 영문학), 突土蕃太兒 著,『大代數書』(4년, 수학), 斯丟亞土 著, 『物理書』(4년, 물리학), 盧斯杲 著,『化學初步』(4년, 화학), 仁可耳遜 著,『教科用 動物書』(4 년, 생물학), 和塞土 著,『小理財書』(4년, 이재학).
23) 가타기리 요시오·기무라 하지메 외 지음, 이건상 옮김(2011: 129)에 따르면 이 교과서는 미국의『월슨·리더』를 번역한 것이라고 한다.

사용하는 책을 수입하여 사용했을 가능성이 높다. 특히 지석영의 상소
문에 등장하는 『만국공법(萬國公法)』, 『조선책략(朝鮮策略)』, 『보법전기
(普法戰記)』, 『박물신편(博物新編)』, 『격물입문(格物入門)』, 『격치휘편(格致
彙編)』(이상 각국 인사가 지은 것) 등은 대체로 중국에서 간행된 책을 수입
한 것으로 보인다.24)

　특히 이 시기 지식 유통의 경로가 일본보다 중국에 치우쳐 있었던
것으로 보이는데, 그것은 전통적인 대중 외교의 결과 때문으로 보인다.
이러한 맥락에서 김윤식의 『음청사(陰晴史)』1882년 4월 26일의 '남국
제원(南局諸院)의 회례전(回禮箋)'25)에 등장하는 '서목(書目)'은 중국에서
유통되던 기기 관련 지식 수준을 보여준다고 할 수 있다.26) 그러나 이

---

24) 이들 책이 중국을 경유한 것으로 보는 이유는 마틴의 『만국공법』과 마찬가지로, 『격물입
　　문』, 『격치휘편』 등의 책명이 중국에서 사용되었기 때문이다.
25) 이 회례전은 영선사 일행이 기계 학습을 위해 남국(南局)을 방문한 뒤 그곳에 남았던
　　종사관 윤태준(尹泰駿: 윤치호의 아버지)이 보내온 것이다.
26) 이 서목에 등장하는 서적류는 다음과 같다. [ ] 안은 책수. 운규약지(運規約指)[1부: 계1본
　　(計一本)], 지학천석(地學淺釋)[1부: 계8본(計八本)], 제화약법(製火藥法)[1부: 계1본((計一
　　本)], 금석식별(金石識別)[1부: 계6본(計六本)], 기기발인(汽機發軔)[1부: 계4본(計四本)],
　　화학감원(化學鑑原)[1부: 계4본(計四本)], 기기신제(汽機新制)[1부: 계2본(計二本)], 화학
　　분원(化學分原)[1부: 계2본(計二本)], 기기필이(汽機必以)[1부: 계6본(計六本)], 어풍요술
　　(御風要術)[1부: 계6본(計六本)], 개매요법(開煤要法)[1부: 계2본(計二本)], 항법간법(航法
　　簡法)[1부: 계2본(計二本)], 방해신편(防海新編)[1부: 계6본(計六本)], 서예지신속각(西藝
　　知新續刻)[1부: 계6본(計六本)], 기상현진(器象顯眞)[1부: 계3본(計三本)], 궁성게요(營城
　　揭要)[1부: 계6본(計六本)], 극로백조법(克虜伯操法)[1부: 계2본(計二本)], 영루도설(營壘
　　圖說)[1부: 계1본(計一本)], 극로백조법(克虜伯操法)[1부: 계3본(計三本)], 측후총담(測候
　　叢談)[1부: 계2본(計二本)], 수사조련(水師操練)[1부: 계3본(計三本)], 평원지구도(平圓地
　　球圖)[1부: 계16장(計十六張)], 대수표(代數術)[1부: 계6본(計六本)], 서국근사소휘(西國近
　　史巢彙)[1부: 계16본(計十六本)], 행군측회(行軍測繪)[1부: 계2본(計二本)], 열국세계정요
　　(列國歲計政要)[1부: 계6본(計六本)], 성학(聲學)[1부: 계2본(計二本)], 삼각정리(三角整
　　理)[1부: 계6본(計六本)], 야금록(冶金錄)[1부: 계2본(計二本)], 정광공정(井礦工程)[계2본
　　(計二本)], 해당집요(海塘輯要)[1부: 계2본(計二本)], 격치계몽(格致啓蒙)[1부: 계4본(計四
　　本)], 사예편년표(四裔編年表)[1부: 계4본(計四本)], 수학리(數學理)[1부: 계4본(計四本)],
　　격치계몽(格致啓蒙)[1부: 계4본(計四本)], 수학리(數學理)[1부: 계4본(計四本)], 해도도설
　　(海道圖說)[1부: 계10본(計十本)], 수사초정(水師草程)[1부: 계16본(計十六本)], 폭약기요
　　(爆藥紀要)[1부: 계1본(計一本)], 동방입견서(董方立遺書)[1부: 계1본(計一本)], 전학(電
　　學)[1부: 계6본(計六本)], 구수외록(九數外錄)[1부: 계1본(計一本)], 담천(談天)[1부: 계4본
　　(計四本)], 구고육술(句股六術)[1부: 계1본(計一本)], 동방교섭기(東方交涉記)[1본: 계2본

'전'의 서목이 이 시기 우리나라에 모두 도입되었는지는 확인할 길이
없다.27)

다음으로 이 시기 저술된 서적을 살펴보자. 사실 근대 교육 형성기에
직접 사용되었던 교과서를 확인하고 분석하는 일은 쉬운 일이 아니다.
그럼에도 일부 자료를 통해 이 시기 사용된 교과서의 성격을 분석해
낼 수 있다. 그 중 먼저 살펴볼 것은 지석영의 상소문에 등장하는 국내
인사가 지은 서적류이다. 이에 따르면 1880년대 초 국내 인사가 지은
책으로는 "김옥균(我國校理臣金玉均)이 편집한 『기화근사(箕和近事)』, 박
영교(前承旨朴泳敎)가 편찬한 『지구도경(地球圖經)』, 안종수(進士臣安宗洙)
가 번역한 『농정신편(農政新編)』, 김경수(金景遂)가 지은 『공보초략(公報
抄略)』"등이 있다. 흥미로운 것은 원산학사의 경우 '학사절목'의 '후(後)'
에 이 학교에서 사용했던 교과서명이 등장한다는 사실이다. 이들 교과
서명을 살펴보면 다음과 같다.

【 원산학사 '절목 후'의 교과서명 】

『영지(瀛志)』六卷, 『연방지(聯邦志)』二卷, 『기기도설(奇器圖說)』二卷,
『일본외국어학(日本外國語學)』一卷, 『법리문(法理文)』一卷, 『대학예비문
(大學豫備門)』一卷, 『영주지략(瀛環志畧)』十卷, 『만국공법(萬國公法)』六

(計二本)], 개방표(開方表)[1부: 계1본(計一本)], 삼재기요(三才紀要)[1부: 계1본(計一本)],
대수표(對數表)[1부: 계1본(計一本)], 산법통종(算法統宗)[1부: 계4본(計四本)], 현체대수
표(弦切對數表)[1부: 계1본(計一本)], 팔선간표(八綫簡表)[1부: 계1본(計一本)], 항성도표
(恒星圖表)[1부: 계1본(計一本)], 산학계몽(算學啓蒙)[1부: 계2본(計二本)], 팔선대수간표
(八綫對數簡表)[1부: 계1본(計一本)], 윤선포진(輪船布陣)[1부: 계2본(計二本)].

27) 예를 들어 이들 교과서나 서적명을 『집옥재서적목록(集玉齋書籍目錄)』이나 『집옥재목록
외서책(集玉齋目錄外書冊)』('집옥재'는 고종의 서재로 약 4만권의 장서를 소장했던 것으
로 알려져 있다. 서적 목록과 목록외서책은 국립서울대학교 중앙도서관장 판을 1948년
2월에 등사하였다. 이 자료는 현재 국립중앙도서관의 디지털 열람실에서 확인할 수 있
다)의 서명과 대조했을 때, 유사한 서명은 많지만 동일 서명이 발견되지 않는 점을 고려
할 때, 근대 교육 형성기의 중국과 일본 서적이 우리나라에 어떤 영향을 주었는지 밝히는
데 어려움이 있다.

卷, 『심사(心史)』 一卷, 『농정신편(農政新編)』 二卷.

이들 교과서 가운데 『만국공법』은 이 시기 일본과 중국에서도 널리 사용된 교과서였다. 또한 『법리문(法理文)』은 조준영의 보고서에 나타나듯이 일본의 대학 학제의 학부명과 동일하며, 『대학예비문(大學豫備門)』도 마찬가지이다. 이를 고려할 때 원산학사에서 사용했던 교과서류는 대체로 일본의 학제나 교과서의 영향을 받은 것으로 판단할 수 있다. 또한 『농정신편(農政新編)』은 이종국(1991)에서 분석한 바와 같이, 실학 전통을 이어받은 교과서이다.

그런데 원산학사를 제외한 다른 학교의 교과서 사용 실태에 대한 자료는 거의 찾아볼 길이 없다. 그뿐만 아니라 원산학사에서 사용했다고 하는 교과서류도 『농정신편』을 제외하면 그 실물을 확인할 길이 없다. 『농정신편』 이외의 실물이 확인되는 교과서는 육영공원 교사였던 헐버트의 『사민필지』가 전부인 것으로 보인다.

이 점에서 근대 교육 형성기의 교과서는 개발·편찬보다는 당시 유통되던 서적을 그대로 사용했을 가능성을 제기할 수 있다. 왜냐하면 『한성순보』나 『한성주보』의 일부 기사를 참고할 때, 당시 중국이나 일본을 경유한 서양 서적이 국내에 유입된 경우는 비교적 많았던 것으로 보이기 때문이다.

【 서적 유입 실태 】

ㄱ. 『한성순보』 1883.10.31. [제1호] 〈社告〉 八月二十日 本局奉 聖諭特設一局自十月初一日始發刊旬報也. 然吾輩素才短識踈未能講貫一國之事務 況乎能審天下之情形 唯據各國新聞紙 與古今圖書撮要集成 稱窺一班而已.

번역 8월 20일 본국에서 성상의 유지를 받들어 한 국(박문국)을 특설하고 10월 초1일 순보 발간을 시작한다. 그러나 우리는 재주가 짧고 지식이 소략하여 한 나라의 사무를 꿰뚫어 강론하기에 부족하니 하물며 천하의 정형을 능히 살피는 것은 더하다. 오직 각국 신문지를 근거하고 더불어 고금도서를 모아 집성하여 일반에게 보일 따름이다.

ㄴ. 『한성순보』 1884.8.1. [제29호] '歷覽英國鐵廠記略' 格致彙編第四年第五號云 本館主人於八年前在英國歷覽製造各種銕器之廠回華後撰述.

번역 영국 철창기략을 두루 살피니 격치휘편 제4권 제5호에 이르기를 본관 주인이 8년 전에 영국에서 각종 이기를 제조하는 창을 역람하였으니 회고하여 중국어로 찬술한다.

ㄷ. 『한성주보』 1886.2.15. [제3호] '新來書籍' 德國領事卜君德樂素留心世務者也. 行捐貲由上海購求新譯西書送于外衙轉致本局者凡二百餘卷 皆天文·地理·醫藥·筭數·萬國史記·各邦和約 以至鳥獸·金石·電礦·煤冶, 鎗砲, 汽機, 水陸, 兵丁, 航海, 測候, 化學, 動物及列國歲計之增減五洲時局之推遷靡不晰載 實爲我邦始有之書籍 而亦係方今利用厚生之方也. 苟有志經濟者來到本局一經繙閱則不無裨益於需世實用也.

번역 독일의 영사 복덕락(卜德樂: 부들러)은 평소 세무(世務)에 남다른 관심을 가진 사람이다. 스스로 비용을 들여 중국 상해에서 신역(新譯)된 서양 서적을 구입하여 외아(外衙)에 송부하여 본국(本局)에 보내온 것이 모두 2백여 권이나 된다. 이 책은 모두 天文, 地理, 醫藥, 算數, 萬國史記, 各邦和約에서부터 鳥獸, 金石, 電礦, 煤冶, 鎗砲, 汽機, 水陸, 兵丁, 航海, 測候, 化學, 動物 및 列國의 歲計增感과 五洲의 時局推移에 이르기까지 분명히 게재하지 않은 것이 없었다. 이는 실로 우리나라로서는 처음 가지는 서적이고, 따라서 지금의 이용후생 방책이기도 한 것이다. 진실로 경제(經濟)에 뜻이 있는 사람이면 일차 본국(本局)에 와서 한 번 열람하여 보면 실용에 도움이 없지는 않을 것이다.

이 자료를 통해 볼 때, 『고금도서촬요집성』은 국내에서 활용된 책으로 보이며, 『격치휘편』은 중국에서 발행된 잡지이다. 또한 독일 영사부들러가 200여 권의 책을 외아문에 기증하여 박문국에서 뜻있는 지식인이 볼 수 있는 상황이었음도 짐작할 수 있다. 더욱이 〈사고〉에 나타나는 "然吾輩素才短識踈未能講貫一國之事務 況乎能審天下之情形(우리들은 평소 재주가 없고, 지식이 소루하여 일국의 사무도 제대로 알지 못하거늘 더구나 천하의 정세를 어찌 알겠는가)."라는 표현과 마찬가지로, 학제에 대한 깊은 인식과 운용 방식이 본격화되기 이전에 계획적으로 교과서를 편찬하는 일은 결코 쉽지 않은 일이었을 것으로 보인다. 이를 고려할 때 근대 교육 형성기는 학제 도입의 필요성을 인식하고, 극소수의 학교를 설립하여 운영하는 상황에 있었던 것으로 보이며, 10여 개 미만의 학교에서도 우리의 실정에 맞는 교과서를 개발하기보다는 당시 유통되던 중국이나 일본의 서적, 또는 일부 지식인들이 편찬한 서적을 교과서로 사용했을 가능성이 높다. 이 점에서 이 시기는 학제의 필요성 인식, 소수 학교 설립, 다종의 지식 유통이라는 상황에서 근대식 학제 도입과 본격적인 교과서 개발의 전 단계에 해당한다고 볼 수 있다.

이와 함께 『한성순보』와 『한성주보』에 소재하는 각종 학문론과 외보 기사의 출처도 지식원으로서 중요한 의미를 갖는다. 정진석(1983)의 조사에 따르면 『한성순보』의 총 기사 건수는 1557건이다. 이 가운데 '각국 근사'가 1019건이 존재한다. 『한성주보』는 총 1260건 가운데 '외보'가 차지하는 비중이 46.1%(581건)이다. 일부 '논설'과 '사의(私議)'를 포함하면 해외 지식 유통 비중이 더 높아진다. 이들 기사의 주요 뉴스원은 막연히 '서보(西報)'로 표현하거나 '일본보(日本報)'라고 한 것도 있지만, 『호보(滬報)』,28) 『중외신보(中外新報)』, 『순환보(循環報)』, 『상해보(上海報)』, 『중서견문록(中西見聞錄)』, 『격치휘편(格致彙編)』과 같이 중국어

---

28) 1882년부터 1899년까지 상해에서 발행된 신문으로 처음에는 『호보』를 제호로 하였으나 『자림호보(字林滬報)』로 제호를 바꾸었다.

판 신문이나, 『시사신보(時事新報)』, 『녹아도신보(鹿兒島新報)』, 『동경일보(東京日報)』와 같은 일본 신문이 빈번히 출현한다. 이는 '순보서'나 '주보서'에서 언급한 해외 신문 구입 사례에 해당한다. 현재까지 이들 신문과 순보, 주보의 기사를 대조한 연구가 이루어지지는 않고 있으나, 서양 선교사·외교관들이 상해에 설립했던 각종 단체의 신문이 순보와 주보에 큰 영향을 주었던 것으로 추정된다.

3. 근대식 학제 도입과 교과서, 신문 매체, 서적 유통(1895~1904)

3.1. 근대식 학제 도입과 교과서의 발행

갑오개혁은 정치사뿐만 아니라 학문사에서도 큰 전환점을 가져왔다. 칙령 제1호의 '국문위본(國文爲本)' 천명이나 1895년의 근대식 학제 도입과 이에 따른 지식 보급, 1896년 관비 일본 유학생 파견 등 이전의 사회에서는 볼 수 없는 여러 가지 제도적 개혁이 뒤따랐다.[29] 관제 개편이 이루어지고 『관보』의 발행이 이루어졌다. 1894년 12월 12일에는 이른바 '종묘서고문'이 공포되고, 13일에는 '교육입국조서'가 반포되었다. 이 시기 『관보』에 등장하는 교육 관련 서고(誓告), 윤음(綸音), 법령(法令) 공포 사항을 정리하면 다음과 같다.

---

29) 갑오개혁의 성격과 이로 인한 제도 개혁이 갖는 의미와 한계에 대해서는 다양한 학설이 존재한다. 흔히 '경장'으로 일컬어지는 갑오개혁이 동학혁명(갑오농민전쟁)의 실패와 외세에 따른 개혁의 성격이 강하다는 점을 중시하는 입장과 자주적·내재적 발전 과정을 중시하는 입장이 있을 수 있다. 이러한 성격 논쟁은 학문사의 변화 과정을 기술하는 주요 주제가 아니므로, 이에 대한 논의는 피하기로 한다.

【 갑오개혁 직후 교육 관련 법제화 과정 】

해당사항	발포일	형식	제목(내용)	출처	사용 언어
서고문 칙령	1894.12.12	宗廟誓告文	十四條洪範誓告	官報 開國 503.12.12.	한, 국한, 국문
	1894.12.13	綸音	서고문에 따른 윤음	官報 開國 503.12.13.	한, 국한, 국문
	1895.02.02	詔勅	서고문에 따른 詔勅	官報 開國 504.2.2.	국한
관제	1895.03.25	勅令 46號	學部 官制	官報 開國 504.4.21.	한
	1895.04.25		學部 分課規定		국한
사범교육	1895.04.16	勅令 79號	漢城師範學校官制	官報 開國 504.4.19.	국한
	1895.07.23	學部令	漢城師範學校 規則	官報 開國 504.7.24.	국한
소학교	1895.07.19	勅令 144號	小學校令	官報 開國 504.7.22.	국한
	1895.08.12	學部令 3號	小學校校則 大綱	官報 開國 504.8.15.	국한
중학교	1899.04.04	勅令 11號	中學校官制	官報 第1228號	국한
	1900.09.03	學部令 12號	中學校 規則	官報 第1673號	국한

이 가운데 '교육입국조서'로 알려진 13일의 조칙은 한문, 국한문, 국문 세 종류의 문체로 공시되었는데, 그 가운데 국한문본에는 '독립(獨立)' 7회, '자주(自主)' 4회, '자주독립(自主獨立)' 2회, '유신(維新)' 1회가 등장할 정도로 독립 국가의 의지를 천명하였다. 이를 번역한 국문본은 '독립' 6회, 'ᄌᆞ쥬' 4회, 'ᄌᆞ쥬독립' 2회로 나타나는데 '유신(維新)'이라는 표현은 '명을 새롭게 함'으로 번역하여, '유신'이 개념어로 쓰이지는 않았음을 보여준다. 이 조칙에서는 '자주독립을 위한 방편'으로 '충군애국(忠君愛國)', '학식광구(學識廣求)', '기예장종(技藝長從)'을 계유(啓喩)하고 있다.

근대식 학제의 도입은 학문 발달과 지식 보급에서 중요한 의미를 지닌다. 그러나 신학제의 도입에 따른 학교와 학생 수가 많지 않았고, 그 것을 뒷받침하기 위한 교재의 개발도 충분하지 않았다. 그렇기 때문에 이 시기 『독립신문』에서는 나라 개명을 위한 학문의 필요성과 서적 보급의 필요성을 주장한 논설을 지속적으로 게재하였다. 다음은 1896년 이 신문에 게재된 학문과 교육 담론의 일부이다.

【 『독립신문』의 나라 경영에 필요한 학문론 】

ㄱ. 정치학이라 ᄒᆞᄂᆞᆫ 학문은 문명기화ᄒᆞᆫ 나라에셔들 여러 천 년을 두고 여러 만 명이 ᄌᆞ긔 평싱에 쥬야로 싱각ᄒᆞ고 공부ᄒᆞ야 만든 학문인ᄃᆡ 정부에 관인이 되야 가지고 이 학문을 비호지 안ᄒᆞ여셔ᄂᆞᆫ 못 쓸지라.

—(논설) 1896.4.14

ㄴ. 사ᄅᆞᆷ이란 거슨 학문이 업슬소록 허ᄒᆞᆫ 거슬 밋고 리치 업ᄂᆞᆫ 일을 ᄇᆞ라ᄂᆞᆫ 거시라. (…중략…) 다만 오날 말ᄒᆞ기ᄂᆞᆫ 산리란 거슨 청국 사ᄅᆞᆷ의 허ᄒᆞᆫ 싱각으로 ᄆᆞᆫ든 일이니 이런 거슬 밋을 지경이면 죠션도 청국 모양이 되리라. 후일에 그 자셔ᄒᆞᆫ 리치와 외국 산쇼 쓰ᄂᆞᆫ 법을 말ᄒᆞ리라.[30]

—1896.5.7

ㄷ. 정부에셔 학교를 지여 인민을 교휵 ᄒᆞᄂᆞᆫ거시 정부에 뎨일 쇼즁ᄒᆞᆫ 직무요 다른 일은 아즉 못 ᄒᆞ드ᄅᆡ도 정부에셔 인민 교휵은 ᄒᆞ여야 ᄒᆞᆯ거시라 나라히 지금은 이러케 약ᄒᆞ고 ᄇᆡᆨ셩이 어두워 만ᄉᆞ가 ᄂᆞᆷ의 나라만 못 ᄒᆞ고 ᄂᆞᆷ의 나라에 업수히 넉임을 밧으나 죠션도 인민을 교휵만 ᄒᆞ면 외국과 ᄀᆞᆺ치 될지라 (…중략…) 원컨ᄃᆡ 정부에셔 ᄆᆞᆫ져 죠션 인민 싱각 ᄒᆞ기를 공평 이즘만 가지고 ᄒᆞ고 남녀 노쇼 샹하 빈부 분간 업시 ᄒᆞᆫ 법륜노만 다ᄉᆞ리를 기ᄇᆞ라노라 사나희 ᄋᆞ히들은 자라면 관인과 학ᄉᆞ와 샹고와 농민이

---

30) 이 신문에서 외국 사람의 산수 쓰는 법은 1년 뒤인 1897년 2월 18일자 논설에서 소개하였다.

될터이요 계집 아희는 자라거드면 이 사름들의 안히가 될터이니 그안히가 남편 만콤 <u>학문이 잇고 지식이 잇스면 집안 일이 잘 될터이요</u> 쏘 그부인네들이 주식을 낫커드면 그주식 기르는 법과 ᄀᆞᄅ치는 방칙을 알터이니 그주식들이 춤실 홀터이요 학교에가기 젼에 어미의 손에 교휵을 만히 밧을터이라 그런즉 녀인네 직무가 사나희 직무 보다 쇼즁ᄒᆞ기가 덜 ᄒᆞ지 아니 ᄒᆞ고 나라 후싱을 비양 ᄒᆞ는 권이 모도 녀인네의게 잇슨즉 엇지 그 녀인네들을 사나희 보다 쳔딕 ᄒᆞ며 교휵 ᄒᆞ는딕도 등분이 잇게 ᄒᆞ리요.

—『독립신문』, 1896.5.12

ㄹ. <u>정부에셔 학교들을 시쟉ᄒᆞ엿스나</u> ᄀᆞᄅ칠 칙은 아쥬 업는 셰음이고 쏘 농ᄉᆞ ᄒᆞ는 빅셩과 샹민과 쟝식들이 무엇슬 비호고 스프되 비홀 칙이 업슨즉 셔령 비호고 스픈 ᄆᆞ음이 잇드릭도 ᄀᆞᄅ치는 사름도 업고 칙 가지고 비홀슈도 없스니 엇지 빅셩이 진보ᄒᆞ기를 ᄇᆞ라리요 눔의 나라에셔는 칙 ᄆᆞᆫ드는 사름이 국즁에 몃 쳔명식이요 칙 회샤들이 여러 빅기라 칙이 그리 만히 잇시도 둘마다 새 칙을 몃 빅권식 ᄆᆞᆫ드러 이회샤 사름들이 부즈들이 되고 쏘 나라에 큰 ᄉᆞ업도 되는지라 죠션도 이런 회샤 ᄒᆞ나히 싱게 <u>각식 셔양 칙을 국문으로 번역ᄒᆞ야 출판 ᄒᆞ거드면 첫직는 이칙들을 보고 농ᄉᆞ ᄒᆞ는 사름들이 농법을 비홀터이요 쟝ᄉᆞ ᄒᆞ는 사름들이 샹법을 비홀터이요 각식 쟝식들이 물건 ᄆᆞᆫ드는 법을 비홀터이요 관인들이 정치 ᄒᆞ는 법을 비홀터이요 의원들이 고명ᄒᆞᆫ 의슐들을 비홀터이요 학교에 가</u>는 사름들이 각국 긔ᄉᆞ와 산학과 디리와 텬문학을 다 능히 비홀지라 문명 기화 ᄒᆞ는딕 이런 큰 ᄉᆞ업은 다시 업슬터이요 쟝ᄉᆞ ᄒᆞ는 일노 보드릭도 이보다 더 리 눔을거시 지금은 업는지라 유지각ᄒᆞᆫ 사름 몃치 이런 회샤 ᄒᆞ나를 모화 <u>눞흔 학문 잇는 죠션 말 ᄒᆞ는 셔양 사름ᄒᆞ나를 고립 ᄒᆞ야 이런 칙들을 모도 번역ᄒᆞ여 츌판 ᄒᆞ거드면</u> 일년 닉에 큰 리가 눞을거슬 밋고 이화샤 ᄒᆞ는 사름들은 죠션에 큰 ᄉᆞ업 ᄒᆞ는 사름들노 싱각 ᄒᆞ노라 이런 일을 정부에다 밀고 아니 ᄒᆞ는거시 어리셕은 일이니 경향간에 나라

와 빅셩도 ᄉ랑ᄒ고 큰 쟝ᄉ도 ᄒ랴ᄂ 사ᄅᆷ들은 이일 시쟉 ᄒ기를 ᄇ라노라.

—(논설) 1896.6.2

ㅁ. 엇던 사ᄅᆷ들은 말ᄒ기를 죠션이 암만 ᄒ여도 나라히 안 되겟다고 ᄒ여도 우리ᄂ 말ᄒ기를 죠션이 암만ᄒ여도 나라히 되겟다고 ᄒ노라. (…중략…) 일본셔도 사십년 전에ᄂ 죠션과 ᄀᆺ치 셰 잇ᄂ 사ᄅᆷ이 무셰ᄒ 사ᄅᆷ을 압졔ᄒ고 문명기화라 ᄒ면 다 슬혀ᄒ고 외국 풍쇽이라 ᄒ면 다 써리고 <u>외국 학문이라 ᄒ면 쳔히 넉여 나라히 외국에 좁혀 지내고 외국이 일본을 야만으로 ᄃᆡ졉ᄒ더니 삼십년 안에 국즁에 학교를 셰워 인민을 교휵ᄒ야 학문들을</u> 비호게 ᄒ고 법률을 공평ᄒ게 시ᄒᆡᆼᄒ야 사ᄅᆷ이 학문도 비호고 습고 물건 졔죠ᄒᄂ 법도 비호며 사ᄅᆷ의 지산이 만히지던지 사ᄅᆷ이 바른 말을 ᄒ여도 법률에 범치 안면 그 사ᄅᆷ을 일본 황뎨라도 감히 건드리지 못ᄒᄂ 그런 권리를 졍ᄒ야 시ᄒᆡᆼᄒ니 오늘날 일본이 동양에 뎨일 부강ᄒ 나라히 되얏ᄂ지라.

이들 논설에서는 정부가 교육은 시작하였으나, 가르칠 책은 전혀 없는 셈이므로 문명개화를 위한 서책 보급이 급선무임을 여러 차례 강조하였다. '정치학', '산술'을 비롯하여 각종 학문이 필요하며, 이를 위해 서양 서적을 국문으로 번역하고, 각국의 역사와 천문, 지리, 실업 등을 가르쳐야 한다고 주장하였다.

이러한 주장은 학제 도입 이후 저술된 교과서가 극히 적기 때문에 나타난 것들이다. 이종국(1992)에서 조사한 바와 같이, 1895년부터 1897년 사이에 학부에서 편집한 교과서는『공법회통』권10 끝부분과 『태서신사남요(泰西新史攬要)』의 '학부 편집국 개간 서적 정가표(學部編輯局開刊書籍定價票)'에 등장하는 24종이 있다.[31]

【 학제 도입 직후 학부에서 편찬한 교과서 】

분야	교과서명	편저자	연도	발행자	내용	문체
독본	國民小學讀本		1895	學部	41과 독본	국한문
독본	小學讀本		1895	學部	5개 제재 수신(입지, 근성, 무실, 수덕, 응세)	국한문
독본	牖蒙彙編		1896	學部	상하 2편, 전통 윤리	국한문
독본	尋常小學 (3권)		1896	學部	학습자 수준 고려, 1권 31과, 2권 32과, 3권 34과	국한문
법률	公法會通(3책)		1896	學部	만국 공법 관련 지식	한문
사회	西禮須知		1896	學部	선교사 프라이어(傅蘭雅)의 서례수지 역술본	한문
산술	近易算術		1896	學部	상하2책, 산술	국한문
산술	簡易四則算術		1896	學部	미확인	미확인
수신	夙惠記略		1895	學部	전통 수신 예절	국한문
역사	朝鮮歷史(3책)		1896	學部	우리나라의 역사	국한문
역사	朝鮮歷代史略 漢文(3책)		1895	學部	우리나라의 역사	한문
역사	朝鮮略史		1895	學部	우리나라의 역사	한문
역사	泰西新史 攬要(국문2책)	리제마태	1897	學部	맥켄지의 〈19세기 역사〉 국문 번역본: 리처드(이제마태) 중 국어 역술본	국문
역사	萬國略史(上下)		1896	學部	세계사	국한문
역사	泰西新史 攬要(漢文本)		1877	學部	맥켄지의 〈19세기 역사〉, 리터드의 중국어 역술본	한문
지리	士民必知(漢文本)	헐버트	1896	學部	세계지지, 헐버트의 〈사민필지〉 한문 역본	한문
지리	萬國地誌		1896	學部	세계 지지	국한문
지리	輿載撮要		1896	學部	10권 천문, 세계지지, 본국지지	한문
지리	地璆略論		1896	學部	문답식 지구론	국한문
지리	東輿地圖		1896	學部	소장처 학인 안 됨	미상
지리	朝鮮地誌		1895	學部	우리나라 지지	국한문
지리	小地球圖着色		1896	學部	소장처 확인 안 됨	한문(추정)
지리	國文小地球圖着色		1896	學部	소장처 확인 안 됨	국한문(추정)

---

31) 『공법회통』에는 18종이 있으며, 『태서신사남요』에는 22종이 있다. 이 가운데 『조선역대
사략 한문본』, 『조선약사(朝鮮略史)』는 『공법회통』에만 나타나며, 『태서신사남요』, 『태
서신사언역본』, 『사민필지』, 『동여지도』, 『소지구도착색』, 『국문소지구도착색』은 『태서
신사남요』에만 나타난다.

내용별로 볼 때 학부 발행 교과서는 독본 4종, 법률 1종, 사회 1종, 산술 2종, 수신 1종, 역사 6종, 지리 8종의 분포를 보인다. 독본 가운데 『국민소학독본』, 『(신정)심상소학』은 근대식 교육 내용을 담고 있으나, 『소학독본』, 『유몽휘편』은 국한문으로 쓰였으나 전통적인 윤리를 교육 내용으로 하고 있다.32) 『숙혜기략(夙惠記略)』도 일종의 독본으로 볼 수 있는데, 아동용 윤리 교과서이다.

법률서인 『공법회통』은 김효전(2008)에서 규명한 바와 같이, 1896년 블룬칠리(Johann Casper Bluntchili, 중국명 步倫)의 『공법회통』을 학부 편집 국장 이경직(李庚稙)의 서문을 붙여 간행한 것이다.33) 또한 역사서인 『태서신사남요』와 『태서신사언역본』은 로버트 맥켄지(Robert Mackenzie, 한어명 馬懇西)가 1880년 영국에서 저술한 『19세기: 역사(The 19th Century: A History)』(London, T. Nelsan and Sons)를, 티모시 리처드(Timothy Richard, 한어명 李提摩太)가 1895년 상해에서 번역한 것이다. 이처럼 학제 도입 후 교과서 개발이 충분하지 않은 시대에 중국 상해에서 역술된 서적이 번간되어 교과서로 활용된 것은 근대 학문 성립 과정에서 서구 지식의 영향이 적지 않았음을 보여준다.

지리는 개항 이후 근대 지식의 보급 과정에서 가장 관심을 끈 분야였는데, 학부 설립과 함께 8종의 지리 교과서가 간행된 점도 이 때문이다. 이 가운데 『여재촬요(輿載撮要)』는 한장석(韓章錫),34) 이헌영(李憲永), 윤

---

32) 『국민소학독본』, 『(신정)심상소학』, 『소학독본』의 내용 분석은 박붕배(1987), 윤여탁 외 (2005) 등에서 이루어진 바 있다. 『유몽휘편』은 상하권의 편제 방식이 다른데 상권은 '총론 천지인', '언천도(言天道)', '언지도(言地道)', '언인도(言人道)', '명군신지의(明君臣之義)', '명부부지별(明夫婦之別)', '명장유지서(明長幼之序)', '언음식지절(言飮食之節)', '논만물(論萬物)', '언유학(言儒學)', '언기용관실(言器用官室)'의 11장, 하권은 인륜과 학문에 관한 설명 1장으로 구성되었다. 구체적인 내용 분석은 교과서 분석에서 수행한다.

33) 『공법회통』을 비롯한 서양 법률 지식의 유입에 대해서는 김용구(1997)의 『세계관의 충돌과 국제 정치학』(나남출판), 오영섭(2004)의 「개항 후 만국공법 인식의 추이」(『동방학지』 124, 연세대 국학연구원), 김효전(2008)의 「번역과 근대 한국: 법학과 국가학 문헌을 중심으로」(『개념과 소통』 1, 한림대 한림과학원) 등을 참고할 수 있다.

34) 한장석(韓章錫)의 서문은 '숭정기원후 오계사(崇禎紀元后五癸巳)'라고 하여 연호 표기 방

용선(尹容善), 오횡묵(吳宖默)의 서문이 들어 있는데, 이들 서문은 모두 계사년(癸巳年)에 쓰인 것으로 나타나므로, 1893년에 저술된 것으로 보인다. 책의 구성은 전10권으로 제1권에서는 천문지구 관련 각종 도해와 일월식, 지구와 양주(洋洲)에 대한 논의, 각국 정교(政敎)에 관한 설명, 아세아주 5국, 구라파주 19국, 아프리카 주 7국, 북아메리카 주 9국, 남아메리카 주 10국, 대양주 1국을 설명하였고, 제2권은 우리나라의 지리와 성씨 등, 제3권 경기 38관(官), 제4권 충청도 54관, 제5권 전라도 56관, 제6권 경상도 40관(좌도), 제7관 경상도 31관(우도), 제8권 강원도 26관, 제9권 평안도 44관, 제10권 황해도 23관, 함경도 24관을 내용으로 하고 있다. 세계 지리와 관련한 『만국지지』나 헐버트가 저술한 『사민필지』의 한문본 등도 이 시기 서양 지식의 수용 양상을 보여준다. 『소지구착색도』와 『국문소지구착색도』는 책명에서 보여주듯, 지구도의 일종이다. 역사 교과서인 『만국약사』나 『태서신사남요』는 세계사의 일종이다. 이에 비해 『조선역사』, 『조선역대사략』은 본국의 역사 교과서이다. 두 교과서는 같은 역사서이지만, 체제와 기술 방식은 전혀 다르다. 세계사의 경우 장절법을 사용하고 있지만, 본국 역사는 역대 왕조의 사적을 연대순으로 기술하는 방식이다. 이처럼 독본, 윤리, 역사, 지리 분야에서 전통적인 서술 방식과 새로운 편제 방식이 혼재하는 것은 지식 수용 과정에서 나타나는 과도기적 성격을 반영하는 셈이다. 특히 『지구약론』과 같이 국한문 문답식 교과서가 등장한 점은 교육학의 교수법 발전과 관련지을 때, 의미 있는 진보로 보인다.

【 『지구약론』의 문답식 서술 】

문(問): 디구(地璆)가 무슴 모양(貌樣)이뇨.

식이 명나라 마지막 황제 숭정제를 기준으로 한 연호를 쓰고 있다. 숭정 기원은 1628년이며, 숭정 기원 후 첫 번째 계사년은 1653년이다. 다섯 번째 계사는 1893년이다.

답(答): 둥근 모양이니라.

문(問): 디구(地球)가 안정(安定)[움즉이지 안는 형용(形容)]ᄒᆞᄂᆞ뇨.

답(答): 디구(地球)가 날마다 ᄒᆞᆫ 번식 도ᄂᆞ니라.

이 교과서는 국문을 위주로 하고 한자를 국문의 왼쪽에 부속하였다. 어려운 용어는 본문에 협주(夾註)하여 초학자가 쉽게 이해하도록 한 점도 특징이다. 이러한 문답법 교과서는 1900년대 이후에 다수가 나타난다.

『근이산술(近易筭術)』은 상하 2책 5편으로 구성되었는데, 상편은 제1편 '총론', '수의 조립(數之組立)', '기수 및 명위(記數及命位)', '부호(符號)', 제2편 '정수사칙(整數四則)', '가법 및 예제(加法及例題)', '감법 및 예제(減法及例題)', '가감혼교 및 예제(加減混交及例題)', '승법 및 예제(乘法及例題)', '가감승혼교 및 예제(加減乘混交及例題)', '제법 및 예제(除法及例題)', '사칙잡제(四則雜題)'와 같이 수의 개념과 사칙 등의 기초 지식을 내용으로 하였다. 하권은 제3편에서 '정수의 제반 성질(整數諸性質)'을 다루었는데 구체적으로는 '정수의 제성질(整數之諸性質)', '구소수법(求素數法)', '인자발견법(因子發見法)', '인자분할법(因子分割法)', '최대공약수 및 예제(最大公約數及例題)', '최소공배수 및 예제(最小公倍數及例題)'를 내용으로 하였다. 제4편은 '분수(分數)'인데, '분수의 일반적인 의미 풀이(分數諸釋義)', '약분법 및 예제(約分法及例題)', '통분법 및 예제(通分法及例題)', '분수 가법 및 예제(分數加法及例題)', '분수 감법 및 예제(分數減法及例題)', '분수 승법 및 예제(分數乘法及例題)', '분수 제법 및 예제(分數除法及例題)', '번분수(繁分數)', '변분모 및 변분자(變分母及變分子)', '연분법(連分法)', '분수최대공약수(分數最大公約數)', '분수최소공배수(分數最小公倍數)', '분수 사칙식제(分數四則式題)', '분수잡제(分數雜題)'로 구성하였다. 제5편은 '소수 및 순환소수(小數及循環小數)'로, '소수의 일반적인 의미 풀이(小數諸釋義)', '소수 가법 및 예제(小數加法及例題)', '소수 감법 및 예제(小數減

法及例題)', '소수 승법 및 예제(小數乘法及例題)', '소수 제법 및 예제(小數除法及例題)', '부진소수(不盡小數)', '소화분수 및 예제(小化分數及例題)', '분화분수 및 예제(分化分數及例題)', '소수식제(小數式題)', '순환소수 석의(循環小數釋義)', '구순환소수 및 예제(求循環小數及例題)', '순환소수 환원법 및 예제(循環小數還元法及例題)', '순환소수 변화 및 예제(循環小數變化及例題)', '순환소수 가법 및 예제(循環小數加法及例題)', '순환소수 감법 및 예제(循環小數減法及例題)', '순환소수 승법 및 제법과 예제(循環小數乘法及除法並例題)', '소수약승범적법(小數略乘泛積法)', '소수약제범상법(小數略除泛商法)', '소수사칙식제(小數四則式除)'로 구성하였다. 이 산술서 총론에서는 "산술(筭術)은 수학(數學)의 한 과목(一科)이니 수(數)의 관계(關係)를 논궁(論窮)하는 학술(學術)이라."라고 하여 산술이 수학의 기초 과목임을 밝히고, '정의(定義)', '공리(公理)', '정리(定理)', '량(量)', '단위(單位)', '수(數)', '불명수(不名數)', '명수(名數)', '정수(整數)', '분수(分數), 소수(小數), 부진수(不盡數)' 등의 개념을 제시하였다. 이러한 용어는 '무명수'를 뜻하는 '불명수', '무한수'를 의미하는 '부진수'와 같이 일부 용어를 제외하면 현재까지 사용하는 용어들로, 근대식 학제의 도입과 함께 수학 분야의 지식 개념이 본격적으로 형성되고 있음을 보여준다.

3.2. 『태서신사남요』의 광학회 서목[35]

교과서의 개발이 충분하지 않던 시대에 또 하나의 지식원은 외국으로부터 서적을 직수입하는 것이었다. 이러한 예의 하나가 『태서신사남요(泰西新史攬要)』에 등장하는 '광학회 서목'이다.[36]

---

[35] 이에 대해서는 허재영(2015)에서 좀 더 자세한 논의가 이루어진 바 있다. 이 책에 수록된 광학회 관련 내용은 이 논문을 요약한 것이다.

[36] 학부에서 편찬한 『태서신사남요』는 상하 2책으로 '태서신사남요 역본 서', '범례', '목차', '인지제명표(人地諸名表)', 24권으로 이루어진 본문, 그리고 리처드의 '양민유법(養民有法)'이 함께 묶여 있다. 이와 함께 광고 형식의 '대조선 건양 이년 유월일 학부 편집국

상해 광학회[37]는 1887년(처음에는 '동문서회') 영국인 선교사들이 중심이 되어 상해에 창립된 단체였다. 이 단체는 태서신사 발행 전후 국내에서도 큰 관심을 끈 것으로 알려져 있는데, 이는 『독립신문』 1899년 2월 6일의 '광학회 스긔'에도 소개된 바 있다.

【 광학회 스긔 】

상히에 흔 회가 잇스니 일홈은 광학회(廣學會)라. 원릭 교중 사람들이 츌렴ᄒ야 창셜흔 지가 十二년즘 되엿ᄂᄃᆡ 그 목적은 예수교의 도덕을 근본삼아 풍쇽을 불오 잡고 지식을 넓히ᄂᆞ 일이라. 슈년릭에 구미 각국 사람들의 보죠금이 근 二万원이오 셔칙 방ᄆᆡ흔 돈이 근 三万원이라 ᄒ니 그 ᄉᆞ업의 셩취가 쇽ᄒ고 광대흠을 보겟도다. 광확회 ᄉᆞ무에 각장 명예 잇ᄂᆞ 사람 즁에 미인 뎡위량(丁韋良)은 북경대학교 교쟝이오 공법회통(公法會通) 등 셔칙을 번력ᄒ엿고, 미인 림낙지(林樂知)ᄂᆞ 만국공보(万國公報) 쥬필이오 즁동젼긔(中東戰記) 등 셔칙을 져슐ᄒ엿고, 영인 리졔마틱(李提摩太)ᄂᆞ 광학회 셔긔로 져슐흔 칙이 만흐나 대한에 만히 팔이기ᄂᆞ

서적 정가금표(大朝鮮建陽二年六月 學部編輯局書籍定價金表)'와 '광학회 서목(廣學會書目)'이 들어 있는데, 학부 편집국 도서는 총 22종이며, 광학회 서목은 45종에 이른다. 이 가운데 『태서신사남요』(한문본, 언역본)와 『공법회통(公法會通)』은 광학회에서 발행한 것을 학부에서 교과용도서로 편찬한 것이어서, 이 시기 광학회가 한국 교육에 큰 영향을 미쳤음을 알 수 있다.

37) 상해 광학회의 활동에 대해서는 시춘펑(史春風, 2005), 리지아제이(李家駒, 2007)을 비롯한 중국의 연구가 활발히 진행된 것으로 보이며, 국내에서도 윤영도(2005), 차배근(2005) 등의 연구 성과가 축적되어 있다. 윤영도(2005)에서는 『만국공법』을 중심으로 서구 지식의 중국어 번역이라는 차원에 연구를 진행하였으며, 차배근(2005)에서는 19세기 중국에서의 서학 이데올로기를 규명하는 차원에서 '광학회'와 『만국공법』을 다루었다. 『태서신사』에 대한 연구 성과는 충분하지 않은데, 국내의 연구로는 염수진(2011)의 「대한제국기 태서신사 편찬 과정과 영향 연구」가 유일해 보인다. 비록 석사논문이지만 이 논문에서는 티모시 리처드(李提摩太)의 한역본과 학부 인발 태서신사남요, 언역본, 1896년 고다 시게 모토(幸田成友)가 일본에서 번역한 『십구세기사(十九世紀史)』(東京, 博文館) 등을 비교하고, 『독립신문』, 『황성신문』 등에 나타난 『태서신사』의 영향을 논의하였다. 이밖에 구희진(2004), 백옥경(2010) 등에서 교육적인 차원이나 저역술의 차원에서 이 책이 갖는 의미를 논의한 바도 있다.

태셔신셔오 덕인 <u>파벌 씨</u>는 <u>조셔죠동(自西組東)</u> 등 칙을 져슐ᄒ고 기외에
도 이 회에셔 번력 져슐ᄒ야 청국 전국에 전파ᄒ는 셔칙이 一년에 여러
十万권식일너라.

이 기사에 등장하는 뎡위량은 미국인 윌리엄 A. 파슨스 마틴(Willam
A. Parsons Martin)으로『만국공법』을 저술하고,『공법회통』을 번역하였
으며, 임낙지는 미국인 선교사 영 존 알렌(Young Jon Allen)으로『중동전
기』를 저술하였다.

광학회 서목은 상해 광학회에서 발행한 서적 목록이다.『태셔신사남
요』의 '학부 편집국 서적'에서 책명과 정가만 제시한 것과는 달리, 이
서목에는 다음과 같은 안내문이 실려 있다.

【廣學會 書目】

啓者西國經史子集 不計其數 現經西儒譯成華文者 亦復不少. 而以敎養各新
法 大有關係於國 故多注意於此. 夫中國民數約共三四兆 每年生者較死者百人
中必增一人 一年增三四百萬 十年之後必增至三四千萬 卽多兩省之人 如無新
法以敎養之民必年困一年 生財敎民之道 其可不亟講哉. 査總稅務司赫公德 英
前欽使威公妥瑪 以及敎中諸名士於三十年來 恒以借法自强之說 勸中國誠使
及早仿行中國之興. 豈在他國之後. 今皇太后皇上 以及恭親王合肥 相國南皮
制軍咸知西學之可尙 西法之可行. 是以電報鐵路開鑛織布等 工作次第擧行. 倘
將泰西各善法 盡取而行之. 每省每年至少增銀二千萬兩否 則地不加廣而民日
加 多强弱之機在此 生死之機亦在此 本會開辦以來 專以著書爲事 玆將所著敎
養要書數十種 錄其價目於後.

> **번역** 서양 경사자집으로 깨우치고자 하는 것은 그 수를 헤아리기 어렵
> 다. 현재 서양 학자들이 중국어로 번역한 책이 또한 적지 않다.
> 이로써 각 <u>신법을 교양하여 나라에 관계되는 것이 많으니 그러므로 이에</u>
> <u>많은 주의를 기울여야 한다.</u> 대저 중국 인민 수가 대략 3~4조(억)로 매년

죽은 자에 비해 태어난 자를 비교하면 반드시 한 사람을 증가할 것이니 일 년에 삼사백 만이 증가하면 십년 뒤에는 반드시 삼사천만이 될 것이요, 곧 많은 지역의 사람이 신법으로 양민을 하지 않으면 백성들이 연연히 곤궁할 것이니, 생재(生財) 교민의 도로 가히 삼가 강론하지 않을 수 있겠는가. 총세무사 혁덕(赫德),[38] 영국 전 홈사 위타마(威妥瑪)[39]가 공덕을 밝히니, 지금까지 중국 제명사를 가르친 지 삼십 년 이래[40] 항상 자강설로써 일찍이 중국의 부흥책을 행할 것을 권하더니, 어찌 다른 나라에 뒤질 수 있겠는가. 금 황태후 황상께서 공친왕 합비(恭親王 合肥), 상국 남피(相國 南皮)로 군을 통제하고 서학을 가히 숭상하여 알게 하며, 서양법을 시행하게 하였다. 이로써 전보, 철로, 개광, 직포 등 공업이 차례로 실행되었으니, 당장 태서의 좋은 법을 다 취하여 행하게 하였다. 성마다 매년 증가한 것이 적어 은 이천만 냥이 되지 않으니 땅이 넓어지지 않고 백성이 날로 늘지 않으니 강약의 기회가 이에 있으며, 생사의 기회가 또한 이에 있으니, 본회를 열어 힘쓴 이래로 오로지 저서를 위주로 하여 이에 교양(敎養)에 필요한 서적이 수십 종이라. 그 값과 목록을 아래에 기록한다.

이 글은 광학회에서 발행한 책이 중국의 자강 부흥에 도움을 주는 신법(新法) 관련 서적들로, 양민을 가르치고 기르는 데 필요한 책임을 밝히고 있다. 이 글은 광학회에서 쓴 광고문으로 추정되는데 그 이유는 '본회를 열어'라는 표현이 들어 있을 뿐만 아니라 1903년의 '광학회 서목' 광고문과 비교할 때 일부 문구만 차이가 있을 뿐 표현과 내용이

---

38) 혁공덕(赫公德, 로버트 하트, Robert Hart, 1835~1911): 영국인. 28세 대청 세무사로 임명되었으며 1887년 광학회의 전신인 '동문서회(同文書會)' 창립 당시 회장을 맡았다.
39) 위타마(威妥瑪, 토마스 웨이드, Thomas Francis Wade, 1818~1895): 영국의 외교가로 1862년부터 1882년까지 중국 주재 전권공사를 지냈다.
40) 이 서목에서 중국 명사를 가르친 지 30년이 지났다는 서술은 1840년대 상해에 설립된 영미 선교사들의 '중국 실용지식전파회(中國實用智識傳播會)'의 역사를 고려한 서술로 보인다.

유사하기 때문이다.41)

『태서신사남요』의 '광학회 서목'에는 '계개(計開)'라는 이름 아래 총 45종의 서목과 정가가 제시되어 있다. 그 목록은 다음과 같다.

【 광학회 서목 】

泰西新史攬要 八本一部(八本 一部, 二元), 中西年表圖(一元 五角), 古敎彙參(三本 一部, 一元 四角), 自西徂東(五本 一部, 一元), 基督實錄(三本 一部, 一元), 格物探原(四本 一部, 一元), 時事新論(三本 一部, 六角), 幼學操身(三本 一部, 五角), 近代敎士列傳(五角), 五彩天樂圖(三角 五分), 救世敎益(三角), 治國要務(二角 五分), 列國變通興盛記(二角), 三十一國志要(二角), 性海淵源(二角), 正道啓蒙(一角 五分), 格致新機(一角), 生利分利之別(六分), 五大洲各國統屬全圖(五分 着色八分), 八星之一總論(五分), 華英讞案定章考(五分), 修水日以利通商議(五分), 百年一覺(五分), 傳敎謏旨(五分), 七國新學備要(三分), 中西四大政(三分), 五洲敎務(三分), 農學新法(三分), 名公三序(三分), 女兒經(三分), 山東貧寠考(三分), 修命說(二分), 稅斂要例(二分), 中西互論(一分五), 救世有道(一分五), 中西各敎人數圖(一分), 養民有法(一分), 機器之益(一分), 大國次第(一分), 萬國公報(每年 十二本, 一圓 二角 五分), 中西敎會報(每年 十二本, 一圓), 歐洲八大 帝王傳(五分), 中東戰紀 本末(八本 一部, 一元 五角), 中東戰紀 續編(三本 一部, 三角), 文學興國策(二本 一部, 三角)

以上 各書均在上海美華書館 格致書室 等處發售. 其餘各省敎士售書坊 間有代售 海主 學書 學劍 生養 平氏 手鈔 [起於癸巳夏 訖於甲午秋](이상의 각 서적은 상해 미화서관 격치서실에 고루 갖추어 발매판다. 그 나머지 각

---

41) 1903년 서목은 주리히 대학(Zurich University) 백과사전 편찬실의 백과사전 데이터베이스(http://kjc-sv006.kjc.uni-heidelberg.de:8080)를 참고할 수 있다. 주리히 대학은 독일 주리히에 위치한 대학으로 1833년 설립되었다. 여기에 인용한 백과사전 데이터베이스는 2010년부터 2012년까지 이 대학에서 작성한 100여 개의 백과사전 관련 작업 가운데 하나이다. 이 서목 광고에는 하트와 웨이드에 관한 내용이 들어있지 않을 뿐, 다른 내용과 표현은 『태서신사남요』와 유사하다. 이 서목에서는 총211종의 책명이 등장한다.

성의 교사는 책방에 와서 사거나 혹은 대신 살 수 있다. 상해 학서 학검 생양 평씨 기록(계사년 여름에 시작하여 갑오년 가을에 이름)

서목은 서명(書名)과 책의 구성, 정가를 표시했는데,『만국공보』와『중서교회보』는 매년 12본이 발행되므로 잡지 형태임을 확인할 수 있고, 그 밖의 서목은 삼본(三本)이나 이본(二本)으로 구성되었을지라도 단일부(部)로 구성되었음을 알 수 있다. 이 서적들은 상해 미화서관(美華書館) 격치서실(格致書室)에서 발수(發售)하며, 다른 성의 서적 발매소에서도 판매한다고 하였다. 이처럼 발수처와 발행처, 또는 인쇄소를 혼용한 까닭은 이 시기 서적 발행 체계가 분화되지 않았기 때문이다. 서목에는 저자와 발행처, 내용 등이 구체적으로 나타나지 않기 때문에, 각 서적의 저자, 발행처, 내용은 확인하기 위해서는 실물을 살펴보아야 한다. 현재 소장처를 확인하여 내용을 고증할 수 있는 서적은 총 32종이다.

【 소장처가 확인된 서적 】

서목	편저자	연도	발행처	분야	내용	국내 소장	해외 소장(기타)
性海淵源	Ernst Faber (파버, 花之安) 撰	1895	美華書館	경서	중국 고전	국립중앙도서관 디지털라이브러리	
山東貧簣考	仲均安 譯, 張小棠 述	1897	廣學會	시무	시무	국립중앙도서관 고전운영실	
正道啓蒙	William C. Burns(번스, 賓爲霖)	1891	美華書館	종교	계몽 원리	서울대 규장각	漢語基督教經典文庫集成.十九世紀篇 3.新北市:橄欖出版有限公司, 2012
格物探原	Alexander Williamson (윌리엄슨, 韋廉臣)	1876	美華書, 廣學會	과학	과학 이론	서울대 규장각, 熊野与(구마노아타에)訓点·奧野昌綱(오쿠노마사츠나) 校訂本 국립중앙도서관 디지털라이브러리	〈시보〉에 발표한 것을 모아 편찬

서목	편저자	연도	발행처	분야	내용	국내 소장	해외 소장(기타)
格致新機	Timothy Richard (리처드, 李提摩太)	1897	廣學會	과학	과학 이론	고려대도서관 (육당문고)	
生利分利 之別	Timothy Richard (리처드, 李提摩太), 蔡爾康	1897	廣學會 藏板	과학	과학 이론	없음	코넬대학
八星之一 總論	Timothy Richard (리처드, 李提摩太)	1891	廣學會	과학	천문학 (지구 위성)	없음	채이강이 편술하면서 〈칠국신학비요〉에 첨입함
農學新法	具德禮, Timothy Richard (리처드, 李提摩太)	1897	廣學會	농학	농업	없음	캘리포니아 대학 소장
治國要務	Alexander Williamson (윌리엄슨, 韋廉臣) 著	1895	美華書館	시무	시무 원리	경희대학교 도서관	
列國變通 興盛記	Timothy Richard (리처드, 李提摩太)	1894	廣學會	시무	변법의 역사	없음	홍콩 신학대학
華英讞 案定章考	Timothy Richard (리처드, 李提摩太)	1891	廣學會	시무	시무 헌의	없음	바이두 문고[42]
修水日以利 通商議	Timothy Richard (리처드, 李提摩太)	1891	廣學會	시무	통상 시무	없음	바이두 문고
養民有法	Timothy Richard (리처드, 李提摩太)	1895	廣學會	시무	변법 원리	태서신사남요 부록	
時事新論	Timothy Richard (리처드, 李提摩太)	1895	廣學會	시사	시사 논설	영남대 도서관, 한국학중앙연구원 장서각	
萬國公報	만국공보관, 알렌 주필	1896~1902	美華書館	시사	회보	국립중앙도서관 고전운영실	
泰西新史 攬要 八本一部	Robert Mackenzie (맥켄지, 馬懇西), 蔡爾康編, Timothy Richard (리처드, 李提摩太) 譯	1895	廣學會	역사	19세기 유럽의 역사	국립중앙도서관 디지털라이브러리	
中西年表圖	Timothy Richard (리처드, 李提摩太) 譯	1895	廣學會	역사	서양과 중국 역사	한미서적 편 (2002), 〈중국학술 총서〉 제1편 1~50. 한미서적.	
七國新學 備要	Timothy Richard (리처드, 李提摩太)	1886	廣學會	역사	세계 지리 역사 정치	없음	바이두 문고
歐洲八大 帝王傳	Timothy Richard (리처드, 李提摩太)	1894	廣學會	역사	역사	국립중앙도서관 고전운영실	

서목	편저자	연도	발행처	분야	내용	국내 소장	해외 소장(기타)
中東戰紀本末	Young John Allen (알렌, 林樂知), 蔡爾康 共纂	1896	廣學會	역사	역사	국립중앙도서관 고전 운영실), 현채(玄采)의 역술본	
中東戰紀續編	Young John Allen (알렌, 林樂知), 蔡爾康 共纂	1896	廣學會	역사	역사	국립중앙도서관 고전운영실	
中西四大政	Timothy Richard (리처드, 李提摩太)	1895	廣學會	정치	변법원리	없음	홍콩신학대학 소장
大國次第	Timothy Richard (리처드, 李提摩太)	1888	廣學會	정치	변법원리	없음	바이두 문고
古敎彙參	Alexander Williamson (윌리엄슨, 韋廉臣), 董樹棠, 奧野昌綱	1899	廣學會	종교	미확인	없음	바이두 문고
自西徂東	Ernst Faber(파버, 花之安) 撰, 淸闕名 譯	1884, 1902	香港鉛印/上海廣學會	종교	서교	성균관대 존경각도서관, 한양대 중앙도서관	
基督實錄	Alexander Williamson (윌리엄슨, 韋廉臣), 董樹棠	1882	飯島靜謙	종교	기독교	충남대 도서관	
近代敎士列傳	Timothy Richard (리처드, 李提摩太) 撰	1894	廣學會	종교	미확인	없음	일본 동양문고
救世敎益	Timothy Richard (리처드, 李提摩太)	1895	廣學會	종교	종교원리	원광대학교 도서관	
中西敎會報	E. T. Williams (윌리암스, 衛理) 編	1895~1896	廣學會	종교	회보	국립중앙도서관 고전운영실	
五大洲各國統屬全圖	Timothy Richard (리처드, 李提摩太)	1897	廣學會	지지	세계지리 역사 정치	없음	바이두 문고
文學興國策	Young John Allen (알렌, 林樂知)	1896	廣學會	학문	학문	국립중앙도서관 고전운영실	

이 중 19종은 국내 각 도서관에 소장되어 있으며, 14종은 중국, 일본, 미국 등지의 도서관에 소장되어 있다.[43] 이 서적들은 선교 목적뿐만

---

42) 바이두 문고(Baidu, 白度)는 2000년 1월 18일 이후 중국에서 제공하는 웹서비스를 말한다 (http://en.wikipedia.org/wiki/Baidu).

43) 국내 소장본은 연구자가 확인한 것만을 대상으로 하였기 때문에 여기에 정리하지 못한 소장본도 더 있을 수 있다. 현재까지 근대 계몽기 중국을 경유하여 들어온 서적에 대한

아니라 중국 고전, 서양 역사, 시사, 정치, 지리, 실업 등을 소개함으로 써 중국을 계몽하고 변법(變法)을 건의하는 목적을 갖고 있었다. 이를 고려하여 광학회 서목을 내용별로 분류44)하면 다음과 같다.

【 내용별 분류 】

분야	해당 서목	종수
종교	古敎彙參, 自西徂, 基督實錄, 近代敎士列傳, 救世敎益, 傳敎論, 中西敎會報, 正道啓蒙	8
역사	泰西新史攬要, 中西年表圖, 七國新學備要, 歐洲八大帝王傳, 中東戰紀本末, 中東戰紀續編	6
시무	治國要務, 列國變通興盛記, 華英讞案定章考, 修水日以利通商議, 養民有法, 山東貧竇考	5
과학	格物探原, 格致新機, 生利分利之別, 八星之一總論	4
시사	時事新論, 萬國公報45)	2
정치	中西四大政, 大國次第	2
중국 고전 해석	性海淵源	1
지리	五大洲各國統屬全圖	1
학문 진흥책	文學興國策	1
농학	農學新法	1
계		32

32종의 서적 가운데 가장 많은 비중을 차지하는 것은 종교 관련 서적

기초 조사가 충분하지 못한 상황이어서 광학회 서목의 국내 유입 상황을 파악하기는 어려우나, 이 시기 신문, 잡지의 역술(譯述) 자료를 참고할 때 『태서신사남요』에 소개된 광학회 서목의 서적들은 대부분 국내에 유입되었을 것으로 추정되기 때문이다. 또한 해외 소장본도 중국이나 영국, 프랑스, 독일 등을 전수조사한 것이 아니어서 미확인본 13종을 포함하여 더 많은 소장본이 존재할 것으로 추정된다.

44) 분류 기준에서 '역사'와 '지지', '정치' 등의 경계가 명확한 것은 아니다. 예를 들어 『열국변통홍성기』는 러시아, 일본, 인도, 동남아의 변법 관련 서적으로 '시무'를 중심으로 한 것이지만, 역사 분야에서 다룰 수도 있다. 이처럼 중복 분류가 가능할 경우 저술자의 의도를 고려하여 한 분야로 처리하였다.

45) 1868년 윌리엄슨(韋廉臣)과 알렌(林樂知)은 상해 묵해서관에서 『교회월보』를 발행하고, 1876년 회보의 명칭을 『만국공보』로 변경하였다. 이 잡지는 시사뿐만 아니라 역사, 지리, 격물 등의 다양한 글을 역술 게재하였다.

이다. 이는 광학회가 영미계 선교사와 외국 영사를 중심으로 조직되었기 때문에 나타난 자연스러운 현상이다. 그럼에도 역사, 시무, 과학 관련 서적이 많이 발행된 까닭은 '광학회(廣學會)'라는 명칭에서 보듯이 '서구의 학문으로 중국을 넓힌다'는 취지를 반영한 것이라고 할 수 있다. 이는 미확인 도서도 비슷한 것으로 보이는데, 책명을 통해 짐작할 수 있듯이 『오주교무(五洲敎務)』, 『오채천락도(五彩天樂圖)』, 『구세유도(救世有道)』, 『중서각교인수도(中西各敎人數圖)』 등은 종교 관련 서적으로 보이고, 『기기지익(機器之益)』은 과학기술을, 『세렴요례(稅斂要例)』는 시무를 대상으로 한 서적으로 추정된다. 이러한 신지식을 바탕으로 한 양민(養民)·변법론(變法論)은 서세동점기 중국뿐만 아니라 우리나라에도 적지 않은 영향을 주었다.

3.3. 신문에 등장하는 학문 담론과 서적명

갑오개혁 이후 발행된 독립협회의 『독립신문』과 배재학당 협성회의 『협성회회보』, 『매일신문』, 제국신문사의 『제국신문』 등은 학문의 필요성을 주장하는 논설을 게재했을 뿐만 아니라 전문 분야의 지식을 번역 소개한 사례가 많다.

『독립신문』의 근대 지식과 관련된 자료의 형태는 '론설'에 등장하는 논설문, '잡보'의 연설 내용 및 기사, 개인의 '기서(奇書)' 등이 있다. 사전적 의미에서 논설문은 필자의 생각이나 주장을 체계적으로 밝히고자 한 글이지만, 『독립신문』의 논설문에는 필자의 주장을 펼치기 위해 다수의 근대 학문을 소개하기도 하며, 근대 지식을 소개하는 차원에서 '세계 각국의 숫자'(1897.2.18)를 설명하거나 수차례에 걸쳐 '생물학'(1897.6.19~7.24, 총14회)을 연재하기도 한다. 이와 마찬가지로 노병선의 '징역론'(1897.7.20)과 같은 논설류는 '잡보'의 기사 형태로 수록되어 있다. 이를 고려하여 개념적 차원에서 근대 학문을 소개한 자료를 추출하면 대략 53편 정도가 나타난다.[46] 이들 자료는 내용에 따라 '문명개화를 위한 학문의 필요성'을 주제로 한 것(6편), '신구학(新舊學)의 갈등'을 주제로 것(14편), '법률'을 주제로 한 것(7편), '의학' 관련(4편), '정치가'를 소개한 것(4편), '지지' 및 '지구론'(3편), '인종론'(2편), '위생론'(2편), '인체' 또는 '생물학'(2편), '화학'(1편), 기타(8편)로 분류할 수 있다. 그 결과 『독립신문』은 이 신문에 선행하는 『한성순보』, 『한성주보』의 근대 지식 소개 경향과는 다소의 차이가 나타남을 확인할 수 있다. 최영철 외(2014)에서는 순보와 주보의 근대 학문과 지식 관련 기사를 전수 조사하여 그 경향을 밝힌 바 있는데, 이에 따르면 두 신문에 가장 많이 등장하는 근대 지식은 '지리(52편) > 경제(33편) > 군사와 과학(24편)'이다. 『독립신문』의 조사 자료는 '근대 학문'과 관련된 것만으로 한정했기 때문에 최영철 외(2014)의 조사 자료와 이 연구에서 대상으로 삼은 자료를 평면적으로 비교하기는 어렵지만, 적어도 근대 학문을 대하는 태도의 차원에서 『독립신문』은 순보 및 주보와 차이를 보이고 있는 것만은 분명하다. 이러한 차이는 각 텍스트의 내용을 살필 경우 좀 더 뚜렷해진다.

　『독립신문』에 가장 빈번히 나타나는 '학문론'은 "문명개화를 위해 서구 학문을 적극적으로 수용해야 한다."는 논리를 기반으로 한다. 이는 순보와 주보에서 서구(태서) 학문을 객관적으로 소개하고자 하는 태도[47]와 달라진 점이라고 할 수 있는데, 다음을 살펴보자.

---

46) 『독립신문』은 창간호(1896.4.7)부터 1898년 6월 21일까지는 '론셜'란에 제목을 쓰지 않았으나, 1898년 6월 28일부터는 '금돍의 올 낫눈 돍을 잡음이라'와 같이 제목을 사용하였다. 이 점에서 제목 없는 '론셜'은 그 내용을 고려하여 근대 학문의 개념이 서술되어 있을 것만을 대상으로 하였으며, '론셜'란 소재할지라도 "해삼위 우거ᄒᆞᄂᆞ 유진률 씨가 의견셔를 지여 본샤에 보닛기에 좌에 긔직ᄒᆞ노라."(1898.9.19)와 같이 긔서(寄書)임을 밝힌 글은 '긔서'로 처리하고, 그 내용에 따라 분류하였다.

47) 순보와 주보의 서구 학문 소개는 '지구론(地球論)'(순보 1호), '논전기(論電氣)'(순보 제4호)와 같이 '논(論)'이 포함되어 있을지라도 그 내용은 지구와 전기를 소개하는 설명문에 가깝다.

【 문명개화와 학문의 필요 】

ㄱ. 사롬이란 거슨 학문이 업슬소록 허훈 거슬 밋고 리치 업는 일을 브라는 거시라 그런고로 무당과 판슈와 션앙당과 풍슈와 즁과 각식 이런 무리들이 빅셩을 쇽이고 돈을 쎅시며 (…즁략…) 우리가 무당과 판슈와 즁과 풍슈를 지금 칙망흐는 거시 아니라 모로는 고로 이런 일을 흐야 싱이흐랴는 쥬의니 만일 이거시 허무흐고 인민의게 유익지 안홀 줄 알면 이 사름들도 이런 일을 밋지 안홀 터이요 주긔들이 밋지 안흐면 다른 사름을 쇽이지 아니홀 듯 흐노라.

—1896.5.7

ㄴ. 엇던 사름들은 말흐기를 죠션이 암만 흐여도 나라히 안 되겟다고 흐여도 우리는 말흐기를 죠션이 암만흐여도 나라히 되겟다고 흐노라. (…즁략…) 일본셔도 사집년 전에는 죠션과 굿치 셰 잇는 사름이 무셰흔 사름을 압졔흐고 문명기화라 흐면 다 슬혀흐고 외국 풍쇽이라 흐면 다 쓰리고 외국 학문이라 흐면 쳔히 넉여 나라히 외국에 죱혀 지내고 외국이 일본을 야만으로 디졉흐더니 삼십년 안에 국즁에 학교를 셰워 인민을 교휵흐야 학문들을 비호게 흐고 법률을 공평흐게 시힝흐야 사름이 학문도 비호고 습고 물건 졔죠흐는 법도 비호며 사름의 지산이 만히지던지 사름이 바른 말을 흐여도 법률에 범치 안면 그 스름을 일본 황뎨라도 감히 건드리지 못흐는 그런 권리를 졍흐야 시힝흐니 오늘날 일본이 동양에 뎨일 부강흔 나라히 되얏는지라.

—'론셜', 1896.12.3

이들 논설에 나타난 바와 같이 『독립신문』의 학문론은 문명개화를 목표로 외국(=서구) 학문을 배워야 한다는 논리를 기반으로 하고 있다. 길진숙(2004)에서는 "1894년 이전에 이미 유길준과 박영효 등이 '문명'이란 개념을 쓰기 시작했지만, '문명'이란 조어가 폭발적으로 사용되고

대중적으로 유포된 것"은 『독립신문』과 『매일신문』 발행 이후의 일이라고 하면서, "'문명'이란 단어 자체가 새로운 번역어는 아니지만, 전통적으로 쓰이던 '문명' 용례와는 전혀 다른 의미항을 내포하면서 새 시대의 모든 것을 지칭하는 역동적 개념으로 전파"되었다고 설명한 바 있다. 이 지적은 매우 타당한 지적으로 보이는데, '문명'이란 단어는 순보와 주보에는 잘 보이지 않는다. 그런데 이 단어는 1886년 8월에 공포된 '육영공원(育英公院) 규칙'[48]이나 1888년 1월에 쓰인 것으로 알려진 박영효의 이른바 '건백서(建白書)'에서 이 단어가 쓰인 예를 확인할 수 있다. 특히 박영효의 '건백서'에 등장하는 '문명'은 '서구 강대국'과 동일한 의미를 지니는 것으로 해석되는데,[49] 이는 함동주(2004)에서 밝힌 근대 일본의 문명론과 유사하다. 그에 따르면 일본의 경우도 1870년을 전후하여 근대적 문명관이 본격적으로 등장했으며, 그 본질은 19세기 서양의 역사 경험을 바탕으로 문명 진보가 인류 보편적인 것이며, 진보는 야만에서 문명으로, 미개에서 개화로 변화하는 것이라는 데 있었음을 확인할 수 있다.

이러한 차원에서 『독립신문』의 학문론은 대부분 '문명개화'를 목표로 '외국 학문', 곧 '서구 학문'을 수용하는 데 있음을 주장하고 있다. 이러한 주장은 곧 '신구학'의 갈등으로 이어지는데, 다음 자료는 이를 극명하게 보여준다.

---

48) 『高宗實錄』, 1886.8.1. "猗我朝運契文明治法政化重熙累洽垂五百稔"이란 구절에서 '문명'이라는 단어가 쓰임을 확인할 수 있다.

49) "方今宇內萬國, 猶昔之戰國也. 一以兵勢爲雄, 强者幷其弱, 大者呑其小. 常講武備兼修文藝. 相競相勵. 無不爭先. 各欲逞其志以震威於天下, 乖他之*隙而奪之. 故波蘭土耳其, 本非微弱之國, 然皆因自國之困難, 或見裂, 惑見削, 無復興復之日. 雖有萬國公法, 均勢公義, 然國無自立自存之力, 則必致削裂, 不得維持. 公法公義, 所不足以爲恃也. 以歐洲文明强大之國 亦見敗亡. 況亞洲未開弱小之邦乎. 大凡歐人 口稱法義, 心懷虎狼. 故自三四百年之前, 以至于今, 其所倂呑者, 南北亞米利加洲也, 亞非利加洲也, 南洋群島也, 澳斯太利亞洲也, 漸及我亞洲之地. 斯非利亞也, 土斯坦也, 印度也, 緬甸也, 淸之黑龍江省也, 香港也, 日本之樺太島也, 已過亞洲之半."(『日本外交文書』第21卷(明治 21年) 事項 10 朝鮮國 關係 雜件, 문서번호 106) 국사편찬위원회(2011), 『한국 근대사 기초 자료집 2: 개화기의 교육』(국사편찬위원회) 참고.

【 신구학의 갈등 문제 】

ㄱ. 엇던 유지각흔 친구의 글을 좌에 긔직ㅎ노라. 오호-라 늡들도 우리와 ᄀᆞ치 공부를 ㅎ엿ᄂᆞ지 몰으거니와 우리ᄂᆞ 당쵸에 공부홀 쌔에 학문이라 ㅎᄂᆞ 것은 스긔권이나 경셔질이나 보아 대강 섭넙ㅎ면 넉넉흔 줄노 넉인 고로 우금 슈십 여년식을 문한에 종ᄉᆞㅎ여 우리 대한 국즁에셔ᄂᆞ 어ᄃᆡ를 가던지 젼혀 무식흔 사ᄅᆞ이라고ᄂᆞ 홀 슈 업ᄂᆞ지라. 그 학문을 비홀 쌔에 한문을 몬져 비호ᄂᆞᄃᆡ 몃힌던지 그 어려온 글에셔 문리가 나기신지 다른 물졍은 도모지 몰으기로 작뎡이오 의미를 알 쌔부터ᄂᆞ 비호고 강론ㅎᄂᆞ 것이 모도 틱고 스젹이라 (…중략…) 그 사ᄅᆞ이 우리 즁에 좀 유식ㅎ다ᄂᆞ 이를 다리고 문답ㅎ여 보고ᄂᆞ 가셔 말 ㅎ기를 쳣직 빅셩이 다 어둡고 무 식ㅎ여 학문이라ᄂᆞ 것은 무엇인지 몰으고 젼혀 우쥰ㅎ고 가쇼로온 말만 ㅎ여 죠곰치도 야만국 빅셩에 지날 것이 업더라 ㅎ니 국가에 그런 욕과 슈치가 어ᄃᆡ 잇스리오 (…중략…) 아모죠록 속히 이젼 학문을 더지고 시 무에 급흔 것을 몬져 ㅎ여 어두은 걸 ᄇᆞ리고 붉은 ᄃᆡ 나아가 국가를 문명 에 진취케 홈이 우리들의 큰 담칙으로 아노라.

—1898.1.27, '기셔'

ㄴ. 새 학문이 잇ᄂᆞ 신씨ᄅᆞ 사ᄅᆞ과 녯젹 학문ᄆᆞ 잇ᄂᆞ 구씨ᄅᆞ 사ᄅᆞ 둘이 셔로 문답흔 이약이가 미우 ᄌᆡ미가 잇기로 좌에 대강ᄆᆞ 긔직ㅎ노라. 구씨 가 무러 굴으ᄃᆡ 그ᄃᆡ가 새 학문이 잇다 ㅎ니 내가 흔 말을 물으면 그ᄃᆡ가 룽히 ᄃᆡ답ㅎ겟나뇨. 신씨 왈 무슴 말이던지 물으라 흔ᄃᆡ 구씨 굴으ᄃᆡ 쳐 음에 엇지ㅎ야 하늘과 싸이 싱겻나뇨. 신씨 답왈 (…중략…) 영국 격물학 샤 뮤톤(뉴튼)씨가 하로ᄂᆞ 룽금이ᄅᆞ 과실이 싸에 써더지ᄂᆞ 것을 보고 디 구ᄂᆞ 큰 물건이라 즁흔 힘이 잇셔 무슴 물건이던지 잡아다리ᄂᆞ 리치를 ᄭᆡ다릇다 ㅎ니 이 모든 별들의 운동ㅎᄂᆞ 것은 다 죠화옹의 챵죠ㅎ신 긔계 라 그러나 이 긔계가 도라가다가 죠곰이라도 그 박휘가 샹ㅎ야 돌지 못ㅎ 거드면 이 셰계가 다시 긔벽이 되나이라. 구씨 굴으ᄃᆡ 나도 텬문 디리와

만고 사긔와 빅가 어젼을 연람치 못흔 비 업스니 녯젹에 통리흔 셩현 군
즈의 말슴을 들음이 당쵸에 몱은 긔운은 우희 써셔 하늘이 되고 탁흔 긔
운은 아리 쳐져 싸이 되엿는듸 하늘은 둥글고 싸은 모가 져셔 돍의 알과
굿흐며 (…중략…) 구씨 왈 그듸의 말이 싸이 둥글다 ᄒ니 그럴진듸 바닷
물이 소다지지 안코 사름이 걱구로 셔지 안나뇨. 신씨 왈 두레박에 물을
너허 가지고 줄을 길게 미셔 늬여 두르면 그 물이 소다지겟나뇨 아니 쏘
다지겟나뇨. 엇지 그리 갑갑흔뇨.

—1899.3.10

이 논설은 『독립신문』에 등장하는 '신학문(새 학문)'과 '구학문(옛적
학문)'에 대한 인식을 잘 보여준다. 1880년대 말부터 본격적으로 등장하
는 서구 중심의 '문명론'은 곧 '서구학' 중심의 '신학문론'으로 이어졌
다. (ㄱ)과 같이 전통적인 학문의 키워드는 '사기(史記), 경서(經書), 한문
(漢文), 야만(野蠻)'으로 이어지고, 문호 상통의 학문(신학문)은 '시무(時
務), 문명 진취(文明進就)'로 이어진다. (ㄴ)은 새학문을 대표하는 신씨와
구학문을 대표하는 구씨의 문답 형식으로 이루어진 이야기체 논설로,
'신학문=서구의 격물학', '구학문=공맹의 학'으로 등식화된다. 이 등
식의 결론은 구학문의 갑갑함으로 이어진다. 이 점에서 『독립신문』의
신구 대립은 '신학 추종(新學追從)·구학 부정(舊學否定)'으로 요약할 수
있다. 이 점은 순보와 주보의 서학 인식과도 차이가 있는데, 순보에서
는 일방적으로 서학을 추종하자는 논리를 펼치는 대신 동서 학문(東西
學問)의 보편적 가치를 전제로 서구 학문을 객관적으로 소개하고자 하
는 논리도 다수 등장한다.[50]

---

50) 예를 들어 『한성순보』 1884년 3월 27일(제16호)에 등장하는 '이국일성(伊國日盛: 이탈리
아가 날로 성하다)'에서는 "夫天算格諸學乃天下之公學 非西人之獨私者也.(대저 천문과 산
학 격치 등의 제반 학문은 곧 천하의 공통된 학문이며 서구인만이 홀로 사유하는 학문이
아니다.)"라고 함으로써, 동서 학문의 보편적 가치를 제시한 바 있다.

이를 고려할 때 『독립신문』의 문명론을 기반으로 한 신구학 인식은 근대 계몽기 이른바 개화파 지식인들의 서양관을 반영한 것으로, 대부분의 학문론에 공통으로 등장한다. 그 중 하나로 법률학을 살펴보자.

【 법률학 】

ㄱ. 대뎌 동셔양 셰계 각국을 물론ᄒ고 <u>나라된 리유를 말홀진듸</u> 토디가 잇슨 연후에 인민이 잇고 토디 인민이 구비ᄒᆫ 연후에ᄂᆞᆫ 정부를 셜립ᄒ고 제반 스무를 각기 쇼쟝듸로 죠직ᄒ되 <u>그 중에 뎨일 긴급ᄒᆫ 스무로 국민 간에 잠시도 업지 못홀 것은 첫지 학문이오 둘지 법률이니</u> 학문이란 것은 비혼 것과 아ᄂᆞᆫ 것과 들은 것과 본 것이 만홈이니 비유컨듸 일신상에 원긔와 혈믹이오 법률이란 것은 발은 일노뻐 인민을 인도ᄒ야 언어을 삼가ᄒ고 힝위을 곳게 ᄒ야 윤샹과 풍쇽에 어김이 업게 홈이니 (…중략…) 대한 동토가 히즁 반도에 쳐ᄒ야 토디가 작다 ᄒ나 三千리 강산과 二千万 인구가 당당ᄒᆫ 독립 뎨국으로 동양 제국과 구미 각방에 권리가 동등이오 됴약이 일반이라. <u>五百년 이릭로 학문과 법률이 긔명 공평치 아님이 아니로되 오날늘 만국이 통샹ᄒᆫ 후로 시셰 형편이 전과 달나셔 스무가 번다ᄒ고 시비가 불무ᄒ즉 정치 득실과 국가 안위가 시각에 잇슬지니</u> 정부와 빅셩 스이에서 나라되ᄂᆞᆫ 리유를 깁히 싱각ᄒ야 학문을 뎨일 힘쓰고 법률을 공평이 ᄒ야 황권을 존슝ᄒ고 국톄를 보즁ᄒ야 국민간 억만년 무강ᄒ기를 ᄇᆞ라노라.

—1899.4.12, '학문과 법률'

ㄴ. 민법도 또혼 쥬권쟈의 명령으로 인류 밧긔 잇ᄂᆞᆫ 규칙이요 그 중에 두 가지 구별(區別)이 잇ᄂᆞ니 <u>국가의 신하와 빅셩된 자격(資格)</u>으로 써 힝ᄒᆞᆫ 규칙을 이르되 <u>공법이라</u> ᄒ고 빅셩끼리 셔로 샹관ᄒ야 혼 사람의 스졍으로 된 ᄌᆞ격을 이르되 <u>스법이라</u> ᄒ며 민법은 원릭 정부 관계에 믜이지 아니ᄒ고 스법 중에 통(通)법과 쥬(主)법의 성질(性質)이 잇서 모든 송

수에 권리쟈와 의무(義務) 쟈를 직접ᄒ야 지판ᄒᄂ는 一됴 ᄉ법이 된지라. 이 법은 각국 빅셩들이 싱업을 경영ᄒ며 셔로 교통ᄒ야 사ᄂ는 곳에 쓰ᄂ는 법률이니 샤회(社會)상에 ᄎᄎ 진보가 되ᄂ는 ᄃ되로 민법이 점점 더 붉게 되엇고 문법(文法)이 업ᄂ는 시ᄃ되로브터 문법이 잇ᄂ는 시ᄃ되에 이르러 국가의 법률학이 크게 발달ᄒ엿스니 (…중략…) 근ᄃ리에 구라파 제국에셔 여러 가지 민법 법뎐을 편집ᄒ야 뎨일 죠흔 법으로 쓰나니 그 의론을 보건ᄃ되 반은 리톄(理體)를 의지ᄒ고 반은 리유인(理類人)을 의지ᄒ엿ᄂ는ᄃ되 즁에 두 가지 규식이 잇스니 一은 로마식이요 一은 독일식이라. (…중략…) 대한 졍부에셔 四五년 젼브터 녯법의 죠치 못흔 것을 폐지ᄒ고 문명흔 나라의 죠흔 법을 취ᄒ야 쓴다 ᄒ되 법률을 자죠 변경만 ᄒ며 쟝뎡 규칙이 실이 됨을 듯지 못ᄒ고 소문을 드른즉 민법을 물론ᄒ고 지판 선고홀 ᄯ배에 흔히 대명률을 좃ᄎ 결쳐홈이 만타 ᄒ니 우리ᄂ는 한문에 무식흔 고로 대명률 편집에 마련흔 됴목을 아지 못ᄒ거니와 그 칙에 긔록흔 법은 긔화 세계에 통샹흔 나라 법률이 아니요 문을 닷고 혼자 살아 집안 식구의게 쓰던 녯 법이라.

—'민법론', 1899.8.12~8.14

(ㄱ)에서는 법률이 '나라 되는 이유'이자 '황권 존중', '국체 보중'의 조건으로 기존의 법률이 시무에 적합하지 않음을 전제하고 있다. (ㄴ) 은 서구식 민법 체계를 소개하면서 '개화=문명=서구'라는 등식을 그대로 적용하였다. 흥미로운 것은 '법률'과 '나라(국가)'의 관계인데, 이때 쓰인 '나라(국가)'의 개념이다. 류준필(2004)에서 밝힌 바와 같이 『독립신문』에서는 '국문', '국기'와 같은 용어를 사용하면서도 '국가'나 '국민'이라는 용어는 잘 사용하지 않고 있다. 그 대신 '나라'와 '인민'이라는 용어를 빈번히 사용하는데, 이때 '나라'와 '인민'은 '군주'와 '신민'을 대신하는 용어로 볼 수 있다. 이 점은 류준필(2004)에서 "당시의 정치 구조에서는 군주(황제)·정부·인민(백성) 등의 영역이 다양한 방식으로

결합하곤 하였다. 군주와 신민이라는 용어로 전체를 통칭하는 경우도 적지 않았지만 군주를 예외적 위치로 인정하고 정부와 백성의 관계를 부각하는 경우가 더 많았다."는 설명처럼, (ㄱ)의 '나라'나 (ㄴ)의 '국가'는 군주와의 관계를 전제로 한 개념으로 인식된다. 이처럼 『독립신문』의 '나라', '국가', '애국' 담론은 '충군(忠君)'을 전제로 하였으며, '백성', '인민', '민권' 등도 '충군애국'을 전제로 하였다.

【 애국론 】

ㄱ. 익국ᄒᄂᆞᆫ 거시 학문상에 큰 죠목이라. 그런고로 외국셔ᄂᆞᆫ 각 공립학교에셔들 ᄆᆡ일 아ᄎᆞᆷ에 학도들이 국긔 압헤 모혀 셔셔 국긔를 대ᄒᆞ야 경례를 ᄒᆞ고 그 나라 님군의 사진을 ᄃᆡᄒᆞ야 경례를 ᄒᆞ며 만세를 (…중략…) <u>님군이 부모요 형뎨요 쳐ᄌᆞ요 젼국 인민이라</u>. 엇지 쇼즁ᄒᆞ고 공경홀 물건이 아니리요. 우리 ᄉᆡᆼ각에ᄂᆞᆫ 죠션 졍부 학교에셔들 국긔를 학교 마당 압희 ᄒᆞ나식 셰워 ᄆᆡ일 학도들이 그 <u>국긔 압희 모혀 경례를 ᄒᆞ고 익국가 ᄒᆞ나를 지어</u> 각 학교에셔 이 노릭를 아ᄎᆞᆷ마다 다른 공부ᄒᆞ기 젼에 여러히 불으게 ᄒᆞ고

—1896.9.22, '론셜'

ㄴ. ᄉᆞ랑이른 쟈ᄂᆞᆫ 무엇이뇨. 셩자이라 보지도 못ᄒᆞ고 듯지도 못ᄒᆞᄂᆞᆫ ᄃᆡ로 말ᄆᆡ암아 그 발ᄒᆞᄂᆞᆫ 형젹은 굿셰고 씩씩ᄒᆞᆫ 긔샹으로 확취ᄒᆞᄂᆞᆫ 바이로다. 나라라 ᄒᆞᄂᆞᆫ 것은 무엇이뇨. 일뎡ᄒᆞᆫ 토디를 두고 거너러 다ᄉᆞ리ᄂᆞᆫ <u>권에 복죵ᄒᆞᄂᆞᆫ 인민이 만히 모힌 바이로다</u>. 그런즉 <u>나라를 ᄉᆞ랑ᄒᆞᄂᆞᆫ 것은 텬부지셩이라</u> 대개 사ᄅᆞᆷ이 각기 몸을 ᄉᆞ랑 아니ᄒᆞᄂᆞᆫ 쟈이 업스니 <u>그 몸으로 ᄉᆞ랑ᄒᆞ면 엇지 그 집을 ᄉᆞ랑치 아니ᄒᆞ여 그 집을 ᄉᆞ랑ᄒᆞ면 엇지 그 나라를 ᄉᆞ랑ᄒᆞᄂᆞᆫ ᄆᆞ음이 업스리요</u>.

—1898.12.17, '나라 ᄉᆞ랑ᄒᆞᄂᆞᆫ 론'

ㄷ. 청국 이시킥(哀時客)의 지흔 바 익국론에 쟈미 잇는 무디가 만키로 그 대디를 번력ᄒ야 좌에 계지ᄒ노라. (…중략…) 나라는 평등으로 된 것이요 ᄉ랑ᄒ는 것은 되답ᄒ야 되졉홈으로 이러남이라. (…중략…) 나ᄅ를 ᄉ랑ᄒ는 자는 그 나라를 강ᄒ게 홀 터이나 나라이 스스로 강ᄒ여질 리가 업스니 반다시 빅셩의 지혜가 열닌 후에 릉히 강ᄒ여지고 빅셩의 힘이 모힌 후에 릉히 강ᄒ여지는 고로 연합(聯合)과 교육 두 가지가 뎨일이라. 흔 사름의 익국ᄒ는 무음은 힘이 작으니 여러 사름의 익국ᄒ는 무음을 합흔즉 그 힘이 심히 클 터이라. 이것은 연합ᄒ는 것이 뎨일이요 공연이 말문 익국흔다는 것이 나를 구원홀 것이 업는지라. 만일 구원ᄒ기를 싱각 홀진디 반다시 인지를 쓸 것이니 이것은 교육이 뎨일이라. 지금 해외 샹민을 위ᄒ야 각 부두(埠頭)마다 분회(分會)를 두고 여러 부를 합ᄒ야 총회ᄒ나를 두고 ᄀ치 의론ᄒ며 셔로 보호ᄒ거드면 안으로 국권을 쟝대ᄒ며 밧그로 샹리를 확쟝홀 것이요 셔양 학교에 군학(群學) 국가학(國家學) 힝졍학(行政學) 쟈싱학(資生學) 지정학(財政學) 철학(哲學)을 졍치에 쯧잇는 사름은 아니 비홀 슈 업스니 위션 셔양 말 통ᄒ고 디도와 산슐 아는 쇼년들을 졍치를 글ᄋ친즉 이 다음에 우리나라이 이러날 쎄 이 무리로 될지라. 각 부두에 학교를 셜립ᄒ고 동셔양 각종 칙을 만히 글앗치며 졍치학을 익힌 즉 슈년 후면 그 쇼년들이 다 나라에 힘을 다홀 것이요 나라에셔도 인지 업는 걱정이 업슬 줄 밋노라.

—1899.7.27~28

앞의 두 논설은 '나라=군(君)=다스리는 권(權)', '인민=복종'을 전제로 '나라 사랑'을 역설한 논설이다. '충군'과 '애국'이 결합된 상태에서는 '국기'와 '국가'도 '충군'을 상징하는 사물이 된다. 그런데 (ㄷ)의 '애국론'은 '국가학'이라는 용어와 함께 '충군'보다 '백성'의 입장에서 '연합하는 힘'을 강조했다는 점에서 의식 변화의 모습이 엿보인다. 이 변화는 '애국'의 본질이 '충군'뿐만 아니라 '백성의 단합'에 있음을 강조함으로써, '인민' 또는 '국민'을 새롭게 인식하고자 하는 경향을 의미한다. 이 경향은 1898년 이후 좀더 빈번히 나타나는데, (ㄷ)에 언급한 것처럼 '군학(群學)'(일종의 사회학), '국가학(國家學)', '행정학(行政學)', '자생학(資生學)'(일종의 경제학), '재정학(財政學)', '철학(哲學)' 등의 근대 학문의 형성과 밀접한 관련을 맺고 있었던 것으로 보인다.[51]

『독립신문』에 나타나는 학문은 대부분 서구의 신학문이다. 신구학의 갈등에서 '신학문＝서구학'이라는 인식을 전제하였듯이, 이 신문의 '문명', '개화', '진보' 등의 개념은 서구화를 의미하는 것이었다. 이는 길진숙(2004)에서 밝힌 것과 같이 문명 위계론에 따라 '문명국', '개화국', '반개화국', '미개국'의 순위가 매겨지며, 국가 진보는 문명국의 학문과 종교를 수용하는 데서 이루어진다는 사유 방식이라고 할 수 있다. 이 점에서 『독립신문』의 종교론은 서양 종교, 곧 기독교를 수용해야 한다는 논리로 이어진다.

【 종교 관련 논설 】

ㄱ. 죠션에 잇는 외국 사롬들 중에 쭉 죠션 빅셩만 위ᄒ야 와셔 잇는 사롬들은 각국 교ᄒ는 이들이라. 죠션 사룸들이 이 교회에 본의를 알 것 갓흐면 이 교ᄒ는 이들을 춤 곰압게 넉이고, 착ᄒ고 ᄉ랑ᄒ는 거시 이 교에 근본인 줄을 씌달을지라. (…중략…) 몟셔듸스트 교회에셔 죠션 와셔 대졍동 빅지학당을 짓고 죠션 졀믄 사룸들을 교휵ᄒ고 계집ᄋ희들을 위ᄒ야 이화학당을 비셜ᄒ고 부인 병원을 문드러 죠션 병든 부녀들을 치료ᄒ며 시병원을 시쟉ᄒ야 무론 빈부귀쳔ᄒ고 치료를 ᄒ여 주며 례빅당을 각쳐에 비셜ᄒ야 착흔 말을 ᄒ여 들니며 인찰쇼를 문드러 국문으로 인민의

51) 이러한 변화는 이 시기 다른 신문에서도 나타나는 것으로 보인다. 이경현(2005)에서는 이러한 변화를 '문명'에서 '실상'으로의 변화라고 설명하면서 비록 황제국으로서의 '자주'를 강조하는 논설을 수록하면서도 '압제'에서 벗어나 '자유'를 누리기 위한 '학문'을 강조하며, 단지 서구식 학문을 수용하자는 논리를 벗어나 다채로운 학문을 소개하고자 하는 노력을 보였음을 밝히고 있다.

게 유죠흔 칙을 일년에 몃쳔 권식 박어 젼국 인민이 이 칙들을 보고 므음을 곳쳐 올흔 사름들이 되게 흐니 이 일 흐기에 미국셔 일년에 돈이 여러 만원이 오는지라.

—1896.8.20, '론셜'

ㄴ. 셰계에 사름 사는 듸는 교 업는 듸가 업는지라. (…중략…) 의푸리가에 잇는 야만들의 교는 산과 물과 불을 위 흐고 혹 비암과 큰 즘승들을 두려워 귀신으로 위흐며 아셰아 셔편에는 모화메든 교가 잇서 그 교에셔는 하느님을 텬부로 싱각은 흐되 모하메든 씨란 사름을 하느님의 수신으로 위흐며 교당에서 녀편네는 드리지를 아니흐고 교를 그르치지도 아니흐며 흔 사나희가 여러 계집을 다리고 사는 거슬 허흐며 예수 크리씨도는 당쵸에 밋지 아니 흐고 이교흐는 사름들은 모도 붉은 뎐으로 탕건 모양으로 감투를 믄드라 쓰고 (…중략…) 구미 각국에셔는 모도 크리씨도 교를 흐는듸 그중에 혹 구교흐는 이도 잇고 신교흐는 이도 잇는듸 (…중략…) 무론 무슴 교를 흐던지 교에 그르친 듸로만 졍셩을 다흐야 올코 졍직흐고 자션흔 므음을 가지고 므음을 쓰며 일을 힝거드면 복을 밧을터이요, 크리씨도의 교를 착실히 흐는 나라들은 지금 셰계에 뎨일 강흐고 뎨일 부요흐고 뎨일 문명흐고 뎨일 기화가 되야 하느님의 큰 복음을 닙고 살더라.

—'론셜', 1897.1.26

ㄷ. 영국 션교수 샹목직 굴으듸 나라를 다스림이 오직 나무를 심으는 것과 굿흐여 몬져 그 근본을 비양흔지라 (…중략…) 나무는 곳 나라의 집이요 쌀이는 나라 도학의 교화오 가지와 입스귀는 나라의 법률과 긔계요 풍우와 쟝마는 국가의 찬란과 직앙이라. (…중략…) 지금 대한국 졍치와 풍속을 보건듸 태셔 문명흔 나라에셔 존슝흐는 교회는 이단이라 흐야 근본 리치를 궁구흐며 보지도 아니흐고 다만 태셔 각국의 병긔와 뎐보션과 젼어긔와 뎐긔차와 화륜션과 우쳬법과 각항 긔계는 취흐여 쓰고자 흐니 이

것은 그 근본은 버리고 끗만 취홈이라. 나무 샌리의 비양홀 싱각을 아니 후고 나무의 가지와 입사귀만 무셩후기를 부라니 실노 우스운지라. 이제 도학의 근본이 쇠판훈 국셰로 하느님의 진도를 슝상후는 나라와 비견코져 후니 이것은 뽕나무 활과 쑥되살노 대포의 탄알을 되젹홈이요 허여진 베도포로 비단돗 입은 쟈를 업수히 녁임과 곳후니 그 강약과 빈부의 현슈훈 것을 대한국 관민들은 엇지 그런 리치를 아지 못후느뇨. 부라건되 나라의 근본을 힘쓰시오.

　　　　　　　　　　　　　　　　　　—'나라의 근본', 1899.9.12

　(ㄱ)은 서양 선교사에 대한 인식을 드러낸 논설로 '선교사=고마운 존재'라는 등식 아래 서양 종교의 본의가 '착하고 사랑하는 것'임을 강조하였고, (ㄴ)에서는 세계 각국의 종교를 소개하면서 비서구 종교가 '미개국' 또는 '반개국'의 종교인 데 비해 크리스트교는 '문명국'의 종교임을 강조하였다. 이러한 흐름에서 (ㄷ)은 서양 선교사의 논리를 빌린 것이지만, 나라의 근본이 '교화'에 있으며 근본을 배양하는 교화는 각종 문물과 기계를 수용하는 데 그쳐서는 불가하며 문명국에서 존숭하는 교회를 수용해야 한다는 논리를 펴고 있다. 이는 이른바 '동도서기론(東道西器論)'의 한계를 비판하는 관점과도 유사한데, 『독립신문』에 등장하는 각종 학문 관련 논설은 대부분 '문명=개화=외국 통상=서구화'의 관점을 견지하고 있다. 예를 들어 1896년 7월 9일의 군사 관련 '론설'이나, 1898년 12월 1일의 '정치가의 직분', 1899년 10월 31일에 소개한 '비스마르크', 1899년 11월 17일자의 워싱턴 전기문 등과 같은 정치 분야의 자료에서도 서구 우월론과 서구화를 촉구하는 내용이 중심을 이루고 있으며, 1899년 8월 18일의 '아프리가론', 1899년 10월 20일의 '지구론' 등과 같은 지지(地誌) 관련 논설에서도 순보나 주보의 '지구도해'와는 달리 서구 문명 우월론을 전제하고 있다. 이러한 논리는 본질적으로 이 시기의 지식 유통 상황을 반영하는 것으로 볼 수 있다.

이러한 경향은 『협성회회보』나 『민일신문』도 비슷한 경향을 보인다. 다만 두 신문은 『독립신문』에서 특정 분야의 지식을 번역 소개한 것과는 달리 개념적 지식 소개를 목표로 한 논설을 수록하지는 않았다.[52] 이 점에서 『독립신문』과 유사한 지식 분포를 보이는 신문으로 『제국신문』을 살펴볼 필요가 있다. 『제국신문』은 1898년 8월 8일 옥파 이종일, 심상익 등이 『매일신문』을 인수하여 개칭한 뒤 8월 10일 창간호를 발행한 신문이다. 그 후 이 신문은 헤아리기 어려울 정도로 많은 정간과 휴간을 거듭하며 1910년 3월까지 12년간 발행되었다. 특히 순국문으로 발행되었던 1898년 8월 8일부터 1902년 12월 29일(통권 제5권 298호)까지의 학문 담론은 『독립신문』과 견주어 볼 때, 내용과 형식면에서 유사하면서도 서구 지식을 맹종하는 것이 아니라 비판적으로 수용해야 한다는 담론을 전개한 점에서 흥미로운 것들이 많다. 논설 가운데 대략 187종의 자료는 학문 담론을 포함하고 있는데, 대략 32종의 자료에서는 순수한 학리적인 설명을 목표로 하거나 학리적인 내용을 논거로 제시한다. 이를 분야별로 분류하면 다음과 같다.

【 학리의 분야별 분포 】

분야	경제	기술	서책	생물학	실업	언어	위생	의학	전기학	지구	천문학	학문일반	계
종수	1	3	2	4	2	1	2	1	1	3	2	10	32

이 표에서 확인할 수 있듯이, 이 신문의 학리 관련 논설에서는 '학문의 본질과 목적'을 역설한 것이 가장 많은 분포를 보이며, '생물학', '지구론', '기술 발명', '천문학'과 관련된 논설이 그 다음을 차지한다.

학문의 본질과 관련해서는 1900년 4월 7일자 논설에서 "근일 학문은

---

52) 『협성회회보』에서는 '논설', '내보'에 수록된 19편의 자료를 찾았으며, 『민일신문』에서는 44편을 찾았다. 그러나 이 두 신문은 『독립신문』이나 『제국신문』에서 전문 지식을 번역 소개한 것과는 달리 개념적인 차원에서 지식을 소개한 논설은 거의 없었다.

전보다 빅빈나 되애 볼 만흔 글도 만흐나 (…중략…) 요순지도와 공밍지셔와 로불지학과 병학이며 의학이 만커니와 신발명흔 정치학과 법률학이며 롱학 화학 의학 ᄉ관학 공장학이 잇ᄂ 고로"라고 주장한 바와 같이, 학문이 산출된 지식을 공부하는 과정임을 인식하고 있었으며, 1900년 6월 7일자 논설에서도 "학문이란 것은 무론 무삼 일이던지 모로ᄂ 것이 업셔야 ᄒᄂ 것이라. 가경 텬디 만물에 무삼 물건은 형용이 엇더ᄒ고 무삼 물건은 엇지ᄒ야 싱겻스며, 사ᄅᆷ의게 리히와 엇더흔 것을 아ᄂ 것이라."라고 하여 학문이 이치 탐구를 목표로 하는 활동임을 뚜렷이 인식하고 있었다.

전문 분야의 지식과 관련하여 생물학의 대표적인 논설로 1900년 11월 21일부터 29일까지 7회에 걸쳐 연재된 자료를 들 수 있는데, 이 자료에서는 '외국 사람의 싱물론'을 번역하여 등재한 것이라는 설명과 함께 '버러지(곤충학)'를 자세히 소개하고 있다.[53] 1900년 12월 6일과 7일자의 '사람이 동작하ᄂ 형용'은 인체의 구조와 골절을 소개한 논설이며, 1900년 12월 11일부터 15일까지 5회에 걸쳐 연재한 논설에서도 동물학을 자세히 소개하고 있다. 또한 1900년 5월 24일의 물과 위생의 관계를 설명한 논설, 1900년 5월 26일자의 생물학과 인종 우열론을 논거로 한 적자생존론, 1900년 10월 18일자의 '어느 외국인의 호흡론' 등도 생물학적 지식과 응용 과제를 포함하고 있다. 지구론이나 행성, 천문 등의 지식과 관련된 다수의 논설도 흥미를 끄는데, 대표적인 것으로는 1899년 11월 17일에 소개한 천체 운동의 궤도 설명이나 1900년 5월 16일과 17일 연재한 '유명흔 사ᄅᆷ의 디구 론란', 1900년 11월 10일의 '서양인의 물 론[水論]', 1901년 1월 19일과 20일에 소개한 서양 천문학 번역 소개,

---

53) 『독립신문』에서도 1897년 6월 17일부터 7월 24일까지 14회에 걸쳐 생물학을 연재한 바 있는데, 생물을 연구 대상에 따라 '금수, 초목, 금석'으로 분류하고, 각 분야의 생물의 특징을 자세히 설명하였다. 이 점에서 『제국신문』에 소개한 곤충론은 『독립신문』에 설명한 곤충론(1897년 7월 17일, 20일, 22일)보다 구체화된 것으로 볼 수 있다.

1901년 6월 25일과 26일의 '힝셩의 리치 의론'(디구론, 힝셩론), '달의 론' 등은 천문·지리에 대한 근대적 지식에 해당한다. 또한 1900년 6월 23일 자의 '뎐긔론'은 근대 지식이 수용되는 과정에서 가장 먼저 소개된 이론이다.[54] 기술과 발명의 중요성을 강조하는 논설로는 1899년 10월 25일자 논설에서 '덕국 사름 득뇌사의 스젹', 1900년 1월 18일 격물치지를 통한 발명과 학교 교육의 필요성을 강조한 논설, 1900년 12월 20일자의 미국 뉴욕의 '자동인(로봇)' 발명 논설 등이 발견된다. 이 가운데 득뇌사 는『태서신사남요(泰西新史攬要)』에서도 독일 통일 과정에서 후당총을 발명한 사람으로 소개된 바 있는데, 과학 기술이 부국강병의 초석이 됨을 강조하고자 한 의도에서 소개한 사젹이다. 이밖에도 '화폐' 문제 를 다룬 논설과 서책 소개, 의학(지석영의 '당창론'), 위생론, 전기학 등과 관련된 지식이 등장하는 것도 흥미로운데 이는『독립신문』에서는 찾지 못했던 주제들로,『제국신문』의 근대 지식이 그만큼 다양화함을 의미 하는 것으로 보인다.

　이처럼 지식원을 밝히지 않았더라도 신문을 통해 근대 지식을 보급 한 것은, 근대의 학문 형성에 적지 않은 의미가 담겨 있다. 이는 교과서 의 개발이 충분하지 않던 시대에 신문 자체가 교과서적인 역할을 담당 했기 때문이다. 이에 대해서는『독립신문』,『매일신문』,『제국신문』등 에서 '신문의 역할'과 관련된 논설을 빈번히 게재한 데서도 확인할 수 있다.

---

54) 전기론은『한성순보』1983년 11월 30일(제4호) '論電氣' 이후 1884년 3월 18일(제15호)의 '一千八百八十二年 電氣史', 1884년 6월 4일(제23호) '法取火'(불을 채취하는 방법으로서 의 전기 원리), 1884년 5월 25일(제22호)의 '論養氣', '論輕氣', '論淡氣(질소)' 등과 같은 이론이 소개된 이후,『대조선독립협회회보』제9호에서 프라이어『격치휘편』의 '論電與 雷' 등이 발견된다.

3.4. 저역술 서적 유통

『독립신문』 1898년 4월 30일자 '광고'란에는 "텬하 만국이 의회ᄒᆞᄂᆞᆫ 통용 규칙을 미국 학ᄉᆞ 라페츠 씨가 만들고 대한 젼 협판 윤치호 씨가 번역ᄒᆞ야 박혀 파오니 의회ᄒᆞᄂᆞᆫ 규칙을 비호고자 ᄒᆞᄂᆞᆫ 이들은 독립신문사로 와셔 사다가 보시오. 갑은 믹권이 동젼 오푼식이오."라는 책 광고가 실려 있다. 이 광고는 윤치호 역술의 『의회통용규칙』을 대상으로 한 것이다. 이 시기 지식 유통 상황을 보여주는 또 하나의 자료는 '잡보'의 기사와 서적 광고이다.

『독립신문』에 등장하는 서적 유통 관련 자료로는 『유학생친목회회보』 관련 잡보 기사(1896년 9월 22일, 1896년 10월 8일, 1897년 4월 8일)가 있다. 재일 유학생 단체인 대조선재일유학생친목회에서 회보를 발행한 뒤 독립신문사에 보내면, 이를 소개한 것이다. 광고에 등장하는 서목은 『양계법(닭기르는 법)』(1877.7.20, 훈동 이문사, 종로 대동서시 판매), 『(학부 편찬) 각국조약』(10권, 1898.2.28), 『(중역) 중동전기』(1898.5.18) 등이 있다. 서적 광고는 1900년 이후 좀 더 빈번해지는데 매체마다 다소의 차이가 있었다. 특히 『황성신문』의 빈도수가 높은데 일부 광고는 저자와 발행자가 나오나 대부분의 광고는 발매소만 나오는 점도 특징이다. 1905년까지 『황성신문』에서 찾을 수 있는 대표적인 서적명으로는 『정선산학(精選算學)』(남순희), 『미국독립사』, 『파란말년사』, 『법국혁신사』, 『청국무술정변기』, 『흠흠신서』(다산) 등이 있다. 주목할 점은 서적 광고 텍스트를 분석할 때 광고하고자 하는 주요 내용은 책의 가치와 발매소이다. 이처럼 발매소를 강조하는 까닭은 저역된 책의 숫자가 많지 않은 점도 요인으로 작용했겠지만, 일본이나 중국의 서적이 직수입된 경우도 적지 않았기 때문일 것으로 추정된다. 이러한 자료를 종합해 볼 때, 1905년에 이르기까지 1897년까지의 학부 편찬 교재 24종 이외에 대략 32종의 국한문 또는 한문본 서적이 교과서가 저역되었던 것으로 보인다.

현재 확인한 자료는 다음과 같다.

【 1898년부터 1905년까지 저역된 교재 목록 】

분야	교과서명	편저자	연도	발행자
교육	新撰 教育學	木村知治	1897	미상(일본)
국문	進明彙編	金相天	1905	미상
국문	국문정리	리봉운	1897	순국문 목판본
국문	牖蒙千字(유몽천즈) 권1~권4	G. S. Gale(奇一)	1904	대한성교서회
국문	국문독본	조원시	1902	미이미 교회
국사	大韓歷史略(2책)	學部 編輯局	1899	학부
국사	大東歷史(4책)	崔景煥	1905	독립협회
국사	東史輯略(2책)	金澤榮	1905	學部
국사	大韓歷史(2책)	學部 編輯局	1899	학부
국사	普通敎科 東國歷史(2책)	玄采	1899	漢城書畵館
농업	農政新編	安宗洙(1881년 저술임)	1905	미상
농업	栽桑全書	玄公廉	1905	學部
농업	蠶桑 實驗說	金嘉鎭	1901	廣文社
물리	初等物理學教科書(全)	陳熙星	1903	義進社
법률	增訂 法學通論	兪星濬	1905	광문사
법률	法學通論	兪星濬	1905	國民教育會
산술	精選算學	南舜熙	1900	學部
산술	산술 신편(1)~(2)	필하와	1902	대한예수교서회
산술	算術 教科書(上下)	李相卨 譯	1900	미상
세계사	埃及 近世史	張志淵 譯述	1905	皇城新聞社
세계사	法國 革新史	澁江保	1900	皇城新聞社
세계사	美國獨立史	金嘉鎭 述	1900	皇城新聞社
세계사	俄國略史	閔斐適 著, 玄采 譯	1898	學部
세계사	萬國史記	玄采	1897	學部
세계사	中國略史(合編)	學部 編輯局	1898	學部
외국지리	中等萬國地誌	朱學煥, 盧載淵	1902	學部
의약학	種痘新書	古城 梅溪 述	1898	學部
의약학	약물학	어비신 譯	1905	제중원
의약학	약물학(上, 무긔질)	어비신 譯	1905	제중원
지리	大韓地誌(2책)	玄采	1899	廣文社
지리	大韓疆域考	丁茶山	1905	博文社
화학	近世 小化學	閔大植	1903	徽文館

갑오개혁 직후부터 1905년 사이의 지식 유통에서 주목할 점은 중국이나 일본의 서적이 직수입된 경우이다. 그 가운데 상해 광학회의 영향은 매우 컸던 것으로 보이는데, 『독립신문』의 '상해 광학회 사기'뿐만 아니라 『황성신문』에서도 『만국공보』를 인용 비판하거나(1899.11.13, 사설), 법국의 법문해외친목회장(法文海外親睦會長)이었던 덕복망대(德福望大)가 각종 교과서 380권을 간출하여 자성(滋城)에 와 있던 프랑스인 안례백(晏禮白)에게 송출하고, 그 책을 다시 참판 이인영(李寅榮)이 학부로 보냈다는 기사,55) 경성학당을 비롯한 일본인 학교의 증가, 일본 광학사(廣學社)와 같이 일어 보급을 목표로 한 서적 발매, 학부에 고용된 외국인(특히 일본인)의 증가 등에 따라 다수의 외국 서적이 직수입되었다. 이종국(1992)에서 조사한 이 시기의 교과서 가운데 다음과 같은 서적들은 일본어 또는 중국어로 저술된 것이 직수입된 사례로 확인된다.

【 1897년부터 1905년 사이의 교과용 외국 도서56) 】

분야	책명	저자	연도	발행	언어
물리	格物質學	史甀爾 著, 潘愼文 譯	1904	美華書館	중국
물리	普通教育 物理學 教科書	田丸卓郎	1905	開城館	일본
물리	近世 物理學 教科書	本多光太郎	1905	開城館	일본
미술	小學校 敎師用 手工 敎科書	文部省	1904	大日本圖書株式會社	일본
미술	中等 日本臨畵帖(6책)	白濱徵	1904	大日本圖書株式會社	일본
미술	中等 畫本	白濱徵, 本多佑補	1900	大日本圖書株式會社	일본
산술	初等幾何學 敎科書	菊池大麓	1898	大日本圖書株式會社	일본
산술	高等女學校用 代數學 敎科書	伊藤豊十	1905	興文社	일본
산술	幾何學初步 敎科書	菊池大麓	1904	大日本圖書株式會社	일본

---

55) (잡보) 『황성신문』, 1902.6.26. 이 기사에 등장하는 '법문해외교육친목회', '덕복망대', '안례백'에 대한 자세한 사항은 찾을 수 없다. 다만 안례백은 『고종실록』 1901년 5월 31일에서 대한 박물국 위원에 추천되었던 인물로 나타난다.

56) 이종국(1992)에서는 1897년부터 1905년 사이의 78종 교과서 목록을 제시하였다. 그러나 이 가운데 일부는 국한문이나 한문 또는 국문으로 저역된 것이다.

분야	책명	저자	연도	발행	언어
산술	初等幾何學 教科書 (立體之部)	菊池大麓	1904	大日本圖書株式會社	일본
산술	算術新書	上野淸氏	1900	미상	일본
세계사	中等教科 西洋歷史	瀨川秀雄	1905	富山房	일본
세계사	最近 支那史(5冊)	石村貞一, 河野通之	1899	林平次郎	일본
세계사	修訂 中國史教科書	有賀長雄	1902	三省堂	일본
세계사	邁爾通史	黃佐廷口 譯, 張在新 筆述	1905	西山大學堂	일본
수신	中等 修身教科書	井上哲次郎	1902	金港堂	일본
수신	新編 倫理學 教科書	井上哲次郎·高山林次郎	1897		일본
외국지리	小學地理(4冊)	文部省	1905	文部省	일본
외국지리	中等地理課本	辻武雄	1903	普及社	일본
외국지리	近世世界全圖	伊藤政三	1905	博愛館	일본
외국지리	萬國新地誌	佐藤傳藏	1898	博文館	일본
화학	中等 理化示教	池田菊苗	1899	金港堂	일본
화학	普通教育 化學 教科書	龜高德平	1905	開城館	일본
화학	近世 化學 教科書	池田菊苗	1905	開城館	일본
화학	中等 化學 教科書	池田菊苗	1904	金港堂	일본

이 가운데 일본어로 저술된 책이 많은 것은 학부 설립 이후 각종 학정을 일본인이 잠식했기 때문이다. 학부의 일본인 고용자가 늘어나고, '참여관'이나 '고문' 등의 명칭으로 교과서 개발 및 보급에 일본인들의 영향이 급속도로 증대되었다. 이러한 학정 잠식은 러일전쟁 이후 통감부의 설치와 함께 전면적으로 이루어졌다.

4. 통감시대의 매체와 서적 유통

4.1. 역술의 필요성과 애국계몽

저역술의 필요성은 학제 도입과 신지식의 수용, 보급을 통해 더욱 증대되었다. 이러한 저역 활동은 '애국계몽'의 하나로 간주되었는데,

이는 교육 보급 곧 지식 보급이 문명개화, 자주독립국 건설에 필수적인 일로 여겨졌기 때문이다. 이를 뒷받침하듯 1900년대 이후에는 저역의 중요성을 강조하는 논설이 각 신문마다 지속적으로 게재되었다.[57] 이러한 논지는 통감시대 일제의 학정 잠식으로 더욱 강화되었는데, 특히 『대한매일신보』의 논설을 주목할 만하다.

【 『대한매일신보』의 저역 관련 논설 】

ㄱ. 向日 本報에 揭載ᄒᆞᆫ 寄書 中에 學校 閉鎖로 因ᄒᆞ야 新定ᄒᆞᆫ 蒙學 敎科의 槪意를 提論ᄒᆞᆯ 者 有ᄒᆞ니 此ᄂᆞᆫ 敎育上 精神的 機關이라. 決不可 尋常看過이기로 玆 又 更論ᄒᆞ야 韓國 敎育家 議論의 可否 如何를 取ᄒᆞ야 決코져 ᄒᆞ노라. 大抵 敎育에 第一 緊要ᄒᆞᆫ 者ᄂᆞᆫ 蒙學敎科니 今에 文明 各國의 學規ᄂᆞᆫ 男女 六歲에 皆入小學ᄒᆞ고 其敎科 冊子ᄂᆞᆫ 皆物名과 繪畵를 合ᄒᆞ야 簡便易知ᄒᆞᆫ 方法으로 兒孩를 授讀ᄒᆞ니 所以 人無不學ᄒᆞ고 學無不就ᄒᆞ야 文化의 增進ᄒᆞᆷ이 草木이 時雨에 滋長ᄒᆞᆷ과 如ᄒᆞᆫ지라. (…中略…) 此를 改良ᄒᆞᆷ이 엇지 最急最要ᄒᆞᆫ 急務가 아니리오, 實로 一日이라도 玩게치 못ᄒᆞᆯ 者나 <u>至若 日語와 日文으로 蒙學敎科를 編成ᄒᆞᆫ 者ᄂᆞᆫ 韓國에 適宜ᄒᆞᆫ 敎科方針이라 謂치 못ᄒᆞ리로다. 現今 六洲相通ᄒᆞ고 萬邦交涉之日에 世界 各國의 言語 文字를 皆 可學之者오. 況 韓日兩國은 上下 人民이 朝夕與處ᄒᆞ고 步武相接之地라 互相間 言語 文字를 豈可不學ᄒᆞ리오. 然ᄒᆞ나 學語小兒로 ᄒᆞ야금 先히 他國 言文을 學習케 ᄒᆞ면 曉解가 甚難ᄒᆞ야 文化의 發達이 甚極 遲滯ᄒᆞᆯ ᄲᅮᆫ더러 全國 蒙幼의 先入之學이 惟是他國言文이면 一般 人民의 腦髓ᄂᆞᆫ 專히 他國精神ᄲᅮᆫ이오 自國精神은 全然히 消滅ᄒᆞᆯ 境遇에 至ᄒᆞ리니 此其關係가 果何如哉아.</u> 大抵 他國言文은 決不合於尋常 小學科니 高等 小學科나 普通科나 一個科程

57) 저역술의 필요성은 『독립신문』, 『제국신문』 등에서도 자주 나타난다. 『황성신문』 1901년 7월 23일의 '저술서적개유신지(著述書籍開牖新智)'나, 1902년 4월 30일의 '의광포신서(宜廣布新書)'도 저역의 중요성을 강조한 논설이다. 이러한 경향은 1905년 이후에도 지속되었는데, 1905년 4월 4일 논설 '서적인포위개명지제일공업(書籍印布爲開明之第一功業)', 1907년 6월 28일 논설 '외적(外籍) 역출(譯出)의 필요(必要)' 등이 이에 해당한다.

을 作홀 거시오. 尋常小學科는 本固性質의 適合훈 것을 斟量ᄒ며 各國 規模
의 良好훈 것을 參酌ᄒ야 國漢文을交用ᄒ고 繪畵를 合ᄒ야 簡便易知훈 冊子
로써 全國 蒙幼의게 一致 敎科書를 裁定홈이 可ᄒ다 ᄒ노라.

번역 지난 일 본보에 게재한 기서 중 학교 폐쇄로 인해 신정한 몽학(蒙學,
아동교육) 교과의 개의를 제시한 논의가 있으니 이는 교육상 정신
적 기관이다. 불가별 심상히 지나치기로 이에 다시 논하여 한국 교육가의
논의의 가부 여하를 취하여 결정하고자 한다. 대저 교육에 제일 긴요한
것은 몽학 교과니 지금 문명 각국의 학교 규칙은 남녀 6세이 모두 소학교에
입학하고 그 교과 및 책자는 모두 물명과 회화를 합하여 간편하고 쉽게
이해할 수 있는 방법으로 아동들에게 읽히니 그러므로 사람이 배우지 않는
사람이 없고 배워 진보하지 않는 것이 없어 문화의 증진함이 초목이 비를
맞아 절로 성장함과 같다. (…중략…) 이를 개량함이 어찌 가장 급하고
중요한 급무가 아니겠는가. 실로 하루라도 늦추지 못할 것이니 지금 만약
일본어와 일본문으로 몽학 교과를 편성한 것은 한국에 적당한 교과 방침이
라고 일컬을 수 없다. 지금은 육주가 서로 통하고 모든 나라가 교섭하는
때에 세계 각국의 언어 문자를 모두 배울 수 있겠는가. 하물며 한일 양국은
상하 인민이 아침저녁으로 더불어 거처하고 보무 상접한 땅이라, 서로
언어 문자를 어찌 배우지 않겠는가. 그러나 어린아이에게 언어를 가르치되
먼저 타국 언문을 학습하게 하면 이해하기가 어려우니 문화의 발달이 점점
지체될 뿐만 아니라 전국 어린이가 먼저 공부할 때 오직 타국 언문을 배우면
일반 인민의 뇌수는 오직 타국 정신뿐이요, 자국 정신은 완전히 소멸할
지경에 이를 것이니 이 관계가 과연 어떠하겠는가. 대저 타국 언문은 심상
소학과에 적합하지 않으니 고등 소학과나 보통과나 일개 과정을 만들 것이
요, 심상소학과는 본래 고유한 성질의 적합한 것을 짐작 헤아려서 각국
규모의 좋은 것을 참작하여 국한문을 교용하고 회화를 합쳐 간편하고 쉬운
책자로 전국 아동들에게 일치한 교과서를 만듦이 가하다고 할 수 있다.

—『대한매일신보』, 1905.10.5

ㄴ. 現今 我韓國民의 一般思想을 推察훈 즉 三尺穉童도 將來之韓國 興亡은 教育二字에 不出이라 ᄒ니 此言이 信然에 不必更論이어니와 國民教育이라 ᄒᄂ 거슨 其大主義가 國家的 思想을 涵養홈에 在훈 거시라 若教育家가 此 點에 注意치 아니ᄒ면 卒業生이 日計 千人이로딕 其國家에 利益이 無훈 거 슨 必然之理라. 今日 我邦之 教育界 現勢를 靜言察之훈즉 自京城으로 至於 各地方히 新設學校之大部分은 教師가 皆是日人이오 教科書가 皆是 日本 文 部省 檢定 教科書라 其中에 或有 改良之處나 此亦 不過直譯而面 百步五十步 之差에 止ᄒ도다. 此事情을 詳思ᄒ면 我邦에ᄂ 相當훈 教師도 無ᄒ고 相當 훈 教科書도 無홈으로 勢不得已ᄒ야 暫時 權宜로 出훈 듯ᄒ나 今日 我邦之 國民教育이 將來 國家之運命에 關係가 有홈을 思量ᄒ면 毫釐之差에 千里之 謬이 되ᄂ 거슬 不可不 注意로다.

번역 지금 우리 한국 국민의 일반 사상을 추측 관찰한즉, 삼척동자도 장래 한국의 흥망은 교육 두 자에서 나지 않음이라 하니 이 말을 믿고 다시 재론할 이유는 없으나 국민교육이라고 하는 것은 그 큰 주의가 국가적 사상을 함양하는 데 있는 것이다. 만약 이 점을 주의하지 않으면 졸업생이 하루 천명이라도 그 나라에 이익이 되는 것은 없는 이치이다. 지금 우리나라의 교육계 현재 추세를 관찰하여 말하면 경성으로부터 지 방 각지에 신설한 학교의 대부분은 교사가 모두 일본인이요, 교과서가 모두 일본 문부성 검정 교과서이다. 그 가운데 혹 개량한 것이 있어도 이 또한 불과 직역한 것이어서 백보 오십보의 차이에 그치고 있다. 이 사정을 자세히 생각하면 우리나라에는 상당한 교사도 없고 상당한 교과 서도 없음이 부득이한 사정이어서 잠시 권의(權宜)로 나타난 듯하나, 지 금 우리나라 국민교육이 장래 국가의 운명에 관계가 됨을 생각하면 조금 이라도 천리의 오류가 되는 것은 불가불 주의해야 한다.

—희구생(喜懼生), '경고대한교육가(警告大韓教育家)', 『대한매일신보』, 1906.6.26~28, 기고

두 편의 논설은 이 시기 저역술이 어떤 의미를 갖는지 극명하게 보여준다. 『대한매일신보』에서 저역 활동의 필요성을 강조한 데에는 통감시대 학정 잠식과 일본문 교과서 편찬 계획이 중요한 요인이 되었다. 1906년 이후 통감부의 교과서 정책은 공사립학교에서 모두 학부 편찬의 교과서 또는 학부에서 검정한 교과서를 사용하도록 추진되었고, 시데하라 다이라(幣原坦)를 중심으로 소학교에서 사용하는 교과서도 일본문으로 편찬하고자 하였다. 『대한매일신보』는 이런 움직임이 '일본인화'를 목표로 하는 동화정책임을 간파하고, 이에 대한 통렬한 비판을 전개하였다.58) 이런 배경에서 저역술의 중요성은 학문 연구와 지식 보급의 차원뿐만 아니라 국가 정신을 지키는 애국계몽의 활동으로 인식되었다.

4.2. 저역 서적과 교과서의 실태

통감시대의 저역 활동은 신문지법(1907.7.27), 학회령(1908.9.1), 교과용도서 검정 규정(1908.9.1), 출판법(1909.2.23) 등 각종 통제 정책의 영향을 받았다. '신문지법'은 신문 발행 상황을 관찰사(경무사)를 거쳐 내부대신에게 허가를 얻도록 하는 법령(제1조)으로, '황실의 존엄을 모독하거나 국헌을 문란하게 하는 일, 그리고 국제 교의(交誼)를 조해(阻害)하는 일'(제11조)이나 '기밀에 관한 관청 문서 및 의사(議事)를 관청의 허가를 받지 않고 게재하는 일'(제12조), '안녕질서 방해와 풍속 괴란과 관련

---

58) 이에 대해서는 허재영(2010)의 『통감시대 어문 교육과 교과서 침탈의 역사』(도서출판 경진)를 참고할 수 있다. 이때 『대한매일신보』에서 일본문 교과서 편찬을 비판한 논설로는 1906년 3월 29일 '신론교과서(申論敎科書)', 4월 3일 잡보의 '교과개량(敎科改良)', 4월 13일 잡보의 '교과질변(敎科質辨)', 4월 13일~14일 기서 '논일어교과서(論日語敎科書)', 6월 6일 잡보 '교육화태(敎育禍殆)', 6월 27일~28일 희구생(喜懼生)의 기서 '경고대한교육가(警告大韓敎育家)' 등이 있다. 이에 따라 일본문 교과서의 전면적인 편찬은 중지되었으나, 1908년 『이과서(理科書)』(東京: 三省堂)가 일본문으로 출판되기도 하였다. 국권 상실 직후인 1911년 제1차 조선교육령 이후에는 전면적인 일본문 교과서의 출판이 이루어졌다.

된 일'(제21조)을 빌미로 언론의 자유를 억압했으며, 이로 인해 국내에서 발행되는 신문이나 해외의 『대동공보』, 『신한민보』, 『신한국보』 등과 같은 신문의 압수가 빈번히 이루어졌다. '학회령'에 따라 학회의 설립도 내부대신의 허가를 필요로 하였으며(제2조), '영리 사업과 정사에 관여하는 일이 금지'(제5조)되었다.

'교과용도서 검정 규정'은 교과서에 대한 전면적인 통제를 의미하는데, 이를 위해 전면적인 교과서 조사가 이루어졌다. 이 조사는 1908년 입안되어 1909년 3월을 전후하여 전면적으로 실시되었는데, 당시 교과서 조사의 기준은 '정치적 방면' 6개항, '사회적 방면' 3개항, '교육적 방면' 3개항으로 이루어졌다. 이 가운데 정치적 기준은 '한일 관계 및 양국 친교를 조해하거나 비방하는 일이 없는지', '한국 국시에 위배되고 안녕질서를 해치거나 국리민복을 무시하는 듯한 논설이 없는지', '한국 고유한 국정(國情)에 위배된 듯한 기사가 없는지', '기괴하고 편협한 우국심(憂國心)을 고취하는 일이 없는지', '배일사상을 고취하거나 한국인이 일본인이나 외국인에게 악감정을 품게 하는 기사나 어조가 없는지', '언론이 시사평론에 관한 것은 없는지' 등이다.[59] '출판법'은 '기계나 기타 모든 방법으로 발매 반포(發賣·頒布)를 목적으로 하는 모든 문서와 도서를 내는 것'을 '출판'이라고 규정하고, 이를 '번역 편찬하거나 도화를 만드는 사람'을 '저작자'라고 하여(제1조), 모든 저술과 출판을 통제의 대상으로 삼았다. 이 법령에서는 출판 관련 모든 사항은 내부대신의 허가 사항으로 규정하였으며, 제11조에서는 '국교를 조해하거나 정체를 변괴하는 행위, 국헌을 문란하게 하는 문서 도화를 출판하는 행위, 외교와 군사 기밀과 관련된 출판, 풍속 괴란의 도서 도화 출판' 등에 대한 강력한 처벌 규정을 두었으며, 제12조에서는 외국에서 발행

---

59) 이에 대해 『대한매일신보』 1909년 3월 13일~14일자 별보에서는 '교과서 검정조사(敎科書 檢定調査)의 착안점(着眼點)'에서 자세히 보도한 뒤, 3월 16일자의 '국가를 멸망하게 하는 학부'라는 논설에서 이 문제를 통렬하게 비판한 바 있다.

한 문서나 도화도 국내에서 발행한 것과 동일한 기준에 따라 반포를 금지하고 압수할 수 있도록 정하였다.

이러한 상황에서 통감시대의 저역 활동은 '신문지법'이 공포된 1907년 이전과 이후에 큰 변화를 보인다. 『황성신문』의 논설, 잡보, 광고 등을 종합할 때, 1906년과 1907년 사이에는 애국계몽의 차원에서 역사와 지리 분야의 개인 저역 활동이 본격적으로 시작되었다.

【 1906년부터 1907년 '신문지법' 공포 전까지 『황성신문』에 나타나는 저역서명 】

ㄱ. 국가학: 『국가학』(김상만/주한영/대동서시/고제홍 책사 발매)

ㄴ. 국문: 지석영(池錫永), 『신정국문(新訂國文)』(한문)

ㄷ. 독본: 국민교육회(國民敎育會)의 『초등소학』

ㄹ. 물리학: 『신찬소물리학(新撰小物理學)』(국민교육회 사무소/김상만/대동서시 발매)

ㅁ. 법률: 『국문형전(國文刑典)』(1906.3.10. 잡보), 유성준(兪星濬)의 『법학통론(法學通論)』

ㅂ. 사회: 황성신문사(윤치호), 『의회통용규칙(議會通用規則)』(황성신문사)

ㅅ. 산술: 『산술신서(筭術新書)』(고유상/대동서시/김기홍 발매소)

ㅇ. 실업: 현공렴(玄公廉), 『재상전서 부 포도재배 급 양주법(裁桑全書附葡萄栽培及釀酒法)』(국한문 역술, 광고 고홍제 책사/종로 대동서시/주한영책사 발매)

ㅈ. 역사: 『만국사기(萬國史記)』, 『미국독립사』, 『법국혁신사』(1905년 8월 24일~25일 논설에서 소개), 『법란서신사(法蘭西新史)』(국한문, 김상만/주한영 서포 발매), 『애급근세사(埃及近世史)』(1905.10.7. 논설과 광고), 『청국무술정변기(淸國戊政變記)』, 『파란말년사』, 신채호(申采浩)의 『월남망국사』(주한영서관/동래서관/동화서관 발매), 신채호의 『의대리 건국삼걸전(意大利建國三傑傳)』(1906.12.18~28. 논설), 안종화(安鍾和)의 『동사절요(東史節要)』(순한문, 美洞 博文社), 장지연·유근·원영의

의 『신정동국역사(新訂東國歷史)』(휘문의숙), 정교(鄭喬), 『대동역사(大東歷史)』(황성신문사/주한영 책사 발매), 현채의 『동국사략』

ㅊ. 잡지: 경성학당내 일어잡지사의 『독습일어잡지』(경성학당내 일어잡지사), 『대한자강회보』, 조양사(朝陽社)의 『조양보』제1호. 흘법(訖法)의 『대한월보(大韓月報)』(순국문, 미국인 흘법)

ㅋ. 지리: 시데하라 다이라(幣原坦) 서문의 『동국여지승람(東國輿地勝覽)』(한문), 장지연(張志淵), 『대한신지지(大韓新地誌)』(휘문의숙)

이들 서적은 지식 보급과 애국계몽의 차원에서 저역된 서적들이다. 분야별로 볼 때 역사와 지리가 가장 많으며, 일부 전문 분야의 서적이 존재하기는 하지만 그 양은 소수이다.

이러한 배경에서 중국과 일본의 서적이 직수입되는 사례도 많았다. 이는 각종 서적관 광고나 '서포(書舖)', '서시(書市)', '책사(冊肆)' 등의 명칭을 갖고 있는 서점들의 서책 광고를 통해서도 확인할 수 있다.

1906년 이후 『황성신문』이나 『대한매일신보』에는 경성(京城), 평양(平壤) 등지에 산재한 국내 각 서점의 서적 광고가 빈번히 등장한다. 예를 들어 『대한매일신보』1906년 6월 10일, 13일 광고된 '평양 종로 대동서관'에서 판매한 도서 목록에는 55종의 역사서, 8종의 지리서, 49종의 정치·법률서, 12종의 사회학서, 19종의 철학서, 18종의 경제학서, 14종의 농학서, 11종의 상업서, 10종의 공업서, 35종의 의학서, 18종의 병학 발명서, 22종의 전기가 등장한다. 이상과 같이 광고된 서적명만도 271종에 이르는데, 서적명과 분야만 나열되어 있기 때문에 필자와 내용을 구체적으로 짐작하기는 어렵다. 또한 『대한매일신보』1907년 5월 4일자 광고에서도 경성(京城) 일한서방(日韓書房)에서 도쿄(東京) 동문관(同文舘)에서 직수입하여 보급한 서적명을 확인할 수 있다. 이 광고에 등장하는 서적명은 총 134종인데, 그 가운데 윤리·수양서 13종, 교육학·교육사 12종, 국어(일본어) 6종, 독본 6종 등은 이 시기 일본의 사상과 교육을 직수입한 서적으로 보인다.[60] 이를 제시하면 다음과 같다.

【 1907년 5월 4일 일한서방의 동문관 서적명 】

분야	저자	책명	비고
윤리·수양서	文學士 藤井健治郎	倫理學	全一冊
	仝	教育的 倫理學	全一冊
	相島龜三郎, 西田常南	修身教材詳解	全二冊
	東京高等師範學校 教授 佐佐木	修身教授法集成	全一冊
	佐佐木, 富永近藤三	教科叢書 修身訓話	全八冊
	遊佐誠市, 橫尾政治	高等小學 修身訓話	全四冊
	御影師範學校長 和田豊	教育勅語 修身要義	全一冊
	學習院 教授 大村仁太郎	教育者の教師	全一冊
	文學士 紀平正美	人格の力	全一冊
	文學士 黑金泰信	人生とは何ぞや	全一冊
	文部次官 澤柳政太郎	教師論	全一冊
	文部次官 澤柳政太郎	時代と教育	全一冊
	博士 學士 十數名 執筆	輓近 學術の進步	全一冊
교육학·교육사	東京高等師範學校教授 森岡常藏	教育學精義	全一冊
	文學士 雄谷五郎	增訂改版 最近 大教育學	全一冊
	樋口勘治郎	國家社會主義 新教育學	全一冊
	樋口勘治郎	國家社會主義 教育學本論	全一冊
	大瀨甚太郎, 中谷延治	教育學	全一冊
	文學士 彬山富樀	社會的 教育學	全一冊
	佐佐木, 齋藤, 田中, 樋口 共著	師範教科 教育學	全一冊
	東京府師範主事 樋口長市	改正 小教育學	全一冊
	文學士教育學專攻 橫山達三	日本近世教育史	全一冊
	教育學術研究會編	英和對譯 教育史	全一冊
	佐佐木, 齋藤, 田中, 樋口 共著	師範教科 教育史	全一冊
	育成會 編纂	新編 內外教育史	全一冊

---

60) 이 광고에 등장하는 서적의 소비자는 주로 재한 일본인(在韓日本人)이었을 것으로 추정된다. 그러나 『대한매일신보』에 게재된 광고라는 점을 고려한다면, 일본 유학 경험이 있거나 일본어를 해득할 수 있는 한국인들도 이 책을 구입했을 것으로 추정된다.

분야	저자	책명	비고
국어 (일본어)	西山常男, 相島龜三郎	國語教材詳解	全二冊
	教育學術研究會編	師範教科 國語讀本	全六冊
	教育學術研究會編	師範教科 國語典	全二冊
	同文舘編輯部編纂	中學 國文典教科書	全三冊
	同 編纂	國語科 敎授用 口語文典	全一冊
	國語研究會 編纂	高等補習 近古文抄	全二冊
독본	同文舘編輯部 編纂	日本商業讀本	全四冊
	中川靜	商業補習讀本	全二冊
	同文舘編輯部 編纂	補習教育 實業讀本	全一冊
	矢田鶴之助	補習農業讀本	全三冊
	實業學務局長 中村康之助	實業補習 大國民讀本	全二冊
	中村康之助 閱, 右賀文一朗	實業補習 書翰文範	全一冊

일본 서적의 직수입 현상은 1908년 교과서 통제 정책이 강화된 뒤
더욱 심해진 것으로 보인다. 이는 각 서점 광고에서 일본인 저술 서적이
증가하는 현상에서도 확인된다. 또한 교과서 통제 정책은 기존에 저역
된 교과서의 내용에도 큰 영향을 미쳤다. '자주'나 '독립'을 강조한 내용
은 삭제되거나 변조되었다. 이러한 예는 안종화가 저술한 『초등윤리학
교과서』(1907, 광학서포)와 『초등수신교과서』(1909, 광학서포)를 견주어
보면 뚜렷이 알 수 있다. 후자는 전자의 개정판인데 개정하면서 전자에
들어 있던 '지역사회', '병역의 의무' 등과 같은 단원을 삭제하였다.[61]

이처럼 저역되거나 직수입된 서적의 총량을 검증하기는 어렵다. 그
러나 이종국(1992)에서 조사한 바에 따르면 1906년부터 1910년 사이에
국내에서 유통된 교과용도서는 대략 502종에 이른다.[62] 이 가운데 일
부는 일본어로 저술된 서적이 직수입된 것이며, 고전을 재간행한 것도

---

61) 이에 대해서는 이화여자대학교 한국문화연구원(2011)에서 번역 해제한 『근대수신교과
서』 1(소명출판)을 참고할 수 있다.
62) 이 조사는 1914년 조선총독부의 교과용도서 검정 결과를 바탕으로 작성한 것이므로,
전수 조사 결과로 보기는 어렵다. 특히 일본에서 직수입된 교과서 가운데 상당수는 포함
되지 않은 것으로 추정된다.

있다. 이를 제외한 순수한 저역서는 393종으로 추정할 수 있는데, 이를 분야별로 분류하면 다음과 같다.

【 1906년부터 1910년 사이 국내에서 유통된 교과용 도서의 분야별 분류[63) 】

분야	고전	일본	저역	중국	계
역사(국사/세계사)		1	47		48
기타(미분류)		13	42		55
산술		20	32		52
법률			30		30
지리		7	29		36
한문	19		23	1	43
독본			23		23
수신			22		22
문법		1	22		23
물리		7	17		24
외국어		18	15		33
농업		1	13		14
화학		2	13		15
정치		2	12		14
경제			12		12
동·식물		4	11		15
생리위생		2	11		13
상업		5	6		11
미술		5	5		10
체육		1	3		4
교육학			2		2
가정		1	2		3
음악		2	1		3
총 합계	19	92	393	1	505

국내에서 저역된 393종의 교과서 가운데 가장 많은 비중을 차지하는

---

63) 구체적인 자료는 참고 자료로 제시할 예정임.

것은 역사 분야이다. 역사는 교과서 통제 정책이 실시되기 이전에 애국 계몽가들의 주된 관심사였기 때문에 저역 서적이 많았던 것으로 볼 수 있다. 그 다음으로 산술(32종) 관련 저역서가 급증한 것은 산술이 이과학의 토대를 이룬다는 인식 때문으로 보이며, 법률(30종)과 지리(29종)는 근대 지식 형성 이후로 끊임없이 관심을 끌어온 분야이기 때문에 저역서의 양도 많았던 것으로 보인다. 한문(23종), 독본(22종), 수신(22종), 문법(22종), 물리(17종), 외국어(15종) 등은 학교교육의 교과와 관련을 맺고 있었기 때문에 저역서가 필요했던 것으로 보인다.64) 이러한 양적 증가는 일본어 서적의 직수입이나 통감시대의 학문 통제를 고려할 때, 한국 학문의 질적 발전과 내적 성장을 의미하는 것은 아니다. 그러나 지식의 양적 팽창이라는 면에서 이 시기 학문 수준과 내용을 검토하는 것은 의미있는 일이다.

4.3. 신문과 학회보의 역술 자료

지식 보급 차원에서 신문마다 국외 지식의 번역 등재도 지속적으로 이루어졌다. 그 가운데 1906년 발행된 『조양보』와 『소년한반도』에 등재된 역술 자료는 학문 연구의 차원에서 주목할 만하다. 『조양보』는 1906년 6월 18일 창간되어 11호까지 발행된 신문 형태의 잡지로 볼 수 있다. 임상석(2014)에서 분석한 바와 같이, 이 잡지에 수록된 '자조론'(스마일스), '교육론'(장지연), '사회국가관계론', '부인의독'(시모다 우타코의 가정학을 역술한 것임), '개화론', '한국 교육사', '태서 교육사', '21세기 제국주의', '실업론(농업, 상업 등 여러 분야)' 등은 이 시기 저역을 통한 학문의 양적 성장 과정을 보여준다. 『소년한반도』(1906년 11월부터 1907년 4월까지 총 6호 발행)에 수록된 '자수론(윤리학)', '교육신론(교육

---

64) 이 목록은 부록을 참고할 수 있다.

학)', '교자제신학(교육학)', '사회학', '국제공법(국제법)', '경제학', '농학', '아모권면(가정학)', '위생문답(위생학)', '지리문답(지리학)', '심리문답(심리학)', '동물문답(동물학)', '식물문답(식물학)', '광물문답(광물학)', '수학', '지문(지문학)', '교제신례(수신과 의사소통)' 등의 담론도 근대 학문과 개념이 성립되어 가는 과정을 보여준다.

국내의 학회보로는 『대한자강회월보』(1906년 7월, 장지연·윤정효·심의성 등이 조직한 단체)를 필두로 서북지방의 『서우』(1906년 12월), 『서북학회월보』(1908년 6월), 기호지방의 『기호흥학회월보』(1908년 8월), 호남지방을 기반으로 하는 『호남학보』(1908년 6월), 사학 육성을 강조했던 『대동학회월보』(1908년 2월), 교육자가 중심을 이루었던 『교남교육회잡지』(1909년 4월) 등이 있었다. 이뿐만 아니라 1906년 이후 재일 유학생 단체와 국내 애국계몽운동가들이 다수의 학회를 조직하고 학보를 발행하였는데, 재일 유학생 단체가 발행한 『태극학보』(1906년 8월, 도쿄 태극학회), 『대한유학생회학보』(1907년 3월 도쿄 대한유학생회 최남선 등), 『대한학회월보』(1908년 3월 도쿄 대한학회), 『대한흥학보』(1909년 3월, 대한학회의 후신) 등이 있다.

【 1906년 이후의 학회보(잡지) 발행 상황 】

학술지명	창간호	종간호	발행 단체	단체 소재	자료 복원
朝陽報	1906.06.18	제11호	윤정효 등	국내 (조양보사)	국립중앙도서관
家庭雜誌 (가뎡잡지)	1906.06.26 (제1호)	(총 14호 추정)	편집겸발힝인 신치호, 京城 南大門內 家庭雜誌社 事務所	국내 (京城)	박정규 해제본
大韓自强會 月報	1906.07.31 (제1호)	1907.07.25 (제13호)	編輯 兼 發行 金相範 印刷所 帝國新聞社, 發行所 大韓自强會 事務所	국내 (한성 중서하한동 제국신문사 내)	한국학문헌연구소 편(1978), 한국개화기 학술지 01~02, 아세아문화사.

학술지명	창간호	종간호	발행 단체	단체 소재	자료 복원
少年韓半島	1906.11.01 (제1호)	1907.04.01 (제6호)	少年韓半島社(社長 梁在蹇: 발행소는 김 상만서포, 주한영서 포, 대한매일신보사, 보문관 등)	국내 (임시 사무소 돈화문 보광학교)	케이포북스 (2009), 구장률 해제
西友	1906.12.01 (제1호)	1908.01.01 (제14호) [개명] 서북 학회월보: 1908.05.01 (제17호)	原稿 編輯人 金明濬, 主筆 朴殷植, 西友學 會: 印刷所·發行所 普成社 [개명]主筆 朴殷植, 編輯兼發行 人 金達河, 普成社	국내 (漢城南署 西友學會 會館, 普成社 印刷)	한국학문헌연구 소 5~6, 아세아문화사
夜雷	1907.02.05 (제1호)	1907.06.05 (제6호)		국내 (보문관)	국회도서관 자료
大韓俱樂	1907.04.20 (제1호)	1907.07.20 (제2호)		국내 (한성대한구락부)	국회도서관 자료
大同報	1907.05.01 (제1호)	1908.01.25 (제6호)		국내	국회도서관 자료
漢陽報	1907.09.01 (제1호)	1907.10.20 (제2호)		국내 (경성)	국회도서관 자료
自新報	1907.10.20 (제1호)			국내	국회도서관 자료
奬學月報	1908.01.20 (제1호)	1908.05.20 (제5호)		국내	국회도서관 자료
工業界	1908.01.28 (제1호)	1908.04.28 (제3호)		국내	국회도서관 자료
大東學會 月報	1908.02.25 (제1호)	1909.09.25 (제20호)	編輯兼發行人 李大 榮, 印刷所 京城日報 社	국내 (漢城南署)	한국학문헌연구 소 22~23, 아세아문화사
大韓協會 會報	1908.04.25 (제1호)	1909.03.25 (제12호)	編輯兼發行人 洪弼周 (대한자강회 후신)	국내 (日韓印刷 株式會社)	한국학문헌연구 소 3~4, 아세아문화사
敎育月報	1908.06.25 (제1호)	1908.12.25 (제7호)		국내	국회도서관 자료
湖南學報	1908.06.25 (제1호)	1909.03.25 (제9호)	編輯 兼 發行人 李沂, 印刷所 新文館 印出 局	국내 (漢城南部)	한국학문헌연구 소 21, 아세아문화사
慈善婦人會 雜誌	1908.08.05 (제1호)			국내	국회도서관 자료
畿湖興學會 月報	1908.08.25 (제1호)	1909.07.25 (제12호)	발행인 金圭東, 編輯 人 李海朝 印刷人 李 基弘, 印刷所 右文館	국내 (皇城 中部 校洞 畿湖興學會 事務所)	한국학문헌연구 소 7~8, 아세아문화사

학술지명	창간호	종간호	발행 단체	단체 소재	자료 복원
少年	1908.11.01 (제1호)	1911.05.15 (제4권 제2호)	編輯 竝 發行人 崔南善, 印出人 朴永鎭, 印刷處 新文館	국내 (漢城 南部)	原文社
嶠南教育會 雜誌	1909.04.25 (제1호)	1910.05.25 (제12호)	編輯兼發行人 朴晶東, 印刷人 李基弘, 印刷所 右文館	국내 (皇城 中部)	한국학문헌연구소 24. 아세아문화사
普中親睦會 會報	1910.06.10 (제1호)	1910.12.31 (제2호)		국내 (보전)	국회도서관 자료
洛東親睦會 學報	1907.10.30 (제1호)	1908.01.30 (제4호)	編輯兼發行人 金永基, 印刷人 金容根, 發行所 明文舍	일본 (日本 東京)	아단문고 미공개 자료총서 2, 소명출판
太極學報	1906.11.24 (제1호)	1908.11.24 (제26호)	編輯兼發行人: 張膺震, 印刷人 金志侃, 印刷所 教文館 印刷所	일본 (日本 東京)	한국학문헌연구소 13~16, 아세아문화사
共修學報	1907.01.30 (제1호)	1908.03.20 (제5호)	編輯人 姜荃, 發行人 趙鏞殷, 印刷人 尹台鎭, 印刷所 明文舍	일본 (日本 東京)	아단문고 미공개 자료총서 1, 소명출판
大韓 留學生會 學報	1907.03.03 (제1호)	1907.05.20 (제3호)	在 日本東京 大韓留學生會: 編輯人 崔南善, 發行人 柳承欽, 印刷人 문내욱	일본 (日本 東京)	한국학문헌연구소 편(1978), 한국 개화기 학술지 19, 아세아문화사
同寅學報	1907.07.01 (창간호)		編輯兼發行人 具滋鶴, 印刷人 金晉庸, 發行所 同寅學會	일본 (日本 東京)	아단문고 미공개 자료총서 1, 소명출판
大韓學會 月報	1908.02.25 (제1호)	1908.11.25 (제9호)	在日本東京 大韓學會: 編輯人 柳承欽, 發行人 姜荃, 印刷人 高元勳	일본 (日本 東京)	한국학문헌연구소 편(1978), 한국 개화기 학술지 18~19, 아세아문화사
大韓興學報	1909.03.20 (제1호)	1910.05.20 (제13호)	編輯人 李承瑾, 發行人 高元勳 印刷人 姜邁, 印刷所 大韓興學會 印刷所	일본 (日本 東京)	한국한문헌연구소 20~21, 아세아문화사

1906년 이후 발행된 학회보 및 잡지에서 근대의 개념적 지식과 관련된 논설, 논문, 설명, 학술 데이터 등의 자료는 대략 2000건 정도가 나타난다. 이 가운데 가장 많은 분포를 보이는 것은 교육 관련 자료(370건 정도), 언어(171건), 법률(129건), 학문 일반 및 학술 단체(113건), 생리위

생(112건), 정치(110건), 경제(98건), 역사(89건), 농업(66건), 지리(64건), 국가(62건), 식민 담론(49건), 유학생 문제(48건), 지구·지질(43건), 식물학(42건), 과학 일반(33건), 임업(32건), 물리(32건), 동물학(31건), 행정(27건), 화학(25건), 철학 윤리(23건), 종교(22건), 광물(21건), 실업론(21건), 수학(18건), 가정학(16건, 가정교육은 교육으로 분류함), 외교(14건), 잠업(13건), 민속(12건), 사회학(12건), 천문(11건), 공업(10건), 국제교류(9건), 심리(8건), 상업(7건), 생물학(7건), 의학(5건), 이과(4건) 등의 분포를 보인다.[65]

이 또한 근대 계몽기 학문과 지식 개념의 양적 성장을 보여주는 사례이다. 이들 자료 가운데 시모다 우다코(下田歌子)의 『신선가정학』은 『조양보』에 '부인의독(婦人宜讀)'이라는 제목으로 역술되었을 뿐만 아니라, 1907년 박정동의 『신찬가정학』, 1908년 『호남학보』 제1호부터 제9호까지 연재된 이기의 '가정학설(家政學說)'로도 번역되었다.[66]

'가정학'과 마찬가지로 각 학문 분야마다 근대 지식이 수용되면서 그에 적합한 개념이 형성되어 가고 있음을 확인할 수 있는 경우가 많은데, 그 중 하나가 '사회'의 개념이다. 본래 '사회'는 단체를 의미하는 용어로 사용될 때가 많았으나, 『소년한반도』에서 나타나는 이인직의 '사회학'은 현대 사회학의 개념과 유사하다.[67]

신문을 통한 역술 활동도 활발하게 이루어졌는데, 『황성신문』 1906년 4월 30일부터 12월 31일까지 역등된 '일본유신삼십년사'는 이 시기 지식 유통의 경로를 보여준다. 이 자료는 '역사를 마땅히 읽어야 함(歷史宜讀)'이라는 제목 아래 연재된 점을 고려할 때, 일본의 유신사를 통해 한국의 개혁을 이루어야 한다는 의식에서 번역되었음을 알 수 있다.

---

65) 분류 기준은 『표준국어대사전』의 전문 용어 분류 체계를 따랐다. 또한 『가정잡지』와 『야뢰』는 전호를 구하지 못해 확보한 창간호와 이길상·정순우 공편(1991)의 『한국교육사자료집성』 1~3(한국정신문화연구원)에 소재한 자료만을 입력하였다.

66) 이에 대해서는 임상석(2013)의 연구가 있다. 이에 대해서는 김경남 연구원이 별도의 논문을 준비 중이다.

67) 이에 대해서는 연구진에서 별도의 분석을 진행 중에 있다.

【 歷史宜讀 】

古今 天下에 人이 有ᄒ면 社會가 有ᄒ고 社會가 有ᄒ면 國이 有ᄒ고, 國이 有ᄒ면 歷史가 有ᄒ야 社會 人類와 文野와 國家 政治의 得失이 瞭如指掌이라. 是以로 列邦 博學士들이 歷史學을 專攻者 ㅣ 多ᄒ야 自己의 學術에만 精益求精ᄒᆯ 뿐 아니라 自國 文野得失의 大影響 大補益을 從此可見ᄒᄂ니 然則 歷史學이 世道 公益의 果何如哉오. 今此 日本 維新 三十年史ᄂ 明治 以後에 諸般 貫跡이니 我國 現時代에 不得不 講究 模範이기로 全豹를 譯述 如左ᄒ와 僉君子의게 供覽ᄒ오니 愛讀ᄒ심을 務望홈.

번역 역사를 마땅히 읽어야 함: 고금 천하에 사람이 존재하면 사회가 있고, 사회가 있으면 국가가 있고, 국가가 있으면 역사가 있어 사회 인류와 문명 야만과 국가 정치의 득실이 손바닥과 같이 명료한 것이다. 이로써 열방의 박사 학사들이 역사학을 전공하는 자가 많아 자기의 학술에만 정교함을 구할 뿐 아니라 자국 문명 득실의 큰 영향과 큰 보탬을 주는 것을 가히 볼 수 있으니, 그러므로 역사학이 세상 도리의 공익에 과연 어떠한 것이겠는가. 이로 지금 〈일본유신삼십년사〉는 메이지 이후 제반 자취를 꿰뚫은 것이니 우리나라 현시대에 부득불 강구하고 모범할 것이기에 전체를 원 편과 같이 역술하여 일반인들에게 볼 수 있도록 제공하니 애독하시기를 희망함.

—역사의독, 『황성신문』, 1906.4.30

『메이지 삼십년사』는 1898년 일본 도쿄[東京] 박문관(博文館)에서 메이지 유신 30년을 기념하여 일본인 학자 12명이 집필한 일본의 시사 평론서이자 근대 역사서이다. 이 책은 1902년(광서 28년) 중국 상해의 광지서국(廣智書局)에서 류가오시아오(羅孝高)가 중국어로 역술하였는데, 우리나라에서는 『황성신문』 역술본은 이를 대본으로 한 것이다. 『황성신문』 역등본은 제12편으로 구성된 『일본유신삼십년사』 가운데 제1편 '학술 사상사(學術思想史)', 제2편 '정치사(政治史)', 제3편 '군정사(軍政

史)', 제4편 '외교사(外交史)', 제5편 '재정사(財政史)', 제6편 '사법사(司法史)', 제7편 '종교사(宗教史)', 제8편 '교육사(教育史)'이며, 제9편 '문학사(文學史)', 제10편 '교통사(交通史)', 제11편 '산업사(産業史)', 제12편 '풍속사(風俗史)'는 역등하지 않았다. '역사의독'에서 전편을 역술한다고 하였으나, 제9편 이하의 역술이 게재되지 않은 까닭은 알 수 있다.

또한『황성신문』1909년 8월 4일부터 9월 8일까지 연재된 '노사(盧梭, 루소)'의 '민약론(民約論)'도 국권 침탈기의 지식 통제 상황에서 사회계약설을 소개하고자 한 의도에서 이루어진 역술이라고 할 수 있다. 역술을 시작할 때 소개한 '자료소개'는 다음과 같다.

【 資料紹介 】

世界上 民權을 唱導홈은 盧梭 氏를 首屈홀지라. 然而 今에 其言論은 旣히 陳久에 屬ᄒ얏고 且 神聖홀 帝國에 共和 提論홈은 昭代의 所禁이니 讀者 엇지 異俗을 崇拜ᄒ야 橫議를 嗜好ᄒ리오. 但 該氏의 民約이 措辭가 婉弱ᄒ고 寓意가 深遠ᄒ야 可觀홀 奇景이 往往히 存在홀 故로 左에 譯載ᄒ노라.

번역 자료소개: 세계상 민권을 창도한 것은 루소를 먼저 꼽을 것이다. 그러나 지금 그 언론은 이미 오래전 진부한 것이며 또 신성한 제국에 공화제를 주장하는 것은 밝은 세대에 금지할 바이니, 독자가 어찌 이속을 숭배하여 횡의(橫議)함을 좋아하리오. 다만 이 사람의 민약론이 논술한 바가 순하고 숨은 뜻이 심원하여 가히 볼 만한 것들이 왕왕 있으니 왼 편에 번역하여 수록하노라.

—노사민약(盧梭民約)-자료소개, 『황성신문』, 1906.8.4

번역 소개를 하면서 루소의 민약론이 '언론 진구(言論陳久)'하며 '제국 소대'에 공화제를 주장하는 것을 금하는 것을 근거로 루소의 주장을 그대로 수용할 수 없다는 취지를 밝힌 점은 당시 언론 통제 상황에서 민약설을 소개하는 취지를 감추기 위한 표현으로 보인다. 번역 자료는

'저자 소개', '민약의 본래 명칭'. '원문 번역', '주해' 등으로 구성되었다. 이 또한 번역에 사용한 원전은 밝히지 않았기 때문에 지식 유통 경로를 정확히 추정하기는 어려우나, 민권 사상이 신문 역술을 통해 보급된 사례의 하나로 중요한 의미를 갖는다.

5. 일제 강점기의 지식 유통

5.1. 식민시대 지식 통제

통감시대에 만들어진 신문법, 출판법, 저작권법, 교과용도서 검정 규정 등의 다양한 지식 통제 장치는 국권이 상실된 일제 강점기에 이르러 지식 유통 상황에도 직접적인 영향을 미치게 되었다.

일제 강점 초기인 1910년대의 지식 통제는 국문으로 된 신문, 잡지, 서적 발행을 어렵게 하고, 일본 거류민이나 일본어 해득이 가능한 극소수의 한국인을 독자로 한 서적의 유통이 이루어지는 구조를 낳았다. 이러한 경향은 강점 직후의 서적 유통 상황을 통해 쉽게 확인할 수 있다. 그 중 하나가 광고에 등장하는 서적 분포이다.

【 1910년 9월 27일 『매일신보』 '일한서방(日韓書房) 서적 광고' 】

最新世界地理	鄭雲復	지리	교과서	조선통감부촉탁	국문
體操敎科書	橫地次郎·李基東	체조	교과서	한성고등학교 교수	미상
隆熙 新算術	鄭雲復	수학	교과서	조선통감부촉탁	국문
普通 姙娠論	渡邊光次原 著/鄭雲復·鮮于叡(선우예) 共譯	가정	계몽		국문번역
現行 韓國法典	度支部	법률	식민(통치)		국문
最近 朝鮮要覽	朝鮮雜誌社編纂	시사	식민(통치)		국문

伊藤と韓國	原田豊次郎	시사	식민(통치)	경성일보주간 법학사	일본문
漢城の風雲と名士	總川肇	시사	식민(통치)	菊池謙讓 교열	일본문
韓國最近 外交史 大院君傳 附 王妃の一生	菊池謙讓	전기	식민		일본문
日韓古蹟	奧田鯨洋	고적	식민	경성일보 기자	일본문
韓日英 新會話	鄭雲復	일본어· 영어	어학교재	전 제국신문 사장	한일영
獨習 日韓尺牘	鄭雲復	일본어	어학교재	전 제국신문 사장	한일
ポケット 日韓會話	村上唯吉	일본어	어학교재	평양 공소원 서기장	한일
朝鮮の物語集と俚言	高橋亨	풍속	식민(풍속)	한성고등학교 학감 문학박사	일본문
暗黒なる朝鮮	薄田斬雲	시사	식민	전 경성일보 기자	일본문
ヨボ記	薄田斬雲	풍속(기행)	식민	전 경성일보 기자	일본문
朝鮮漫畫	薄田斬雲· 鳥越靜妓	풍속(설화)	식민		일본문
朝鮮地理	朝鮮雜誌社 編纂	지리	식민(지리)		일본문
韓國風俗風景 寫眞帖	日韓書房 編輯部	풍속(기행)	식민(풍속)		일본문
高尙優美 韓國寫眞帖	日韓書房 編輯部	풍속(기행)	식민(풍속)		일본문
韓國 巡査至願者 必携	細谷淺吉	경찰	식민(통치)	今村柄 警視 校閱	일본문
京城案內記	上村正己	시사	식민(통치)	한국총리대신 비서관	일본문
實測踏查 最新韓國全圖	日韓書房 編輯部	지리	식민(통치)		일본문
實測詳密 韓國全圖	日韓書房 編輯部	지리	식민(통치)		일본문
京城 龍山全圖	日韓書房 編輯部	지리	식민(통치)		일본문
高麗史	圖書刊行會 編纂	역사	식민사관		한문
朝鮮史	久保天隨	역사	식민사관		일본문
朝鮮事情	荒川五郎	시사	식민(통치)		일본문
韓國 政爭史	幣原坦	역사	식민사관		일본문
韓國 新地理	田淵友彦	지리	식민(지리)		일본문
朝鮮 開化史	恒屋盛眼	역사	식민사관		일본문
朝鮮年表	森潤三郎	시사	식민사관		일본문
鴨綠江 滿韓 國境事情	大崎中佐	지리	식민(지리)		일본문
韓國南滿州	野口保興	지리	식민(지리)		일본문

『매일신보』는 1910년 8월 30일부터 『대한매일신보』의 제호를 변경하여 발행한 신문이다. 이 신문은 강점 직전인 1910년 6월 14일부터, 초기 창립자였던 베델의 후임자 알프레드 만하임이 영국으로 돌아가고, 한국인 이장훈(李章薰)이 이어 편집 겸 발행했는데, 1910년 10월 22일부터는 편집 겸 발행인이 변일(卞一)로 바뀌었다. 이장훈이 편집 겸 발행을 담당했던 시기가 4개월 10일에 해당되는데, 이 기간은 신문사의 애국 논조가 크게 달라지지 않는다. 그럼에도 강점에 따른 직접적인 통제는 『매일신보』의 기사뿐만 아니라 서적 유통에도 직접적인 영향을 미쳤음을 확인할 수 있는데, 강점 직후인 1910년 8월 30일부터 12월 31일까지 이 신문에 등장하는 서적 광고는 '일한서방, 보급서관, 태홍서림'에 불과하며, 그 가운데 판매 서적을 제시한 광고는 '일한서방'[68]의 서적 광고에 불과하다. 이 기간 이 서점에서 광고한 책은 총34종으로 이 가운데 국문으로 된 것은 통감시대 발행된 4종의 교과서와 1종의 번역서에 불과하고, 일본인이 일본문으로 쓴 책이 24종이다. 또한 일본어 학습서(척독 포함)가 3종에 등장한다. 이와 같이 강점 직후 한국인을 위한 지식 보급은 거의 중단되었다고 보아도 큰 무리가 없는데, 이러한 경향은 정도의 차이는 있지만 일제 강점기 전 시기에 걸쳐 나타난다. 더욱이 국문 문자 해득률도 충분하지 못한 상황의 일본문 서적은 한국인의 민지개유(民智開牖)와는 전혀 무관한, 오직 식민 통치만을 위한 지식 유통이 이루어졌음을 의미한다. 그뿐만 아니라 국문으로 된 극소수의 교과서도 통감시대 정치적인 내용이 전혀 없는 일부 교과서의 재간행본에 불과하기 때문에, 일제 강점기는 말 그대로 '우민화 시기(愚民化時期)'로 규정하는 것이 타당하며, 일본문으로 이루어진 다수의 저작물

---

68) 일한서방의 창립 연원일을 정확히 고증하기는 어려우나, 1910년 12월 7일자로 개업 5주년 기념 광고를 한 것으로 보아, 1905년 개업한 것으로 추정된다. 서점명이 '일한(日韓)'이라는 점, 통감시대부터 일본어로 된 서적을 지속적으로 판매해 온 점 등으로 볼 때, 일본인이 경영한 서점이었음을 알 수 있다.

도 식민 통치의 합리화를 위한 '식민사관(植民史觀)'을 반영한 저작물이거나 식민 통치와 조선 거류 일본인에게 유용한 풍속·지리서 등이 대부분이었으므로, 이 시기의 지식 유통은 그 자체로 '노예화 시기(奴隷化時期)'로 규정하는 것이 타당하다. 그러나 일제는 우민화, 노예화를 감추기 위해 이른바 '동화정책'이라는 것을 실시한다.

식민 정책의 하나인 동화정책은 1900년대부터 본격적으로 등장하는데, 국권 침탈과 상실에 이르기까지 주된 논점 가운데 하나가 되었다. 국권 침탈기의 동화정책에 대한 애국 계몽가들의 비판을 살펴보자.

【 식민지와 동화 정책의 문제 】

ㄱ. 나라에셔 인민을 싱취ᄒ고 교육ᄒ야 인물이 번셩ᄒ도록 힘을 써셔 좁은 싸에 인물이 번셩ᄒ야 <u>그 싸에셔 나ᄂ 곡식과 물산이 그 번셩흔 인민을 길을 슈 업게드면 외국ᄉ지라도 식민디를 마련ᄒ야 그 빅셩을 옴겨 살리되,</u> 냐 나라 빅셩이 타국을 가셔 사ᄂ 것이 리익이 업슬 듯ᄒ여 그러ᄒ되 내나라 빅셩이 그 나라에 만이 가 잇고 내나라 관원이 가셔 그 빅셩을 보호ᄒ게드면 내나라 인민의 권리가 그 나라에 ᄌ연 튼튼홀 쓴더러 물화 통상 하ᄂ듸 한업ᄂ 리익을 엇을 터이오, 쏘 ᄌ연 즁 그 나라 권리ᄉ지 내나라로 도라오기가 쉬운지라. 그런고로 지금 <u>부강흔 나라들은 빅셩 길으기롤 곡식 비양ᄒ듯ᄒ야</u> 모종ᄒ고 붓도도기를 계을니 아니ᄒ되 뵈게난 것은 옴기고 척박흔 싸이거든 거름ᄒᄂ 모양으로 그 나라 정부에셔나 인민들ᄭ리 싸이 좁고 빅셩이 느ᄂ 것을 렴녀ᄒ야 <u>식민디 마련ᄒ기에 골몰ᄒ거늘</u> 빈약흔 나라에셔ᄂ 빅셩 만은 것을 큰 걱정으로 알고 항디반ᄒᄂ 말이 빅셩이 넘어 만키 쌔문에 인심이 이렷틋 강박ᄒ니 불가불 좀 줄어야 살겟다ᄂ 말이나 ᄒ여 가며 내나라 빅셩이 외국으로 무슈히 가 잇스되 관원 ᄒ나 보ᄂ여 보호홀 경영이 업나니 글노 의론ᄒ건대 나라의 부강ᄒ고 빈약흔대 빅셩 위ᄒ고 위치 안ᄂ 등분이 판이ᄒ도다. 향일에 일본 진보당 즁에 유명흔 정치가들이 외국 교제ᄒᄂ 회를 베풀고 토론ᄒᄂ듸 젼에 대

신 지나던 <u>대셕졍긔</u> 씨가 빅셩 심으는 졍칙에 디하야 연셜하얏다는대 대개에 갈으대 식민하는 법이 <u>졍치상으로 식민하는 것과 즈연히 식민되는 두 가지</u>가 잇스니 일본 갓치 인구가 번셩하는 나라에 살면셔 졍치하는 사람들이 금일신지 식민할 방칙을 강구치 아니홈은 진실노 가히 그 직칙을 다하지 못한다 할지라. 대뎌 식민이란 것은 한 사람을 리롭게 하고 나라을 리롭게 하는대 힘쓰지 아니치 못할 것이니 그 일을 힘그게드면 그 리익이 두 가지가 잇스니, 한가지는 <u>본토에 리익이오, 둘지는 식민하는 싸에</u> 리익이라. 만일 그 일을 반디하야 인구가 번셩하는 나라에셔 빅셩 옴기는 방칙을 힝하지 아니하면 그 히가 세 가지가 잇스니 곳 나라의 물건 나는 것이 그 인구 번셩하는 것과 갓치 못하면 즈본과 힘이 업는 자ㅣ가 만어셔 사람의 지식을 발달치 못할 것이오 그 다음은 죄짓는 자가 만할 터이오 또 기차는 위싱하는 법이 힝하지 못할 것이니 그러한즉 <u>우리나라은 어느 곳에 가셔 식민디를 구하여야 가할는지. 미국도 됴코 구라파도 됴되 나는 싱각하기를 죠션과 쳥국과 알스 차지한 셔빅리아 싸이 뎨일 최상한 줄노 아노라</u>. 지금에 일본 사람을 아라스 차지한 싸에 보니여 일아 량국간에 감졍을 통하기 위하야 인민을 옴기기는 차치물론하고 일층이나 더 낫게 하야 일본 사람이 아라사 사람에게 귀화하게 홈이 가하니 이후에는 크게 식민하는 방침을 가지고 우리나라의 물산을 타국으로 슈츌하는 즁미를 삼으미 맛당하다고 하엿더라.

─『제국신문』, 1900.5.8

ㄴ. 現今日本之對韓殖民政策이 極히 秘密陰險하야 其內容을 不可枚擧나 其大主意는 我邦의 <u>腐敗한 政治制度롤 如前置之하고 其政府之紊亂을 利用하야 實利實益을 擧皆占得하고 敎育手段으로써 我邦國民으로하야금 祖國國性을 忘却케하고 日本의 歸依하는 思想을 養成케하야 韓人을 同化코져하는 等事</u>라.

번역 지금 일본의 대한 식민 정책이 극히 비밀스럽고 음험하여 그 내용을 일일이 들기 어려우나 그 큰 주의는 우리의 부패한 정치 제도를 전과 같이 두고, 그 정부의 문란을 이용하여 실리실익을 모두 점득하고 교육 수단으로 우리 국민으로 하여금 조국 국성을 망각하게 하고, 일본에 귀의하는 사상을 양성케 하여 한국인을 동화하고자 하는 등이다.

—경고 대한교육가(警告大韓敎育家), 『대한매일신보』, 1906.6.28

이들 자료에서는 근대 학문이 형성 보급되는 과정에서 우리나라의 '식민 담론'과 '동화 정책'의 문제는 1900년대 본격적인 논의가 이루어지고 있음을 확인할 수 있는데, 『제국신문』 1900년 5월 8일자의 논설에서는 일본 정책 '대석정기'[69]의 식민지론을 소개하였다. 이에 따르면 식민은 '백성을 옮겨 심는 일'이라는 축자적 의미로 해석되는데, 『대한매일신보』 1906년 6월 28일자의 경고에서는 식민 정책의 본질이 '동화'에 있으며, 그것은 본질적으로 지배를 위한 것, 달리 말해 부패한 정치제도는 그대로 두고 실리실익만을 점득하려는 것임을 자각하고 있는 것이다. 이와 같이 1900년대 서세동점에서 일본 지배 세력의 확장, 일본인 이주자의 급증 과정 등을 경험하면서 식민정책의 본질에 대한 연구가 활발히 이루어지고, 이에 대한 경계심도 강화되기 시작했는데, 일본 야마우치(山內正瞭)의 『세계식민사(世界殖民史)』(1908, 이채우 역술, 원영의 교열)에 대한 역술이나 '동화'의 문제점을 자각한 논설 등이 이에 해당한다.

【 '동화(同化)의 비관(悲觀)' 】

只今 한國 社會가 外國社會를 模倣홈이 可혼가 曰 不可ㅎ니라 模倣홈이 不可혼가 曰 可ㅎ니라 可홈을 何故오 曰 同等的 思想으로 模倣홈은 可ㅎ니라. 如何ㅎ면 同等的 思想의 模倣이라 홀싸 曰 我가 同等코즈 하야 模倣홈이니 故로 外國 社會가 文明에 進ㅎ면 我도 文明에 進하며 外國 社會가 自

---

69) 여기에 등장하는 '대석정기'가 누구인지는 확인하기 어렵다.

由를 愛하면 我도 自由를 愛하며 外國 社會가 學術을 發揮ㅎ면 我도 學術을 發揮ㅎ며 外國 社會가 武力을 奮興ㅎ면 我도 武力을 奮興ㅎ는 等 模仿이 是니라. 如何ㅎ면 <u>同化的 思想의 模방</u>이라 홀신 曰 我가 同化코즈 ㅎ야 모방홈이니 我의 精神은 都無ㅎ고 彼를 服從키만 樂하며 我의 利害는 不計ㅎ고 彼를 모範키만 務ㅎ야 我가 彼되기를 僕僕 自願ㅎ다가 畢竟 我의 身이 彼의 身으로 化ㅎ며 我의 國이 彼의 國으로 化ㅎ야 其 國家와 其 種族이 消滅 乃已ㅎ는 모방이니라. 故로 同등的 모방은 鳥가 飛를 習홈과 如ㅎ고 同化的 모방은 蜈蛉이 과嬴를 學홈과 如ㅎ며 <u>同등的 모방은 後覺的의 모방이오 同化的 모방은 奴隷的 모방이니라.</u>

嗚呼라 天下의 事ㅣ 同化에셔 无悲흔 者ㅣ 無ㅎ며 同化에셔 无痛흔 者ㅣ 無ㅎ나니 凡 世界 有精神흔 同胞는 悲를 自取ㅎ지 말며 痛을 自買ㅎ지 말지어다. 近日 한國샤會의 現狀을 察ㅎ민 同化의 熱이 愈愈膨脹ㅎ야 其極이 無ㅎ니 此ㅣ 엇지 可怪흔 者ㅣ 아닌가 余의 言을 不信홀진딘 余ㅣ 謂컨딘 其壹二 實例를 擧ㅎ리라.

번역 지금 한국 사회가 외국 사회를 모방하는 것이 가능한가. 불가하다. 모방하는 것이 불가능한가. 가능하다. 가능하다고 하는 것은 무엇 때문인가. 동등한 사상으로 모방하는 것은 가능하다. 어떻게 하면 <u>동등한 사상의 모방</u>이라 할까? 내가 동등하고자 하여 모방함을 말하는 것이니 실로 외국 사회가 문명에 나아가면 우리도 문명에 나아가며, 외국 사회가 자유를 사랑하면 우리도 자유를 사랑하며, 외국 사회가 학술을 발휘하면 우리도 학술을 발휘하며, 외국 사회가 무력을 분발 홍기하면 우리도 무력을 분홍하는 등의 모방이 그것이다. 어떻게 하면 <u>동화적 모방</u>이라고 할까. 내가 동화하고자 하여 모방하는 것이니 나의 정신은 도무지 없고 저들을 따르기만 좋아하여 나의 이해는 생각하지 않고 저들을 모범하기만 힘써 내가 저들과 같기를 스스로 원하다가 필경 나의 몸이 저들의 몸으로 변화하며 우리의 나라가 저들의 나라로 바뀌어 그 국가와 종족이 소멸함에 불과한 모방이다. 그러므로 동등한 모방은 새가 나는 것을 익힘과 같고, 동화적 모방은 명령(螟蛉, 애벌레)이 과영(過羸)을 배우는 것과 같으며, <u>동등한 모방은 후각적(後覺的) 모방이요, 동화적 모방은 노예적 모방</u>이다. 오호라. 천하의 일이 동화에서 심히 비통하지 않은 것이 없으며, 동화에 아프지 않은 것이 없으니 무릇 세계의 정신이 있는 동포는 비통을 스스로 취하지 말 것이며 아픔을 스스로 사지 말아야 한다. 근일 한 나라 한 사회의 현상을 관찰하니 동화의 열기가 점점 팽창하여 그 끝이 없으니 이 어찌 이상한 일이 아닌가. 나의 말을 믿지 못한다면 한두 가지 실례를 들어 보고자 한다.

—'동화(同化)의 비관(悲觀)', 『대한매일신보』, 1909.3.23

이 논설은 1909년 시대 상황을 비판한 것으로 동화정책의 결과 국민의 동화 의식이 무비판적으로 확산되고 있음을 보여주는 사례이다. 이 논설에서는 동화를 '동등한 사상의 모방'과 '동화적 모방'으로 나누고, 자각 있는 동등한 모방은 후각적 모방이지만, 동화적 모방은 노예가 되는 길이라고 역설하였다. 이러한 예로 '정신적 동화', '언어 문자상의 동화', '두발·피복상의 동화'를 예시하면서, 이들 동화가 일종의 노예적 습성을 만들어 간다고 질타하였다.

그러나 동화정책에 대한 비판은 일제 강점기에 더 이상 지속될 수 없었다. 오히려 식민 정책은 우민화와 노예화를 은폐한 동화정책을 중심으로 전개되기 시작하였다.

【 식민학회 대회 】

殖民學會는 六日에 大會를 開ᄒ얏ᄂᆞ딕 寺內總督은 其晚餐會에 臨ᄒ야 朝鮮 併合 後의 狀況을 語ᄒ되 朝鮮은 野蠻 未開之國과 異ᄒ야 建國 三千年에 相當ᄒᆫ 文明과 歷史를 有ᄒ얏슨즉 其 風俗 習慣 等에 對ᄒ야 急激ᄒᆫ 變革을 行ᄒ흠은 得策이 안이라. 故로 總督府는 漸次로 同化의 目的을 達ᄒ기로 期ᄒ노니, 余는 諸君이 몬져 朝鮮의 歷史를 硏究ᄒ야 其 開發에 供ᄒ기를 望ᄒ

노라 ᄒ고 一場 演說ᄒ얏더라.

번역 식민학회는 6일 대회를 열었는데 데라우치 총독은 그 만찬회에 임하여 조선 병합 후의 상황을 말하되, 조선은 야만 미개국과 달라 건국 3천년에 상당한 문명과 역사가 있으니 그 풍속과 습관 등에 대해 급격한 변혁을 행하는 것은 좋은 정책이 아니다. 그러므로 총독부는 점차 동화의 목적을 달성하고자 기약하니 나는 여러분이 먼저 조선의 역사를 연구하여 그 개발에 제공하기를 바란다고 일장 연설을 하였다.

—『매일신보』, 1910.12.9

이 기사는 일제 강점 직후의 식민정책이 동화정책을 목표로 하고 있음을 분명히 하고 있다. 비록 데라우치가 조선을 '야만 미개국'과는 다르다고 하였지만, 그것은 수사적 표현일 뿐 실질적인 의도는 동화에 있음을 밝힌 것이다. 특히 동화를 위해 조선의 역사 연구가 필요함을 역설했는데, 이는 역사뿐만 아니라 조선의 정치, 경제, 지리, 풍속 전반에 걸쳐 식민 지배를 위한 조사 연구로 이어진다. 이미 1908년 동양척식주식회사를 중심으로 진행되어 온 토지 조사 사업이나 임야 조사 사업, 유적 조사 사업 등은 이를 뒷받침하며, 각종 조선 지리와 풍경, 풍속에 대한 일본문 서적과 보고서가 급증한다. 앞의 일한서방 서적 광고에서도 『한국 순사 지원자 필휴(韓國 巡査志願者 必攜)』(細谷淺吉, 今村柄 警視校閱), 『일한고적(日韓古蹟)』(奧田鯨洋), 『현행한국법전(現行 韓國法典)』(度支部), 『암흑이 된 조선(暗黑なる朝鮮)』(薄田斬雲), 『한성의 풍운과 명사(漢城の風雲と名士)』(總川肇), 『최근조선요람(最近朝鮮要覽)』(朝鮮雜誌社編纂), 『이토와 한국(伊藤と韓國)』(原田豊次郎), 『조선연표(朝鮮年表)』(森潤三郎), 『조선사정(朝鮮事情)』(荒川五郎), 『경성안내기(京城案內記)』(上村正己) 등은 식민 통치 및 일본인 거류민에게 필요한 지식을 제공하는 역할을 한 책들이며, 『한국최근외교사 대원군전 부 왕비의 일생(韓國最近 外交史 大院君傳 附 王妃の一生)』(菊池謙讓), 『조선사(朝鮮史)』(久保天隨), 『한국 개화사(朝

鮮開化史)』(恒屋盛眼), 『한국 정쟁사(韓國政爭史)』(幣原坦) 등은 데라우치가 언급한 동화의 전제가 되는 조선 역사 관련 서적들이다. 또한 식민 지배를 위한 조선의 사정을 주제로 한 지리서가 많은데 『조선지리(朝鮮地理)』(朝鮮雜誌社編纂), 『압록강 만한 국경사정(鴨綠江 滿韓 國境事情)』(大崎中佐), 『한국남만주(韓國南滿洲)』(野口保興), 『한국신지리(韓國 新地理)』(田淵友彦), 『실측상밀 한국전도(實測詳密 韓國全圖)』(日韓書房編輯部), 『경성 용산전도(京城 龍山全圖)』(日韓書房編輯部), 『실측답사 최신한국전도(實測踏査 最新韓國全圖)』(日韓書房編輯部) 등은 이러한 경향을 나타내며, 일본인이 경영하는 언론사의 기자나 일본인 학자들의 풍속 기행집, 사진첩, 재담류 등이 등장하기도 하였다. 『조선의 물어집과 이언(朝鮮の物語集と俚言)』(高橋亨), 『고상우미 한국사진첩(高尙優美 韓國寫眞帖)』(日韓書房編輯部), 『한국풍속풍경 사진첩(韓國風俗風景 寫眞帖)』(日韓書房編輯部), 『요보기(ヨボ記)』(薄田斬雲), 『조선만화(朝鮮漫畫)』(薄田斬雲·鳥越靜妓) 등은 식민 조선이 관광 유람지로 적격하며, 조선의 풍속과 풍경이 일본인들이 즐길 만한 땅임을 유인하는 목적에서 만들어진 다수의 저작류로 판단된다. 이뿐만 아니라 동화의 주요 수단인 어학교재나 수험서가 많아지는 것도 식민 강점기의 특징 가운데 하나이다. 『독습일한척독(獨習 日韓尺讀)』(鄭雲復), 『포켓 일한회화(ポケット 日韓會話)』(村上唯吉), 『한일영 신회화(韓日英 新會話)』(鄭雲復)는 이에 해당한다. 여기서 주목되는 것은 일어 학습 교재(또는 편지쓰기와 관련된 척독)의 저자들이다. 특히 정운복은 1906년 서우학회를 조직하고 1908년에는 서북학회를 결성하였으며, 『경성일보』 주필, 『제국신문』 사장 등을 역임한 애국계몽가로 알려져 있는데,70) 의외로 '전 조선 통감부 촉탁'이라는 직함과 함께 『조선신지리』를 낸 것으로 나타나며, 두 종의 일본어 학습서를 편찬한 것으로 확인

---

70) 『민족문화대백과』(한국학중앙연구원)에서 '정운복'은 "생몰연 미상, 조선 말기의 애국지사, 언론인."으로 풀이되었음.

된다.71)

이러한 과정에 일제 강점기의 저역자 또는 서적 유통업자에 대한 통제가 더욱 강화되었다. 다음은 이 시기 저술가와 서적 유통업자에 대한 『매일신보』의 경고 논설이다.

【 서적 통제 관련 논설 】

凡 書籍은 文明을 媒介ㅎᄂ 不可無홀 一原素ㅣ라. 若 書籍이 無ㅎ면 古의 何人이 如何히 善ㅎ며 如何히 惡홈을 不知ㅎ고 又 今의 何人이 如何히 智ㅎ며 如何히 愚홈을 不知홀지니 書籍이 吾人에게 其關係가 果然 如何ㅎ뇨. 然흔 則 吾人을 善케 智케 홈도 是書籍이오 吾人을 惡케 愚케 홈도 是書籍이라. 嗚呼라. 書籍을 著述ㅎᄂ 諸君이여. 一年에 一書를 著作ㅎ던지 十年에 一書를 編述홀지라도 書籍 盡美를 是圖ㅎ야 此書가 一出ㅎ면 吾人의 性에 如何흔 利益이 有ㅎ며 如何흔 損害가 有홀가 ㅎ야 文明界로 是導홀지어늘, 但히 營業的으로 看做ㅎ고 速홈을 是主ㅎ며 多홈을 是務ㅎ야 其數가 汗牛充棟에 至ㅎ나 是로 由ㅎ야 出版의 不許도 有ㅎ고 發賣의 禁止도 有ㅎ니 一日에 十書를 著혼다 ㅎ야도 其 出版 發賣를 不得ㅎᄂ 境遇에ᄂ 徒히 腦力만 費홀지로다. (…中略…) 然則 著書者와 賣書者가 各其 時機의 變遷과 人心의 嚮背를 深察치 안이ㅎ고 一時的 時機를 利用ㅎ거나 人心을 迎合ㅎ야 暴利를 貪ㅎ다가 將來 國家 社會에 惡影響이 及케 ㅎ면 現時의 當局者가 此를 禁止홀 섇 안이라 他日의 具眼者가 此를 嘲笑홀지라. 故로 吾人이 敢히 一言을 述ㅎ노라.

> **번역** 무릇 서적은 문명을 매개하는 없어서는 안 될 한 원소이다. 만약 서적이 없으면 옛날 어떤 사람이 어떻게 선하며 어떻게 악함을

---

71) 통감시대나 일제 강점기 초기 이른바 애국계몽가로 불리는 다수의 학자들이 통감부(총독부) 검정 교과서를 집필한 사례는 많이 있다. 이러한 현상은 이 시기 서적 저술 현상을 민족의식 또는 애국계몽운동의 차원만으로 해석하기 어렵게 만드는데, 아마도 이 시기의 서적 유통이 경제적인 문제와 밀접한 관련을 맺고 있었기 때문에 저술 출판 활동이 지속된 것으로 보인다.

알지 못하고 또 지금 어떤 사람이 어떻게 지혜로우며 어떻게 어리석은지를 알지 못할 것이니, 서적이 우리와의 관계가 어떠한가. 그런즉 우리들을 선하게 지혜롭게 하는 것도 바로 서적이요, 우리를 악하게 어리석게 하는 것도 바로 서적이다. 아아. 서적을 저술하는 제군이여. 일 년에 한 책을 저작하든지 십년에 한 책을 편술할지라도 서적의 참된 가치를 꾀하여 이 책이 한 번 세상에 나오면 우리의 성품에 어떠한 이익이 있으며 어떠한 손해가 있을까를 고려하여 문명계를 바르게 이끌어 갈 것이어늘, <u>단지 영업적인 것만 간주하고 신속하게 하고자 하며, 많음만을 힘써 그 수가 한우충동에 이르나</u> 이로 말미암아 출판 불허도 생기고 발매 금지도 생기니 하루에 열 권을 짓는다 해도 그 출판 발매를 허가받지 못하는 경우에는 헛되이 뇌력만 낭비하는 것이다. (…중략…) 그런즉 저서자와 판매자가 각각 시기의 변천과 인심의 향배를 깊이 살피지 않고 일시적 기회만을 이용하거나 인심과 영합하여 폭리를 탐하다가 장래 국가 사회에 악영향이 미치게 되면 <u>지금 당국자가 이를 금지할 뿐</u> 아니라, 후에 구안자가 이를 비웃을 것이다. 그러므로 우리들이 감히 일언을 말하노라.

—'저술가 급 서포 영업자(著述家及書舖營業者)에게 경고(警告)함',

『매일신보』, 1910.11.25

이 논설은 일제의 강점 직후 이루어진 서적 통제 현상을 합리화하기 위한 목적에서 쓰인 것이다. 통감시대 교과용도서 검정을 위해 교과서 조사를 할 당시에는 '정치적 기준, 사회적 기준, 교육적 기준'을 고려하여 교과서를 조사한다고 밝히고, 이 가운데 배일사상의 고취나 민족의식 고취와 관련된 기준을 강화하여 교과서를 통제한 결과, 상당 수준의 지식 통제가 이루어졌는데,[72] 강점 직후에는 '풍속 교화'를 슬로건으로

---

72) 1910년 7월 증보 5판으로 발행된 통감시대 학부의 '교과용도서 일람표'를 참고하면, 당시 학부 인가 교과용 도서가 70종, 검정 무효 및 검정 불허가 도서 13종, 내부대신 발매 반포 금지 도서 8종의 목록이 들어 있다. 이들 도서는 거의 대부분 식민 통치를 방해하는

하여 저술을 통제하고, '영리 목적의 위해론'을 내세워 유통을 제약하는 상황으로 바뀌었다. 이와 같은 풍속 교화나 영리 위해는 우민화와 노예화를 목표로 하는 지식 보급 차단 정책을 은폐하기 위한 논리였는데, 다음은 이를 증명한다.

【 불량도서 취체 】

曩日 學務局에서 全道 各學校에 通牒을 發ᄒ야 非教育的의 圖書 取締에 關ᄒ 示達이 有ᄒ얏스니 此ᄂ 近代的 頹廢의 人情이 要求ᄒᄂ 低級 文學이 非常ᄒ 勢威로써 社會를 風靡ᄒ고 著作者 及 書肆도 亦 人情의 弱點을 利用ᄒ야 더욱 賤劣 低調의 圖書를 發行홈에 因홈인즉 實로 寒心을 不堪ᄒ 바ㅣ라. 更히 最近에 至ᄒ야ᄂ 中小學 程度의 學生을 目的ᄒᄂ 著作物도 其 書名은 正當히 表示홈을 不拘ᄒ고 其 內容에 至ᄒ야ᄂ 甚히 不好ᄒ 者ㅣ 多ᄒ야 學生이 受ᄒᄂ 惡感化ᄂ 實로 可恐ᄒ 者ㅣ 有홈으로 當局에셔ᄂ 學生이 此等의 不良 圖書를 繙讀홈을 嚴重히 取締ᄒ기로 한지라. 元來 現今의 小中 學生은 學習의 目的이 比較的 多ᄒ야 實際의 用處가 無ᄒ다ᄂ 批難ᄭ지 잇ᄂ 境遇에 更히 教科書 以外의 圖書를 濫讀ᄒ야 其 思想 及 智識을 複雜 淺薄케 홈은 可戒치 안이치 못ᄒ 事니 要컨듸 中小學 生徒ᄂ 教科書에 徹底홈을 第一로 ᄒ고 其他 一般 圖書에 接近치 안케 努力ᄒ되 小學校 程度ᄂ 教科書 以外의 圖書를 繙讀홈이 絶對로 不必要ᄒ며, 中學校 以上도 亦 教師의 選擇 指導를 俟치 안이치 못ᄒ 것이라. 近來 中學生의 好伴侶라고 稱ᄒᄂ 題目을 表示ᄒ 圖書가 有ᄒ야 表面은 正當ᄒ 듯ᄒ나 其 內容은 學生에게 同盟休學 等을 敎ᄒᄂ 傾向을 含ᄒ 危險圖書를 發見ᄒᄂ 事ㅣ 有ᄒ고, 又 某 中學生은 中學生 及 其 以上의 學生을 目的ᄒ고 發行ᄒ 某 雜誌 中에 養豚의 利益을 說ᄒ 一 論文에 心醉ᄒ야 實際로 養豚을 始ᄒ고 遂히 中途에 退學ᄒ야 此에 從事ᄒ얏스나 其實은 雜誌의 說明과 如치 안이ᄒ야 大失敗

내용을 담고 있는 도서들이다.

룰 招훈 故로 此 學生은 失望의 餘에 遂히 墮落훈 例가 有후고

지난 일 학무국에서 전도 각 학교에 통첩을 발하여 비교육적 도서
단속에 관한 공시를 보낸 일이 있으니, 이는 근대적 퇴폐의 인정
이 요구하는 저급 문장 학술이 놀라운 세력으로 사회를 풍미하고 저작자
와 서점도 또한 인정의 약점을 이용하여 더욱 천박 열등 저급한 도서를
발행하기 때문이니, 실로 한심한 바다. 다시 최근에 이르러 중소학 정도의
학생을 목표로 하는 저작물도 그 책명은 바르게 표시하면서 내용에서는
심히 좋지 않은 것이 많아서 학생이 받는 나쁜 영향은 실로 놀라운 것이
많으므로, 당국에서는 학생이 이들 불량한 도서를 번독하는 것을 엄격히
단속하기로 하였다. 원래 지금 소중학생은 학습 목적이 비교적 많아서
실제 용도가 없다는 비난까지 있는데 다시 교과서 이외의 도서를 남독하
여 그 사상과 지식을 복잡하고 천박하게 하는 것은 경계하지 않을 수 없
는 일이니, 요컨대 중소학 생도는 교과서에 철저함을 제일로 하고, 기타
일반 도서에 접근하지 않도록 노력하되, 소학교 정도는 절대로 교과서
이외의 도서를 번독하지 않도록 하고, 중학교 이상도 교사의 선택과 지도
를 받지 않을 수 없다. 원래 중학생의 좋은 반려자라고 칭하는 제목을
표시한 도서가 있어 표면은 그럴 듯하나 그 내용은 학생에게 동맹휴학
등을 가르치는 경향을 포함한 위험 도서를 발견하는 일이 있고, 또 모
중학생은 중학생 및 그 이상의 학생을 목표로 하고 발행한 모 잡지 속에
양돈의 이익을 설명한 논문에 심취하여 실제로 양돈을 시험하고 드디어
중도에 퇴학하여 이에 종사했으나 실제로는 잡지의 설명과 같지 않아서
큰 실패를 불러온 까닭에 이 학생은 실망한 나머지 타락한 예가 있다.
—'불량도서취체(不良圖書取締)', 『매일신보』, 1916.7.13

이 논설은 소학교 중학교 학생들을 대상으로 한 도서 통제 사례를
보여주는 논설이다. 논설의 취지는 학생들이 교과서 이외의 도서를 읽
음으로써 나타나는 폐단을 그럴 듯하게 제시하고 있으나, 실제로는 사

상 통제를 은폐하고 생도를 획일적으로 통제하는 데 목적이 있었음을 드러낸다. 교과서 이외의 책을 읽지 못하도록 해야 한다는 주장이나 중학생 이상도 교사의 지도를 받지 않고 다른 도서를 읽는 것을 금해야 한다는 주장은 생도의 사고를 통제하는 논리의 하나이며, 이 논설에서 불량 도서로 규정한 책의 예가 '동맹휴학을 가르치는 경향', '수준에 맞지 않는 양돈설을 게재한 잡지' 등임을 고려할 때, 도서 단속의 목적 속에 사상 통제가 포함되어 있음을 쉽게 짐작할 수 있다.

이와 같이 일제 강점기의 지식 통제는 국문 지식의 유통을 원천적으로 차단하는 결과를 가져온 것으로 보이며, 이에 따라 전문 지식과 학술의 발달을 꾀하기는 더욱 어려워졌다. 여기에다 식민 시기 일제의 경제적 침략 상황 하에서 자생적 서적 출판 보급도 쉽지 않은 상황이었으므로, 우민화는 더 급속도로 진행되어 갔다.

5.2. 강점 직후의 서적계

일제 강점기 서적 유통 상황에 대한 전수 조사가 이루어진 바 없기 때문에, 이 시기의 서적 유통의 실제를 기술하는 일은 쉽지 않다. 그럼에도 일제 강점기의 서적 유통 경향을 추론하는 일은 어려운 일이 아닌데, 그 중 하나가 교과용 도서의 유통 상황이다. '교과용 도서 검정 규정'(1908.8.28)이 발포 직후인 1909년 3월 20일 제1차 교과용 도서 조사를 진행하고, 해마다 교과서를 조사했는데,[73] 1915년 12월 개정 9판의 '교과용 도서 일람'을 참고하면 학부 편찬 도서 45종, 검정 도서 17종, 인가 도서 305종이 유통되었으며, 기존에 유통되던 도서 가운데 학부 불인가 도서 185종, 검정 무효 또는 불허가 도서 74종, 발매 반포 금지 도서 111종으로 나타난다.[74] 이 가운데 불인가 도서는 일제 강점기 지

---

73) 이에 대해서는 『조선총독부 시정 연보』(국학자료원)를 참고할 수 있다.

식 통제의 대표적인 사례에 해당한다. 이 가운데 발매 반포 금지 도서
는 일제 강점기 초기의 지식 통제 상황을 극명히 보여준다. 이들 도서
는 근대 계몽기 발행된 교과서, 사회 계몽서, 정치 사상서, 역사 전기물,
시사성이 강한 신소설이나 전기문 등이 대부분인데, 일부는 중국에서
수입된 서적이나 심지어는 족보가 포함된 경우도 있다. 이들 발매 반포
금지 도서의 내용별, 사용 문자별 분포를 정리하면 다음과 같다.

【 발매 반포 금지 도서의 분포 】

분야	국문	미상	일본어	중국어	한문	계
역사서	17	1			2	20
정치	14			1	1	16
독본	13				1	14
역사(전기문)	11	1	1			13
문학(소설 포함, 전기문 제외)	12					12
시사	5			1		6
수신	6					6
기타	1	1			3	5
미상		5				5
지지	5					5
종교	2					2
일본어	2					2
교육	1					1
작문	1					1
상업	1					1
영어	1					1
한문					1	1
계	92	8	1	2	8	111

이 표에 나타난 바와 같이, 발매 반포 금지 도서의 대부분은 국문으

---

74) 이 목록은 부록으로 제시하기로 한다.

로 된 서적이며, 양계초(梁啓超), 삽강보(澁江保)의 저서와 같이 중국에서 유입된 시사 평론서도 포함되었다. 내용상으로 볼 때 종류를 알 수 없는 5종을 제외하면 역사(20), 정치(16), 독본(14), 전기(13) 등의 분포를 보이는데, 역사와 정치 관련 도서가 많은 까닭은 일제의 강점으로 인해 대한제국이라는 국가를 인정하지 않고 일제의 식민지가 되었음을 강조했기 때문이다. 이처럼 식민 상황을 반영한 역사의식과 제국주의의 식민지 영토 개념이 강제되면서, 강점 사실과 어긋나거나 자주 독립 정신을 드러내는 저작물을 집중적으로 단속했기 때문이다.

이러한 경향은 학부 불인가, 검정 무효 도서도 마찬가지이다. 불인가 및 검정 무효는 주로 사립학교 교과용 도서를 대상으로 했다는 점에서 교육 통제 상황을 잘 나타내 준다. 이들 도서의 분포를 살펴보면 다음과 같다.

【 학부 불인정 도서 및 검정 무효 도서 분포 】

분야	국문	영문	일본어	중국어	한문	계
역사	24		20	2	1	47
지지	30		14		1	45
조선어	26		4			30
일본어	11		11			22
수신·윤리	17		2			19
한문					14	14
독본	8				4	12
수학	9					9
교육	6		1			7
농업	3		3			6
생리위생	5					5
상업	4					4
물리	4					4
이과	3			1		4
가정	3					3

분야	국문	영문	일본어	중국어	한문	계
영어	2	1				3
경제	2		1			3
음악(창가)			3			3
기타	1			2		3
동물	2					2
박물	2					2
법학	2					2
식물	2					2
종교				2		2
지문	2					2
중국어				1		1
자전					1	1
광물	1					1
화학	1					1
계	169	1	59	8	21	259

이 표에 따르면 불인가 무효 도서 가운데 169종은 기존의 국문(국한문) 교과서들이며, 59종은 일본에서 유입된 교과서류이다. 양계초의 『음빙실문집』과 같은 중국 서적과 교과서로 사용되지 않은 일부의 한적류도 들어 있지만, 대부분은 교과서라는 점에서 일제 강점에 따른 교육 통제가 전면적으로 이루어졌음을 확인할 수 있다. 더욱이 이노우에데츠카로(井上哲次郎)의 『중학 수신서』(金港堂)와 같이 일본인 저술도 다수 포함된 점이 주목되는데, 그 이유는 이들 저서가 조선에 대한 식민 지배를 반영하지 않았거나 내용상 자주 독립 사상을 길러주는 데 다소간의 역할을 할 수 있다고 믿을 경우 불인정 무효 도서로 규정하고 있음을 확인할 수 있다.[75]

---

75) 허재영(2009)의 『일제 강점기 교과서 정책과 조선어과 교과서』에서는 일제 강점 직후인 1911년 조선총독부의 교과서 정정본 발행 과정에 대해 분석한 바 있는데, 이에 따르면 1907년 발행한 『보통학교 학도용 국어독본』과 『일어독본』의 경우 1911년 자구 정정본을 내면서 『보통학교 학도용 조선어독본』, 『국어독본』으로 명칭을 바꾸고, 식민 강점 사실

일제 강점기 지식 통제는 서적 유통에도 그대로 반영된다. 이를 증명하는 자료 가운데 하나가 신문과 잡지에 광고된 서적의 유형이다. 강점 직후인 1910년 8월 29일부터 3.1독립 운동 이후 『동아일보』가 탄생하기까지 국문으로 발행된 신문은 일제의 통치에 동조하던 『매일신보』밖에 없었다. 그렇기 때문에 실제 서적 유통이 어느 정도였는지를 면밀하게 추적하는 일이 쉽지는 않지만, 광고에 등장하는 서점(書肆)의 종류나 서적명을 통해 일제 강점기의 지식 유통 상황을 추론해 볼 수 있다. 이 시기는 교과용 도서 검정 제도, 불량 도서 취체 등의 영향 하에 일본에서 직수입한 서적, 식민 지배자의 관점에서 흥미를 가질 수 있는 조선 사정, 식민 통치에 필요한 이데올로기를 전파하는 서적, 식민사관을 뒷받침하는 역사서 등이 유통되었으며, 이에 따라 일본어로 된 서적이 급증했고, 국문으로 된 서적은 앞에서 서술한 통제를 받지 않는 범위 내에서 유통될 수밖에 없었던 것으로 보인다. 다음은 1910년 8월 30일부터 1911년 8월 30일까지 『매일신보』 광고란에 등장하는 서점명과 광고된 서적을 조사한 자료이다.

【 1910년대 매일신보 도서 광고 경향 】

주요 서점 명	광고한 책수
보성관	44
일한서방	38
동양서원	33
광덕서관	30
광동서국 이종정	30

을 반영한 수정본을 펴냈음을 확인할 수 있다. 이때 정정본에서는 '자주', '독립', '아국의 수도 한양' 등의 표현을 사용하지 못하게 했으며, 한국사의 자주성을 보이는 단원을 모두 삭제하도록 하였다. 이러한 경향은 통감시대 '교과용 도서 검정 규정' 발포 이후 본격적으로 나타나는데, 그 결과 1907년 발행된 교과서에 들어 있던 '자주', '독립', '병역의 의무' 등과 같은 표현이 1909년 이후의 교과서에서는 사라져 갔다. 이에 대해서는 허재영(2010)의 『통감시대 어문교육과 교과서 침탈의 역사』를 참고할 수 있다.

주요 서점 명	광고한 책수
보급서관 김용준	7
광학서포	3
신구서림 지송욱	2
일본어학잡지사	2
야소교서원	1
일어연구회	1
수문서관(修文書館)	1
泰興書林(김태형, 박봉래)	1
총 합계	195

이 시기 『매일신보』에 광고를 게재한 서점은 13개로 나타난다. 이들
서점은 통감시대에도 존재했던 서점들로 일부 경영자가 바뀐 경우도
있지만, 지속적으로 서적을 판매해 온 것으로 보인다. 이 시기 1년간
광고된 서적류는 중복된 것을 제외하면 대략 100여 종 정도로 추산되
는데, 이를 분야별로 나누면 일본어 학습서(26종), 종교(18종), 지리(14
종), 역사(12종), 농업(12종), 경서 및 고전(12종), 수학(8종), 법률(8종), 시
사(7종), 경제(6종), 소설류(3종) 등의 분포를 보인다.

일본어 학습서로는 『포켓 일한회화(ポケット 日韓會話)』(村上唯吉), 『개
정정선 일어대해(改正精選日語大海)』(박중화), 『고등 일문독본』(미상), 『독
습 일한척독(獨習日韓尺度)』(정운복), 『일본어학잡지』 제4호(일본어학잡지
사), 『일선대자전』(박중화), 『일어용언역해(日語用言譯解)』(김준식 편역), 『일
어대성(日語大成)』(정운복), 『일어첩경(日語捷徑)』(미상), 『일어초정(日語抄
定)』(미상), 『일한비문척독(日韓 備門尺牘)』(한성북부 승동예배당), 『정선 일
어통편(精選日語通編)』(현공렴), 『정선 일한언문자통(精選日韓言文自通)』(미
상), 『중등 일어문전(中等日語文典)』(미상), 『한일조선문 쌍해 신정옥편(韓
日朝鮮文雙解新訂玉篇)』(미상), 『한일영 신회화(韓日英新會話)』(정운복) 등의
책명이 등장한다. 이들 서적은 대부분 독학으로 일본어를 익히게 하거
나 학교의 보충 교재용으로 사용된 것들로 볼 수 있다.

종교 관련서적은 기독교의 성경, 찬송가, 교리 문답 관련 서적이 많은데, 『국문 누가복음 쥬셕』(야소교서원), 『셩경요리문답쥬셕』, 『셩산명경』, 『곡죠 찬송가』, 『한문신약 찬송가 합부』, 『최쇼본 찬송가 포의』, 『신약찬송가 합부(국문)』, 『마가복음쥬셕』, 『주의 말슴』, 『요한복음쥬셕』, 『ᄉ도ᄒᆡᆼ전으로 묵시록 쥬셕ᄉᆞ지』, 『구약 챵셰긔 로마 랍긔 쥬셕ᄉᆞ지』 등이 나타나며, 『누터긔교긔략』은 기독교 역사와 관련된 서적이다.76)

지리와 역사는 근대 계몽기 이후 지속적으로 관심을 끌었던 분야이다. 그러나 일제 강점기의 지리, 역사는 강점이라는 시대 상황 속에서 가장 많은 통제를 받았던 분야이다. 그렇기 때문에 이 시기 광고된 지리서나 역사서는 일본인이 저술한 것이 많아졌다. 『조선지리(朝鮮地理)』(조선잡지사편찬), 『실측답사 최신한국전도(實測踏査 最新韓國全圖)』(일한서방편집부), 『실측상밀 한국전도(實測詳密 韓國全圖)』(일한서방편집부), 『경성 용산전도(京城 龍山全圖)』(일한서방편집부), 『한국신지리(韓國新地理)』(田淵友彦), 『압록강 만한 국경사정(鴨綠江 滿韓 國境事情)』(大崎中佐), 『한국남만주(韓國南滿洲)』(野口保興) 등과 같이, 강점에 따라 일본인이 조선 통치와 관련하여 저작한 조선 사정 관련 서적, 또는 지도가 다수 출현하였고, 역사 분야에서도 『고려사(高麗史)』(圖書刊行會 編纂), 『조선사(朝鮮史)』(久保天隨), 『한국정쟁사(韓國政爭史)』(幣原坦), 『한국개화사(朝鮮開化史)』(恒屋盛眼) 등과 같이 이른바 식민사관이 반영된 일본인의 저술이 보급되기 시작하였다. 이밖에 『초등대한지리』, 『동국사략』 등과 같이 통감시대 개인 저작 교과서가 일부 등장하는데, 이러한 교과서는 강점 직후 이루어진 이른바 '불량도서 취체(단속)'가 본격화되기 전의 일시적인 현상이라고 볼 수 있다.

---

76) 일제 강점기 서적 유통 과정에서 분야별로 볼 때 종교서는 다른 분야에 비해 비중이 컸던 것으로 보인다. 그러나 종교서는 발행된 것에 비해 광고된 것은 많지 않았던 것으로 보이는데(특히 천도교, 불교의 경우), 이는 종교서 전파가 광고보다 종교인을 중심으로 이루어졌기 때문에 나타나는 현상으로 볼 수 있다. 그럼에도 기독교계 종교서의 경우 신문에 광고된 경우가 많다.

이러한 시대적 흐름에서 『만월대(滿月臺)』, 『모란화(牧丹花)』와 같은 신소설, 『논어집주』, 『맹자집주』, 『대동풍아』와 같은 경서 집주와 시문 관련 서적이 폭넓게 유통되기 시작한 점 등은 지적 통제뿐만 아니라 식민 시대의 출판 경제 상황 또는 독자층 형성 등과 관련된 지적 풍토를 짐작하게 한다. 특히 『매일신보』의 지식 유통 계몽 담론을 살펴보면, 식민 강점기의 지식 통제가 '불량 도서 취체'와 같은 정치(또는 행정) 차원의 문제뿐만 아니라 식민 지배를 위한 이데올로기를 반영하고 있음을 확인할 수 있다. 이러한 이데올로기는 근대 계몽기의 지식 보급을 통한 문명개화론 대신 봉건적 지배 문화를 회복해야 한다는 도덕적 문명론, 또는 명석 유가(名碩儒家)를 재흥한 고서적 보급론을 낳는다. 다음 논설을 살펴보자.

【 書籍界에 對ᄒ야 】

嗚呼라. 某國을 勿論ᄒ고 書籍의 現存ᄒᆫ 者를 考察ᄒ야 書籍이 高尙ᄒ면 其 人民의 程度가 亦是 高尙ᄒ고 書籍이 卑下ᄒ면 其 人民의 程度가 亦是 卑下ᄒᆯ지라. 然ᄒᆫ즉 書籍은 文明의 原素라 謂ᄒᆯ지니 雖生智의 聖質이 有ᄒᆫ 者라도 엇지 書籍 外에셔 別 識見을 得ᄒ리오. 古今의 治亂得失도 書籍에 在ᄒ고 賢愚善惡도 書籍에 在ᄒ고 其他 醫藥 卜筮(복서) 及 農工商業이 并히 書籍에 在ᄒ니 書籍이 吾人에게 對ᄒ야 其關係가 果然 何如하뇨. 可히 人으로 ᄒ야곰 忠孝ᄒᆯ 者도 書籍이오, 可히 人으로 ᄒ야곰 邪曲ᄒᆯ 者도 書籍이오, 可히 人으로 ᄒ야곰 娛樂ᄒᆯ 者도 書籍이오, 可히 人으로 ᄒ야곰 惡哀ᄒᆯ 者도 書籍이라. 故로 人의 性情이 書籍으로 從ᄒ야 變化ᄒ나니 當局에셔도 不正當ᄒᆫ 書籍을 取締홈에 皆此로 由홈이라. 近日 漢城 內 書籍界를 見ᄒ건듸 著者 及 出版者가 並히 區區 小利에만 注目ᄒ고 一毫의 遠慮가 無ᄒ야 幾百頁 幾千頁의 大峡書ᄂᆫ 敢히 着手치 못ᄒ고, 人眼을 媚悅ᄒᄂᆫ 新書類 機種에 不過ᄒ며 最히 盛行ᄒᄂᆫ 者ᄂᆫ 百頁 以內의 諺文 小說 諸種쑌이니 此가 能히 全局 人民의 識見을 開ᄒᆯ가. (…中略…) 嗚呼라. 古書籍을

存置ᄒ 者ᄂᆫ 思ᄒᆞᆯ지어다. 古名碩 或 自己 祖先의 經年 硏究ᄒᆞ며 積歲辛苦ᄒᆞ야 得ᄒ 바를 雖 如何히 饑餓ᄒᆞᆯ지라도 엇지 此를 幾分 零金에 賣却ᄒᆞ야 一毫의 愛情이 無ᄒ리오. 此輩ᄂᆫ 人類 價値로 責ᄒᆞᆯ 비 無ᄒᆞ거니와 出版家 諸君도 區區ᄒ 新書類에만 經營ᄒᆞᆯ 비 안이라 <u>古家書籍에 注意ᄒᆞ야 刊行ᄒᆞᆯ 者ᄂᆫ 刊行ᄒᆞ며 保存ᄒᆞᆯ 者ᄂᆫ 保存ᄒᆞ야 幾百年 古氣로 ᄒᆞ야금 烏有에 勿歸케 ᄒᆞ면 諸君도 相當ᄒ 利益이 有ᄒᆞᆯ ᄲᅮᆫ 안이라 古人에 對ᄒ 慈善 義務가 有ᄒᆞ 다 ᄒᆞᆯ지로다.</u>

번역 오호라. 어느 나라를 물론하고 현재의 서적을 고찰하여 서적이 고상하면 그 인민 정도가 역시 고상하고, 서적이 비하하면 그 인민 정도가 또한 비루함을 알 것이다. 그러므로 서적은 문명의 원소라고 일컬을 것이니 비록 태어날 때부터 안다는 성현의 자질이 있는 자라도 어찌 서적 말고 다른 데서 식견을 얻을 수 있겠는가. 고금의 치란득실도 서적에 있고 기타 의약, 복서, 농공상업이 모두 서적에 있으니 서적과 우리들의 관계가 과연 어떠하겠는가. 가히 사람으로 하여금 충효하게 하는 것도 서적이요, 사람으로 하여금 사곡하게 하는 것도 서적이요, 오락하게 하는 것도 서적이요, 싫어하고 슬퍼하게 하는 것도 서적이다. 그러므로 사람의 성정이 서적에 따라 변화하니 당국에서도 부정당한 서적을 단속하는 것이 모두 이로 말미암은 것이다.

근일 한성 내 서적계를 살펴보면 저자 및 출판사자 모두 작은 이익에만 주목하고 조금도 멀리 생각하는 것이 없어, 몇 백 쪽 몇 천 쪽의 많은 분량의 서적은 감히 발행하지 못하고, 사람의 눈만 미열하게 하는 신서류 몇 종에 불과하며, 가장 성행하는 것은 백 쪽 이내의 언문 소설뿐이니 이것이 능히 전국 인민의 식견을 열어 주겠는가. (…중략…) 오호라. 고서적을 갖고 있는 자는 생각할지어다. 옛날의 유명한 석학 또는 자기 조상이 여러 해를 거쳐 연구하며 신고의 세월을 쌓아 얻은 바를 비록 굶을지라도 어찌 몇 푼의 돈에 매각하여 일호의 애정이 없게 하는가. 이런 무리는 인류의 가치로 꾸짖을 바도 없거니와 출판사 여러분도 구구한 신서류만 경영할 것이 아니라 고가 서적에 주의하여 간행할 것은 간행하고, 보존할 것은 보존하여 몇 백 년 옛날의 기력이 까마귀에 돌아가는 일이 없도록 하면 제군도 상당한 이익이 있을 뿐 아니라 고인에 대한 선행을 힘쓴 것이라고 할 것이다.

—'서적계(書籍界)에 대하여', 『매일신보』, 1911.4.16

이 논설에서는 서적이 '충효, 사곡, 오락, 오애'를 이끌어 가는 요소로 규정되었다. 이는 이른바 '도덕', 곧 식민 강점의 현실을 고려하면 '충량한 신민(臣民)'이 되는 것과 동일한 의미를 갖는다. 당시 한성의 서적계가 얄팍한 신서적, 특히 언문 소설(신소설류)만 성행한다고 비판하고, 고상한 문명을 위해 고서적(古書籍)을 간행·유통해야 한다고 촉구한다.

이 논설의 논조는 강점 직후부터 강화되기 시작한 '불량 도서 취체(단속)', '얄팍한 신서적', '언문 소설의 광범위한 유통'을 잘 보여준다. 엄밀히 말해 불량 도서 취체는 식민 통치를 효율적으로 하기 위한 의식 통제의 성격을 띤다. 이에 따라 통감시대부터 시작된 도서 통제가 강점 직후에는 모든 행정력을 동원하여 전면적으로 진행되었음을 확인할 수 있는데, 이는 1910년대 『매일신보』의 서적 출판 관련 논설에서 '불량 도서 취체'와 관련된 논의가 빠지지 않음을 통해서도 알 수 있다. 얄팍한 신서류는 이 시기 서적 출판 상황을 압축적으로 표현한 말이다. 이 논설에서 지적한 것과 같이 이 시기 발행된 책자는 신소설류를 포함하여 100쪽 이내의 민력(民曆), 소설, 학습용 교재가 대부분이었다.[77]

---

77) 『매일신보』의 광고에서 신소설이 본격적으로 등장하는 것은 1911년 11월 8일 현공렴 서사(書肆)로 보인다. 이 광고에는 61종의 서적명이 등장하는데, 이 가운데 『동각한매』, 『죽서루』, 『만월대』, 『구마검』, 『빈상설』, 『모란봉』, 『모란화』, 『홍도화』, 『화세계』 9종이 신소설이다. 이 가운데 『동각한매』와 『죽서루』는 일본어로 된 신소설로 광고되었다. 또한 1911년 11월 11일자 보급서관의 서적 광고에도 22종의 서명 가운데 『화세계』, 『정탐소설 쌍옥적(雙玉笛)』, 『애정소설 월하가인』, 『치악산』이 신소설이며, 『이소보(伊蘇普)의 공전격언(空前格言)』(이솝우화), 『부란극림전』은 우화 또는 전기문이다. 이처럼 이 시기 새로 출판된 다수의 서적은 소설, 우화, 전기 등이 주를 이루었다.

이러한 상황에서 고서적 간행 보급론은 근대 계몽기의 '신구학 갈등'에서 '구학(舊學)의 승리'처럼 비추어진다. 앞선 시기 신구 대립은 한국 사회의 전근대성이 공고한 성리학적 질서에서 비롯된 것이며, 신학문으로 이를 타파하거나 적어도 유학을 개신해야 한다는 논리를 기반으로 하였다. 그러나 일제 강점기의 고서적 보급론은 당시의 조선 현실과 민중 의식을 야매(野昧)한 것으로 규정하고, 그에 대한 원인 규명 없이 '고서적'으로 대표되는 구질서 또는 구학문을 부활해야 한다는 주장으로 이어지는 셈이다. 이는 다음 논설에서도 확인할 수 있다.

【 서적 보급 관련 논설 】

ㄱ. 書籍 購覽을 勸告홈

嗚呼ㅣ라. 現今 書籍界에 對ᄒ야 本記者가 呶呶 說明홈이 一再에 不止ᄒ되 書籍界의 近況을 考察ᄒ건딕 更히 可言홀 바ㅣ 無ᄒ도다. 向日에는 但히 書籍을 善著ᄒ라 書籍을 廉買ᄒ라 ᄒ야 一心 忠告가 著作家 及 出版家에게만 止ᄒ얏더니 日漸一日에 書籍界ᄂ 腐敗에 自歸ᄒ야 著作家도 日益 零星ᄒ고 出版家도 日益 衰敗ᄒ야 耳目에ᄂ 奇聞異說이 雖有ᄒ나 著作家가 此를 不集ᄒ며 眼前에ᄂ 珍簡寶篇이 雖有ᄒ나 出版家가 此를 不刊ᄒ야 東西古今의 獸變人ᄒ며 死變生ᄒᄂ 一部 精華가 零落殆盡ᄒ니 今日 我民族 不振에 對ᄒ야 更히 誰를 怨ᄒ리오. (…中略…) 我朝鮮 書籍界의 零替ᄂ 其罪가 著作家에도 不在ᄒ고 出版家에도 不在ᄒ고 單히 購覽者의 稀少홈에 在ᄒ다 홀지로다. 若購覽者가 繁盛ᄒ면 出版家가 必繁盛이오, 出版家가 繁盛ᄒ면 著作家가 必繁盛홈은 當然ᄒ 定理라. 然ᄒ나 我朝鮮의 所謂 士子라 謂ᄒᄂ 者ᄂ 但히 目下의 衣食만 勞勞ᄒ고 一卷의 新書籍을 不求홀 쑨 아니라 自己家의 傳來ᄒ던 古書籍도 休紙로 放賣ᄒᄂ 者ㅣ 往往ᄒ니 雖何等의 別書籍이 有홀지라도 誰가 著作ᄒ며 誰가 出版ᄒ리오.

번역 오호라. 지금 서적계에 대해 본 기자가 시끄럽게 말한 것이 한두 번에 그치지 않되, 서적계의 근황을 고찰하면 다시 말할 바가 없다. 전일에는 단지 서적을 잘 저술하라, 서적을 싸게 판매하라 하여 충고가 저작가와 출판가에게만 그치더니 날이 갈수록 서적계는 부패하여 저작가도 날로 영성하고 출판가도 날로 쇠패하여 이목에는 기문이설이 있으나 저작가가 이를 수집하지 않으며, 안전에 진기한 글과 보배와 같은 책이 있으나 출판가가 이를 간행하지 않아 동서고금에서 짐승이 변해 사람이 되며 죽은 자가 살아나는 일부의 정화가 영락하여 결국 쇠진하니 금일 우리 민족의 부진에 대해 누구를 원망하겠는가. (…중략…) 우리 조선 서적계의 영락 침체는 그 죄가 저작가에게 있지 않고 출판가에게도 있지 않으며 단지 구람자가 희소한 데 있다고 할 것이다. 만약 구람자가 번성하면 출판가가 반드시 번성할 것이요, 출판가가 번성하면 저작가가 반드시 번성함은 당연한 이치이다. 그러나 우리 조선에서 소위 선비라고 일컫는 자는 단지 눈앞의 의식만 힘쓰고 한 권의 신서적도 구하지 않을 뿐 아니라 자기 집안에 전래하던 고서적도 휴지로 방매하는 자가 왕왕 있으니 비록 하등의 특별한 서적이 있을지라도 누가 저작하며 누가 출판하겠는가.

—'서적 구람을 권고함', 『매일신보』, 1911.4.28

ㄴ. 書籍의 程度

朝鮮 今日의 <u>所謂 出版物은 或 語學 或 算術 及 諺小說 若干에 不過ᄒ고 其 道德의 如何와 文章의 如何ᄂ 幷히 苢籬物(파리물)로 視ᄒ니 人民 來日의 如何 低下와 如何 野昧ᄂ 不言可知ᄒ지로다.</u> 此ᄂ 徒히 購覽者의 零星ᄒ믈만 誅ᄒ릴 빈 안이라 書肆 營業者가 往往 沒常識ᄒ 者가 多ᄒ야 書籍의 種類를 能히 辨別치 못ᄒ고 但히 區區 近刊에만 營ᄒ니 書籍의 發達이 日이 豈有ᄒ리오. 然則 名碩哲儒의 一生 勞苦ᄒ던 千篇万卷이 烏有에 歸ᄒ니 此ᄂ 有志者의 痛心홀 바이라. 幸 我民族은 今日의 低下를 免ᄒ고 來日의 卓越을 圖ᄒ며 今日의 野昧를 免ᄒ고 來日의 文明을 期홀진딕 <u>書肆 營業者도 高等의 書籍을 發行ᄒ며 一般 同胞도 義務的으로 書籍을 競買ᄒ야</u> 奎華(규화)의 古

運을 回復케 홀지어다.

번역 조선 금일의 소위 출판물은 혹 어학, 산술 및 언문 소설 약간에 불과하고 그 도덕의 여하와 문장의 여하는 아울러 부스러기처럼 간주하니 인민 내일이 어떻게 저급해지고 어떻게 야매할지는 말하지 않아도 알 지경이다. 이는 모두 구람자의 영성만 비판할 바가 아니며, 서점 영업자가 종종 몰상식한 자가 많아서 서적의 종류를 능히 변별하지 못하고 단지 구구히 근간에만 경영하니 서적 발달할 날이 어찌 있겠는가. 그런즉 명석철유(名碩哲儒)가 한평생 노고하던 천편만권이 오림에 버려지니 이는 뜻있는 사람이 통탄할 바이다. 우리 민족이 금일 저급을 면하고 내일의 탁월을 도모하며 금일의 야매를 면하고 내일의 문명을 기약하고자 한다면 서점 영업자도 수준 높은 서적을 발행하고 일반 동포도 의무적으로 서적을 다투어 사서 규화(28수 가운데 15수의 별자리. 규화는 규성의 빛을 의미하며, 뛰어난 문장 또는 문명을 의미함)의 고운(古運)을 회복해야 한다.

—'서적의 정도', 『매일신보』, 1911.9.21

두 논설에서 확인할 수 있듯이, 이 신문에서는 영성(零星)한 서적 유통의 원인을 구람자(購覽者)의 희소, 곧 독자 형성이 안 된 점과 서사(書肆) 영업자의 몰상식에서 비롯된 것으로 규정하고, 문명 발전을 위해 명석철유의 고서적 간행을 촉구한다. 이는 식민 지배에 따른 문화적 침탈을 은폐하는 논리라고 볼 수 있는데, 『매일신보』에서는 빈번히 '고서적 간행', '시학'으로 대표되는 전통 학문을 강조하고 있다.

【 고서적과 시학 중시론 】

ㄱ. 古書籍에 對ᄒ야

凡 書籍의 種類도 新刊ᄒᆫ 者보다 古板을 尤愛ᄒ야 同一ᄒᆫ 書意라도 或 唐板이니 或 宋板이니 ᄒ야 其 價値가 不同ᄒᆷ은 古人의 靄然(애연)ᄒᆫ 手澤이

此에 在흠을 留意흠이라. 然ᄒ나 刊行ᄒᆞᆫ 書籍은 既히 世間에 均布ᄒᆞ얏스니 一失再求가 容易ᄒᆞ려니와 一失ᄒᆞ면 再求치 못ᄒᆞᆯ 古人의 手墨이며 古人의 錦腰繡肚를 刊行치 못ᄒᆞ고 僅히 殘編古簡에 在ᄒᆞᆫ 者를 엇지 愛ᄒᆞ지 안이ᄒᆞ리오. (…中略…) 我朝鮮에ᄂᆞᆫ 書籍이 未備ᄒᆞ야 既往의 刊行ᄒᆞᆫ 者ᄂᆞᆫ 富家에셔 自手發行ᄒᆞᆫ 文集 幾種에 不過ᄒᆞ고, 其他 千萬 書籍은 著者의 地位가 卑ᄒᆞ야도 刊行치 못ᄒᆞ며 著者의 家勢가 貧ᄒᆞ야도 刊行치 못ᄒᆞ얏스니 無數ᄒᆞᆫ 名儒 才士의 鳳尾龍鱗의 塵案에 零在ᄒᆞᆫ 者를 엇지 可量ᄒᆞ리오. 然ᄒ나 此를 愛ᄒᆞᄂᆞᆫ 者가 稀少ᄒᆞ더니 況今은 世界의 新書籍이 日出흠이 書籍을 貯ᄒᆞᄂᆞᆫ 者가 言必稱 古書籍은 無用이라 ᄒᆞ야 牛洩馬潑로 視ᄒᆞ며 又 悖子惡孫은 先人의 傳來ᄒᆞ던 古紙를 或 塗壁ᄒᆞ며 或 覆甁ᄒᆞ야 漸滅殆盡(시멸태진)ᄒᆞ니 嗚呼痛哉라. 엇지 人情의 悖戾가 此에 至ᄒᆞ뇨.

번역 무릇 서적은 종류도 신간한 것보다 고판을 더욱 사랑하여 동일한 책의 뜻이라도 혹은 당판 혹은 송판이니 하여 그 가치가 같지 않음은 고인의 애연한 흔적이 이에 있음을 유의함이다. 그러나 간행한 서적은 이미 세간에 고루 배포했으니 한번 상실해도 다시 구하기 쉽지만 한번 잃어버린 것을 다시 구하지 못할 고인의 수묵과 고인의 금수와 몸과 같이 귀한 것을 간행하지 못하고 겨우 잔편고간에 있는 것을 어찌 사랑하지 않겠는가. (…중략…) 우리 조선에는 서적이 충분하지 않아 이미 간행한 것은 부잣집에서 자기 스스로 발행한 문집 몇 종에 불과하고 기타 천만 서적은 저자의 지위가 낮아도 간행하지 못하고, 저자의 집안이 가난해도 간행하지 못했으니, 무수한 명유 재사의 봉미용린의 티끌같은 서안에 흩어진 것을 어찌 가히 헤아리겠는가. 그러나 이를 사랑하는 자가 희소하더니 지금은 세계의 신서적이 날로 증가하여 서적을 보는 자가 말하기를 고서적은 무용이라 하여 우마의 배설물처럼 여기고, 또 패악한 자손은 선인의 전래하던 책으로 벽을 바르고 병을 쌓아 모두 없애버리니 안타깝다. 어찌 인정의 패려가 이에 이르렀는가.

—'고서적에 대하여', 『매일신보』, 1911.3.3

ㄴ. 詩學의 衰退

大抵 詩는 天下의 至難호 學이라. 數十年의 硏究로 數万篇의 浩帙을 得호 지라도 或佳 或佳호야 泣鬼(읍귀)의 境에 達키 難호니 詩를 엇지 容易히 說호리오. 詩의 性質이 政治의 意味가 無호니 政治界에 無關이오 法律의 意味가 無호니 法律계에 無關이오, 經濟의 意味가 無호니 經濟界에 無關이 라. 寒호야도 衣치 못호며 飢호야도 可食치 못호니 誰가 此를 欲學호리오. 然호즉 詩는 無用의 學이라 호야 徒히 汗漫호 山水風月 蟲魚鳥獸에게 情을 寄호야 或 喜悅 或 搖揚호야 千態萬象이 一毫의 實功이 無호니 此는 人民의 不學홀 쑨 안이오 卽 在上者가 禁홀지라. 然호나 自古 聖人이 必詩로 尊尙 호야 享祀에 用하며 禮賓에 用호야 惟一無二의 學으로 奬勵호니 其故는 何에 在호뇨. 嗚呼라. 吾人이 衣食에만 營營호면 雜俗을 未免홀지며 又 政 治가 如何히 隆호고 法律이 如何히 明호며 經濟가 如何히 足홀지라도 詩學 이 無호면 文明의 形容을 得키 難홀지라. (…中略…) 幸히 靑年界에 立호야 學問에 有志호 者는 各種 新學을 從業홀지라도 暇隙을 利用호야 遊場에 勿 放호고 必 詩學에 留心호야 當歲의 奎運을 挽回홀 쑨 안이라 諸君 自己도 雜俗호 野態를 免홀지어다.

번역 대저 시는 천하의 지극히 어려운 학문이다. 수십 년 연구로 수만 편의 방대한 양을 이해할지라도 혹 아름답고 아름다워 읍귀(泣鬼) 의 경지에 도달하기 어려우니 시를 어찌 쉽게 설명할 수 있겠는가. 시의 성질은 정치적 의미가 없으니 정치계에 무관하고, 법률의 의미가 없으니 법률계에 무관이며, 경제의 의미가 없으니 경제계와 관련이 없다. 추위도 입지 못하고 배고파도 가히 먹지 못하니 누가 이를 배우고자 하겠는가. 그런즉 시는 무용의 학문이라 하여 모두 한만한 산수풍월 충어조수에 정 을 의탁하여 혹은 기뻐하고 혹은 고양하여 천태만상이 하나도 실효가 없 으니 이는 인민이 배우지 않을 뿐 아니라 윗사람이 금지할 것이다. 그러 나 자고로 성인이 시로 존상하여 제사에 쓰고 예빈에 써서 유일무이의 학문으로 장려했으니 그 이유는 무엇인가. 아아. 우리들이 의식에만 급급하면 잡스러운 풍속을 면하지 못할 것이며 정치가 융성하고 법률이 밝고 경제가 풍족할지라도 시학이 없으면 문명의 형용을 얻기 어려울 것이다. (…중략…) 다행히 청년계에서 학문에 뜻을 둔 자는 각종 신학을 업으로 삼을지라도 틈을 이용하여 유희장에 가지 말고 반드시 시학에 마음을 두어 당세의 규운(규성의 운명)을 만회하고 제군 스스로 잡속한 야만의 모습을 면해야 한다.

『매일신보』에서 빈번히 제기한 고서적과 시학으로 대표되는 전통 학문 중시론은 이른바 '잡속 야태(雜俗野態)'를 벗어나 '문명(文明)'해야 한다는 논리로 요약할 수 있다. 이러한 논리는 학문 발달이 이루어지지 않아서 자주 독립을 이루지 못함을 통렬히 비판하던 근대 계몽기의 지식 논리와는 정반대의 역주행이라고 볼 수 있다. 예를 들어 『대한매일신보』 1910년 2월 12일자 논설 '학술가(學術家)의 책임(責任)'에서는 당시 김종한(金宗漢)·이용원(李容元)·민영휘(閔泳徽)가 『송자대전』을 간행하자, "금일 한국(韓國)에 시급(時急)히 간행(刊行)할 서적이 송자대전(宋子大全)인가. 금일 한국에 문명을 계(啓)하며 부강(富強)을 치(致)할 서적이 송자대전인가. 한국의 국수(國粹)를 분(奮)케 하며, 한국의 독립을 복(復)케 할 서적이 송자대전인가."라고 질타하며, "금일 한국은 문명 수입이 급한 시대이다. 저 해외 문명국으로부터 수입되는 서적이 구름같이 많아서 법률학도 있고, 경제학도 있으며, 이과학도 있고, 문학 철학도 있으며 역사 의학도 있고, 천문 지리학도 있거늘 저가 이에 진력하지 않고 목하 국중 교과서가 더욱 결핍하여 소학교에는 완전한 소학 교과서가 없고, 중학교에는 완전한 중학 교과서가 없으며, 전문학교에는 완전한 전문학 교과서가 없거늘 저들이 이에 유의하지 않으며, 또 한국 구서적으로 논하더라도 국가 이익에 급하고 민복에 급한 서적이 역시 적지 않거늘 저들이 이에는 꿈도 꾸지 않고, 오직 이 송자대전을 간행하려고 정신을 소진하며 수단을 다하는 것은 무슨 까닭인가."[78]라고 비판하였다. 이처럼 역주행한 고서적과 시학론이 득세한 까닭은 '문명'을 '잡속야태(雜俗野態)를 탈피하여 교화된 상태가 되는 것'으로 규정하여 결과적으로는 식민 지배 질서에 순응하며 '충량한 신민'[79]을 양성하고자 하는 이데올로기에 순응했기 때문이다. 이러한 이데올로기는 근대 계몽기 완고배로 지칭되었던 유생들과 귀족적 지위를 유지했던[80] 친일 관료들에게서 빈번히 찾아볼 수 있으며, 『매일신보』 또한 이러한 사람들에 의해 경영되었음을 확인할 수 있다. 이러한 상황에서 일제 강점기에도 고서적과 시학, 경서류와 시문 등이 지속적으로 유통되기 시작했으며, 일본과 중국에서 직수입된 도서 가운데도 이 계통의 서적이 다수 포함되었던 것으로 나타난다.

5.3. 1920년대 이른바 문화통치기의 지식 유통

일제의 식민 통치의 목표는 근본적으로 조선을 완전히 지배하며, 궁극적인 동화(일본화)를 꾀하는 데 있었다. 이때 동화는 본질적으로 제국의 신민을 만드는 것을 의미한다.[81] 그러나 제국 신민으로 완전한 동화

---

78) "今日韓國은 文明輸入의 汲汲亨 時代라 彼海外文明國으로 輸入되ᄂᆞᆫ 書籍이 雲ᄀᆞᆺ치 多ᄒᆞ야 法律學도 有ᄒᆞ며 經濟學도 有ᄒᆞ며 理科學도 有ᄒᆞ며 文學哲學도 有ᄒᆞ며 史學醫學도 有ᄒᆞ며 天文地理學도 有ᄒᆞ거날 彼가 此에ᄂᆞᆫ 盡力치 아니ᄒᆞ며, 目下 國中에 敎科書가 甚乏ᄒᆞ야 小學校에ᄂᆞᆫ 完全ᄒᆞᆫ 小學敎科書가 無ᄒᆞ고 中學校에ᄂᆞᆫ 完全ᄒᆞᆫ 中學敎科書가 無ᄒᆞ며 專門學校에ᄂᆞᆫ 完全ᄒᆞᆫ 專門學敎科書가 無ᄒᆞ거늘 彼가 此에ᄂᆞᆫ 留意치 아니ᄒᆞ며, 又韓國舊書籍으로 論하야도 國利에 急ᄒᆞ고 民福에 急ᄒᆞᆫ 書籍이 亦不少ᄒᆞ거날 彼가 此에ᄂᆞᆫ 夢想치도 아니ᄒᆞ고, 惟此宋子大全을 刊行ᄒᆞ랴고 精神을 盡하며 手段을 盡흠은 何故오."('學術家의 責任', 『대한매일신보』, 1910.2.12)

79) '충량한 신민'은 일제 강점기 '조선 교육령'에 빈번히 등장하는 용어이다. 일본 제국의 신민으로 충과 효를 행해야 한다는 논리를 집약한 표현이다.

80) 일제의 식민 정책에서도 황실과 귀족 회유 정책이 가장 먼저 실시되었음은 1910년 8월 22일 강제 병합 조약(이른바 한일합방조약, 대한제국 내각총리대신 이완용과 통감 자작 데라우치의 조인) 이후 8월 29일에 황실령 제14호로 '조선 귀족령'이 반포된 데서 확인할 수 있다.

81) 강점 직후 '동화'의 문제는 『매일신보』에서도 지속적으로 다루었다. 1910년 8월 30일자 논설 '동화의 주의', 8월 31일자 논설 '신사상의 주입', 9월 10일자 '평화의 주지', 9월

를 이루기 위해 시대 상황에 따라 식민 통치 방식을 바꾸어 왔다. 흥미로운 것은 이른바 1910년대의 '무단통치(武斷統治)', 1920년대 '문화정치(文化政治)', 1930년대 '병참기지화 정책(兵站基地化政策)' 등의 용어가 식민 통치에 대한 후대의 평가에서 비롯된 용어가 아니라, 당시 총독의 시정 정책을 표현한 용어였다는 점이다. 예를 들어 1910년대 무단정치에 대해 당시 일본 정우회 대의사(代議士)였던 이노우에 가쿠고로(井上角五郎)는 다음과 같이 표현한 바 있다.

【 朝鮮統治의 成功 】

　近來 總督政治에 對ᄒ야 意見이 百出ᄒ되 其中 尤甚ᄒ 者ᄂ 惡罵를 放ᄒᄂ 者ᄭ지 有ᄒ나 此等 朝鮮의 現下의 狀態를 未解ᄒᄂ 者가 안이면 其眞相을 不知ᄒ고 誤解홈에 基因홈이오 且 世間에서ᄂ 往往히 武斷政治 言論壓制을 唱ᄒᄂ 者ㅣ 有ᄒ니 抑武斷政治라 홈은 何也오. 朝鮮의 併合은 軍事上 必要ᄒ 結果로 斷行된 것인즉 軍政을 施ᄒ야도 未爲不可ᄒ도다. 然而 朝鮮이 今日과 如히 平穩無事ᄒ 狀態를 持續홈은 總督政治의 一大 成功이오 寺內總督이 안이면 能치 못홀 바이라. 警察制度의 普及은 新領土 統治上 가장 緊要ᄒ 條件이니 現在에도 警察制度가 普及ᄒ 結果로 朝鮮의 草賊은 其形影을 遁秘홈이 안인가. 要컨딕 彼等은 武斷의 意義를 了解치 못ᄒ고 徒然히 武斷政治를 排斥ᄒ야 武斷政治로써 非立憲的이라 홈은 其迂怪홈을 믐키 難ᄒ도다. 新領土의 言論取締도 亦統治上에 極히 必要ᄒ 條件이니 無責任ᄒ 言論과 亂暴ᄒ 橫議ᄂ 有害無益ᄒᆫ즉 到底히 取締치 안이치 못홀지니 若夫 矯激의 論을 主張ᄒ다가 禁遏을 受ᄒ고 言論의 壓迫이라 따ᄒᄂ 者ㅣ 有ᄒ면 是ᄂ 自己의 面에 唾ᄒᄂ 者인즉 相互間에 國家의 利益得失을 考慮ᄒ고 是非言論을 揷홀 것이 안이로다.

14일자 '동화의 방법' 등은 강제 병합을 '동양평화론', '문명 개혁론' 등으로 위장하고 있으나, 본질적으로 일본 제국주의의 정치, 경제적 팽창 야욕을 은폐한 논리에 불과하다.

번역 근래 총독 정치에 대해 의견이 분분하되 그 가운데 가장 심하게 악의적으로 매도하는 자까지 있으나 이들은 조선 현재의 상태를 이해하지 못하는 자가 아니면 그 진상을 알지 못하고 오해하는 데서 기인한 것이며 또 세간에서 왕왕 '무단정치, 언론압제'를 부르짖는 자가 있으니, 오히려 무단정치라 하는 것은 무엇인가. 조선의 병합은 군사상 필요에 따른 결과로 단행된 것인즉 군정을 실시해도 불가하다 하지 못한다. 그러나 조선이 금일과 같이 평온무사한 상태를 지속하는 것은 총독 정치의 가장 큰 성공이요, 데라우치 총독이 아니면 능히 못할 바이다. 경찰제도의 보급은 신영토 통치상 가장 긴요한 조건이니 지금도 경찰제도가 보급된 결과 조선의 초적(의병을 일컬음)의 영향이 숨어든 것이 아닌가. 요컨대 저들은 무단의 의미를 이해하지 못하고 헛되이 무단정치를 배척하여 무단정치가 비입헌적이라 하니 그 우활하고 괴상함은 말하기 어렵다. 신영토의 언론 단속도 또한 통치상 극히 필요한 조건이니 무책임한 언론과 난폭한 의견은 유해무익하니 도저히 단속하지 않을 수 없다. 만약 잘못되고 과격한 언론을 주장하다가 금지를 당하고 언론의 압박이라고 절규하는 자가 있으면 이는 자기의 얼굴에 침을 뱉는 자이니 상호간 국가의 이익 득실을 고려하고 시비의 언론을 꾀할 것이 아니다.

—'조선통치의 성공', 『매일신보』, 1911.5.5

이 글은 1880년대부터 일제 강점기까지 조선 침략의 일등 공신으로 일컬어지고 있는 이노우에[82]의 회고담의 일부이다. 이 글에서는 '무단통치(武斷統治)'라는 용어가 빈번히 등장하는데, '헌병정치', '경찰정치', '무단통치' 등의 용어가 병합 직후 통치자들에 의해 자연스럽게 명명된 정책임을 보여준다. 이는 '문화정치'나 '병참기지화 정책'도 마찬가지

---

82) 이노우에는 후쿠자와유키치의 제자로 갑신정변을 후원했던 인물이다. 『한성순보』 발행에 참여하고, 『한성주보』 발행 시는 국한문제를 도입한 것으로 알려진 인물이다. 강점 당시에는 일본 정우회 대의사로 식민 통치 이데올로기를 만드는 데 주력하였다.

이다. 『매일신보』1921년 12월 2일 '학교를 중심으로 하는 사회 교화'라는 학무국장 마츠무라(松村松麿)의 담화에는 '금일은 문화정치의 시대가 되었음으로'라는 표현이 등장하며, 초등학교 학제 개편 당시(1941. 1.4) 지리과 교수 요지에서는 '조선은 대륙 병참기지라는 것을 깨닫게 하며'라는 표현을 사용하였다. 이와 같이 일제 강점기의 식민 정책 변화와 관련한 '무단정치, 문화정치, 병참기지화' 등과 같은 용어는 식민정책 입안자들이 자연스럽게 사용하던 용어였다.

이러한 상황에서 이른바 '문화정치'에 따른 제한적이나마 신문, 잡지의 발행이 활발해졌고, 저술·출판이 이루어졌다. 여기서 주목할 점은 일제 강점기의 출판물 가운데 절대적인 비중을 차지하는 것은 조선총독부나 일본인들이 만든 각종 단체에서 발행한 간행물들이라는 점이다. 예를 들어 『조선총독부관보(朝鮮總督府官報)』,[83] 조선총독관방서무부문서과에서 발행한 『조선(朝鮮)』,[84] 『시정연보(施政年譜)』[85] 등의 총독부 관련 자료와 『경성일보(京城日報)』와 같은 총독부 기관지, 그리고 조선교육회에서 발행한 『문교의 조선(文敎の朝鮮)』,[86] 1930년대 자력갱생운동이 벌어지면서 발행된 『자력갱생휘보(自力更生彙報)』 등은 대부분 일본문으로 이루어진 보고서 또는 잡지들이다. 이 가운데 『조선』과 『문교의 조선』에는 다수의 조선인이 일본문으로 논문을 발표한 바 있기 때문에, 이 시기의 학문 발달 과정에서 검토해 보아야 할 자료들로 판단된다.[87] 그러나 이들 자료에 소재된 학술 정도와 일본어로 된 논문

---

83) 『조선총독부관보』는 아세아문화사에서 영인한 바 있다.

84) 이 잡지는 월간지 형태로 발행되었으며 1986년 고려서림에서 영인하였다.

85) 이 자료는 연간으로 발행되었으며 국학자료원에서 영인한 바 있다.

86) 이 자료는 일본 MT출판사에서 영인한 바 있다.

87) 이뿐만 아니라 이 시기 일본의 학술원이나 도서관협회 등에서 발행한 보고서도 상당수 존재한다. 예를 들어 『일본학술협회보고(日本學術協會報告)』(일본학술원), 『전국고등전문 제학교 도서관협의회 회보(全國高等專門諸學校 圖書館協議會會報)』 등은 일본에서 발행된 것이지만, 당시의 조선 사정과 관련된 보고 내용이 포함된 경우가 있고, 이 시기 경성제대를 비롯한 전문학교에 보급되었으므로, 이에 대한 분석도 필요해 보인다.

이 이 시기 한국 학문의 성장·발달에 직접적인 영향을 준 것으로 보기에는 무리가 있으므로, 이 시기 지식 형성과 유통 과정을 이해하기 위해서는 국문으로 발행된 신문, 잡지, 서적류 등을 분석하는 것이 일차적인 과제로 보인다.

이러한 관점에서 한국 신문 발달사를 연구한 성준덕(1955), 이해창(1971) 등을 종합해 볼 때, 일제 강점기 국내에서 발행된 대표적인 국문 신문은 다음과 같이 정리할 수 있다.

【 일제 강점기 국내에서 발행된 국문 신문 】

신문명	발행 기간		사용 문자	발행	신문 발행 주의 (이해창 참고)
	창간	종간			
매일신보	1910.08.29	1945.08	국문	매일신보사	일제 강점 이후 〈대한매일신보〉의 제호 변경
조선일보	1920.03.05	1940.08	국문	발행인 모종석(芮宗錫), 편집인 최강(崔岡)	정의옹호, 문화건설, 산업발전, 불편부당
동아일보	1920.04.01	1940.08	국문	동아일보사	민중의 표현기관 자임, 민주주의지지, 문화주의 제창
시대일보	1924.03.31	1926.08	국문	최남선 주간	〈동명〉의 후신
동명	1922.09.03	1923.06.03	국문	편집 겸 발행 진학문, 최남선 감집	종합 주간지
중외일보	1926.11.15	1931.09.02	국문	이상협	시대일보 판권 인수
중앙일보	1931.11.27	미상	국문	김찬성(金贊成)	중외일보 판권 인수
조선 중앙일보	1933.03.07	1937.11.05	국문	여운형(呂運亨)	중앙일보 개제
독립신문	1919.03.01	미상	국문	윤익선(尹益善)	기미독립운동 시 지하신문
자유민보	1919.04.01	미상	국문	미상	기미독립운동 시 지하신문
대한 독립신문	미상	미상	국문	大韓國民會	기미독립운동 시 지하신문
우리의 편지	미상	미상	국문	한족독립기성회 (韓族獨立期成會)	기미독립운동 시 지하신문

이 표에 등장하는 10종의 신문 가운데 기미독립운동 시 지하신문으로 알려진 4종의 신문은 그 실체가 명확하지 않다. 또한 각 신문사마다 발행 취지와 목적에 따라 편집 방향이 다르며, 신문사의 경영 상태나

총독부의 통제 방식에 따라 학술 수준에도 상당한 차이를 보인다. 이를 고려할 때 일제 강점기의 신문 유통과 지식 보급 정도를 분석하는 일은 좀 더 복합적인 요인을 고려하여 연구해야 할 과제라고 생각된다. 그렇지만 신문의 필진과 독자층을 고려할 때 『동아일보』는 1920년대 식민 현실의 지식 형성과 유통 상황을 보여주는 적절한 매체로 평가할 수 있다. 이를 위해 『동아일보』 창간 직후인 1920년 4월 1일부터 1921년 3월 30일까지 1년간[88]의 광고를 조사한 결과 이 기간의 서점 광고 84종을 확인할 수 있었는데, 이들 광고에 등장하는 책수는 대략 103종으로 나타난다. 이들 서적을 분야별로 분류하면 잡지(35종), 경서 현토 및 시문 편집(28종), 의식 개혁 및 계몽 관련(11종), 척독류(6종), 문예(3종), 수험서(3종), 일본어 학습서(3종), 생활의약(3종), 조선어 관련(2종), 길흉서(2종), 창가집(2종), 심리학(1종), 기타(4종)의 분포를 보인다.

이와 같이 이 시기 서적 광고에서 가장 큰 비중을 차지한 것은 잡지였다. 이 기간 광고된 잡지로는 가정잡지 『신계(晨鷄)』(남선문예사), 종합 잡지 『개벽』 창간호, 임시 재간호, 2호, 3호(개벽사), 『여광(麗光)』 1호(여광사), 언론 잡지 『서광(曙光)』 4호, 5호, 6호, 7호(문흥사), 『서울』 3호, 4호, 5호, 6호(한성도서주식회사), 여성잡지 『근화(槿花)』 창간호(근화사), 『신여자』 2호, 3호(신여자사), 『여자계(女子界)』 5호(여자계사), 『여자시론(女子時論)』 창간호, 제4호, 노동잡지 『공제(共濟)』 창간호(조선노동공제회), 농민 잡지 『농계(農界)』 제5호(농계사, 언제 창간되었는지는 확인되지 않음), 문예 잡지 『문우(文友)』(문흥사), 『창조』 5호, 6호, 7호(창조사), 『폐허』 창간호(폐허사), 청년잡지 『월간아성(我聲)』 창간호(조선청년연합회), 『학생계(學生界)』 창간호, 2호(9월호)(한성도서주식회사), 일본 유학생회의 『학지광』 20호, 21호(학지광사), 『현대』 제6호(조선기독교청년회), 아

---

88) 『동아일보』는 1920년 10월부터 1921년 1월 말까지 정간되었으므로, 실제로는 9개월에 해당된다.

동잡지 『새동무』(활문사서점) 등이 나타난다.89) 이와 같이 1920년대 잡지가 급속히 증가한 것은 이 시기 조선총독부의 지식 통제 정책과 출판계의 경영 사정, 잡지를 중심으로 한 독자층의 형성 등의 요인이 작용했던 것으로 볼 수 있다.

그 다음으로 많은 비중을 차지한 것은 경서나 시문(詩文)을 편집하고 현토(懸吐)한 서적들이다. 1920년 6월 6일 천일서관(天一書館)의 경우 '내각판 칠서 구해 급 소학 통감(內閣板 七書具解 及 小學 通鑑)'이라는 제목 하에 22종의 서적을 광고했는데,90) 『논어』, 『맹자』, 『중용』, 『대학』, 『시전』, 『서전』, 『주역』, 『소학』, 『통감』, 『효경대의』 등의 현토 경서류와 『천자』, 『정본 명심보감』, 『정본 칠언당음』, 『정본 통감』, 『정본 유몽선습』, 『정본 계몽편』, 『정본 사략』, 『정본 오언당음』, 『정본 초천자』, 『정본 현토구해 명심보감』 등의 전통적 한학 교재 또는 아동용 한자 학습서, 『신정 방약합편』과 같은 가정 의약 정보 제공서, 『경성안내 부 약도』가 들어 있다. 이처럼 현토체 경서류가 다수 포함된 것은 1920년대까지 서당식 교육이 일반적이었고, 현토한 서적이 가정의 필수 도서처럼 인식되었기 때문으로 보인다. 달리 말해 이 시기 깊이 있는 전문 지식의 탐구와 보급은 거의 이루어지지 못한 상황에서 한문학습의 전통이 남아 있는 셈이다.

또한 『시사 강연록』이나 『개조론』 등과 같이 민중 계몽을 목표로 한 서적이 간행된 것도 이 시기의 특징이다. 안확(安廓)의 『자각론(自覺論)』, 보급서관 등에서 판매되었던 『시사강연록』, 『연설 급 식사법 부 의회통

---

89) 한국잡지협회(1972)의 『한국잡지총람』(한국잡지협회)에 따르면 일제 강점기 발행된 각종 잡지(일부 일본문 잡지 포함)는 총 781종으로 확인된다. 그러나 광고문을 대조할 경우 『여광』, 『농계』 등은 이 목록에 포함되어 있지 않다. 이를 고려할 때 신문 광고를 전수 조사하면, 일제 강점기에 발행된 잡지의 종수는 훨씬 증가할 것으로 판단된다.

90) 1920년대 서적 광고는 근대 계몽기나 1910년대 초기와는 달리 천일서관처럼 다수의 서적을 나열하여 광고하는 예가 적다. 이 시기는 특정 서적에 대한 좀 더 상세한 정보를 제공하는 카피가 등장한다.

용규칙』, 조선청년연합회의 『자각론』, 『개조론』, 박문서관의 『수양격언천화』 등은 이 시기 사상개조론이나 계몽운동과 관련된 책들이며, 『화륜선의 발명』, 『세계현상』, 『구미 신인물(歐米新人物)』, 『세계 백걸전(世界百傑傳)』 등도 계몽 담론과 밀접한 관련을 맺고 있다. 또한 민중 계몽 차원에서 최남선의 『시문독본(時文讀本)』이 등장한 것도 지식 보급 차원에서 큰 의미를 갖는다. 척독류와 일본어 학습서는 강점 초기부터 지속적으로 발행되었던 유형이며, 교육 문제와 관련하여 자습용 '강의록'이나 수험서가 등장한 것도 이 시점으로 볼 수 있다.[91]

이와 같이 1920년대는 이른바 문화정치라는 이름 아래 다수의 신문과 서적이 발행된 것으로 보이나, 실제로는 전문적인 지식 산출과 보급은 거의 이루어지지 못한 상태에서 대중의 기호에 맞는 가벼운 출판물 중심으로 지식의 유통이 이루어진 것으로 볼 수 있다. 흥미로운 것은 『오뇌의 무도』, 『옥루몽』, 『해왕성』(이하몽 번안)과 같이 문예물의 숫자가 많지 않은 점인데, 실제로는 이 시기에도 문예물의 유통은 매우 활발했던 것으로 보인다. 이러한 추론은 1920년 9월 발행된 『개벽』 제4호 소재 신문과 서적 광고에서도 이춘원 작(李春園作) 『무정(無情)』, 이하몽 작(李何夢作) 『무궁화(無窮花)』, 박현환 작(朴賢煥作) 『갓츄샤 애화 해당화(海棠花)』 등이 포함된 점을 통해서도 확인할 수 있다. '시하호평서류(時下好評書類)'라는 제목의 신문관 광고에는 모두 11종의 책이 등장하는데, 이 가운데 7종이 소설류이다.

이밖에 홍병선(洪秉璇)의 『아동심리학』은 심리학 분야의 전문 서적으로 볼 수 있다. 현재까지 이 책은 발견되지 않은 것으로 보이는데, 저자인 홍병선이 조선야소교서회에서 발행한 『주일학계』에 '심리학'을 연재한 것으로 볼 때,[92] 아동을 대상으로 한 심리 분석 이론서임에 틀림

---

91) 선행 연구에서 통신강의록이나 자습용 학습서, 수험서 등에 대한 체계적인 연구 성과는 거의 발견되지 않으나 1920년대부터 통신 교재와 각종 수험서, 전과(全科) 학습서 등이 등장한다.

없다. 이처럼 전문성을 띤 서적이 출판될 수 있었던 것은 종교적인 후원이 있었기 때문에 가능했을 것으로 보인다.

이와 같이 1920년대 이른바 문화통치 기간에 신문, 잡지 및 서적 발행이 다소 활기를 띤 것으로 보이나, 이 시기 근대 지식 형성과 유통은 상당한 제약을 받았던 것이 사실이다.

이 시기의 지식 발달과 유통의 가장 큰 장애물은 언어사용과 관련된 문제였다. 일제 강점기의 동화정책은 조선어를 말살하고, 조선인의 민족의식을 박탈하여 궁극적으로 노예적 예속화를 꾀하는 데 목표가 있었다. 비록 '동화'라는 표현이나 '일시동인(一視同仁)', '내선일체(內鮮一體)' 등의 슬로건을 내걸었을지라도, 동화의 본질은 '조선'이라는 의식을 박탈하는 데 있었으며, 이를 위해 지속적인 일본어 보급과 조선어 말살을 꾀해 왔다.93) 이 흐름은 1920년대 이른바 문화정치 기간에도 본질적인 변화가 없었는데, 학교에서 조선어과 3시간을 제외한 모든 교육이 일본어로 이루어졌으며, 교수 용어와 교과서도 일본어를 사용했다. 이러한 상황에서 조선어(국문)로 학문을 하고 지식을 발달시키며, 지식을 보급하는 일은 가능한 일이 아니었다.

【 今日의 問題 = 敎科書 問題의 核心, 任璟宰(敎科書調査委員) 】

今에 一言하고자 하는 바는 普通敎育에 對한 用語 問題라. 此에 用語 問題라 함은 勿論 敎授用語(卽 兒童에게 直接으로 敎科를 講義口授하는 用語)와 敎科書 用語(卽 敎科書 記錄에 使用하는 用語)를 竝稱함이나 敎授 用語에 關한 調査 硏究는 勿論 敎育調査會의 領分인즉 該委員의 愼重한 硏究와 賢命한 判斷에 委할 바이오, 敎科書 用語에 關하야는 余도 委員의 一人인 責任上으로나 日常의 目擊 又는 直接으로 感觸한 바의 苦痛으로나 果然 一

---

92) 홍병선(1921), 「심리학」, 『주일학계』, 1921.12, 조선야소교서회.
93) 일제 강점기 조선총독부의 어문정책에 대해서는 허재영(2011)의 『일제강점기 어문정책과 어문생활』(도서출판 경진)에서 비교적 자세히 분석한 바 있다.

言을 無키 不能하도다. 蓋 普通敎育에 關한 兒童用 敎科書는 兒童의 自學自習上 唯一의 良師友라. 가장 講讀에 便하고 解釋이 易한 用語로 記錄하야 兒童 學習의 趣味를 助長함이 必要할지오, 此에 反하야 難讀難解의 用語로 記錄하면 自然 兒童의 厭症을 致하야 學習上 不少한 障害를 加함은 多言을 不要할 바이니 現時 普通學校의 敎科書와 如히 用語를 全然 日本語를 原則으로 함은 참으로 受學 兒童의 負擔을 過重케 하야 能學을 減殺하며 學業의 進度를 沮害함이라 아니할 수 업스니 試思하라. 兒童이 出生 後로 日常 家庭에서 自然的으로 些毫의 苦痛 업시 習得한 朝鮮語를 猝地에 抛棄하고 日本語로 記錄한 敎科書에 對하야 日本語로 講義함을 受함이 엇지 坦坦한 熟路를 捨하고 逶弛(위이)한 曲徑을 進함과 달으며, 光明한 燈燭을 捨하고 暗暗에 彷徨함과 달으리오. 그 結果는 다만 疲勞가 極하고 蹼跌이 多하야 目的地 到達이 遲延할 쑨 아니라 這間에 幾多의 損失을 受하야 畢竟 低能兒를 化成하고 말지니, 엇지 智者의 忍爲할 바이리오. 第一 敎育의 結果 如何는 不問에 附하고 形式上 日本語가 國語이니 絶對로 此를 强制할 必要가 잇다 하면 이는 偏狹한 政治的 意味 下에서 消極的으로 一時 彌縫的인 敎育 方針이라. 多言할 餘地가 無하거니와 적어도 朝鮮 民族의 向上 發展을 計하고 兩民族의 眞實한 諒解로 永遠한 親和를 圖하랴면 可及的 朝鮮人의 眞摯한 合理的인 希望과 要求를 察得하야 不平을 除去하고 感心을 誘起함에 努力함이 施政上에도 唯一의 得策일가 하노라. 論者 或은 朝鮮人에 對한 日本語 普及은 學問의 寶庫를 開하는 唯一의 開金이라 하니 이는 余도 切實하게 感覺하고 首肯하는 바이나 開金 準備에만 沒頭하다가 目的하는 바 學問庫를 開하야 보지도 못하고 말면 엇지 徒勞無功이 아닌가. 一言以蔽之하고 朝鮮 敎育은 朝鮮人을 敎育하는 事를 忘却할 수 업스니 朝鮮人됨이 變할 수 업는 事實인 以上 딸아서 個人의 個性이 各有함과 如히 言語 風俗 習慣 歷史 等 朝鮮語의 固有한 民族的 個性을 全然 無視하고 敎育을 施한다 하면 反피 被敎育者의 懷疑와 嫌惡의 情만 益益 增長하야 徒然히 平和만 損失할 쑨이오 所期의 效果를 收得키 不能할지라. 그럼으로 余는 普通敎育에 對하야

日本語는 國語인 一科目으로 嚴格히 學習을 獎勵하고 一般 科學에 關한 敎科 書는 此를 朝鮮語로 編纂함을 絶叫하야 말지 아니하나니 勿論 當局에서도 朝 鮮 民族의 永遠한 幸福을 計하며 兩民族의 眞實한 親和를 圖함에는 千思萬 慮로 最善을 圖하는 터인즉 一般 朝鮮人의 期待하는 바에 違行하지 아니함 에 注意하야 努力할 줄노 確信하며 切望하노라.

번역 지금 한마디 하고자 하는 바는 보통교육에 대한 용어 문제이다. 여기서 용어 문제라고 하는 것은 물론 교수용어(곧 아동에게 직접 으로 교과를 강의 구술하는 용어)와 교과서 용어(곧 교과서 기록에 사용 하는 용어)를 아울러 일컬음으니 교수 용어에 관한 조사 연구는 물론 교 육조사회의 영역이므로 그들 위원의 신중한 연구와 현명한 판단에 맡길 일이요, 교과서 용어에 대해서는 나도 위원의 한 사람이라는 책임상으로 나 일상 목격하고 직접 느낀 바 고통으로 과연 한마디 말을 하지 않을 수 없다. 대개 보통교육에 관한 아동용 교과서는 아동이 스스로 공부하고 학습하는 데 유일한 좋은 스승이다. 가장 읽기 편하고 해석하기 쉬운 용 어로 기록하여 아동 학습의 취미를 조장하는 것이 필요하다. 이에 반해 읽기 어렵거나 해석하기 어려운 용어로 기록하면 자연 아동의 염증을 불 러와 학습상 적지않은 장해를 가져올 것임은 여러 말할 필요가 없으니 지금 보통학교 교과서와 같이 용어를 모두 일본어를 원칙으로 하는 것은 참으로 공부하는 아동의 부담을 과중하게 하여 학문 능력을 감살하며 학 업 진도를 저해하는 것이라고 하지 않을 수 없다. 보라. 아동이 출생한 후 일상 가정에서 자연적으로 조금의 고통이 없이 습득한 조선어를 졸지 에 포기하고 일본어로 기록한 교과서에 일본어로 강의하는 것을 받으니 어찌 탄탄한 좋은 길을 버리고 위이한 굽은 길을 나아가는 것과 다르며, 광명한 광촉을 버리고 어두움에 방황하는 것과 다르겠는가. 그 결과는 다만 피로가 극도에 이르고 절뚝거려 목적지 도달이 지연될 뿐만 아니라 저간 수많은 손실을 받아 필경 저능아가 되고 말 것이니, 어찌 지혜로운 자가 참아 할 일이겠는가. 가장 먼저 교육 결과는 불문에 부치고 형식상

일본어가 국어이니 절대로 이를 강제할 필요가 있다고 한다면 이는 편협한 정치적 의미에서 소극적으로 일시를 미봉하는 교육 방침이다. 다언할 여지가 없거니와 적어도 조선 민족의 향상 발전을 계획하고 두 민족의 진실한 양해로 영원한 친화를 도모하고자 한다면 가급적 조선인의 진지한 합리적인 희망과 요구를 살펴 불평등을 제거하고 감심을 유도함에 노력하는 것이 시정상에도 유일의 정책이 될 것이다. 논자 혹은 조선인에 대한 일본어 보급은 학문상 보고를 여는 유일의 개금이라 하니 이는 나도 절실히 감각하고 수긍하는 바이지만 금을 캐는 준비에만 몰두하다가 목적하는 학문의 창고를 열어보지도 못하고 말면 어찌 헛수고가 아니겠는가. 한마디로 말해서 조선 교육은 조선인을 교육하는 일임을 망각하면 안 되니, 조선인 됨이 변하지 않는 사실인 이상 개인의 개성이 존재하는 것과 같이 언어, 풍속, 습관, 역사 등 조선어의 고유한 민족적 개성을 모두 무시하고 교육을 실시한다고 하면 도리어 피교육자의 회의와 혐오의 정만 더욱 증장하여 헛되이 평화만 해칠 뿐이며, 목적하는 결과를 얻기 힘들 것이다. 그러므로 나는 보통교육에 대해 일본어는 국어의 한 과목으로 엄격히 학습하도록 장려하고 일반 학과에 관한 교과서는 조선어로 편찬함을 강하게 주장하지 않을 수 없으니, 물론 당국에서도 조선 민족의 영원한 행복을 계획하며 양 민족의 진실한 친화를 도모함에 온갖 사려로 최선을 다할 터이니 일반 조선인이 기대하는 바에 어긋나지 않도록 주의하여 노력할 것을 확신하며 희망한다.

　—임경재, '금일의 문제, 교과서 문제의 핵심', 『동아일보』, 1921.2.26

이 글에서 '교육용어'는 특정 교과에서 사용하는 용어의 개념이 아니다. 이를 포함하여 교과서에 사용하는 문자까지 일컫은 개념으로 사용되었는데, 이 시기 모든 교과서가 일본어로 편찬되어 보통교육에 심각한 해를 끼치고 있다고 주장한 글이다.[94] 흥미로운 것은 교과서 조사위원이었던 임경재가 '일본어가 학문에 적합한 용어이며, 학문을 개금(開

金)하는 용어'라고 표현한 부분이다. 이는 이 시기 소수의 국어학자를 제외하면 대부분의 지식인들이 갖고 있던 생각이었을 가능성이 높은데, 이러한 분위기가 형성된 배경에는 국문(조선문)으로 된 서적 저술과 유통이 극히 부진한 상황이 작용했을 것으로 추정된다.

이 시기 국문 지식의 출판과 유통이 부진하게 된 요인은 복합적이다. 그 가운데 중요한 것 하나는 식민 지배자들의 지식 통제 정책이라고 할 수 있다. 통감시대 이후의 교과서 통제뿐만 아니라 각종 법규를 만들어 표현의 자유를 억압해 왔으며, 1920년대 이른바 문화정치 시기에 이르러서는 외형상 '문화'를 표방하면서 실제적으로는 각종 검열 제도를 강화했다.[95] 이러한 상황에서 신문이나 잡지의 발행이 쉽지 않았고, 수시로 정간과 휴간을 거듭하기도 하며, 자유로운 출판을 행할 수 없었다. 이러한 시대적 배경에 대해 한성도서주식회사의 편집자로 일했던 장도빈(張道斌)은 다음과 같이 말한 바 있다.

【 今日의 問題 = 大問題인 出版法, 張道斌 】

무릇 出版은 社會 文化 進步에 最大 利器의 一이니 우리 人類 社會가 實로 平等의 發達을 遂하랴면 第一이 出版物의 普及을 信賴할 바라, 이제 이 出版의 方法이 困難하야 出版物의 普及할 策이 업다 하면 그 社會는 實로 將來 不幸 莫甚한 社會이니 이는 누구나 首肯할 것입니다. 이제 우리 社會의 出版界는 審히 寂寞하야 新聞 雜誌의 類로 一般 書籍에 及하기까지 도모지 볼 것이 업나니 試하야 보라. 지금 日本의 新聞紙가 一千餘 種 雜誌가 二千餘 種에 比하야 우리 朝鮮에 무엇이 잇는가. 一般 書籍으로 말하야도 日本 大正 五年度의 出版한 書籍 總計가 四萬九千九百二 件의 多數에 達한

---

94) 이러한 논조는 『동아일보』 1921.2.21~23에 연재된 논설 '교육용어에 대하야 재론함'(상, 중, 하)에도 나타난다.

95) 원고 검열의 문제에 대해서는 『동아일보』, 1920.4.19, 논설 '원고 검열을 폐지하라'를 참고할 수 있다.

것을 보고 도리켜 우리 朝鮮의 出版하는 書籍을 보면 그 엇지 宵壤의 差쌘이리요. 이러한 事情에 잇는 우리 朝鮮 사람은 實로 前途 寒心의 極을 極하얏도다. 이에 對하야 무론 지금 <u>出版制度의 如何한 것을 言及하게 되나니 지금 朝鮮의 出版制度로 말하면 朝鮮人은 出版物을 警務局의 原稿 檢閲을 밧아 이 檢閲 當局에서 許可하는 것은 出版하고 許可치 아니하는 것은 原稿까지 押收되는 바</u> 이는 무론 出版의 取締를 嚴重 勉行함에서 出한 事라. 그러나 이는 出版者에게 多大한 不便을 與하나니 그 <u>出版物의 良否를 勿論하고 檢閲 前에 出版하는 自由가 絶大</u> 업서 오직 出版 許可를 待할 쑨이오, 同時에 一次 提出한 原稿를 當局에서 任意로 延期하는 바인즉 設或 善良한 原稿라도 그 適當한 時期에 出版되기 極難한지라. 이로조차 出版界에 來하는 諸般 困難이 多多하나니 곳 <u>出版이라 함은 대개 人民의 思想을 發表하거나 世界 知識을 紹介함</u>인대 이러케 <u>絶大 拘束을 當하고</u> 혹 出版되더라도 그 時機가 晩한 境遇에 至하면 그 精神의 苦痛이 얼마나 하며 싸라서 社會 밋 世界 文化에 對하야 損失이 얼마나 하겟나뇨. (…中略…) 무론 當局에서 出版物을 取締 아니할 수 업나니 그럼으로 文明 各國에서 대개 取締하는 制度가 잇는 것이라. 그러나 그는 지금가치 <u>原稿 檢閲을 아니하고도 相當히 取締할 方針이 잇나니 그는 곳 押收라</u>. 一次 出版한 後에 그 出版物을 當局에 提出하면 當局은 이를 檢閲하야 可한 者는 發行케 하고 不可한 者는 押收하면 아모 不便 업시 取締는 할 수 잇나니 原稿 檢閲 아니함으로 무슨 不可가 잇스리요.

번역 무릇 출판은 사회 문화 진보의 가장 큰 이기(利器)의 하나이니, 우리 인류 사회가 실로 공평한 발달을 이루려면 가장 먼저 출판물의 보급을 신뢰할 것이다. 이제 이 출판 방법이 곤란하여 출판물을 보급할 방책이 없다면 그 사회는 실로 장래 불행 막심한 사회가 되니 이는 누구나 수긍할 것입니다. 이제 우리 사회의 출판계는 매우 적막하여 신문 잡지에서 일반 서적에 이르기까지 도무지 볼 것이 없으니, 한번 보라. 지금 일본의 신문이 1천여 종에 잡지가 2천여 종임에 비하여 우리 조선에는 무엇이 있는가. 일반 서적으로 말하여도 일본 대정 5년(1917)에 출판한 서적 총계가 4만 9902건의 다수에 이른 것을 보고 도리어 우리 조선이 출판하는 서적을 보면 그 어찌 천양의 차이뿐이겠는가. 이러한 사정에 있는 우리 조선 사람은 실로 앞날이 한심한 상황이 극에 극을 달하였도다. 이에 대해서는 당연히 지금의 출판 제도가 어떠한지를 언급할 수밖에 없으니 지금 조선의 출판 제도로 말하면, 조선인은 출판물을 경무국의 원고 검열을 받아, 검열 당국에서 허가하는 것은 출판하고 허가하지 않는 것은 원고까지 압수되니 이는 물론 출판의 단속을 엄중히 행한 데서 나타난 현상이다. 그러나 이는 출판업자에게 매우 큰 불편을 제공하니 그 출판물의 좋고 나쁨을 물론하고 검열 전에 출판하는 자유가 절대 없어 오직 출판 허가를 기다릴 뿐이요, 동시에 일차 제출한 원고를 당국에서 임의로 연기하면 설혹 좋은 원고라도 그 적당한 시기에 출판되기 극히 어렵다. 이로부터 출판계에 닥치는 모든 곤란이 매우 많으니 곧 출판이라고 하는 것은 대개 인민의 사상을 발표하거나 세계 지식을 소개하고자 하는 데 있는데, 이렇게 절대적인 구속을 당하고 혹 출판되더라도 그 시기가 늦을 경우에는 그 정신적 고통이 얼마나 되며, 따라서 사회와 세계 문화에 대해 손실이 얼마나 크겠는가. (…중략…) 물론 당국에서 출판물을 단속하지 않을 수 없으니 그렇기 때문에 문명한 각국에서도 대개 단속하는 제도가 있다. 그러나 그것은 지금같이 원고 검열을 하지 않고도 상당한 단속 방침이 있으니, 그것은 곧 압수이다. 일차 출판한 후 그 출판물을 당국에 제출하면 당국은 이를 검열하여 가능한 것은 발행하게 하고 불가능한 것을 압수하면 아무 불편 없이 단속은 할 수 있으니, 원고 검열을 하지 않는 것이 무슨 불가능한 일이겠는가.

　　─장도빈, '금일의 문제, 대문제인 출판법', 『동아일보』, 1921.3.3

이 글에 나타난 바와 같이 이 시기 저술 출판에 가장 큰 문제는 '검열 제도'였다. 검열제도는 단순히 서적 출판물을 통제하는 것이 아니라,

원고 자체를 압수하여 지적 토양을 말살하는 정책이었다. 이러한 통제 속에서 전문 지식, 사상의 발달 등을 꾀하는 서적 출판은 도저히 이루어질 수 없었고, 일부 직수입된 외국의 전문서나 사상서도 그 유통이 자유로울 수는 없었다.

5.4. 지식 보급의 계몽성과 상업성

이른바 문화정치는 제한적인 자유를 허용한 통치방식이었지만, 그 속에서 학생, 노동자, 여성 등 다수의 사회 집단별 계몽운동이 활성화되는 계기가 된 것은 틀림없다. 앞에서 서술한 것처럼 특정 집단을 대상으로 한 잡지가 출현하고, 학생과 종교 단체, 농민·노동자 단체가 다양한 활동을 전개하기도 하였다.

서적 출판 보급도 계몽운동과 밀접한 관련을 맺는데, 이 가운데 조선 농민사(朝鮮農民社)의 지식 보급 활동을 살펴볼 수 있다.96) 이 잡지는 농민 계몽을 위한 다수의 독서물을 게재하고, 『농민독본』 등을 발행했는데, 그 과정에서 농민 운동과 관련된 다수의 서적을 소개하고 있다. 『조선농민』 제5권 제7호(1929.4)에 '호평(好評)'이라는 제목 아래 소개한 미성당(美成堂)의 서적 광고와 농민사 출판부가 다루는 서적 일람표도 그 중 하나이다. 이 중 미성당 서적은 농업과 관련된 일본인 저작의 서적으로 총 19종의 명칭이 등장하며, 농민사 출판부에서 취급하는 서적은 총 46종이 등장한다. 미성당 서적은 모두 농업 기술이나 농촌문제를 다룬 일본인 저술의 일본문 서적이며, 농민사 출판부의 서적은 국문과 일본문 서적이 섞여 있다. 농민사 출판부 취차서적 일람(農民社出版部

---

96) 조선농민사는 1925년 9월 김기전(개벽사 주간), 조기간(천도교 청년당 대표), 박사직(천도교 동경종리원장) 등의 발의로 김병준, 이돈화, 박달성 등이 가담하여 발족되었다. 이 단체의 기관지 『조선농민』은 1925년 12월 13일 창간되어 1930년 6월 1일까지 제6권 4호가 발행되었다. 그 이후 제호를 『농민』으로 바꾸어 1933년 12월호(통권 43호)까지 발행했는데, 이에 대해서는 이광순(1977), 「조선농민의 내력」(『영인본 조선농민』)을 참고할 수 있다.

取次書籍一覽)에 등장하는 서적명을 분야 및 언어별로 분류하면 다음과 같다.

【 농민사 취차 서적의 분야·언어별 분포 】

분야	국문	일본문	계
소설	15		15
농촌문제	1	8	9
사상		7	7
농업	3	3	6
역사	4		4
전기	2		2
경제	1		1
정치	1		1
종교	1		1
계	28	18	46

농민사 출판부의 서적 가운데 가장 많은 비중을 차지하는 것은 '소설'이다. 『낙동강(洛東江)』(조명희, 사회소설), 『민촌(民村)』(이기영, 사회소설), 『백의인(白衣人)』(이경손, 사회소설), 『마의태자(麻衣太子)』(이광수, 역사소설), 『허생전(許生傳)』(이광수, 역사소설), 『해당화(海棠花, 일명 부활(一名復活)』(박현환, 연애소설), 『무정(無情)』(이광수, 연애소설), 『개척자(開拓者)』(이광수, 연애소설), 『재생(再生)상하』(이광수, 연애소설), 『황원행(荒原行)』(오문인, 연애소설), 『여등(汝等)의 배후(背後)』(이성해, 연애소설), 『승방비곡(僧房悲曲)』(최상덕, 영화소설), 『옥중화(춘향전, 獄中花春香傳)』(실명씨, 전기소설), 『무쇠탈』(민태원, 탐정소설), 『여장부(女丈夫)』(유광렬, 탐정소설) 등이 이에 해당하는데, 각 소설의 내용에 따라 '사회소설, 역사소설, 연애소설, 전기소설, 탐정소설' 등과 같은 내용상 분류를 한 점이 특징이다. 이처럼 농촌 계몽 잡지에 다수의 소설이 등장한 까닭은 이 시기 소설 독자가 광범위하게 형성되기 시작했기 때문으로 풀이할 수 있다.

다음으로 많은 비중을 차지하는 것은 농민문제와 관련된 책들이다. 다음과 같은 것들이 있다.

【 농민사 출판부 취차 농민문제 관련 도서 】

책명	필자	언어	내용
조선(朝鮮)의 토지겸병(土地兼倂)과 그 대책(其對策)	선우전(鮮于全)	국문	농촌문제
노농 로서아(勞農露西亞)의 진상(眞相)	김준연(金俊淵)	국문	정치
변증법적유물론입문(辨證法的唯物論入門)	タールハイマー	일본문	사상
제국주의론(帝國主義論)	レーニン	일본문	사상
마르크스주의 정치강화(マルクス主義政治講話)	ブハリン	일본문	사상
지나혁명론 민족문제(支那革命論民族問題)	スターリン	일본문	사상
마르크스경제학(マルクス經濟學)	河上肇	일본문	사상
삼민주의와 계급투쟁(三民主義と階級鬪爭)	梅嵩南	일본문	사상
농민은 왜 가난한가·부 농민문제의 테제(農民ハ何故貧乏カ附農民問題ノテーゼ)	木村靖二·レーニン	일본문	농촌문제
농촌문제(農村問題)	佐野學	일본문	농촌문제
농민 투쟁의 전술 그 도약(農民鬪爭ノ戰術其ノ跳躍)	大西俊夫	일본문	농촌문제
농촌의 경제(農村ノ經濟)	行政長藏	일본문	농촌문제
소작쟁의의 실제(小作爭議の實際)	杉山元治郎	일본문	농촌문제
농업과 사회주의(農業と社會主義)	平野學	일본문	농촌문제
농민 조합론(農民組合論)	莊原達	일본문	농촌문제
러시아 농촌문제(ロシア農村問題)	レーニン	일본문	농촌문제

　　이 시기 농민문제 관련 도서는 선우전, 김준연과 같이 한국인이 저술한 것도 소수 존재하지만, 주로 일본인이 저술한 것이거나 번역한 서적이 직수입된 경우가 많았다. 특히 러시아 사회주의 이론과 관련된 도서가 많은 비중을 차지하는데, 이는 이 시기 일본에서 노동자·농민문제를 대상으로 한 사회주의 운동이 활발했기 때문이며, 식민 조선에서도 일본 사회주의의 영향을 직접적으로 받았기 때문으로 보인다.[97] 그밖에

----

97) 사회주의에 대한 관심은 일제 강점 직후부터 나타나며, 1920년대 각종 신문 잡지에서 집중적으로 관심을 기울여 왔다. 예를 들어 『동아일보』 1921년 6월 3일부터 8월 31일까

다수의 역사물과 전기물이 저술되었는데, 이들 독서물도 주로 이야기체의 역사담이 많았다.

농민사의 서적 유통에서 소설, 역사담이 많은 비중을 차지한 것은 저술 통제의 영향 못지않게 독자의 기호를 고려한 것이기도 하였다.[98] 일제 강점기의 서적 유통에서 대중 독자를 대상으로 한 독서물이 '소설'이나 현토(懸吐)한 경서류 및 고소설류, 전통적인 동몽서(童蒙書), 길흉·복서류(吉凶卜筮類), 옥편(玉篇)을 비롯한 자전류(字典類), 편지 서식에 해당하는 척독류(尺牘類) 등이 주류를 이루었음은 1930년대 이후의 광고에서도 쉽게 확인할 수 있다. 그 가운데 하나가 『학등』 제3호(1934.1)에 광고된 '한성도서주식회사'의 서적 발매 광고이다. 이 광고는 한성도서주식회사가 학생들을 대상으로 염가 판매하는 서적을 '사회·종교·철학(24종)', '문예(소설을 의미함. 42종)', '시·시가(23종)', '동화·동요·소년독물(14종)', '역사(29종)', '수양(12종)', '정치·경제·법률(11종)', '어학·척독·자전(33종)', '사상(6종)', '지리·기행·지도(13종)', '농업·상업·공업(13종)', '의서(11종)', '가정·운동·음악(15종)', '구소설(4종)', '복서(卜筮, 길흉을 점치는 책, 7종)', '잡서(9종)', '신간(17종)'으로 분류했는데, 중복된 책(양장, 반양장 등의 제본 방식만 다른 경우)을 같은 종으로 계량하면 255종에 이른다. 이들 책을 사용문자와 분야별로 재분류하면 다음과 같다.

지 연재된 '니콜라에 레닌은 엇더한 사람인가', 1921년 11월 7일부터 12월 19일까지 19회에 걸쳐 연재된 '이월혁명(二月 革命)과 신사상(新思想)의 발달(發達)' 등은 러시아 사회주의에 대한 관심을 대변한다. 이러한 배경에서 『동아일보』에서는 일본인 저술의 경제이론, 민족이론 등을 다수 번역 연재하기도 하였다. 이에 대해서는 별도로 정리한다.

98) 근대 계몽기와 일제 강점기의 독자 문제에 대해서는 천정환(2014)의 『근대의 책읽기』(푸른역사)와 윤금선(2009)의 『우리 책읽기의 역사』(월인) 등을 참고할 수 있다.

【 『학등』 제3호의 한성도서주식회사 서적 발매 광고 분류 】

분야	국문	국문	국문현토	기타	대역	미상	일본문	한문	계
소설(수필, 시)	32(4,22)								58
역사(사담, 전기)	9(3,15)								37
어학교재(독일어, 영어, 일어, 중국어)	2				1(4,5,1,2)				17
종교	15								15
계몽(독본)	6(9)								15
미상	7					6			13
음악	5					5			10
길흉	8		1						9
편지	8								8
농업	8								8
사전	3				4		1		8
의약	1		1		1	3		2	8
기타	2		1					3	6
사상	6								6
관광(지도)	1			4		1			5
기행문	5								5
국문법	5								5
경제	4								4
체육	1					2			3
농촌문제	2					1			3
법률	1				1	1			3
심리학	3								3
수험서						2			2
문학이론	2								2
생리위생						2			2
사회학	1	1							2
풍속			2						2
철학	2								2
요리	1								1
상업	1								1
지도	1								1
가정학	1								1

분야	국문	국문	국문현토	기타	대역	미상	일본문	한문	계
논리학	1								1
계	196	1	7	4	17	23	1	5	255

이 표에 나타난 것과 같이 이 광고에서도 가장 큰 비중을 차지하는 것은 소설, 시, 수필 등의 문예물(58종)이다. 더욱이 역사담이나 전기(37종)를 포함할 경우 이 시기 유통되던 서적류는 대부분 이야기체의 서사물이 아니면 어학교재(17종), 종교서(15종), 계몽독본류(15종)으로 추정된다. 이처럼 이야기체가 주를 이룬 까닭은 독자의 흥미를 고려한 것으로 볼 수 있으며, 다수의 길흉서나 관광 관련 도서, 민간에서 필요로 하는 의약서 등이 많아진 것도 이 시대의 서적 유통이 보이는 특징이라고 할 수 있다.

5.5. 국문 전문서와 학술서의 위축

한성도서주식회사의 광고에서 확인할 수 있듯이, 일제 강점기 국문으로 된 전문 서적은 극히 제한적이었다. 이 광고에서 전문성을 띤 것으로 볼 수 있는 서적은 대략 32종 정도로 추산된다.

【 『학등』 제3호 한성도서주식회사 발매 서적 중 전문성을 띤 것 】

책명	저자	언어	분야	비고
신뎡 고등녀자가정학	전훈	국문	가정학	
조선경제론(朝鮮經濟論)	裵成龍	국문	경제	
금융조합론(金融組合論)	金佑枰	국문	경제	
조선경제(朝鮮經濟)의 현재(現在)와 장래(將來)	裵成龍	국문	경제	
현금조선문전(現今朝鮮文典)	李奎濚	국문	국문연구	
주시경선생유고	신명균	국문	국문연구	
조선어강의요지(朝鮮語講義要旨)	朴勝彬	국문	국문연구	
논리학개론(論理學槪論)	韓稚振	국문	논리학	

책명	저자	언어	분야	비고
최신 양계법	백대진	국문	농업	
최신 양돈전서	백대진	국문	농업	
농업대요	이각종	국문	농업	
화기 양계법	세계서림	국문	농업	
개량맥작오배증수법	경안농원	국문	농업	
신구양우요람[부] 양돈·양계	윤창현	국문	농업	
실험 양봉	윤신영	국문	농업	
조선농촌연구(朝鮮農村研究)의 준비지식(準備知識)	裵成龍	국문	농촌	
조선한문학사(朝鮮漢文學史)	金台俊	국문	문학사	문학사
청년상식총서 물리학	신명균	국문	물리학	
현대사회학(現代社會學)	金賢準	국문	사회학	
사회학개론(社會學槪論)	韓稚振	국문	사회학	
아동심리(兒童心理)와 교육(敎育)	韓稚振	국문	심리학	
신심리학개론(新心理學槪論)	韓稚振	국문	심리학	
조선연극사(朝鮮演劇史)	金在喆	국문	예술사	문학사
인생(人生)과 우주(宇宙)	韓稚振	국문	종교	
현대인간학(現代人間學)	任健洙	국문	철학	
생활철학(生活哲學)	安國衡	국문	철학	
과격파운동(過激派運動)과 반과격파운동(反過激派運動)	鄭然圭	국문	철학사상	사회주의
약소민족운동(弱小民族運動)의 전망(展望)	李如星	국문	철학사상	민족주의
사회진화론(社會進化論)	朴衡秉	국문	철학사상	진화론
애란(愛蘭)의 민족운동(民族運動)	李如星	국문	철학사상	민족주의
유태민족(猶太民族)의 세계적 활동(世界的活動)	韓稚振	국문	철학사상	민족주의
청년상식총서 화학	신명균	국문	화학	

　이 표에 나타나는 서적 가운데 가장 많은 비중을 차지하는 분야는 철학 또는 사상서(7종)이다. 이 분야의 서적이 많은 까닭은 사회주의 사상을 비판하거나 식민 상황에서 다른 민족의 민족 운동을 소개하고자 한 책들이 포함되었기 때문으로 보인다. 특히 기독교의 후원을 받는 일부 단체에서 기독교 주일학교용 교육서, 사회학서, 심리학서를 펴내고, 전문학교 교원들이 정치적 탄압을 덜 받는 국문 연구서를 발행하거

나 사회 교육서를 발행한 점은 이 시기 전문 학술 연구의 명맥을 이어가는 동력이 되었던 것으로 보인다. 예를 들어 이규영의 『현금조선문전』, 신명균의 『주시경선생 유고』, 박승빈의 『조선어학강의』 등은 일제 강점기 조선어 연구와 관련을 맺는 저서이며,99) 유형기(柳瀅基) 목사를 중심으로 한 종교 연구, 한치진(韓稚振)100)의 『심리학개론(心理學槪論)』, 『논리학개론(論理學槪論)』, 『사회학개론(社會學槪論)』, 『인생과 우주』, 『유태민족의 세계적 활약』 등도 미국인 피셔(한국명 피시아 皮時阿)101)의 도움이 컸던 것으로 추정된다. 이 밖의 전문서로는 농업 기술과 관련된 서적 몇 종이 보이며, 그 이외의 전문 서적은 거의 자취를 감춘 것으로 보인다.

이와 같이 식민 통치가 지속될수록 국문 전문서와 학술서가 위축된

---

99) 일제 강점기 조선어 연구의 성과에 대해서는 국어학계에서 충분한 논의가 이루어진 것으로 보인다. 이에 대해서는 고영근(1995)의 『국어학연구사』(학연사), 이병근 외(2007)의 『일제 식민지 시기 한국의 언어와 문학』(서울대학교 출판부), 허재영(2008)의 『우리말 연구와 문법 교육의 역사』(보고사) 등을 참고할 수 있다. 또한 지식 형성과 유통의 차원에서 일제 강점기 국어학자들이 보았던 서적에 대해서는 김윤경(1932)의 「한글 연구 재료의 문헌」(『한글』 제6호, 1932.7)를 참고할 수 있다. 당시 김윤경이 소개한 서적은 '조선어 본위의 서류'(어법·회화서 70종, 언해서류 64종, 사서류-보통사서 26종, 특수사서 14종, 어원과 이언서류 9종), '중국어 본위의 서류'(사서류 30종, 독본서류 15종), '몽고어 본위의 서류'(사서류 4종, 독본류 17종), '여진어 본위의 서류'(9종), '만한(청)어 본위의 서류'(사서류 4종, 독본류 11종), '일본어 본위의 서류'(사서류 2종, 독본류 19종, 한일어 비교 연구 논문 126편), '근간 한글 관련 논문'(63편), '최근 잡지 소재 한글 관련 자료'(127편)이 소개되었다. 이 자료에 따르면 한글, 한문, 중국어, 일본어, 서양 여러 나라의 문자로 된 각종 서적 273종이 등장하며, 189편의 논문과 127편의 한글 관련 논의 자료가 등장하므로, 이 시기의 국어 연구 자료가 적지 않았음을 알 수 있다. 일제 강점기의 국어학 발달은 이러한 자료를 바탕으로 이루어진 것이다. 그러나 이 시기의 국어문제의 핵심이 '한글맞춤법통일안', '표준어사정' 등과 같은 규범화에 있었고, 식민 통치의 정치·사회·경제적 조건에 따른 연구상의 제약은 피할 수 없었다.

100) 한치진(韓稚振)은 1921년 도미하여 남캘리포니아대학에서 철학박사 학위를 받았으며, 1930년 귀국하여 철학연구사를 설립한 것으로 알려져 있다. 1932년 9월부터 1936년까지 이화여자전문학교 교수를 지냈는데, 이 기간에 다수의 종교 철학서적을 저술하였다. 이 시기 철학연구사는 연희전문학교 내에 있었으며, 선교사 피셔가 발행인으로 있었다.

101) 제임스 피셔(J. E. Fisher): 생몰연대를 확인할 수 없으나 1928년 컬럼비아대학에서 박사학위를 취득한 것으로 나타난다. 그는 1926년 연희전문학교에서 교수로 일했으며 이 시기부터 1933년 전후(前後) 철학연구사(哲學研究社)의 발행인으로 활동하였다.

것은 식민 통치의 본질이 '우민화', '노예화'와 관련되어 있기 때문이다. 식민 통치 기간이 길어질수록 일본어 보급 정책은 위력을 발휘하게 되었고, 식민 상황에서 전문 교육의 부진은 전문 지식 형성을 방해하며 그나마 존재하는 일부 전문 지식조차도 정치·경제적인 요인 하에서 제대로 유통될 수 없는 상황에 놓여 있었던 것이다.

이러한 시대 현실은 1938년 이후 더 극심해진 것으로 보이는데, 이 시기 국문 출판물은 대부분 소설, 시가, 길흉서 등이었고, 일부 역주(譯註) 또는 교주(校註)한 책을 제외하고는 전문성을 띤 서적이 출판된 경우는 없었던 것으로 보인다.102) 이와 같은 경향은 1938년 박문서관의 기관지였던 『박문(博文)』(1938년 9월 창간되어 1942년 1월까지 통권 24호 발행)의 서적 광고를 통해서도 확인할 수 있다. 이 잡지 창간 당시 박문서관에서 간행한 도서는 문예물 27종으로 나타나는데, 그 뒤 '박문문고'라는 이름 아래 문고판 및 척독, 사전류를 더 간행한 것으로 확인된다. 『박문』에 광고된 이들 서적을 종합하면 대략 87종의 서적명이 등장하는데, 이 가운데 절대적인 비중을 차지하는 것은 소설이다. 『장현 환희』(나도향), 『타락자』(현진건), 『첫날밤』(현진건) 등의 창작류를 비롯하여, 하몽 이상협 번역의 『해왕성』(뒤마 원작), 『정부원』(디킨스), 유광열 번안의 『여장부』 등이 이에 해당한다. 또한 간독(簡牘) 또는 척독(尺牘)으로 불리는 서식류를 26종이나 간행한 것으로 나타나는데, 『시체언문간독(時體諺文簡牘)』, 『시행미문척독(時行美文尺牘)』, 『연애서간 진주(眞珠)의 꿈』, 『연애서간문(戀愛書簡文)』 등의 서명(書名)에서 확인할 수 있듯이, 대중의 기호를 고려한 편지쓰기 안내서가 주를 이루었음을 확인

---

102) 국문 출판물의 위축은 일제의 어문정책과도 밀접한 관련이 있다. 특히 일제는 1938년 제7차 조선교육령 개정 이후 단선학제(소학교-고등학교/고등여학교)를 취하면서 조선어과를 수의과(隨意科)로 규정했고, 이에 따라 일본어 교사를 구하기 어려운 벽지 학교에서만 조선어를 교육했다. 또한 1941년 국민학교제 도입 이후에는 전면적인 조선어 말살이 이루어졌는데, 이러한 시대적 배경에서 농업생산성 향상과 관련된 일부 서적과 친일 성향의 신문을 제외한 조선어·조선문은 전면적으로 통제되었다.

할 수 있다. 이뿐만 아니라 『한선신옥편[부]음고(漢鮮新玉篇)』, 『6년제 우량대전과(六年制 優良大全科)』, 『사년제 우량대전과(四年制優良大全科)』, 『자습용 국어와 산술·조선어(國語と算術·朝鮮語)』, 『국어독본자습서(國語讀本自習書)』 등의 학습 참고서류를 일본문으로 발행하거나 단어집 형태로 발행하였다. 이 또한 국문 전문서와는 거리가 먼 것으로, 식민 침탈기의 지식 보급 상황을 보여주는 사례이다.

이뿐만 아니라 '문고판'이나 '전집류'의 등장은 이 시기 대중 독자를 목표로 한 출판문화의 상업성을 보여주는데, 당시 박문서관뿐만 아니라 조선일보사 출판부와 같은 신문사에서도 대중 계몽 차원에서 문고판 또는 전집류를 발행하였다. 예를 들어 1939년 조선일보사의 '명저 안내'에서는 『조선문학전집 단편소설집』(상·중·하), 『조선문학전집 시가집』, 『조선문학전집 수필기행집』, 『조선문학전집 희곡집』, 『소설 그의 자서전(춘원저)』, 『소설 애욕의 피안(춘원저)』, 『조선여류문학선집』, 『세계걸작동화선집』, 『신선문학전집 문학독본』, 『신선문학전집 신인단편집』, 『신선문학전집 여류단편집』, 『조선야담전집』 1~3권, 『조선가정의학전서』, 『조선명인전』 1~3권이 발행되었음을 확인할 수 있다. 이 시대 '문고', '선집', '전집'이 등장한 것은 그 시기 일본의 문고판이나 전집류 출판문화의 영향을 받은 탓도 있겠지만, 우선적으로 그 시기 대중 독자의 기호에 맞추기 위한 출판사의 계산이 작용한 이유도 있을 것이다.

이와 같은 시대 상황에서 국문 전문서의 위축과 학술 사상의 형성이 제약된 것은 틀림없는 사실이다. 앞서 『조선농민』의 '미성사' 광고에서 보이듯이, 전문 분야의 학술서나 기술서는 일본문으로 된 책이 자리를 차지하고, 모든 학교의 교과서가 일본문으로 쓰였다. 아직까지 이에 대한 전수 조사가 이루어진 것은 아니지만,103) 이 시기 일본문 서적의

---

103) 현재까지 일제 강점기 일본문으로 된 전문 서적과 일본문으로 된 교과서의 유통 상황에 대한 조사 보고서는 없었던 것으로 보인다. 국립중앙도서관(1981, 1982)의 교과서 조사 및 한국교과서연구재단(2003)의 교과서 조사에서도 이를 주제로 한 조사 내용은 찾을

범람은 국내 주요 도서관에 소장된 일본문 서적의 수를 통해서도 짐작할 수 있을 것이다. 이러한 상황에서 『학지광』, 『현대』, 재경도대학 조선유학생 학우회의 『학조』, 와세다대학 우리동창회의 『회지』, 교토제국대학 조선유학생동창회의 『회보』 등104)과 같은 유학생들의 회보가 전문 지식 형성 과정에 기여했고, 경성제국대학 예과 문우회의 『문우』, 경성제대 예과생들의 일본어 잡지 『청량』, 경성제대 국어국문학회의 『회보』, 경성제대사학회의 『경성제대사학회보』, 경성제대 학우회의 『회보』, 성대문학 동인의 『성대문학』, 경성제대 법문학부 재학생들의 『조선어문학회보』 등은 제한적 조건에서 이 시기 전문 분야의 학문 형성에 관여한 학술지로 볼 수 있다. 이 가운데 『조선어문학회보』에 게재된 의당(毅堂)이라는 필명의 '조선어문연구서가(朝鮮語文硏究書架)' (1)~(5)는 김윤경(1932)의 '한글 연구 자료'(『한글』 제6호)와 마찬가지로, 이 시기 전문 지식의 유통 상황을 보여주는 적절한 자료가 된다. 이 자료에서도 이 시기 역사, 언어, 철학, 과학 등의 전문 지식 관련 논저는 대부분 일본문으로 쓰였음을 확인할 수 있다.

수 없다.
104) 이들 자료는 소명출판에서 '아단문고 미공개 자료'로 영인한 바 있다.

제4장 한국 근현대 한국 학문의 장 1

: 신문

김경남

1. 근현대 신문의 기능

1.1. 근대 신문의 기능

오늘날 신문(新聞)은 시사성 있는 기사를 중심으로 사건과 사실을 보도하는 정기 간행물로 인식된다. 본래 신문은 축자적인 의미로 '새로운 소식이나 견문'을 뜻하는 말이었지만, 근대 이후의 신문은 민지계몽의 차원에서 매우 중요한 역할을 담당한 지식 보급 수단이었다. 엄밀히 말하면 보도성을 띤 신문이 처음 등장한 시점이 언제인가에 대해서는 논란이 있을 수 있다. 일부 학자들에 따르면 중국에서도 8세기 경 '저보(邸報)'라는 정부 발표물이 있었고, 이는 우리나라에서도 찾아볼 수 있다. 국사편찬위원회 조선왕조실록 홈페이지에서 '저보'를 검색하면 총 61건의 자료가 검색되는데, 그 가운데 가장 먼저 등장하는 기사는 명종 즉위년 11월 14일 계유년 첫 번째 기사이다. 이 기사에서는 청시사 송염의 행차와 관련한 서장(書狀)을 입계(入啓)하는 내용으로, 당시 사신이 '저보'를 열람한 바 있다고 기록하였다. '저보 제도'는 선조 연간 우리나라에서도 채택한 것으로 확인되는데, 성준덕(1955)의 『한국신문사』(신문학회 발행)에서는 이를 '조보(朝報)'라고 하였다. 그러나 조선왕조실록에서 '조보'를 검색하면 태종 13년 12월 16일 "헌부(憲府)에서 정부(政府)의 이방 녹사(吏房錄事)를 탄핵하였는데, 이달 16일 아조(衙朝)에 분발(分發)을 너무 늦게 한 것이 당상관(堂上官)들로 하여금 3엄(三嚴) 뒤에 예궐(詣闕)하도록 만든 까닭이라고 하였다."라는 기사나 성종 24년 윤5월 5일 "무령군(武靈君) 유자광(柳子光)이 와서 아뢰기를, '궐문(闕門)의 개폐(開閉)는 중대한 일인데, 근래에는 심상하게 여기니 허술한 점이 없지 않습니다.' 신은 이제부터 개폐할 때에는 그곳의 위장(衛將)이 부장(部將)을 시켜 가서 감독하게 하되 이튿날 아침에 도총부(都摠府)에 보고(報告)하기를, '아무 사약(司鑰), 아무 선전관(宣傳官)과 함께 어느 문에 가서 무사히 개폐하였다.' 하고 도총부에서 검거(檢擧)하는 것을 항식(恒式)으로 해야 할 것이라고 생각합니다."[1]라는 기사를 통해 볼 때 우리나라에서도 선조 이전부터 '조보' 또는 '저보'가 존재했음을 알 수 있다.

그러나 근대 이전의 '조보', '저보'는 정기 간행물이 아니었고, 인쇄 여부를 확인하기 어려우며, 조정의 사정을 위로부터 아래로 알리고자 하는 목적에서 나타난 보도 형태였으므로 근대의 신문과는 확연한 차이를 보인다.

이 점에서 우리나라에서 최초로 등장한 근대식 신문은 『한성순보(漢城旬報)』라고 할 수 있다. 이 신문은 1883년 10월 31일 박문국(博文局)에서 창간호를 발행했는데, 당시 박문국은 통리교섭통상사무아문(統理交

---

1) 『성종실록』 278권, 성종 24년 윤5월 5일 무술(戊戌) 세 번째 기사. "武靈君 柳子光來啓曰: "闕門開閉乃重事, 近來以爲尋常, 不無疎虞. 臣意, 自今開閉時, 其所衛將, 令部將往監焉, 翌日朝報都摠府曰: '與某司鑰、某宣傳官, 詣某門, 無事開閉.' 都摠府檢擧以爲恒式." 命議于領敦寧以上及議政府."

涉通商事務衙門)의 산하기관인 동문학(同文學)의 신문 발행 업무를 담당하기 위하여 설치된 기관이다.2) 이 점에서 우리나라 최초의 근대식 신문은 관 주도의 신문으로 인식될 수도 있다. 그러나 이 신문은 개항 직후 중국과 일본, 서양 사정을 이해하는 데 가장 큰 역할을 담당했던 신문이라고 볼 수 있다.

『한성순보』의 탄생은 신문 독자들에게 근대의 신문이 어떤 역할을 할 수 있는지 명확히 제시해 준다. 순보 발행 당시 '순보서(旬報序)'에서 "견문을 넓히고 민중의 의혹을 밝히며 상리를 보충한다."3)라고 했듯이 신문은 지식 보급, 민중 계몽, 실리 추구 등의 기능을 담당했다. 특히 이전에 없었던 새로운 신문의 등장 과정에서 중시되었던 것은 민중 계몽이었다. 이는 다음 기사를 통해서도 확인할 수 있다.

【 中西關係論 】

西人林樂知書云 中國居亞細亞之東最大國也. 其天時之和 地土之腴 物產之盛 人數之多覽乎莫矣 然今天下最貧弱之國. (…中略…) 又西國新報之法爲最善矣. 西國新報由省而府縣大小文武官員以及鄕鎭商民無一不閱 凡國家一令行一事 必登新聞 使民人一見新報 遵奉無違 此內患不生 外侮不來之美法矣. 中國無多新聞 故知朝廷之命令者少也. 新報唯少 而能將逐日所發之京報徧示 鄕閭民可見而知之 卽或十人之中 有觀化者兩人 其有知識之八人 必從而勸導之 則無知者有知 而不至貽害國家矣.

 서양사람 임낙지(林樂知, 알렌)의 글에 이렇게 되어 있다. 중국은 아시아 동쪽에 있는 나라 가운데 가장 큰 나라이다. 그 기후 풍토

---

2) 『한성순보』의 창간 과정은 이광린(1969)의 「한성순보와 한성주보에 대한 일고찰」(『한국 개화사연구』, 일조각)에서 비교적 상세히 다룬 바 있다. 이 신문의 탄생에는 유길준의 역할이 컸는데, 『유길준전서』 권4(일조각)의 「한성신문국장정, 신문 창간사, 신문 해설문」 등을 참고할 수 있다.

3) 『한성순보』 제1호, 1883.10.31, '순보서(旬報序)'. "廣聞見辨衆惑補商利 中西之官報申報郵便交詢其義一也."

와 비옥한 토지, 풍부한 물산, 많은 인구는 다른 나라와 비교할 수 없다. 그러나 세계에서 가장 가난하고 약하기가 중국 같은 나라도 없다. (…중략…) 서양에는 신보(新報)란 좋은 방법이 있다. 서양의 신문은 성 부 현 (省·府·縣)의 모든 문무 관원에서부터 고을의 상인들까지 보지 않는 자가 없다. 그래서 나라에서 한번 명령을 내거나 한 가지 일을 행하면 반드시 신문에 실어 국민들로 하여금 알게 하여 받들어 행하고 어기지 않는다. 이는 내란이 일어나지 않고 외침이 없게 하는 좋은 방법이다. 중국에는 신문이 많지 않기 때문에 조정의 명령을 아는 자가 적다. 비록 신문이 적더라도 날마다 발행되는 수도(首都)의 신문을 경향 각지에 고루 붙인다 면 백성들이 보고 알 수 있어 열 사람 가운데 무식한 사람이 두 명이고 유식한 사람이 8명이니, 반드시 서로 권유하고 인도한다면 모르는 사람도 알게 되어 나라에 해를 끼치는 일은 하지 않을 것이다.

—'중서관계론', 『한성순보』 제11호, 1884.2.7

이 글에 등장하는 임낙지(林樂知)는 중국에서 활동한 선교사 알렌(Young John Allen, 1836~1907)이다. 그는 미국 감리회 선교사로 1860년 중국에 가서 선교 활동을 전개하며 『교회월보』(후에 『만국공보』)4)의 주필을 맡 았다. 이 시기 알렌이 주필을 맡았던 『만국공보』와 존 프라이어(중국명 부란아, 傅蘭雅, 1839~1928)가 중심이 되었던 『격치휘편(格致彙編)』5)은 우 리나라의 근대 지식 형성과 보급 과정에서 큰 역할을 담당했던 신문이 다. 이 기사에 따르면 알렌의 글에서 서양의 신문 제도가 있음을 소개

---

4) 『교회월보』는 1868년 윌리엄슨(중국명 위렴신, 韋廉臣)과 알렌이 상해 묵해서관에서 발 행한 신문으로, 1876년 『만국공보』로 신문명을 바꾸었다. 현재 일부가 국립중앙도서관 에 소장되어 있으며, 이 신문의 학술 담론을 발췌한 『공보초략(公報抄略)』 등이 저술되기 도 하였다.

5) 이 신문은 1872년 미국 장로회 선교사 윌리엄 마틴(중국명 정위량, 丁韙良, William Martin) 과 영국 런던회 에드킨스(중국명 애약슬, 艾約瑟, Joseph Edkins) 등이 월간 형태로 발행하 던 『중서견문록(中西見聞錄)』의 속편(續編)이다. 1876년 『격치휘편』으로 제목을 바꾸어 발행했는데, 현재 서울대학교 규장각에 일부가 소장되어 있다.

한 것으로 보이는데, 근대 신문의 일차적인 기능이 정부의 소식을 민간에 전파하여 민지를 계몽하는 데 있음을 확인할 수 있다.

근대식 신문 제도가 없었던 중국이나 우리나라의 경우 신문의 본질과 기능에 대한 인식이 처음부터 존재했던 것은 아니다. 그러나 『한성주보』 제30호(1886.9.27)에는 '논신문지지익(論新聞紙之益)'이라는 글을 게재하여, 근대 신문이 어떤 역할을 담당할 수 있는지를 자세히 논의하고 있다.

【 論新聞紙之益 】

西語曰 新聞者由聞而日新其邦. 盖新聞紙之說 雖古無而今有 新聞紙之義 不但今有而亦古有也. 原夫新聞紙之義 所以勤求民隱 而去其隔閉 凡屬利國 便民之方罔不登聞 而治臻於上理也. 古者 人若切於求言愼於制治 居寢晏居皆有訓誦箴諫 而士傳言 厥人謗商旅于市獻藝 又有每勢孟春 迺人以木鐸遁于路 若此者求言而制治之本. (…中略…) 今日天下萬國相通 群雄相逐 交涉之案紛 至而踏來倂呑之機層生 而疊由臨事 而一有不愼用人 而一有不當則國家之利病隨之斯民之休戚係焉者乎 現今泰西各國有見於斯 創設報館名新聞紙 不啻勤求我民之隱 而兼訪宇內情形聞之 以天下之耳思之 以天下之一心一人之善惡 一事之得失 萬邦共記注萬邦共勸懲 著爲演說斷之公論 備供君相之採擇 亦資議院之取裁 以應天下之變 以成天下之務 (…中略…) 故內而修禦之力 經制之義 市雍之令 貨幣之制 山澤之利 征搾之課 權量之謹 工作之用 郵傳之置 道塗之備 凡有關於國計者不辭 若口縷陳不憚逆耳忠告期於實施 而備無因循苟. 且之弊外而各國政敎之隆替 風俗之好歹 天時之寒暖 地利之沃瘠 幅圓之廣狹 山川之險夷 人民之衆寡 兵丁之勇刦 與夫商務之輪嬴 物産之豐儉 機器之巧拙 格致之端倪 可以增人智覺 策國富者靡不遍訪 而詳誌不惟 責諸秉軸之裁擇 而猶恐一夫一婦之不聞不知. (…中略…) 於是乎政則政報 農則農報 工則工報 商則商報 凡係開物益九之方 莫不如是 做去必思貽國家以安. 而便無一事之杭榥 彼泰西之蒸蒸日上量 由此一擧也. (…中略…) 是故西國之俗 好讀新聞者 指忠君愛國

之徒 不讀新聞者歸之背公黨私之類 是知不讀新聞者 民國之休戚不欲公共而肆
然自棄於化育之外也. 今本國之設 襲取古昔訓誦箴諫之規 而亦仿泰西之體例
欲使下情得以上達 君民聯爲一體 另籌富强而壽 國脉於萬斯永作 昇平之頌 時
務之家其鑑諸.

번역 서양 말에 신문(新聞)은 새로운 것을 들음으로써 나라를 날로 혁신하는 것이라고 했다. 대개 신문에 대한 얘기는 비록 옛날엔 없었다가 지금 있는 것이긴 하지만, 신문의 의의는 비단 지금에 와서 있는 것이 아니라 옛날에도 역시 있었다. 원래 신문의 의의는 국민들의 고통을 애써 찾고 막힌 것을 제거함은 물론이고, 국가를 이롭게 하고 백성을 편하게 하는 모든 방법을 다 게재하여 정치가 상리(上理)에 도달하게 하는 데 있다. 옛날에 인군(人君)은 구언(求言)을 간절히 바라고, 제치(制治)를 삼가서 침소에서 편히 쉴 때도 언제나 잠간(箴諫)을 훈송(訓誦)하였으며, 선비는 간언(諫言)을 대부(大夫)에게 전달하고, 서인(庶人)은 임금의 과실을 들으면 비방하고, 상인들은 당시 사람들이 숭상하는 물화(物貨)를 시장에 진설하여 간하고, 백공(百工)은 자신들의 기예(技藝)로 정사(政事)의 잘못을 드러내었다. 또 매년 초봄(孟春)에 사람들이 목탁을 두드리고 길을 순회하면서 잘못된 정사가 있으면 간하도록 하게 한다. 이러한 것이 모두 구언(求言)과 제치(制治)의 근본이다. (…중략…) 지금은 천하만국이 서로 통하고 군웅(群雄)이 서로 다투어 교섭하는 안건이 번잡하게 오가고 병탄(併呑)의 기회가 겹겹으로 생기고 있다. 따라서 일에 직면하여 하나라도 신중히 하지 않거나 사람을 쓰는 데 있어 하나라도 부당한 것이 있게 되면, 국가의 이해가 뒤따라 발생하고, 백성의 휴척(休戚)이 여기에 좌우된다. 지금 서양 각국에서는 이점에 유의하여 신문사를 창설하고 신문을 간행하고 있는데, 이는 백성의 고통을 힘써 찾을 뿐만 아니라 아울러 세계 각국의 정형(情形)을 탐방하여 천하(天下) 사람의 귀에 들려주고, 천하 사람이 마음으로 생각하게 한다. 그리하여 한 사람의 선악과 한 가지 일의 득실이라도 만방(萬邦)이 함께 기록하고 만방이 함께 권징(勸懲)하게 하기 위해서 연설로 드러내고 공론(公論)으로 단정하여, 임금과 재상의 채택에 제공하고 의회(議院)의 취재(取裁)에 도움을 줌으로써 천하의 변화에 응하고 천하의 일을 달성하게 한다. 그러므로 안으로는 국방의 힘, 경영 제도(經制)의 의의, 시장의 제도, 화폐제도, 산택(山澤)의 이익, 조세의 사무, 권량(權量)의 신중성, 공작(工作)의 용도, 역참의 위치, 도로의 정비 등 모두 국가 계획에 관련이 있는 모든 것은, 바른 말로 정밀하게 진달함을 피하지 않고 귀에 거슬리는 충고도 꺼리지 않으면서 기필코 실시하게 함으로써 그럭저럭 구차스럽게 하려는 폐단을 없애게 한다. 밖으로는 각국의 정교(政敎)의 융체(隆替), 풍속(風俗)의 호오(好惡), 기후의 한난(寒暖), 토지(土地)의 옥척(沃瘠), 국토 면적의 광협(廣狹), 산천(山川)의 험이(險夷), 인민(人民)의 과다(衆寡), 군인의 용겁(勇劫) 등과 상무(商務)의 수지, 산물의 풍검(豐儉), 기계의 교졸(巧拙), 격치(格致)의 단예(端倪) 등 사람의 지각을 늘리고 국가를 부강하게 할 수 있는 계책이면 모두 探訪하여 상세하게 기록하지 않는 것이 없다. 요직에 있는 자들의 채택에만 제공할 뿐이 아니라, 일부일부(一夫一婦)라도 듣지 못하고 알지 못할까 염려한다. (…중략…) 이리하여 정치에는 정보(政報), 농사에는 농보(農報), 공업에는 공보(工報), 상업에는 상보(商報)가 있는데 산물을 개발하여 국가에 유익하도록 하는 방법에 관계된 모든 것은 이와 같이 주거(做去)하지 않는 것이 없다. 이는 반드시 국가에 안녕을 주고 일사(一事)라도 위태함이 없도록 하고자 함에서인 것이다. 따라서 서양이 날로 왕성하게 좋아지고 있는 것은 진실로 이 한 가지 일을 실시하기 때문인 것이다. (…중략…) 이래서 서양의 풍속에 신문 읽기를 좋아하는 사람은 충군애국(忠君愛國)하는 무리라 하고, 신문을 읽지 않는 사람은 공적인 것을 배반하고 사적인 것을 비호하는 무리로 귀착된다고 평하고 있다. 이것으로 신문을 읽지 않는 사람은 백성과 국가의 기쁨과 슬픔을 함께 하려 하지 않고 멋대로 교화(化育)의 밖으로 자포자기하는 것임을 알 수 있다. 지금 본 박문국(本 博文局)을 창설한 것은 옛 훈송 잠간(訓誦箴諫)의 법을 따르고, 또한 서양의 체례(體例)를 모방하여, 하정(下情)을 상달(上達)하여 군민(君民)이 일체가 되어 특별히 국가의 부강에 대한 계책을 세워 국맥(國脈)이 영원토록 승평의 노래를 듣고자 함이니, 시무(時務)를 맡은 이들은 살펴보기 바란다.

—'논신문지지익(論新聞紙之益)', 『한성주보』 제30호, 1886.9.27

이 논설은 박문국에서 신문을 발행하는 의미를 상세히 설명한 논설이다. 이에 따르면 신문의 기능은 치진상리(治臻上理), 곧 백성의 의사를 임금에게 상달하는 것을 내세웠다. 그러나 서양 신문 제도를 인용하면서 국가 내적인 일과 국가 외적인 일을 열거하여 신문에서 주로 다루는 기사가 어떤 것인지를 소개하였다. 특히 서양 각국에 정치 신문, 농업 신문, 공업 신문, 상업 신문 등 여러 분야의 신문이 존재함을 역설하고, 신문 읽기를 좋아하는 사람을 '충군애국의 무리'라고 규정함으로써, 민지 개발이 국가 부강뿐만 아니라 애국의 길임을 강조하였다. 이처럼 근대 계몽기 신문의 역할이 여론 형성, 상리하달, 민지계몽, 충군애국의 담론과 밀접한 관련이 있음은 주보의 논설에서도 확인되는 셈이다.

1.2. 근대 신문과 학술 담론의 관련성

순보와 주보 시대로부터 신문의 계도적인 역할은 충분히 인식되었다. 이러한 기능 가운데 하나가 이른바 '기예(技藝)'와 '격치(格致)' 관련 지식 계도이다. 근대 지식이 형성되면서 각종 기예가 중시되고, 기예의 기반을 이루는 격치를 궁구해야 한다는 논리가 유입된 것은 자연스러운 현상이었다. 이러한 흐름에서 1880년대부터는 서양의 학문에 대한 소개가 본격적으로 이루어지기 시작하였고[6] 각종 기예에 대한 정보도

---

6) 예를 들어 1880년 수신사 김홍집이 일본에서 돌아올 때 황준헌으로부터 얻어온 『이언(易

유입되기 시작했다.

이 과정에서 신문이 기예와 격치의 발달에 직접적인 역할을 담당한다는 논리가 확립되었다. 특히 순보 창간 이전에 '신문장정'을 만들었던 유길준은 신문의 역할에 대해 큰 관심을 갖고 있었다. 그 가운데 주목할 만한 것은 『서유견문』의 '신문론'이다. 이 책의 제17편에는 서양 각국의 병원, 박람회, 박물관, 박물원, 도서관(서적고) 등을 소개하고, 민지 계발의 수단으로 '연설회'와 '신문지' 등을 소개하였다.

【 新聞紙 】

新聞紙는 衆人이 會社를 結ㅎ야 其局을 立ㅎ고 世間의 自新ㅎ는 事情을 探知ㅎ야 其 記出ㅎ는 文章을 登板ㅎ야 天下에 公布ㅎ는 者니 <u>朝廷의 政事와 官家의 命令과 官員의 進退</u>로브터 <u>道路의 風說과 商賈의 盛衰와 農作의 豊凶과 物價의 高低와 各處 學校의 修學ㅎ는 景像과 各地 學者의 窮究ㅎ는 術業과 民間의 苦樂</u>과 生死며 外國의 傳聞에 至ㅎ야 實際 眞態 奇事 異言의 足히 世人의 聞見을 博ㅎ 者를 文人이 文을 述ㅎ고 名畵가 畵를 作ㅎ야 不詳ㅎ 者가 無ㅎ고 又 他 事故에 至ㅎ야는 集會ㅎ는 消息과 開市ㅎ는 名號와 火輪 船車의 出入과 家垈 什物의 賣買며 遺失物을 拾取ㅎ야 其 本主를 探索ㅎ기와 店舍를 排鋪ㅎ고 旅客을 招延ㅎ기도 皆 新聞局에 付托ㅎ야 其 細瑣ㅎ 緣由를 記報ㅎ느니 然ㅎ 故로 窮巷에 居ㅎ야 朋輩의 交逐이 極罕ㅎ 者와 萬里 他鄉에 作客ㅎ야 故國의 消息이 漠然ㅎ 者라도 新聞紙를 一臨ㅎ 則 人間의 景況이 目中에 宛然ㅎ야 其 事物을 親接홈과 同ㅎ지라. 泰西人이

言)』(1871년 중국인 정관응 지음)에도 권2의 '론고시(論考試)'에 '부론양학(附論洋學)'이 들어 있다. 이 책은 1883년 언역(諺譯) 이후 몇 차례 국문 번역이 더 이루어질 정도로 근대 지식 형성에 중요한 역할을 담당했던 책이다. "론공법, 론세무, 론아편, 론샹무, 론기광, 론화거, 론면보, 론긔근, 론치한(권1), 론긔계, 론선정, 론주은, 론우정, 론염무, 론유력, 론의정, 론고시부론양학, 론리치(권2), 론변방, 론교섭, 론전교, 론출ㅅ, 론슈ㅅ, 론화긔, 론련병(권3), 론민단, 론치하, 론허비, 론렴봉, 론셔리, 론쵸공, 론의도, 론범인, 론셔류, 론챠관, 론과쥭(권4)"과 같이, 국제 공법을 비롯하여 서양 각국의 제도와 중국의 개혁 방안을 제시하였다.

新聞紙 考覽ᄒᆞᄂᆞᆫ 事로 世人의 一快樂이라 稱ᄒᆞ니 盖 人의 消受ᄒᆞ기를 爲ᄒᆞ야 古今의 書籍이 不少ᄒᆞ나 然ᄒᆞ나 世界의 物情을 洞知ᄒᆞ며 自己의 聞見을 博ᄒᆞ야 處世ᄒᆞᄂᆞᆫ 道를 鍊磨ᄒᆞ기ᄂᆞᆫ 新聞紙의 功이 亦多ᄒᆞᆯ ᄃᆞᆺ.

번역 신문지는 사람들이 회사를 만들어 신문국을 설립하고 세간의 새로운 사정을 탐지하여 기록한 문장을 등판(登板)하여 천하에 공포하는 것이니 조정의 정치와 관료의 명령과 관원의 진퇴로부터 각 지역의 풍설과 상고의 성쇠, 농사의 풍흉, 물가의 고저, 각처 학교의 공부하는 모습, 각지 학자들이 궁구하는 술업, 민간의 고락과 생사, 외국에서 들어오는 사정에 이르러 실제 모습과 기이한 사건, 특별한 말로 족히 세상의 문견을 넓힐 것들을 문인이 쓰고 기술하며 이름난 화가가 그림을 그려 자세하지 않은 것이 없고, 또 기타 일들에 이르러 집회하는 소식, 처음 여는 시장의 명호, 화륜 선박 수레의 출입, 가대 집물의 매매, 유실물을 습득하여 본 주인을 탐색하고, 점포를 배열하며 여객을 초청하여 연회하는 것도 모두 신문국에 부탁하여 자세한 연유를 기록하여 보도하니, 그러므로 시골 벽지에 살며 친구들과 교유하는 것이 극히 드문 자와 만리타향에 객이 되어 고국의 소식이 막연한 자라도 신문지를 한 번 보면 곧 세상의 경황이 눈앞에 완연하여 그 사물을 접함과 같다. 태서인이 신문지를 보는 일을 세상 사람들의 쾌락이라고 일컬으니, 대개 사람의 소식을 듣기 위한 옛사람들의 서적이 적지 않으나 세계의 물정을 통찰하여 지각하며 자기의 문견을 넓혀 세상살이를 하는 도를 연마하는 데는 신문지의 공이 또한 많을 듯하다.

—유길준(1895), 『서유견문』 제17편, '신문지'

이 인용문에서 일차적으로 제시한 신문의 효능은 '세계 물정 통지(洞知)'와 '문견을 넓혀 처세의 도'를 연마하는 데 있다. 이는 신문에 게재되는 기사들이 국내외 온갖 분야의 소식들임을 전제한 것이므로 자연스럽게 이해된다. 특히 신문 제도의 유래와 신문의 여론 형성 기능은 유길준의 입장에서도 매우 흥미로운 제도였다.

【 신문지 유래 및 기능 소개 】

大槩 新聞紙는 每日 登板ᄒᄂᆞᆫ 者도 有ᄒᆞ며 每七日 登板ᄒᄂᆞᆫ 者도 有ᄒᆞ고 每朔 或 四季에 登板ᄒᄂᆞᆫ 者도 有ᄒᆞ야 泰西 諸國과 亞細亞洲 各地라도 泰西人의 都會ᄒᆞᆫ 處所는 必然히 登板ᄒᄂᆞᆫ 者가 有홈이라. 今 其 <u>新聞紙의 創始</u>는 <u>根源을 推究ᄒᆞ건ᄃᆡ 我邦의 朝報</u>ᄀᆞ티 <u>仕宦</u>ᄒᄂᆞᆫ 者에게 書寫ᄒᆞ야 輪回ᄒᆞ더니 <u>其後에 人民이라도 富饒</u>ᄒᆞᆫ 者는 其稅를 出ᄒᆞ고 獲覩ᄒᆞ며 <u>三百年 前에 至ᄒᆞ야 英吉利와 伊太利 兩國에 登板</u>ᄒᄂᆞᆫ 新聞紙가 始有ᄒᆞ나 然ᄒᆞ나 其 記載ᄒᄂᆞᆫ 條件이 <u>商務의 景況과 物價의 高下</u>에 止ᄒᆞ고 <u>朝廷의 政令은 善惡을 記登ᄒᆞ기 不聽</u>ᄒᆞ며 學術에 至ᄒᆞ야도 寂然히 論ᄒᄂᆞᆫ 者가 無ᄒᆞ고 或 政府의 特許로 登板ᄒᄂᆞᆫ 新聞紙를 都賈로 販賣ᄒᆞ기도 ᄒᆞ며 或 我邦의 博文局ᄀᆞ치 政府가 官司를 設ᄒᆞ고 登板ᄒᆞ기도 ᄒᆞ다가 二百年 前에 至ᄒᆞ야 新聞紙 登板ᄒᄂᆞᆫ 風俗이 盛行ᄒᆞ야 <u>朝廷의 政令을 議論</u>ᄒᄂᆞᆫ 者도 有ᄒᆞ며 <u>民間의 惡俗을 譏弄</u>ᄒᄂᆞᆫ 者도 有ᄒᆞ며 <u>農商의 事務를 布告</u>ᄒᄂᆞᆫ 者도 有ᄒᆞ며 <u>軍士의 才技와 學者의 工夫를 辯難</u>ᄒᄂᆞᆫ 者도 有ᄒᆞ며 <u>法律 器械</u>며 <u>幼兒와 女子의 新聞紙도 有ᄒᆞ고 外國 事情</u>에도 其 政治 習俗 人民 風土 及 他 千萬事物을 明白키 <u>翻謄</u>ᄒᆞ야 世間物의 洪纖을 悉包ᄒᆞ고 天下事의 遐邇(하이, 멀고 가까움)를 俱括ᄒᄂᆞ니 其 繁盛흠도 極臻ᄒᆞ고 浩大홈도 無比라. 近世 泰西 諸國 中에 英吉利國 圇墩府와 合衆國 紐約府의 新聞紙가 最大ᄒᆞᆫ 者니 現今에는 記載ᄒᄂᆞᆫ 事件이 太溢ᄒᆞ야 有時原幅外에 別幅을 疊加ᄒᆞ나 創始ᄒᆞᆮ 時에는 登板ᄒᄂᆞᆫ 事實이 極罕ᄒᆞ야 紙一面에도 未滿ᄒᆞᆫ 者라.

번역 대개 신문지는 매일 발행하는 것도 있고 7일마다 발행하는 것도 있으며, 한달 혹은 사계절에 한 번 발행하는 것도 있어 태서 여러 나라와 아세아 주 각지에 태서인이 모인 곳에는 반드시 발행하는 것이 있다. 신문지 창시의 근원을 살펴보면 우리나라 〈조보〉와 같이 벼슬하는 자에게 베껴 서서 돌려보게 하더니 그 후 일반 백성들이라도 부요한 자가 세금을 내고 발행 권리를 획득했으며, 삼백년 전에 영국과 이탈리아 두 나라에서 처음 신문 발행이 시작되었으나 그 기재한 내용이 상무의 상황과 물가의 고저에 그쳤기 때문에 조정의 정치 명령의 선악은 등재하기 어렵고, 학술에 이르러서도 적연히 논하는 자가 없고, 혹 정부의 허가로 발행한 신문지를 도매가로 판매하기도 하고, 혹 우리나라 박문국과 같이 정부가 관청을 설치하고 발행하기도 하다가 이백년 전에는 신문지 발행 풍속이 성행하여 조정의 정치를 의논하는 자도 있고, 민간의 풍속을 기롱하는 것도 있으며 농사의 사무를 포고하는 것, 군사의 기예와 학자의 공부를 변란하는 것도 있으며, 법률 기계, 유아와 여자의 신문지도 있고, 외국 사정에도 그 정치, 풍속, 인민 풍토 및 기타 천만 사물을 명백히 번등하여 세간 사물을 자세한 것을 모두 담고 천하 사정의 멀고 가까운 것을 모두 보게 하니, 그 번성함도 극에 이르고 호연하고 큼이 비할 바 없다. 근세 태서 여러 나라 중 영국의 런던부와 합중국의 뉴욕부의 신문지가 가장 큰 자이니 지금 기재하는 사건이 매우 넘쳐나서 원래 발행하는 신문 외에 호외(별폭)를 더하니 처음 내던 때는 발행한 사실이 극히 드물어 한 면도 차지 못했었다.

—유길준(1895), 『서유견문』 제17편, '신문지'

이 글에서는 발행 주기에 따른 신문의 종류, 신문의 유래, 신문에 기재하는 내용 등이 소개되어 있다. 특히 신문의 유래에서는 우리나라에도 〈조보〉가 있었음을 명확히 제시했고, 영국과 이탈리아에서 근대 신문이 발달했음을 밝히면서, 처음에는 상무와 물가 고저만을 기록하다가 차츰 정치 평론, 학술 기예 논의 등을 다루게 되었다고 서술하였다. 유길준이 주목한 것과 같이 신문 독자에 따라 신문의 내용과 기능이 달라질 수 있지만, 본질적으로 신문의 기능은 정보 유통과 정치 의론, 민지 계발에 있었다. 유길준의 '신문지'에서는 신문이 국가를 위한 '간관(諫官)의 직책'을 다하고, 세인을 위한 '사필(史筆)의 포폄(褒貶)'을 담당하는 기능을 수행한다고 하면서, 궁극적으로는 충군애국과 개화의 방편임을 밝히고자 하였다.

【 '신문지'의 애국, 개화 담론 】

新聞紙에 又 一條 大機가 有ㅎ니 如何ㅎ 人이든지 好議論이 有ㅎ면 記寫ㅎ야 其局中에 送致ㅎ 則 新聞局도 亦 不辭ㅎ고 必然 板에 登ㅎ야 世間에 傳播ㅎ는지라. 故로 國을 尊ㅎ기와 君을 愛ㅎ기에 曲盡ㅎ 議論으로 世人의 忠義를 鼓勵ㅎ기 易ㅎ고, 又 自己의 國이 他國에 不及ㅎ는 事가 有ㅎ 則 新聞紙의 論評으로 國人의 公憤心을 激起ㅎ는 故로 新聞紙를 見ㅎ는 者마다 好道理를 經營ㅎ야 究出ㅎ기를 必期ㅎ며, 又 新聞紙를 因ㅎ야 其講確ㅎ는 理論을 國中人에게 相通ㅎ느니 國人의 心을 協一ㅎ는 機關은 新聞紙에 壓過ㅎ는 者가 亦無ㅎ 故로 或이 曰호딕 新聞紙는 開化의 大助라 ㅎ더라.

번역 신문지에 또한 큰 기조가 있으니, 어떤 사람이든지 좋은 의론이 있으면 기사하여 신문국에 보내면 신문국도 또한 사양하지 않고 반드시 등재하여 세간에 전한다. 그러므로 국가를 존중하고 임금을 사랑하는 곡진한 의론으로 세상 사람들의 충의를 고취 장려하기 쉽고, 또 자기 나라가 다른 나라에 미치지 못하는 일이 있으면 신문지 논평으로 국민의 공분심을 불러일으키므로 신문지를 보는 사람마다 좋은 도리를 찾아 연구할 수 있으며, 또 신문지로 인해 그 강론하고 확실한 이론을 국중 사람들에게 서로 통하게 하니, 국민의 마음을 협일하게 하는 도구로 신문지보다 나은 것이 없으니, 어떤 사람은 말하기를 신문지는 개화의 큰 보조자라고 한다.

—유길준(1895), 『서유견문』 제17편, '신문지'

충군애국의 기조 하에 쓰인 『서유견문』에서는 신문의 기능을 '충의 고려(忠義鼓勵)', '도리 경영(道理經營)', '강확이론 상통(講確理論相通)'의 일대 기관(수단)으로 규정하였다. 이는 제3자의 말을 빌린 것처럼 표현되었지만 궁극적으로는 '개화의 대조(大助)'인 셈이다. 이러한 개화론은 자연스럽게 학술 담론으로 이어진다. 근대 계몽기 각종 신문에서 학문의 공효(功效)를 강조하고, 다수의 근대 지식을 번역 등재한 것도 이러한 시대 상황 속에서 출현한 것이다.

이러한 차원에서 근대의 신문과 학문 지식의 보급은 불가분의 관계에 있었던 것으로 볼 수 있는데, 『한성순보』 제1호의 '순보서'나 『한성주보』 제1호의 '주보서' 등에서 외보 번역을 천명하는 것에서도 확인할 수 있다. 이러한 사정은 근대 계몽기 중국도 마찬가지였는데, 순보와 주보를 비롯하여 근대 계몽기 우리나라의 신문·학술 단체 회보에 빈번히 등장하는 『격치휘편(格致彙編)』의 서문도 비슷하다.

【 격치휘편 서[7] 】

致知格物之學 乃脩齊治平之初級工夫 朱子所謂推極吾之知識 欲其所知無不盡窮知事物之理 欲其極處無不到也. 蓋人心之靈莫不有天下之物莫不有理 若不因其已知之理 而求其未知之理循此 而造乎其極則必於理有未窮 而於知有不盡矣. 傅蘭雅先生 英國之通儒也. 來遊中國十餘年 通曉中國言語文字 特將西文格致諸書 擇其有益於人者繙譯華文 月出一卷問世蓋欲使吾華人 探索

---

[7] '격치휘편 서'는 1896년 독립협회의 회보인 『대조선독립협회회보』 제3호의 '독격치휘편(讀格致彙編)'이라는 제목으로 소개된 바 있다. 이 기사에서는 "英人 傅蘭雅於西曆一千八百七十六年間(我開國四百八十五年)在淸國上海 課月出書一卷 名曰格致彙編. 此書也於格致事物之利用厚生 莫不粲然廣大 悉備萬望諸君子 以些少之價文購買其全帙於上海等處 一遍看過 必庶幾有補於日用事物之間矣. 今特揀其緊切有益處 雖記載于此會報之中 亦不免管斑之歎云爾. 且淸國碩學徐壽序其編首之文 可該其書之旨如左(영국인 부란아(傅蘭雅)는 서력 1876년간(아국 개국 485년) 청국 상해에 거주하면서 매월 책 한 권을 발행하였는데, 이름이 격치휘편이라. 이 책은 사물의 격치로 이용후생함에 찬연하지 않은 바 없고 광대하여 실로 모든 군자들이 갖추기를 바란다. 적은 값으로 책을 구하고 상해 등지에서 전질을 구할 수 있으니 한 번 두루 보면 반드시 일용 사물을 밝히는 데 도움이 될 것이다. 이에 그 긴절하고 유익한 곳을 가려 이 회보에 기록하고자 하나 또한 보는 바가 좁음을 탄식할 뿐이다. 또한 청국의 석학 서수(徐壽)가 그 수권에 서문을 썼는데, 가히 그 책의 취지를 알 수 있으니 그 뜻은 다음과 같다.)"라고 소개한 뒤, 서문 전체를 옮겼다. 또한 『격치휘편』 제1권 제1호의 '마고온 의사'의 '유익지수역지천재'도 회보 제3호에 수록하였다.

底蘊盡知理之所以 然而諸實用吾華人 固能由淺入深得其指歸則受益 豈能量
哉. 所謂 格致之有益於人 而可施諸實用者 如天文 地理 算數 幾何 力藝 制器
化學 地學 金鑛 武備 等此大宗也. 其餘藝術 尚有多端筆難盡述 若欲求其精奧
各有專書可考. 近數年來 上海 製造局 新譯西書于格致之門類足稱 賅備顧 惟
泰西格致之學文 天文 地理 算數 而外原以製器爲綱領 而製器之中 又以輪船爲
首務 故新繹汽機發軔 所以明汽機之致用 能用必期 能造如汽機 信度汽機 必以
汽機新製 乃虛體實體之權度機括門筍之肯綮也. (…中略…) 昔徐文定公 嘗稱
西儒云 不驕不吝藹然可親 且津津乎引進後學 今觀傅先生之居心誠 亦不讓古
之西儒矣. 是書名曰彙編 乃檢泰西書籍 並近事新聞 有格致之學相關者, 以暮
夜之功不辭勞悴撰要摘譯彙集成編 便人傳觀從此門逐漸窺開聰益智 然後積日
累功績少成盈 月計之不足 年計之有餘 得其要領而再致力於成書全秩 以冀造
乎其極而豁然 有得則於民生日用之事 措置有道而設施有方 卽所謂有補實用
之效也. 是爲略述之如此 雪邨 徐壽 撰.

번역 격물의 학을 지극히 아는 것은 수신제가 치국평천하의 초급 공부
이다. 주자가 소위 나의 지식을 지극히 아는 것은 사물의 이치를
알아 궁극에 이르지 아니함이 없도록 하기 위함이요 그 지극한 것을 도달
하지 아니함이 없고자 한 것이라고 말한 것이다. 대개 인심의 영묘함은
천하 만물에 있지 아니한 것이 없고 그 이치가 없는 것이 없다. 만약 이치
를 아는 데서 말미암지 않으면 그 이치의 어떠함을 알지 못하며, 그 지극
함으로부터 추구하지 않으면 궁리에 미치지 못하므로 앎이 극진하지 못
할 것이다. 부란아 선생은 영국의 유명한 학자로 중국에 건너온 지 10여
년에 중국의 언어 문자를 통효하고 특히 서양어로 된 격치학 서적에서
사람들에게 유익한 것을 가려 중국어로 번역하여 월 1권씩을 내었는데,
세인이 그 이유를 물으니 우리 중국인으로 하여금 온진(蘊盡)의 이치를
탐색케 하고자 한 까닭이다. 그러므로 우리 중국인에게 실용이 되게 하는
것이 진실로 가벼운 데서 출발하여 그 가리키는 바 심오함을 이해하니
그 이익됨을 어찌 헤아리겠는가. 이른바 격치가 사람에게 이롭고 가히

실용할 만한 것은 천문, 지리, 산수, 기하, 역예(力藝), 제기(製器), 화학, 지학, 금광, 무비 등이 그 근본을 이룸과 같다. 그밖에 예술은 말로 진술하기 어려운 것이 많아서 만약 그 정묘하고 심오한 것을 구하고자 한다면 각각 전문서적을 살펴보아야 한다. 최근 수년 이래 상해 제조국에서 격치학문 분야에 대한 서양 서적을 새로 번역한 것은 가히 해당 분야를 모두 갖춘 것이라고 일컬을 만하다. 태서의 격치학문 천문, 지리, 산수, 이외 기기 제조의 강령이 되는 것과 기기 제조 중 또한 윤선이 가장 힘써야 할 것이다. 그러므로 기기 발동을 새로 번역하여 기기(汽機)의 효용됨을 밝힌 까닭에 능히 기기를 제조하고 기기를 신뢰함으로써 새로 제조할 수 있으니, 이에 허상과 실체의 권도(權度)를 총괄하여 싹을 틔우는 데 관계할 수 있다. (…중략…) 옛적 서 문정공이 서양 선비를 일컬어 교만하지 않고 인색하지 않으며 애연(藹然)하여 가히 친하고 가까이 할 만하다 하니 또한 후학을 이끌 만하다고 하였다. 이제 부란아 선생이 성심을 다하는 것을 보니 또한 옛날 서양 학자들에 뒤지지 않는다. 이 책의 이름이 휘편이니 이에 서양 서적과 아울러 최근의 신문에서 격치학과 관계된 것을 조사하여 주야로 노고를 아끼지 않고 발췌 번역하여 휘편을 집성했으니, 사람들에게 전하여 규문을 넓히고 지혜를 밝게 하고자 한 것으로, 그 후 날이 갈수록 공적이 쌓이고 조금씩 채워지는 것이 달로 부족하고 해가 되어 넘쳐 그 요령을 얻고 다시 그 힘을 다해 책을 이루어 전질을 이루었다. 이로써 그 끝을 이루어 활연(豁然)히 하여 민생 일용의 사를 얻고, 도를 조치하며 방책을 설시(設施)하기를 바라니, 곧 이른바 실용을 보익하는 효험이다. 이에 이와 같이 간략히 서술한다. 설촌(雪邨) 서수(徐壽) 찬.

　　　　—영국부란아 집(英國傅蘭雅輯, 1876), 『격치휘편(格致彙編)』, 1876.2,
　　　　상해 격치서원발수(上海格致書院發售), '격치휘편서(格致彙編序)'

이 서문은 『격치휘편』 제1권 제1호에 게재된 글로, 서수(徐壽, 1818~1884, 청말 과학자이자 화학 분야의 계몽학자)가 쓴 글이다. 이 글에 따르면

『격치휘편』은 월1회 발행된 월간지로 부란아(傅蘭雅, 프라이어)는 중국에 들어온 지 10년 동안 서양의 전문 서적을 발행하여 이 신문에 게재한 것으로 나타난다. 현재까지 이 신문의 전신인 『중서견문록(中西見聞錄)』과 대조 작업을 실행하지 못한 상태이기는 하지만, 『격치휘편』제1권 제1호의 기사가 '격치약론(格致略論)'(만물의 근원, 별, 태양과 혜성설, 일식과 월식 등의 자연과학을 다룬 글), '일본효학서국공예(日本效學西國工藝)', '흘추약론(汔錘略論, 영국 격물류편 적출)', '인성파리(靭性玻璃, 영국 격치월보 중 적출)', '인포기기(印布機器, 영국 격물유편 적출)', '유익지수역지천재(有益之樹易地遷栽, 마고온 의사)', '윤거도설(輪鋸圖說)', '서국조당법(西國造糖法, 영국 공예서 중 적출)', '산학기제(算學奇題)', '호상문답(互相問答)', '격물잡설(格物雜說)' 등으로 구성되어 있음을 고려할 때, 근대 신문으로서의 『격치휘편』은 서양의 근대 지식을 중국어로 번역 소개한 계몽서적의 일종이었다. 이러한 경향은 『만국공보』도 비슷했던 것으로 보이는데, 우리나라의 근대 신문인 『한성순보』, 『한성주보』 또한 이 시기 중국의 『호보(滬報)』(후에 『자림호보(字林滬報)』), 『만국공보』, 『격치휘편』 등을 기사원(記事源)으로 하는 경우가 비교적 많았다는 점에서, 근대 지식 형성과 보급의 주된 역할을 담당했던 매체라고 평가할 수 있다.

2. 순보와 주보에 소개된 학문 사상

2.1. 학문 담론 기사 분포

『한성순보』는 총 36호까지 발행되었는데, 1883년 10월 31일 창간호부터 1884년 10월 9일 종간호에 이르기까지 그 체제가 동일하지는 않다. 창간호는 '순보서', '내국기사', '각국근사', '지구전도(地球全圖)', '지구도해(地球圖解)', '지구론(地球論)', '논양주(論洋洲)', '정오(正誤)'와 3관으로 이루어진 사고(社告)로 구성되었으며, 제2호(1883.11.10)과 제3호 (1883.11.20), 제4호(1883.11.30)의 체제는 거의 같다. 그러나 제5호(1883. 12.9)부터는 '내국기사'를 '국내관보(國內官報)'와 '국내사의(國內私議)'로 구분하고, 제6호(1883.12.20)에서는 '각국근사'에 '논설(論說)'을 별도로 표시하였다. 그런데 이때 '논설'이라고 한 것은 기사에 대한 논평이 부 가되어 있음을 말한 것일 뿐, 오늘날의 논설문과는 성격이 다르다. 그 렇기 때문에 제7호(1883.12.29), 제9호(1884.1.18)에서는 '논설'이 별도로 구분되지 않았다.

이와 같이 순보 각호의 체제가 동일하지 않기 때문에 기사 내용을 세분하는 일은 쉽지 않다. 이 점에서 순보와 주보의 기사 내용 분석은 연구자의 관점에 따라 큰 차이를 보일 수 있는데, 두 신문을 번역한 관훈클럽신영연구기금(1983)의 정진석 해제에서는 순보 기사의 소재를 '국내 관보'(336건), '국내 사의'(71건), '각국 근사'(1,019건), '논설'(11건), '집록'(116건), '본국고백(本局告白)'(4건) 등 총 1,557건으로 추산하였다. 이러한 방식으로 분석한 주보의 기사는 총 1,260건인데 '국내기사' 540 건, '국내사보' 6건, '외보'(각국근사) 581건, '사의(私議)' 22건, '집록' 62 건, '공고 또는 광고' 49건이다.

그러나 순보나 주보의 체제가 동일하지 않은 점, '각국근사'에 소재하 는 '논설' 가운데 일부는 짧은 기사에 한두 마디의 논평을 붙인 기사에 속하는 글이라는 점 등 여러 가지 변수를 고려한다면, 순보의 학술 담론 분석을 위해서는 별도의 기준 마련이 필요하다. 이 점에서 최영철·허재 영(2014)에서는 근대 지식 형성 과정에서의 전문성을 고려하여, 국어사 전 편찬에 적용하는 전문 용어 분류 방식을 적용한 학문 분야별 학술 담론을 분석하고자 하였다. 이 논문에서 전문성을 띤 학술 기사로 판단 한 기사 건수는 총 270건이다. 이를 분석한 표를 제시하면 다음과 같다.

【 순보와 주보의 학문 분야별 기사 분포 건수[8)]】

분야	순보	주보	계
지리	37	15	52
경제	23	10	33
군사	19	5	24
과학	17	7	24
국제 정치	18	3	21
외교	15	3	18
교육	5	12	17
천문	6	9	15
교통	11	1	12
학문	8	2	10
정치	5	3	8
법률	3	2	5
행정		4	4
사회	3	1	4
역사	2	1	3
기타	3		3
의학	2	1	3
풍속		3	3
출판	2		2
서사		2	2
언론		2	2
의료		1	1
위생	1		1
전기	1		1
통신	1		1
종교	1		1
총 합계	183	87	270

이 표에서 확인할 수 있듯이, 순보와 주보의 학술 담론에서 가장 많

---

8) 최영철·허재영(2014), 「개항 이후 학제 도입 이전까지의 한국 근대 학문론과 어문문제」, 『인문과학연구』 40, 강원대학교 인문과학연구소, 185.

은 비중을 차지하는 것은 '지리' 관련 지식이다. 순보에는 '지구도해(地球圖解), 지구론(地球論), 논양주(論洋洲, 이상 제1호), 구라파주(歐羅巴洲), 논지구운전(論地球運轉, 이상 제2호), 아미리가주(亞米利加洲, 제3호), 아비리가주(亞非利駕洲, 제4호), 아서아니아주(阿西亞尼亞洲, 제5호), 영국지략(英國誌略, 제6호), 지구환일도해(地球圜日圖解, 제10호), 상술지중해신개기(詳述地中海新開記), 아국강역기(俄國疆域記, 제11호), 미국지략(美國誌略), 지구환일성세서도설(地球圜日成歲序圖說, 제12호), 미국지략속고(美國誌略續稿), 구아비례설(歐亞比例說), 아세아아주총론(亞細亞洲總論, 제14호), 법국지략(法國誌略, 제15호), 법국지략속고(法國誌略續稿, 제17호), 덕일국지략(德逸國誌畧), 천시우양이상고설(天時雨暘異常考說, 제18호), 덕국지략속고(德國誌畧續稿), 과륜포출신지(科倫布檢出新地), 과륜포재항신지(科倫布再航新地), 서반아인마이모아검출태평양(西班牙人馬爾慕亞檢出太平洋, 제19호), 미국금광(美國金山, 제20호), 아국지략(俄國誌畧, 제26호), 아국지략속고(俄國誌畧續稿, 제28호), 이국지략(伊國誌畧, 제30호), 화란지략(和蘭誌畧, 제31호), 지구양민관계(地球養民關係), 전권계속(前卷繼續) 아비리가주 지구양민관계(亞非利加洲 地球養民關係, 제32호), 지구양민관계론 속 전권 구라파주(地球養民關係論 續前卷 歐羅巴洲, 제33호), 지구양민관계론 속전권 아미리가주·오태리아주(地球養民關係論 續前卷 亞米利加洲 澳大利亞洲, 제36호)' 등이 나타나며, 주보에는 '뉵주논총, 대마도기사(對馬島紀事, 제1호), 예시아 디략, 지구전도(地球全圖 뉵주논총 부록, 제2호), 예시아 디략(제3호), 유로부 디략(제4호), 유로부 디략(제5호), 아흐리가 디략(제6호), 이틸리야 디략(제17호), 이틸리야 디략 쇽고(제18호), 스페인 사름 마르미아가 아다란짓그를 차진 쇽고(제22호), 태평양군도고략(太平洋群島考略, 제29호), 행선측기지구경위도설(行船測箕地球經緯圖說, 제30호), 영해각국통고(瀛海各國統考, 제31호, 제32호 연속)' 등이 나타난다.

그 다음으로 많은 분포를 보이는 것은 경제 관련 기사인데, 순보에 '논고분표위해시전(論股分票爲害市廛, 제10호), 논미국조절화상(論美國阻

絶華商), 논호시쇠패(論滬市衰敗, 제11호), 박람회설(博覽會說), 중서공사이동설(中西公司異同說), 직포국집고설(織布局集股說, 제15호), 구미조제(歐米租制, 제16호), 논보명국(論保命局), 논칭법(論稱法, 제17호), 각국국채설략(各國國債說畧, 제19호), 지유정천(地油井泉), 지랍(地蠟, 제20호), 국부세 상(富國說 上, 제22호), 국부세 하(富國說 下, 제23호), 치도약론(治道略論), 치도약칙(治道略則), 치도론(治道論, 제26호), 잠업촬요(蠶桑撮要), 논양채이폐(論洋債利弊, 제27호), 논전수상국지비(論專售商局之非, 제32호), 초상국중상공고(招商局衆商公告), 금연론(禁煙論, 제33호), 일본지조조례(日本地租條例, 제35호)' 등이 실렸으며, 주보에는 '논화폐 제일(論貨幣 第一, 제4호), 논화폐 제이(論貨幣 第二), 논상회(論商會, 제5호), 권농규칙등조(勸農規則照登, 제17호), 논개광(論開鑛, 제22호), 통계설(統計說, 제27호), 논개광(論開鑛, 제28호), 귀상론(歸商論, 제29호), 통상약장유편 서(通商約章類纂 序, 제57호)' 등이 실렸다. 이들 자료에는 '고분(股分: 일종의 주식)'이나 '보험', '칭법(稱法: 도량형)'과 같이 근대적 경제 제도와 관련된 것들도 있지만, '부국설', '치도론' 등과 같이 근본적인 경제 문제를 개혁하고자 하는 논의도 포함되어 있다.

'군사' 분야의 경우 순보의 '논중국병선근족자수해구(論中國兵船僅足自守海口, 제10호), 구미징병법(歐美徵兵法), 월남군정억설(越南軍情臆說), 논중법화상(論中法和象), 논중국전선(論中國戰船, 제11호), 넌향원(論餉源), 군기전함불가시설(軍機戰艦不可自恃說, 제15호), 화기신식(火器新式), 해방고략(海防考畧), 논먹전군무수인(論目前軍務需人, 제17호)', 주보의 '일이만병정(日耳曼兵政, 제5호), 중국연병사의조진설(中國練兵事宜條陳說, 제17호), 선정관(船政官), 무학(武學, 제47호), 영국해군(英國海軍, 제70호)' 등과 같이 각국의 군사 제도 및 무기 제조술 등에 관해 소개한 경우가 많다. 과학 관련 자료로는 순보에 '논전기(論電氣, 제4호), 화학공용(化學功用, 제15호), 현미경영등(顯微鏡影燈), 이기등지광(二氣燈之光, 제19호), 측천원경(測天遠鏡), 후씨원경론(侯氏遠鏡論), 풍우침(風雨鍼), 한서침(寒暑鍼, 제20

호), 태서제철법(泰西製鐵法, 제21호), 논양기(論養氣), 논경기(論輕氣), 논담기(論淡氣, 제22호), 동반구분화산고저설(東半球噴火山高低說, 제22호), 논탄기(論炭氣), 논녹기(論綠氣), 논탄경이기(論炭輕二氣), 논취화(法取火, 제23호)' 주보에 '논풍(論風, 제54호), 해풍육풍(海風陸風), 온대내풍개방향지리(溫帶內風改方向之理), 태풍(颶風, 제56호), 논공기지랑(論空氣之浪, 제58호), 논해수유행(論海水流行), 논수기응이강하(論水氣凝而降下, 제59호), 지진별해(地震別解), 논로(論露), 상무(霜霧), 논산열지무급수면지무(論散熱之霧及水面之霧), 영무(影霧), 성운지리(成雲之理, 제60호)' 등이 실려 있는데, '전기', '화학', '원소', '현미경', '화산', '해류' 등의 자연과학 지식이 수차례 소개되었다. '교통' 관련 자료도 '과학'을 응용한 '기술'이라는 차원에서 비슷한 성격을 띤다. 순보의 '태서운수론(泰西運輸論, 제12호), 태서운수론 속고(泰西運輸論 續稿, 제13호), 화훈선원류고(火輪船源流考, 제14호), 철로신식(鐵路新式), 논토로화차(論土路火車, 제17호), 해저수도(海底隧道), 현교약론(懸橋論畧, 제20호), 태서방하(泰西河防, 제22호), 항해설(航海說), 철로이익(鐵路利益, 제27호), 화륜선 속력설(火輪船 速力說, 제33호)' 등과 주보의 '태서윤차철로고(泰西輪車鐵路考, 제52호)' 등과 같이, '항해', '화륜선', '철로' 등의 운송 수단과 수송 문제를 주요 내용으로 한다.

또한 서구 학문의 원류나 서적 박물관 등을 소개한 자료들이 빈번히 등장하는데, 이는 이 시기 근대 지식에 대한 새로운 철학이 도입됨을 의미한다. 이러한 자료로는 순보의 '각국학업소향(各國學業所向, 제15호), 아정반보각회금액(俄廷頒補各會金額, 제17호), 기예원(技藝院), 격물원(格物院), 영국서적박물원(英國書籍博物院, 제18호), 하문설립박문서원(廈門設立博聞書院, 제19호), 아리사다득리전(亞里斯多得里傳, 제24호)' 등과 주보의 '서학원류(西學源流, 제52호), 속록서학원류(續錄西學源流, 제53호)' 등이 있다. 이 가운데 '아리사다득리전'은 서구 학문의 원류에 해당하는 아리스토텔레스를 소개한 글이며, '서학 원류'는 서구 학문의 기원과 발전 과정을 소개한 글이다. 이러한 맥락에서 '성학(星學)', '천문학', '유성',

'일식', '월식' 등의 천문학과 관련된 지식이 수차례 소개된 점도 의미 있는 일이라고 볼 수 있다. 이와 같은 학문과 지식 도입은 결과적으로 '교육'의 필요성을 강조하는 계기가 된 것으로 보인다. 두 신문에 등장 하는 교육 관련 기사는 순보에 17건, 주보에 21건을 확인할 수 있었는 데, 그 가운데 순보의 '학교(學校, 제15호), 각해구의설서의학당론(各海口 宜設西醫學堂論, 제16호), 일본재필(日本載筆, 제24호), 태서각국소학교(泰西 各國小學校, 제32호)'나 주보의 '논학정(論學政, 제1호~제3호), 법국학정(法 國學政, 제24호), 광학교(廣學校, 제32호)' 등은 학제와 관련된 것이고, 주 보의 '동문관대고제(同文館大考題, 제55호), 천진무비학당대고제 속고(天 津武備學堂大考題 續稿, 제59호)'는 중국 동문관의 시험 문제와 관련된 것 이다. 또한 주보 제26호부터 제28호까지 등장하는 '지리초보(地理初步)' 는 국한문체로 이루어진 지리 교재라는 점에서, 이 시기부터 신문이 교육 내용을 전달하는 교육적 기능을 담당하고자 했음을 확인할 수 있 다.9) 이처럼 순보와 주보에는 근대 학문과 지식을 소개한 기사가 많이 등장하며, 이는 이 시기 박문국을 중심으로 한 근대적 지식 유통이 이 루어지고 있음을 의미한다.10)

---

9) 주보에 수록된 '지리초보'는 권지일(卷之一) 제일장(第一章)부터 제칠장(第七章)까지 수록 되어 있다. 현재 주보 가운데 7~16호, 19~21호, 33~46호, 48~51호, 61~66호, 76~98호가 결호여서, 국한문으로 된 교육용 재료가 얼마나 더 실렸었는지 알 수는 없는데, 갑오개혁 이후 신문과 학회보, 잡지가 발달하면서 이러한 교재가 신문, 학회보, 잡지에 수록되는 경우가 많음을 고려할 때, 신문의 교육 재료 제공 기능이 주보에서 비롯되었다는 결론을 내릴 수 있다.

10) 주보 제3호의 국내 기사 '신래서적(新來書籍)'에도 "德國領事卜君德樂素留心世務者也. 行 捐貲由上海購求新譯西書送于外衙轉致本局者凡二百餘卷 皆天文·地理·醫藥·籌數·萬國史 記·各邦和約 以至鳥獸·金石·電礦·煤冶, 鎗砲, 汽機, 水陸, 兵丁, 航海, 測候, 化學, 動物及列 國歲計之增減五洲時局之推遷靡不晰載 實爲我邦始有之書籍 而亦係方今利用厚生之方也. 苟 有志經濟者來到本局一經繙閱則不無裨益於需世實用也(독일의 영사 복덕락(德樂, 부들러 H. Budler)은 평소 세무(世務)에 남다른 관심을 가진 사람이다. 스스로 비용을 들여 중국 상해에서 신역(新譯)된 서양서적을 구입하여 외아(外衙)에 송부하여 본국(本局)에 보내 온 것이 모두 2백여 권이나 된다. 이 책은 모두 천문·지리·의약·산수·만국사기·각방화약 (各邦和約)에서부터 조수·금석·광(礦)·매야(煤冶)·쟁포(鎗砲)·기기(汽機)·수륙·병정·항 해·측후·화학·동물 및 열국의 세계 증감(歲計增減)과 오주(五洲)의 시국추이(時局推移)에

2.2. 순보와 주보 학문의 근대성과 한계

순보와 주보의 학문 담론이 근대성을 보이는 것은 이 시기 중국과 일본, 서양 각국 등 다양한 근대 지식 유통 경향을 보여주기 때문이다. 이와 관련하여 이와 관련하여 한보람(2005)에서는 순보의 '각국 근사(各國近事)'를 대상으로 기사를 주제별로 분류하고, 국제 정보 수집 차원에서 순보가 인용한 신문을 분석하였다. 이에 따르면 순보는 『상해신보(上海申報)』(268), 『자림호보(字林滬報)』(121), 『중외신보(中外申報)』(66), 『순환일보(循環日報)』(53) 등과 같은 중국계 또는 홍콩 신문에서 기사를 옮겨온 경우가 절대적이었고, 『시사신보(時事新報)』(21), 『일본보(日本報)』(21) 등의 일본계 신문과 런던의 『시사신보』(5), 『런던신문』(5)을 비롯하여 『인도신문』(5), 『프랑스 신문』(4), 『미국신문』(4), 『독일신문』(3), 『러시아신문』(3) 등의 다양한 기사원(記事源)을 제시하고 있다. 이러한 경향은 학문과 지식 관련 기사의 경우도 비슷한데, 여기서 주목할 것은 그 학문과 지식이 어느 지역, 어느 나라와 관련된 것인가를 살펴보는 일이다. 달리 말해 특정 기사가 중국계 신문에서 인용한 것일지라도 서구의 학문이나 지식을 소개하는 것이라면, 그 기사는 서구 지식 도입과 관련된 것으로 처리할 수 있다는 뜻이다. 좀 더 구체적으로 설명하면 '대마도기사(對馬島 記事)'와 같이 우리나라와 관련된 것 또는 '설제중원(說濟衆院)'과 같이 중국 관련 기사 등은 '동양'으로 분류하고, '논화폐(論貨幣)'와 같이 서양의 화폐 제도를 설명한 것은 '서양', '공법설(公法說)'과 같이 만국 공법에 대한 설명을 한 것은 동서양 모두에 해당하는 내용이므로 '보편적인 것'으로 설정하였다. 그런데 '논학정'과 같이 서구의 학

이르기까지 분명히 게재하지 않은 것이 없었다. 이는 실로 우리나라로서는 처음 가지는 서적이고, 따라서 지금의 이용후생 방책이기도 한 것이다. 진실로 경제에 뜻이 있는 사람이면 일차 본국에 와서 한번 열람하여 보면 실용에 도움이 없지는 않을 것이다)"라는 기사가 실려 있는데, 이는 독일 영사 부들러가 여러 분야의 서책을 들여와 외아(外衙)에 송부하여 박문국에 보냈으므로, 열람할 수 있다는 내용이다.

제와 일본의 학제를 모두 소개한 것은 '중복'으로 표시하였다. 그 결과는 다음과 같다.

【 학문과 지식의 동서양별 분포 】

신문	동양		서양		보편		중복		계	
	건수	비율	건수	비율	건수	비율	건수	비율	건수	비율
순보	34	18.59	104	56.83	13	7.10	32	17.48	183	100
주보	31	35.63	43	49.43	10	11.48	3	3.45	87	100
계	65	24.08	147	54.44	23	8.52	35	12.96	270	100

이 표에서 확인할 수 있듯이, 순보의 기사는 서양과 관련된 내용(104건)이 높은 비중을 차지한다. 이에 비해 주보의 학문과 지식은 순보에 비해 동양과 관련된 것과 보편적인 것의 비중이 늘어나고 있다. 이는 동양이 서양의 학문과 지식을 수용하는 예가 많아지고 있다는 추론을 가능하게 한다. 이를 다시 국가별로 분류하면 다음과 같다.

【 국가별 분포 】

국가	동양		서양		보편		중복		계
	순보	주보	순보	주보	순보	주보	순보	주보	
기타			31	23	13	10			77
서구			33	8					41
중국	18	9							27
조선	9	13							22
영국			6	4					10
미국			7	1					8
일본	5	3							8
이탈리아			3	2					5
프랑스			4	1					5
러시아			4						4
아프리카			2	1					3
독일			2	1					3

국가		동양		서양		보편		중복		계
		순보	주보	순보	주보	순보	주보	순보	주보	
스페인				3						3
아시아		1	2							3
그리스				1	1					2
아메리카				2						2
싱가포르			1							1
대만			1							1
버마			1							1
태평양					1					1
지구				1						1
태국			1							1
스코틀랜드				1						1
오스트레일리아				1						1
네덜란드				1						1
오세아니아				1						1
중복 국가	프랑스/중국							10		10
	조선/일본							7		7
	서구/중국							6		6
	서구/일본								3	3
	미국/중국							3		3
	조선/영국							2		2
	조선/미국							2		2
	중국/일본	1						1		1
	서구/아시아							1		1
	프랑스/월남							1		1
	영국/프랑스							1		1
총 합계		34	31	104	43	13	10	32	3	270

이 표에서 알 수 있는 것은 근대의 학문과 지식 관련 기사에서 가장 많은 분포를 보이는 경우는 서양의 여러 나라들을 복합적으로 서술한 경우(순보 31, 주보 23건) 또는 특정 국가와 관련을 맺지 않는 보편적 지식(순보 13, 주보 10건)가 많다는 점이다. 그러나 이러한 기사들도 상당수는 서구의 지지(地誌)나 사략(史略)이 대부분이어서 두 신문의 서양 지식

의존도는 매우 높다. 개별 국가와 관련된 것으로는 '중국(27건)〉조선(22)〉영국(10)〉미국과 일본(8)〉이탈리아와 프랑스(5)'의 순서로 나타나는데 '중복'된 기사를 포함할 경우 '중국(40)〉조선(29)〉프랑스(16)〉영국(13)〉일본(12)〉미국(10)〉이탈리아(5)'의 분포를 보인다. 이처럼 두 신문에 중국 관련 기사가 많은 까닭은 근대 학문과 지식을 수용하는 과정에서 중국의 사례에 의존하는 경우가 많았기 때문으로 보이며, 중복 기사를 포함할 경우 '프랑스'가 많아지는 것은 1884년부터 1885년 사이에 있었던 '청불전쟁'(월남의 종주권을 놓고 청국과 프랑스가 벌인 전쟁)과 관련이 있었던 것으로 보인다.

순보와 주보의 다양한 지식 유통은 근대적 관점에서 '시간과 공간의 재인식', 이를 바탕으로 한 '자아의 발견'이라는 차원에서 근대 학문의 형성에 중요한 의미를 갖는다.

먼저 시간과 공간의 재인식은 지리 분야의 지식과 직접적인 관련을 맺는다. 앞서 살펴본 바와 같이, 두 신문에서 가장 빈번히 등장한 지리 관련 지식은 지리적 공간 개념을 바탕으로 한 관계 개념[11]이 형성된다.

【 근대성으로서의 시간과 공간 】

ㄱ. <u>此言雖出西人</u> 其理實而非虛 不可以西人而外之也. 吾願東洲諸君子 無庸互相是非 惟期實事求是其於萬國之地理 默而識之 神而明之 則其必曰謂地爲平者人 <u>皆但知本國而不曉他邦</u> <u>徒見一隅而不明全勢</u> 故襲陋於百十之年 取譏於五洲之來者良以此也. 知此而後經緯之說 不絶於口洲洋之論蘊畜於心 書而講富强之策 夜而誦利用之方 發憤忘食.

> 번역 이상의 말은 비록 서양 사람에서 나온 것이기는 하나, 이치에 맞아 허황되지 않으니 서양 사람이 한 말이라 하여 배척할 것이 아

---

11) 이 문제에 대해서는 이진경(2002)의 『근대적 시·공간의 탄생』(푸른숲), 최병두(2002)의 『근대적 공간의 한계』(삼인) 등과 같은 저서가 있다.

니다. 나는 동주(東洲)의 제군자(諸君子)들이 쓸 데 없이 서로 시비하지 말고, 오직 실사구시(實事求是)만을 기약하여 만국의 지리에 대해서 조용히 배우고 정신을 가다듬어 밝히기를 바란다. 그러고 보면 지구는 평평하다고 하는 사람들은 모두들 단지 본국(本國)만 알고 타국(他國)은 모르며, 일면(一面)만을 보고 전체(全體)에 어두워서 수천 년 간 고루한 견해를 헛되이 답습한 것이니, 오주에서 오는 사람들에게서 기롱(譏弄)을 받는 것은 진실로 이 때문이다. 이를 안 후에는 경위(經緯)에 대한 설(設)이 입에서 끊이지 않고 주양(洲洋)에 대한 이론이 마음에 온축(蘊蓄)되어 낮에는 부강(富强)의 방책(方策)을 강구하고, 밤이면 이용후생(利用厚生)의 방도(方途)를 되뇌며 발분망식(發憤忘食)한다.

—『한성순보』제1호, 1883.10.31, '지구론'

ㄴ. 地球體圓 故能圜日 圜日故有晝夜 且其體欹而不堅 有如斜倚之橙 而圜日軌道 與赤道交角着爲二十三度半也. 是以日光或直射北緯線二十三度半爲回 或直射南緯線二十三度半而回以致軌道 與赤道相接 則日光必直射赤道 以中帶南北各二十三度爲限 而其在北者 謂之北黃道限 在南者 謂之南黃道限 於是晝夜之所以分也. 今特繪成地球圜日圖式附之 於左右請觀者疑於白羊宮.

번역 지구는 둥글기 때문에 환일(圜日, 공전을 말함)하며, 환일하기 때문에 밤과 낮이 생긴다. 또 지구가 기울어 똑 바르지 않은 것이 마치 비스듬한 귤(등자, 橙子)처럼 생겨 태양의 주위를 돈다. 그 궤도(軌道)와 적도(赤道)가 23도 반의 각(角)을 이룬다. 그래서 햇빛이 혹 북위선(北緯線) 23도 반을 직사(直射)하고 돌아가며, 혹 남위선(南緯線) 23도 반을 직사하고 돌아서 궤도와 적도가 서로 마주치면 햇빛이 반드시 적도를 비추는데, 중대(中帶)의 남북 각각 23도 반을 한계로 한다. 그 북쪽에 있는 것을 북황도한(北黃道限), 남쪽에 있는 것을 남황도한(南黃道限)이라 하니, 이것이 밤과 낮의 구분이다. 이제 지구환일도를 그림으로 그려 아래에 붙이니, 보는 사람들은 백양궁(白羊宮)을 기준으로 해서 보기 바란다.

—『한성순보』, 1884.1.30, '지구환일도해'

ㄷ. 現聞美國有開河之議 設此舉成 則歐米各洲 與中華相隔 僅期月程耳. 由斯
觀之 縮地之法 不誠見於今日哉.

번역 듣자니 요즘 미국에서 이곳에 운하를 팔 의논이 일고 있다 하니,
만약 이 운하가 이루어지면 歐美 각주와 중국 사이는 거리가 겨우
1개월 路程밖에 안될 것이다. 이로 본다면 縮地法을 오늘날에 다시 보는
게 아니겠는가.

—'상술지중해신문기', 『한성순보』, 1884.2.7

순보와 주보에 빈번히 등장하는 지구 구형설이나 환일(圜日)의 개념
이 1880년대 처음 나타난 것은 아니다. 앞서 개항 이전의 지식 유통
상황에서 살펴보았듯이, 17세기 이후 서구 지식과의 접촉 과정에서 근
대적 지리 지식이 유입된 것은 틀림없는 사실이다. 그러나 순보의 지리
지식은 단순 견문 또는 전문(傳聞) 형식으로서의 '각성(覺醒)'의 의미를
갖고 있지 않았다. 그러나 순보의 '본국만 알고 타국은 모르며', '일면만
알고 전체에 어두우며'라는 진술이나 '밤과 낮이 생기는 이유'를 깨닫
는 것은 전통적인 지리 지식과는 성격이 다른 것으로 해석해야 한다.
더욱이 지중해의 운하 개통과 관련하여 물리적 거리가 좁아지는 현상
을 소개한 점은 흥미롭다. 물론 이러한 공간 인식과 시간 개념의 형성
은 홍유진(2010)[12]에서 밝힌 바와 같이 서구 제국주의 지리학의 영향으
로 해석할 수 있다. 이 논문에서는 서구의 신지리학이 '진화론', '인간과
환경과의 관계'(일종의 환경 결정론), '자본주의의 전개', '민족주의'의 성

---

[12] 홍유진(2010), 「서구 제국주의 지리학의 영향을 받은 19세기 말 20세기 초 한국과 일본의
근대 지리학적 사고에 대한 비교학적 고찰」, 『지리교육논총』 54, 서울대학교 지리교육과,
27~44.

격을 띠고 있었고, 우리나라 근대 지리학이 이러한 서구 지리학의 영향을 받은 것임을 밝히고 있지만, 지리를 대상으로 한 공간 인식과 지문(地文)을 바탕으로 한 시간 개념은 타국과 조선, 더 넓게는 세계 여러 국가들과 우리의 관계를 깨닫게 하는 요소가 될 수 있다. 다만 이러한 시공간 인식이 '자각'에 의해 이루어진 것이라기보다 '서인(西人)'으로부터 유래된 것이라는 한계가 존재한다.

이 점에서 근대적 자각의 주체로서 '자기 개념', '자아 인식'이 이루어지는 과정을 살피는 것은 의미 있는 일이다. 순보의 경우 '법률' 개념을 소개하는 과정에서 '개인의 위상'을 논의하고 있는데, 이는 '근대적 자아'가 형성될 수 있는 기본적인 지식이라고 할 수 있다. 다음을 살펴보자.

【 개인과 자아의 문제 】

ㄱ. 西人曰法律原於天理合於人道 基於仁愛成於公平 以此而保護養民懲罰凶徒 誠司憲者生殺予奪之具 而亦國家之治亂得失係焉. 夫世運沿革法律亦然 故分法律爲三等 曰不文律 曰成文律 曰純全律 屬當草昧文字未成無法之可律 無刑之可常 惟傳臆料徵口授稱神宣 與天罰謂之不文律 及其世運漸革文章稍成也 記臆料輯口授裁得一書藏之王府 不以示民謂之成文律逮 夫人民之知覺漸增 能知善惡之可行可避 則從風俗曁宗敎分法律別爲一體 而法官掌之亦稱成文律 是律一變而爲純全律 (…中略…) 夫泰西之不文成文等律 不必煩述 至其純全律則係各國多士 隨時損益要在盡矣. 而止是以法律家有言曰 甯可赦百有罪 不可殺一無辜 又曰罪疑是輕重 是乃體天行事盡其仁愛扶公平 不如是則徒 遂人慾之私 終悖天理之正 不仁不公莫甚於此.

번역 서인(西人)이 말하기를, 법률(法律)이란 천리(天理)에 근본하고 인도(人道)에 합당하며 인애(仁愛)에 기준을 두고 공평(公平)을 이루어 이로써 양민(良民)을 보호하고 흉도(凶徒)를 징벌(懲罰)한다고 하였다. 진실로 헌법(憲法)을 맡은 자에게 생살여탈(生殺予奪)의 도구와 또한 국가의 치란득실(治亂得失)이 달려 있다고 하겠다. 대저 세운(世運)의 변화에 따라 법률(法律)도 또한 변화한 때문에 법률도 3등으로 나뉘니, 불문율(不文律), 성문율(成文律), 순전율(純全律)이라고 말하는 것이 그것이다. 처음 문자(文字)가 없을 때에는 규율할 만한 법도 없고, 형벌의 기준도 없어 오직 전해오는 나름대로의 생각과 입으로 전해 받은 것에 증험하면서 신(神)이 베푼 것이라 하고 하늘이 주는 벌이라 일컬었으니, 이를 불문율(不文律)이라 하고, 세운(世運)이 점점 변혁되고 문장(文章)이 점점 완성되매 기억한 자료를 기록하고 입으로 전해오던 것을 하나의 책으로 만들어 왕부(王府)에 감추어 두고 백성들에게는 보이지 아니한 것을 성문율(成文律)이라 하고, 인민(人民)들의 지각(知覺)이 점증(漸增)하여 능히 선악(善惡)의 행(行)할 것과 피할 것을 알게 됨에 이르러 풍속 및 종교를 좇아 법률과 분리하여 별도로 일체(一體)를 만들어 법관(法官)이 관장하게 하는 것도 역시 성문율이라 하는데, 이 법률이 일변(一變)하면 순전율(純全律)이 된다. (…중략…) 대저 태서(泰西)의 불문·성문 등의 법률은 굳이 번거롭게 기록하지 않겠거니와 그 순전율에 이르러서는 각국의 다사(多士)들이 때에 따라 손익(損益)하니, 그 요지는 진미(盡美)하게 하기 위함이다. 법률가의 말에, 차라리 백 사람의 유죄(有罪)를 사면할지언정 한 사람의 무고자(無辜)를 죽일 수 없다 하고, 또 죄는 가벼운가를 살피고, 상은 후중(厚重)한가를 살펴야 한다고 하니 이게 바로 하늘의 행사(行事)에 맞고 인애(仁愛)를 다하며 그 공평(公平)을 붙드는 것이요, 이와 같지 않다면 한갓 인욕(人慾)의 사사로움을 좇아 마침내 천리(天理)의 바름을 거슬려서 불인하고 불공평함이 이보다 더 심한 것은 없을 것이다.

—'태서법률', 『한성순보』, 1883.12.29

ㄴ. 歐米各國有所謂出版權者 蓋聰明才智之士 或自著圖書 及繙譯外籍而爲之出板者 則自政府嚴定規則 令他人不敢摸刻 獨許其人之印出而販賣 以得著譯之利益 亦使人用力於是開進世道之意也.

번역 구미 각국에는 소위 출판권이란 것이 있다. 이는 총명하고 재능이 있는 인사들이 혹 저서를 내거나 외국서적을 번역하여 출판하면 정부에서 엄격한 규정을 정해 다른 사람들이 모방하여 내지 못하게 하고, 그 사람에게만 인출(印出)하여 판매함으로써 저서나 번역에 대한 이익을 얻게 하고, 또 그 사람들에게 세상을 개화하는 데 힘쓰도록 하기 위해서이다.

—'출판권', 『한성순보』, 1884.3.18

'태서법률'은 서양의 법률을 세 종류로 나누고 각 법률의 성립 과정을 소개한 글이다. 이 글에는 빈번히 '천리(天理)'에 합당함을 언급하고 있는데, 이는 서양의 자연법사상의 영향 때문으로 보인다. 그 과정에서 강조한 것이 '공평(公平)'인데, 이는 본질적으로 서구 계몽주의의 중심 사상인 '자유'와 '평등'에 기반한 것이며, 궁극적으로 '개인의 자각', '인권'이라는 개념과 상통한다. 법률가의 말을 인용하여 '백 사람의 죄를 사면할지언정 한 사람의 무고자를 죽일 수 없다.'라거나 '천리에 맞고 인애를 다하여 공평을 붙드는 것'을 강조한 것은 인권, 곧 개인의 위상과 자아의 각성을 이끄는 요소가 될 수 있다. 이 점은 '출판권'이 보호되는 이유도 마찬가지이다. 비록 '개진세도(開進世道)'로 귀결되기는 했지만, 출판권은 본질적으로 타인의 모각(摸刻)을 금지하고, 저역자의 이익을 보호하는 권리라는 점에서 개인의 가치를 전제한 것이다. 물론 이때 제시된 '개인'이 주체적인 차원에서 '자아의 각성'으로 이어졌다고 보기는 어렵다. 근대적 인민으로서 자기 스스로 국가와의 관계를 설정하고, 타인과 평등해야 한다는 의식을 갖는 일은 단순히 서구식 법률 지식이나 개인의 권리사상을 접한 것만으로 쉽게 획득될 수 있는 의식은 아닐 것이다. 그럼에도 1880년대 순보와 주보를 통해 '천리', '공평', '독허(獨許)' 등의 개념을 접한 것은 개인의 발견, 더 나아가 근대적 자아의 형성 과정에서 주목해야 할 요인의 하나이다.

이상과 같이 순보와 주보의 학문 담론, 각 분야별 학문 지식의 도입은 근대성의 차원에서 중요한 의미를 갖고 있다. 그럼에도 두 신문의 학문 담론은 학술 연구와 대중 계몽의 차원에서 근본적인 한계를 갖고 있다.

먼저 학술 연구의 차원에서 두 신문에 소개된 다수의 근대 지식은 학문의 본질인 비판정신의 미흡에서 한계를 찾을 수 있다. 이 점은 한국사에서 근대화 논쟁이 활발했던 1970년대부터 다수의 지성인들이 공통으로 지적한 바와 같다.[13] 순보의 경우 중국과 서양 신문, 일본 신문 등에서 다수의 근대 지식을 한문으로 번역 소개했지만, 그것을 어떻게 수용해야 하는지에 대한 진지한 논의는 충분하지 않았다. '지구론'이나 '지지(地誌)', '사략(史略)'에서 역자의 논평이 부가되기는 하였으나, 그것은 계도의 차원에서 이루어진 것이었다.

【 순보 소재 지리 지식의 의미 】

ㄱ. 故今將地球上 所有海陸山川之面積方里 及各國幅員之廣狹 人口之多少 種類之區別 兵額之多寡 政令之得失 文學之盛衰 風俗之善惡 又國勢之强弱 時世之治亂 商務之奇贏 工業之巧拙語焉 而必詳擇焉 而必精每月三印 以告同志 幸有經綸才智之士 同able而議之曰事憤啓 則豈特聞博而知明而已哉. 所謂祈天而永命 安民而壽世者 其將庶幾而不爲難事也.

번역 그러므로 이제 지구상에 있는 해륙(海陸)과 산천(山川)의 면적과 방리, 각국 폭원(幅員)의 광협(廣狹)과 인구(人口)의 다소, 종류의

13) 예를 들어 한국사상사연구회(1973)의 『한국사상』 Ⅲ(경인문화사)에 소재한 홍이섭의 '한국 사회사상사의 방법', 송건호의 '한국 사상의 과학화 문제', 조지훈의 '개화운동의 동기와 그 의의', 정대위의 '한국의 근대화와 기독교', 백세명의 '갑신개화운동과 동학' 등에서도 사상사의 관점에서 1880년대를 논의할 때 사상의 혼효성(混淆性)을 빈번히 지적한다. 이때의 혼효성은 근대 지식과 전통 유학의 혼효를 의미할 경우가 많지만, 본질적으로 이와 같은 혼효는 근대 지식 형성 과정에서 학문 발전에 필요한 비판과 토론 문화가 형성되지 못한 데서 기인한 것으로 풀이할 수 있다.

구별, 병액(兵額)의 다과(多寡), 정령(政令)의 득실(得失), 문학의 성쇠, 풍속의 선악, 국세(國勢)의 강약, 시세(時世)의 치란(治亂), 상무(商務)의 기영(奇贏), 공업의 교졸(巧拙)에 대한 내용을 자세히 말하고 신중히 선택해서 매월 3회씩 동지들에게 전하려 한다. 행여 경륜과 재지를 지닌 선비들이 함께 일어나 이를 토론하고 날로 분계(憤啓)한다면, 어찌 다만 견문을 넓히고 지식을 밝히는데 그치겠는가. 소위 하늘에 빌어 영명(永命)을 구하고, 백성을 편안히 하여 국가를 오래 보존한다는 것이 장차 가능해서 어려운 일이 아닐 것이다.

—'지구론', 『한성순보』 제1호, 1883.10.31

ㄴ. 然則今與西洋諸國 對立宇內者 不可因循姑息 宜乎及時振作熟講格致之工夫 盛繕海陸之軍務 然後天下事 可庶幾而吾民以安堵也.

번역 그렇다면 이제 서양제국과 마주하고 있는 나라들은 고식(姑息)만 따르지 말고 마땅히 때에 미쳐 진작하여 격치(格致)의 공부를 자세히 강구하여 해륙(海陸)의 군무(軍務)를 잘 갖춘 연후에야 천하 모든 일이 거의 잘 되어서 우리 국민들이 안도(安堵)하게 될 것이다.

—'구라파주', 『한성순보』, 1883.11.10

ㄷ. 然使地球不圜則不能圜日 且地球不能圜日則地球萬國 必有晝則無夜 有夜則無晝 將使世間物類終不免偏陽偏陰之所制 而乾坤亦辨乎息矣. 宜乎讀者之深思而有得焉.

번역 그래서 만일 지구가 둥글지 않으면 圜日하지 못하고, 또 지구가 환일하지 않으면, 지구상 모든 나라는 반드시 낮만 계속되고 밤이 없거나, 밤이 계속되어 낮이 없거나 할 것이다. 그래서 세상의 모든 만물이 마침내 陽에만 치우치거나 陰에만 치우치게 되어 乾坤 역시 없을 것이다. 독자들은 마땅히 깊이 생각하여 깨닫기 바란다.

—'지구환일도해', 『한성순보』, 1884.1.30

위의 논평에서 확인할 수 있듯이, 순보와 주보에서 '의지분계(議之憤啓)', '숙강격치(熟講格致)', '심사유득(深思有得)'을 촉구하고 있으나, 구체적으로 이를 논의하고 토론하며 심사하는 방책이 제시된 것은 아니다. 이 점에서 근대 지식이 인민의 자각으로 이어지기까지는 다소의 시간이 더 필요했던 것으로 보인다.

다음으로 순보와 주보의 근대성 문제는 두 신문의 언어 문제와 밀접한 관련이 있다. 주지하다시피 순보는 순한문체 신문이며, 주보는 일부 국문과 국한문 기사가 들어 있지만, 절대적인 양은 순한문으로 기록되었다. 이처럼 한문체를 고수한 것은 당시 정부 차원의 공식 문자가 한문(漢文)이었기 때문이다.[14] 그렇기 때문에 순보에서는 근대 학문과 지식을 한역(漢譯)하여 보급하는 데 힘쓰고자 하였다. 그러나 한역은 일본어나 서구 언어를 한문으로 번역하여 조선인에게 보급해야 한다는 점에서 이중 번역의 한계를 지닐 수밖에 없다. 이 문제는 '화문(華文)'으로 표시되는 '중국어'도 마찬가지이다. 이처럼 한문체를 고수한 것은, 1883년 『이언(易言)』이 언해될 정도로 국문 보급이 이루어진 상황을 고려한다면, 시대의 흐름에 적합하지 않은 것이라고 볼 수도 있다. 그럼에도 한문체를 고수한 까닭은 순보와 주보의 독자층과 밀접한 관련이 있을 것으로 추정된다. 왜냐하면 두 신문은 정부 주도의 신문으로 관료를 포함한 개명 지식인을 독자층으로 삼았다고 볼 수 있기 때문이다.

이 점에서 주보 이후의 방문(邦文), '언문(諺文)', '국문(國文)' 개념의 등장은 근대 지식 보급에서 중요한 의미를 갖는 것으로 볼 수 있다. 이 신문에 국문체와 국한문체가 처음 등장한 것은 1886년 1월 25일 복간된 주보 제1호이다. 구체적으로 주보 제1호 '외보'의 '대마도기사(對馬島紀事)', '일본근자(日本近滋)', '서왕병조(西王病組)'의 '재상 성명', '영국개반(英國開畔)'은 국한문으로 기록되었으며, '외보'의 '인군에 은혜가

---

14) 이에 대해서는 최영철·허재영(2014)를 참고할 수 있다.

빅성을 감격케 홈이라'와 '집녹'의 '뉴주논총'은 순국문으로 기록되었다. 그런데 갑작스럽게 국한문체와 국문체가 출현했음에도 왜 이러한 문체를 사용하게 되었는지에 대한 설명은 없다. 이 점에서 려증동(1977)에서는 주보의 편집인이었던 이노우에(井上角五郞)의 국한문체 창작설을 제기한 바 있다. 이노우에는 그 스스로 식민 통치 기간 박문국 시절을 회고하면서 여러 차례 '국한문체 창작설'을 제기하였는데, 예를 들어 조선신문사(朝鮮新聞社, 1936)에서 간행한 『조선통치의 회고와 비판(朝鮮統治の回顧と批判)』에 실린 '협력융화·복지의 증진을 기도함(協力融和·福祉の增進を圖れ)'이나 『매일신보』 1938년 5월 3일, 4일, 5일에 연재한 '반도 문명(半島 文明)의 여명사(黎明史): 삼선각(三先覺)의 감회(感悔)'에도 등장한다.15) 특히 그의 회고에는 이 문체를 만들 당시 강위라는 사람의 도움을 받았으며, 이 문체로 '동몽선습'과 같은 아동 학습서, '일본 내각대신 열전', '북미 합중국 노예 폐지의 역사'와 같은 책을 저술하였다고 했는데, 이는 국한문체가 교육적인 차원에서 중요한 의미를 갖고 있었음을 뜻한다. 그러나 이광린(1968)에서 밝힌 바와 같이, 순보 발

---

15) '반도 문명의 여명사'에서 이노우에는 '한언혼합문(漢諺混合文)은 내가 작성(作成)한 것'이라고 주장하였는데, 그는 "반도(半島)의 신문계(新聞界)는 실(實)로 후쿠자와유키치(福澤諭吉) 고토우쇼지로(後彌象二郞) 양선생(兩先生)으로 나는 메이지 십오년(明治 十五年, 1883) 선생(先生)의 명(命)을 수(受)하야 조선학(朝鮮學)의 계획(計劃)에 착수(着手)하얏다. 나는 국왕(國王)의 위임(委任)을 어더 외아문고문(外衙門顧問)이 되자 박문국(博文局) 주최(主催)로 그 당년(當年) 한성순보(漢城旬報)를 발행(發行)하얏는데 당시(當時)는 (…中略…) 김옥균(金玉均)의 내란(內亂)으로 인(因)하야 박문국(博文局)은 화재(火災)를 당(當)하고 또 얼마 동안 정간(停刊)할 수밧게 업섯다. 이 사이에 나는 한언혼합문(漢諺混合文)을 작성(作成)하야 대일본(大日本) 내각대신(內閣大臣)에게 전달(傳達) 시국노예제도폐지(是國奴隷制度廢止)의 역사(歷史) 사실(事實) 등(等)을 모(募)하야 국왕전하(國王殿下)께 공(供)하얏는데 전하(殿下)께서는 일본(日本) 지나(支那) 등(等)을 비롯하야 해외(海外)의 사정(事情)을 특(特)히 알려 하시는 고(故)로 도쿄(東京) 기타(其他)의 신문(新聞)을 오려서 일본 가나(日本 假名) 여페다 언문(諺文)을 다러 드리기로 하얏는데 특(特) 기뻐하시여 내관(內官)이 나를 차저 왓섯다. 그 후 박문국(博文局)의 신문(新聞)을 발행(發行)하라는 국왕전하(國王殿下)의 명령(命令)에 의(依)하야 그 실행차(實行次)로 (…中略…) 십구년(十九年) 일월(一月) 한성주보(漢城週報) 제일호(第一號) 발행시(發行時)는 한언혼합문(漢諺混合文)의 지면(紙面)을 처음으로 편성(編成)하얏든 바"라고 회고한 바 있다.

284

행과 관련된 유길준의 창간사16) 및 신문 게재용으로 썼을 가능성이 높은 '국채종류(國債種類)', '경쟁론(競爭論)' 등이 국한문체로 된 점을 고려할 때, 주보 이전에 유길준에 의해 고안되었을 가능성이 높으며, 근대 학문과 지식 수용의 필요성이 높아지면서 한역(漢譯)을 대신하여 국한문체의 수요를 증대시킨 것으로 보인다.

그 가운데 하나가 순국문 사용에서 발생하는 '인지명 표기'의 혼란이다. 이러한 예는 1886년 6월 31일자 제22호의 '스베인 사름 마르미아가 아다란짓그를 차진 속고'의 끝에 등장한다.

이상 고룽브스 짜 차진 사적과 쇽고 등 디명과 슈명과 산명과 인명을 한문으로 번역ᄒ면 고룽브스는 科倫布요 유로부는 歐羅巴요 예시아는 亞細亞요 아흐리가는 亞非利加요 북아메리가는 北亞米利加요 아다란짓그는 太平洋이요 바시싯그는 大西洋이요 보르츠쌀은 葡萄牙요 아쟝이는 亞藏雨요 이다리야는 伊太利요 옌노아는 熱那亞요 스베인은 西班牙요 이사베리는 以色罷喇(이색파라)요 모쏘르는 莫臥兒요 사라만싸는 薩拉蒙加요 암다로시야는 安達盧西亞요 바로스는 巴魯斯요 쌰하마는 巴哈麻요 슐살바드르는 桑撒窳突兒(상살유돌아)요 규바는 古巴요 히다는 海地요 어리노고고는 痾勒諾哥(아륵낙가)요 가브란쏘는 可法登이요 셰쌰스진은 世巴斯陳이요 마르미아는 馬爾慕亞요 스다리렌는 守達里璉이요 마르기란도는 馬基蘭이라.

번역 이상 콜럼버스의 땅을 찾은 사적과 속고 중 지명과 수명과 산명과 인명을 한문으로 번역하면, 콜럼버스는 과륜포(科倫布)요, 유럽은 구라파(歐羅巴)요, 아시아는 아세아(亞細亞)요, 아프리카는 아비리가(亞非利加)요 북 아메리카는 북아미리가(北亞米利加)요, 아다란짓그는 태평양

16) 창간사는 박문국 창설과 순보 창간과 관련된 글로 유길준전서편찬위원회(1971)의 권4에 수록되어 있다.

(太平洋)이요, 바시싯그는 대서양(大西洋)이요17), 보르츠쌀은 포도아(葡萄
牙, 포르투갈)요, 아장이는 아장이(亞藏爾)요 이다리야는 이태리(伊太利,
이탈리아)요, 텐노아는 열군아(熱郡亞)요 스볘인은 서반아(西班牙, 스페
인)요, 이사베리는 이색파라(以色罷喇 이사벨라)요, 모쓰르는 막아와(莫臥
兒, 무굴)요, 사라만싸는 살납몽가(薩拉蒙加, 사마르칸트)요, 암다로시야
는 안달노서아(安達盧西亞, 안달루시아)요 바로스는 파로사(巴魯斯, 타이
페이)요, 쌔하마는 파합마(巴哈痲, 바하마)요, 살살바드르는 상살유돌아
(桑撒窳突兒, 살살바도르)요, 규바는 고파(古巴, 쿠바)요, 히다는 해지(海
地, 아이티)요, 어리노고는 아륵낙가(痾勒諾哥,)요, 가브란쏘는 사법등(可
法登)이요 셰쌔스진은 세파사진(世巴斯陳, 세바스탄토폴)이요, 마르미아
는 마이모아(馬爾慕亞)요 스다리롄는 수달리련(守達里璉)이요 마르기란
도는 마기란(馬基蘭)이라.

—『한성주보』, 1886.6.31

　이 자료는 순국문 표기로 이루어진 '콜럼부스의 지리상의 발견'과 관
련된 기사의 인지명을 대조하였다. 이처럼 인지명에 대한 국문과 한자
의 대조가 필요했던 이유는 띄어쓰기를 포함하여 국문의 규범이 정리
되지 못했기 때문으로 보인다. 인지명 표기의 혼란은 국어의 표기규범
이 만들어지기 전까지 지속적인 문제가 되었는데, 순보와 주보 시대에
지식 보급 수단으로서 국문 사용의 제약 조건이 되기도 하였다.
　이와 같이 두 신문은 근대 지식 형성 과정에서 근대성을 띠고 있음에
도, 지식 보급과 계몽의 차원에서는 학술 문화의 형성, 국문 보급과 통
일이라는 관점에서 한계를 지니고 있었다.

---

17) 아다란짓그는 아틀란틱 오션(Atlantic Ocean)으로 대서양, 바시싯그는 패시픽오션(Pacific
　　Ocean)으로 태평양을 의미하나, 착오에 의해 바꾸어 기록한 것임.

3. 순국문 신문의 출현과 학술 담론

3.1. 『독립신문』의 학문 담론[18]

근대 지식 형성 과정에서 1888년 주보 발행의 중단 이후 갑오개혁까지의 우리나라 학술 담론을 살피는 것은 매우 어렵다. 왜냐하면 이 시기 국내에서 발행된 문헌 가운데 근대 학술과 관련된 문헌이 거의 발견되지 않기 때문이다. 국립중앙도서관 소장 도서 상세 검색기를 활용하여 1888년부터 1894년 발행된 문헌을 검색할 경우 약 5천 건 정도의 자료가 검색되는데, 이들 자료는 대부분 일본이나 중국에서 발행된 서적이거나 국내 발행의 문집, 전통적인 교재류 등에 불과하다. 이러한 차원에서 『독립신문』, 『협성회회보』, 『매일신문』, 『제국신문』 등의 순국문 신문이 출현한 것은 한국의 근대 지식 형성 과정에서 주목할 일이다.

그 동안 『독립신문』에 대해서는 역사학, 철학, 사회학, 언론학 등 여러 학문 분야에서 비교적 많은 연구가 이루어져 왔다. 특히 이 신문에 실린 논설에는 필자의 사상뿐만 아니라 다수의 개념적 지식이 등장하는데, 이를 주목한 연구가 비교적 다수를 이룬다. 예를 들어 전상숙(2012)에서는 이 신문을 포함한 이 시기의 신문·잡지에 수용된 사회 과학 형성 과정을 주목한 바 있고, 손석춘(2004)에서는 근대 신문 생성 과정이 한국의 공론장을 형성하는 과정이라는 점에 주목한 바 있다. 또한 김영희(2012)는 이 신문의 지식 개념과 의미를 규명하고자 하였으며, 길진숙(2004)에서는 『독립신문』과 『미일신문』에 수용된 문명 및 야만 담론의 성격을 밝히고자 하였다.

이러한 흐름에서 허재영(2014)에서는 이 신문의 학문 담론과 어문 사

---

18) 이 부분은 허재영(2014), 「『독립신문』의 학문론과 어문 사상 연구」(『어문연구』 50, 어문연구학회, 405~432)를 수정하였음.

상을 집중적으로 조명하고자 하였다. 이에 따르면 『독립신문』의 근대 지식과 관련된 자료의 형태는 '론셜'에 등장하는 논설문, '잡보'의 연설 내용 및 기사, 개인의 '기서(寄書)' 등이 있다. 사전적 의미에서 논설문은 필자의 생각이나 주장을 체계적으로 밝히고자 한 글이지만, 『독립신문』의 논설문에는 필자의 주장을 펼치기 위해 다수의 근대 학문을 소개하기도 하며, 근대 지식을 소개하는 차원에서 '세계 각국의 숫자'(1897. 2.18)을 설명하거나 수차례에 걸쳐 '생물학'(1897.6.19~7.24, 총 14회)을 연재하기도 한다. 이와 마찬가지로 노병선의 '징역론'(1897.7.20)과 같은 논설류는 '잡보'의 기사 형태로 수록되어 있다. 이를 고려하여 이 연구에서는 개념적 차원에서 근대 학문을 소개한 53편의 자료를 추출하였다.[19] 이들 자료를 내용에 따라 '문명개화를 위한 학문의 필요성'을 주제로 한 것(6편), '신구학(新舊學)의 갈등'을 주제로 것(14편), '법률'을 주제로 한 것(7편), '의학' 관련(4편), '정치가'를 소개한 것(4편), '지지' 및 '지구론'(3편), '인종론'(2편), '위생론'(2편), '인체' 또는 '생물학'(2편), '화학'(1편), 기타(8편)로 분류하였다.

이 신문의 학문 담론 가운데 가장 두드러진 것은 "문명개화를 위해 서구 학문을 적극적으로 수용해야 한다."는 논리이다. 이는 순보와 주보에서 개략적인 서양 학문의 체계를 소개한 것과는 다른 차원으로 해석된다. 다음을 살펴보자.

【 문명개화와 학문의 필요 】

ㄱ. 사롬이란 거슨 학문이 업슬소록 허흔 거슬 밋고 리치 업는 일을 브라는

---

19) 『독립신문』은 창간호(1896.4.7)부터 1898년 6월 21일까지는 '론셜'란에 제목을 쓰지 않았으나, 1898년 6월 28일부터는 '금돍의 울 낫는 돍을 잡음이라'와 같이 제목을 사용하였다. 이 점에서 제목 없는 '론셜'은 그 내용을 고려하여 근대 학문의 개념이 서술되어 있을 것만을 대상으로 하였으며, '론셜'란 소재할지라도 "해삼위 우거흐는 유진률 씨가 의견셔를 지여 본샤에 보닛기에 좌에 긔직흐노라."(1898.9.19)와 같이 기서(寄書)임을 밝힌 글은 '기서'로 처리하고, 그 내용에 따라 분류하였다.

거시라 그런고로 무당과 판슈와 선앙당과 풍슈와 즁과 각식 이런 무리들이 빅셩을 속이고 돈을 쎼시며 (…즁략…) 우리가 무당과 판슈와 즁과 풍슈를 지금 칙망ᄒᄂᆞᆫ 거시 아니라 모로ᄂᆞᆫ 고로 이런 일을 ᄒᆞ야 싱의ᄒᆞ랴ᄂᆞᆫ 쥬의니 만일 이거시 허무ᄒᆞ고 인민의게 유익지 안ᄒᆞᆯ 줄 알면 이 사름들도 이런 일을 밋지 안ᄒᆞᆯ 터이요 ᄌᆞ긔들이 밋지 안ᄒᆞ면 다른 사름을 속이지 아니ᄒᆞᆯ 듯 ᄒᆞ노라.

—1896.5.7

ㄴ. 엇던 사름들은 말ᄒᆞ기를 죠션이 암만 ᄒᆞ여도 나라히 안 되겟다고 ᄒᆞ여도 우리ᄂᆞᆫ 말ᄒᆞ기를 죠션이 암만ᄒᆞ여도 나라히 되겟다고 ᄒᆞ노라. (…즁략…) 일본셔도 사집년 젼에ᄂᆞᆫ 죠션과 ᄀᆞᆺ치 셰 잇ᄂᆞᆫ 사름이 무셰ᄒᆞᆫ 사름을 압졔ᄒᆞ고 문명긔화라 ᄒᆞ면 다 슬혀ᄒᆞ고 외국 풍쇽이라 ᄒᆞ면 다 쓰리고 외국 학문이라 ᄒᆞ면 쳔히 녁여 나라히 외국에 좁혀 지내고 외국이 일본을 야만으로 되졉ᄒᆞ더니 삼십년 안에 국즁에 학교를 셰워 인민을 교휵ᄒᆞ야 학문들을 빅ᄒᆞ게 ᄒᆞ고 법률을 공평ᄒᆞ게 시ᄒᆡᆼᄒᆞ야 사름이 학문도 빅ᄒᆞ고 슙고 물건 졔죠ᄒᆞᄂᆞᆫ 법도 빅ᄒᆞ며 사름의 ᄌᆡ산이 만히지던지 사름이 바른 말을 ᄒᆞ여도 법률에 범치 안면 그 사름을 일본 황뎨라도 감히 건드리지 못ᄒᆞᄂᆞᆫ 그런 권리를 졍ᄒᆞ야 시ᄒᆡᆼᄒᆞ니 오ᄂᆞᆯ날 일본이 동양에 뎨일 부강ᄒᆞᆫ 나라히 되얏ᄂᆞᆫ지라.

—'론셜', 1896.12.3

이 논설과 같이 『독립신문』의 학문론은 문명개화를 목표로 외국(= 서구) 학문을 배워야 한다는 논리를 기반으로 하고 있다. 길진숙(2004) 에서는 "1894년 이전에 이미 유길준과 박영효 등이 '문명'이란 개념을 쓰기 시작했지만, '문명'이란 조어가 폭발적으로 사용되고 대중적으로 유포된 것"은 『독립신문』과 『매일신문』 발행 이후의 일이라고 하면서, "'문명'이란 단어 자체가 새로운 번역어는 아니지만, 전통적으로 쓰이던 '문명' 용례와는 전혀 다른 의미항을 내포하면서 새 시대의 모든 것을 지칭하는 역동적 개념으로 전파"되었다고 설명한 바 있다. 이 지적은 매우 타당한 지적으로 보이는데, '문명'이란 단어는 순보와 주보에는 잘 보이지 않는다. 그런데 이 단어는 1886년 8월에 공포된 '육영공원(育英公院) 규칙'이나 1888년 1월에 쓰인 것으로 알려진 박영효의 이른바 '건백서(建白書)'에서 이 단어가 쓰인 예를 확인할 수 있다. 특히 박영효의 '건백서'에 등장하는 '문명'은 '서구 강대국'과 동일한 의미를 지니는 것으로 해석되는데,[20] 이는 함동주(2004)에서 밝힌 근대 일본의 문명론과 유사하다. 그에 따르면 일본의 경우도 1870년을 전후하여 근대적 문명관이 본격적으로 등장했으며, 그 본질은 19세기 서양의 역사 경험을 바탕으로 문명 진보가 인류 보편적인 것이며, 진보는 야만에서 문명으로, 미개에서 개화로 변화하는 것이라는 데 있었음을 확인할 수 있다.

이러한 차원에서 『독립신문』의 학문론은 대부분 '문명개화'를 목표로 '외국 학문', 곧 '서구 학문'을 수용하는 데 있음을 주장하고 있다.

---

20) "方今宇內萬國, 猶昔之戰國也. 一以兵勢爲雄, 强者幷其弱, 大者呑其小. 常講武備兼修文藝. 相競相勵. 無不爭先. (…中略…) 以歐洲文明强大之國 亦見敗亡. 況亞洲未開弱小之邦乎. 大凡歐人 口稱法義, 心懷虎狼. 故自三四百年之前, 以至于今, 其所幷呑者, 南北亞米利加洲也, 亞非利加洲也, 南洋群島也, 澳斯太利亞洲也, 漸及我亞洲之地. 斯非利亞也, 土斯坦也, 印度也, 緬甸也, 淸之黑龍江省也, 香港也, 日本之樺太島也, 已過亞洲之半(지금 우주 내 만국은 예전의 전국시대와 같습니다. 병세로써 웅(雄)을 삼으며 강자가 약자를 병합하고 큰 것이 작은 것을 삼킵니다. 항상 무비를 갖추고 문예(文藝)를 수학하며 서로 경쟁하고 격려하여, 앞을 다투지 않는 것이 없습니다. (…중략…) 구주 문명 강대국 역시 패망하는데, 하물며 아시아 미개 약소국이겠습니까. 무릇 구라파 사람들은 입으로는 법과 의를 부르짖으나 속으로는 호랑(虎狼)을 품습니다. 그러므로 삼사백 년 전으로부터 지금까지 병탄한 바가, 남북 아메리카 대륙(南北亞米利加洲), 아프리카 대륙(亞非利加洲), 남양군도(南洋群島), 오스트레일리아 주(澳斯太利亞洲)로부터 점차 우리 아시아 대륙(亞洲)의 땅에 미쳐, 시베리아(斯非利亞), 투르크멘(土斯坦), 인도(印度), 미얀마(緬甸), 청나라 흑룡강성(淸之黑龍江省), 홍콩(香港), 일본의 사할린(日本之樺太島)에 이르기까지 이미 아시아 대륙의 반에 이릅니다)."(『일본외교문서(日本外交文書)』 제21권(第21卷, 메이지 21년) 사항(事項) 10 조선국 관계 잡건(朝鮮國關係雜件), 문서번호 106) 국사편찬위원회(2011), 『한국 근대사 기초 자료집 2: 개화기의 교육』(국사편찬위원회) 참고.

이러한 주장은 곧 '신구학'의 갈등으로 이어지는데, 다음 자료는 이를 극명하게 보여준다.

【 신구학의 갈등 문제 】

ㄱ. 엇던 유지각흔 친구의 글을 좌에 긔지ᄒ노라. 오호-라 늄들도 우리와 ᄀ치 공부를 ᄒ엿ᄂ지 몰으거니와 <u>우리는 당츄에 공부홀 째에 학문이라 ᄒ는 것은 스긔권이나 경셔질이나 보아 대강 셥녑ᄒ면 넉넉흔 줄노 넉인 고로</u> 우금 슈십 여년식을 문한에 종ᄉᄒ여 우리 대한 국즁에셔ᄂ 어듸를 가던지 젼혀 무식흔 사름이라고ᄂ 홀 슈 업ᄂ지라. 그 학문을 빈홀 째에 <u>한문을 몬져 빈호ᄂ듸 멧히던지 그 어려온 글에셔 문리가 나기ᄭ지 다른 물졍은 도모지 몰으기로 작뎡이오 의미를 알 째부터ᄂ 빈호고 강론ᄒᄂ 것이 모도 틔고 스젹이라</u> (…중략…) 그 사름이 우리 즁에 좀 유식ᄒ다ᄂ 이를 다리고 문답ᄒ여 보고ᄂ 가셔 말 ᄒ기를 첫직 빅셩이 다 어둡고 무식ᄒ여 <u>학문이라ᄂ 것은 무엇인지 모르고 젼혀 우쥰ᄒ고 가쇼로은 말만 ᄒ여 죠곰치도 야만국 빅셩에 지날 것이 업더라</u> ᄒ니 국가에 그런 욕과 슈치가 어듸 잇스리오 (…중략…) <u>아모죠록 속히 이젼 학문을 더지고 시무에 급흔 것을 몬져 ᄒ여 어두은 걸 브리고 붉은 듸 나아가 국가를 문명에 진춰케 흠이 우리들의 큰 담칙으로 아노라.</u>

—'긔셔', 1898.1.27

ㄴ. <u>새 학문이 잇ᄂ 신씨른 사름과 녯젹 학문문 잇ᄂ 구씨른 사름</u> 둘이 셔로 문답흔 이약이가 미우 지미가 잇기로 좌에 대강믄 긔지ᄒ노라. 구씨가 무러 굴ᄋ듸 그듸가 새 학문이 잇다 ᄒ니 내가 흔 말을 물으면 그듸가 룽히 듸답ᄒ겟ᄂ뇨. 신씨 왈 무슴 말이던지 물으라 흔듸 <u>구씨 굴ᄋ듸 쳐음에 엇지ᄒ야 하늘과 짜이 싱겟ᄂ뇨.</u> 신씨 답왈 (…중략…) <u>영국 격물학샤 뮤톤(뉴튼)씨가</u> 하로ᄂ 룽금이른 과실이 짜에 써더지ᄂ 것을 보고 디구ᄂ 큰 물건이라 즁흔 힘이 잇셔 무슴 물건이던지 잡아다리ᄂ 리치를 씬다룻

다 ᄒᆞ니 이 모든 별들의 운동ᄒᆞᄂᆞ 것은 다 죠화옹의 챵죠ᄒᆞ신 긔계라 그러나 이 긔계가 도라가다가 죠곰이라도 그 박휘가 샹ᄒᆞ야 돌지 못ᄒᆞ거드면 이 셰계가 다시 긔벽이 되나이라. 구씨 굴ᄋᆞ되 나도 텬문 디리와 만고 ᄉᆞ긔와 빅가 어젼을 연람치 못ᄒᆞ 빅 업스니 녯젹에 통리ᄒᆞᆫ 셩현 군ᄌᆞ의 말슴을 들음이 당쵸에 묽은 긔운은 우희 쩌셔 하늘이 되고 탁ᄒᆞᆫ 긔운은 아ᄅᆡ 쳐져 ᄯᅡ이 되엿ᄂᆞᆫ되 하늘은 둥글고 ᄯᅡ은 모가 져셔 ᄃᆞᆰ의 알과 ᄀᆞᆺᄒᆞ며 (…즁략…) 구씨 왈 그ᄃᆡ의 말이 ᄯᅡ이 둥글다 ᄒᆞ니 그럴진되 바닷물이 소다지지 안코 사름이 걱구로 셔지 안나뇨. 신씨 왈 두레박에 물을 너허 가지고 줄을 길게 미셔 닉여 두르면 그 물이 소다지겟나뇨 아니 쏘다지겟나뇨. 엇지 그리 갑갑ᄒᆞ뇨.

—1899.3.10

이 논설은 『독립신문』에 등장하는 '신학문(새 학문)'과 '구학문(옛적 학문)'에 대한 인식을 잘 보여준다. 1880년대 말부터 본격적으로 등장하는 서구 중심의 '문명론'은 곧 '서구학' 중심의 '신학문론'으로 이어졌다. 인용문 ㄱ과 같이 전통적인 학문의 키워드는 '사기(史記), 경서(經書), 한문(漢文), 야만(野蠻)'으로 이어지고, 문호 상통의 학문(신학문)은 '시무(時務), 문명 진취(文明進就)'로 이어진다. 인용문 ㄴ은 새학문을 대표하는 신씨와 구학문을 대표하는 구씨의 문답 형식으로 이루어진 이야기체 논설로, '신학문＝서구의 격물학', '구학문＝공맹의 학'으로 등식화된다. 이 등식의 결론은 구학문의 갑갑함으로 이어진다. 이 점에서 『독립신문』의 신구 대립은 '신학 추종(新學追從)·구학 부정(舊學否定)'으로 요약할 수 있다. 이 점은 순보와 주보의 서학 인식과도 차이가 있는데, 순보에서는 일방적으로 서학을 추종하자는 논리를 펼치는 대신 동서 학문(東西學問)의 보편적 가치를 전제로 서구 학문을 객관적으로 소개하고자 하는 논리도 다수 등장한다.[21]

이를 고려할 때 『독립신문』의 문명론을 기반으로 한 신구학 인식은 근대 계몽기 이른바 개화파 지식인들의 서양관을 반영한 것으로, 대부분의 학문론에 공통으로 등장한다. 그 중 하나로 법률학을 살펴보자.

【 법률학 】

ㄱ. 대뎌 동셔양 세계 각국을 물론ᄒ고 <u>나라된 리유를 말ᄒ홀진디</u> 토디가 잇슨 연후에 인민이 잇고 토디 인민이 구비ᄒ 연후에ᄂ 정부를 셜립ᄒ고 제반 ᄉ무를 각기 쇼쟝디로 죠직ᄒ되 <u>그 즁에 데일 긴급ᄒ ᄉ무로 국민 간에 잠시도 업지 못ᄒᆯ 것은 첫지 학문이오 둘지 법률이니</u> 학문이란 것은 비혼 것과 아ᄂ 것과 들은 것과 본 것이 만홈이니 비유컨디 일신상에 원긔와 혈믹이오 법률이란 것은 발은 일노ᄆ 인민을 인도ᄒ야 언어을 삼가ᄒ고 힝위을 곳게 ᄒ야 윤샹과 풍속에 어김이 업게 홈이니 (…중략…) 대한 동토가 희즁 반도에 쳐ᄒ야 토디가 작다 ᄒ나 三千리 강산과 二千万 인구가 당당ᄒ 독립 데국으로 동양 제국과 구미 각방에 권리가 동등이오 됴약이 일반이라. <u>五百년 이리로 학문과 법률이 기명 공평치 아님이 아니로되 오날놀 만국이 통상ᄒ 후로 시셰 형편이 전과 달나셔 ᄉ무가 번다ᄒ고 시비가 불무ᄒ즉 정치 득실과 국가 안위가 시각에 잇슬지니</u> 정부와 빅셩 ᄉ이에셔 나라되ᄂ 리유를 깁히 싱각ᄒ야 학문을 데일 힘쓰고 법률을 공평이 ᄒ야 황권을 존슝ᄒ고 국톄를 보즁ᄒ야 국민간 억만년 무강ᄒ기를 불ᄋ노라.
　　　　　　　　　　　　　—'학문과 법률', 1899.4.12

ㄴ. 민법도 쏘ᄒ 쥬권쟈의 명령으로 인류 밧긔 잇ᄂ 규칙이요 그 즁에 두 가지 구별(區別)이 잇ᄂᄂ니 <u>국가의 신하와 빅셩된 자격(資格)</u>으로 써 힝ᄒᄂ 규칙을 이르되 <u>공법이라</u> ᄒ고 빅셩씨리 셔로 샹관ᄒ야 ᄒ 사람의 ᄉ졍

---

21) 예를 들어 『한성순보』 1884년 3월 27일(제16호)에 등장하는 '이국일성(伊國日盛: 이탈리아가 날로 성하다)'에서는 "夫天筭格諸學乃天下之公學 非西人之獨私者也(대저 천문과 산학 격치 등의 제반 학문은 곧 천하의 공통된 학문이며 서구인만이 홀로 사유하는 학문이 아니다)."라고 함으로써, 동서 학문의 보편적 가치를 제시한 바 있다.

으로 된 주격을 이르되 <u>亽법이라</u> ᄒ며 민법은 원릭 정부 관계에 믜이지
아니ᄒ고 亽법 중에 통(通)법과 쥬(主)법의 셩질(性質)이 잇서 모든 송亽
에 권리쟈와 의무(義務) 쟈를 직졉ᄒ야 지판ᄒᄂ 一됴 亽법이 된지라. 이
법은 각국 빅셩들이 싱업을 경영ᄒ며 서로 교통ᄒ야 사ᄂ 곳에 쓰ᄂ 법률
이니 <u>샤회(社會)</u>상에 ᄎᄎ 진보가 되ᄂ 듸로 민법이 졈졈 더 붉게 되엇고
<u>문법(文法)</u>이 업ᄂ 시듸로브터 문법이 잇ᄂ 시듸에 이르러 국가의 법률학
이 크게 발달ᄒ엿스니 (…중략…) 근릭에 구라파 제국에셔 여러 가지 민법
<u>법뎐을 편집ᄒ야 뎨일 죠흔 법으로 쓰나니</u> 그 의론을 보건듸 반은 리톄(理體)
를 의지ᄒ고 반은 리유인(理類人)을 의지ᄒ엿ᄂ듸 중에 두 가지 규식이
잇스니 一은 로마식이요 一은 독일식이라. (…중략…) 대한 정부에셔 四五
년 젼브터 녯법의 죠치 못ᄒ 것을 폐지ᄒ고 <u>문명ᄒ 나라의 죠흔 법을 취ᄒ</u>
<u>야 쓴다</u> ᄒ되 법률을 자죠 변경믄 ᄒ며 쟝뎡 규칙이 실이됨을 듯지 못ᄒ고
소문을 드른즉 민법을 물론ᄒ고 지판 션고홀 쌔에 <u>흔히 대명률을 좃ᄎ 결쳐</u>
<u>홈이 만타</u> ᄒ니 우리는 한문에 무식ᄒ 고로 대명률 편집에 마련ᄒ <u>됴목을 아지</u>
<u>못ᄒ거니와 그 칙에 긔록ᄒ 법은 긔화 세계에 통상ᄒ 나라 법률이 아니요 문을</u>
<u>닷고 혼자 살아 집안 식구의게 쓰던 녯법</u>이라.

—'민법론', 1899.8.12~8.14

위 인용문의 ㄱ에서는 법률이 '나라 되는 이유'이자 '황권 존중', '국
체 보중'의 조건으로 기존의 법률이 시무에 적합하지 않음을 전제하고
있다. 위 인용문의 ㄴ은 서구식 민법 체계를 소개하면서 '개화=문명=
서구'라는 등식을 그대로 적용하였다. 흥미로운 것은 '법률'과 '나라(국
가)'의 관계인데, 이때 쓰인 '나라(국가)'의 개념이다. 류준필(2004)에서
밝힌 바와 같이 『독립신문』에서는 '국문', '국기'와 같은 용어를 사용하
면서도 '국가'나 '국민'이라는 용어는 잘 사용하지 않고 있다. 그 대신
'나라'와 '인민'이라는 용어를 빈번히 사용하는데, 이때 '나라'와 '인민'
은 '군주'와 '신민'을 대신하는 용어로 볼 수 있다. 이 점은 류준필(2004)

에서 "당시의 정치 구조에서는 군주(황제)·정부·인민(백성) 등의 영역이 다양한 방식으로 결합하곤 하였다. 군주와 신민이라는 용어로 전체를 통칭하는 경우도 적지 않았지만 군주를 예외적 위치로 인정하고 정부와 백성의 관계를 부각하는 경우가 더 많았다."는 설명처럼, ㄱ의 '나라'나 ㄴ의 '국가'는 군주와의 관계를 전제로 한 개념으로 인식된다. 이처럼 『독립신문』의 '나라', '국가', '애국' 담론은 '충군(忠君)'을 전제로 하였으며, '백성', '인민', '민권' 등도 '충군애국'을 전제로 하였다.

【 애국론 】

ㄱ. 익국ᄒᆞᄂᆞᆫ 거시 학문상에 큰 죠목이라. 그런고로 외국셔ᄂᆞᆫ 각 공립학교에셔들 미일 아춤에 학도들이 국긔 압헤 모혀 셔셔 국긔를 대ᄒᆞ야 경례를 ᄒᆞ고 그 나라 님군의 사진을 디ᄒᆞ야 경례를 ᄒᆞ며 만셰를 (…중략…) 님군이 부모요 형뎨요 쳐ᄌᆞ요 젼국 인민이라. 엇지 쇼즁ᄒᆞ고 공경홀 물건이 아니리요. 우리 싱각에ᄂᆞᆫ 죠션 정부 학교에셔들 국긔를 학교 마당 압희 ᄒᆞ나식 셰워 미일 학도들이 그 국긔 압희 모혀 경례를 ᄒᆞ고 익국가 ᄒᆞ나를 지어 각 학교에셔 이 노릭를 아춤마다 다른 공부ᄒᆞ기 젼에 여러히 불으게 ᄒᆞ고

—1896.9.22, '론설'

ㄴ. ᄉᆞ랑이른 쟈ᄂᆞᆫ 무엇이뇨. 셩자이라 보지도 못ᄒᆞ고 듯지도 못ᄒᆞᄂᆞ딕로 말미암아 그 발ᄒᆞᄂᆞᆫ 형젹은 굿셰고 씩식ᄒᆞᆫ 긔샹으로 확췌ᄒᆞᄂᆞᆫ 바이로다. 나라라 ᄒᆞᄂᆞᆫ 것은 무엇이뇨. 일뎡ᄒᆞᆫ 토디를 두고 거너러 다스리ᄂᆞᆫ 권에 복종ᄒᆞᄂᆞᆫ 인민이 만히 모힌 바이로다. 그런즉 나라를 ᄉᆞ랑ᄒᆞᄂᆞᆫ 것은 텬부지셩이라 대개 사름이 각기 몸을 ᄉᆞ랑 아니ᄒᆞᄂᆞᆫ 쟈이 업스니 그 몸으로 ᄉᆞ랑ᄒᆞ면 엇지 그 집을 ᄉᆞ랑치 아니ᄒᆞ여 그 집을 ᄉᆞ랑ᄒᆞ면 엇지 그 나라를 ᄉᆞ랑ᄒᆞᄂᆞᆫ ᄆᆞ음이 업스리요.

—1898.12.17, '나라 ᄉᆞ랑ᄒᆞᄂᆞᆫ 론'

ㄷ. 청국 애시긱(哀時客)의 지흔 바 이국론에 쟈미 잇는 무디가 만키로 그 대디를 번력ᄒ야 좌에 계ᄌ히ᄒ노라. (…중략…) 나라는 평등으로 된 것이요 ᄉ랑ᄒ는 것은 되답ᄒ야 되접홈으로 이러남이라. (…중략…) 나를를 ᄉ랑ᄒ는 자는 그 나라를 강ᄒ게 홀 터이나 나라이 스스로 강ᄒ여질 리가 업스니 반다시 빅셩의 지혜가 열닌 후에 릉히 강ᄒ여지고 빅셩의 힘이 모힌 후에 릉히 강ᄒ여지는 고로 연합(聯合)과 교육 두 가지가 뎨일이라. ᄒ 사름의 이국ᄒ는 ᄆ음은 힘이 작으니 여러 사름의 이국ᄒ는 ᄆ음을 합ᄒ즉 그 힘이 심히 클 터이라. 이것은 연합ᄒ는 것이 뎨일이요 공연이 말믄 이국ᄒ다는 것이 나를 구원홀 것이 업는지라. 만일 구원ᄒ기를 싱각홀진디 반다시 인직를 쓸 것이니 이것은 교육이 뎨일이라. 지금 해외 샹민을 위ᄒ야 각 부두(埠頭)마다 분회(分會)를 두고 여러 부를 합ᄒ야 총회 ᄒ나를 두고 ᄀᆺ치 의론ᄒ며 셔로 보호ᄒ거드면 안으로 국권을 쟝대ᄒ며 밧그로 샹리를 확쟝홀 것이요 셔양 학교에 군학(群學) 국가학(國家學) 힝졍학(行政學) 자싱학(資生學) 직졍학(財政學) 철학(哲學)을 졍치에 쓧잇는 사름은 아니 빗홀 슈 업스니 위선 셔양 말 통ᄒ고 디도와 산슐 아는 쇼년들을 졍치를 ᄀᆯᄋ친즉 이 다음에 우리나라이 이러날 째 이 무리로 될지라. 각 부두에 학교를 셜립ᄒ고 동셔양 각종 칙을 만히 ᄀᆯ앗치며 졍치학을 익힌 즉 슈년 후면 그 쇼년들이 다 나라에 힘을 다홀 것이요 나라에셔도 인직 업는 걱졍이 업슬 줄 밋노라.

—1899.7.27~28

위 인용문의 ㄱ과 ㄴ은 '나라＝군(君)＝다스리는 권(權)', '인민＝복종'을 전제로 '나라 사랑'을 역설한 논설이다. '충군'과 '애국'이 결합된 상태에서는 '국기'와 '국가'도 '충군'을 상징하는 사물이 된다. 그런데 위 인용문 ㄷ의 '애국론'은 '국가학'이라는 용어와 함께 '충군'보다 '백성'의 입장에서 '연합하는 힘'을 강조했다는 점에서 의식 변화의 모습이 엿보인다. 이 변화는 '애국'의 본질이 '충군'뿐만 아니라 '백성의 단합'

에 있음을 강조함으로써, '인민' 또는 '국민'을 새롭게 인식하고자 하는 경향을 의미한다. 이 경향은 1898년 이후 좀더 빈번히 나타나는데, 위 인용문 ㄷ에서 언급된 것처럼 '군학(群學)'(일종의 사회학), '국가학(國家學)', '행정학(行政學)', '자생학(資生學)'(일종의 경제학), '재정학(財政學)', '철학(哲學)' 등의 근대 학문의 형성과 밀접한 관련을 맺고 있었던 것으로 보인다.22)

『독립신문』에 나타나는 학문은 대부분 서구의 신학문이다. 신구학의 갈등에서 '신학문=서구학'이라는 인식을 전제하였듯이, 이 신문의 '문명', '개화', '진보' 등의 개념은 서구화를 의미하는 것이었다. 이는 길진숙(2004)에서 밝힌 것과 같이 문명 위계론에 따라 '문명국', '개화국', '반개화국', '미개국'의 순위가 매겨지며, 국가 진보는 문명국의 학문과 종교를 수용하는 데서 이루어진다는 사유 방식이라고 할 수 있다. 이 점에서 『독립신문』의 종교론은 서양 종교, 곧 기독교를 수용해야 한다는 논리로 이어진다.

【 종교 관련 논설 】

ㄱ. 죠션에 잇는 외국 사룸들 즁에 쪽 죠션 빅성만 위ᄒᆞ야 와셔 잇는 사룸들은 각국 교ᄒᆞ는 이들이라. 죠션 사룸들이 이 교회에 본의를 알 것 갓흐면 이 교ᄒᆞ는 이들을 춤 곰압게 넉이고, 착호고 소랑ᄒᆞ는 거시 이 교에 근본인 줄을 씨달을지라. (…중략…) 멧셔듸스트 교회에셔 죠션 와셔 대졍동 비직학당을 짓고 죠션 졀믄 사룸들을 교휵ᄒᆞ고 계집ᄋᆞ히들을 위ᄒᆞ야 이화학당을 비셜ᄒᆞ고 부인 병원을 믄드러 죠션 병든 부녀들을 치료ᄒᆞ며 시병원을 시쟉ᄒᆞ야 무론 빈부귀쳔ᄒᆞ고 치료를 ᄒᆞ여 주며 례비당을 각쳐에 비셜ᄒᆞ야 착흔 말을

22) 이러한 변화는 이 시기 다른 신문에서도 나타나는 것으로 보인다. 이경현(2005)에서는 이러한 변화를 '문명'에서 '실상'으로의 변화라고 설명하면서 비록 황제국으로서의 '자주'를 강조하는 논설을 수록하면서도 '압제'에서 벗어나 '자유'를 누리기 위한 '학문'을 강조하며, 단지 서구식 학문을 수용하자는 논리를 벗어나 다채로운 학문을 소개하고자 하는 노력을 보였음을 밝히고 있다.

ᄒᆞ여 들니며 <u>인찰쇼를 몬드러 국문으로 인민의게 유죠ᄒᆞᆫ 칙을 일년에 멋쳔</u> <u>권식 박어</u> 젼국 인민이 이 칙들을 보고 ᄆᆞᄋᆞᆷ을 곳쳐 올흔 사름들이 되게 ᄒᆞ니 이 일 ᄒᆞ기에 미국셔 일년에 돈이 여러 만원이 오ᄂᆞᆫ지라.

一'론셜', 1896.8.20

ㄴ. 세계에 사름 사ᄂᆞᆫ 듸ᄂᆞᆫ <u>교 업ᄂᆞᆫ 듸가 업ᄂᆞᆫ지라</u>. (…중략…) <u>ᄋ</u><u>ᆡ무리가에</u> <u>잇ᄂᆞᆫ 야만들의 교ᄂᆞᆫ</u> 산과 물과 불을 위 ᄒᆞ고 혹 비암과 큰 즘승들을 두려워 귀신으로 위ᄒᆞ며 <u>아셰아 셔편에ᄂᆞᆫ 모화메든 교가</u> 잇셔 그 교에셔ᄂᆞᆫ 하ᄂᆞ님 을 텬부로 싱각은 ᄒᆞ되 모하메든 씨란 사름을 하ᄂᆞ님의 ᄉᆞ신으로 위ᄒᆞ며 교당에셔 녀편네ᄂᆞᆫ 드리지를 아니ᄒᆞ고 교를 ᄀᆞᄅᆞ치지도 아니ᄒᆞ며 흔 사 나희가 여러 계집을 다리고 사ᄂᆞᆫ 거슬 허ᄒᆞ며 <u>예수 크리씨도ᄂᆞᆫ 당초에 밋지</u> <u>아니 ᄒᆞ고 이교ᄒᆞᄂᆞᆫ 사름들은 모도 붉은 뎐으로 탕건 모양으로 감투를 몬</u> <u>드라 쓰고</u> (…중략…) <u>구미 각국에셔ᄂᆞᆫ 모도 크리씨도 교를 ᄒᆞᄂᆞᆫ듸</u> 그즁에 혹 구교ᄒᆞᄂᆞᆫ 이도 잇고 신교ᄒᆞᄂᆞᆫ 이도 잇ᄂᆞᆫ듸 (…중략…) 무론 무슴 교를 ᄒᆞ던지 교에 ᄀᆞᄅᆞ친 듸로만 졍셩을 다ᄒᆞ야 올코 졍직ᄒᆞ고 자션ᄒᆞᆫ ᄆᆞᄋᆞᆷ을 가지고 ᄆᆞᄋᆞᆷ을 쓰며 일을 ᄒᆡᆼ거드면 복을 밧을터이요, <u>크리씨도의 교를</u> <u>챡실히 ᄒᆞᄂᆞᆫ 나라들은 지금 세계에 뎨일 강ᄒᆞ고 뎨일 부요ᄒᆞ고 뎨일 문명</u> <u>ᄒᆞ고 뎨일 기화가 되야 하ᄂᆞ님의 큰 복음을 닙고 살더라.</u>

一'론셜', 1897.1.26

ㄷ. 영국 션교ᄉᆞ 샹목지 글ᄋᆞ듸 나라를 다ᄉᆞ림이 오직 나무를 심으ᄂᆞᆫ 것과 ᄀᆞᆺᄒᆞ여 몬져 그 근본을 비양ᄒᆞᆯ지라 (…중략…) <u>나무ᄂᆞᆫ 곳 나라의 집이요</u> <u>쓸이ᄂᆞᆫ 나라 도학의 교화오 가지와 입스귀ᄂᆞᆫ 나라의 법률과 긔계요 풍우와 쟝</u> <u>마ᄂᆞᆫ 국가의 찬란과 진앙이라.</u> (…중략…) 지금 <u>대한국 졍치와 풍속을 보건듸</u> <u>태셔 문명ᄒᆞᆫ 나라에셔 존슝ᄒᆞᄂᆞᆫ 교회ᄂᆞᆫ 이단이라 ᄒᆞ야 근본 리치를 궁구ᄒᆞ며</u> <u>보지도 아니ᄒᆞ고 다만 태셔 각국의 병긔와 뎐보션과 젼어긔와 뎐긔차와 화륜션</u> <u>과 우체법과 각항 긔계ᄂᆞᆫ 취ᄒᆞ여 쓰고자 ᄒᆞ니 이것은 그 근본은 버리고 싯만</u>

취흠이라. 나무 쑤리의 비양홀 싱각을 아니ᄒ고 나무의 가지와 입사귀만 무셩ᄒ기를 ᄇ라니 실노 우스운지라. 이제 도학의 근본이 쇠판ᄒ 국셰로 하ᄂ님의 진도를 슝샹ᄒᄂ 나라와 비견코져 ᄒ니 이것은 쏭나무 활과 쑥ᄃᆡ살노 대포의 탄알을 ᄃᆡ적흠이요 허여진 베도포로 비단돗 입은 쟈를 업수히 넉임과 ᄀᆺᄒ니 그 강약과 빈부의 헌슈ᄒ 것을 대한국 관민들은 엇지 그런 리치를 아지 못ᄒᄂ뇨. ᄇ라건ᄃᆡ 나라의 근본을 힘쓰시오.

　　　　　　　　　　　　　　　　　　—'나라의 근본', 1899.9.12

위 인용문의 ㄱ은 서양 선교사에 대한 인식을 드러낸 논설로 '선교사 ＝고마운 존재'라는 등식 아래 서양 종교의 본의가 '착하고 사랑하는 것'임을 강조하였고, 위 인용문의 ㄴ에서는 세계 각국의 종교를 소개하면서 비서구 종교가 '미개국' 또는 '반개국'의 종교인 데 비해 크리스트교는 '문명국'의 종교임을 강조하였다. 이러한 흐름에서 위 인용문의 ㄷ은 서양 선교사의 논리를 빌린 것이지만, 나라의 근본이 '교화'에 있으며 근본을 배양하는 교화는 각종 문물과 기계를 수용하는 데 그쳐서는 불가하며 문명국에서 존숭하는 교회를 수용해야 한다는 논리를 펴고 있다. 이는 이른바 '동도서기론(東道西器論)'의 한계를 비판하는 관점과도 유사한데, 『독립신문』에 등장하는 각종 학문 관련 논설은 대부분 '문명＝개화＝외국 통상＝서구화'의 관점을 견지하고 있다. 예를 들어 1896년 7월 9일의 군사 관련 '론설'이나, 1898년 12월 1일의 '정치가의 직분', 1899년 10월 31일에 소개한 '비스마르크', 1899년 11월 17일자의 워싱턴 전기문 등과 같은 정치 분야의 자료에서도 서구 우월론과 서구화를 촉구하는 내용이 중심을 이루고 있으며, 1899년 8월 18일의 '아프리가론', 1899년 10월 20일의 '지구론' 등과 같은 지지(地誌) 관련 논설에서도 순보나 주보의 '지구도해'와는 달리 서구 문명 우월론을 전제하고 있다. 이러한 논리는 본질적으로 이 시기의 지식 유통 상황을 반영하는 것으로 볼 수 있다.

3.2. 『협성회회보』와 『매일신문』의 학술 담론

『협성회회보』는 배재학당 학생회가 발행한 신문으로 일반인에게도 판매된 종합지였다.[23] 1898년 1월 1일부터 4월 2일까지 14호를 발행하고, 4월 9일부터는 제호를 『매일신보』로 바꾸어 1899년 4월 3일까지 발행하였다. 한국학자료원(2004)의 '해제'에서 밝혔듯이, 이 신문은 이 시기 외국인의 지원이나 감독이 없이 한국인이 창간한 신문이라는 점,[24] 『제국신문』, 『황성신문』의 창간보다 앞선 시기에 창간된 점 등에서 큰 의미를 갖는 신문이라고 볼 수 있다. 그러나 학생회가 중심이 되어 발행한 신문이었으므로 다른 신문보다도 더 심각한 경영난을 겪을 수밖에 없었고, 풍부한 기사원을 확보하기 어려운 점도 있었다. 이 점에서 이 신문에 대한 선행 연구도 많지 않은 편인데, 김동면(1981)의 「협성회 연구: 토론 및 기관지 논설을 중심으로」(단국대학교 사학과 석사논문), 이정옥(2015)의 '협성회 토론교육과 토론문화의 형성과정'(『국어국문학』 172, 국어국문학회) 등과 같이 협성회의 토론교육과 관련된 연구에 한정되어 있다.

이처럼 협성회의 토론교육에 관심을 갖는 것은 이 신문이 학생회에서 비롯되었다는 점, 협성회 설립 이후 끊임없이 토론회를 개최했다는 점 등이 작용한 것으로 보인다. 회보 제1호와 제2호에는 이 시기 협성

---

23) 한국학자료원 편집부(2004), 「해제」, 『협성회회보·믹일신문』, 한국학자료원.

24) 『협성회회보』 제일권 일호(1898.1.1) '회중잡보'에는 제4차 임원 성명과 기금을 낸 사람, 회원, 찬성원들의 이름이 기록되어 있다. 제4차 임원은 회장 이익채, 부회장 노병선, 서기 오긍선, 이응진, 회계 유영석, 민찬호, 사찰 윤창렬, 문경호, 사적 김규찬, 정대희, 제의 이병철, 권정식으로 나타나는데, 여기서 '사찰'과 '제의'의 역할이 무엇인지는 확인하기 어렵다. 또한 '본회에 연보ᄒ신 졔씨의 셩명'이라는 기사 아래 '니춥구씨 이원, 니혹직씨 이원, 경긔준씨 이원, 신태정씨 이원, 정익환씨 일원, 니창혁, 김동표, 박형모, 니흥선, 김면규, 최셕우, 니용션, 김윤죠, 김규환, 현학녕 졔씨 각 팔십젼식, 한웅순씨 일원 합 십팔원이더라.'라고 하여 기금이 마련된 과정을 짐작하게 하는 기사를 실었다. 당시 회원 은 양홍묵, 노병선, 이승만 등을 비롯하여 78명이며, 찬성원은 윤태진, 이긍재 등을 비롯 하여 54명으로 나타난다.

회에서 토론했던 주요 주제 33개가 수록되어 있는데, 그 내용을 살펴보면 다음과 같다.

【 협성회의 토론 주제 】

본회 셜립ᄒᆞᆫ 후로 토론ᄒᆞᆫ 문제가 삼십삼인ᄃᆡ 여좌홈

一. 국문과 한문을 셕거 씀이 가홈

二. 학도들은 양복은 닙음이 가홈

三. 안ᄒᆡ와 ᄌᆞ민와 ᄯᆞᆯ을 각종 학문으로 교육홈이 가홈

四. 학원들은 ᄆᆡ일 운동홈이 가홈

五. 녀인들을 ᄂᆡ외식히지 아님이 가홈

六. 국중에 도로를 슈리홈이 가홈

七. 우리나라 종교를 예수교로 홈이 가홈

八. 노비을 쇽량홈이 가홈

九. 우리나라 텰로 놋ᄂᆞᆫ 것을 외국 사름의게 허급지 아님이 가홈

十. 우리 회원들은 인민을 위ᄒᆞ야 가로상에 나가 연셜홈이 가홈

十一. 회원들은 이십셰 안으로 혼인을 ᄒᆞ지 말미 가홈

十二. 우리나라에셔 쓰는 자와 말과 져울을 쪽갓치 홈이 가홈

十三. 국민이 이십셰 된 쟈ᄂᆞᆫ 일졔히 병뎡으로 퇴홈이 가홈

十四. 셔울과 인쳔 ᄉᆡ이 텰도 놋ᄂᆞᆫᄃᆡ 학도를 보ᄂᆡ여 장졍과 놋ᄂᆞᆫ 규칙을 빈홈이 가홈

十五. 각쳐에 공원디를 셜립ᄒᆞ야 인민을 양싱식힘이 가홈

十六. 목욕간을 집집마다 두어 몸을 졍결케 홈이 가홈

十七. ᄉᆞ농공샹 학교을 셰워 인민을 교육홈이 가홈

十八. 각 곡식종ᄌᆞ를 외국 샹품 종ᄌᆞ를 구ᄒᆞ야 심음이 가홈

十九. 병인들은 외국의 약으로 치료홈이 가홈

二十. 산소를 풍슈지슐노 구치 말고 집집마다 맛당ᄒᆞᆫ 곳을 사 두고 씀이 가홈

二十一. 무론 모물ᄒ고 매ᄆᆡᄒᆞᆯ 시에 외ᄂᆞ리 아니홈이 가홈

二十二. 각 항 문ᄌᆞ를 왼편에셔 시작ᄒᆞ여 씀이 가홈

二十三. ᄂᆡ디에 츌입ᄒᆞᄂᆞᆫ 외국 사름의게 디셰을 만히 밧음이 가홈

二十四. 우리나라에셔 샹하 의원을 셜립홈이 졍치샹에 급션무로 결졍홈

二十五. 군ᄃᆡ에 호령하ᄂᆞᆫ 말을 본국말노 씀이 가홈.

二十六. 의관졔도를 복구홈이 가홈

二十七. 각부에 잇ᄂᆞᆫ 고문관들을 한이 지나거든 다시ᄂᆞᆫ 외국 사름으로 쓰지 아님이 가홈

二十八. 유의유식ᄒᆞᄂᆞᆫ 인민의게 제죠소를 창셜ᄒᆞ여 쥼이 가홈

二十九. 우리 회즁에셔 일쥬일 간 회보를 발간홈이 가홈.

三十. 졍부에셔 인ᄌᆡ를 튁용ᄒᆞ랴면 과거를 보임이 가홈.

三十一. 흉년을 당ᄒᆞ야 곡식을 외국으로 슈츌치 못ᄒᆞ게 ᄒᆞᆯ 방칙은 셰를 만히 밧음이 가홈

三十二. ᄀᆡ항을 만히 ᄒᆞᄂᆞᆫ 것이 나라에 유익홈.

三十三. 신문국을 각쳐에 비셜ᄒᆞ야 인민의 이목을 널님이 가홈.

토론 주제는 경제, 교육, 사회, 교통, 위생, 정치, 국가 문제, 지식 보급 방편 등 이 시대의 주요 문제가 망라되어 있다. 흥미로운 것은 이들 주제에 담겨 있는 사상인데, '흉년을 당하여 곡식을 외국으로 수출하지 못하게 할 방책', '서울과 인천 사이에 철도 놓는 곳에 학도를 보내어 장정과 놓는 규칙을 배우게 하는 문제', '국민으로 20세가 된 자는 일제히 병정으로 택하는 문제' 등은 독립국가로서의 자주정신을 드러내는 주제이며, '노비 속량', '아내와 재매, 딸을 교육하는 문제', '여인을 내외 시키지 않는 문제' 등은 평등사상을 반영한 토론 주제이다. '조혼 금지', '풍수 금지' 등과 같은 합리주의 사상과 '자와 말, 저울 등의 도량형 통일', '의관제도', '양복 입기' 등의 실용정신, '국문만 쓰기', '왼편에서 오른편으로 쓰기(가로쓰기)', '회보 발간', '신문국 설치', '회원 연설' 등

과 같은 계몽 담론 등은 근대 학문 형성에 필요한 언어 문제 및 토론 문화 형성과 관련된 주제들이다. 다만 일곱 번째 주제인 '우리나라 종교를 예수교로 하는 문제'는 이 시기의 국가적인 문제와 관련이 없는 주제인데, 이는 협성회가 배재학당에서 결성된 단체라는 점, 근대 계몽기 이후 문명개화의 방편으로 서양 종교의 힘을 빌려야 한다는 믿음이 존재했다는 점 등이 작용한 것으로 보인다.25) 『매일신문』 1898년 5월 28일의 논설도 이러한 기조를 담고 있다.

【 론셜 】

지금은 대한에도 예슈 그리스도를 밋는 동포가 만히 잇스니 밋는 형뎨 즈민를 되ᄒ여셔는 우리가 그 교를 가지고 더 말치 아니ᄒ여도 아시는 빅이어니와 우리가 특별히 밋지 안는 동포들을 위ᄒ야 <u>예슈교가 나라 문명부강과 독립 즈쥬의 근본이 되는 줄을 ᄭᅢ닷게 ᄒ노라. 대져 예슈교의 본의인즉 인싱이 이악ᄒ 세상에셔 살 동안에 육신이 지은 죄를 예슈의 용셔ᄒ</u>믈 엇어 영혼이 디옥을 면ᄒ고 텬당에 가셔 영원ᄒ 복을 밧쟈는 ᄯᅳᆺ시니 신구약과 교중 여러 가지 칙을 만히 보면 짐작이 잇스려니와 우리는 다만 이 교가 <u>육신의 관계되는 것만</u> 말ᄒ노라. 첫지 셰계에 문명부강ᄒᆫ 나라들을 보면 다 이 교를 슘봉ᄒ고 셰상에 잔약ᄒ고 야만의 츙에 드는 나라들일스록 귀신과 우샹을 셤기ᄂᆞ니 지금 쳥국과 아비리가를 보면 쇼연히 알지라. 셩격에 ᄂᆞᆷ을 내 몸ᄀᆞᆺ치 ᄉᆞ랑ᄒ라는 말이 잇기로 영미국 사ᄅᆞᆷ들이 몃만리 타국에 와셔 어려운 것슬 싱각지 안코 젼에 보도 못ᄒ던 대한 사ᄅᆞᆷ을 위ᄒ여 말ᄒ기를 우리는 예슈를 밋어 이후 영혼이 텬당에 갈 터이니 대한에 잇는 형뎨 즈민들도 우리와 ᄀᆞᆺ치 죠흔 곳으로 가 무궁ᄒ 복을 흠

---

25) 이러한 신념은 기독교인을 중심으로 나타난 것이겠지만, 『독립신문』과 『협성회회보』, 『매일신문』의 논설에서 빈번히 찾아볼 수 있다. 그러나 『제국신문』과 『황성신문』, 『대한매일신보』 등은 특정 종교에 편향된 논조를 보이지 않는다. 이 점에서 각 신문의 종교 성향에 대한 연구는 종교사회학적 관점에서 별도의 연구가 필요하다.

씌 밧자고 ᄒ며 열심으로 도를 젼ᄒᄆᆡ 젼에 이런 말을 듯지도 못ᄒ던 사
름들은 흉도 보고 욕도 ᄒ며 혹 심ᄒᆞᆫ 자ᄂᆞᆫ ᄒᆞᆫ편으로 잡아 죽이기ᄭ지 ᄒᆞ
엿스되 죵시 그 원슈와 반되ᄒᄂᆞᆫ 자들을 위ᄒᆞ야 ᄒᆞᆫ편으로 학교를 셰워
문명ᄒᆞᆫ 학문을 교휵ᄒ며 병원을 셜시ᄒᆞ야 즈긔돈을 써 가며 병을 곳쳐주
니 ᄂᆞᆷ을 이ᄀᆞ치 ᄉᆞ랑흠은 진실노 예슈교 듯지 못ᄒᆞᆫ 나라에ᄂᆞᆫ 업ᄂᆞᆫ 일이라.
(…중략…) 셩경을 놋코 이런 일을 궁구ᄒᆞ여 보면 틱셔 졔국에 오늘날 문
명기화라 ᄌᆞ쥬 독립이라 ᄒᄂᆞᆫ 것시 다 이 교 쇽에서 나온 말이오 법률과
학문이 거반 다 이 칙에셔 나온 거시기로 사름마다 편리ᄒ고 공평ᄒ다
ᄒᆞ야 지금 셰샹에 통힝ᄒᄂᆞᆫ 거시라. 무론 엇던 사름이던지 실샹으로 밋기
를 하ᄂᆞᆯ에 지극히 올흐신 ᄒᆞᆫ 대쥬직씌셔 필경 잘못ᄒᄂᆞᆫ 자ᄂᆞᆫ 벌을 주고
잘ᄒᄂᆞᆫ 자ᄂᆞᆫ 상을 줄 터인되 내가 무슴 ᄆᆞᆷ을 먹던지 무슴 일을 ᄒ던지
그 쥬직가 몬져 아ᄂᆞᆫ 줄노 싱각ᄒᆞᆯ 것 ᄀᆞᆺ흐면 그 사름이 나라에 벼슬ᄒᆞᆯ
젹에 님군은 쇽여 츙신 노릇슬 ᄒ련다던지 빅셩을 사오나이 되졉ᄒᆞ여 ᄂᆞᆷ
의 피를 글거다가 제 몸을 살지우려ᄂᆞᆫ 싱각을 ᄂᆡ일 리치가 업고 빅셩이
되여 악ᄒ고 음란ᄒᆞᆫ 힝식이며 거짓말과 그른 일을 ᄒ여 죄를 벌ᄒᆞᆯ 묘리가
잇스리오. 그럼으로 사름마다 예슈교만 실노히 밋을 디경이면 군신과 부
ᄌᆞ와 부부와 장유와 붕우 사이에 의리와 졍의가 잇셔 일국이 틱화셰계가
될 터이니 우리나라 동포들은 힘써 예빅당을 차져가셔 젼도ᄒᄂᆞᆫ 말도 ᄌᆞ
셰히 듯고 셩경도 만히 보아 모도 진졍으로 밋ᄂᆞᆫ 교우들이 되여셔 나라흘
영미국과 ᄀᆞᆺ치 문명부강케 만들기를 우리ᄂᆞᆫ 진실노 ᄇᆞ라노라.

이 논설은 기독교적 관점에서 문명을 해석하고, 기독교 선교가 이루
어져야 한다고 주장한다. 『협성회회보』와 『매일신문』에 등장하는 학술
관련 논설은 대략 60편 정도로 추산되는데, 학문의 필요성, 교육의 필
요성, 여자교육 및 여성문제, 미신타파 등과 같은 제반 논설 주제가 합
리주의와 평등주의, 자주정신을 기반으로 하고 있으나, 1898년 7월 29
일의 논설(신구학의 갈등을 주제로 한 논설), 1899년 3월 4일부터 6일까지

연재된 중국의 변법자강론에 대한 비판적 논설 등은 모두 서구 중심주의를 전제로 한 것들이다. 이처럼 서구 편향, 종교적 편향이라는 한계를 갖고 있음에도 이 신문의 '국문 정신'(1898년 6월 17일의 '국문이 나라 문명홀 근본')이나 '충군애국론'(1899년 1월 21일~24일간 3회 연재된 윤상(倫常)과 충군애국에 관한 논설) 등은 근대 사상의 참모습을 보여준다.

3.3. 『제국신문』의 학문론

『제국신문』은 1898년 8월 8일 옥파 이종일, 심상익 등이 『매일신문』을 인수하여 개칭한 뒤 8월 10일 창간호를 발행한 신문이다. 그 후 이 신문은 헤아리기 어려울 정도로 많은 정간과 휴간을 거듭하며 1910년 3월까지 12년간 발행되었다. 그동안 이 신문에 대해서는 언론사, 근대 문학사, 여성 또는 가정교육사의 차원에서 여러 사람들이 연구를 진행해 왔다. 초기의 한국 신문사 연구를 대표하는 성준덕(1955)에서부터 최기영(1989)의 대한제국기 신문 연구에 이르기까지 근대 신문의 역사를 연구하는 사람들이 이 신문에 대해 주목해 왔고, 김병길(2006)의 신문 연재 역사 소설 연구나 구장률(2009)의 근대 지식 수용과 소설 인식을 주제로 한 박사논문이 나왔다. 또한 박성호(2014)의 광무·융희 연간 신문의 '사실' 개념과 소설의 위상을 주제로 한 연구에서도 이 신문을 대상으로 논의한 바 있다. 그뿐만 아니라 설성경·김현양(2000), 최기숙(2014) 등의 연구도 서사의 차원에서 이 신문을 대상으로 하였으며, 박애경(2008), 김현주(2011), 김기란(2011) 등은 여성 문제의 차원에서 이 신문을 연구 대상으로 삼았다. 이처럼 『제국신문』에 대한 선행 연구가 대부분 문학사나 여성사의 차원에서 이루어진 이유는 이 신문이 '여성 신문'이라는 인식이 작용했기 때문으로 보인다. 이러한 인식은 이 신문이 발행 초부터 1902년까지 순국문으로 발행된 데서 생겨난 것으로 보인다. 그러나 대한제국기나 일제강점기까지의 신문사(新聞史) 자료에서는 '제국신문=여성 신문'이라는 등식이 등장하지는 않는다. 예를 들어 차상찬(1936)의 '조선 신문 발달사'에서는 '황성·제국 병립시대'를 설정하면서 "피황성신문(彼皇城新聞)이 독자(讀者)를 상류계급(上流階級)을 대상(對象)으로 한 데 반(反)하야 이 제국신문(帝國新聞)은 중류 이상 계급(中流以下階級)과 부인층(婦人層)을 대상(對象)으로 한 것이 특색(特色)이었다. 그러나 그 논조(論調)에 있어서는 황성(皇城)과 비슷하야 자매지(姉妹紙)와 같은 감(感)이 있었으니 그때 말에 황성(皇城)을 수신문(雄新聞) 제국(帝國)을 암신문(雌新聞)이라 지칭(指稱)한 것도 무리(無理)가 아니였다."라고 설명하였다. 이를 참고하면 대한제국기에 제국신문을 '암신문'이라고 지칭한 예가 있었으나, 그 자체가 여성 신문을 표방했음을 의미하는 것으로 해석하기에는 무리가 있다.

문체면에서 『황성신문』과의 차이로 인해 여성 신문으로 인식되었던 이 신문은 1986년 한국학문헌연구소에서 자료집을 영인(창간호부터 제5권 298호까지)할 때에도 '최초의 여성 신문'으로 소개되었는데, 최준(1986)의 '해제'에서는 여성 신문으로 보는 근거를 『옥파 비망록』(1898년 1월 10일)의 이종일 회고담과 여성 문제를 깊이 있게 다룬 글에서 찾고자 하였다. 그러나 장영숙(2014)에서 지적한 바와 같이, 『제국신문』을 여성 신문의 차원으로 접근할 때, 근대 지식 수용과 학문 형성 과정을 충분히 규명하기 어려운 점이 있다.

이 신문에는 이보다 2년 여 먼저 순국문으로 발행된 『독립신문』과 견주어 볼 때, 가치 있는 학문론이 다수 게재되어 있다. 이경현(2005)이나 김윤선(2010) 등에서 밝힌 바와 같이, 이 시기의 학문사상이나 구체적인 학문 내용은 '논설'이나 '기서'에 게재하는 경우가 많다. 특히 『독립신문』이나 『제국신문』은 이 시기의 신지식을 순국문으로 소개함으로써, 한국 학문사에서 큰 의미를 갖는다. 더욱이 순국문판 『제국신문』은 국한문판과는 달리 우리말 조어법에 적합한 학문 용어를 만들어 쓰고자 했고, 신문의 논조도 앞의 차상찬이 『황성신문』과 견주어 말했듯이, 『독립신문』이 서구 문화를 지나치게 긍정적으로 수용하고자 한 데 비해, 비판적 수용 태도를 보이고자 했다는 점에서 큰 차이가 있음을 확인할 수 있다.

『제국신문』은 앞선 국문 신문과는 달리 기사의 출처 또는 지식의 근원을 밝힌 경우가 많다. 물론 이 신문의 기사원도 '유지한 친구의 글'처럼 막연히 표시된 것들도 많다. 다음을 살펴보자.

"아세아 쥬는 륙대쥬 즁에 데일 큰 디방이오 인죵은 몽고 황인죵이니 오쇠 인죵 즁 몬져 난 사름이라. 지금 세계샹 문명이 실노 이 디면에 이 인죵에서 근원이 다 싱겻거늘 오늘날에 이르러 독립의 톄면을 보존ᄒᆞᄂᆞ 자는 오직 대한(엇지될지 모로ᄂᆞ 독립)과 일본과 쳥국과 셤나와 파사 이 다섯 나라에 지나지 못ᄒᆞ고 그외 인도 대뎨국은 영국에 속ᄒᆞ여 님군이 업고 영국 졍부의 다ᄉᆞ림을 밧으며 (…중략…) 우리 대한 관민들은 아모 됴록 고루ᄒᆞᆫ 구습을 버리고 츙익의 의리를 세워 샹하 일심합력ᄒᆞ야 영미 아법을 부러울 거시 업시 세계샹 고등 기명ᄒᆞᆫ 나라이 되기를 ᄇᆞ라노라" ᄒᆞ엿스니 이 말에 됴흔 의론이 만히 잇스나 졈졈 되어 가는 형편을 보건 뒤 이 글 지은 친구의 ᄇᆞ라ᄂᆞ 쯧ᄃᆡ로 되기를 긔약ᄒᆞᆯ 슈 업ᄂᆞ 줄이 본릭 아모 일이던지 ᄒᆞᆯ ᄆᆞ음이 업셔셔 못되ᄂᆞ 일도 잇고 ᄆᆞ음이 잇고도 ᄒᆞᆯ 쥴 을 몰나셔 못ᄒᆞᄂᆞ 일도 잇ᄂᆞ니 지금 우리나라이 부국강병이 되어 빅셩이 도탄을 면ᄒᆞ고 흠씩 안락ᄒᆞᆫ 복을 누릴 일이야 누가 ᄒᆞᆯ ᄆᆞ음이 업스리오. 만일 ᄒᆞ려ᄂᆞ 몸만 잇서 져마다 일을 ᄒᆞ며 ᄯᅩᄒᆞᆫ 어렵지 아니ᄒᆞᆯ 노릇시엇마 ᄂᆞ 대관졀 엇지ᄒᆡ야 될지 아지 못ᄒᆞᄆᆡ 긔썻ᄒᆞᄂᆞ 말이 나라이 위급은 ᄒᆞ지 마ᄂᆞ 엇지ᄒᆞᆯ 슈 잇소 ᄒᆞ니 ᄒᆞᆯ 슈 업다ᄂᆞ 사름인즉 필경 아니될 쥴노 차리 고 안진 모양이니 졍작 일 쥬션ᄒᆞᆯ 사름들이 안되기로 차리고 안즌 거슬 죵시 되기를 ᄇᆞ라ᄂᆞ 사름이야 엇지 어리셕지 안으리오. 그런 고로 나라 형셰를 진졍으로 두렵고 원통이 넉이ᄂᆞ 동포들은 이 ᄉᆞ졍을 모로ᄂᆞ 사름 들의게 아ᄂᆞᄃᆡ로 연셜도 ᄒᆞ며 신문지 모로ᄂᆞ 사름들을 진권ᄒᆞ야 보도록 쥬션ᄒ되 신문에 이런 말을 볼 젹에 이야기ᄎᆞᆨ 보는 전례로 ᄒ지 말고 뜻슬 싱각ᄒ며 공부들 ᄒ야 져마다 아는 ᄃᆡ로 늠을 일너 쥬게드면 얼마 안에 젼국 인민이 모도 ᄀᆡ명ᄒᆯ 터이니 그 ᄶᆞ는 독립을 직희지 못ᄒ면 셰상에 사름이 아닌 줄노들 아오리다.

—(논설) 『제국신문』, 1898.8.25

이 논설은 '유지한 친구'의 글, '부국강병을 실천하기 어려운 까닭', '개명과 독립을 위해 해야 할 일'의 세 가지 구조로 구성된 논설이다. 여기서 주목할 것은 '유지한 친구의 글'로 표현된 지식의 출처이다. 『제국신문』에서는 근대 지식을 소개하면서도 그 지식의 출처가 어디인지를 밝히지 않고 있다.[26] 이 신문에 드러나는 지식원은 구체적으로 무엇을 번역 등재한 것인지 밝힌 경우와 '논설'이나 '기서'의 내용에서 특정 인물이나 단체의 활동임을 명시한 경우밖에 없다. 187종의 글에서 지식원을 알 수 있는 경우는 다음과 같다.

【 지식원을 알 수 있는 논설과 기서 】

일자	게재면	제목	지식출처	내용
1898.09.14	론설		한성신보기자	한성신보에 대한 평론/제국신문 이승만 기자
1898.09.07	론설		독립신문	신문값에 대한 독립신문의 해명 논평
1899.11.04	론설		영국인 피사복	영국인 피사복의 〈중화장렬〉이란 책을 소개함
1899.11.13	론설		만국공보	〈만국공보〉 번역: 천주교,기독교 교리 소개
1899.04.12	기서		최산일	개화의 자세
1899.05.22	론설		일본시사신문	일본 〈시사신문〉 번역

---

26) 우리나라에서 출판권에 대한 개념이 처음 소개된 것은 『한성순보』 1884년 8월 15일자에 실린 '출판권', '출판조례벌칙'으로 보인다. 그러나 출판법이 제정된 것은 1909년 2월 23일자의 법률 제6호 '출판법'이며, 이 법도 저작물 보호보다는 저작자 통제를 목적으로 한 것이다. 『독립신문』, 『제국신문』, 『황성신문』 등에서는 지식원을 구체적으로 밝히지 않은 경우가 많은데, 저작물 보호나 지식의 원천에 대한 소개보다 지식의 내용 소개가 더 급한 문제로 인식되었기 때문으로 보인다.

일자	게재면	제목	지식출처	내용
1900.03.17	론설		법국 아도노	법국 전 외부대신 아노도 씨가 대한, 일본, 러시아 3국의 이해 관계 관련 의견서를 제시하여 번역 등재함/ 일본의 발달, 한국 러시아의 미발달=일본이 한국을 그대로 두지 않을 것임 예고
1900.04.19	론설		쥭내강	철도의 기능(경부 철도위원 쥭내강의 연설)
1900.06.18	기서		김가진	양잠
1900.11.01	론설		황성신문	대궁이라는 짐승 비유
1901.03.28	론설		무술정변기	무술정변기 관련
1902.08.13	론설		텐진청년회	중국 텐진 청년회에서 알렌을 초청하여 연설을 들음
1902.11.18	론설	대한 근일의 정형	아서 브라운	아서 브라운의 유람기 번역
1902.12.19	론설	당창론	지석영	지석영의 당창론(성병)

출처를 알 수 있는 지식원으로는 같은 시기의 『독립신문』, 『한성신보』, 『황성신문』과 『만국공보』 등이다. 또한 영국인 피사복의 『중화장렬』과 『만국공보』가 등장하는데, 전자는 서지를 확인할 수 없으며, 후자는 1896년부터 1902년 사이에 상해 광학회(廣學會)의 미화서관(美華書館)에서 발행하는 신문이다.[27] 이처럼 일부 확인되는 지식원도 구체적인 출처를 찾기는 어렵다. 이 점에서 『제국신문』에 소개된 근대 지식은 이 시기 중국과 일본을 거쳐 들어온 근대 지식을 신문사에서 역술[28]한 것으로 보인다. 예를 들어 1900년 11월 10일자에 소개한 '셔양인의 물론'은 '물의 성질'을 소개한 글로, 이 시기 『대조선독립협회회보』 제4호에

---

27) 광학회는 1887년 영국인 외교관, 선교사 등이 중심이 되어 설립한 단체이다. 『독립신문』 1899년 2월 6일의 '광학회 스긔'를 참조하면, "예수교의 도덕을 근본삼아 풍쇽을 블오잡고 지식을 넓히는 일"을 목적으로 설립한 단체이며, 서구 지식을 중국어로 역술(譯述)하여 보급하는 데 노력해 왔다. 학부 편찬(1897)의 『태서신사남요』(한문본)의 부록에는 45종의 서목이 실려 있는데, 이 서적들은 대부분 국내에 직수입되거나 『공법회통』, 『태서신사』와 같이 학부 편찬의 교과서 형태로 국내에 유통되었다. 이에 대해서는 별도의 논문을 발표할 예정이다.

28) 근대 계몽기의 역술(譯述)은 대상 문헌을 직역하기보다 발췌하여 번역하거나 역술자의 의견을 덧붙이는 경우가 많다.

서 소개한 '논무운로(論霧雲露)', '수론(水論)' 등과 비슷한 주제를 다룬다. 이 회보의 '수론'은 영국인 부란아(傅蘭雅)[29]가 발행하는 『격치휘편(格致彙編)』을 발췌하여 번역한 글이다.[30] 『제국신문』과 『대조선독립협회회보』를 견주어 볼 때, 두 자료는 내용상 유사한 면이 있지만, 번역 방법이나 용어 사용 등이 같지 않다. 다음을 참고해 보자.

【 '서양인의 물론'과 '수론(水論)' 】

ㄱ. 물이라 ㅎ는 것은 무삼 물이던지 화학지료 원소 중에 산소와 슈소라 ㅎ는 것 두 가지가 합ㅎ야 싱기는 것인듸 화학의 방법으로 분셕ㅎ여 보면 산소 일분과 슈소 일분을 갈나 닉나니 바다물이나 뭇물이나 다 갓흔 것이오 큰 물노 말ㅎ면 온 세샹에 삼분지 이나 되는 것이니 긔운이 되여셔는 공긔 가온듸 만히 잇는 것이오 크게 합ㅎ야셔는 싸 우희 잇는 것이오 쏘 동물과 식물에 대단이 요긴흔 것이 되나니 물을 분셕ㅎ야 보랴면 무삼 물이던지 그 물에다가 뎐긔를 쏘이던지 소쥬 고듯 고아보면 아나니 그리ㅎ면 산소 일분과 쥬소 일분이 분셕이 되야 각각 나나니라.

—『제국신문』, 1900.11.10

ㄴ. 水가 萬物 內에 最多ㅎ고 恒常 見ㅎ는 者라. 形本淸活流通ㅎ야 一原質갓트나 虛浮縹緲(표묘)ㅎ야 實노 兩氣에 屬ㅎ얏스니 一曰 輕氣요, 一曰 養氣가. 每水九分에 輕氣 一分과 養氣 八分이 有ㅎ니 此가 虛擬가 아니라 定據가 有흔 故로 化學家가 이 輕養 二氣를 將ㅎ야 水를 成ㅎ고 又 能히 純水를

---

29) 존 프라이어(John Fryer)의 중국식 이름. 존 프라이어는 1874년 상해에 격치서원을 창설하고, 『격치휘편』이라는 잡지를 발행했는데, 이 잡지는 프라이어가 감독을 담당하고, 서수(徐壽)가 주관(主管)을 맡은 것으로 알려져 있다. 현재 서울대 규장각에 1876년부터 1882년 사이의 『격치휘편』이 소장되어 있다.

30) 『대조선독립협회회보』 제3호에는 '독격치휘편(讀格致彙編)'이라는 글이 한문으로 실려 있고, 제4호에서는 '격치약론(格致略論)'이라는 제목 아래 '논무운로(論霧雲露)', '수론(水論)'이 국한문으로 역술되어 있다. 이 약론은 제6호에 '빙설급동빙리(雪氷及凍氷理)'의 논(論)', '풍론(風論)'과 연결된다.

化分ᄒᆞ야 輕養 二氣를 分ᄒᆞᄂᆞ니 水의 質點이 相連ᄒᆞ되 甚히 鬆(송)ᄒᆞᆫ 故로
能히 流動ᄒᆞ고 且 無論何器에 成ᄒᆞ던지 能히 內形에 粘合흠은 流質이 能히
엇던 方을 向ᄒᆞ던지 그 壓力을 顯ᄒᆞ야 定質ᄒᆞᄂᆞᆫ 故로 傾仄ᄒᆞ면 向下ᄒᆞ야
그 壓力을 顯ᄒᆞᄂᆞ니

—『대조선독립협회회보』 제4호, 1897.1

‘물의 본질’과 관련된 두 논설은 ‘물의 구성 성분’이나 ‘분석’과 관련
된 내용을 다루고 있으나 문체와 학문 용어는 전혀 다르다. 이는 두
논설이 다른 텍스트를 역술 대상으로 삼았을 것이라는 추정을 가능하
게 한다. 그러나 구체적으로 어떤 텍스트를 대상으로 역술했는지는 확
인하기 어렵다. 이 시기 중국이나 일본에서 발행되었던 격물학 관련
서적의 영향을 받았을 것으로 추정되는데, 현재로서는 이에 대한 전수
조사가 쉽지 않다. 다만 영국인 알렉산더 윌리엄슨(韋廉臣, 1829~1890)[31]
이 저술한 『격물탐원(格物探原)』[32]의 목차를 참고할 때, 이 시기 각종
격치론이 상해나 일본에서 중국어 또는 일본어로 역술한 저서를 한문
이나 국문, 국한문으로 다시 역술했을 것으로 짐작된다.[33] 이는 『대조

---

31) 알렉산더 윌리엄슨(중국명 韋廉臣)은 스코틀랜드 출신으로 1855년 중국 산둥성에 도착하
여 선교 활동을 시작하였다. 1856~1857년에는 상해에 설립된 흑해서관의 격물학(동물
학, 식물학) 관련 서적 번역원으로 활동하였으며, 1857년에는 흑해서관의 월간 잡지『육
합총서(六合叢書)』의 찬술원으로 역술 활동에 참여했으며, 1868년에는 선교사 알렌(중국
명 林樂知)와 함께『교회월보』를 창간했으며, 이 월보는 1874년『만국공보(萬國公報)』로
개명하였다. 1876년 상해 미화서국(美華書局)에서『교회월보』와『만국공보』등에 실었던
격물 관련 역술 자료를 종합하여『격물탐원(格物探原)』을 발행했는데, 이 책은 중국과
조선, 일본의 근대 지식 보급에 가장 큰 영향을 미친 과학 서적으로 평가 받는다. 1887년
상해 광학회 창립 당시 회원으로 활동하였다.
32) 이 책은 1876년 상해 미화서국에서 처음 발행했으며, 1889년 묵해서관에서 6권으로 증보
되었다. 이 책은 중국뿐만 아니라 일본에도 널리 보급되었는데, 일본어 역술본은 1878년
세이사이 시게노(成齋重野, 1827~1920)가 번역 찬술하고, 구마노(熊野與)가 훈점(訓點)하
였다. 이 책은 현재 국립중앙도서관 디지털라이브러리에서 무료로 열람할 수 있다.
33) 예를 들어『격물탐원』권1의 ‘목록’에는 ‘論天地, 論物質, 論地球形勢, 論土宜, 論石, 論山,
論空氣, 論水, 論皮相, 論首, 論咽喉胃腸, 論骨, 論胸膈, 論筋肉, 論食, 論血, 論心, 論腦, 論目,
論耳, 論鼻口手’ 등의 22개 항목이 그림과 함께 제시되었는데,『독립신문』,『제국신문』

선독립협회회보』,『독립신문』,『제국신문』등에 소재하는 학문론이 서구의 지식을 수용하여 우리의 근대 지식으로 변화해 갈 수 있음을 의미한다.

지식 유통 차원에서『제국신문』의 학술 담론은 순국문 학술 용어의 탄생 가능성을 제시해 준다. 예를 들어 1899년 4월 10일~11일자의 논설 제목은 '나아가는 론'인데 이는 '진화론'을 우리말로 번역한 용어이다. 이 논설에는 '다토올 마음(경쟁심)', '흰빗 사름(백인종)' 등과 같이 한자 학술어를 우리말로 번역하여 사용할 수 있음을 보여준다. 이뿐만 아니라 '다토는 말(논쟁)', '열린 나라(개명국)' 등과 같이 한자 조어를 우리말 학술어로 만들 가능성을 보여주는 자료가 매우 많다. 1900년 12월 12일자 '론셜'의 '동물학'에서 사용된 동물 분류학 용어에서도 '긔는 즘싱', '불근 피가 잇는 즘싱', '견갑인한 즘생' 등과 같이 우리말로 된 학술 용어 사용 가능성을 제시해 주고 있다. 생물학 분야의 우리말 학술 용어 사용은 근대 계몽기 순국문 교과서에도 등장하는데 1906년 애니 버드(Annie L. A. Baird, 한국명 安愛理)의 책을 번역한『동물학』,[34] 1913년 야소교 서원에서 발행한『식물학』번역 교과서[35]의 용어 사용 방식과 비슷하다. 이처럼『제국신문』의 학술어 사용 방식은 이 시기 국문 학술서나 교과서의 용어 사용 방식을 개척해 준 공로를 갖고 있는 셈이다.

출처를 밝히지 않았을지라도『제국신문』에는『독립신문』보다 더 다

등에 소재하는 각종 학문론도 이와 비슷한 내용이 많다.

34) 출판사, 출판지 등의 서지 사항은 명확하지 않으나 책의 표지에 예수 강싱 일천구빅륙년, 대한 광무 십년 병오로 기록되어 있어 1906년 발행된 책임을 확인할 수 있다. 이 책은 국립중앙도서관 디지털라이브러리에서 내용을 확인할 수 있다.

35) 이 교과서는 1913년 야소교 서원에서 발행한 것으로 저자가 안애리(애니 버드)로 되어 있다. 책의 서문에는 "이 칙은 미국 식물박수 그레 씨의 마련한 거슬 번역ᄒ엿ᄂᄃᆡ 쥬후 一쳔九빅九년에 즁학 졸업싱 안국보(安國輔) 씨의 도음을 만히 밧는 즁에 셔론ᄭᅵ지 지엇ᄉ오니 이 칙 보시는 쳠위들이 그리 아시옵. 안익리 ᄌ셔"라고 하여 번역 시기가 1909년이며, 필자는 그레, 애니 버드는 번역자였음을 밝히고 있다.

양한 근대 지식이 등장한다.36) 이 연구에서는 순국문판을 대상으로 전
수 조사를 하여 근대 지식과 관련된 논설 및 설명문 자료 187종을 선별
하고, 이를 주제별로 분류하였다. 주제 설정은 '계몽(개화, 구습타파 등),
교육, 교통, 국가사상(국민), 법률(학), 사상, 서책, 세계정세, 신문론, 언
어문제, 여성문제, 외교, 인물, 정치(학), 종교, 지지, 격치(학리)'로 하였
는데, 이 가운데 '계몽'은 '문명개화를 주장하는 것'과 '구습타파를 내용
으로 하는 것'으로 한정하였다. 분류 과정에서 둘 이상의 주제를 포함
하는 자료는 중심 주제를 기준으로 분류하였다. 예를 들어 진화론적
입장에서 쓴 논설일지라도 진화론보다 '문명개화의 필요성'을 강조한
것은 '계몽'으로, 문명개화를 주장한 글이지만 진화론을 자세히 설명한
뒤 문명개화를 주장한 것은 진화사상을 근거로 '사상' 항목으로 처리하
였다. 다음과 같은 경우이 이에 해당한다.

【 '계몽'과 '사상'의 분류 기준 】

ㄱ. 계몽: 근일 세상 사람들이 <u>기화가 무엇신지</u> 수구가 무엇신지 분변홀
줄도 모로고 언필칭 기화가 세상에 명분이 무엇시냐 ᄒ여가며 미쳔흔 쟈
가 귀흔 사람을 능욕ᄒ고 어린 사람이 늘근이를 업수히 넉이ᄂ 폐단이
허다ᄒ니 그릿케 무식ᄒ고 히연흔 일이 어듸 잇스리오. (…중략…) <u>서양
사람이 아모리 문명ᄒ엿다 ᄒ더립도</u> 요순공밍에 도에서 달음이 업거늘
엇지 그 나라에서 ᄀ들 부모를 사랑ᄒ고 어룬을 공경ᄒ고 스승을 놉히고
붕으를 친ᄒᄂ 도야 업슬 리가 잇스리요. 그 네 가지 버셔나고ᄂ 나라이

---

36) 허재영(2014)에서는 『독립신문』에 등장하는 학문론 자료 54편을 분석한 바 있다. 이에
따르면 『독립신문』의 경우 '생물학'(1897.6.19~7.24, 총 14회)과 같이 서양의 격치학을
자세히 소개한 경우도 있다. 그러나 『제국신문』은 '빈국론'(1899.4.7~4.8, 2회), '화폐
론'(1899.5.15~5.16, 2회), '지구론'(1900.5.16~17, 2회; 1901.6.25~26, 2회), '호흡론'(1900.
10.18~19, 2회), '물리·생물학'(1899.11.21~29, 7회), '알렌의 연설'(1902.8.13~16, 4회),
'리로이 쌜로의 동양론'(1902.9.5~18, 6회) 등과 같이 다양한 분야의 근대 지식을 연재하
여 근대 지식의 다양성을 보여준다.

될 슈가 업는 거신디 근일 소년들이 혹 외국에 류람을 ᄒ던지, 외국 언어를 빅호던지 ᄒ게드면 쳐디도 갓고 학문도 갓혼 나만혼 사름에게 무례혼 일이 혼두가지가 아니여 그러ᄒ니 그런 사름들노 인연ᄒ야 긔화를 병드리는 일이 만ᄒ니 엇지 히탄치 아니ᄒ리오.

—(논설) 『제국신문』, 1899.1.18

ㄴ. 사상: 사름이 금슈보다 다른 쟈는 다름 아니라 능히 날마다 나아가기를 힘쓰미이니 대뎌 하늘이 만물을 내실 처음에 금슈와 사름이 다 움즉이는 물건의 동류로대 오즉 사름이 실상 만물에 웃듬이 되야 날마다 나아감이 늘기와 겁질 잇는 즘싱보다 ᄯ여늘 ᄲᆞᆫ 아니라 (…중략…) 녯적에 글을 잘ᄒ는 쟈들이 능히 만물의 나고 쟈라고 변화ᄒ는 리치를 잘 삶혀 안다는 일홈이 쟈쟈ᄒ나 그 실샹은 각국의 흥망셩쇠ᄒ는 일을 인ᄒ야 밀우워 만물의 리치를 안 거시니 만일 만물의 나고 자라고 변화ᄒ는 리치를 인ᄒ야 나라 다스리는 일을 삶혀셔 각국 력뎌의 날마다 나아가는 ᄌ최를 보면 엇지 졀묘혼 일이 아니리오

—'나아가는 론', 『제국신문』, 1899.4.10

이 두 논설은 모두 '진화론'을 전제로 문명개화를 주장하고 있다. 그러나 인용문 ㄱ은 '진화론'이나 '문명론'의 내용이 무엇인지 짐작하기 어려운 데 비해 인용문 ㄴ은 '나아가는 론'이 '진화론'임을 '리치'로 설명하고 있다. 이를 고려하여 전자는 '계몽'으로 분류하고, 후자는 '사상'으로 분류하였다. 다른 항목도 이와 같은 기준을 적용하였는데, '화폐의 역사'와 같이 경제학적 지식을 전제로 한 것은 '격치(학리)'으로 분류하고, '근면한 태도'를 강조한 것은 '계몽'에 포함하였다. 187종의 논설을 분류한 결과는 다음과 같다.

【 『제국신문』의 논설류의 주제별 분포 】

	계몽	교육	교통	국가	법률	사상	서책	세계	시무	신문	언어	여성	외교	외세	인물	정치	종교	지지	격치	계
기서		1														1				2
논설	34	22	2	12	6	4	2	8	7	13	2		4	10	4	4	5	5	32	176
별보		2										1								3
외보						1								4				1		6
계	34	25	2	12	6	5	2	8	7	13	2	1	4	14	4	5	5	6	32	187

주제별 분포에서 가장 많은 비중을 차지하는 것은 '계몽' 담론이다. '문명개화', '구습타파', '인재등용' 등과 관련한 계몽 담론이 많은 비중을 차지하는 것은 신문 발행의 취지에서 알 수 있듯이, 지식 계몽의 차원에서 자연스러운 현상이라고 볼 수 있다. 학리적인 설명을 전제로 한 격치 분야도 32종이나 등장하는데, 이에 대해서는 다음 절에서 살펴보기로 한다. 교육(25), 신문(13), 국가(12), 세계(8), 시무(7), 정치(5), 종교(5) 등은 계몽을 목적으로 한 논설이지만, 해당 분야의 학리적인 설명도 포함되어 있다. 예를 들어 '교육'으로 분류한 1899년 2월 24일자의 '어린 아히 기르는 규모'는 아동교육학을 기반으로 한 것이며, 1899년 5월 18일자 '논설'은 미국인 부인의 여자 교육론을 소개한 글이다. '신문'으로 분류한 1899년 4월 14일, 1901년 5월 6일자 '논설'은 언론학 또는 신문학과 관련된 지식이 포함되어 있으며, '국가'로 분류한 1898년 9월 9일자 '논설'에서는 국가의 구성 요소로서 인구 문제를 논의하고 있다.37) 정치 문제나 법률 문제를 다룬 논설에서도 '정치학'이나 '법률학(또는 법학)'과 관련된 지식이 포함되어 있으며, 시사나 시무, 종교적인 주제 등에서도 다수의 정치학 또는 정책학적인 과제를 찾아볼 수 있다.

---

37) 학문 분류 체계에서 '국가'와 관련된 것을 독립적으로 다루는 것이 적절한지에 대해서는 이견이 있을 수 있다. 그러나 사전적인 의미에서 국가학은 "국가의 본질, 조직, 발달, 국가와 법의 관계 따위를 연구하는 학문"으로 규정할 수 있으며, 근대 계몽기의 특징 가운데 하나로 '국가 의식의 성립'을 들 수 있음을 고려하여 한 분야로 설정하였다.

이처럼 논설류의 주제별 분포는 『제국신문』에 등장하는 근대 학문 또는 근대 지식의 분야별 분포를 이해하는 데 유용하다. 특히 사상 관련 논설 4종은 이 시기 학문 사상이 진화론, 문명론의 절대적인 영향 아래 놓여 있었음을 보여준다.

【 진화론, 문명론 관련 논설 】

일자	제목	내용
1899.4.10~11	나아가는 론	진화론·경쟁론을 전제로 한 인재 등용 문제
1900.04.02		동양 각국의 시세와 약육강식의 실태
1902.08.11		과학기술과 문명 진보의 필요성
1902.08.20~21	문명의 세력/ 문명의 리력	서양 문명의 세력과 내력을 소개함

이러한 사상적 배경은 근대 계몽기의 학문론이 서세동점기의 위기 속에서 '충군애국'을 전제로 한 독립 국가 유지 및 발전을 목표로 하고 있었음을 의미하며, 이는 이보다 선행한 『독립신문』이나 『협성회회보』, 『믹일신문』도 마찬가지였다. 그러나 『제국신문』의 학문 담론이 분야별 다양성을 보인 점은 선행하는 매체에 비해 지식 유통의 양이 점차 늘어났기 때문으로 보인다.

흥미로운 점은 『제국신문』에 등장하는 분야별 학문 지식이다. 예를 들어 앞의 분류에서 '격치'로 분류한 32종의 논설류는 학리적인 설명을 목표로 하거나 학리적인 내용을 논거로 활용한 것들이다. 이들 자료에서 가장 큰 비중을 차지하는 것은 '학문의 본질과 목적'과 관련된 것이다. 그 다음으로는 '생물학', '지구론', '기술 발명', '천문학' 등의 자료가 등장한다.

학문의 본질과 관련해서는 1900년 4월 7일자 논설에서 "근일 학문은 젼보다 빅빅나 되애 볼 만흔 글도 만흐나 (…중략…) 요순지도와 공밍지셔와 로불지학과 병학이며 의학이 만커니와 신발명흔 정치학과 법률학이며 롱학 화학 의학 ᄉ관학 공장학이 잇ᄂ 고로"라고 주장한 바와 같이, 학문이 산출된 지식을 공부하는 과정임을 인식하고 있었으며, 1900년 6월 7일자 논설에서도 "학문이란 것은 무론 무삼 일이던지 모로는 것이 업셔야 ᄒᆞᄂᆞᆫ 것이라. 가경 텬디 만물에 무삼 물건은 형용이 엇더ᄒᆞ고 무삼 물건은 엇지ᄒᆞ야 싱겻스며, 사람의게 리히와 엇더ᄒᆞᆫ 것을 아ᄂᆞᆫ 것이라."라고 하여 학문이 이치 탐구를 목표로 하는 활동임을 뚜렷이 인식하고 있었다.

생물학의 대표적인 논설은 1900년 11월 21일부터 29일까지 7회에 걸쳐 연재된 논설을 들 수 있는데, '외국 사람의 싱물론'을 번역하여 등재한 것이라는 설명과 함께 '버러지(곤충학)'를 자세히 소개하고 있다.[38] 1900년 12월 6일과 7일자의 '사람이 동작하ᄂᆞᆫ 형용'은 인체의 구조와 골절을 소개한 논설이며, 1900년 12월 11일부터 15일까지 5회에 걸쳐 연재한 논설에서도 동물학을 자세히 소개하고 있다. 또한 1900년 5월 24일의 물과 위생의 관계를 설명한 논설, 1900년 5월 26일자의 생물학과 인종 우열론을 논거로 한 적자생존론, 1900년 10월 18일자의 '어느 외국인의 호흡론' 등도 생물학적 지식과 응용 과제를 포함하고 있다.

지구론이나 행성, 천문 등의 지식과 관련된 다수의 논설도 흥미를 끄는데, 대표적인 것으로는 1899년 11월 17일에 소개한 천체 운동의 궤도 설명이나 1900년 5월 16일과 17일 연재한 '유명ᄒᆞᆫ 사람의 디구론란', 1900년 11월 10일의 '서양인의 물 론[水論]', 1901년 1월 19일과 20일에 소개한 서양 천문학 번역 소개, 1901년 6월 25일과 26일의 '힝셩의 리치 의론'(디구론, 힝셩론), '달의 론' 등은 천문·지리에 대한 근대적 지식에 해당한다. 또한 1900년 6월 23일자의 '뎐긔론'은 근대 지식이 수용되는 과정에서 가장 먼저 소개된 이론이다.[39]

---

38) 『독립신문』에서도 1897년 6월 17일부터 7월 24일까지 14회에 걸쳐 생물학을 연재한 바 있는데, 생물을 연구 대상에 따라 '금수, 초목, 금석'으로 분류하고, 각 분야의 생물의 특징을 자세히 설명하였다. 이 점에서 『제국신문』에 소개한 곤충론은 『독립신문』에 설명한 곤충론(1897년 7월 17일, 20일, 22일)보다 구체화된 것으로 볼 수 있다.

39) 전기론은 『한성순보』 1983년 11월 30일(제4호) '論電氣' 이후 1884년 3월 18일(제15호)의

기술과 발명의 중요성을 강조하는 논설로는 1899년 10월 25일자 논설에서 '덕국 사름 득뇌사의 스젹', 1900년 1월 18일 격물치지를 통한 발명과 학교 교육의 필요성을 강조한 논설, 1900년 12월 20일자의 미국 뉴욕의 '자동인(로봇)' 발명 논설 등이 발견된다. 이 가운데 득뇌사는 『태서신사남요(泰西新史攬要)』에서도 독일 통일 과정에서 후당총을 발명한 사람으로 소개된 바 있는데, 과학 기술이 부국강병의 초석이 됨을 강조하고자 한 의도에서 소개한 사적이다.

이밖에도 '화폐' 문제를 다룬 논설과 서책 소개, 의학(지석영의 '당창론'), 위생론, 전기학 등과 관련된 지식이 등장하는 것도 흥미로운데 이는 『독립신문』에서는 찾지 못했던 주제들로, 『제국신문』의 근대 지식이 그만큼 다양화함을 의미하는 것으로 보인다.

이뿐만 아니라 『제국신문』의 서구 문명 수용 태도에서는 비판적이고 주체적인 모습을 확인할 수 있는 것들이 많다. 학술 용어 사용뿐만 아니라 서양 학문이나 종교에 대한 객관적이고 자주적인 수용 태도를 보이는 논설이 빈번히 게재되었는데, 다음을 살펴보자.

【 서양 학문과 종교에 대한 태도 】

ㄱ. 빅인종이 원거ㅎ는 구라파쥬 디방이 아세아 쥬 디방 륙분지 일에셔 지나지 못ㅎ거늘 (…중략…) 구라파 쥬 여러 나라에는 사름이 쳔명이 죽으면 식로 나는 사름은 일쳔이십명식이 된다 ㅎ니, 그 사름의 늘어갈스록 텬하 각국의 퍼져셔 모도 차지홀 거슨 말ㅎ지 안어도 알녀니와, 우리 동양 각국 풍속에는 어느 나라 싸을 엇거드면 그 싸에 사는 인민을 닉 나라 빅셩과 갓치 디졉ㅎ여 별노 등분이 업거늘 뎌 셔양 사름들은 그러치 안어

'一千八百八十二年 電氣史', 1884년 6월 4일(제23호) '法取火'(불을 채취하는 방법으로서의 전기 원리), 1884년 5월 25일(제22호)의 '論養氣', '論輕氣', '論淡氣(질소)' 등과 같은 이론이 소개된 이후, 『대조선독립협회회보』 제9호에서 프라이어 『격치휘편』의 '論電與雷' 등이 발견된다.

셔 어듸 가셔 어느 나라 싸을 쎅앗던지 그 싸에 살던 빅셩은 상관이 업고 빅인종만 보늬여 번셩흐게 흐야, 그 싸에 쥬인이 되도록 흐고, 그 본토종은 업셔질스록 죠아흐ᄂ니

—『제국신문』, 1899.2.20

ㄴ. 이젼 남의 나라에 의지흐던 더러온 풍습을 변흐야 ᄌ쥬흐ᄂ 권리를 일치 아닐 거시어늘 엇지 흐야 내의 일을 내가 흐지 안코 사름마다 흐ᄂ 말이 이것이 일본 긔화인가 양국 긔화인가 아라스 긔화인가 어늬 나라 긔화인지 알 수 업스니 어셔어셔 귀뎡이나 나야 정신을 차리지 정신이 업셔 살 슈 업다 흐니 이러케 무식흐고 쳐흔 신민들이 어듸 쏘 잇스리오. 만일 일본의 힘을 비러가지고 긔화흐면 일본 속국이 될 터이오, 셔양국의 힘을 비러 가지고 긔화흐면 셔양국 쇽국이 될 터이니 (…중략…) 엇던 사름이 말흐되 청국은 망흐여 가는 나라이라. 힘도 업고 권리도 업스니 쓸디 업거니와 다른 강흐고 힘 만흔 나라를 의지흐여야 튼튼흐겟다 흐니, 이ᄂ 남의 힘을 우리가 빌냐는 일이 아니오 우리 힘으로 남의 강흔 힘을 더 도와 주랴ᄂ 일이로다.

—『제국신문』, 1899.3.27

ㄷ. 오날날 만국에 통힝흐는 텬문 디지 화학 산학 등 각식 학문과 기외에 각식 물건 제조에 시작이 다 여긔셔 씨가 싱겻스며 기중 영광시러온 거슨 만국에 밧드는 종교쥬가 다 여긔셔 탄싱흠이니 공ᄌ와 셕가여릭와 예슈와 모하멧이며 기외에 만고 동셔에 유명흔 션현네들이 다 아셰아에셔 나시니 (…중략…) 우리 동양에셔 나셔 셔양으로 가 자라셔 다시 동양으로 도라옴이니 이삼쳔년 젼에는 셔양에셔 동양 학문을 위쥬흐엿거니와 지금은 동양에셔 셔양 학문을 위쥬흐여야 흘지니 신문 잡지와 각식 셔칙 등류에 셔양 학식을 옴겨 젼흐여야 민국을 반달식이ᄂ 본의를 일치 안음이 되리로다.

—'문명의 릭력', 『제국신문』, 1902.8.21

위 인용문의 ㄱ에서는 서양 제국주의의 본질이 식민 지배에 있었고, 식민 지배는 원주민을 보호하는 것과는 거리가 먼 것임을 전제로 하고 있다. 이러한 차원에서 위 인용문의 ㄴ은 자주권을 고려하지 않는 개화는 속국이 되는 길임을 명확히 하고 있으며, 위 인용문의 ㄷ에서는 종교의 차원에서도 서양 종교의 원류가 동양에서 비롯된 것임을 전제로 신문·잡지의 서양 학문 수용의 본질이 무엇인지를 비판적으로 이해해야 함을 강조하고 있다. 이러한 논리는 비록 완전한 것은 아니지만, 근대 학문 형성 과정에서 비판정신과 자주권이 어떤 가치를 갖는지를 인식했다는 점에서 의미 있는 일로 판단할 수 있다.

4. 근대 계몽기 국한문 신문[40]

4.1. 『황성신문』의 학술 담론

『황성신문』은 1898년 9월 5일 남궁억(南宮檍)에 의해 창간된 신문으로, 『독립신문』이나 『제국신문』에 비해 보수적인 논조를 가진 신문이다. 일제강점기에 쓰인 우리나라 신문의 역사에 관한 글이지만 차상찬 (1936)의 '조선신문발달사'[41]에서는 우리나라 신문의 역사를 '조선 신문의 효시', '조선 최초의 민간 신문시대: 독립신문 시대', '황성 제국 병립 시대', '조선 신문의 전성기 암흑기'로 나눈 바 있다. 이 논문에

---

40) 이 시기 『대한매일신보』는 국한문판, 영문판, 국문판이 존재했으므로 이를 어느 항목으로 분류해야 할지는 논란이 될 수 있다. 그러나 국한문판의 자료 가운데 국문판에 게재하지 않은 상당수의 학술 자료가 존재하기 때문에 일차적으로 국한문 신문으로 분류하였다.

41) 차상찬(1936), 「조선신문발달사」, 『조광』 제2권 제11호, 조선일보 출판부. 일제 강점기 신문의 역사에 대한 글 가운데 하정(霞汀, 1934)의 「조선신문발달사: 사상변천을 중심으로」(『신동아』 제4권 제5호, 1934년 5월호)가 있으나 이 연구에서는 차상찬(1936)을 참고하여 신문의 역사를 파악하고자 하였다.

따르면 『황성신문』은 1898년 9월 독립협회 회원 중 남궁억, 나수연(羅壽淵) 외 몇 사람이 윤지소(尹致昭)가 경영하던 『경성신문(京城新聞)』을 인수하여 발행한 것으로 알려져 있다. 민세 안재홍(1947)의 '조선신문소사'42)의 해석에 따르면 이 신문은 애국계몽기 명유석학(名儒碩學)이 중심이 되어 만든 신문이어서 보수적인 논조를 띤 것으로 풀이하고 있다.43) 이처럼 보수성을 띤 신문이어서 이 신문은 창간호부터 종간에 이르기까지 국한문체로 발행되었는데, 그 취지는 창간 제1호의 사설에 명시되어 있다.

【 社說 】

昔我東方에 檀君이 初降ᄒ민 人文이 未創ᄒ야 其傳來ᄒᄂ 文獻이 足히 徵흘 비 無하더니 箕子끠셔 八條를 設ᄒ샤 人民을 敎育ᄒ시니 可히 我東의 初出頭흔 第一個 聖人이라 謂흘지라. 其後에 人民이 開明ᄒ고 書冊이 稍聚ᄒ야 羅朝의 巨擘과 麗廷의 名士가 不多흠이아니로딕 固陋寡聞흔 歎이 尙多ᄒ더니 太祖大王끠셔 艱大ᄒ신 業을 定ᄒ시고 右文ᄒᄂ 治를 先ᄒ샤 一世의 民을 歐ᄒ야 文明의 域애 進케ᄒ시니 百餘年間에 <u>天下의 聖經賢傳과 遺文古事가 無不畢集흔</u>지라. 於是乎賢人이 輩出ᄒ고 文章이 並世ᄒ야 其作興흔 氣像이 可히 天下에 侔擬흘 만ᄒ나 然ᄒ나 瓦金이 質이 異ᄒ고 齒角이 俱키 難ᄒ야 能히 人人마다 學業에 就키 難흠으로 <u>惟我世宗大王끠셔 別노 一種文字를 創造ᄒ샤</u> 愚夫愚婦로 無不開明케ᄒ시니 曰國文이라. 其文이 克簡克易ᄒ야 雖童穉兒女라도 時月의 工을 推ᄒ면 可히 平生의 用이 足흘지

---

42) 안재홍(1947), 「조선신문소사(朝鮮新聞小史)(3)」, 『신문평론』 제3호, 신문평론사, 1947년 10월.

43) 『황성신문』의 역대 사장은 남궁억, 장지연(張志淵), 남궁훈(南宮薰), 김상천(金相天), 유근(柳瑾) 등이다. 안재홍(1947)에 따르면 이들은 모두 한학자로 남궁억, 유근은 경기, 장지연은 영남의 대표적인 유학자였다. 이해창(1971)에서 밝힌 바와 같이 이 신문의 편집진으로는 박은식, 유근, 장지연, 남궁훈, 신채호 등이 중심을 이루었고, 후에 최창식(崔昌植)도 기자로 활동했다.

라. 是로 以ᄒᆞ야 一世에 傳習ᄒᆞᄂᆞᆫ 者 十에 五六에 至ᄒᆞ더니 欽惟 大皇帝陛
下ᄭᅴ셔 甲午中興之會를 適際ᄒᆞ샤 自主獨立ᄒᆞ시ᄂᆞᆫ 基礎를 確定ᄒᆞ시고 一新
更張ᄒᆞ시ᄂᆞᆫ 政令을 頒布ᄒᆞ실ᄉᆡ 特이 箕聖의 遺傳ᄒᆞ신 文字와 先王의 創造
ᄒᆞ신 文字로 並行코져ᄒᆞ샤 公私文牒을 國漢文으로 混用ᄒᆞ라신 勅敎를 下
ᄒᆞ시니 百揆가 職을 率ᄒᆞ야 奔走奉行ᄒᆞ니 近日에 官報와 各府郡의 訓令指
令과 各郡에 請願書 報告書가 是라. 現今에 本社에셔도 新聞을 擴張ᄒᆞᄂᆞᆫᄃᆡ
몬져 國漢文을 交用ᄒᆞᄂᆞᆫ 거슨 專혀 大皇帝 陛下의 聖勅을 式遵ᄒᆞᄂᆞᆫ 本意오
其次ᄂᆞᆫ 古文과 今文을 幷傳코져 홈이오 其次ᄂᆞᆫ 僉君子의 供覽ᄒᆞ시ᄂᆞᆫᄃᆡ 便易
홈을 取홈이로라.

번역 예전 동방에 단군께서 처음 이 땅에 내려오시니 인문이 열리지
않고 전래하는 문헌이 족히 증명할 바 없더니, 기자께서 8조를 만
드셔서 인민을 교육하시니, 가히 우리 동방에 처음 나타난 제일 성인이라
고 일컬을 것이다. 그 후에 인민이 개명(開明)하고 서책이 좀 더 모여 신라
의 큰 선비와 고려의 명사가 적지 않되, 고루하고 들은 바가 적은 안타까
움이 많더니, 태조대왕께서 힘들고 큰 업을 정하시고, 문을 우선하는 정치
를 하셔서 한 세상의 백성을 문명(文明)한 곳에 나아가게 하시니, 백여
년간에 천하의 성경현전(聖經賢傳)과 유문고사(遺文古事)가 모이지 않은
것이 없다. 이에 현인이 배출되고 문장을 떨치는 기상이 가히 천하에 견
줄 만하나 와금(瓦金)의 질이 다르고 치각(齒角)을 갖추기 어려워 능히 사
람마다 학업을 하기 어려움으로 우리 세종대왕께서 별도로 문자를 창조
하셔서 우부우부로 개명하지 않게 함이 없으니 이를 국문이라고 한다. 그
문장이 극히 간결하고 쉬워 비록 아동 부녀자라도 잠시 공부하면 가히
평생에 쓸 만하다. 이로 인해 일세에 전하는 것이 열에 오륙에 이르더니
우리 대황제 폐하께서 갑오 중흥의 기회에 적용하여 자주 독립하는 기초
를 확정하시고, 일신 경장하시는 정령을 반포하실 때 특히 기자 성현이
전하신 문자와 선왕이 창조하신 문자를 병행코자 하셔서 공사문첩을 국
한문으로 혼용하라 하신 칙령을 내리시니 모든 관료가 직을 받들어 분주

히 봉행하니 근일 관보와 각부군 훈령 지령과 각군 청원서 보고서가 그것이다. 이에 현금 본사에서도 신문을 확장하는데 먼저 국한문을 교용하는 것은 오직 대황제 폐하의 성스러운 칙령을 준수하는 뜻이요, 그 외 고문과 금문을 아울러 전달하고자 함이요, 또 첨군자가 공람하는 데 편이함을 취하고자 함이다.

—'사설', 『황성신문』, 1898.9.5

신문사 사설에 해당하는 이 글에서는 국한문을 교용하는 이유로 '황제의 칙령을 따르고', '고문과 금문을 아울러 전하며', '첨군자가 공람할 수 있도록' 하는 데 있다고 밝혔다. 이 취지는 이 신문의 학술 담론에도 반영되는데, 문체면에서 국한문체, 특히 현토체를 사용한 경우가 많을 뿐만 아니라, 지식의 근원도 다른 신문에 비해 중국 개신 유학자들의 이론을 역술한 사례가 많다.

이 신문은 1898년 9월 5일부터 1910년 9월 14일까지 비교적 긴 시간 동안 발행되었기 때문에, 학술 담론도 매우 풍부하다. 특히 역사, 교육, 사상 분야의 연재물도 다른 신문에 비해 많은 편인데, 이 점에서 이 신문을 통한 근대 학문 형성과 보급 과정을 좀 더 면밀히 검토해 볼 필요가 있다. 앞서 분석한 방법에 따라 『황성신문』의 주요 학술 담론을 정리하면 대략 520종 정도의 자료를 확보할 수 있다. 이들 자료를 '격치, 경제, 일반 계몽, 교육, 교통(통신), 국가론, 국제 관계, 군사, 농업, 문학이론, 법학, 사상, 사회, 산림, 언어, 역사, 생리위생, 의학, 정치, 종교, 지식 보급 담론, 천문, 철학(학문으로서의 철학), 학문 일반론, 번역 문헌' 등으로 구분하여 다음과 같은 결과를 얻었다.[44]

---

44) 이때 적용한 분류 기준은 앞의 『한성순보』, 『주보』, 『독립신문』 등과 같다. 그러나 이 시기 '격치학(格致學)'은 이학, 물리학, 철학 등의 복합적인 성격을 띤 경우가 많기 때문에 별도로 설정하였고, '사상'과 '철학'은 합칠 수도 있으나 현대 철학과 동일한 의미의 학문 담론이 등장함을 고려하여 별도로 설정하였다. 분야별 학문 분류 기준에 대해서는 분류 자마다 상이한 기준을 적용할 수 있기 때문에, 이 기준에 대해서는 논란이 있을 수 있다.

【 『황성신문』 학술 담론의 분야별 분포 】

분야(주제)	편수
격치	4
경제	7
계몽	73
교육	91
교통	2
국가	31
국제	16
군사	2
농업	7
문학	2
번역	1
법학	6
사상	21
사회	21
산림	4
언어	23
역사	33
위생	12
의학	3
정치	46
종교	12
지식보급과 유통	65
천문	1
철학	3
학문	34
총 합계	**520**

근대 계몽기 유길준(1895)의 『서유견문』(교순사)을 비롯하여, 권보상(1908)의 「법학용어해(法學用語解)」(『대동학회월보』 제2호) 등 다양한 학문 분류 사례가 존재하나, 일률적인 학문 분류 체계가 존재하기 어렵다는 점에서, 이 분류 또한 임의성을 배제할 수 없다. 이 점은 근대 학회보 소재 분과 학술 담론을 분석한 구장률(2012)에서도 논의된 바 있다.

분야별 학문 내용을 세밀하게 검토하는 것45)은 쉬운 일이 아니지만, 이 신문의 학술 담론에서 주목할 점은 연구자의 태도나 방법에 관한 자각이 나타난다는 점이다. 이 점은 격치 관련 논설46)을 통해 확인할 수 있다. '격치학(格致學)'은 『서유견문』에서 "만물(萬物)의 본체(本體)를 궁구(窮究)하여 그 이치와 공용을 논의하는 학문"으로 서양 문명이 이 학문의 발달에서 비롯된 것이라고 하였다. 이러한 논조는 『황성신문』에도 빈번히 등장하는데, 다음 논설이 이에 해당한다.

【 격치학과 학문 태도 】

ㄱ. 從來로 <u>天地의 理</u>는 <u>窮期가 無</u>호고 <u>學問의 道</u>는 <u>止境이 無</u>호지라. 古에 昧한 者는 足히 達士가 되지 못호고 今을 背호는 者는 能히 通人이 되지 못할 터인즉 大抵 制作의 變易은 實로 氣運轉移에 關한 者ㅣ라. 論호건디 古者에는 弓矢로써 天下에 威호던 者ㅣ 今에는 變호야 火器를 用호느니 진실로 今世에 處호야 火器를 舍호고 弓矢를 仍用호야 人으로 더부러 利를 爭코져 할진디 其鈍角의 勝負는 진실로 智者를 待치 아니호고 其不可함을 決홀지라. 軍機의 製를 因時 創造함도 其精을 益求호려던 況乎學校리오. 嘗 <u>聞한즉 泰西 各國 學校에셔는 格致로써 本을 爲호지 안는 者ㅣ 無홈으로 國家</u> <u>에셔 其 學問에 最優혼 人을 專延호야써 學校 中에 主講을 숨고 凡新學이</u> <u>有호면 반다시 其理를 窮求호는디</u> 오즉 英國은 格致의 學을 講求호는 者ㅣ 大約 十萬이라. 其所學호는 事는 每十分鍾에 二分半鍾은 各國 言語 文字

---

45) 이 연구에서는 근대 계몽기의 신문과 잡지 학술 담론만을 모아 별도의 자료집을 만들었다. 자료의 분량이 매우 많기 때문에 출판까지는 시간이 걸릴 수 있으나, 앞으로의 연구자들을 위해 편집한 자료를 출간할 계획이다.
46) 『황성신문』의 격치학 관련 자료로는 다음과 같은 것들이 있다.

순번	연대	문종	제목 및 저자	분야	세분야	기타	연재
1	1901.4.10	논설	宜讀書懋實	격치	실질적 학문		
2	1899.8.2.	논설	제목없음	격치			
3	1899.8.9.	논설	格致學의 緣起	격치			
4	1900.5.22.	논설	格致研究 學問之源	격치			

와 各國 史記에 專力ᄒ고 一分半鍾은 化學과 光學 等學에 專力ᄒ고 半分鍾은 地輿學에 專力ᄒ며 此外에도 ᄯ 動植諸學을 硏求ᄒ야 凡動植物 中에 飛者와 走者와 樹者와 藝者 各類에 或 人에게 利益한 者와 或 人에게 損害되ᄂ 者와 或 古人이 已言한 것과 或 古人이 未言한 것을 다 詳細히 求하야 써 其義蘊을 發揚ᄒᄂ 故로 古學에 己著한 者ᄂ 其理를 深造ᄒ고 古學에 未著ᄒ 者즌 新機를 創解함으로 海山의 奇觀과 古今의 秘旨(비지)를 極發極明치 아닌 者ㅣ 無ᄒ니 此ᄂ 英國 學校의 士가 格致에 悉心한 明驗이오, 且 其餘各國도 奮發치 안ᄂ 者ㅣ 無함으로 新學을 廣求ᄒ야 聞見을 以益ᄒ니 近來 歐洲 國勢가 蒸蒸 日上ᄒᄂ 者ㅣ 是를 職한 故라.

번역 종래로 천지의 이치는 다함이 없고, 학문의 도리는 그침이 없다. 옛날에 우매한 자는 능히 통달한 선비가 되지 못하고, 현재를 어기는 자는 능히 사리에 정통한 사람이 될 수 없으니, 대저 제작의 변역은 실로 기(氣)를 운전하고 옮기는 것에 관한 것이다. 논하건대 옛날에는 활과 화살로 천하를 위협하던 것이 지금은 변하여 화기를 이용하니, 진실로 오늘날 세상에서 화기를 버리고 활과 화살을 사용하여 타인과 더불어 이익을 다투고자 하면 그 둔한 승부는 지혜로운 자가 아니라도 불가함을 알 것이다. 군기(軍機)의 제조로 인해 창조하는 것도 그 정밀함을 더욱 구하고자 하는데 하물며 학교야 말할 것 있겠는가. 일찍이 들으니 태서 각국 학교에서는 격치로 본을 삼지 않는 것이 없음으로 국가에서 그 학문에 가장 뛰어난 사람을 전문적으로 가르쳐 주된 강의로 삼고, 무릇 신학문이 있으면 반드시 그 이치를 궁구하니 영국은 격치학을 강구하는 자가 대략 10만 명이다. 그들이 배우는 일은 열 시간 중에 두 시간 반은 각국 언어 문자와 각국 역사에 전력하고, 한시간 반은 화학과 광학 등의 학문에 전력하고, 반시간은 지여학(地輿學)에 전력하며, 그밖에 동식물 제학을 연구하여, 무릇 동식물 중에 나는 것과 달리는 것, 나무와 물류 각종 중 사람에게 이로운 것과 손해되는 것, 고인이 이미 말한 것과 고인이 말하지 않은 것을 상세히 구하여 그 의미를 드러내는 까닭에 옛날 학문에 나타난 것은 그 이치를 더욱 탐구하고, 그렇지 않은 것은 새로운 기제를 창조하여 해석함으로써 산해(山海)의 신비한 모습과 고금의 숨은 뜻을 극히 밝히지 않는 것이 없으니, 이는 영국 학교의 선비가 격치에 최선을 다한 밝은 증거이며, 또 기타 각국도 분발하지 않는 것이 없으므로 신학을 널리 구하여 문견이 더욱 넓어지니 근래 구주 각국의 세력이 날로 증가하는 것은 이를 맡아 해결한 까닭이다.

—『황성신문』, 1899.8.2

ㄴ. 我國 學問이 格致上에 不用工ᄒ며 硏究上에 不着力ᄒ야 格外에 異常物形이 現有ᄒ면 輒曰 怪變이라 災異라 ᄒ야 慨歎도 ᄒ며 尋常束閣도 ᄒ며 又或罕有ᄒᆫ 例 件事로 歸ᄒᄂ니 人事 邊으로만 論ᄒᆯ지라도 假令 一胎에 三男一女를 生홈이 有ᄒ면 地方官이 啓聞은 ᄒ되 例事로 歸ᄒ며 陰陽器가 俱存ᄒᆫ 非男非女人도 有ᄒ며 腎囊의 位置가 倒着ᄒᆫ 人이 有ᄒ다 ᄒ며 野史에 鷄頭人身도 有ᄒ고 一目人도 有ᄒ다 ᄒ되 變怪 災異로만 稱ᄒ고 博士나 醫士가 理源을 解釋ᄒ며 病根을 推思홈은 未聞ᄒ얏스니 此ᄂᆫ 格致上의 不用工ᄒ며 硏究上에 不着力ᄒᄂᆫ 證案이라. 泰西人은 不然ᄒ야 格致와 硏究ᄒ기를 微茫難測ᄒᆫ 極境과 深奧難解ᄒᆫ 窮源을 搜到ᄒᄂᆫ 故로 變怪니 災異니 口頭에 傳播ᄒ며 心窩(심와)에 疑惑홈이 無ᄒᆫ지라. (…中略…) 我韓도 格致上에 用工ᄒ며 硏究上에 着力ᄒ야 變怪라 災異라 ᄒᄂᆫ 誇張浮幻함을 且止ᄒᆯ지어다.

번역 우리나라 학문이 격치에 쓸모가 없으며 연구에 충실하지 않아 격외(格外)에 이상한 물간이 나타나면 항상 '괴변'이라, 재이(災異)라 하여 개탄도 하고, 일상 문설주에 (주문 등을) 달아매며 혹 간혹 예외의 일로 돌리니 사람의 일로 논할지라도 가령 한 배에 삼남일녀의 네쌍둥이가 태어나면 지방관이 장계하되 예외의 일로 돌리며 음양의 성기가 모두 존재하는 남자도 아니고 여자도 아닌 사람이 있고 신낭(腎囊)의 취치가 뒤집어진 사람이 있다고 하며, 의사가 그 근원을 해석하여 병의 근원을 추구하는 일은 들어본 바 없으니, 이는 격치에 쓸모가 없는 것이며 연구에 천착하지 않는 증거이다. 태서인은 그렇지 않아 격치와 연구하기를 예측하기 어려운 상황과 심오하여 난해한 근원을 탐구하는 까닭에 괴변 이니 재이니 입으로 전파하고 마음에 의심을 품는 일이 없다. (…중략…) 우리나라도 격치에 필요하고 연구에 전념하여 변괴라, 재이라 하는 과장 허무한 일을 하지 말지어다.

—'격치연구학문지원(格致研究學問之源)', 『황성신문』, 1900.5.22

두 편의 논설에 등장한 바와 같이, 격치학은 모든 사물에 내재하는 이치를 탐구하는 학문이다. 『황성신문』이 비록 보수적인 성격을 띤 신문이라고는 하나 학술 담론에서는 서양 각국의 격치 탐구 사례를 제시하며, 학문 발전의 필요성을 역설하고 있는 셈이다.

경제 분야의 학술 담론에서는 다산 정약용의 경제 이론(1899.4.17, 1899.8.3~8.4), '권독 화식전(勸讀貨殖傳)' 등과 같이 고전에 기반한 경제 이론을 전개하고자 한 점이 특징이며, 교육 분야의 논설에서는 학교 제도와 교과서 문제, 유학생 담론 등이 많은 비중을 차지하고, 유길준 의 '소학교육(小學敎育)에 대하는 의견'(1908.6.10)과 같은 논설은 초등교 육학의 논리를 기반으로 한 논설로 판단할 수 있다. 또한 애국계몽운동 을 이끌었던 신문답게 '국가' 관련 논설이 많은 비중을 차지하고 있는 데, '해권리설(解權利說)'(1900.5.7), '국가사상론'(1905.2.16) 등의 국가 관 련 요소나 영토 문제 등을 다룬 논설이 많다. 특히 논설 제목에 '애국(愛 國)'이라는 표현이 빈번히 등장하는 것도 특징이라고 할 수 있다.

흥미로운 것은 농업 관련 자료인데, '잠상신설(蠶桑新說)'(1902.6.11), '농업개량책'(1904.4.11~4.23, 12회 연재), '아국 농업론'(1910.7.8~9.14, 31 회 연재) 등은 이 시기 농학의 수준과 발전 방향을 보여준다는 점에서 주목된다. 법학의 경우 헌정연구회의 '헌정요의(憲政要義, 1905.7.1~8.3, 7회 연재)'와 같이 단순 법률 문제가 아니라 법학의 본질과 관련된 연재 물이 실렸으며, '경쟁', '진화', '자유', '독립' 등의 근대사상의 특징을 보여주는 논설이 빈번히 게재되었다.

이와 같은 맥락에서 『황성신문』의 학술 담론에서 주목할 만한 것은 연재물의 등장이다. 이 신문은 다른 신문에서 볼 수 없는 상당 분량의 연재물이 등장하는데, 다음은 그 중 대표적인 것들이다.

【 『황성신문』의 연재물 】

기사명	연재 시기	주요 내용	비고
대동고적·대동고사 (大東古蹟·大東古事)	1906.04.02~12.10	우리나라 고적, 명승지, 역사적 인물 소개	
일본유신삼십년사 (日本維新三十年史)	1906.04.30~12.30	일본근대사	동경 박문관 편찬, 상 해 광지서국 『일본유 신삼십년사』 역술
노사 민약(盧梭民約)	1909.08.04~09.08(28회)	루소의 사회계약설	역술 자료
왕법론(王法論)	1909.09.10~10.05	도리오코야타의 왕법론	역술 자료

이 신문은 다른 신문에 비해 우리나라 역사 문제에 많은 관심을 기울였다. 그 이유는 이 신문에 관여한 사람들이 개신 유학(改新儒學)에 관심을 기울였던 사람들로 애국성 환기의 차원에서 역사 문제에 관심을 기울였기 때문으로 해석된다. 1903년 1월 16일부터 27일까지 연재된 '국조고사(國朝故事)'나 '서변정복시말(西邊征服始末)' 등은 이러한 의도를 가진 논설이다. 특히 '대동고적', '대동고사'를 지속적으로 연재한 까닭은 우리 민족의 역사를 알림으로써 자주정신과 독립정신을 고취하는 데 목적이 있었다. 이러한 차원에서 '일본유신삼십년사'를 번역 소개한 것은 연재물 앞에 '역사의독(歷史宜讀)'이라는 해설을 두었듯이, '자국 문야득실(自國 文野得失)'을 계산하여 '강구 모범(講究模範)'을 삼아야 한다는 취지에서 비롯되었다.

【 歷史宜讀 】

古今 天下에 人이 有ㅎ면 社會가 有ㅎ고 社會가 有ㅎ면 國이 有ㅎ고, 國

이 有ᄒ면 歷史가 有ᄒ야 社會 人類와 文野와 國家 政治의 得失이 瞭如指掌
이라. 是以로 列邦 博學士들이 歷史學을 專攻者ㅣ 多ᄒ야 自己의 學術에만
精益求精ᄒ을 쑨 아니라 自國 文野得失의 大影響 大補益을 從此可見ᄒᄂ니
然則 歷史學이 世道 公益의 果何如哉오. 今此 日本 維新 三十年史ᄂ 明治
以後에 諸般 貫跡이니 我國 現時代에 不得不 講究 模範이기로 全約을 譯述
如左ᄒ와 僉君子의게 供覽ᄒ오니 愛讀ᄒ심을 務望흠.

> **번역** 고금 천하에 사람이 있으면 사회가 있고, 사회가 있으면 국가가
> 존재하며, 국가가 존재하면 역사가 있어 사회 인류의 문명 야만과
> 국가 정치의 득실이 손바닥과 같이 명확하다. 그러므로 열국의 학자들이
> 역사학을 전공하는 사람이 많아서 자기의 학술만 정교하게 구할 뿐 아니
> 라 자국의 문야득실에 큰 영향과 도움을 주어 이로부터 볼 만한 것이 있
> 으니, 역사학이 세도(世道) 공익에 어떠한 영향을 주겠는가. 지금 〈일본유
> 신삼십년사〉는 메이지 이후 여러 분야의 실질적 자취이니 아국 현시대에
> 부득불 강구하고 모범해야 할 것이므로 전체를 줄여 역술하여 첨군자에
> 게 볼 수 있도록 제공하니 애독하시를 바람.
>
> —『황성신문』, 1906.4.30

『일본유신삼십년사』는 1898년 일본 도쿄 박문관(博文館)에서 메이지
유신 30년을 기념하여 일본인 학자 12명이 집필한 역사 평론서이다.
이 책은 1902년 중국 상해의 광지서국(廣智書局)에서 라효고(羅孝高)가 중
국어로 역술하였는데, 이예안(2014), 허재영(2015)의 조사에 따르면 『황
성신문』 역술본은 광지서국본으로 추정된다. 이 책은 총 12편으로 구성
되었는데, 역술된 부분은 제1편 '학술사상사(學術思想史)', 제2편 '정치사
(政治史)', 제3편 '군정사(軍政史)', 제4편 '외교사(外交史)', 제5편 '재정사
(財政史)', 제6편 '사법사(司法史)', 제7편 '종교사(宗敎史)', 제8편 '교육사
(敎育史)'이며, 제9편 '문학사(文學史)', 제10편 '교통사(交通史)'이다. 이 역
술본은 개항 이후 일본 관련 지식이 단편적으로 소개되거나 아예 일본

어로 된 서적이 직수입되는 상황에서 일본의 근대화 과정을 국문으로 자세히 소개하는 효과를 거두었을 것으로 생각된다. 특히 메이지 유신의 국가주의 사상과 교육은 국권 침탈기 한국의 국가사상, 국성(國性) 의식 등에 적지 않은 영향을 주었을 것이다.

이러한 차원에서 서구 계몽사상이 유입된 것도 흥미로운 일이다. 루소의 사회계약설을 역술한 '노사민약(盧梭民約)'은 이 시대 다른 신문이나 학회보에서 찾아보기 어려운 사회계약설 번역문이다.[47] 연재 횟수가 28회에 이를 정도로 민약설을 압축한 역문(譯文)이다.

【 紹介 】

ㄱ. 世界上 民權을 唱導홈은 盧梭 氏를 首屈홀지라. 然而 今에 其言論은 旣히 陳久에 屬ᄒ얏고 且 神聖흔 帝國에 共和 提論홈은 昭代의 所禁이니 讀者 엇지 異俗을 崇拜ᄒ야 橫議를 嗜好ᄒ리오. 但 該氏의 民約이 措辭가 婉弱ᄒ고 寓意가 深遠ᄒ야 可觀홀 奇景이 往往히 存在흔 故로 左에 譯載ᄒ노라.

번역 소개: 세계상 민권을 창도한 것은 루소를 먼저 꼽을 것이다. 그러나 지금 그 언론은 이미 오래전 진부한 것이며 또 신성한 제국에 공화제를 주장하는 것은 밝은 세대에 금지할 바이니, 독자가 어찌 이속을 숭배하여 횡의(橫議)함을 좋아하리오. 다만 이 사람의 민약론이 논술한 바가 순하고 숨은 뜻이 심원하여 가히 볼 만한 것들이 왕왕 있으니 왼편에 번역하여 수록하노라.

—'노사민약(盧梭民約)-자료소개', 『황성신문』, 1906.8.4

ㄴ. (저자 서언) 民約의 一名은 原政. 政은 果然 可히 正치 못ᄒ며 義와 利ᄂ 果然 可히 合지 못홀가. 願컨딕 人마다 能히 皆君子가 아니오 亦能히 皆小

47) '노사민약'의 성격에 대해서는 이예안(2011), 「개화기의 루소 사회계약론 번역과 수용」(『일본문화연구』 40, 동아시아일본학회, 501~527)을 참고할 수 있다. 이에 따르면 '노사민약'은 나카에초민(中江兆民)의 『민약역해(民約譯解)』를 저본으로 재구성한 것이라고 한다.

人이 아닌즉 官을 置ㅎ고 制를 設홈이 亦有道홀지라. 余ㅣ 斯道에 有得홈을 希冀ㅎ노니 然혼 後에 政이 與民相適홈과 義가 與利相合홈히 庶幾홀딘져. 人이 或 余다려 問ㅎ야 曰 吾子ㅣ 政을 論ㅎ니 其民을 莅(이)ㅎ는 者인가, 將ㅣ 一邦을 爲ㅎ야 制作ㅎ는 者인가 ㅎ면 余는 則 將應ㅎ야 曰 吾ㅣ 莅民(이민: 백성을 대함)者도 아니오 亦一邦을 爲ㅎ야 作者ㅣ 아닌 故로 此書가 有홈이니 若民을 莅ㅎ며 一邦을 爲ㅎ야 制作ㅎ면 余則 余의 所爲를 言홈이라, 엇지 空言에 托ㅎ리오. 雖然이ㄴ 余 亦民主國의 民이 됨을 得ㅎ야, 政을 議ㅎ는 權이 有ㅎㄴ, 自初로 能히 國家에 有補홈은 無ㅎㄴ, 旣히 政을 議ㅎ는 權을 有혼즉 書를 著ㅎ고, 政을 論홈이 亦 余에 分內事라. 空言으로 休止키 不得홀딘져. 嗚呼라. 余ㅣ 政을 論홈이 每每 心得이 有ㅎ면 문득 吾邦에 施設혼 바 顧照혼 後에 더욱 吾邦에 制度가 他邦에 卓越ㅎ야 可崇可重홈을 知ㅎ노니 余와 如혼 者는 享福이 甚히 厚ㅎ도다.

번역 (저자 서언) 민약의 일명은 원정: 정치는 과연 가히 바르지 못하고 의와 리는 과연 합당하지 못한 것일까? 원하건대 사람마다 능히 다 군자가 아니고 또 다 소인이 아니므로 관청을 설치하고 제도를 만드는 것이 또한 도가 있다 할 것이다. 내가 이 방도를 이해하고자 희망하니, 그 뒤에 정치가 백성과 서로 접합하고 의리가 이익과 상합함이 어느 정도는 있을 것이다. 사람이 혹은 내게 묻기를 너는 정치를 논하니 그 백성을 위하는 자인가, 장차 한 나라를 위하여 만든 것인가 하면 나는 곧 응답하여 왈 나는 백성을 대하는 자도 아니며 또한 나라를 위해 제작한 것도 아니므로, 이 책이 만약 백성을 다스리며 나라를 위해 제작한다면 내가 곧 나의 행위를 말하는 것이니 어찌 공언에 의지하겠는가. 그러나 나 또한 민주국의 백성이 되어 정치를 논하는 권리가 있으니 처음부터 능히 국가에 유익함은 없으나 일찍이 정치를 논하는 권리가 있으므로 책을 쓰고, 정치를 논하는 것이 또한 나의 분수이니, 빈말로 그치기 어려웠다. 아 내가 정치를 논함에 매번 깨달음이 있으면 문득 우리나라에 적용하여 밝힌 뒤에 더욱 우리나라 제도가 다른 나라보다 탁월하여 가히 존숭하고 중시함을 알 것이니 나와 같은 자는 복을 누리는 것이 심히 두텁다.

—'노사민약', 『황성신문』, 1909.8.4

ㄷ. [註] 民主國이란 者는 民이 相共爲政이오 尊을 別置치 아니홈을 謂홈이오, 議政의 權은 卽 第七章에 謂혼 바 君權이라. 婁騷48)(루소)는 本瑞人이니其稱 吾邦은 卽 瑞西을 指斥홈이오 法蘭西를 指斥홈이 아니라. 瑞西는 民主의 制를 夙循ᄒ야 此書의 旨와 合홈이 有혼 故로 婁가 崇ᄒ며 獎홈이 如此ᄒ니라.

> 번역 [주] 군주국은 백성이 서로 동동으로 정치하고 존엄을 별도로 두지 않음을 일컬음이요, 의정의 권리는 곧 제7장에 말한 바 군권이다. 루소는 본래 스위스(瑞西) 사람이니 그가 말한 우리나라는 곧 스위스를 지칭함이요, 프랑스를 지칭한 것이 아니다. 스위스는 민주의 제도를 일찍 실시하여 이 책과 합당함이 있는 까닭에 루소가 존경하며 장려함이 이와 같았다.

—'노사민약', 『황성신문』, 1909.8.4

루소의 민약은 사회계약설에 기반을 둔 정치사상론이다. 소개의 글에서 단순히 '논술한 바가 순하고, 숨어 있는 뜻이 심오하여'라고 표현했지만, 이를 역술하고자 한 의도는 민중의 정치의식을 계몽하는 데있었다고 보아야 한다.49) 그러나 저자 서언에 포함된 '민주국의 백성으로 정치를 논하는 권리가 있음'을 밝힌 점이나, 주석에서 '군주국'과 '민주제도'를 강조한 것은 민약설을 보급하는 의도가 정치의식 향상에 있음을 짐작하게 한다.

이러한 차원에서 도리오코야타(鳥尾小弥太, 호는 得庵)의 『왕법론(王法

---

48) 루소(婁騷): 루소. 제목에서는 노사(盧梭)로 차자함.
49) 국권 침탈기 언론 침탈 상황을 고려한다면, 좀 더 구체적이고 격렬한 표현을 사용하여 민약설을 소개하기는 어려웠을 것이다.

論)』을 역술한 것도 주목할 만하다. 아직까지 국내에서는 이 역술의 성격에 대한 선행 연구를 찾을 수 없었는데, 이 책은 1882년 3월 일본 사해당(四海堂)에서 발행한 정치 평론서이다.50) 이 책은 모두 10장으로 구성되었는데, 제1장 '서론'을 비롯하여 제10장 '변난'에 이르기까지 원문을 직역하였다. 흥미로운 것은 정치학서로서 『왕법론』의 성격인데, 도리오코야타는 전통사상과 근대사상을 결합하여 정치학서를 구성하였다. 『황성신문』의 역자가 누구인지는 알 수 없으나, 연재 종료일인 1909년 10월 5일자 역술 자료에서 번역 소개한 의도를 밝히고 있다.

【 王法論 】

長茨萊이 曰 天는 上이오 地는 下이오 人는 中에 處ᄒ니 人이 聚ᄒ야 國이 되민 國必有王ᄒ지오 王必有法ᄒ지라 法에 無ᄒ면 國도 無ᄒ느니 國의 大小明暗을 勿論ᄒ고 無法흔 國에 無홀지느 但 法의 是非善惡이 有흔 故로 國의 治亂이 亦有ᄒ니 法이 私ᄒ면 是謂 亂法이며 法이 公ᄒ면 是謂 治法이니 公흔 者는 君民이 其利를 同享홀지라 其利를 同享홈이 <u>是謂 王法이니</u> 國可爲國ᄒ지라 故로 法에 利害를 不可不究며 立法에 得失을 不可不論홀지어늘 <u>此ㅣ 十篇이 法의 體用利弊에 古今을 包ᄒ고 內外를 兼ᄒ고 東西를 總括ᄒ야 縱說橫說에 餘力을 不遺ᄒ니 可히 法理에 淵深타 謂홀지라 今日 政治에 究心홀 者ㅣ 엇지 忽視ᄒ리오</u>

번역 장차협(長茨萊)이 말하기를 하늘은 상이요, 땅은 하며, 인간은 중간에 처하니 사람이 모여 나라가 되니 나라는 반드시 왕이 있다. 왕은 반드시 법이 있어야 한다. 법이 없으면 나라도 없으니 나라의 대소 명암을 물론하고 무법한 나라가 없으나, 단 법의 시비 선악이 있는 까닭에 국가의 치란이 있으니 법이 사사로우면 이른바 난법이며 법이 공정하

---

50) 이 책은 두 종의 판본이 있는데, 역술 대상 문헌은 나카무라마사나오(中村正直)와 민마츠마노리(南摩綱紀)가 평론 교주한 사해당 발행본으로 추정된다.

면 이른바 치법(治法)이니 공정한 것은 군민이 그 이익을 함께 누릴 것이다. 그 이익을 함께 누리는 것을 왕법이라 하니 국가가 가히 국가가 될 것이다. 그러므로 법의 이해를 불가불 연구해야 하며 입법의 득실을 불가불 논해야 할 것이어늘, 이 10편이 법의 체용과 이폐(利弊)와 관련하여 고금을 포괄하고 내외를 아우르며 동서를 총괄하여 종횡으로 논함에 여력이 남음이 없으니, 가히 법리가 심원하다고 할 것이다. 금일 정치를 연구하고자 하는 자가 어찌 소홀히 볼 수 있겠는가.

—'왕법론', 『황성신문』, 1909.10.5

역술 종료 후 붙인 이 평론은 '왕법론'이 정치 연구가에게 반드시 필요한 이론이라고 강조했다. 그런데 왕법론의 본질은 왕도정치를 근간으로 하는 전통사상과 민권을 바탕으로 하는 근대 정치사상이 결합된 것이다. 이처럼 이 시기 '군민공치(君民共治)'를 이상적인 정치제도로 인식하는 사례는 빈번히 발견된다. 이 점은 근대 계몽기 정치의식의 특징 중 하나이자, 봉건의식을 완전히 탈피하지 못한 한계로 지적될 수도 있다.

이밖에 『황성신문』의 보수성을 보여주는 자료로 종교 관련 논설이 주목된다. 종교 관련 논설 목록은 다음과 같다.

【 『황성신문』 종교론 】

연대	문종	제목 및 저자	분야	세분야	기타	연재
1899.04.26	별보	제목 없음	종교	천주교		
1902.02.28	논설	천주교 전래 시말 (天主敎 流傳 始末)	종교	천주교		
1902.08.12	논설	동서양 각국 종교 원류 (東西洋 各國 宗敎源流)	종교	종교일반		08.11~23 9회 연재
1905.08.02	논설	독 연동 야소교회위국기도문 (讀蓮洞 耶蘇敎會爲國祈禱文)	종교	기독교 청년회		
1909.01.19	논설	아 기독교의 장래(我基督敎將來)	종교	기독교		
1909.11.20	논설	종교와 정치의 관계	종교			

연대	문종	제목 및 저자	분야	세분야	기타	연재
1909.03.23	논설	대삼씨자선(對三氏慈善) ᄒ야 고아동양인사(告我東洋人士)	종교	선교사		
1909.05.11	광고	대종교 취지서	종교	대종교		
1909.08.29	논설	외보에 논 아한인의 존 공교	종교	공자교와 기독교		
1909.08.07	논설	각 교회의 분리흠을 탄홈	종교	단체		
1910.01.08	논설	종교계와 학술계의 국성(國性)	종교			
1910.07.17	논설	권고 기독교 동포	종교	기독교		

이 논설에서 흥미로운 것은 각 종교에 대한 균형감 있는 태도이다. 특히 1902년 8월 12일부터 23일까지 9회에 걸쳐 연재된 '동서양 각국 종교 원류'는 세계 각 종교의 기원과 특징을 객관적으로 설명한 글이다. 다음을 살펴보자.

【 東西洋 各國 宗敎 源流 】

夫 宗敎云者ᄂ 各其國所宗尙之也니 其說이 出於佛書 宗鏡錄融會宗敎之言 ᄒ야 現今 世界 各國이 以其國所尊崇之敎로 謂之宗敎라 ᄒ니 其所謂 宗敎者 ᄂ 國各異趣ᄒ야 不能無是非長短之殊나 要之其尊奉則一也니, 今不必論其是 非長短이오 且東西洋各國古代를 類皆愛護本國之敎ᄒ야 不言外敎傳入이로 ᄃᆞ 降至後世ᄒ야ᄂ 又其漸進ᄒ야 要使自國之敎로 明其趣同而已ᄒ고 不强 制外敎之傳宣與否 故로 西曆 一千五百九十八年에 有法國 亨利 第四王[51] 諭

---

51) 형리 제4왕(亨利 第四王): 앙리 4세(1553~1610). 부르봉가 출신으로는 최초로 프랑스 왕이 되었다. 원래는 프로테스탄트였으나 종교전쟁이 끝난 뒤 파리를 얻고 프랑스를 재통일하기 위하여 가톨릭으로 개종했다(1593). 앙리 4세가 프랑스 국왕이 된 후 왕국을 평정하는 데에는 9년이라는 세월이 걸렸다. 앙리 3세에게 충성을 맹세한 많은 가톨릭교도들이 그를 저버리고 탈주하는 바람에 군대는 차츰 사기를 잃어가고 있었다. 오랫동안 망설인 끝에 1593년 칼뱅교를 버렸다. 이후 앙리의 조언자들 가운데 가장 유명한 쉴리 공작 막시밀리앵 드 베튄은 국가 재정을 개편하고 경제를 안정시켰으며 따라서 나라는 번창해갔다. 그의 뒤를 이어 두 왕의 치세가 화려하게 꽃을 피운 것도 앙리가 토대를 놓았기 때문이다. 앙리 4세는 결코 조용히 앉아 지내거나 생각이 깊은 사람은 못 되었지만 탁월한 정치적 통찰력 덕분에 나라를 효율적으로 다스릴 수 있었다. 그는 해양 활동과 식민지 확장에 관심이 많아서 사뮈엘 드 샹플렝의 캐나다 탐험을 지원했다. 〈다음백과사전〉

336

旨ᄒ야 其款에 其款에 列一百四十八 而其中十四款에 有曰 耶蘇 天主ᄂᆞᆫ 任民
自擇而從이라 ᄒ고, 又曰 許信奉耶蘇敎之子弟가 肆業於官設之大小學堂醫院
ᄒ야 與天主敎子弟無異라 ᄒ고,

번역 대저 종교라는 것은 각기 국가가 으뜸으로 숭상하는 것이니 그 설이 불교 서적의 종경록융회에서 종교라고 말한 데서 나온 것으로 현금 세계 각국이 그 존숭하는 교리로 종교라고 하니 이른바 종교라는 것은 각국마다 그 취지가 달라 시비와 장단의 어떠함을 논하기 어려우나 기 존봉하는 것은 곧 하나이니, 지금 시비 장단을 논할 필요가 없고, 또 동서양 각국 고대를 살펴도 모두 본국의 종교를 애호하여 외국 종교의 전파와 유입을 말하지 않더니 후세에 이르러 점진하여 자국 종교로 그 취지를 같게 할 따름이며 강제로 외국 종교의 전파와 선교 여부를 강제하지 않는다. 그러므로 서력 1598년 프랑스 앙리 제4세의 유지를 내렸는데 그 조항이 148개 가운데 14관에 예수교와 천주교는 모두 백성들이 스스로 선택하여 따르게 한다고 하고, 또 예수교 신자의 자제가 관에서 설립한 대소 학당, 의원에서 천주교 신자의 자제와 더불어 공부하는 데 차별이 없게 한다고 하였다.

—'동서양 각국 종교 원류고', 『황성신문』, 1902.8.11

이 논설은 종교라는 용어의 유래와 각 종교의 시비 장단을 논하는 것이 불필요함을 강조하고, 세계 각 종교의 기원과 특징을 설명하는 데 목표가 있다. 이 연재물에서 다룬 종교로는 '도교, 석교(불교), 야소교(기독교), 회회교(이슬람교), 희랍교(러시아 정교)' 등 세계의 주요 종교를 망라하였다. 이처럼 종교 원류를 설명한 까닭은 8월 23일자 '통론종교원류지설(統論宗敎源流之說)'에 잘 나타난다.

【 統論宗敎源流之說 】

東西洋 各國宗敎之源流之說은 執筆人 已述之詳矣라. 他國은 姑母論ᄒ고

只就我大韓而言之컨딕 檀君之代는 文獻이 無徵ᄒ니 尙矣어니와 當中國 三
代盛時에 殷太師箕聖이 旣陳洪範九疇ᄒ샤 以傳道統於周武王ᄒ시고, 東來朝
鮮ᄒ샤 始設八條之敎ᄒ샤 <u>開物成務</u>ᄒ며 <u>化民成俗</u>ᄒ시니 我東邦文明之運이
實肇基於此矣라. (…中略…) 嗚乎라 中正光明之道ㅣ非不盡善而盡美니 如欲
行之면 不求諸人而實在我者언마는 今旣不能於强其回棹則寧各自隨其所好而
任之無禁이로딕 <u>今世道卑下에 日趨焚溺ᄒ야 殆無法以可拯救之ᄒ니 然則又</u>
<u>奚暇與論於趣向之正否也歟아</u>. 執筆人이 誠不勝慨然歎息之想일ᄉᆡ <u>申以警告</u>
<u>信敎之諸同胞</u>也ᄒ노라.

번역 동서양 각국 종교의 원류설은 집필인이 이미 상세히 설명하였다.
다른 나라는 그만두고 오직 우리 대한만을 말하건대 단군 시대는
문헌의 증거가 미약하니 모르겠으나 당시 중국의 삼대가 융성했던 시기
에 은나라 태사 기자가 이미 홍범구주를 펼쳤고 주 무왕으로부터 도통을
전하여 조선에 들어와 8조의 교를 시작하니 개물성무며 화민성속(곧 개
화)이 되니 우리 동방 문명의 기운이 실로 이로부터 기초한 것이다. (…중
략…) 오호라. 바르고 광명한 도가 진선 진미(盡善眞美)하지 않은 것이 없
으니, 그것을 행하고자 하면 사람으로부터 구하지 않고 실로 내게 있는
것인데, 지금 그것을 강제하기 어려운즉 차라리 각자 그 좋아하는 바대로
따르고 금하지 못할 것이로되, 지금 세상이 비속한 처지에 날로 분탕하고
탐닉하여 무법으로 구제하고자 하니 그런즉 또한 취향의 바르고 그릇됨
을 논할 여지가 있겠는가. 집필인이 진실로 개탄을 그칠 수 없으니 이로
신교(信敎)의 동포들에게 경고하여 알리고자 한다.

―'통론종교원류지설', 『황성신문』, 1902.8.23

이 논설에 따르면 종교는 개화성물 화민성속, 곧 개화의 주된 도구
가운데 하나이다. 집필인의 말과 같이, 종교가 분탕 탐닉, 무법 구제
현상을 보인다면, 그것은 종교에 대한 바른 이해라고 볼 수 없다.52)
이 점에서 신교 동포, 곧 신자들에게 종교의 근본 원리를 깨우치게 할

목적에서 이 글을 쓴 것이라고 볼 수 있다.

4.2. 『대한매일신보』의 학술 담론

『대한매일신보』는 1904년 7월 18일 창간되어 1910년 8월 28일 종간된 신문으로, 창간 때는 타블로이드판 6면, 한글 2면, 영문 4면이었으나, 1905년 3월 10일 잠시 휴간되었다가 1905년 8월 11일 혁신호를 내면서 국한문판과 영문판으로 발행되었다. 독립된 영문판은 『The Korea Daily News』라는 제호로 펴냈다. 1907년 5월 23일에는 한문을 모르는 독자들을 위해 순한글판을 추가하여 총 3종의 신문을 발행하였다. 이 신문은 창간 당시 영국인 베델(한국명 배설, 裵說)을 편집 겸 발행인으로 하여 양기탁(梁起鐸)이 총무였다. 그렇기 때문에 국권 침탈기 다른 어떤 신문보다도 민족적이고 저항적인 성격이 강했던 것으로 보이는데, 이에 대해 차상찬(1936)에서는 "영인(英人) 배설(裵說)이 창간(創刊)한 것이니, 배설은 영사재판(領事裁判)을 받는 특권(特權)을 믿는 동시(同時) 또는 영업 정책상(營業 政策上)으로 당시(當時) 배외열(排外熱)이 격렬(激烈)한 조선(朝鮮) 사람의 환심(歡心)을 사기 위(爲)하야 극단(極端)의 배일 언론(排日言論)을 고창(高唱)하였는데, 특(特)히 주필(主筆) 양기탁(梁起鐸)과 논설기자(論說記者) 신채호(申采浩), 황희민(黃義珉) 제씨(諸氏)의 신랄(辛辣)한 필봉(筆鋒)은 여지(餘地)없이 당시(當時) 통감부(統監府)와 조선정책(朝鮮政策)의 하는 일을 매도 공격(罵倒攻擊)하야"라고 기록하였다. 여기서 '조선 사람의 환심을 사기 위하여'라는 해석은 차상찬의 글이 일제 강점기에 쓰인 글이라는 점에서 부여된 해석이라고 볼 수 있으나, 그의

---

52) 이 점은 이 신문이 이 시기 다른 신문과 현격한 차이를 보이는 점이라고 할 수 있다. 앞서 살펴본 바와 같이 『독립신문』, 『협성회회보』 등은 기독교적 개명론을 펼친 경우가 많다. 그런데 『황성신문』에서는 기독교 자체를 비판한 적은 없으나, 기독교 신자들이 지방관을 협박하고 민중을 수탈하는 현상을 비판한 경우가 많다. 1899년 4월 26일 '별보'에 실린 기독교인들의 황성신문사 난입 사건도 이를 보여주는 예의 하나이다.

평론과 같이 『대한매일신보』가 이 시기 가장 배일적이고 민족적이었음은 틀림없다.

흥미로운 것은 이 신문의 변천사인데, 일제의 강점 직전인 1910년 6월 베델의 후임인 알프레드 만하임이 영국으로 돌아가고 한국인 이장훈(李章薰)의 주도 하에 발행되다가 1910년 8월 29일의 국치를 맞았는데, 편집자가 변일(卞一)로 바뀐 10월 22일까지는 식민 강점의 시대현실을 현실적으로 보여준다는 점이다. 강점 직전 이장훈의 의도는 비록 영국인 만하임이 귀국했을지라도 마지막 남은 힘으로 국권회복을 위한 계몽운동에 헌신하고자 한 것으로 보인다. 그러나 강점 직후 그의 의도가 지속될 수는 없는 상황이었으므로, 편집 겸 발행인이 바뀐 1910년 10월 22일부터는 강점에 따라 변경된 식민시대의 신문 『매일신보』의 논조로 급변했다. 이 점에서 『대한매일신보』의 학술 담론은 1904년부터 1910년 9월까지의 국한문판을 대상으로 하였다.[53] 이처럼 국한문판을 대상으로 한 까닭은 국한문판에 수록된 다수의 학술 담론이 국문판에는 번역 소개되지 않는 경우도 있기 때문이다. 예를 들어 교육학과 관련된 박은식의 '교육학서(教育學序)'(1907.10.11)은 한문으로 발표된 논문인데, 국문판에는 이 내용이 없다. 대신 국문판에 연재된 소설이 국한문판에는 수록되지 않는 경우도 많은데, 예를 들어 1907년 10월 전후에 발표된 '국치전'이라는 소설은 국한문판에서 찾을 수 없다.

이를 고려하여 국한문판의 주요 학술 관련 논설을 조사한 결과 대략 320종 정도를 파악하였다. 이를 앞의 『황성신문』과 같은 분류 방식으

---

53) 이 신문은 일제 강점기 『매일신보』, 광복 이후 『서울신문』으로 이어진다. 이 신문의 역사에 대해서는 서울신문100년사 편찬위원회(2004)의 『서울신문100년사』(서울신문사)를 참고할 수 있다. 이 책에서는 제1편 '아! 대한매일신보', 제2편 '식민시대의 기록: 매일신보', 제3편 '서울신문의 탄생', 제4편 '시대의 어둠과 격랑 속에서', 제5편 '민영화의 길', 제6편 '새출범 서울신문' 등으로 구성했는데, 일제 강점기의 기록을 '조선총독부의 기관지로 전락'이라고 설명하였다. 그러나 엄밀히 말하면 이 신문이 총독부가 직접 운영한 기관지는 아니다. 다만 일제 강점기 『매일신보』의 논조가 식민 정책을 옹호하는 입장을 취했기 때문에 기관지처럼 평가를 받는다.

로 정리한 분야별 분포는 다음과 같다.

【 『대한매일신보』 학술 담론의 분야별 분포 】

분야별	종수
계몽	70
교육	59
지식 보급과 유통	29
종교	27
정치	24
학문	17
역사	16
언어	16
사상	14
문학	11
국가	8
기행	8
번역	4
사회	3
공업	3
위생	3
법학	3
경제	2
농업	2
군사	1
총 합계	320

이 신문의 학술 담론에서도 이 시기 다른 신문과 마찬가지로 민중의 의식 계몽과 관련된 담론이 가장 많다. 이를 제외하면 교육(59종), 지식 보급 관련(29종), 종교(27종), 정치(24종), 학문의 목적과 필요성 관련(17종), 역사(16종), 국문 또는 언어문제(16종), 사상 관련 문제(14종) 등의 분포를 보인다.

교육 관련 논설은 일제의 학정 잠식에 따른 교과서 침탈 문제, 가정

교육과 여자교육의 필요성, 유학생 문제, 국민교육 등 시대 현실과 관련된 것들이 많지만, '교육(敎育)의 요무(要務)'(1905.10.22), '교육(敎育)의 목적(目的)'(1907.10.3) 등과 같은 교육학의 기본 과제나 장응진(張膺震)의 '보통교육론(普通敎育論)'(1906.9.27) 등은 이 시기 교육학 발전 과정의 한 면을 보여준다.

【 敎育의 目的 】

如何흔 目的을 爲하야 人을 敎育홈인지 即人을 敎育ㅎ야 到達코즈ㅎ는 目的은 何에 在흔고 此問題에 對하야는 <u>古來學者의 所言이 不一ㅎ나 然ㅎ나 此를 一言으로 論홀진대 大抵敎育에 目的은 幼弱흔 人을 善導ㅎ야 獨立自裁ㅎ난 域에 達케ㅎ야써 將來 社會上에 立하야 能히 人된 職分을 完全케 홈에 在ㅎ다 謂ㅎ리오다.</u> (…中略…) 大抵 人은 生長 後 許多흔 境遇에 處ㅎ야 活動홀 運命을 有흔 者이니 다못 自己 一個人의 生活만 能케 홀 샏 아니라 凡ㅣ 人된 職分이라 ㅎ는 것은 其種種흔 境遇에 處ㅎ야 一一히 此에 對흔 義務를 完全히 遂行홈으로 由ㅎ야 비로서 完盡홈을 得홀 것이라. 其 關係가 즈못 複雜ㅎ나 大略 區別ㅎ면 次와 如ㅎ니 <u>一 自己에 對흔 關係 一 家族에 對흔 關係 一 國家에 對흔 關係 一 社會에 對흔 關係 一 自然에 對흔 關係.</u> 即人은 何人을 勿論ㅎ고 成長흔 後에는 同是 以上 列擧흔 關係間에 立ㅎ야 活動홀 運命을 有흔 者니 所謂 人類에 普通 職分이라 ㅎ는 것은 此等 活動 全範圍에 對흔 義務를 圓滿케 홈에 在ㅎ다 謂홀지라. (…中略…) 人의 職分이 此와 如ㅎ면 敎育의 目的은 言을 不待ㅎ고 自明홀 것이니 即敎育의 目的은 人으로 하야금 將來 成長흔 後에 獨立 自裁的으로 以上 種種의 關係間에 立ㅎ야 適當히 身을 處ㅎ며 其義務를 完盡케ㅎ기 爲ㅎ는 準備를 與ㅎ는대 在하다 謂홀지라. 此目的를 達ㅎ기 爲ㅎ야 敎育上에 左記의 方法을 講치 아니치 못홀지니, <u>一 敎育을 受ㅎ는 人으로 ㅎ야금 成長흔 後 以上 各樣의 義務를 完全케 ㅎ기 爲ㅎ야 幼時로부터 其身體의 健全强壯흔 발達를 遂케ㅎ는 事이니 即 體育이 是也오, 一 敎育을 受하는 人으로 ㅎ야금</u>

將來 道德的 生活을 完成케 호기 爲호야 幼時로부터 道德上 行爲에 律從케 호는 事이니 卽德育이 是也오, ─ 敎育을 受호는 人으로 호야금 將來 處世上에 必要호 智識과 技能을 學得케 홈이니 卽智育이 是也라.

번역 여하한 목적을 위해 사람을 교육하는 것인지, 곧 사람을 교육하여 도달하고자 하는 목적은 어디에 있는지, 이 문제에 대해서는 고래 학자들이 말한 바가 일치하지 않으나 이를 한마디로 말하면 교육의 목적은 유약한 사람을 선도(善導)하여 독립자재(獨立自裁)의 수준에 도달하게 하여 장래 사회상에 능히 사람된 직분을 완전하게 하는 데 있다고 할 것이다. (…중략…) 대저 사람은 생장한 후 허다한 경우에 처해 활동할 운명을 갖는 존재이니, 다만 자기 일개인의 생활만 능숙하게 할 뿐만 아니라 무릇 사람된 직분이라고 하는 것은 그 여러 종류의 경우에서 하나하나 이에 대한 의무를 완전히 수행하여 이로 말미암아 완전해져야 할 것이다. 그 관계가 다소 복잡하나 대략 구별하면 다음과 같으니, 1) 자기에 대한 관계, 2) 가족에 대한 관계, 3) 국가에 대한 관계, 4) 사회에 대한 관계, 5) 자연에 대한 관계. 곧 사람은 어떤 사람을 물론하고 성장한 후에는 이상 열거한 여러 관계에서 활동할 운명이 있는 자니 이른바 인류의 보통 직분이라고 하는 것은 이러한 활동 전 범위에 대한 의무를 원만하게 하는 데 있다고 할 것이다. (…중략…) 사람의 직분이 이와 같으면 교육의 목적은 말할 필요 없이 명백해질 것이니, 곧 교육의 목적은 사람으로 하여금 장래 성장한 후 독립 자재한 위의 여러 관계에서 마땅한 처신을 하도록 하며, 그 의무를 완전하게 하기 위한 준비를 제공하는 데 있다고 말할 것이다. 이 목적을 달성하기 위해 교육상 다음과 같은 방법을 연구하지 않으면 안 될 것이니, 1) 교육을 받는 사람으로 하여금 성장한 후 이상 각양의 의무를 완전하게 하기 위해 어렸을 때부터 신체의 건전 강장한 발달을 이루게 하는 것이니, 곧 체육이 그것이요, 2) 교육을 받는 사람으로 하여금 장래 도덕적 생활을 완성하게 하기 위해 어렸을 때부터 도덕상의 행위의 율법을 따르게 하는 것이니 즉 덕육이 그것이요, 3) 교육을 받는 사람으로 하여금 장래 처세상 필요한 지식과 기능을 학득하게 하는 것이니 즉 지육이 그것이다.

—'교육의 목적', 『대한매일신보』, 1907.10.3

이 논설은 교육학의 기본을 이루는 교육의 목적과 관련된 논설로, 여러 학자들의 논의를 종합할 때 교육의 목적은 '유약한 사람을 선도하며, 독립자재의 역(域)에 도달하게 하는 것'이라는 결론을 도출하고, 인간의 생활을 '자기, 가족, 국가, 사회, 자연'의 차원으로 설정한 뒤, '체육, 덕육, 지육' 세 종류의 교육이 존재함을 설명하고 있다. 이처럼 국한문체나 한문체를 사용했더라도 신문을 통해 근대 지식이 보급되기 시작한 점은 근대 계몽기의 학문 발달에서 주목해 보아야 할 문제이다. 물론 이와 같은 신문 내의 근대 지식은 이 시기 개인 저역술 지식과도 밀접한 관련을 맺고 있다. 교육학의 경우 1907년 이후 최광옥의 『교육학』,54) 김상연의 『간명교육학』,55) 유옥겸의 『간명교육학』 등의 저술이 이루어졌는데, 신문의 논설에도 이러한 지식 진보가 반영되고 있는 셈이다.

『대한매일신보』의 학술 담론을 주제별로 분류할 때 정치(24종), 사상(14종) 등의 근대성을 보이는 자료가 비교적 많다. 특히 '국가학'이나 '사회사상'의 경우, '자조론(自助論)'(1907.10.25~27, 2회), '제국주의와 민족주의'(1909.5.28), '신가국 관념(身家國觀念)의 변천(變遷)'(1909.7.15~17, 3회), '동양주의(東洋主義)에 대한 비판(批判)'(1909.8.8~10, 2회), '이십세기 신국민(二十世紀新國民)'(1910.2.22~3.3, 8회) 등은 국권 침탈기 애국성을

---

54) 최광옥의 『교육학』은 『대한매일신보』 1907년 10월 11일 잡보의 겸곡생(박은식) '교육학서(敎育學序)'에 등장한다. 박은식의 논설은 한문으로 쓰였으나 국문판에는 번역되지 않았다. 이 논설에서는 이 시기 최광옥이 해서(海西) 지역 안악군에 '사범강습소'를 설립하고, 『교육학』이라는 책을 인출했음을 축하하고 있다. 그러나 현재까지 이 책이 발견된 적은 없다.

55) 김상연의 『교육학』은 현재 이화여자대학교 중앙도서관에 소장되어 있으나, 심층적인 분석이 이루어지지는 않은 상황이다.

기저로 한 국가학의 수용 과정을 보여준다. 특히 '동양주의에 대한 비판'은 일진회를 중심으로 한 병합론의 허구를 비판하기 위한 것으로, 제국주의 일본의 '동양평화론'과 마찬가지로 '동양'이 주가 되고 '(우리)국가'가 객체가 되는 현실을 자각해야 함을 역설한 논설이다. 이러한 논설은 국권 침탈기의 애국담론과 계몽사상이 결합한 것으로, '자주', '독립', '자아' 등의 키워드를 중심으로 한 사상의 근대화가 본격적으로 이루어지고 있음을 의미한다. 다만 이 신문은 다른 신문에 비해 외국인의 논저를 직접 번역한 사례가 많지 않다. '대영 학사(大英學士) 록 씨(氏)의 교육의견(敎育意見)'(1906.1.4~11, 4회 연재)이라는 로크의 교육설, '유신업자(維新業者)의 모범(模範)할 법문(法門): 로득개교기 소재(路得改敎紀所在)'(1909.6.17)라는 루터의 종교개혁 관련 자료, '신학비요(新學備要)'(1905.12.13~29, 8회)라는 리처드(중국명 이제마태, 李提摩太)의 교육설, 스마일스의 '자조론(自助論)'(1907.10.25~26, 2회)가 발견된다. 이처럼 직접 번역한 자료가 적은 까닭은 서양 이론 또는 중국과 일본을 경유한 근대 지식을 우리의 애국계몽담론으로 변용한 경우가 많았기 때문으로 짐작된다. 이는 이 신문의 논설 제목이 계몽철학의 키워드인 '국가', '민족', '사회', '경쟁', '진화' 등의 용어를 포함한 경우가 많음을 통해 추론할 수 있다. 이뿐만 아니라 종교적인 편향성도 전혀 나타나지 않는다. '권고 기독교 동포(勸告基督敎同胞)'(1910.8.6), '편고 승려동포(遍告僧侶同胞)'(1908.12.13) 등과 같이 각 종교의 폐단을 신랄히 비판할 경우가 많고, 유교와 천도교 등에 대한 객관적 시각을 유지하며, 궁극적으로는 종교 문제도 애국 담론으로 승화하고자 한 경우가 많았다. 그 중 하나인 '한국 종교계의 장래'(1910.5.15~18, 3회)를 살펴보자.

【 韓國 宗敎界의 將來 】

挽近 韓國內 名曰 宗敎界의 形形色色 派派種種흠은 一般 共知ᄒᆞᄂᆞᆫ 바ㅣ오, 且 本報에도 或警告 或贊揚을 與ᄒᆞ엿거니와, 大抵 宗敎라 흠은 吾 <u>人類</u>

社會에 關혼 原則의 大問題라. 其一方面의 觀察로 優劣高下를 敢히 論斷ᄒ기는 難ᄒ나 古人이 有言호ᄃᆡ 禮의 損益을 見ᄒ야 十世를 可知라ᄒ엿스니 此는 禮가 國家政治와 世道敎化에 何如혼 關係를 有홈을 謂혼지라. 然則 宗敎라홈은 社會의 內部를 組成ᄒ야 互相表裏의 關係를 有혼지라. 內으로 德化風氣를 裨益扶植ᄒ며 外으로 國運隆替를 致生케ᄒ나니 眞所謂人에 在ᄒ야는 腦髓오, 國에 在ᄒ야는 國粹라하야도 過言이 아니라. 歷史에 照ᄒ야 見홀지라도 何如혼 國은 宗敎로 由ᄒ야 亡ᄒ고 何如혼 國은 宗敎로 因ᄒ야 興홈이 昭然ᄒ나니 實노 爲政家와 愛國者의 汎然看過ᄒ야 他行怪好事者流의 無憚逞詐ᄒ며 無知沒覺者輩의 速信盲從에 放任홈이 不可ᄒ도다.

국문판 근ᄅᆡ에 한국ᄂᆡ에서 종교 l 라 일홈ᄒ는 형형식식의 각파 각종이 다 잇는 것은 모다 아는 바 l 며 ᄯᅩ 본보에도 여러 번 경계도 ᄒ고 찬성도 혼 바 l 어니와 대뎌 종교 l 라 홈은 우리 인류샤회에 관계되난 원법의 큰문뎨라. 그 혼편만 보고 그 우렬과 고하를 감히 의론홀수는 업스나 녯사ᄅᆞᆷ이 말ᄉᆞᆷᄒ기를 례의 더ᄒ고 더는 것을 보와 빅셰의 일이라도 가히 안다ᄒ엿스니 이는 례가 국가정치와 셰도교화에 엇더혼 관계가 잇는 것을 말홈이라. 그런즉 종교 l 라 홈은 샤회의 ᄂᆡ부를 조직ᄒ여 셔로 관계됨이 잇는지라. 안으로는 덕화의 풍긔를 비양ᄒ고 부식ᄒ며 밧그로 국운의 셩쇠를 일우게 ᄒᄂᆞ니 진소위 사ᄅᆞᆷ에게는 뇌슈 l 라 ᄒ고 나라에 는 졍신이라 ᄒ여도 과혼 말이 아니라. 력ᄉᆞ를 볼지라도 엇던 나라는 종교로 인ᄒ여 망ᄒ고 엇던 나라는 종교로 인ᄒ여 흥혼 거시 쇼연ᄒᄂᆞ니 실노 졍치를 슝샹ᄒ는 쟈와 나라를 ᄉᆞ랑ᄒ는 쟈의 범연히 보고 지내여셔 괴이혼 거슬 됴와ᄒ고 일을 됴와ᄒ는 쟈들이 긔탄없 l 거즛것을 ᄭᅮ미고 지식업고 지각업는 무리들이 맛모르고 미혹ᄒ는 것을 내여ᄇᆞ려 두는 거시 불가ᄒ도다.

—'한국 종교계의 장래', 『대한매일신보』, 1910.10.51

이 논설은 한국 내 각각의 종교 현상을 비판하되 궁극적으로는 종교가 사람의 뇌수, 국가의 정신을 이루는 근간이라는 점을 강조하고 있다. 곧 종교 현상을 애국적 차원에서 해석하고, 그 방향을 제시하고자 하는 목적을 갖고 있는 것이다. 이상과 같은 『대한매일신보』의 학술 담론이 갖는 특징을 정리한다면, 특정 분야의 학리를 집중적으로 소개한 경우는 드물지만, 근대 지식을 애국계몽론으로 변용한 논설류는 계몽적인 면뿐만 아니라 지식 보급의 차원에서도 중요한 의미를 갖는 것으로 해석된다.

4.3. 『만세보』와 기타 신문

차상찬(1936)의 '조선신문발달사'에서 기술했듯이, 1900년대 국한문 신문 가운데는 『만세보(萬歲報)』, 『대한민보(大韓民報)』, 『한성신문(漢城新聞)』 등의 신문이 더 있었다. 이 가운데 『대한민보』는 천도교계에서 이용구·송병준 등의 일진회와 정응설·고희준 등의 국시유세단에 맞서기 위해 발행한 신문(1909.7.8, 창간~1910.8.31, 폐간)으로 알려져 있으나[56] 학술 담론과 관련된 자료가 많지 않은 것으로 보인다. 『한성신문』은 일본인이 경영했던 국한문 신문으로, 이 신문에서도 근대 지식 및 학문 분야에 따른 학술 담론이 거의 출현하지 않는다.[57]

그러나 『만세보』(1906.6.17~1907.6.29)에 소재한 다수의 논설과 역술 자료는 근대 학문 발달의 차원에서 주목할 만한 것들이 있다. 이 신문의 논설은 『황성신문』이나 『대한매일신보』의 논조와 유사한 것들이 많으며, 주제별로 정치, 교육, 사회, 천도교 교리 설명 등의 자료가 많은 편이다. 그 가운데 '국가학(國家學)'(1906.9.19~11.22)는 한문으로 쓰이기는 했지만 지속적으로 연재된 근대 국가학 개론에 해당한다. 이 연재물

---

56) 이 신문은 현재 독립기념관이 소장하고 있으며, '미디어가온'에서 이미지를 확인할 수 있다.

57) 이 신문은 2015년 소명출판에서 4책으로 영인한 바 있다.

의 내용을 정리하면 다음과 같다.

【『만세보(萬歲報)』에 연재된 '국가학'의 구성 】
　　제일부 국가전체론(國家全體論): 1906.09.19~10.02 (12회)
　　제이부 입법론(立法論): 1906.10.02~10.13 (10회)
　　제삼부 원수편(元首編): 1906.10.13~10.24 (9회)
　　제사부 행정편(行政編): 1906.10.25~11.22 (21회)

　　이 국가론은 김효전(1988)에 의해 번역된 바 있는데,[58] 주요 내용은 제1부 국가전체론에서는 '국가의 개념, 국가와 사회의 차이점, 국가와 사회의 관계, 국가의 편성'을 다루었고, 제2부 '입법편'에서는 '입법부의 개념, 제도, 기능, 입법우의 원수·행정과의 관계, 원수의 국가 대표권, 원수의 권력기관', 제3부 원수편에서는 '원수의 개념, 기능, 권리, 책임', 제4부 행정편에서는 '행정부의 필요성, 편제, 관직, 관부, 행정의 권리, 행정의 책임'을 다루었다. 이 번역문의 해제에서는 '국가학'이 양계초의 저술을 한국식 한문으로 옮긴 것으로 추정하였는데, 그 이후 이 자료에 대한 연구 성과가 충분하지 않기 때문에 이에 대한 고증이 이루어지지는 않은 상태이다. 이밖에 『만세보』의 번역 자료로 '정치관념(政治觀念)과 정체발전(政體發展)'(1906.12.25~1907.1.17, 15회)이 연재된 것도 흥미로운데 이 자료는 일본인 시라가와 지로(白河次郞)[59]와 구니부다네노리(國府種德)[60]의 『지나문명사(支那文明史)』 일부를 번역한 것으로 소개되어 있다. 그러나 이 번역물은 완성된 것이 아니어서 학술적

---

58) 김효전(1988),「번역 국가론」,『동아법학』 7, 동아대학교 법학연구소, 229~380.'
59) 시라가와 지로(白河次郞): 시라가와 료우(白河鯉洋 しらかわ―りよう, 1874~1919), 메이지·다이조 시대의 신문기자.
60) 구니부 다네노리(國府種德, 1873~1950): 일본의 현대 사학자. 시라가와 지로와 공저한 『지나문명사』 등이 유명함.

인 가치가 높지는 않은 것으로 평가된다. 이와 함께 1907년 3월 7일 '정치학(政治學): 국가편(國家編)'이 실렸는데, 어떤 요인인지 알 수 없으나 연재를 하려다가 그만둔 자료로 보인다.

이처럼 『만세보』는 비록 1년이라는 짧은 기간 발행된 신문으로, 천도교계가 중심을 이룬 신문이지만, 애국담론과 국가, 정치 분야의 학술 발전과 관련된 일부 자료가 들어 있기 때문에 근대 학문 형성 과정에서 좀 더 깊이 있는 분석이 필요한 신문으로 평가할 수 있다.

5. 일제 강점기 신문과 학술 담론

5.1. 1910년대의 『매일신보』

그동안 『매일신보』에 대해서는 역사학, 국문학, 교육학 분야에서 비교적 많은 관심을 기울여 왔다. 그 이유는 이 신문이 조선총독부의 기관지적 성격을 띤 신문으로 일제 강점 내내 발행되었으므로 식민 통치의 변화를 이해하는 데 가장 적절한 신문이라는 점도 있었지만, 1910년대 무단통치기의 국문 신문이 거의 존재하지 않는 시점에서 이 신문이 시대상황을 읽어낼 수 있는 좋은 자료였기 때문이다. 이 신문에 대해서는 정진석(1988)의 『한국언론사연구』(일조각)나 수요역사연구회(2003)의 『식민지 조선과 매일신보』(신서원) 등에서 비교적 자세한 고찰을 한바 있다. 특히 1910년대 『매일신보』에 대한 연구 성과로는 김진두(1995)의 「1910년대 매일신보의 성격에 관한 연구: 사설 내용분석을 중심으로」(중앙대학교 대학원), 이희정(2006)의 「1910년대 매일신보 소재 소설 연구: 근대소설 형성과의 관련양상을 중심으로」(경북대학교 대학원), 함태영(2009)의 「1910년대 매일신보 소설 연구」(연세대학교 대학원), 어일선(2010)의 「일제강점기 영화 광고에 나타난 개봉 영화의 특성에 관한

연구: 매일신보를 중심으로」(세종대학교 대학원) 등의 학위 논문과 수요
역사연구회(2005)의 『일제의 식민 지배정책과 매일신보: 1910년대』(두
리미디어), 권보드래(2008)의 『1910년대, 풍문의 시대를 읽다: 매일신보
를 통해 본 한국 근대의 사회 문화 키워드』(동국대학교 출판부) 등이 있
고, 삼문사(1985), 경인문화사(1985)에서 영인한 『매일신보초: 학예면(每
日新報抄 學藝面)』도 학계에서 활용했던 자료집이다.

　일제 강점기 『매일신보』의 학술 담론은 식민 지배정책과 맞물려 있
기 때문에 학술적인 내용만으로 근대성을 따지기 어려울 경우가 많다.
이에 대해 수요역사연구회(2005)에서는 이 신문이 가장 시급하게 생각
했던 문제를 '언어 소통의 문제', '동화 정책에 따른 조선인과 일본인의
잡혼(雜婚) 문제', '한일 양 민족의 사업 공동 경영', '조선의 야만·미개·
무지를 강조하며 지배 정책을 정당화하는 문제', '시찰단 또는 박람회
등을 통한 조선 중류층 획득'으로 정리한 바 있다. 이러한 각종 정책은
궁극적으로 '제국 신민 양성'을 목표로 한 정책들이라고 할 수 있다.
엄밀히 말하면 무단통치기 일제의 통치 이데올로기는 헌병 경찰로 지
칭되는 공포정치, 각종 동화를 표방한 종속적 세뇌교육, 식민 통치를
원활하게 하기 위한 분열 정책 등을 은폐하기 위한 방편에서 만들어진
것이 대부분이었다. 이 점은 일제 강점기의 식민지적 근대화론을 비판
하기 위한 신용하(2006)의 『일제 식민지 정책과 식민지 근대화론 비판』
(문학과지성사)에서도 논의된 바 있다. 이에 따르면 "근대화란 특권층
중심의 귀족 문화에서 일반 시민·민중 중심의 민족문화로 변동 이행하
는 것"을 가리키나, "일제의 식민지 정책은 동화(同化) 정책이라는 이름
아래 한국 민족과 민족 문화의 말살 정책을 폭압적으로 강제한 것"이라
고 규정하였다. 이 책에서는 '경제적 근대화'의 차원에서 토지 수탈 과
정, 식민지 농업 정책, 공업 정책 등을 살펴보고, 일제의 식민지 정책이
결국은 한국 근대화를 저지시킨 정책이었음을 명백히 하였다.

　학술 발전의 차원에서도 일제의 식민 정책이 반영된다. 1910년대 『

매일신보』의 학술 담론을 검토한 결과 학문 연구, 교육, 문화적인 차원에서 학술 이론의 발전과 관련된 것은 극히 제한적으로 나타나며, 일제의 동화 정책을 강변하는 논설과 논문이 다수를 차지한다. 다음을 살펴보자.

【 일제 강점기 민족 담론의 변화 】

ㄱ. 民族의 階級: 山 一山이로딕 有高有下ᄒ며 水 一水로딕 有淺有深ᄒ니 此ᄂᆞᆫ 勢也라. 人亦如此ᄒ니 人 一人이로딕 有賢有愚ᄒ며 有貴有賤ᄒ며 有尊有卑ᄒ야 愚者가 賢者의 指導를 聽ᄒ며 賤者가 貴者의 制裁를 受ᄒ며 卑者가 尊者의 命令을 服ᄒ여야 可히 人類社會의 秩序를 維持ᄒᆯ지라. 若 愚者가 其愚를 自知치 못ᄒ며 賤者가 其賤을 自知치 못ᄒ며 卑者가 其卑를 自知치 못ᄒ면 此ᄂᆞᆫ 部落 人種이라 謂ᄒᆯ지라.

> **번역** 산은 같은 산이로되, 높은 것과 낮은 것이 있으며, 물은 같은 물이지만 얕은 것과 깊은 것이 있으니 이것이 일반 추세이다. 사람 또한 이와 같으니 사람은 같은 사람이지만 현우(賢愚)가 존재하며 귀천(貴賤)이 있고 존비(尊卑)가 있어, 우자가 현자의 지도를 듣고, 천자가 귀한 자의 제재를 받으며 비천한 자가 존경 받는 자의 명령을 복종해야 가히 인류 사회의 질서를 유지할 것이다. 만약 우자가 그 어리석음을 스스로 알지 못하고 천자가 그 천함을 스스로 알지 못하며 비천한 자가 그 비천함을 스스로 알지 못하면 이는 원시 부락인종이라고 할 것이다.

—'민족의 계급', 『매일신보』, 1914.5.30

ㄴ. 朝鮮民族觀: (本 問題ᄂᆞᆫ 著者가 倂合 後 一個年을 經ᄒ야 多少 總督政治를 誤解ᄒᄂᆞᆫ 者를 警省코자 ᄒ야 草ᄒᆷ이러니 這間 發表의 機會를 得치 못ᄒ야 于今 机上의 塵을 蓄ᄒ얏스나 然이나 尙今 新政을 誤解ᄒᄂᆞᆫ 者가 有ᄒ던지 又ᄂᆞᆫ 已往에 誤解ᄒ다가 悔悟覺醒ᄒ 者라도 반다시 一讀ᄒᆯ 價値가 有ᄒᆯ가 ᄒ야)

十四. 朝鮮民族은 自滅: 人은 반다시 自侮혼 後에 人이 侮之ᄒ고 家는 반다시 自毀혼 後에 人이 毀之ᄒ니 朝鮮 民族인들 自滅치 안이ᄒ면 誰가 能히 此를 滅ᄒ리오. 百爾思之ᄒ야도 朝鮮 民族은 是自滅ᄒ는 者이로다. 併合 以前은 勿論ᄒ고 併合 以後에 在혼 總督政治의 精神으로써 言홀지라도 其主義와 方針이 朝鮮 民族을 塗炭에서 拯出ᄒ야 完全無瑕혼 帝國 臣民을 作코져 홈외 不外ᄒ야 敎育의 獎勵로써 民智를 啓發ᄒ며 産業의 振興으로써 富力을 增進코져 ᄒ는 萬般 施設이 朝鮮 民族을 愛護치 안이홈이 無ᄒ고 (…中略…) 此는 朝鮮 民族이 政治上 自滅을 求ᄒ는 者라 홀지오, 生存競爭의 激烈홈을 詳察치 못ᄒ고 知識 程度의 幼稚홈을 自覺치 못ᄒ야

번역 조선 민족관: (본 문제는 저자가 병합 후 일년 동안 다소 총독정치를 오해하는 자를 깨우치고자 기초한 것인데 지금까지 발표의 기회를 얻지 못하여 책상에 먼지가 쌓였으나 지금 신정을 오해하는 자가 있든 또는 이왕 오해하다가 깨우친 자일지라도 반드시 한 번 읽어볼 가치가 있을까 하여)

십사. 조선 민족은 자멸: 사람은 반드시 스스로 모욕한 후에 남이 모욕하고 집안은 반드시 스스로 훼손한 다음 타인이 그 집안을 훼손하니 조선 민족인들 자멸하지 않는다면 누가 능히 이를 멸하겠는가. 백번 생각해도 조선 민족은 자멸하는 자들이다. 병합 이전은 물론 병합 이후의 총독정치의 정신으로 말할지라도 그 주의와 방침은 조선 민족을 도탄에서 구해내어 완전무결한 제국 신민을 만들고자 하는 것에 불과하며 교육 장려로 민지를 계발하고, 산업 진흥으로 부력을 증진코저 하는 만반 시설이 조선 민족을 애호하지 않는 것이 없고, (…중략…) 이는 조선 민족이 정치상 자멸을 구하는 것이라고 할 것이며, 생존경쟁이 격렬함을 상세히 관찰하지 못하고 지식 정도가 유치함을 자각하지 못하여

—'조선 민족관(7)', 『매일신보』, 1914.11.29

'민족의 계급'이란 논설은 전통적인 향약 복원을 촉구하기 위해 쓰인

것으로, 전근대의 신분 질서가 사회 질서 유지에 꼭 필요함을 역설한 논설이다. 그런데 제목에 '민족'이라는 용어를 사용한 점을 고려하면 전근대 향약 질서를 빙자하여 우리 민족의 열등성, 비속함, 어리석음을 강조하여 타민족의 지도를 받아야 한다는 논리를 수용하도록 유도한다. '조선 민족관'은 필자를 알 수 없으나, 총독정치를 오해하는 자를 깨우치기 위해 썼다는 서문과 함께 '낙관과 비관의 분기점', '조선의 국체와 정체', '조선 민족의 성질', '조선 민족의 계급', '조선 민족의 국가에 대한 관념', '지리상의 일한 관계', '일한 병합의 원인', '일한 병합의 근인', '병합 후의 총독정치', '병합 후의 조선 민족', '낭인(浪人)의 실소(失所)', '전염병의 유행', '경제계의 곤란', '조선민족의 자멸(自滅)', '유재맹성분 발이이(惟在猛省奮發而已)'의 총 15회에 걸친 논문이다. 이 논문에서 필자는 조선 민족의 부정적 성질을 강조하고 내정 부패와 외교 위미 탓으로 일본이 조선의 독립을 보호하기 위해 병탄했다는 논리를 전개하고 있다. 특히 총독 정치의 본질이 '제국 신민'을 만드는 데 있음을 천명하면서 '조선 민족의 자멸'이 식민 통치를 가져왔으며, 식민 통치가 '조선 민족을 도탄에서 구하는 길'이라고 강변한다. 이러한 차원에서 다음과 같은 논설은 일제의 동화 정책을 강변하는 대표적인 논설이다.

【 동화 정책을 강변하는 논설 】

연월일	기사속성	제목	필자	횟수
1911.09.20	논설	광의적 단합(廣義的團合)		
1912.09.12	논설	일선의 동화(日鮮同化)		
1915.02.18	논설	일선 융화론(日鮮融和論)		
1916.11.11	논설	내선인(內鮮人)의 협동(協同)의 요(要)		
1917.05.18	논설	일선만통일론(日鮮滿 統一論)		8회
1917.06.05	논설	내선일체(內鮮一體)의 이상(理想)	渡賴常吉	2회
1917.08.23	논설	전시준비(戰時準備)와 조선(朝鮮)		7회
1918.08.23	논설	선인동화(鮮人同化)		3회

동화 정책은 본질적으로 한국인의 민족 관념을 말살하는 것을 목표로 한다. 이 점에서 이른바 일제 관학자들이 주도한 식민사학이 번성했는데, 식민사관의 본질과 내용에 대해서는 김용섭(1966)의 '일제 관학자들의 한국사관',61) 이만열(1976)의 '일제 관학자들의 식민사관'62) 등에서 비교적 자세히 밝혀진 바 있다. 특히 이만열(1976)에서는 조선총독부하의 한국사 서술에 대해 개략하고, 한국사의 타율성론(반도적 성격론, 만선사관 등)과 정체성론(停滯性論)의 전개 과정을 알기 쉽게 풀이하였다. 1910년대 『매일신보』에서 식민사관과 관련된 논의는 직접적으로 나타나지 않으나, 위의 '일선 동화, 일선 융화, 일선만 통일론' 등은 기본적으로 식민사관을 전제로 한 주장인 셈이다.

이러한 상황에서 식민 지배 정책 하의 학술 담론은 '실용론', '전통적 시학 부흥론' 등으로 귀결된다. 실용론은 식민 정책에 위배되지 않고, 실용 학문을 통해 생산성을 높이는 기술 보급과 관련된 담론이라고 볼 수 있다. 다음을 살펴보자.

【 學問과 實用 】

大抵 學問은 必實用을 要흠이라. 若實用이 無ㅎ면 是ᄂᆫ 架空鑿虛(가공착허)에 不過ㅎ니 誰가 此를 樂爲ㅎ리오. 農業으로 學習흔 者ᄂᆫ 必農業의 實用이 有ㅎ며 商業을 學習흔 者ᄂᆫ 必商業의 實用이 有ㅎ며 工業을 學習흔 者ᄂᆫ 必工業의 實用이 有ㅎ며 其他 事事物物이 皆其學習으로 從ㅎ야 實用이 有흘지라. (…中略…) 此가 成習ㅎ야 近來 靑年도 學問을 擇흘 時에 實用에 如何ᄂᆫ 不較ㅎ고 但 <u>虛榮的에 驅馳ㅎ야 言必稱 政治學이라 法律學이라ㅎ야 日用上에 切實흔 學問은 等閒ㅎᄂᆫ 弊가 種種흔지라.</u> 若 人人으로 ㅎ야곰 政治學을 卒業ㅎ며 法律學을 卒業ㅎ야 總히 博士의 資格을 養成흘지라

---

61) 김용섭(1966), 「일제 관학자들의 한국사관」, 『역사학보』 31, 역사학회.
62) 이만열(1976), 「일제 관학자들의 식민사관」, 『독서생활』 1976년 7월호. 이 글은 이우성·강만길 편(1976), 『한국의 역사인식』(창작과비평사)에 재수록되었음.

도, 農商工 其他 重要 業은 更히 何人에게 責홀싯.

> **번역** 대저 학문은 반드시 실용을 요구한다. 만약 실용이 없으면 이는 허공에 가설하는 것에 불과하니 누가 이를 즐기겠는가. 농업을 학습한 자는 반드시 농업의 실용이 있으며, 상업을 학습한 자는 반드시 상업의 실용이 있고, 공업을 학습한 자는 반드시 공업의 실용이 있으며, 기타 모든 사물이 그 학습한 바에 따라 실용이 있다. (…중략…) 이것이 습관화되어 근래 청년도 학문을 택할 때 실용 여하는 헤아리지 않고 단지 허영에 따라 말만 하면 정치학, 법률학이라고 하여 일용상 절실한 학문은 등한하는 폐가 종종 있다. 만약 사람으로 하여금 정치학을 졸업하며 법률학을 졸업하여 모두 박사의 자격을 양성한다고 할지라도 농공상 기타 중요한 업은 다시 누구에게 맡길 것인가.
>
> ―『매일신보』, 1913.9.18

이 논설에서 실용의 학으로 지칭된 것은 '농공상 기타 중요한 업'과 관련된 지식을 말한다. 이에 비해 정치학이나 법률학은 실용성이 없는 학문으로 간주되었는데, 이들 분야의 지식은 식민 정책을 비판하는 내용을 담고 있기 때문으로 볼 수 있다. 이러한 입장에서 1910년대 『매일신보』에서도 '조선 농업(朝鮮農業)의 지남(指南)'(1912.1.19~4.2), '작물 재배 비결(作物栽培秘訣)'(1912.4.3~7.11), '맥(麥)과 삽앙(揷秧)'(1913.7.2~8.5) 등의 농업 기술 관련 이론을 확인할 수 있고, '임신 급 육아(姙娠及育兒)'(1911.10.3~1911.11.10)과 같은 가정 육아론 관련 지식도 확인할 수 있다. 그러나 정치, 법률 분야와 같이 사회문제와 직접적인 관련을 맺는 분야의 학술 연구는 도저히 가능한 상황이 아니었다. 특히 1900년대 이후 널리 퍼지기 시작한 사회주의 또는 사회사상 관련 지식은 일본 제국주의의 입장에서는 식민지 조선뿐만 아니라 자국 내에서도 경계하는 이데올로기였다.[63] 그러나 법률 지식이 반드시 정치적으로 금지해야 할 지식은 아니었다. 왜냐하면 명목상 합법적으로 조선 민중을 억압하기 위해, 식민 통치와 관련된 각종 법률 지식을 조선 민중이 알아야 한다는 논리가 있을 수 있기 때문이다. 이 점에서 '법령의 연구'(1914.2.21), '법령 부독(法令不讀)의 폐해(弊害)'(1914.5.20)과 같은 논설이 게재되기도 하였다.

이러한 이중성은 도학(道學), 시학(詩學), 유학(儒學) 등 전통적인 학문의 부활을 주장하는 논리에도 나타난다. 달리 말해 조선이 식민지가 된 까닭은 조선인 스스로 부패를 혁신하고, 발전할 능력이 없기 때문이라고 하면서도, 과거의 도학과 시학이 부활해야 한다고 주장하는 셈이다. 이러한 경향은 근대 계몽기 신구학(新舊學)의 갈등 상황에서 신학문을 통해 문명개화를 이루어야 한다는 논리와는 역행하는 것들이다. 다음과 같은 논설이 이에 해당한다.

【 도학, 시학, 유학론 】

1911.10.29	논설	시학(詩學)의 관계(關係)		
1911.06.07	논설	고인(古人)의 정력(精力)을 필애(必愛)		
1911.06.21	논설	시가(詩歌)와 풍화(風化)		
1911.07.13	논설	고자지(古字紙)의 필경석(必敬惜)		
1911.07.26	논설	지방유생(地方儒生)에게 경고(警告)함		
1911.07.07	논설	문학사상(文學思想)의 쇠퇴(衰退)		
1911.08.08	논설	유림(儒林)의 각성(覺醒)		유림
1911.08.11	논설	시학(詩學)의 쇠퇴(衰退)		
1912.03.17	논설	유학(儒學)의 활용(活用)		
1912.03.19	논설	문명(文明)과 효열(孝烈)		
1913.06.20	논설	지방 유생(地方儒生)에게		~6.24(4회)
1914.04.08	논설	고유생계(告儒生界)		2회
1914.06.12	논설	한문학(漢文學)의 쇠퇴(衰退)		3회

---

63) 일본 제국주의와 사회주의의 관계에 대해서는 별도의 기술이 필요하다. 특히 1920년대 『동아일보』를 비롯한 국내 신문의 학술 담론에서는 일제 강점기의 사회주의 사상을 확인할 수 있는 다수의 자료가 등장하는데, 이들 자료에서도 러시아의 사회주의 이론을 소개하면서 동시에 그 한계를 비판하는 일을 빼놓지 않고 있음을 확인할 수 있다.

1914.07.08	논설	독 한문학 쇠퇴론(讀漢文學衰退論)	청암(淸庵)	
1914.07.21	논설	독한문학쇠퇴론(讀漢文學衰退論)에 대(對)하야	오진관(悟眞館) 주인	
1916.08.23	사설	문언경고(文言警告)	우당	2회

위의 논설들은 대부분 전통 시학의 쇠퇴를 안타까워하고, 이를 부활해야 한다는 논리를 담고 있다. 이 점은 식민지 교육 정책이나 언어 정책에도 그대로 나타난다. 조선에서의 교육 부진을 논박하면서도 과학 교육보다 도덕 교육이 우선시되어야 한다는 논리[64]를 끊임없이 펼치고 있으며, 정치와 교육[65]의 분리를 주장한다. 이러한 주장은 오직 교육 통제에 목적이 있었을 뿐, 교육 발전과는 관련이 없다. 통감시대부터 지속되어 온 사립학교(또는 사숙) 통제, 교과서 통제 등도 이를 뒷받침한다. 언어 정책에서도 일본어 보급 정책이 최우선 과제이며, 조선에서의 한문 부활, 유교 부흥을 외친다.[66]

유교주의(儒敎主義)의 부활을 강조한 학문과 교육 통제는 종교에 대한 태도에도 적용된다. 1910년대 『매일신보』에 등장하는 종교 담론 가운데 두드러진 것은 기독교에 대한 부정적 시각이다. 다음과 같은 자료는 이러한 경향을 드러낸다.

【 1910년대 『매일신보』의 종교 담론 자료 】

1911.09.09	논설	기독교인(基督敎人)의 친목(親睦)		기독교
1911.09.15	논설	기독교도(基督敎徒)의 화합(和合)		기독교
1911.09.29	논설	경고승려(警告僧侶)		불교
1912.02.02	논설	기독교 학교		기독교

---

64) 『매일신보』, 1910.12.28, '도덕적 교육(道德的 敎育)'; 1917.3.27~4.8, '조선교육혁정론(朝鮮敎育革正論)' 등.
65) 『매일신보』, 1911.5.14, '政治과 敎育'; 1916.10.11, '선인교육(鮮人敎育)에 취(就)하야' 등.
66) 이에 대해서는 허재영(2011), 『일제 강점기 어문정책과 어문생활』(도서출판 경진)에서 다룬 바 있다.

1912.02.13	논설	승려의 현상		불교
1912.02.22	논설	경고 기독교도		기독교
1912.09.05	논설	기독교 신자		기독교
1913.01.17	논설	종교와 국체		정치
1913.01.30	논설	기독교청년회		기독교
1913.02.01	논설	공자교(孔子敎)의 부활(復活)		유교 (2회)
1913.02.19	논설	기독 청년의 화해		기독교
1913.03.04	논설	기독교주의 학교(基督敎主義學校)		기독교~3.8 (5회)
1913.06.01	논설	기독교회의 합동		기독교
1913.09.04	논설	신정(新政)과 기독교도		기독교
1913.10.14	논설	유교의 진흥(振興)		유교
1913.12.26	논설	조선통치 삼년: (20)기독교도		기독교
1914.04.10	논설	종교계(宗敎界)에 대(對)하야		4.14 (2회)
1914.06.27	논설	종교(宗敎)의 성질(性質)		
1914.10.23		조선 불교 종지(朝鮮佛敎宗旨)의 변천(變遷)	高橋亨 (경성고보교유)	불교(~11.7, 12회)
1915.01.07	기서	종교학생의 감상	金晶海 (일본동경 曹洞宗대학유학생)	
1915.01.14	논설	조선의 불교		불교 (2회)
1915.03.02	논설	내지의 종교 분포		
1915.04.10	논설	교육과 종교의 분리(分離)		5회
1917.05.29	사설	조선 유교 연원(朝鮮儒敎淵源)		유교

종교 관련 논설에서 주목할 점은 기독교와 불교에 대해 비판적이며, '공자교' 또는 '유교'를 종교로 간주하고 이의 부활을 외친다는 점이다. 그 이유는 기독교와 불교의 경우 식민 통치에 저항적인 입장을 취한 경우가 많았고, 유교의 교리에는 '충량한 신민'을 양성하는 데 필요한 도덕 질서가 내포되어 있다고 믿었기 때문이다. 다음을 살펴보자.

【 朝鮮統治參年 (二十) 基督敎徒 】

現在 朝鮮의 基督敎徒는 約 四十五萬에 達ᄒ며 宣敎師는 米, 英, 佛, 露, 獨 等 國에서 渡來흔 者ㅣ 約 五百名이오 布敎費로 外國에서 輸入ᄒᄂ 것이

每年 約百萬圓 外國 宣教師 下에 在ᄒᆞ야 此를 協力 布教에 從事ᄒᆞᄂᆞᆫ 朝鮮人
은 約 一千人, 四十四年 中에 朝鮮人의 喜捨金이 總計 二十四万 八千餘圓에
至ᄒᆞ니 其間에 <u>熱誠ᄒᆞᄂᆞᆫ 信徒도 不少ᄒᆞ나</u> 敎徒 中에 實際 敎育을 信仰ᄒᆞ야
入敎ᄒᆞᄂᆞᆫ 者보다 外國 宣敎師의 勢力에 攀然(반연)ᄒᆞ야 政治上 其他의 目的
을 達ᄒᆞ기 爲ᄒᆞ야 入敎ᄒᆞᄂᆞᆫ 者도 不少ᄒᆞ지라. 要ᄒᆞ건ᄃᆡ 倂合 前에ᄂᆞᆫ 自己
의 罪科를 免ᄒᆞ기 爲ᄒᆞ야 庇護를 求ᄒᆞᄂᆞᆫ 無賴의 徒가 有ᄒᆞ고, 宣敎師 中에
亦此를 奇貨로 認ᄒᆞ야 此等의 徒를 庇護흠에 努力흠으로 此로써 宣敎에
供흠이 亦 不少ᄒᆞᆫ 傾向이 不無ᄒᆞᆫ <u>故로 我 日本이 朝鮮 倂合에 對ᄒᆞ야 全</u>
<u>鮮人 敎徒 中이나 又 全 外國 宣敎師에도 多少 不快然ᄒᆞᆫ 者ㅣ 不無ᄒᆞ지라.</u>
外國 宣敎師ᄂᆞᆫ 亦 鮮人 傳道者를 養成ᄒᆞ기 爲ᄒᆞ야 神學校를 設ᄒᆞ얏스니 在
學生이 三百名이라. 彼等은 更히 傳道의 方便으로 男女 兒童의게 普通敎育
을 授ᄒᆞ기 爲ᄒᆞ야 各地에 小學 及 中學 程度의 學校를 設ᄒᆞᆫ 것이 約 五百,
在學者의 數가 約 四萬에 達ᄒᆞ얏ᄂᆞᆫᄃᆡ <u>倫理의 基本 삼ᄂᆞᆫ 것은 聖敎에 在흠으</u>
<u>로 一般 國民敎育으로는 遺憾이 不無ᄒᆞ지라.</u> 此 感情의 背馳와 敎育의 問題롤
如何히 홀ᄂᆞᆫ지 是가 倂合 以來로 總督 苦心ᄒᆞᄂᆞᆫ 바이라.

번역 현재 조선의 기독교도는 약 45만에 달하며, 선교사는 미국, 영국, 불란서, 러시아, 독일 등에서 도래한 자가 약 5백 명이요, 포교비로 외국에서 들어오는 것이 매년 약 100만 원, 외국 선교사의 아래에서 이를 도와 포교에 종사하는 조선인은 약 1천 명, 44년(1911년)에 조선인의 희사금이 총계 24만 8천여 원에 이르니, 그동안 열성적인 신도도 적지 않으나, 교도 중에는 실제 교육을 신앙하여 입교하는 자보다 외국 선교사의 힘에 이끌려 정치상 기타 목적을 달성하기 위해 입교하는 자도 적지 않다. 요약하건대 병합 전에는 자기의 죄과를 면하기 위해 비호를 구하는 무뢰한 무리가 있고, 선교사 중 이를 기화로 인식하여 이들 교도를 비호하는 데 노력하여, 이로써 선교의 기회를 삼은 것이 적지 않은 경향이 없지 않다. 그러므로 우리 일본이 조선을 병합한 것에 대해 같은 조선인 교도 중 또는 같은 외국 선교사 중에 다소 불쾌하게 하는 자가 없지 않다.

외국 선교사는 또한 조선인 전도자를 양성하기 위해 신학교를 설립하였으니 재학생이 3백 명이다. 이들은 다시 전도의 방편으로 남녀 아동에게 보통교육을 하기 위해 각지에 소학 또는 중학 정도의 학교를 설립한 것이 약 5백 개, 재학자가 약 4만에 이르렀는데, 윤리의 기본을 삼는 것이 성경교리에 있으므로 일반 국민교육으로 볼 때는 유감이 없지 않다. 이에 감정의 배치와 교육 문제를 어떻게 할지 그것이 병합 이후 총독이 고심하는 바이다.

—'조선총치 삼년: (20) 기독교도', 『매일신보』, 1913.12.26

이 자료는 1911년 전후의 기독교 교세(敎勢)와 식민지 종교 정책의 방향을 보여준다. 정확한 통계라고 보기는 어렵지만 이 시기 기독교인은 45만 명, 기독교와 관련된 학교가 5백여 개, 이들이 운영하는 학교의 재학생 수가 4만 명으로 추산되고 있다. 이 기독교계 학교의 경우 성경교리에 충실하여 식민 통치에 필요한 국민교육을 수용하지 않는다는 것이다. 이 점은 식민 당국과 기독교계의 갈등을 의미하며, 식민 정책에서 기독교 통제 정책이 등장하는 요인이 되는 셈이다. 이는 민족적인 성향을 띤 다른 종교도 마찬가지이다. 이 점에서 종교 정책도 일제의 식민 통치 정책의 주요 과제의 하나가 된 셈이다.

5.2. 1920년대 『동아일보』의 학술 담론

이른바 문화통치기인 1920년대는 『동아일보』, 『조선일보』, 『시대일보』 등에 비교적 다양한 학술 담론이 분포한다. 특히 1920년대 『동아일보』는 식민 상황 속에서 제한적이나마 근대 지식의 발전된 면모를 보이는 자료가 다수 발견된다. 이는 이 신문이 창간 당시부터 '조선 민중의 표현 기관으로 자임함, 민주주의를 지지함, 문화주의를 제창함'을 슬로건으로 하여 민중 계몽지를 자임했기 때문으로 풀이된다.[67]

『동아일보』의 학술 담론은 이전의 다른 신문에서 볼 수 없는 특징이 있다. 그 가운데 하나는 사상, 과학 분야의 연재물이 많다는 점이다. 예를 들어 '구주사상의 유래'는 84회에 걸쳐 연재되었고, '니콜라에 레닌은 엇더한 사람인가'는 61회에 걸쳐 연재되었다. 이와 같은 연재물은 소설이나 역사물, 일부 번역물(『황성신문』에 연재된 '일본유신삼십년사')을 제외하면 이 시기까지 가장 방대한 분량으로 풀이된다. 1920년대 전반기 『동아일보』에 연재된 대표적인 학술 담론을 정리하면 다음과 같다.

【 1920년대 전반기 『동아일보』 연재 학술 담론 】

일자	횟수	필자	제목	분야	특징	원문
1922.03.10 ~06.22	84		구주사상(歐洲思想)의 유래(由來)	사상	철학	
1921.06.03 ~08.31	61		니콜라에 레닌은 엇더한 사람인가.	사회주의		레닌
1920.05.19 ~09.01	55	三宅雪嶺 原作－기자 번역	우주(宇宙)	학문	번역	일본
1921.09.01 ~10.29	46		불란서(佛蘭西)의 혁명(革命)과 문학(文學)의 혁명(革命)	문학		
1923.09.28 ~12.00	40	이병도(기서)	조선사 개강(槪講)	역사		
1921.05.15 ~06.30	37	정언생(신정언)	태서교육(泰西敎育)의 사적관찰(史的觀察)	교육사		
1922.05.11 ~06.23	37	이순탁(李順鐸)河上肇〈근세경제사상사론〉중	막쓰 사상(思想)의 개요(槪要)	사회주의	번역	마르크스
1922.09.05 ~10.13	30	이성환(李晟煥)	농촌문제(農村問題)	농촌		

---

67) 『동아일보』, 1920.4.1, '주지(主旨)를 선명(宣明)하노라'. 이에 대해서는 차상찬(1936)에서도 밝힌 바 있는데, 이 시기 동아보다 1개월 먼저 창간된 『조선일보』는 대정친목회의 기관지였다. 조선은 1923년 재정난으로 송병준에게 넘어간 뒤, 1924년 이상재(李商在)를 사장으로 맞이한 뒤부터 그 당시 사회주의 운동과 민족운동의 영향 하에 격렬한 논조를 펼치기 시작하였다.

일자	횟수	필자	제목	분야	특징	원문
1921.02.21 ~04.06	28	일기자(一記者)	제사계급(第四階級)의 해방(解放)과 불란서(佛蘭西) 대혁명(大革命)의 지위(地位)	계급		
1921.04.11 ~05.10	26		문화사상(文化史上) 미국독립전쟁(米國獨立戰爭)	역사		
1921.03.03 ~03.31	26	中澤臨用	정의(正義)와 자유(自由)와 재산(財産)	사상	번역	일본
1923.07.23 ~08.28	25	일본인 窒伏高信 氏의 〈社會主義 批判〉을 抄譯	사회주의비판(社會主義批判)	사회주의		
1922.08.29 ~09.23	22	최현배	우리말과 글에 對하야	언어	국문	
1921.04.20 ~05.14	20	조선은행 저 〈조선경제서〉 번역	근세(近世) 조선 상공업(朝鮮商工業)의 발달사(發達史)	경제	번역	일본
1921.11.07 ~12.18	19		이월혁명(二月革命)과 신사상(新思想)의 발달(發達)	사상		
1922.04.18 ~05.08	18	이순탁(李順鐸)	'맑쓰'의 유물사관(唯物史觀)	사회주의		마르크스
1923.01.19 ~02.09	16	이순탁(李順鐸)·河上肇 博士의 논문을 초역	자본주의(資本主義) 생산조직(生産組織)의 해부(解剖)	사회주의	번역	일본
1922.10.04 ~10.20	16	기서 이관용(李灌鎔) (독일에서 철학박사 이관용	사회(社會)의 병적현상(病的現象)	사회주의		
1921.05.11 ~05.30	16	호주 아델레드 대학교 교수 법학박사 문학박사 더블유 제티로 브라운=명저 〈근대입법의 정신〉	근대 입법(近代 立法)의 정신(精神)	법률	번역	
1922.01.01 ~01.24	15		현대정치요의(現代政治要義)	정치		
1922.06.13 ~06.30	15	일기자(一記者)·일본인 生田長江 本間久雄	부인문제(婦人問題)의 개관(槪觀)	여성	번역	일본
1922.07.12 ~08.07	14	이순탁(李順鐸)	맑쓰 이전(以前)의 경제사상(經濟思想)	사회주의		
1921.07.19 ~08.03	12	재동경 고영환(在東京 高永煥)·러셀(북경대 교수)	럿셀 씨(氏)의 재산론(財産論)과 감상(感想)	경제	번역	러셀
1922.02.24 ~04.05	11		사회주의(社會主義)와 개인주의(個人主義)	사회주의		
1922.07.03 ~07.16	11	일기자	자본주의(資本主義)의 해부(解剖)	경제		

일자	횟수	필자	제목	분야	특징	원문
1920.07.22 ~08.03	11	러셀	생장(生長)의 원리(原理)	사상	번역	러셀
1923.06.15 ~06.24	10	최정순(崔珵淳)기서	사회개조(社會改造)의 사회학적 고찰(社會學的 考察)	사회주의		
1923.08.30 ~09.09	10	남농(南農)	사회주의(社會主義)와 농업문제(農業問題)	사회주의		
1921.02.21 ~03.02	10		근세 민중정치(近世 民衆政治)의 의의(意義)와 가치(價値)	정치		
1923.07.04 ~07.12	9	신태악(辛泰嶽) (기서)· 佐野學 氏의 論文	사회주의(社會主義)와 민족주의(民族主義)	사회주의	번역	일본
1921.08.07 ~08.14	8	일기자 역·동경 일일 신문(東京 日日新聞)에 게재(揭載)된 早大 敎授 杉森孝次郎	경제(經濟)와 윤리(倫理)의 접촉점(接觸點)	경제	번역	번역
1920.07.11 ~07.20	8	오사카(大阪) 마이니치신보(每日申報)	예술(藝術)에 표현(表現)된 개성(個性)과 객관적 가치(客觀的價値)	예술	번역	일본
1920.08.04 ~08.12	8	러셀	교육(敎育)에 대(對)하여＝러셀의 교육론	교육	번역	러셀
1923.06.03 ~06.10	8	김영진(金泳植) 기서	민족주의(民族主義)의 장래(將來)	민족		
1921.02.28 ~03.06	7		현재 독일인(現在 獨逸人)의 심사(心思)와 태도(態度)	사상		
1920.04.20 ~04.26	7	염상섭(廉想涉)	노동운동(勞動運動)의 경향(傾向)	노동운동		
1921.05.01 ~05.09	7	서춘(徐椿)	신교육(新敎育)의 효과(效果)를 논(論)함	교육		
1923.09.19 ~09.25	7	홍리표(洪利杓)	무산계급사상(無産階級思想)과 소(小)쑐조아 사상(思想)	사회주의		
1922.02.23 ~03.03	7	공민(公民, 나공민)	아인스타인의 상대성원리(相對性原理): 세계(世界)의 삼대 괴물(三大怪物)	과학		아인슈타인
1921.08.16 ~08.22	6	杉森孝次郎 論文 譯載	인구문제(人口問題)의 신상식(新常識)	경제	번역	일본
1920.07.23 ~07.30	6	일기자(一記者) 역(譯)	역사(歷史)에 재(在)한 지리적 요소(地理的要素)	역사	번역	
1922.03.08 ~03.15	6	오사카 마이니치 도쿄 일일	현대 혼인문제(現代婚姻問題)의 연애(戀愛) 외(外)의 요소(要素)	여성	번역	일본
1921.03.21 ~03.28	6	유진희(俞鎭熙)	소작운동(小作運動)과 내용검규(內容檢窺)	노동운동		

일자	횟수	필자	제목	분야	특징	원문
1921.12.19 ~12.26	6	변희용(卞熙鎔)	농업 노동운동(農業勞働運動)의 국제화(國際化)	노동운동		
1920.04.12 ~04.18	6	동양대학 철학과 교수 야나기(柳宗悅)	조선인(朝鮮人)을 상(想)함	사상		
1922.11.13 ~10.19	6	양주동(梁柱東)	여자교육(女子敎育)을 개량(改良)하라	교육		
1920.09.07 ~09.15	6	솟말생	녀학생 문뎨	여성		
1921.12.08 ~12.13	5	만오생(晩悟生) 초역(抄譯)	민족생존권(民族生存權)	민족		
1922.03.24 ~04.07	5	양원모(梁源模)	농촌(農村)의 쇠퇴(衰頹)에 대(對)하야	농촌		
1922.07.31 ~08.05	5	만오생(晩悟生)	노동운동(勞働運動)의 사회적 욕구(社會的 欲求)	노동운동		
1922.07.17 ~07.21	5	영변 전일(寧邊 全一)	현대(現代)의 민족운동(民族運動)	민족		

총 51종의 학술 담론 가운데 16종은 번역한 글이며, 35종은 필자가 직접 쓴 글로 나타난다. 번역물은 러셀의 생장론, 재산론, 교육론을 제외하면 모두 일본인 저술의 경제서, 신문 기사 등을 대상으로 하였는데, 이는 이 시기의 지적 풍토를 반영한 것이라고 할 수 있다. 이 시기 러셀(Bertrand Russell, 1872~1970)은 북경대 교수로 재직하였는데,[68] 동아의 번역물도 이러한 배경과 관련이 있을 것으로 추정된다. 다른 번역물들은 경제사상, 사회사상 등과 관련된 일본인의 저술로, 신문 기자가 유학시절 배웠던 학문이거나 사회주의 사상의 유입에 따른 사상서가 많은 비중을 차지한다. 또한 '구주사상', '태서교육', '레닌', '사회주의 사상' 등과 관련된 글들은 번역물은 아닐지라도, 이 시기 유통되었던 서구 지식을 변용한 사례라고 할 수 있다.

---

68) 러셀은 경험적 실증주의, 물리적 실재론자로 알려져 있으며, 1919년 도나 블랙과 함께 중국을 방문하여 북경대에서 강의를 맡았다. 북경대 재직 기간에 대해서는 정확히 알려지지 않았으나, 1920년대 대중을 대상으로 한 다수의 철학 저서를 남겼는데, 『원자의 ABC The ABC of Atoms』(1923), 『상대성의 ABC The ABC of Relativity』(1925), 『내가 믿는 것 What I Believe』(1925), 『결혼과 도덕 Marriage and Morals』(1929) 등이 이에 해당한다.

이들 연재물을 주제별로 분류할 경우 사회주의, 사상, 경제 분야의 글이 많음을 확인할 수 있는데, 그 결과는 다음과 같다.

【 연재물의 주제별(학문 분야별) 분포 】

분야	편수	번역한 글
사회주의	12	2
사상	6	2
경제	5	4
노동운동	4	
교육	3	1
민족	3	
역사	3	1
여성	3	2
정치	2	
농촌	2	
문학	1	
교육사	1	
과학	1	
언어	1	
계급	1	
예술	1	1
법률	1	1
학문	1	1
계	51	15

주제별 분류에서 사회주의 사상과 관련된 것은 1920년대 시대사조와 밀접한 관련을 맺는다. 1차 세계대전 종료 후 '민족자결주의'가 유입되고, 3.1 독립운동의 좌절에 따라 지식인들의 사회주의에 대한 관심은 더욱 커졌다. 이러한 상황에서 소비에트 사회주의에 대한 경도(傾倒)가 이루어진 것은 자연스러운 일로 보인다. 그렇기 때문에 1920년대『동아일보』의 논설에는 '민족', '계급' 등의 용어가 빈번히 등장하며, 사회주의

사상가나 이론에 대한 소개도 빈번히 이루어졌다. 다음을 살펴보자.

【 니콜라이 레닌은 엇더한 사람인가 】

　레닌은 엇더한 사람인가. 好漢인가. 偉人인가. 아니라 惡漢인가. 怪物인가. 레닌은 現 露西亞 소피엣트 政府의 首席이오, 過激派의 頭領이라. 그 思想은 막쓰의 系統을 承하야 막쓰보다도 過激하며 그 政治는 專制政治를 破壞하야 그 우에 다시 獨裁政治를 施하나니 故로 政治로 思想을 觀하면 可히 相容치 못할 듯하며, 思想으로 政治를 觀하면 矛盾과 撞着이 一二에만 止치 아니토다. (…中略…) 孔子의 仁이며 基督의 愛가 그 時의 舊思想의 勢力을 그 時에 掃潔치 못ᄒ얏스며 소구라테쓰의 哲理며 루소의 理想도 ᄯᅩ한 그 時의 舊思想의 勢力을 壓頭치 못하얏도다. 그러나 最後의 勝利는 孔子의게 基督의게 又는 소쿠라테쓰의게 루소의게 歸하얏고, 管晏의 覇道로 猶太의 파리새로 又는 希臘의 소피시트(怪辯學派)로 佛蘭西의 루이로 歸치 아니하얏나니 此는 저들의 主張이 在來의 思想보다 眞理의 分量이 만히 包含된 까닭에 지나지 아니하도다. 그런즉 政治에 社會에 人類에 革命을 施하야 新世界를 開拓하랴는 레닌의 將來는 果然 如何히 될고? 此는 改造時代에 處한 吾人이 더구나 改革할 바가 他보다 幾倍가 더 만흔 吾人이 可히 注意하고 硏究치 아니치 못할 바이라. 그럼으로 이에 레닌의 平生과 思想을 記하야 讀者 諸氏의게 紹介하는 것이 無益의 勞가 안인 줄로 信하노라.

번역　레닌은 어떤 사람인가. 호한인가. 위인인가. 아니면 악한인가. 괴물인가. 레닌은 현재 러시아 소비에트 정부의 수석이요, 과격파의 두령이다. 그 사상은 마르크스의 계통을 이어 마르크스보다 과격하며, 그 정치는 전제정치를 파괴하여 그 위에 다시 독재정치를 실시하니 정치로 사상을 본다면 가히 용납하지 못할 것이며, 사상으로 정치를 관찰하면 모순과 당착이 한둘이 아니다. (…중략…) 공자의 인이며 크리스트의 사랑이 그 당시 구사상의 세력을 깨끗이 씻어내지 못했으며 소크라테스의 철리며 루소의 이상도 또한 그 당시 구사상의 세력을 압두하지 못했다. 그러나 최후의 승리는 공자에게, 크리스트에게, 또는 소크라테스에게, 루소에게 돌아갔고, 관자나 안자의 패도, 유태의 바리새, 희랍의 소피스트(괴변학파), 프랑스의 루이에게 돌아가지 않았으니, 이는 저들의 주장이 이전의 사상보다 잔리의 분량이 많은 까닭에 지나지 않는다. 그러므로 정치, 사회, 인류에게 혁명을 베풀어 신세계를 개척하려는 레닌의 장래는 과연 어찌될 것인가? 이는 개조시대에 처한 우리들이, 더구나 개혁할 바가 다른 사람들보다 몇 배가 더 많은 우리들이 가히 주의하고 연구하지 않으면 안 될 바이다. 그러므로 레닌의 평생과 사상을 기록하여 독자 여러분에게 소개하는 것이 무익한 일은 아닐 것이라고 믿는다.

—'니콜라이 레닌은 엇더한 사람인가', 『동아일보』, 1921.6.3

연재물의 서두에 속하는 이 글에서 필자는 레닌의 정치, 사상을 모순과 당착이라고 규정한다. 서두만을 읽을 경우 이 글의 의도는 레닌 사상을 부정적으로 비판하고자 하는 의도를 갖고 있는 듯하다. 그러나 필자는 레닌을 '공자, 기독, 소크라테스, 루소' 등과 같은 선구자의 반열에 두고, 개조시대에 처한 우리들이 연구해야 할 사람으로 규정했다. 특히 '신세계 개척'이라는 표현은 식민 통치기의 압제 상황에서 사회주의 철학이 우리를 구제할 방책이라고 믿었던 당시의 지식인들의 경향을 반영하는 것이라고 볼 수도 있다. 그러나 1920년대의 사회주의 사상은 일제에 의해 철저한 탄압을 받았다. 널리 알려진 것처럼 1925년의 '치안유지법'[69]이나 각종 검열을 통해 사회주의 이론이 전파되는 것을

---

69) 이 법은 "국체(國體)를 부인(否認) 우(又)는 불법(不法)으로 의회제도(議會制度) 급(及) 재판소(裁判所) 징병(徵兵), 사유재산(私有財産), 납세(納稅)의 제도(制度)를 파괴(破壞)할 목적(目的)으로 결사(結社)를 조직(組織)하고 우(又)는 차(此)에 가입(加入)한 者"(제1조)를 처벌하기 위한 법으로, 1925년 4월 22일에 공포되었다. 여기서 사유재산 부정, 결사 등은 사회주의 강령을 지칭한 것으로, 일제는 이 법이 공포되기 이전부터 제국주의에 위배되는 사회주의 세력을 탄압해 왔다. 그러나 이 법이 공포된 이후 그 강도가 훨씬 더 높아졌다.

막았는데, 1925년 이후의 학술 담론에서는 문예물의 사회주의 이론이 주를 이루고, 사회 경제사상으로서의 사회주의는 그 영향력을 상실할 수밖에 없었다.

이와 같이 식민 통치의 압박 속에서 다수의 철학 사상과 과학사상이 유입된 것은 식민 시대의 제한적 학술 발달 모습이라고 볼 수도 있다. 특히 '구주사상(歐洲思想)의 유래(由來)'나 신정언의 '태서교육(泰西教育)의 사적관찰(史的觀察)' 등은 철학사, 교육사적 차원에서 주목할 만한 논문이다. '구주사상의 유래'에서는 '제1장 그리스 사상, 제2장 그리스도교, 제3장 르네상스, 제4장 유리사상(唯理思想), 제5장 로만티시즘(낭만주의), 제6장 최근대 사상(현실사조, 독일사회주의, 문예사조, 자연주의, 세기말 철학 등)'으로 구성하여, 서양 철학사의 전반적인 흐름을 보여주고 있는데, 제5장과 제6장에서 문예사조를 강조한 면이 없지 않으나, 서양 지식사를 체계적으로 소개했다는 점에서 큰 의미가 있다. 또한 '태서교육의 사적 관찰'은 교육 사상가들의 교육 이론을 정리한 논문이다. 필자는 이 글을 쓴 동기를 다음과 같이 밝히고 있다.

【 泰西敎育의 史的觀察 】

무릇 敎育이 神聖이라 함은 다만 愚者를 使之智하며 惡者를 使之德하며 弱者를 使之强함으로써만 云함이 아니라 敎育은 獨特한 民族性에 反치 못하며 敎育은 獨特한 國風에 離치 못하며 敎育은 獨特한 歷史를 無視치 못함으로써 完全한 敎育이 되나니 敎育은 如斯히 不休의 名譽와 不朽의 精神生活이 有한 故이로다. 그럼으로 敎育에는 軍國主義이니 資本主義이니 侵略主義이니 領土主義이니 하는 者 敢히 其 神聖을 侵入하며 破壞치 못하는 것이라. 싸라서 敎育은 何時든지 平等쑨이라 하노라. 然이나 敎育도 一定한 準則이 無할진대 浩浩大洋에 羅計盤(나계반)이 無한 船과 如하야 其止할 바를 不知함으로써 도로혀 文化事業과 人智發達에 多大한 害毒을 與할 憂가 不無하도다. 然즉 先天的으로 禮義에 强하며 孝悌로써 美德을 作한

我 半島民族의게는 如何한 教育說을 採用하며 如何한 教育制를 施行함이 可할 者인가. 況且 向學熱이 沸騰하야 教育事業으로써 一大 使命을 作하며 一大 輿論을 起한 今日에 至함이리오. 是等의 問題를 決코저 한즉 반다시 教育學의 原理를 準據치 아니치 못할지나 教育說의 進步 發達과 教育制의 推移 變遷을 坮한 考察치 아니치 못할지니 然즉 教育史 先賢의 主義 主張을 學할 必要가 有하도다.

번역 무릇 교육이 신성하다고 하는 것은 단지 어리석은 자를 지혜롭게 하며 악한 자를 덕스럽게 하며 약자를 강하게 하는 것만 일컫는 것이 아니다. 교육은 독특한 민족성을 위반하지 못하며 독특한 국풍을 떠나지 못하며 독특한 역사를 무시하지 않아야 완전한 교육이 되니, 교육은 이처럼 쉬지 않는 명예와 썩지 않는 정신생활이 있는 까닭이다. 그러므로 교육에는 군국주의, 자본주의, 침략주의, 영토주의 등과 같은 것이 감히 그 정신을 침입하며 파괴하지 못하는 것이다. 따라서 언제든지 교육은 평등만을 지향한다. 그러나 교육도 일정한 준칙이 없으면 넓고넓은 바다에 나침판이 없는 배와 같이 그칠 바를 모르므로, 도리어 문화 사업과 인지 발달에 큰 해를 끼칠 우려가 없지 않다. 그러므로 선천적으로 예의에 강하며 효제로 미덕을 삼는 우리 반도민족에게는 어떤 교육설을 채용하며 어떤 교육제도를 실시하는 것이 가할 것인가. 하물며 또 향학열이 비등하여 교육사업을 일대 사명으로 삼고 일대 여론을 불러 일으킨 금일이겠는가. 이런 문제를 해결하고자 한다면 반드시 교육학 원리를 준거로 해야 할 것이나 교육설의 진보 발달과 교육제도의 추이 변천을 고찰하지 않을 수 없으니, 그러므로 교육사 선현의 주의와 주장을 공부할 필요가 있다.
—정언생, '태서교육의 사적관찰(1)', 『동아일보』, 1921.5.23

이 논문에서는 '피타고라스, 소크라테스, 플라톤, 아리스토텔레스, 플루타르크, 세네카, 키케로, 에라스무스, 루터, 몽테뉴, 라이프치히, 코메니우스, 밀턴, 로크, 루소, 칸트, 페스탈로치, 헤르바르트, 스펜서' 등의 교육설을 소개한 뒤, 3회에 걸쳐 '태서교육'의 개론을 연재하였다. 이를 고려할 때 이 논문은 『조양보』(1906)에 연재되었던 '태서교육의 내력' 이후 1920년대까지 서양의 교육 발달 과정을 이해할 수 있는 가장 정교한 논문이라고 볼 수 있다.

이와 함께 아인슈타인의 '상대성 원리'를 소개한 것도 흥미롭다. 필자(나공민, 羅公民[70])는 이 글이 신문사의 요청으로 통속적인 차원으로 쓴 글이라고 밝히고 있는데, 이를 살펴보면 다음과 같다.

【 아인스타인 相對性原理: 世界의 三大 怪物 】

亡國한지 二千年에 世界에 漂流하는 猶太사람. 最惡한 者이 想像할 만한 實際의 凌辱과 暴惡을 堪耐하야 온 지 長永하얏다. 그러나 보라. 方今 全世界의 人類를 支配하는 熱力이 誰某의 掌中에 잇는가. 世界的 危險, 世界的 完全, 世界的 煩悶, 世界的 恩澤이 모도 다 猶太 사람의 손에 잇다 하면 忘녕된 말이라 하겟스나 事實이 明瞭하니 奈何오. 倫敦 銀行에 首座를 占한 數百億의 小富豪를 指揮하야 世界의 中産階級을 驅使하고 萬國의 勞働者의 生産의 利潤을 橫領하야 그 富力이 日增月加ᄒ야 抵止하지 아니하니 世界의 屢億 人類는 로스 챠일드란 猶太種 한 놈을 當者롭게 하기 爲하야 無限한 苦痛과 艱難을 受하니 이 怪物이 엇지 世界的 危險이 아니며 世界的 煩悶이 아니리오. (…中略…) 世界에 偉大한 恩澤을 끼친 猶太人은 科學과 哲學에 速宜하야 數理와 實驗으로 相對性 原理라는 新學說을 提唱한 알베트 아인스타인이라. 物理學上에 一大 革命을 이리켜 뉴튼 以上의 貢獻을 하얏다. 宇宙의 現象을 觀察함에 從來의 '絶對'라는 夢想은 破壞하고 宇宙間의 萬般 事物을 相對的으로 論理하야 在來 物理學上의 寵兒 에텔을 放逐하고 理論上 差誤와 實驗上

---

70) 나공민(1890~1950): 본명은 경석(景錫). 일제 강점기 사회주의 운동가로, 여성 운동가인 나혜석의 오빠이다. 아버지는 나기정으로 일제 강점기 용인 군수를 지냈던 인물이며, 집안 형편과 아버지의 권유에 따라 나혜석과 함께 일본 유학을 하여, 1914년 도쿄 고등공업학교를 졸업하고, 1918년 신익희, 윤홍섭 등과 함께 독립운동 단체를 결성하기도 하였다. 1920년대에는 동아일보 기자로 활동하기도 하였다.

疑點을 氷解케 하야 多數한 學者의 腦力을 浪費하든 一切의 疑問에 的確하고 明瞭한 數理上 解釋이 神奇히 實驗上 結果와 附合하게 하얏다. (…中略…) 아인스타인은 獨逸에 生産된 猶太人으로 自然 國籍이 獨逸이더니 知覺이 나서 본즉 獨逸 內의 猶太族을 虐待함이 甚한지라. 十六歲 되얏슬 재에 自由로운 生活에 憧憬하야 瑞西에 移居하야 工科大學에서 數學과 物理學을 硏究하고 國籍까지 瑞西에 두고 그 나라 特許局의 技師가 되야 잇스면서 千九百〇五年에 그의 偉大한 創見이 始作되야 其後 十四年만에 即 千九百十九年에 英國 天文觀測臺의 實測에 依하야 그의 名聲이 世界에 震動하게 된 것이라. 氏는 伯林大學 敎授로 前 獨逸皇帝가 設立한 物理學研究所에 잇고 또 有名한 愛國者라 시오니스트 會員이 되야 猶太 再興 運動에 熱中한다고. 各國의 物理學 敎科書는 力學과 光學을 改造하야 相對性原理를 適用하게 되얏다 하고, 學者의 硏究가 盛行할 쑨 아니라 倫敦과 巴里의 職工과 被傭人은 뫼여 안지면 怠業을 圖謀하지 안이하면 아인 氏의 原理가 話柄이 된다 하고, 日本서도 物理學 敎科書를 今年부터 一齊히 新訂誤한다 하니 우리 朝鮮 사람도 그것이 무엇인가 不可不 아라야 할 것이라. 세계가 무슨 일로 써더는지 아라보는 것이 世界 사람의 뒤라도 싸라가는 張本이라. 그럼으로 新聞翁은 筆者에게 注文하되 相對性原理를 通俗的으로 平易하게 記述하야 一般 愛讀者에게 進呈하라 하니 筆者가 能히 堪當할는지.

번역 망국한 지 2천년 세계에 표류하는 유태 사람. 가장 악독한 자가 상상할 만한 실제의 능욕과 포악을 감내하여 온 지 오래되었다. 그러나 보라. 방금 전세계 인류를 지배하는 세력이 누구의 수중에 있는가. 세계적 위험, 세계적 완전, 세계적 번민, 세계적 은택이 모두 다 유태 사람의 손에 있다고 하면 망녕된 말이라 하겠지만, 사실이 명료하니 어찌하겠는가. 런던 은행에 가장 높은 자리를 차지한 수백억 소부호를 지휘하여 세계의 중산 계급을 부리고, 만국의 노동자의 생산적 이윤을 횡령하여 그 부력이 날로 증가하여 멈추지 않으니 세계의 수억 인류는 로스차일드라는 유태인 한 놈을 당하게 하기 위해 무한한 고통과 가난을 받으니 이

괴물이 어찌 세계적 위험이 아니며 세계적 번민이 아니겠는가. (…중략…) 세계에 위대한 은택을 끼친 유태인은 과학과 철학에서 신속하여 수리와 실험으로 상대성원리라는 신학설을 제창한 알버트 아인슈타인이다. 물리학상에 일대 혁명을 일으켜 뉴턴 이상의 공헌을 하였다. 우주의 현상을 관찰함에 종래의 '절대'라는 몽상을 깨뜨리고, 우주간 만반 사물을 상대적으로 논리하여 지금까지의 물리학상 총아였던 에테르를 몰아내고 이론상 차이와 오류, 실험상의 의문점을 해소하여 다수의 학자가 뇌력을 낭비하던 일체의 의문에 적확하고 명료한 수리상 해석이 신기하게 실험상의 결과와 부합하도록 하였다. (…중략…) 아인슈타인은 독일에서 태어난 유태인으로 자연히 국적이 독일이었는데, 지각이 나서 보니 독일 내의 유태족 학대가 심했다. 16세가 되었을 때에 자유로운 생활을 동경하여 스위스로 이주하여 공과대학에서 수학과 물리학을 연구하고 국적도 스위스로 바꾸고 그 나라의 특허국의 기사로 있으면서 1905년 그의 위대한 연구를 시작하였다. 그 후 14년만에, 곧 1919년 영국 천문관측대의 실측에 의해 그의 명성이 세계에 진동하였다. 그는 베를린대학 교수로 전 독일 황제가 설립한 물리학연구소에 있으며, 또 유명한 애국자로 시오니스트 회원이 되어 유태 재흥 운동에 열중한다고 한다. 각국의 물리학 교과서는 역학과 광학을 개조하여 상대성원리를 적용하게 되었다고 하고, 학자의 연구가 성행할 뿐 아니라 런던과 파리의 직공과 피고용인은 모여 앉으면 태업을 도모하지 않으면 아인슈타인의 원리가 화제가 된다고 하며, 일본서도 물리학 교과서를 금년부터 모두 새로 정정한다고 하니 우리 조선 사람도 그것이 무엇인지 불가불 알아야 할 것이다. 세계가 무슨 일로 떠드는지 알아보는 것이 세계 사람의 뒤라도 따라가는 본이 될 것이다. 그러므로 신문사에서 필자에게 주문하되 상대성원리를 통속적으로 평이하게 기술하여 일반 애독자에게 알리라고 하니 필자가 능히 감당할 수 있을지.

—공민, '아인스타인'의 상대성 원리: 세계의 삼대 괴물,
『동아일보』, 1922.2.22~23

이 논문은 '세계의 삼대 괴물'이라는 서두의 말과 함께, '천문학의 혁신', '에텔 부인설', '철학 상 의식', '최대 속도', '시간과 공간의 관념' 등으로 구성되었다. 그 가운데 서두의 '삼대 괴물'은 아인슈타인의 위대성을 소개하면서도 이 시대의 사회사상 사조를 그대로 드러내고 있다. 독일을 비롯한 제국주의 인종론자들이 빈번히 들먹였던 '유태인 폄하', 아인슈타인의 '애국성', 로스차일드의 금융업에 대한 수탈적 인식, 직공과 피고용인에 대한 계급적 인식 등은 상대성원리의 본질과는 관련이 없다. 그럼에도 이를 장황하게 거론하는 것은 이 시대 지식인들의 의식 구조를 반영하는 셈이다. 그럼에도 연재 마지막 회(1922.3.3)에서 상대성 원리에 따른 '시간과 공간 관념'이 같은 사건을 상이하게 볼 수도 있고, 상이한 사건을 같게 볼 수도 있음을 밝힌 점은 계몽적 차원에서 일제 강점기의 과학 이론 소개가 갖는 의미 중의 하나가 될 것이다.[71]

이와 같이 『동아일보』의 학술 담론은 근대 계몽기의 학리를 좀 더 체계화할 수 있는 가능성을 보여준 것으로 보인다. 그럼에도 이 시기 학술 담론은 식민통치에 따른 지적, 사상적 통제로부터 자유로울 수 없었고, 1920년대의 민족론이나 사회주의론이라는 시대사조를 쉽게 극복하기 어려웠다. 특히 사상통제가 강화되면서 1920년대 후반기로부터 1930년에 이르기까지의 학술 담론은 주로 역사와 문예, 고전 부흥론 등과 같이 현실 정치와 괴리를 둔 분야에 집중되는 경향도 나타난다. 이는 1930년대 『동아일보』, 『조선일보』의 학술 담론이 비슷하다. 더욱이 식민 상황에서 심오한 학리 발전이 가능하지 않고, 노동자·농민 문

---

71) 『동아일보』, 1922.3.3, 공민, '아인슈타인의 상대성원리(7)'에서는 "總言하면 空間과 時間의 連續的 變化와 觀測者의 狀態에 隨하야 同一한 事件을 相異하게 觀察하기도 하고, 相異한 것을 同一하게도 觀察하야 宇宙의 千態萬象은 眞實한 것이 一義的이나 사람의 觀察은 그의 處地와 形便에 隨하야 오히려 複雜하다 함이외다(총언하면 공간과 시간의 연속적 변화와 관측자의 상태에 따라 동일한 사건을 상이하게 관찰하기도 하고, 상이한 것을 동일하게도 관찰하여 우주의 천태만상은 진실한 것이 하나이지만 사람의 관찰은 그의 처지와 형편에 따라 오히려 복잡하다고 한 것입니다)."라고 하였다.

제의 경우도 학리적인 문제라기보다 문자보급을 통한 상식 보급이 우선시되어야 하는 상황이었으므로, 1920년대 이후 1930년대까지의 계몽운동은 학문지(學問知)나 사상(思想) 발전의 문제보다 문맹퇴치가 주목을 받는 상황이 되었던 것으로 보인다.

제5장 한국 근현대 학문의 장 2

: 학회보

고경민

1. 근대의 학회보(잡지)의 학술 담론

1.1. 학회보와 잡지의 개념과 대상

사전적인 의미에서 잡지(雜誌)는 '일정한 이름을 가지고 호를 거듭하며 정기적으로 간행하는 출판물'로 정의되며, 책의 성격에 따라 다양한 내용의 글이 실리며, 간행 주기에 따라 주간·순간·월간·계간으로 나눌 경우가 많다. 이에 비해 회보(會報)는 '회에 관한 일을 그 회원에게 알리는 보고. 또는 그런 간행물'로 정의된다. 따라서 '학회보'(이 단어는 아직까지 사전에 등재된 용어는 아니다.)는 학회의 회보를 의미하는 것으로 해석할 수 있다. 이처럼 학회의 회보와 잡지는 동의어나 유의어가 아니기 때문에 이 두 유형의 매체를 어떻게 보아야 할지는 연구하는 사람의 태도에 따라 상이한 판단이 있을 수 있다. 그러나 근대 계몽기의 학술 단체(또는 독립협회와 같은 계몽운동 단체)의 회보와 상업성을 띤 잡지를 구분하는 것은 큰 실익이 없다. 이 점은 한국잡지협회(1972)에서 잡지의 성격을 "잡지(magazin)란 근대 문화의 산물이며 또한 서구 문화의 영향으로 발생된 새로운 문화 형태의 하나"라고 규정한 데서도 그 근거를 찾을 수 있다. 이 점에서 근현대 학문의 장(場)을 논의하는 이 자리에서는 학회보와 잡지를 구분하지 않고 같은 유형으로 다루고자 한다.[1]

한국잡지협회(1972)의 설명과 같이 잡지(학회보를 포함하여)는 근대 문화의 산물이다. 이 점은 한국의 잡지 발달사를 논의한 선행 연구에서 대부분이 공감하는 바이다. 잡지 발달사에 관한 최초의 논문은 이종수(1934, 1936)의 '조선잡지발달사'로 보인다. 이종수(1934)에서의 잡지 발달 시대 구분은 연대순을 따르고 있으나 1910년 이전의 잡지사를 '정치 잡지 시대(1896~1907)'와 '문예(계몽) 잡지 시대(1909~1910)'으로 나눈 점이 흥미롭다. 정치 잡지 시대의 주요 잡지로 『독립협회월보』(대조선독립협회회보를 말함), 『한성월보(漢城月報)』(1899년경 창간),[2] 『수리학잡지(數理學雜誌)』, 『가정잡지(家庭雜誌)』(상동 청년회), 『야뢰(夜雷)』(보성각), 『조양보(朝陽報)』, 『서우(西友)』, 『기호학회월보』, 『동경유학생회회보』, 『자강회보』, 『법정학계』(보성전문 발행), 『대한학회월보』 등과 외국인 발행의 『Korean Review』(미국인 흘법(訖法, 헐버트) 발행), 『Korean Repository』(F. 올링거 발행), 『Korean Mission Field』(1905.7. 장로파 미국인 발행) 등이 있었다고 기술하였다. 이들 잡지는 극히 일부를 제외하고 현재 발굴되어 연구 대상이 되고 있는데, 이러한 잡지는 대체로 특정 단체의 회보나 학술 단체의 학회보일 경우가 많다.

이 점에서 근대 계몽기의 잡지는 학술지와 같이 다양한 학술 담론을 담고 있는데, 이 시기 신문의 학술 담론이 논설이나 번역 형태를 띤

---

1) 근대 계몽기의 특정 매체가 잡지인지 아니면 신문인지 논란이 되는 경우가 있다. 예를 들어 『조양보』의 경우 제명(題名)에 '보(報)'가 들어 있고, 월2회 발행된 점을 고려한다면 신문 유형으로 분류하는 것이 적절하다. 그렇지만 이 매체에 시사성보다 학술적인 논의를 포함한 것이 더 많다는 점을 고려한다면 굳이 신문으로 분류하여 얻을 실익이 떨어진다.
2) 현재 이 잡지에 대해서는 더 이상 밝혀진 바가 없다.

데 비해, 잡지의 학술 담론은 근대 학문 분야별 학리를 소개한 경우가 많은 점이 특징이다. 이러한 차원에서 구장률(2012)에서는 근대 초기의 잡지와 분과 학문의 형성을 주제로 이 시기 학술 담론을 수집하여 분류하기도 하였다. 구장률(2012)의 분류 체계는 근대 계몽기의 학문 분류 체계와 현대의 학문 분류 체계를 혼합한 방식3)으로 볼 수 있는데, 이 시기 학문 분야가 전문화되는 과정에서 현대와는 다른 분야가 존재할 수밖에 없는데,4) '격치학(格致)', '지문(地文)' 등이 대표적이다.

이를 고려하여 이 책에서는 근대 계몽기 학회보(잡지)를 전수 조사하고, 그 속에 들어 있는 학술 담론을 분야별로 분류하고자 하였다. 이 시기 발행된 것으로 알려진 잡지는 대략 30여 종에 이르는 것으로 보이는데, 이 가운데 국내의 단체가 발행한 것 22종, 해외에서 발행한 것 9종이 확인된다. 이들 목록을 제시하면 다음과 같다.

【 근대 계몽기 각 단체의 학회보(잡지) 목록 】

ㄱ. 국내 단체

번호	학회보 이름	창간호	종간호	발행 단체	단체 소재
1	대조선 독립협회회보 (大朝鮮 獨立協會會報)	1896.11.30 (제1호)	1897.08.15 (제18호)	대정동출판사 (大貞洞出版)	정동(貞洞)

---

3) 구장률(2012), 『근대 초기의 잡지와 분과 학문의 형성』, 소명출판. 이 책에서는 분과 학문을 인문학(문학, 철학, 언어학, 국가학, 정치학, 사회학, 경제학, 법률학, 교육학, 심리학, 윤리학, 가정학, 농학, 삼림학 14분과), 자연과학(과학, 수학, 물리학, 화학, 화학, 천문학, 지리·지문학, 식물학, 동물학, 광물학, 생리학, 위생학 11분과)으로 나누었다. 이 분류 기준은 근대 계몽기의 학문 분류 체계와 현대 학문 분류 체계가 섞여 있는 것으로 보이는데, '국가학'과 '정치학'의 경계, '지리학'과 '지문학'을 묶은 점 등이 이에 해당한다. 달리 말해 '국가학'을 독립한 학문으로 볼 것인지, '지리'와 '지문'을 같은 성격으로 규정할 것인지 등은 논란이 있을 수 있다.

4) 이 문제에 대해서는 구장률(2012) 제2장 '과학으로서의 학문과 분류의 체계'에서도 비교적 자세히 논의된 바 있다.

번호	학회보 이름	창간호	종간호	발행 단체	단체 소재
2	대한자강회월보 (大韓自强會月報)	1906.07.31 (제1호)	1907.07.25 (제13호)	제국신문사(帝國新聞社) 인쇄, 대한자강회사무소 (大韓自强會事務所) 발행	한성 중서하한동 제국신문사 내
3	소년한반도 (少年韓半島)	1906.11.01 (제1호)	1907.04.01 (제6호)	소년한반도사(少年韓半島 社) 발행소는 김상만서포, 주한영서포, 대한매일신 보사, 보문관 등)	임시 사무소 돈화문 보광학교
4	서우(西友)	1906.12.01 (제1호)	1908.01.01 (제14호) [개명] 서북학회월보 : 1908.05.01 (제17호)	서우학회(西友學會), 보성 사 인쇄	한성 남부
5	야뢰(夜雷)	1907.02.05 (제1호)	1907.06.05 (제6호)	야뢰보사	경성
6	한양보(漢陽報)	1907.09.01 (제1호)	1907.10.20 (제2호)	한양보사(일본인중심)	
7	대동학회월보 (大東學會月報)	1908.02.25 (제1호)	1909.09.25 (제20호)	경성일보사	한성남서
8	대한협회회보 (大韓協會會報)	1908.04.25 (제1호)	1909.03.25 (제12호)	홍필주(대한자강회 후신)	일한인쇄 주식회사
9	호남학보 (湖南學報)	1908.06.25 (제1호)	1909.03.25 (제9호)	신문관 인쇄국	한성 남부
10	기호흥학회월보 (畿湖興學會月報)	1908.08.25 (제1호)	1909.07.25 (제12호)	우문관	황성 중부 교동
11	소년(少年)	1908.11.01 (제1호)	1911.05.15 (제4권 제2호)	신문관	한성 남부
12	교남교육회잡지 (嶠南敎育會雜誌)	1909.04.25 (제1호)	1910.05.25 (제12호)	우문관 인쇄	황성 중부
13	보중친목회회보 (普中親睦會會報)	1910.06.10 (제1호)	1910.12.31 (제2호)	보중친목회 발행, 보성사 (普成社) 인쇄	한성북부 전동
14	독습일어잡지 (獨習日語雜誌)	1905.04.25 (제1호)	1905.12.05 (제8호)	한국경성학당 내 일어잡 지사(韓國京城學堂 內 日語 雜誌社), 동경인쇄주식회 사 요코하마 분사(東京印 刷株式會社 橫濱分社)	일본 요코하마
15	가정잡지 (家庭雜誌)	1906.06.26 (제1호)	7호 발행/ 속간호 (미상)	가정잡지사(家庭雜誌社)	경성 남대문
16	대동보(大同報)	1907.05.01 (제1호)	1908.01.25 (제6호)	대동보사	구장률(2012) 참고

번호	학회보 이름	창간호	종간호	발행 단체	단체 소재
17	교육월보 (教育月報)	1908.06.25 (제1호)	1908.12.25 (제7호)	한성교육월보사	이길상·정순 우(1991) 참고
18	자선부인회잡지 (慈善婦人會雜誌)	1908.08.05 (제1호)	미상	자선부인회	구장률(2012 참고
19	장학월보 (獎學月報)	1908.01.20 (제1호)	1908.05.20 (제5호)	장학월보사	경성
20	공업계(工業界)	1908.01.28 (제1호)	1908.04.28 (제3호)	공업월보사(박찬익, 최경 집)	중부 교동
21	대한구락 (大韓俱樂)	1907.04.20 (제1호)	1907.07.20 (제2호)	대한구락부 임시 사무소, 탑인사 인쇄	한성 남서 장교
22	법정학계 (法政學界)	1907.05.05	미상	보성전문	보성전문

ㄴ. 유학생 단체 및 기타

번호	학회보 이름	창간호	종간호	발행 단체	단체 소재
1	친목회회보 (親睦會會報)	1896.02.15 (제1호)	1898.04.15 (제18호)	대조선재일유학생친목회	일본 동경
2	태극학보 (太極學報)	1906.11.24 (제1호)	1908.11.24 (제26호)	편집 겸 발행: 장응진, 교문관 인쇄	일본 동경
3	공수학보 (共修學報)	1907.01.30 (제1호)	1908.03.20 (제5호)	현집인 강전(姜荃), 발행인 조용 은(趙鏞殷), 인쇄인 윤태진(尹台 鎭), 명문사(明文舍)	일본 동경
4	대한유학생회학보 (大韓留學生會學報)	1907.03.03 (제1호)	1907.05.20 (제3호)	대한유학생회(大韓留學生會), 편집인 최남선(崔南善), 발행인 유승흠(柳承欽), 인쇄인 문내욱	일본 동경
5	동인학보 (同寅學報)	1907.07.01 (창간호)	미상	편집 겸 발행인 구자학(具滋鶴), 인쇄인 김진용(金晉庸), 동인학 회(同寅學會)	일본 동경
6	낙동친목회학보 (洛東親睦會學報)	1907.10.30 (제1호)	1908.01.30 (제4호)	편집 겸 발행인 김영기(金永基), 인쇄인 김용근(金容根), 발행소 명문사(明文舍)	일본 동경
7	대한학회월보 (大韓學會月報)	1908.02.25 (제1호)	1908.11.25 (제9호)	편집인 유승흠(柳承欽), 발행인 강전(姜荃), 인쇄인 고원훈(高元 勳)	일본 동경
8	대한흥학보 (大韓興學報)	1909.03.20 (제1호)	1910.05.20 (제13호)	편집인 이승근(李承瑾), 발행인 고원훈(高元勳), 인쇄 강매(姜 邁), 대한흥학회 인쇄소	일본 동경
9	자신보(自新報)	1907.10.20 (제1호)	미상	편집인 박일삼, 발행인 손창희	호놀룰루

앞에서 언급한 바와 같이, 근대 계몽기 잡지 중에는 영문으로 발행한 몇 종의 잡지가 더 있다. 한국잡지협회(1972)에서 기술한 바와 같이, 『코리안 레포지토리』 제1권 제4호의 'Buddism Restoration in Chyoson(조선에서의 불교의 재흥)'이나 제2권 제8호의 'Dolmens and Other Antiquities of Korea(한국의 고인돌과 고대문화)' 등은 종교학이나 문화학의 차원에서 귀중한 자료가 될 수 있다. 또한 1897년 2월 창간된 『조선 그리스도인 회보』, 1901년의 『신학월보』, 1907년의 『성경강론월보』, 1908년의 『경향잡지』 등도 종교사의 관점에서 주목할 만한 잡지들이다.5) 이에 대해서는 추후 별도의 연구를 진행하고자 한다.

1.2. 학문 분야별 학술 담론의 분포와 특징

근대 계몽기 학회보는 시대별, 단체별, 예상 독자별 특징을 보이는데, 초기의 『대조선독립협회회보』와 『친목회회보』는 당시의 신문처럼 논설 형태의 학술 담론이 많은 데 비해, 1905년 이후의 학회보들은 '학해(學海)', '학성(學成)' 등의 학술란을 별도로 두어, 근대의 학문 분야별 지식을 소개한 경우가 많다. 이 가운데 『자신보』와 『대동보』6)를 제외한 29종의 학회보를 대상으로 692종의 분야별 학술 담론 자료를 정리하였다. 구장률(2012)에서의 정리와는 큰 차이가 있었는데,7) 그 이유는 각

---

5) 이밖에도 한국잡지협회(1972)의 『한국잡지총람』에서는 『경성고아원주보』(1909년경), 『상공월보』(1909년경), 『천도교회월보』(1910년 창간, 천도교중앙총본부에서 영인한 바 있음), 『원종(圓宗)』(1910년경) 등이 있었음을 밝힌 바 있다. 이와 함께 『대한흥학보』 제1호(1909.3)에 광고된 『상학계(商學界)』(대한흥학회에서 발행한 상학 전문 잡지)와 같은 잡지도 현재까지 소장처가 확인되지 않고 있다.

6) 『자신보』와 『대동보』는 구장률(2012)에서 논의된 바 있으나, 연구 자료를 확보하지 못한 상태임.

7) 구장률(2012)에서는 연대순으로 자료를 정리하였으며, 이에 따라 『친목회회보』(12), 『대조선독립협회회보』(3), 『수리학잡지』(1), 『조양보』(4), 『대한자강회회보』(12), 『태극학보』(21), 『가정잡지』(1), 『소년한반도』(18), 『서우』(4), 『야뢰』(8), 『대한유학생회학보』(3), 『대한구락』(1), 『공수학보』(3), 『법정학계』(22), 『낙동친목회회보』(6), 『장학보』(2), 『대한학

학회보(잡지)에 대한 전수 조사 결과 선행 연구에서 누락된 것을 포함했기 때문이며, 또한 논설부에 실려 있지만 내용상 학술 담론으로 처리해야 할 것들이 많았던 데도 요인이 있다. 정리한 자료의 분포는 다음과 같다.

【 근대 학회보(잡지)의 학술 담론 조사 결과 】

학회보명	국내	유학생	계
대동학회월보	47		47
대한협회회보	44		44
대조선독립협회회보	41		41
서우	39		39
기호흥학회월보	30		30
대한자강회월보	28		28
소년한반도	24		24
법정학계	22		22
소년	21		21
조양보	21		21
호남학보	17		17
야뢰	16		16
교남교육회잡지	15		15
보중친목회회보	11		11
교육월보	5		5
수리학잡지	4		4
가정잡지	3		3
공업계	3		3
자선부인회잡지	2		2

회월보』(9), 『대동학회월보』(16), 『대한협회회보』(16), 『호남학보』(7), 『서북학회월보』(9), 『교육월보』(5), 『자선부인회잡지』(1), 『기호흥학회월보』(15), 『소년』(4), 『공업계』(3), 『대한흥학보』(5), 『교남교육회잡지』(3), 『보중친목회회보』(9) 등 29종의 잡지를 대상으로 223종의 학술 담론을 정리하였다. 구장률(2012)의 조사와 큰 차이가 나는 이유는 선행 조사가 전수 조사를 표방한 것이 아니기 때문에 누락된 경우가 많이 발견되었고, 일부 자료는 각 잡지의 편집 체계를 고려할 때 학술 관련 부문에 실려 있어야 할 것으로 보이나, 실제로는 논설부에 실려 있는 경우도 상당수 발견되어 그것을 포함했기 때문이다.

학회보명	국내	유학생	계
장학보	2		2
대한구락	2		2
한양보	1		1
태극학보		107	107
공수학보		45	45
친목회회보		35	35
대한학회월보		34	34
대한흥학보		27	27
대한유학생회학보		23	23
낙동친목회학보		17	17
동인학보		6	6
계	398	294	692

자료의 분포를 볼 때, 국내에서 발행된 학회보(잡지)에서 찾은 학술 담론은 398종이었고, 유학생 단체가 발행한 학회보에서 찾은 담론은 294종이었다. 비록 잡지의 발행 횟수가 불규칙하고 불안정한 상태로 연재된 글이 많기 때문에 이를 기준으로 이 시기 학문 수준을 가늠하는 일이 쉽지는 않다. 그렇지만 갑오개혁 이후 국권 침탈의 시대 상황에서 다수의 학회보(잡지)가 발행되었고, 상당량의 학술 담론이 펼쳐졌다는 점은 학술 발달을 통한 애국계몽운동을 전개하고자 했던 지식인들의 태도를 엿볼 수 있는 대목이다. 특히 각 학술 담론의 주요 주제를 학문 분야별로 분류할 경우, 이 시기 지식인들이 관심을 가졌던 문제가 어떤 것들이었는지를 추론할 수 있다.

분야별 분류는 국립국어원의 『표준국어대사전』 '전문용어' 분류 체계를 준거로 하고, 이 체계를 적용하기 어려울 경우 유길준(1895)의 '학업하는 조목', 권보상(1908)의 '법학용어해' 앞부분에 포함된 분류 용어를 사용하였다. 이에 따라 현대 학문 분류 체계에서는 사용하지 않는 '격치'(이과에 해당하는 격물과 철학적인 관점의 치지가 분화되지 않은 경우), '생리'와 '위생'을 합친 '생리위생'을 두었으며, '과수, 원예, 식림, 양잠'

등을 모두 '농업'으로 처리하였다. 대분류의 관점에서 '식물'과 '동물'을 포괄하는 '생물' 분야를 설정하는 것이 타당하나, 이 시기 학술 담론에서 생물 전반에 관한 논의가 이루어진 경우가 적은 대신 '동물'이나 '식물'로 한정하여 논의한 자료가 많기 때문에 이 세 분야는 별도로 설정하였다. 흥미로운 것은 이 시기 편찬된 교과서에서도 '식물학'과 '동물학' 교과서는 다종이 발견되나 '생물학'이라는 명칭의 교과서는 나타나지 않는다는 점이다. 또한 '기타'로 처리한 자료는 '번역 텍스트'를 별도로 정리한 것인데, 이들 자료를 대상으로 이 시기 어떤 학문이 어떻게 수용되었는지를 살피는 데 활용하고자 하였다. 이에 따라 분류한 자료의 분포를 살펴보면 다음과 같다.

【 조사 결과의 학문 분야별 분포 】

분야	국내	유학생	계
정치(국가, 행정)	47	40	87
법	47	18	65
교육	33	28	61
농업(임업, 잠업)	22	24	46
생리위생	16	26	42
학문 일반	25	16	41
지문	20	24	38
경제	15	23	38
언어	28	5	33
지리	16	3	25
동물	4	15	19
역사(박물)	7	10	17
식물	9	6	15
화학	9	5	14
천문	5	5	10
물리	6	4	10
산술(수학)	7	2	9
물리		8	8

분야	국내	유학생	계
종교	2	6	8
가정	3	4	7
광물	5	2	7
사회	5	2	7
이과	4	1	5
윤리	3	1	4
공업	2	1	3
격치	2	1	3
철학		3	3
심리	1	2	3
수산	3		3
문학	1	1	2
생물	1	1	2
기타(번역한 자료)	52	5	57
계	398	294	692

　　이 시기 학회보(잡지)에서 가장 빈번히 등장하는 학술 담론은 '정치', '법', '교육' 문제였다.8) 흥미로운 것은 이러한 분포가 신문이나 단행본 교과서류의 분포 경향과 일치하지 않는다는 점이다. 예를 들어 교과서 류에서는 국내 저역 정치 분야 교과서가 전제 교과서 460종 가운데 14 종 정도에 불과하다. 그러나 학회보 담론에서는 국가학과 행정 분야를 포함하여 87종에 이른다. 또한 법률 관련 저역서도 30종에 불과하나 학회보에서는 65종이 발견된다. 이에 비해 산술 교과서는 30종이나 되 는데, 이를 다룬 학회보 담론은 9종에 불과하다. 이와 같은 차이는 학문 분야와 매체의 특성에서 기인한 것으로 보이는데, 교과서의 경우 개인 의 저술과 출판이 쉽지 않았을 뿐만 아니라 교과서 검정 제도 등에 따 라 통제가 더 심했기 때문으로 판단된다.

---

8) 이 연구에서 분야별로 나눈 학술 자료는 별도의 자료집으로 편집할 예정이다. 각 분야의 학술 자료에 대한 자세한 설명은 분야별 자료집에 수록할 예정이며, 여기서는 주요 경향 만을 서술한다.

교육 분야의 학술 자료는 61편으로 다른 분야에 비해 많은 것으로
보이나, 실제 이 시기 계몽 담론에서 교육이 차지하는 비중을 고려할
때 전문성을 띤 교육학 자료가 많은 것으로 보이지는 않는다. 그 이유
는 교육학을 전문적으로 연구하는 사람들이 많지 않았기 때문으로 보
이는데, 『황성신문』의 다음 기사를 보면 이 시기 교육학 연구자가 얼마
나 부족했는지를 확인할 수 있다.

【 兩 學生 文明 師範 】
　現我韓敎育界에 對ᄒ야 文明의 必要ᄒ 學問을 傳授ᄒ고 靑年의 多數ᄒ
材器를 鑄造ᄒ야 國家의 最大ᄒ 利益을 供獻ᄒ고 生民의 無窮ᄒ 福祉를 紹
介ᄒ 者ᄂ 師範學生이라. 盖敎育은 國家의 基礎이오, 師範은 敎育의 工手라.
若其高尙ᄒ 師範을 不得ᄒ면 雖學塾이 林立於國中ᄒ고 學徒가 雲集於校內
ᄒ덜 엇지 完全ᄒ 敎育이 有ᄒ리오. 今日 我韓에 新文化를 輸入ᄒ고 新事業
을 做去ᄒᄂ 時代를 當ᄒ야 各種 學問이 孰緊孰歇이리오. 是以로 吾儕가
海外萬里에 留學諸君을 對ᄒ야 政治卒業生도 懽迎ᄒ고 法律卒業生도 懽迎
ᄒ고 醫學卒業生도 懽迎ᄒ고 警察卒業生도 懽迎ᄒ고 農業 工業 商業 其他
各學의 卒業生을 無不懽迎ᄒᄂ 中에 最히 渴望ᄒ고 懇求ᄒᄂ 者ᄂ 師範科卒
業生이라. 所以로 師範科에 受業ᄒᄂ 學生을 爲ᄒ야 其卒業期限을 屈指以待
ᄒ고 恒常 國內 學生을 對ᄒ야 曰 外國에 在ᄒ 師範科의 某氏某氏가 卒業歸
國ᄒ면 君等이 好個師範을 得ᄒ리라 ᄒ엿스니 一般 靑年이 亦其若待中이
라. 乃於今春에 兩個學生의 消息이 自海外來ᄒ니 其一은 美國에서 多年苦學
ᄒ든 李元益氏가 紐育大學校師範科를 卒業ᄒ고 近日 桑港에 留ᄒ야 韓英大
字典을 編述ᄒ다 ᄒ고 其一은 日本에서 十有四年을 經ᄒ야 師範科에 受業
ᄒ든 張膺震氏가 現已卒業ᄒ고 從近歸國ᄒ다 ᄒ니 夫此兩氏가 大志를 夙抱
ᄒ고 海外風霜에 許多苦楚를 忍耐ᄒ며 無限困難을 戰勝ᄒ 結果로 文明學術
을 腦裏에 貯置ᄒ고 靑春作伴에 一帆이 無恙ᄒ야 我全國靑年에게 無量ᄒ
食料와 藥材를 供給ᄒ지니 我韓의 敎育程度가 於是乎 完全進就ᄒᄆ이 有ᄒ

줄노 確認ᄒ노니 此는 余가 但히 兩氏를 爲ᄒ야 祝賀홈이 아니오 實로 全
國靑年을 爲ᄒ야 祝賀ᄒᄂ 바로다.

번역 우리 한국 교육계에서 문명에 필요한 학문을 전수하고, 청년의 수
많은 재기를 주조하여 국가의 큰 이익에 공헌하고 민생의 무궁한
복지를 소개할 자는 사범 학생이다. 대개 교육은 국가의 기초요, 사범은
교육의 기술이다. 만약 고상한 사범을 얻지 못하면 비록 학교가 나라 안
에 수풀처럼 설립되고, 학도가 교내에 운집한들 어찌 완전한 교육이 있겠
는가. 금일 한국의 신문화를 수입하고 신사업을 만들어 가는 시대를 맞아
각종 학문을 누가 긴밀히 다하지 않겠는가. 그러므로 우리들은 해외 만리
에 유학하는 제군에게 정치 졸업생도 환영하고, 법률 졸업생도 환영하고,
의학 졸업생도 환영하고, 경찰 졸업생도 환영하고, 농업, 공업, 상업, 기타
각 학과의 졸업생을 환영하지 않을 수 없는 중, 가장 갈망하고 간절히
요구하는 것은 사범과 졸업생이다. 그러므로 사범과에 졸업하는 학생을
위해 그 졸업 기한을 손꼽아 기다리고 항상 국내 학생에게 말하기를 외국
에 있는 사범과의 모씨 모씨가 졸업하여 귀국하면 여러분이 좋은 사범을
얻을 것이라고 하였으니 일반 청년이 또한 기대하는 중이다. 이에 이번
봄 두 학생의 소식이 해외로부터 들여오니 하나는 미국에서 다년 고학하
던 이원익 씨가 뉴욕 대학교 사범과를 졸업하고 근일 샌프란시스코에 머
물며 〈한영대자전〉을 편술한다 하고, 하나는 일본에서 14년이 지나도록
사범과를 공부하던 장응진 씨가 이미 졸업하고 얼마 후 귀국한다고 하니
대저 이 두 사람이 큰 뜻을 품고 해외 풍상에 허다한 고초를 인내하며
무한한 곤란을 이겨낸 결과 문명 학술을 머릿속에 저장하고 청춘을 아울
러 한 배에 근심 없이 우리 전국 청년에게 한없는 먹을 것과 약재를 공급
할 것이니 우리 한국의 교육 정도가 이에 완전히 진취할 수 있을 것으로
확신하니, 이는 내가 단지 두 사람을 위해 축하하는 것이 아니라 실로
전국 청년을 위해 축하하는 바이다.

—'양학생 문명 사범', 『황성신문』, 1909.4.3

이 논설에서는 문명개화를 위한 교육론이 일반화되어 있을지라도 이를 이끌어 갈 사범(師範)이 없음을 안타까워하며, 교육학 전공자인 장응진의 귀국을 축하하는 내용을 담고 있다. 논설 속에 드러나듯이, 이 시기 '정치', '법률', '의학', '경찰', '농공상' 등의 각 학문 분야의 유학생이 귀국한 사례는 많이 있었다. 그럼에도 교육학 전공자는 많지 않았기 때문에, 유학생이나 애국계몽가들 모두 '교육의 중요성'을 주장했지만, 이에 대한 학리적 연구 성과가 많았던 것은 아니다. 이러한 배경을 고려한다면 이 시기 학회보 소재 61편의 교육 분야 학술 담론은 시대적 분위기를 고려할 때 다른 분야에 비해 많은 비중을 보인 것으로 해석하기는 어렵다. 그럼에도 이 시기 '교육의 목적', '교육 분야', '교과 및 교수·학습 방법', '교육사', '교육 철학' 등과 같이 교육학 전반에 걸친 학술 자료가 등장하기 시작한 것은 한국 근대 학문 발전 과정에서 중요한 의미를 갖는 것으로 해석된다.

'농업'(임업, 양잠, 과수, 원예, 축산) 분야의 학술 담론은 기술적인 면과 관련을 맺고 있다. 특히 양잠 관련 기술은 근대 계몽기 지속적인 관심의 대상이었는데, 서양과 일본의 잠업을 중심으로 뽕나무 재배 또는 누에의 종자 감별 등과 관련된 실용적인 지식을 소개하였다. 이와 같은 농업, 축산학 관련 지식 도입이 자연스럽게 이루어진 것은 부국(富國)의 기반이 농업생산성에 있다고 믿은 때문이었다. 이는 학회보뿐만 아니라 저역(著譯) 경향에도 반영되는데, 1881년 조사시찰단의 일원이었던 안종수가 『농정신편(農政新編)』을 기술한 이래, 김가진(1901)의 『양잠실험설』, 현공렴(1905)의 『재상전서(栽桑全書)』, 김진초(1909)의 『과수재배법(果樹栽培法)』, 보성관 편집부(1908)의 『농학입문』 등 15종에 이르는 농업 관련 저서가 출현하기도 하였다.

생리위생(生理衛生) 분야의 학술 담론이 많아지는 것은 계몽 담론이 자연스럽게 반영된 결과로 해석된다. 특히 질병과 청결은 문명의 척도로 인식했을 뿐만 아니라, 호열자(虎列刺)와 같은 전염병이 유행할 시기에는 위생 관련 문제가 더욱 부각되었다. 생리학은 생리 현상, 곧 생명 현상과 밀접한 관련을 맺는 학문 분야로 그 자체로서 가치를 갖는 분야이나, 근대 계몽기의 생리학은 대부분 위생 문제와 관련지어 연구되었다. 예를 들어 이규영(1907)의 '심장 운동과 혈액순환의 요론'(『태극학보』제10, 11호)에서도 '피부의 온도'와 '감응(感應)'을 질병 예방 차원으로 설명하여, 제12호의 위생론의 전제로 삼았음을 알 수 있다.

지구 현상과 관련된 '지문학(地文學)'에서는 지질(地質), 지구 환경 등을 주요 주제로 삼았다. 특히 운무(雲霧)나 빙설(氷雪), 수론(水論) 등은 전통적인 '천문(天文)'과 대립되는 차원에서 지문학의 주된 연구 주제였는데, 1905년 이후의 '지문학', '지문약론' 등에서는 이에 대한 종합적인 논의를 하고자 하는 경향이 나타났다. 이러한 지문 현상은 인종이나 지리와도 밀접한 관련을 맺고 있는데, 지문이라는 이름 하에 인문 지리와 자연 지리를 엄격히 구분하지 않은 논의도 상당수 발견된다. 이밖에 '동물학', '식물학', '화학' 등의 전문 분야에 대한 학술 담론이 활발해진 점은 근대 학문의 과학성과도 밀접한 관련을 맺는 것으로 보인다. 특히 이들 학문 분야는 연구 방법상 관찰과 실험이 중시되는 경향이 있는데, 근대 지식이 형성되면서 과학적인 연구 방법을 자각한 결과로 해석된다.

2. 갑오개혁과 학회보의 학술 담론

2.1. 『대조선독립협회회보』의 학술 담론

앞서 기술한 바와 같이 근대 학회보는 갑오개혁 이후에 등장한다. 이 가운데 『대조선독립협회회보』(1896.11.30. 창간 후 18호까지 발행)는 독립협회의 기관지로 학술을 통한 '개활지견(開闊知見)', '보궐치화(補闕

治化'를 목표로 한 회보이다.

【 獨立協會序 】

今我大朝鮮國獨立協會 何爲而作也 獨立云者 大發憤之爲也 協會擧者 亦大
發憤之出也. 昔我 檀君開荒 箕誠設敎 三韓鼎峙 高麗統一而我太祖 繼天位極
傳至我大君主陛下. 數千年以來 國自我國 民自我民 其治若化 莫不自而尙無屹
然 獨立之勢 何也. 非國之小也 非民之弱也 非治化之不開明也. 但安於畏保 習
於柔謹 但安於畏保 習於柔謹 出無竝驅之畧 八踈自守之謀 東舟之泊 夜眠逢火
北騎之侵 山坐當雨. 悲共窮恥 忿其極辱. 婦人童子 亙乎瞋目奮臂 思欲拔劍斫
地奈之. 何爲縉紳者 惟老少南北之黨論也 爲章甫者 惟心性理氣之言戰也. 爲
擧業者 惟詩賦表策之技套也爲權衡者 惟門閥高下之錙銖也 胎之鐵也 無治可
錘 骨之油也 無藥可拔 虛文太多積獘滋甚 藉禮義而爲泰 甘樸陋而自高 至於利
用厚生 富國强兵之實事求是左而揮之 外而閣之 竟至仆跌於今日之大難蜀道
夫爲我同胞血氣者 安得無寒心而慟哭乎. (…中略…) 頃者 同志數人議欲建設
獨立協會 僉言歸好衆贊有成 將有長養圓滿之實就 而要其規例則槩取天下文
字刊以漢文或國文務至披閱之便宜 而農學 醫學 兵學 數學 化學 氣學 重學 天
文學 地理學 器械學 格致學 政治學 如是等諸學書籍 及見聞盡數取集 取次參
證 先之淺近 繼之高遠俾有合於浸入漸開之旨矣. 且於當世誰某人 經綸之說 智
略之論之送於本會者 無論漢文 國文 半漢國文 卽取其符於道理 得於高明 足有
涉於世敎者 並皆登諸揖本彙爲成書 課月分布 一以闡揚幽沈 一以開豁知見 一
以補闕治化 一以外禦人侮洶及時之要務 不世之盛事也.

번역 오늘에 우리 대조선국인의 독립협회는 무엇 때문에 만들어지는
가? 독립이라 말함은 크게 발분한 때문이고 협회라 거명(擧名)함
또한 크게 발분하여 생김이라. 옛날 우리가 단군(檀君)이 개창(開創)하고
기성(箕聖)이 설교(設敎)하고 삼한(三韓)이 정치(鼎峙)하고, 고려(高麗)가
통일하고 우리 태조(太祖)가 하늘을 이어 등극(登極)하여 우리 대군주폐
하(大君主陛下)로 전해 오기 수천백년 이래로, 나라도 우리나라이고 백성

도 우리 백성이며 그 정치도 교화(敎化)도 우리 것 아닌 것이 없는데, 아직도 흘연(屹然)히 독립의 세(勢)를 갖지 못함은 무엇 때문인가? 나라가 작아서도 아니고, 백성이 약해서도 아니며, 치화가 개명하지 않은 데 있는 것도 아니다. 다만 두렵게나마 보존하는 것으로 편안히 여기고 유약(柔弱)하고 근신(謹愼)하는 것으로 습성(習性)이 되어, 나가서는 앞서 가는 지략(智略)이 없고 들어와서는 스스로를 지킬 지모(智謀)가 적어, 동쪽 배 왜(倭)가 정박하면 밤에 자다가 불을 만나고, 북쪽 기마(騎馬) 호(胡)가 침입하면 산속에 앉아서 비를 맞고 있었다. 그 기막힌 부끄러움을 슬퍼하고 그 극(極)한 모욕을 분개하여 부녀(婦女)나 어린이라도 칼을 뽑아 땅이라도 가르고 싶을 텐데, 어찌하여 벼슬아치들은 오직 노소남북(老少南北)의 당론(黨論)이나 일삼고, 선비들은 오직 심성이기(心性理氣)의 언전(言戰)이나 하며, 과거(科擧) 공부하는 사람들은 오직 시부표책(詩賦表策)의 상투적인 기예(技藝)나 하고, 인재(人材)를 전형하는 사람은 오직 문벌(門閥)의 고하(高下)나 저울질하여, 태(胎)속에 있는 쇳덩이를 녹여낼 대장장이가 없고 뼛속에 있는 기름덩이를 뽑아낼 약이 없다. 허식(虛飾)이 너무 많고 적폐(積弊)가 더욱 심하여 예의(禮儀)를 빙자하여 태평하고 하찮은 것을 달게 여겨 뽐내면서, 이용후생(利用厚生) 부국강병(富國强兵)의 실사구시(實事求是)에 이르러서는 왼손 휘두르고 밖으로 내쳐, 마침내 오늘의 큰 어려운 길에 넘어지고 말았으니 혈기(血氣)있는 우리 동포가 어찌 한심(寒心)하고 통곡(慟哭)하지 않겠는가? (…중략…) 근래 동지 몇 사람이 독립협회를 만들고자 하여 말이 돌던 중 여러 사람이 찬성하여 장차 원만한 성취를 이루게 될 것으로 보인다. 그 규례에 대개 천하의 글을 수집하여 한문 혹은 국문으로 간행하여 두루 보게 하는 데 편의하도록 힘쓰니 농학, 의학, 병학, 수학, 화학, 기학, 중학, 천문학, 지리학, 기계학, 격치학, 정치학 등 제반 학문 서적과 견문한 바를 모아 참고하고 증명하여 먼저 천근한 데서 시작하여 점차 고원한 데 이르게 하여 점차 개명에 젖어들게 함에 보탬이 되도록 하는 취지이다. 또한 세상일을 맡은 어느 누구나 경류의 설과 지략의 논을 본회로 보내면 한문, 국문, 반한국문을 물론하고 곧 그 도리에 맞게 취하여 고명을 얻고 세상을 교화하는 데 족한 것은 아울러 모두 탁본을 등재하여 책을 만들어 매월 보급할 것이니, 한편으로 유침한 것을 드러내고, 한편으로 지견을 개명 활달하게 하며, 한편으로 치화를 보조하며 한편으로 타인의 능멸을 막고 시세의 요무를 삼고자 하니 세상의 다시없는 훌륭한 일이다.

—'독립협회서', 『대조선독립협회회보』 제1호

'독립협회서'에 드러나듯이, 이 회보는 각종 근대 학문을 통해 지식과 견문을 넓히고, 치화를 보조하여 독립의 요무로 삼는 데 목표를 두었다. 이 글에서 밝혔듯이, '개활지견', '보궐치화'와 관련된 것이라면 국문이든 한문이든 또는 국한문이든 고려하지 않는다고 하였다. 그렇기 때문에 이 회보에는 세 종의 문체가 모두 등장한다. 배당 지면(配當紙面)을 기준으로 세 종류의 문체의 비중을 계량한 한홍수(1973)의 연구 결과와 같이,9) 이 회보에는 한문체 자료가 가장 많다. 이는 기사 건수를 계량할 경우도 마찬가지이다. 제1호부터 제18호까지 실린 기사 건수는 대략 110건으로 추산되는데, 이 가운데 순국문 기사는 7건, 국한문 45건, 한문 58건의 분포를 보인다.

이처럼 한문 자료가 많았던 까닭은 이 시기 중국을 경유한 지식 유통이 활발했기 때문으로 보인다. 특히 1876년 중국 상해 격치서원(格致書院)에서 발행한 『격치휘편(格致彙編)』의 학술 자료를 옮겨 실은 것이 많은데, 다음과 같은 자료가 이에 해당한다.

---

9) 한홍수(1973), 「독립협회 회보의 내용 분석」, 『사회과학논집』 6, 연세대학교 사회과학연구소. 이 논문에서는 지면 배당률을 기준으로 문체의 비중을 계량화하였다.

부란아	독 격치휘편(讀格致彙編)	제3호	번역	격치휘편	1876.01
마고온	유익지수이지천재 (有益之樹易地遷栽)	제3호	번역	격치휘편	1876.01
부란아	논무운로(論霧雲露)	제4호	번역	격치휘편	1876.08
부란아	수론(論水), 논무운로(論霧雲露)	제4호	번역	격치휘편	1876.08
부란아	빙설 급 동빙리(氷雪及凍氷理)의 론(論)	제6호	번역	격치휘편	1876.07
부란아	동방각국(東方各國)이 서국 공예(西國工藝)를 모방(模倣)하는 총설(總說)이라	제7호	번역	격치휘편	1876.06
부란아	인분오류설(人分五類說)	제8호	번역	격치휘편	1876.11
부란아	논전여뢰(論電與雷)	제9호	번역	격치휘편	1876.07
부란아	방직기계설(紡織機械說)	제10호	번역	격치휘편	1876.07
부란아	광학론(光學論)	제10호	번역	격치휘편	1876.07
부란아	대포 여 철갑론(大砲與鐵甲論)	제12호	번역	격치휘편	1877.03~05 (서포약론)
부란아	생기설(生氣說)	제12호	번역	격치휘편	1877.12 (생기설, 昆生未是艸) (미상)
부란아	논인 논화학편(論燐論化學編)	제12호	번역	격치휘편	
부란아	동광론(銅鑛論)	제13호	번역	격치휘편	
부란아	철광론(鐵鑛論)	제14호	번역	격치휘편	1876.07
부란아	논광론(論礦論)	제15호	번역	격치휘편	

표에 들어 있는 자료는 협회보에서 '부란아(傅蘭雅, 프라이어)'의 '격치휘편'에서 발췌한 것임을 표시한 것이거나, 서울대학교 규장각에 소장되어 있는 『격치휘편』에서 내용을 확인할 수 있는 것들이다. 이 가운데 '독격치휘편(讀格致彙編)'과 마고온 의사의 '유익지수이지천재(有益之樹易地遷栽)'는 『격치휘편』 1876년 1월호의 글을 그대로 옮겨온 것이며, '논무운로(論霧雲露), 수론(水論)' 등은 『격치휘편』 1876년 1월호부터 1876년 11월호까지 연재된 '격치약론(格致略論)'에서 발췌한 것이다. 특히 이 약론은 영국의 어린이용 격치학 중 역출하여 300관으로 정리·소개한 글10)로, 이 시기 격치학의 주요 내용이 어떤 것인지를 보여준다.

호수(양력)	내용 (괄호 안은 300관의 해당 조항)
1876.01	제일장 논만물지관광(論萬物之寬廣, 1~5), 제이장 논성(論星, 6~10), 제삼장 논태양 여행성 혜성(論太陽與行星彗星, 11~16), 제사장 논지구 위행성(論地球爲行星, 17~25), 제오장 논태양 여 일식 월식(論太陽與日蝕月蝕, 26~29)
1876.02	논 체질 여 섭력 동력지례(論體質與攝力動力之例, 30~49)
1876.03	논 지질토석광(論地質土石礦, 50~60)
1876.04	논 지질토석광 이어짐(61~71)
1876.05	논 지질토석광 이어짐(73~82)
1876.06	논 지면지형상(論地面之形狀, 84~94), 논열(論熱, 95~105)
1876.07	논설 여빙 급 동빙지리(論雪與氷 及 凍氷之理, 106~109), 논광(論光, 110~116), 논전기 여 흡철기(論電氣與吸鐵氣, 117~136), 논풍(論風, 137~138)
1876.08	논 무운우로(論霧雲雨露, 139~145), 논수(論水146~149), 논 체질지원(論體質之原, 150~170)
1876.09	논식물학(論植物學, 171~188)
1876.09	논동물학(論動物學, 189~232)
1876.10	논동물학(233~248)
1876.11	논 인류성정 여 원류(論人類性情與源流, 249~281), 논인지영성(論人之靈性, 282~300)

'격치약론'에 포함된 내용은 지구, 지질, 천문, 광물, 동식물, 인류 등과 같이 사물 전반에 해당한다. 이 점에서 격치학은 분야별 학문이 전문화되기 이전, 사물에 내재하는 특징을 규명하는 학문이라고 볼 수 있다. 협회보에서 학문의 계명 진보(啓明進步)를 위해 '격치약론'의 기초지식을 우선적으로 소개한 것이라고 할 수 있으며, 그 가운데 일부는 국한문으로 번역하고, 일부는 한문(漢文)으로 역술(譯述)한 것이다.

이러한 흐름 속에 협회보에는 전문성을 띤 다수의 학술 담론이 등장한다. '농업문답'(남하학농재, 제5호), '양잠문답'(지석영, 제6호), '양계설'(동해목자, 제6호)과 같은 농축산 관련 학술과 '국시유지론'(제16호), '국가와 국민의 흥망'(제11호), '독립론'(제13호) 등의 국가 관련 담론, '구라

---

10) 『격치휘편』, 1896.1, "英國幼學格致中 譯出 此書 共有三百款 以後 於每卷絡續印之(영국의 어린이용 격치학 중 역출하여 이 책에 300관으로 함께 매권에 이어 소개한다)."

파론'(제3호), '지리초광'(제17호), '동양론'(서재필, 제6호) 등의 지리 분야의 담론이 대표적이다. 특히 제3호에 게재한 '법률적요'는 법률 문제뿐만 아니라 학문 연구 방법과 관련된 논의가 포함되어 있기 때문에 주목된다.

이처럼 갑오개혁 직후 등장한 협회보는 이 시기 근대 지식 보급에 중요한 역할을 하였다. 특히 중국 상해(上海)를 중심으로 등장한 서양 선교사들의 화역신문(華譯新聞, 중국어로 번역 출판한 신문)을 중심으로 한 근대 지식 보급이 본격적으로 이루어진 점은 주목할 만한 일이다. 일본의 『시사신보(時事新報)』나 『동경일일신보(東京日日新報)』 등의 자료도 활용되었지만, 전반적으로 화역 신문의 비중이 높았던 점은 협회보 참여자들의 지식 유통 경로를 짐작하게 하는 요소들이다.

2.2. 『친목회회보』의 학문 분야

대조선인일본유학생친목회는 1895년 4월 18일 동경 유학생들을 중심으로 게이오의숙(慶應義塾)에서 결성되었다. 회보 제1호 '친목회일기(親睦會日記)'에 따르면 이해 4월 7일(양력 5월 1일) 정부 파견 유학생 113인이 일본 동경에 도착하였고, 18일 게이오의숙 구락부에서 평의원 12인을 선발하고 본관 공사에 사무소를 둔 뒤 게이오의숙 외숙사(外宿舍)를 빌려 친목회를 창립하였으며, 24일 개회식에서 윤치오(尹致旿)를 회장으로 선임했다.11)

친목회회보(親睦會會報)는 1896년 2월 15일 제1호가 발행되었는데,

---

11) 재일유학생친목회의 성립과 활동에 대해서는 차배근(2000)을 참고할 수 있다. 이 책에서는 '일본 유학생 언론 출판 활동의 선구자 이수정(李樹廷)', '유학생친목회의 결성과 언론 출판 활동의 시작', '친목회 해체 시까지의 주요 언론 활동', '최초의 국문잡지 친목회회보(親睦會會報)의 창간', '친목회회보의 창간 후 중간까지의 발간 실태', '내용 분석을 통해 본 친목회회보의 목적과 성격' 등이 실려 있으며, 부록으로 친목회회보 1호부터 6호까지 영인되어 있다.

이는 독립협회의 회보보다 9개월이나 앞선 것으로, 비록 유학생 단체의 회보라는 한계를 갖고 있지만 한국 근대 지식의 형성에 적지 않은 영향을 미쳤다. 이는 회의 취지와 회보의 성격을 통해서도 짐작할 수 있다.

【 회지(會旨)와 회보의 성격 】

ㄱ. 회지(會旨)

今에 吾人이 旨를 立ᄒ고 憤을 發ᄒ야 外邦에 遊ᄒ야 學問을 另着홈은 聞見을 淵博ᄒ고 知識을 牖明ᄒ야 國家 政治의 基礎와 棟梁을 自期ᄒ고 文明開化의 精神과 骨子롤 自任ᄒ자 홈이니 原意도 極히 深遠ᄒ고 抑亦 各自 一己上의 擔負ᄒ 職責도 甚히 重大홈이라. 萬一 相導相輔ᄒᄂ 方便을 謀치 아니ᄒ면 麗澤ᄒᄂ 效도 無ᄒ고 勸勉ᄒᄂ 道도 無ᄒ야 利益 實際에 妨害가 或 有ᄒ면 國家의 敎育ᄒᄂ 道를 負ᄒ고 人民의 期望ᄒᄂ 意를 沮홈이라. 此를 恐ᄒ야 是에 親睦會를 創立ᄒ야 日後 大成홀 根本 坏璞(배복)을 建ᄒ노니 諸員은 十分 注意ᄒ야 各自 勉勵ᄒ고 互相輔導ᄒ야 鞏固ᄒ 基와 廣大ᄒ 業을 立ᄒ야 堂堂ᄒ 我 大朝鮮 國民의 本領을 培達ᄒ고 文化의 實力을 養成ᄒ자. 齊心相期ᄒ야 鞠躬盡瘁ᄒ기를 表홈이라.

> **번역** 지금 우리들이 뜻을 세우고 분발하여 외국에서 학문을 하고자 하는 것은 문견(聞見)을 넓히고 지식을 열어 국가 정치의 기초와 동량이 됨을 스스로 기약하고 문명개화의 정신과 골자를 자임하고자 하는 것이니, 본뜻도 극히 심원하고 또 각자 자기 일신상 맡은 직책도 심히 중대하다. 만일 서로 이끌고 보조하는 방편을 꾀하지 않으면 학문을 윤택하게 하는 효과도 없고 권면하는 방법도 없어 이익과 실제에 혹은 방해가 되면 국가의 교육하는 도리를 저버리고 인민이 기대하는 뜻을 억제하는 것이다. 이를 두려워하여 이에 친목회를 창립하여 일후 대성할 근간을 만들고자 하니 제원(諸員)은 충분히 주의하여 각자 면려하고 서로 인도하여 공고한 기초와 광대한 업을 확립하여 당당한 우리 대조선 국민의 본경

을 배양하고 문화의 실력을 양성하자. 마음을 모아 서로 기약하여 국궁진
췌하기를 바란다.

—『친목회회보』 제1호

ㄴ. 회보 안내[12]

一. 本會 會報 發行의 目的은 吾人이 他邦에 留學ᄒ되 遠近에 僑住ᄒ야 容音
이 落落ᄒ지라. 此를 以ᄒ야 彼我의 事情을 通ᄒ야 親睦을 惇厚히 ᄒ고
兼ᄒ야 智識을 交換홈을 爲홈이라.

一. 本會 會報ᄂ 規則 第六節 第一條를 依ᄒ야 三個月 一回式 發行ᄒ야 此를
本會 會員 及 特別會員과 通常 贊成員 及 特別 贊成員에 進呈홈을 爲홈
이라.

一. 本會 會員 及 特別會員은 各各 自分의 智識을 論文에 形ᄒ야 當事務所에
投付ᄒ야 會報에 被刊케 홈을 望홈이라. 但, 政治 及 風敎上의 無害ᄒ
者ᄂ 每報에 揭載홀지라. 然이나 編纂員이 批評ᄒ 後에 目次의 繁簡을
較ᄒ야 取捨ᄒ고 或 次號에 續載홈도 可홈이라.

一. 通常 贊成員 及 特別 贊成員은 本會의 勿孤ᄒ야 利益의 言과 勸勉의 旨
를 書로 述ᄒ야 投付ᄒ고 方外라도 有志士ᄂ 右와 ᄀᆺ치 投書ᄒ심을 乞
홈이라. 但, 書中 辭意의 如何ᄒ 責任은 本會 中에 勿係홈이라.

번역 일. 본회 회보 발행의 목적은 우리들이 다른 나라에 유학하되, 원
근에 떨어져 살아 쉽게 말을 모으기 어렵기 때문에, 이로써 피아
의 사정을 통하여 친목을 돈독히 하고, 아울러 지식을 교환하기 위해
서이다.

일. 본회 회보는 규칙 제6절 제1조에 따라 3개월에 1회씩 발행하며 이를
본회 회원 및 특별회원, 통산 찬성원 및 특별 찬성원에게 보낸다.

일. 본회 회원 및 특별회원은 각각 자기 분수의 지식을 논문으로 써서
사무소에 보내어 회보에 간행되기를 희망한다. 단 정치 및 풍토상 무

---

12) '회지' 앞에 회보의 성격을 6개 항으로 제시하였음.

해한 것은 매보에 게재할 것이나 편찬원이 비형한 후 목차의 번간을 비교하여 취사하고 혹은 다음 호에 연재할 수도 있다.

일. 통상 찬성원 및 특별 찬성원은 본회와 고립되지 않고 이익 되는 말과 권면의 뜻을 글로 써서 투고하고 외방이라도 뜻있는 인사는 이와 같이 투서하시기를 바란다. 단 글 가운데 사의가 어떠한지에 대한 책임은 본회와 관련이 없다.

—『친목회회보』 제1호

'회지'와 '회보 안내'를 살펴볼 때, 이 회보 창간의 주된 목적은 '친목 도모'와 '지식유명(知識牖明)', '문명개화(文明開化)'를 위한 '지식 교환'에 있었다. 그렇기 때문에 전문적인 학술지로서의 성격보다는 계몽 잡지의 형태를 띠고 있는데, 이 점은 이 회보의 체제를 통해서도 확인할 수 있다. 제1호부터 제6호까지의 체제를 살펴보면 다음과 같다.

【 친목회회보의 체제와 수록된 글 】

호수	체제	수록된 글
제1호	회지	6개의 안내문, 회지(會旨), 통상찬성원장 의화군 전하 이강(李堈) 씨(사진), 특별찬성원 후쿠자와유키지(福澤諭吉) 씨(사진), 전 회장 윤치오 씨(사진)
	사설(社說)	'본회취론(本會就論)' 부회장 신해영(申海永), '친목회서설(親睦會序說)' 간첩 박정수(幹籤 朴正秀)
	논설(論說)	'입지려학론(立志勵學論)' 간첩 남순희(南舜熙) 외 7편
	잡보(雜報)	학부대신훈시(學部大臣訓示), 일본 유학생 선서서(日本留學生宣誓書) 등
	연설(演說)	'대조선군주국형세여하(大朝鮮君主國形勢如何)' 평의원 홍석현(評議員 洪奭鉉) 외
	문원(文苑)	'송동학생귀국(送同學生歸國)' 부회장 신해영(申海永) 외
	내보(內報)	정령경신조칙(政令更新詔勅) (소학교령) 외
	외보(外報)	일본(일본문부대신의 교육담 등), 청국(청불의 밀약한 진설 등), 아라사, 영길리, 만국사보
	친목회일기	친목회일기(親睦會日記)

호수	체제	수록된 글
제2호	안내, 목차	안내, 목차(目次), 회지, 회장 어윤적(魚允迪) 씨(사진)
	사설	'한문자(漢文字)와 국문자(國文字)의 손익여하(損益如何)' 신해영, '본회 취지' 김용제(金鎔濟)
	논설	'조선론(朝鮮論)' 홍석현, '일 국가에 일인의 관중(關重)' 어용선, '국민의 희로' 신해영, '지학론' 장태환, '사물 변천에 대한 인류학적 방법' 고의준(高義駿) 등
	문원	'등고구(登高邱)' 이유석(李儒晳)(한시) 등
	내보	원세계의 상소, '농업의 권려론(勸勵論)' 등
	외보	일본, 청국(논 청국설 등의 논설 포함), 영길리, 불란서(독일 관련도 일부 포함), 토이기, 로서아, 아미리가, 대양주
	만국사보	구주제국의 동양함대를 유한 현재수 등
	친목회일기	개국 오백사년 시월(전호 속)
제3호	안내, 목차	안내, 목차, 경응의숙전면도(사진), 회지
	사설	면학(勉學)의 호시기(好時機)
	논설	'실행적 부실행적(實行的不實行的)' 외 홍석현, '시부론' 권봉수, '학문의 공효' 지승준 등
	문원	'우창만금(雨窓漫唫)' 안영중(安泳中) 외(한시)
	내보	'법률 제2호 도적처단례' 등
	외보	일본, 청국, 영길리, 아미리가, 로서아, 불란서, 독일, 이태리, 서반아
	만국사보	'세계 금산(世界金産)의 출액(出額)' 등
	회중기사	건양 원년 사월: 회장 홍석현, 부회장 안형중
제4호	안내, 목차	안내, 목차, 회지, 광고, 회보 편찬 약칙(會報編纂略則)
	사설	'내외 정책의 여하' 원응상(元應常)
	논설	'일심이심(一心離心)의 관계' 신해영, '정치본원(政治本原)' 김기장(金基璋) 외
	문원	'서풍호가(西風浩歌)' 권봉수 외
	내보	개정지방제도 반포 외
	외보	일본, 청국, 영길리, 아미리가, 로서아
	만국사보	태평양에 우선침몰 등
	회중기사	건양 원년 칠월

호수	체제	수록된 글
제5호	안내, 목차	안내, 목차, 회지, 광고(투고 제씨의 주의, 인쇄 제도의 개량)
	사설	'환성옹(喚惺翁)의 담(談): 변화기질(變化氣質)의 사대 요소(四大要素)' 신해영
	논설	'교육에 대하야 국민의 애국 상상(想像)' 원응상 외
	문원	'자계고수(自戒固守)' 김기장 외
	강연	'법률(法律)의 정의(正義)' 김상순(金相淳), '경제학 개론' 어용선, '심리학과 물리학의 현효(現效)' 남순희, '법률개론' 정재순(鄭在淳) 등
	내보	'경성 오부 내 호수 급 인구 조사' 등
	외보	일본, 청국, 영국, 아미리가, 로서아
	만국사보	건양 일년의 세계 파란 등
	회중기사	건양 이년 일월
제6호	안내, 목차	안내, 목차, 회지, 광고(투고 제씨의 주의, 인쇄 제도의 개량)
	사설	'무신경 계약(無神經契約)의 결과(結果) 불선변(不善變)' 신해영
	논설	'민법의 개론' 유치학(兪致學), '사회적 경쟁(社會的 競爭)' 장호익(張浩翼) 등
	문원	'술회(述懷)' 완성헌주인(浣聲軒主人) 등
	강연	'개화(開化)의 삼원력(三原力)' 원응상(元應常) 등
	내보	'각도 지방대 설치의 발표' 등
	외보	일본, 영국, 노국(露國), 독국(獨國), 미국(米國), 청국, 영길리, 아미리가, 로서아, 불랑서(佛朗西) (앞은 본국, 뒤는 식민지를 의미함)
	잡보	'만국 화폐사 연표' 등
	회중기사	건양 이년 칠월

회보의 체제는 제1호부터 제6호까지 크게 변화한 것이 없다. 회보의 성격을 알리는 6개항의 안내문과 회의 취지를 밝힌 '회지(會旨)'를 싣고, '목차', '사설', '논설', '문원', '강연', '내외보', '잡보', '회중기사'의 순으로 편재(編載)했는데, 제4호 '회보 편찬 약칙(會報編纂略則)'에서는 각 란(欄)의 성격을 좀 더 명료하게 규정하고 있다.

【 會報編纂略則 】

一. 社說: 社會上 利益호 言論을 建白홈.(사회상 이익이 되는 언론을 건의하여 알림)

一. 論文: 學問 研究上 一部分을 專指違言흠.(학문 연구상 일부분을 전문적
　　으로 드러냄)

一. 寄附書: 本邦人 及 外國 有志者에 意見書도 請求ㅎ야 本國 國文으로 譯
　　載흠.(본국인이나 외국 유지자의 의견서도 청구하여 본국 국문으로
　　번역 등재함)

一. 文苑: 志士의 逃懷와 外邦 山川 賞景 及 風俗을 形喩흠.(지사의 회술이
　　나 외국 산천의 감상 및 풍속을 형용하여 그려냄)

一. 講演: 今에 吾人이 各 專門에 就ㅎ야 各 學問을 修흠에 分흔 則, 一個人
　　學業이오, 合흔 則 社會上 全體 文明이라. 此를 以ㅎ야 每月 通常會에
　　幾員式 定ㅎ야 自分에 實地 修學흔 바, 醫學, 化學, 工學, 農學, 兵學, 法律
　　學, 政治, 經濟學 等을 講演으로 說ㅎ야 會報에 被載흘 터이니 此를 合編
　　흔 則 곳 敎科書目이라. 人物 養成ㅎ는 方法에 間接흔 利益이 不少흠.(지
　　금 우리들이 각 전문에서 각 학문을 공부할 때 부분은 곧 한 개인의
　　학업이요, 합치면 곧 사회상 전체의 문명이다. 이로써 매월 통상회에
　　몇 사람씩 정해 자기의 실지 수학한 바 의학, 화학, 공학, 농학, 병학,
　　법률학, 정치, 경제학 등을 강연으로 연설하여 회보에 게재하도록 할
　　것이니, 이를 합쳐 펴내면 곧 교과의 서목이 된다. 인물 양성하는 방법
　　에 간접적인 이익이 적지 않을 것임)

一. 內外報: 萬國 今日에 政敎 如何흠과 國勢 如何흠과 四民의 如何흠을 脈
　　絡相接ㅎ야 記흠. (만국의 금일 정치 교화가 어떠함과 국세가 어떠함
　　과 사민이 어떠함을 맥락의 서로 접함을 기록함)

一. 雜報: 國家의 發達과 個人의 事業을 贊揚ㅎ야 何人이던지 此等 事件을
　　記ㅎ야 本會 事務所에 投寄흔 則 編載흠.(국가의 발달과 개인의 사업을
　　찬양하여 어떤 사람이든지 이런 사건을 기록하여 본회 사무소에 투고
　　하면 편재함)

一. 會中記事: 本會의 動靜을 記흠. (본회의 동정을 기록함)

一. 本會規則: 代價를 不受ㅎ고 願覽者에게 進呈흠.(대가를 받지 않고 보기

를 원하는 자에게 보냄)

—『친목회회보』 제4호

'약칙'에 따르면 '사회상 이익'을 천명한 '사설(社說)', '학문 연구'와
관련된 '논설(論說)', '전문 학문'과 관련된 '강연(講演)' 란은 근대 학술
담론과 밀접한 관련을 맺는다. '내보'는 본국 정부의 법령을 소개하거
나 본국에서 벌어진 주요 사건을 소개한 란이며, '외보'는 해외의 사건
을 기록한 기사문이다. 특히 '외보'의 편재 순서가 호수에 따라 변화하
고 있음을 알 수 있는데, '일본, 청국, 러시아, 영국, 미국' 등의 순서가
달라질 뿐 아니라 제6호에서는 '영국, 노국, 독국, 미국, 청국'의 사건을
소개하고 다시 '영길리, 아미리가, 로서아, 불랑서'(후자는 해당국의 식민
지 관련 기사)의 기사를 추가로 서술하여, 본국과 식민지를 구분하였다.
이처럼 편재 순서가 바뀐 것은 이 시기 일본(재일유학생들의 활동지)에서
바라본 세계의 권력 구도와도 무관해 보이지 않는다.

이처럼 '사설', '논설', '강연'과 '내외보'에 소재한 일부 학술 담론을
조사하면 대략 83편 정도의 근대 학술 담론을 찾아낼 수 있다. 이 가운
데 가장 많은 비중을 차지하는 것은 정치 분야(32종)이며, 그 다음에는
학문 입지를 권하는 글(21종), 교육(5), 법률(5), 외교(4), 격치(3), 경제(3),
사회(3) 등으로 정리할 수 있다.

정치적인 문제에서 가장 많이 거론된 것은 '조선(朝鮮)의 현실', '국
가(國家)의 관념' 등과 관련된 문제이다. 홍석현(洪奭鉉)의 '대조선 군주
국 형세 여하'(제1호), '조선론'(제2호), 김정훈(金正壎)의 '조선론'(제1호)
등은 유학생이 바라본 조선의 국가 현실을 논의한 논설류이며, 어용선
(魚瑢善)의 '일가 일국에 일인의 관중(關重)'(제2호), 정인소(鄭寅昭)의 '국
가(國家)의 관념(觀念)'(제4호) 등은 이 시기부터 본격적인 관심을 끌게
된 '국가학' 관련 논설류이다. 이러한 국가 관념은 국민 또는 인민의
문제와도 밀접한 관련을 맺는데, 신해영(申海永)의 '국민의 희로(喜怒)'

(제2호), 유창희(劉昌熙)의 '국민의 의무'(제3호), 김용제(金鎔濟)의 '국민지원기소마방금대우환(國民之元氣銷磨方今大憂患)'(제3호) 등은 국가의 구성 요소로서 국민을 전제한 논설이다. 이와 같은 국가론과 국민설은 본질적으로 애국론을 기반으로 한다. 물론 이 시기의 애국은 '충군(忠君)'을 전제로 한 애국설이다. 조병주(曹秉柱)의 '우국론(憂國論)'(제1호), 남순희(南舜熙)의 '유민설(牖民說)'(제2호), 김성은(金成殷)의 '애국심이 유(有)한 후 국민(國民)'(제5호) 등은 1895년 이후 근대 학문이 애국계몽운동의 성격을 띠고 있음을 보여준다. 이러한 과정에서 정치학에 대한 본질적인 연구도 관심의 대상이 되었는데, 안명선(安明善)의 '정치의 득실(得失)'(제3호), 김기장(金基璋)의 '정치본원(政治本原)'(제4호, 제5호), 김용제의 '입헌정부의 개론'(제5호) 등이 이에 해당한다. 이처럼 정치의 본질에 대한 관심은 유학생으로서 국가와 인민의 지도자임을 자각하는 문제로 이어지는데, 윤세호(尹世鎬)의 '정치가(政治家) 언행론'(제3호), 유창희(劉昌熙)의 '정치가의 직책론'(제4호), 안명선의 '정도론(政道論)'(제5호) 등이 이에 해당한다. 이뿐만 아니라 노경보(盧景輔)의 '군제유래약론(軍制由來略論)'(제5호), 권봉수(權鳳洙)의 '시무론(時務論)'(제3호), 전태흥(全泰興)의 '경찰론(警察論)'(제5호), 장규환(張奎煥)의 '감옥제도론(監獄制度論)'(제5호) 등은 정치 분야의 국가 제도와 관련된 문제를 주제별로 다룬 자료라고 할 수 있다. 이러한 자료들은 비록 학리적인 분석이 치밀하지 못하며 합리적인 연구 방법을 제시하지 못한 한계를 갖고 있음에도, 근대의 애국계몽사상 형성에 절대적인 영향을 미친 것으로 해석된다.

'입지 권학'을 주제로 한 글이 다수를 차지하는 것은 친목회 결성 취지 및 회보 발행 원칙을 통해서도 추론 가능하다. 다음과 같은 글이 이에 해당한다.

【 입지 권학론 】

호수	필자	제목	문체	내용
제1호	남순희(南舜熙)	입지권학론(立志勸學論)	국한문	학문입지
제1호	여병현(呂炳鉉)	권학설(勤學說)	국한문	학문입지
제1호	박병구(朴炳龜)	분발론(奮發論)	국한문	학문입지
제1호	윤나현(尹那鉉)	지학설(志學說)	국한문	학문입지
제2호	고의준(高義駿)	사물변천(事物變遷)의 연구(研究)에 대(對)한 인류학적 방법(人類學的 方法)	국한문	연구방법
제2호	김용제(金鎔濟)	본회취미(本會趣味)	국한문	친목회회보
제2호	편집인	청년지사(靑年志士)에 망(望)	국한문	리더
제2호	장태환(張台煥)	지학론(志學論)	국한문	학문입지
제2호	농구자(弄球子)	일견(一見)과 백문(百聞)의 우열(優劣)	국한문	연구방법
제3호	신해영(申海永)	면학(勉學)의 호시기(好時機)	국한문	학문입지
제3호	홍석현(洪奭鉉)	실행적 부실행적(實行的 不實行的)·진보적 퇴보적(進步的 退步的)·국민적 대문제(國民的 大問題)	국한문	학문입지
제3호	지영준(池永俊)	학문(學問)의 공효(功效)	국한문	학문론
제3호	남순희(南舜熙)	국가 진취(國家進就)의 여하(如何)	국한문	문명개화
제3호	원응상(元應常)	학문(學問)의 연구(研究)	국한문	학문의 필요
제4호	이면우(李冕宇)	학문(學問) 실행(實行)과 허식(虛飾)의 이해(利害)	국한문	학문의 필요
제4호	홍석현(洪奭鉉)	인생항로(人生行路)	국한문	학문태도
제4호	조제환(趙齊桓)	처세자책(處世自責)	국한문	학문태도
제4호	김홍진(金鴻鎭)	만각론(晩覺論)	국한문	학문상황
제5호	유승겸(兪承兼)	희망(希望)에 대(對)한 행위(行爲)의 득실(得失)	국한문	학문태도
제5호	신해영(申海永)	환성옹(喚惺翁)의 설(說): 변화기질(變化氣質)의 사대중요(四大重要)	국한문	문명개화
제6호	임재덕(林在德)	선사업자(善事業者)는 선찰시기(善察時機)	국한문	학문 태도

　　각자면려(各自勉勵) 호상보도(互相輔導) 차원에서 입지(立志)의 중요성과 권학(勸學)의 필요성을 주장하는 논설이 많은 것은 친목회 결성 취지와 회보 발행의 목적에서 천명한 바와 같이 쉽게 추론할 수 있다. 이러한 학문론을 통해 근대 지식에 대한 관심뿐만 아니라 분야별 지식과 연구 방법에 대한 관심도 높아지기 시작한 것으로 보이는데, 특히 고의

준(高義駿)의 '사물 변천에 대한 인류학적 방법'(제2호)은 주목할 만하다.

【 事物變遷의 研究에 對흔 人類學的 方法 】

隨時ᄒ야 事物에 變化가 有흠을 免치 못홀 거시 如何흔 事物은 隨時ᄒ야 如何ᄒ게 變化ᄒ고, 何種之事物은 何樣之順序를 以ᄒ야 變化ᄒᄂ지 是를 稱ᄒ야 事物 變遷之研究라고 云흠이라. 夫 事物 變化 研究ᄒᄂ 딕 三法이 有ᄒ니 第一은 엇썬 事物을 採ᄒ야 其 性質를 調査ᄒ고 此 性質의 幾分은 如何흔 事物이 有흔 事를 理論上으로 研究ᄒ야 得흔 事物에 付ᄒ야 쏘 先進者를 追究ᄒ야 漸漸 溯上ᄒ야 本源을 探究ᄒᄂ 法이라. 是를 推理的 方法이라 ᄒᄂ 거시오, 第二ᄂ 엇썬 事物에 關係흔 古今之事實을 別殊히 記錄흔 딕 由ᄒ야 知得홀 만흔 古今之事實을 集ᄒ야 年代順序를 列擧ᄒ야 多少 直接이 其 事物의 變化흠을 知ᄒᄂ 法이니 是ᄂ 歷史的 方法이라. 第三은 諸 人種이 付ᄒ야 過去 現在 事物 異同을 研究ᄒ야 如何흔 時節로 自ᄒ야 如何흔 時期에 移ᄒ얏ᄂ지 如何흔 時期之事物은 轉ᄒ야 如何흔 時期의 事物이 도얏ᄂ지 이러흔 事를 比較上으로 推究ᄒ야 年代之前後를 不拘ᄒ고 但 事物 變遷홀 만흔 途筋(도근)을 算出ᄒᄂ 法이라. 以上 人類學的 方法이라 記錄흠이 卽 此事也라.

번역 때에 따라 사물의 변화가 있음을 면하지 못하니, 어떤 사물은 때에 따라 어떻게 변화하고, 어떤 종류의 사물은 어떤 순서에 따라 변화하는지 이를 일컬어 '사물변천의 연구'라고 일컫는다. 대저 사물 변화를 연구하는 데 세 가지 방법이 있으니, 제일은 어떤 사물을 택해 그 성질을 조사하고 이 성질의 어느 정도는 어떠한 사물이 있음을 이론상으로 연구하여, 타득한 사물에 대해, 또 앞선 사람을 추구하여 점점 거슬러 올라가 본원을 탐구하는 방법이다. 이를 '추리적 방법'이라 하는 것이다. 제이는 어떤 사물에 관계된 고금의 사실을 특별히 기록한 것으로부터 지득할 만한 고금 사실을 수집하여 연대 순으로 열거하여 다소 집적 그 사물의 변화를 알아내는 방법이니 이는 '역사적 방법'이다. 제삼은 모든 인종에 대해 과거, 현재 사물의 같고 다름을 연구하여 어떤 시기로부터 어떤 시기에 옮겨지는지, 어떤 시기의 사물은 바뀌어 어떤 사물이 되었는지, 이러한 사물을 비교하고 추구하여 연대의 전후를 고려하지 않고 단지 사물이 변천할 만한 도근(途筋)만을 산출하는 법이다. 이상 '인류학적 방법'이라고 기록한 것이 곧 이것이다.

—고의준, '사물 변천의 연구에 대한 인류학적 방법',
『친목회회보』 제2호

현대의 학문 발달을 논하는 대부분의 논자들은 근대 지식의 발달이 '과학적 방법론'으로부터 시작되었음을 강조하고 있다.[13] 서구의 근대 지식이 실험과 실증을 강조하고, 합리적인 해석을 부여하는 이론의 발달을 추구한 데서 발전했듯이, 다양한 방법론이 도입되는 것은 학문 발전의 토양이 될 수 있다. 이 점에서 회보에 방법론이 등장한 것은 비록 단편적으로 보일 수도 있으나, 그 자체만으로도 주목할 만한 일로 보인다.

최상돈(崔相敦)의 '교육론(敎育論)'(제3호)이나 윤치함(尹治咸)의 '무사교육(武事敎育)의 최급설(最急說)'과 같은 교육 관련 논설에서는 교육의 필요성과 군사교육 등의 문제를 거론하였는데, 이 또한 갑오개혁기의 시대 상황과 밀접한 관련을 갖는다. 무사교육은 국방 문제와 밀접한 관련이 있으며, 이는 애국사상의 한 주제를 이루기도 한다. 또한 '법률의 정의'(김상순, 제5호), '법률 개론'(정재순, 제5호), '형사소송법의 연혁'(유창희, 제5호) 등과 같이 법학 분야의 이론이 등장하고, 원응상(元應常)의 '개화(開化)의 삼원칙(三原則)'(제6호), 장호익(張浩翼)의 '사회경쟁적(社會競爭的)'(제6호), 남순희의 '심리학과 물리학의 현효(現效)'(제5호) 등과

---

13) 소광희(1994), 「학문의 이념과 분류」, 『현대의 학문 체계』, 민음사. 이 책에서는 "학문론에서 보아 근대 특히 19세기의 학문적 성취는 자연과학의 승리라기보다는 과학적 방법론의 승리라고 할 것이다."라고 진술한 바 있다.

같이 문명개화론, 진화론적 경쟁론, 심리학, 물리학 등의 학문 분야가 등장한 것도 회보 이후의 근대 지식 발달 가능성을 보여준 것이라고 할 수 있다. 이와 같이 회보에 소재한 학술 담론은 지식 교환 차원에서 단편적인 논설류가 다수를 차지하는 한계가 있음에도 근대 지식의 형성 가능성을 높이는 계기가 되었다고 볼 수 있다.

3. 애국계몽시대 학회보(잡지)의 학술 담론

3.1. 국내의 학회와 학회보

한국 잡지 발달 과정에서 1899년부터 1905년 사이는 잡지 형태의 회보 발행이 활발하지 않았던 것으로 보인다. 한국잡지협회(1972)에 따르면 1898년 『한성월보(漢城月報)』, 1902년 『동양교보』, 1904년 『일진회회보(一進會報)』 등의 잡지가 간행된 것으로 보이나, 이들 잡지의 실체에 대해서는 거의 연구된 바 없다. 또한 헐버트가 중심이 되어 창간한 Korean Review도 1905년부터는 『대한월보(大韓月報)』라는 제목으로 다시 간행된 것으로 보이나,[14] 현재 국내에서 소장처를 확인하기 어렵다.

독립협회회보와 친목회회보 이후 각 단체의 회보나 잡지가 활발히 간행된 것은 1905년 이후의 일이다. 근대 계몽기 급변하는 시대 상황에서 이처럼 긴 시간 잡지 발행이 이루어지지 않았던 이유를 설명하기는 어렵지만 1905년 이후에는 다수의 잡지가 출현했다. 예를 들어 1905년

---

14) (잡보) 『황성신문』, 1905.7.5, '월보신간(月報新刊)'에서는 "南長洞 住 美人 訖法 氏가 人民의 開明, 知識發達ᄒ기 爲ᄒ야 大韓月報란 雜誌를 每朔 兩次式 發刊홀 터인딕 純國文으로 滋味 잇게 記載ᄒ야 無識ᄒ 人民도 閱覽케 혼다더라(남장동에 거주하는 미국인 헐버트 씨가 인민의 개명, 지식 발들을 위해 대한월보라는 잡지를 매월 두 번씩 발간할 예정인데, 순국문으로 재미있게 기재하여 무식한 인민도 열람하게 한다더라)."라는 보도를 한 바 있다.

4월 일본인 와타세(渡賴常吉)가 경영하던 경성학당 내의 일어잡지사에서 『독습일어잡지(獨習日語雜誌)』를 발행하고, 1906년에는 『수리학잡지(數理學雜誌)』(1906.3),[15] 『가정잡지』(1906.6), 『대한자강회월보(大韓自强會月報)』(1906.7), 『조양보(朝陽報)』(1906.6), 『태극학보(太極學報)』(1906.11), 『소년한반도(少年韓半島)』가 창간되었다. 이들 잡지 가운데 1906년 이후 발행된 잡지는 특정 분야의 전문성을 고려하거나 애국계몽운동 차원의 민족적 색채가 강한 것들이 많았다. 이 시기 잡지 발행에 대해 『황성신문』에서는 다음과 같이 평가하고 있다.

【 各種雜誌之刊行 】

近日에 我韓國의 開明之程度가 漸進一步ㅎ야 稍稍有振起之望을 徵之於 報館之蔚興에 可驗矣로다. 夫 報館者ᄂ 實啓導文明之第一嚆矢也라. 學校之 設은 只是蒙駚幼稚와 與靑年子弟之敎育機關也어니와 至於新聞雜志等種類 ㅎ야ᄂ 實一般社會上老成之敎育也니 新聞雜志之多數彬興은 卽社會程度之 漸開也오 亦補益於開明之前步者ㅣ 甚不尠ㅎ니 吾儕ᄂ 對此事件ㅎ야 不能無 同情之感일식 玆에 畧表攢頌之辭ㅎ노니, 數理學雜誌ᄂ 京城 尙洞 敎堂內 紳 士之所發行者니 册自昨年ㅎ야 論述數理之微蘊者니, 至于近日ㅎ야ᄂ 又 一 層 改良ㅎ야 自第八号로 將講述物理學精義ㅎ야 以資學問之硏助라 ㅎ니 此 其俾補於學術社會가 豈淺鮮乎哉아. 家庭雜誌ᄂ 亦尙洞 靑年會 學院之所發 行者니 社長 兪星濬 總務 柳一宣 諸氏가 慨我國婦女之蔑學ㅎ야 欲使根本的 敎育으로 先行於家庭之內일식 純國文으로 爲此發刊ㅎ야 本月 二十五日에 第一号가 始出ㅎ니 此ᄂ 婦女社會之唯一敎育也라. 盖人民之感覺은 先人이 爲主故로 幼稚之敎育이 最爲根本이어늘 若家人婦女之間에 其學識이 鹵莽 (노망)ㅎ고 性行이 不正이면 非但其家道之敗壞라. 亦使其子孫으로 被其浸 染ㅎ며 受其影響者ㅣ 甚大ㅎ리니 此ㅣ 家庭敎育之最爲必要也오, 且 況我國

---

15) 이 잡지의 발간 취지서는 1905년 12월에 쓰였다.

은 近來에 始有養閨義塾 及 女子學校之設立者나 然而閨女之敎育은 其效果
가 必在十年數十年之後矣오, 至於年長婦女ᄒ야ᄂ 無 啓導開發之道ᄒ니 然
則 家庭雜誌ᄂ 卽 現時 婦女之良師라. 若於明窓淨閣에 掃却古談俚說之荒淫
冊子ᄒ고 閱讀此家庭雜誌ᄒ야 詳究而玩味則其於學問之進益에 豈讓於內則
女史之訓習哉아. 且其論述諸篇이 皆博採乎東西洋文明之嘉言ᄒ야 摘要而記
載者니 能不出房關而周知世界之美蹟홀지오, 亦於居處飮食의 衛生淸潔方法
에도 裨益이 不淺ᄒ리니 豈非婦女社會之良師良友乎아. 朝陽雜誌ᄂ 紳士 沈
宜性 申德俊 諸氏之所發行者니 亦本月 二十五日에 始刊出第一号ᄒ야 專以
開發國民之知識ᄒ며 導達上下情志로 爲目的이라. 其文章言論之宏博과 記事
之精確이 足以裨補於國民之知見而資助於社會之敎育ᄒ니 吾儕ᄂ 又得一良
友之可賀也오, 大韓自强會月報ᄂ 卽 將以本月發刊이라 ᄒ니 此報ᄂ 如其會
名之趣旨ᄒ야 一般 國民의 血性攸發也라. 以敎育殖産으로 爲自强之根本ᄒ
야 務要發達而振興然後에 可以挽回實力ᄒ며 恢復國權이라 ᄒ야 方在網纂
之中云ᄒ니 吾儕ᄂ 對此月報之將行ᄒ야 不勝感發而頌祝ᄒ노니 有志愛國之
士야 孰無同情之歡迎哉리오. 以上所陳 四種 雜誌ᄂ 皆頃日 刱有之美事 故로
記者ㅣ 特 枚擧而歷述焉이어니와 對全國同胞ᄒ야 又不能無警告者ᄂ 盖我
國이 每以未開之民으로 受侮外人ᄒ며 貽羞列邦者ᄂ 何也오. 鄕里間에 多曲
學腐儒之士ᄒ야 頑冥傲暴에 自錮愚昧ᄒ고 凡世界上 新學問之術을 一切不接
於耳目 故로 智識이 無由發達ᄒ야 所以得未開之侮辱者니 從今으로ᄂ 宜痛
除舊習ᄒ고 發奮自愛ᄒ야 凡 國內 新聞 雜誌 等類를 熱心 購覺而愛讀이면
其開吾聞見ᄒ며 長吾智識이 必日進月新ᄒ야 補益이 不少쏀더러 保全吾生
命財産ᄒ며 恢復我國家權利ᄒ야 以做榮譽事業이 寔在乎此ᄒ리니 彼捐出鉅
貲ᄒ며 殫竭精力ᄒ야 發刊 新聞 及 雜誌ᄒ고 以國公益者도 尙有之커던 每
月에 不過辨若干金額이면 購閱而無窮之補益ᄒ며 有無窮之名譽者를 奚故不
爲也오. 此豈非可慨而可惜哉아. 嗚呼 全國同胞ᄂ 宜努力自愛ᄒ야 以新聞雜
誌로 認做良友良師ᄒ고 逐日購閱ᄒ야 毋爲斯須去目이면 豈非諸君子之幸福
歟아.

번역 근일에 우리 한국의 개명 정도가 점차 진보하여 점점 진흥하는 희망을 신문관이 점차 흥성함을 증거하여 가히 증명할 것이다. 대저 보관이라는 것은 실로 문명 계도의 제일 효시이다. 학교의 설립은 다만 몽매한 어린이와 청년자제의 교육기관이거니와 신문 잡지 등에 이르러는 실로 일반 사회상 노성인을 교육하는 것이니 신문 잡지가 다수 빈빈 흥성한 것은 곧 사회 정도가 점점 개화하는 것이요, 또한 개명 진보에 보익이 되는 것이 적지 않으니 우리는 이 사건을 대하여 동정감을 표하지 않을 수 없으니 이에 이를 찬송하는 말을 간략히 표하고자 한다. 수리학 잡지는 경성 상동 교당 내에서 신사들이 발행한 것이니 작년에 창간하여 수리를 논술한 것이 적잖이 쌓였으나, 근일에 이르러 한층 더 개량하여 제8호부터는 물리학을 정교히 강술하여 학문에 보조가 되도록 한다고 하니 학술 사회에 보익됨이 어찌 얕고 적겠는가. 가정잡지는 또한 상동 청년회 학원에서 발행하는 것이니 사장 유성준, 총무 유일선 씨가 아국 부녀들에게 학문이 멸시되는 것을 개탄하여 먼저 가정내에서 근본적 교육을 시행하고자 순국문으로 이를 발간하여 본월 25일 제1호가 처음 나왔으니, 이는 부녀사회의 유일한 교육이다. 대개 인민의 감각은 선인이 위주한 까닭으로 어렸을 때의 교육이 가장 근본이 되거늘, 만약 가정 내 부녀 사이에서 그 학식이 노망하고 성행이 부정하면 비단 가정의 도가 파괴되는 것뿐 아니라 또한 그 자손으로 오염됨을 입게 되니 그 영향이 심히 클 것이다. 이에 가장교육이 가장 필요한 것이요, 또 하물며 우리나라는 근래 양규의숙 및 여자학교가 설립되었으나 규녀의 교육은 그 효과가 십년 수십 년 후에나 나타날 것이요, 연장한 부녀에 이르러는 계도 개발의 도가 없으니, 그런즉 가정잡지는 곧 현시 부녀의 가장 좋은 스승이다. 만약 창을 열고 집을 깨끗이 하여 고담이설의 황음한 책자를 제거하고 이 가정잡지를 열독하여 상세히 탐구하고 완미하면 학문의 진보와 이익에 어찌 가정 내의 여사들이 가르치고 익히는 것에 뒤지겠는가. 또 그 논술한 여러 글들이 대개 동서양 문명의 가언을 널리 채집하여 적절하게 요약하여 기재한 것이니 능히 방을 나오지 않고 세계의 아름다운 자취를 알게 될 것이며, 또한 거처와 음식, 위생, 청결 방법에도 보익이 얕지 않으리니 어찌 부녀사회의 좋은 스승과 좋은 벗이 아니겠는가. 조양잡지는 신사 심의성, 신덕준 제씨가 발행한 것이니 또한 본월 25일에 제1호를 간출하기 시작하여 국민의 지식을 개발함을 전주하여 상하 정의를 이끌어 도달하고자 하는 것이 목적이다. 그 문장과 언론이 굉박하고 기사가 정확하여 능히 국민의 지견을 보익하게 하고, 사회의 교육을 돕는 데 기여하니 우리들은 또한 좋은 벗을 얻게 된 것을 축하한다. 대한자강회월보는 곧 본월 발간될 것이라 하니, 이 보는 회명의 취지와 같이 일반 국민의 혈성을 유발하는 것이다. 교육 식산으로 자강의 근본을 삼아 발달을 힘쓰고 진흥한 연후에 가히 실력을 만회하며 국권을 회복한다 하여 지금 편찬에 바쁜 중이라 하니 우리는 이 월보가 장차 간행되는 데 대해 감격함을 이기지 못하고 송축하니 유지 애국지사는 누가 동정 환영하지 않겠는가. 이상 진술한 네 종 잡지는 모두 근일 창간한 아름다운 일이다. 그러므로 기자는 하나하나를 모두 들어 자세히 진술하였거니와 전국 동포에 대하여 또 경고할 것은 대개 우리나라는 미개한 국민으로 외국인의 모욕을 받고, 열방의 수치를 받으니 어찌하여 그러한가. 향리간 곡학 부유한 선비가 많아 완명하고 우매하여 세계상 신학문의 기술을 일체 이목에 접하지 못한 까닭에 지식이 발달하지 않고 이로 미개한 모욕을 받으니, 지금부터는 마땅히 구습을 제거하고 발분 자애하여 무릇 국내 신문 잡지 등류를 열심히 보고 깨닫고 애독하면 나의 문견을 열고, 나의 지식을 기르며, 날로 발전하고 달로 새로워지리니 거액 자금을 출연하여 그 정력을 다해 신문과 잡지를 발간하고 또 나라의 공익을 맡은 자도 매월 약간의 금액을 판별하여 구독 열람하면 보익이 무궁하며 무궁한 명예를 얻는 자가 어찌 그것을 하지 않으리오. 이 어찌 안타깝고 가석한 일이 아니겠는가. 오호라. 전국 동포는 마땅히 노력하며 자애하고, 신문 잡지로 양사 양우를 삼아 매일 구독하여 열람하고 이 이목의 누를 제거하면 어찌 제군자의 행복

이 아니겠는가.

—'각종잡지지간행', 『황성신문』, 1906.6.29

이 논설에서 확인할 수 있듯이, 각종 잡지의 간행은 '문명계도(文明啓導)'의 가장 좋은 방편으로 간주되었기 때문에 활발해진 것이다. 특히 국권 침탈의 상황에서 애국계몽의 차원에서 개명진보를 위한 잡지 창간이 이루어진 경우가 많았다. 다음을 참고해 보자.

【 각종 잡지의 발간 취지 】

ㄱ. 數理學雜誌 發刊 趣旨書: 世界 萬國을 環顧ㅎ건딕 農工商務와 汽船 電信과 海陸軍術이 日進月步ㅎ여 誇張富强ㅎ니 此等 發達의 由來 原因을 推究ㅎ면 無非數理學의 功由에 不外ㅎ니 由此觀之ㅎ면 數理 兩學은 可謂 世運 進步의 機關이요 民生幸福의 源泉이라. 數理를 不究ㅎ고 富强을 欲逐홈은 緣木求魚와 殆同ㅎ도다. (…中略…) 然則 數理學 普及이 國民敎育의 莫先急務어날 現今 我韓 學生은 學問의 根本을 不曉 故로 數理學의 功用을 等棄ㅎ여 均是 天與之美質로 文明之澤을 不得均霑ㅎ니 盖吾人의 最所遺憾處也ㅣ로다. 故로 於此에 不顧鹵莽淺學ㅎ고 數理學雜誌을 發刊ㅎ야 敎育 當事者의 一分 警束을 敢助ㅎ노라.

번역 세계 만국을 돌아보건대 농공상무와 기선, 전신과 해륙군 기술이 일진월보하여 부강을 자랑하니 이들이 발달한 유래와 원인을 추구하면 수리학의 공에서 말미암은 것이 아님이 없다. 이로 보면 수리 두 학문은 가히 세계 진보의 기관이요, 민생 복리의 원천이다. 수리를 탐구하지 않고 부강을 달성하고자 하는 것은 연목구어와 같다. (…중략…) 그러므로 수리학 보급이 국민교육에서 가장 먼저 급한 일이 아닐 수 없거늘, 현재 우리 학생들은 학문의 근본을 깨닫지 못하여 수리학의 공용을 포기하고 도무지 타고난 재질로 문명의 혜택을 고루 받을 수 없으니, 이 모두 우리가 가장 유감으로 생각하는 바이다. 그러므로 이에 노망천학(鹵莽淺

學)을 돌아보지 않고 수리학잡지를 발간하여 교육 당국자에게 조금이라도 깨치기를 감히 보조한다.

―'수리학잡지 발간 취지서', 『수리학잡지』 제1권 제1호

ㄴ. 大韓自强會月報序: 會之有報는 何歟오 曰 使會員讀之也니라. 其 使會員讀之는 何歟오 曰 欲其求自强之道也니라. 其 不許非會員讀之는 何歟오 曰 否라 讀之를 自會員始오 非不許非會員也라. 苟求自强之道면 則 普天下仁人君子ㅣ 皆將讀之니 而況爲我韓人者哉리오. 然我韓之委靡至此는 皆尙文之罪也어늘 而今又使之讀書는 何歟오. 曰 書能令人弱이오 亦能令人强이니 (…中略…) 夫 然則會報之行이 是豈得己者耶아 吾已勉吾自强호고 而又復勉公者는 誠恐志不一而力分 故耳라. 吾己自强호고 公又復自强이면 則是得二人之自强也오 公이 又復勉公之傍人호고 公之傍人이 又 復勉其傍人이면 則是得四人之自强也니 由此而至於得二千萬口之自强이면 則國家之政治를 可以改善이오 世界之羈絆을 可以出脫이니 然則 諸公之讀會報ㅣ 亦豈得己者耶아. 嗚呼라 鷄旣鳴의오 東方이 旣白의라 其以兩手로 擦開睡餘之眼而讀之면 非惟吾之幸이라 亦 諸公之幸也오 非惟諸公之幸이라 亦 全國之幸也라 호노라. 南嶽居士 李沂 識

번역 회의 보라는 것은 무엇인가. 회원으로 하여금 일게 하는 것이다. 회원으로 하여금 읽게 하는 것은 무엇인가. 자강의 도를 구하고자 하는 것이다. 회원이 아닌 자에게 읽는 것을 불허하는 것인가. 아니다. 읽는 것을 회원으로부터 시작하는 것이요, 비회원에게 읽지 못하게 하는 것은 아니다. 진실로 자강의 도를 구하고자 한다면 천하의 인인 군자가 모두 이것을 읽어야 할 것이니 하물며 우리 한국인이겠는가. 그런즉 우리 한국이 이처럼 위미한 데 이른 것은 대개 문을 숭상한 죄이거늘 지금 다시 독서(讀書)를 하게 하는 것은 무엇 때문인가. 글은 능히 사람으로 하여금 나약하게 하나 또한 사람으로 하여금 강하게 하니, 이로 인해 통론하고자 한다. (…중략…) 대저 회보의 간행이 어찌 자기를 위한 것이겠는가.

자기는 이미 자가의 자강을 면려하고 다시 타인을 면려하고자 하는 것은 진실로 뜻이 하나가 되지 못하고 힘이 나뉘는 까닭이다. 자기가 이미 자강하고 타인이 또한 자강하면 이는 곧 두 사람이 자강을 얻는 것이요, 그가 다시 그 옆 사람을 자강하고 그 옆사람이 다시 그 옆 사람을 면려하면 곧 네 사람이 자강하는 것이니, 이로 말미암아 이천만 인구가 자강의 도리를 깨우치면 곧 국가의 정치를 가히 개선할 것이요, 세계의 기반(羈絆)을 가히 벗어날 것이니, 그러므로 제공이 회보를 읽는 것은 또한 어찌 자기만을 깨우치기 위한 것이겠는가. 오호라. 닭이 이미 울었고 동방이 이미 밝았다. 두 손으로 잠든 눈을 비비고 회보를 읽으면 비단 나만의 다행이 아니라 또한 제공의 다행이요 제공의 다행뿐 아니라 전국의 다행이라고 하겠다. 남악거사 이기 알림.

—'대한자강회보 서', 『대한자강회월보』제1호

ㄷ. 少年韓半島 趣旨: 少年韓半島兮, 少年韓半島兮. 二千萬圓顱方趾之類兮여. 天下之盛德大業이 孰有過於愛國者乎 愛國者兮 此何日也ㅣ며 此何辰也오. 書之曰唉라. 我歷史上 舊社會 革命之日也오, 乃二十世紀 中 少年韓半島 誕生之辰也ㅣ로다. (…中略…) 寐而歎之者 非舊社會之革命乎아. 寤而言之者 ㅣ 卽 少年韓半島也ㅣ라. 少年韓半島者ᄂ 但地理上之名詞乎아. 抑政治上之 撮影歟아. (…中略…) 乃少年韓半島之簪筆子ㅣ 萃二十世紀 歷史上愛國之 持國之 保國之 建國之 謨謀誠銘ᄒ야 願與舌相者 血誠者 劍氣者 機神者로 從事焉ᄒ야 掉出我神聖之少年韓半島於腥風血雨之中ᄒ고 願與我悲悼呻吟之二千萬民族으로 飛躍乎他種一摘再摘之下ᄒ야 建築我少年韓半島之獨立ᄒ며 長養我少年韓半島之自由爲白齊.

번역 소년한반도 취지: 소년 한반도여, 소년 한반도여. 이천만 동포의 둥근 두뇌와 모난 발자국들이여. 천하의 성덕 대업이 누가 애국자에 지나는가. 애국자여, 이 어느 날이며 어느 때인가. 글로 쓰면 바로 그러하다. 우리 역사상 구사회의 혁명하는 날이며, 이에 이십 세기 중 소년 한반도가 탄생한 날이로다. (…중략…) 잠자며 탄식하는 자는 구사회를 혁명하지 아니하며, 깨어나 말하는 자는 곧 소년 한반도이다. 소년 한반도라는 것은 단지 지리상의 이름일 뿐인가. 아니면 정치상의 촬영일 것인가. (…중략…) 이에 소년한반도에 필자가 모여 이십세기에 이르러 역사상 애국하고, 나라를 보호하고, 나라를 세우는 계명(誡銘)을 꾀하여, 원컨대 설상(舌相)이라는 것과 혈성이라는 것, 검기(劍氣), 기신(機神)과 더불어 종사하여, 성풍혈우(腥風血雨) 중에 소년 한반도를 도출하고, 우리 비참하게 신음하는 이천만 동포와 더불어 다른 민족보다 비약하여, 우리 소년 한반도의 독립을 건축하며, 앞으로 우리 소년 한반도의 자유를 기르고자 하나이다.

—『소년 한반도』 1호

각 잡지 창간사에 해당하는 이 세 편의 글은 모두 '개명진보(開明進步)', '애국계몽(愛國啓蒙)'을 목표로 하고 있음을 확인할 수 있다. 『수리학잡지』에서 '국민교육', '문명지택'을 천명한 것이나 『대한자강회월보』에서 '국가 정치 개선', '세계 기반 출탈(世界羈絆出脫)'을 내세운 것, 『소년한반도』의 '애국', '보국', '건국'과 '독립', '자유'를 부르짖은 것 등은 모두 지식 보급을 통한 애국계몽운동을 의미하는 것이다. 이처럼 1905년 이후의 지식 보급 운동은 애국계몽과 동의어로 인식되었음은 『조양보(朝陽報)』 제1호에 소재한 '독법(讀法)'에도 잘 나타난다.

【 讀法 】

一. 朝陽報者ᄂᆞᆫ 凡 同文各國에 稍解 文字者ㅣ 原無不可讀之人而惟最適於大韓人士之讀之ㅣ니 盖由現時我國之思想程度와 風俗習慣ᄒ야 自一階二階로 以至十百階히 漸次 向上進去호ᄃᆡ 無躐等漏級之弊而可以到得乎文明國之見識也일ᄉᆡ라.

一. 朝陽報者ᄂᆞᆫ 可與憂國之士로 讀之니 讀之則醫國之要藥를 可得이오 經國

之實事를 可擧而前日之空憂虛嘆이 便水流雲掩也일ᄉᆡ라.

一. 朝陽報者ᄂᆞᆫ 可與愛國者로 讀之니 讀之則其愛心이 益堅ᄒᆞ야 愛國如家ᄒᆞ며 愛國如身타가 甚則有時乎愛國殺身而亦自甘心也일ᄉᆡ라.

번역 일. 조양보는 무릇 동문각국에 조금이라도 문자를 이해하는 자는 읽지 못하게 한 것이 없으니 오히려 대한 인사가 읽기에 가장 적합하게 한 것이다. 대개 현재 아국의 사상 정도와 풍속 습관으로 말미암아 한 계단 두 계단으로부터 십계 백계에 이르기까지 점차 향상 진보하되 디딤돌이 없거나 계단이 빠지는 폐단이 없게 하여 가히 문명국의 견식에 이르게 하고자 함이다.

일. 조양보는 가히 우국지사가 읽을 것이니 읽으면 나라를 치료하는 개요를 얻을 수 있고, 나라를 경영하는 실질적인 사항을 가히 얻으며 전일의 허탄함을 비워내고 구름에 가린 것을 쉽게 흘러보낼 것이다.

일. 조양보는 애국자와 더불어 읽을지니 읽으면 그 사랑하는 마음이 더욱 견고하여 자기 집과 같이 애국하며 자기 몸과 같이 애국하여 심하면 때에 따라 애국 살신하며 또한 스스로 감내하는 마음이 될 것이다.

—윤효정, '조양보 찬사', 『조양보』 제1호

이 글은 윤효정(尹孝定)이 조양보 발행을 축하하며, 제시한 독법 18칙(讀法十八則)이다. 여기서 18칙이란 조양보를 읽음으로써 거둘 수 있는 계몽적인 효과를 의미한다. 위에서 알 수 있듯이 조양보는 '동문각국의 초해문자자, 우국지사, 애국자'가 읽는 잡지라고 천명하였다. 이밖에 거론된 독자는 '여애신자(與愛身者, 자기를 사랑하는 자)', '불평지사(不平之士, 차별받는 사람)', '가여유자(可與儒者, 유학 선비)', '호신지사(好新之士, 호기심을 갖는 자)', '부이무력자(富而無力者, 재산을 보호하고자 하는 자)', '빈이무지자(貧而無智者)', '태타무위자(怠惰無爲者)', '교육가(敎育家)', '허탄자(虛誕者)', '부랑자제(浮浪子弟)', '몽중인(夢中人)' 등이다. 엄밀히 말하면 여기에 제시한 독자는 조양보를 읽는 독자의 유형이라기보다 조양보가 목적하는 계몽 대상을 의미한다. 순차적으로 볼 때 이 잡지 또한 '애국' '우국'을 우선적으로 표방하였으며, 교육자와 사회운동가, 완고배나 몽중인을 일깨우는 데도 일조할 수 있음을 강조하였다. 이러한 애국운동은 지식 보급을 통한 계몽운동을 의미하는 것이었다. 이러한 차원에서 1906년 이후 국내 각 단체가 발행한 회보나 잡지는 단체의 성격16)에 따라 다소간의 차이는 있었지만 국권 침탈기 '애국'과 '진보'를 표방한 데에는 큰 차이가 없다. 이 과정에서 학회보를 통한 근대 학문의 발전과 지식 보급이 활발히 이루어졌다.

1907년 이후 국내에서 발행된 학회보의 학술 담론은 발행 주체에 따라 차이를 보인다. 특히 서북학회, 기호학회, 호남학회 등과 같이 지역을 기반으로 한 학회의 경우 해당 지역의 교육 문제에 관심을 기울인 경우가 많은데, 대표적인 경우가 교남교육회이다. 이 학회는 1908년 박정동이 제안하여 만든 단체로, 교과 수준의 근대 지식을 다수 수록하였다. 또한 유림이 중심이 된 대동학회의 경우 '신구학의 절충'에 대한 논의가 다른 학회에 비해 많이 등장한다. 또한 '교육 보급, 산업 개발, 생명 재산 보호, 행정 제도의 개선, 관민 폐습의 교정, 근면 저축 실행, 권리·의무·책임·복정의 사상 고취'를 표방하며 항일적인 단체로 출범한 '대한협회'의 학보에는 대한 역사, 지지, 국가학 등의 학술 담론이 많다.

이와 같이 각 단체의 특징과 학회보의 내용을 분석하는 일은 의미 있는 일이 될 수 있다. 그러나 1905년부터 1910년 사이의 국권 침탈기라는 시대 상황 속에서, 각 단체가 보여준 근대 학술 담론은 본질적으로 '애국계몽운동'의 차원으로 이해할 수 있고, 또한 한국 근대 지식과 지성의 형성 과정으로 해석할 수 있다.

---

16) 애국계몽단체, 경제 단체, 종교 단체, 각 지역별 학회 등과 같이 단체를 조직한 사람들의 성향에 따라 학술 담론이 달라진다.

이러한 차원에서 국권 침탈기 국내에서 발행된 각종 학보의 학술 담론을 통합하여 분석하면 일정한 특징이 나타난다. 특히 이 시기 유학생 단체의 회보와 비교할 경우, '정치(국가, 행정 포함, 국내 47종: 유학생 잡지 40종)', '교육(33: 28)' 분야의 학술 담론은 비슷한 비중을 보이나 '법률 (47: 18), 지리(16: 3)', '언어(28: 5)' 분야의 학술론이 비교적 많음을 확인할 수 있다. 이에 비해 '농업(임업과 잠업 포함, 22: 24)', '경제(15: 23)', '지문(20: 24)', '생리위생(16: 26)' 분야는 유학생 잡지에 더 많은 자료가 나타난다. 이처럼 학회보 발행지에 따라 분야별 학술 담론의 편차를 보이는 것은 흥미로운 분석 대상으로 보이는데, 그 이유는 발행지(또는 발행 단체나 발행자)에 따라 관심을 두는 학술 문제 또는 사회 문제가 다소 차이가 있었기 때문으로 추정된다. 특히 정치 문제의 비중이 높은 것은 국권 침탈 상황에서 국내 단체의 경우 정치적인 문제가 더 직접적인 문제로 인식되었기 때문으로 풀이된다.

3.2. 유학생 단체와 학회보

한말 재일 한국 유학생의 민족운동을 연구한 김기주(1993)에 따르면 '대조선인일본유학생친목회'가 결성된 이후 '제국청년회(帝國靑年會)'의 결성이 있었다.[17] 이 청년회의 해체 이후 한동안 유학생 친목회가 존재하지 않았는데, 1905년부터 1906년 사이에 10여 개 정도의 단체가 결성되었다. 이때 결성된 단체로 김기주(1993: 24)에서는 '유학생구락부(留學

---

17) 제국청년회는 친목회 해체 후 결성된 것으로 알려져 있다. 『학지광』 제6호(1915.7)에 게재된 '일본유학생사'에서는 광무 2년(1898) 2월 친목회 회원이었던 김기장(金基璋) 등이 사소한 감정으로 분쟁을 일으켜 친목회 탈퇴자가 급증하고, 이해 9월 10일 학생 일동이 동경 청년회관에 모여 평화단체를 협의한 뒤 '제국청년회'를 결성했다고 한다. 이 단체는 광무 7년(1903) 2월 관비 유학생 소환령에 따라 해산되었다고 기술하였다. 이 회에서도 『제국청년회회보』를 발행했던 것으로 나타난다. 그러나 이 회보의 존재에 대해서는 아직까지 밝혀진 바가 없다.

生俱樂部)', '태극학회(太極學會)', '공수학회(共修學會)', '한금청년회(漢錦靑
年會)', '동인학회(同寅學會)', '낙동친목회(洛東親睦會)', '호남학회(湖南學
會)', '광무학회(光武學會)', '광무학우회(光武學友會)', '대한유학생회(大韓
留學生會)'를 제시하였다.

학회보 창간을 기준으로 할 때, 이 시기 가장 먼저 등장한 유학생
학보는 태극학회의 『태극학보(太極學報)』였다. 이 단체는 1905년 9월 15
일 결성되었으며, 학보는 이보다 늦은 1906년 8월에 창간되었다.

【 本會의 第三回 記念 】

今本會의 創立이 前四年 九月十五日에 在ᄒ도다. 其 發起之始也이 二三
學友가 本國의 新來留學生 語學預備ᄒ기를 爲ᄒ야 太極學校라 名稱ᄒ고 殆
近週年을 敎授ᄒ다가 該 語學生徒가 修業을 畢了ᄒ 後인즉 學校가 亦 無用
에 歸ᄒ지라. 幾個日月을 中沈ᄒ야 會合維持의 議論이 束閣ᄒ야스니 源萌
을 溯究ᄒ면 微細ᄒ고 顯晦(전회)ᄒ다 可謂홀지로다. 然이나 剝復의 理가
屈信이 有時ᄒ야 學會改絃의 議가 於焉倡起ᄒ지라. 于是에 學友一同이 同
情으로 議決ᄒ고 繼ᄒ야 學報를 創刊ᄒ야 自己의 學術를 增長ᄒ여 內地同
胞로 더브러 文明에 共進홀 義務를 擔負ᄒ 者인즉 吾 靑年輩의 知識이 蒙昧
ᄒ고 事力이 綿弱ᄒ야 內地 同胞로 ᄒ여곰 鼓發의 能力은 欠缺ᄒ야스나
其情則可悲요 其心則已苦矣로다. (…中略…) 今日 諸氏의 擔負ᄒ 義務가 表
面으로 悠看ᄒ면 一學友會에 不過ᄒ 듯ᄒ나 內容을 實究ᄒ면 全國 同胞의
新思潮를 喚起ᄒᄂ 地位에 在ᄒ지라. 若 諸氏의 義血이 熱騰ᄒ면 二千萬
同胞의 義血이 同熱홀지오 諸氏의 義血이 冷却ᄒ면 二千萬 同胞의 義血이
俱冷홀지며 諸氏가 一步를 進ᄒ면 國運이 一步를 進ᄒ며 諸氏가 一步를 退
ᄒ면 國運이 亦 一步를 退ᄒ리니 諸氏의 所立ᄒ 處地가 國家 休戚에 對ᄒ야
關繋가 何如ᄒ가. 然ᄒ 則 諸氏의 心이 不得不 益熱ᄒ야 有始克終홀지요.
諸氏의 步가 不得不 愈闊ᄒ야 有進無退홀지라. 苟如是也면 我內地同胞가 聲
氣로 歡迎ᄒ야 夏蜜敦(하밀돈, 화성돈, 워싱턴)의 筆舌下에 米洲 全部가 風

從ᄒ며 俾斯麥의 鐵血下의 普國 義士가 雲集홈과 如ᄒ리니 此ᄂ 諸氏의 用力如何에 存在홀 ᄲᅮᆫ이라.

번역 지금부터 4년 전(1905) 9월 15일에 본회의 창립이 있었다. 발기(發起)할 때 이삼 학우가 본국에서 새로 오는 유학생들의 어학을 준비하기 위해 태극학교(太極學校)라고 이름 붙이고 거의 1주년을 가르치다가 이 어학교 생도가 수업을 마치니 곧 학교가 무용해졌다. 몇 개월 침체 중 회합의 유지에 대한 논의가 약간 있었으나 그 근원을 살펴보면 미세하고 약했다고 할 것이다. 그러나 상처를 회복하는 이치에 따라 학회를 다시 하자는 의론이 창기하였으니 이에 학우 일동이 뜻을 함께하여 의결하고 이어 학보를 창간하여 자기의 학문을 증장하고 내지 동포와 더불어 문명에 함께 나아갈 의무를 부담한 것이니, 우리 청년들의 지식이 몽매하고 사력이 연약하여 내지 동포로 하여금 고취 발동하는 능력이 부족했으나 그 정은 가히 안타깝고 그 마음은 심히 고통스러웠을 뿐이다. (…중략…) 금일 제씨가 담당한 의무가 겉으로 보면 한 학우회에 불과한 듯하나, 내용을 살펴보면 전국 동포의 신사조를 환기하는 지위에 있는 것이다. 만약 제씨의 의혈이 끓어오르면 2천만 동포의 의혈이 뜨거워질 것이요, 제씨의 의혈이 냉각하면 2천만 동포의 의혈이 모두 식어버릴 것이며, 제씨가 일보를 나아가면 국운이 일보를 나아가며, 제씨가 일보를 물러나면 국운이 또한 일보를 후퇴할 것이니, 제씨가 서 있는 위치가 국가 휴척과 어떻게 긴밀한 관련을 맺고 있는가. 그러므로 제씨의 마음이 부득불 더욱 뜨거워야 시작으로부터 끝맺음이 있을 것이요, 제씨의 걸음이 부득불 더욱 활달해야 나아가며 물러남이 없게 될 것이다. 만약 이와 같다면 우리 내지 동포가 함성과 기운으로 환영하여, 하밀돈(워싱턴)[18]의 필설 아래 미국 전부가 바람에 쏠리듯 따르며, 비사맥(비스마르크)의 철혈 아래 프

---

18) 하밀돈(夏密敦): 워싱턴의 차자. 이 시기 워싱턴은 '화성돈(華盛頓)'으로 차자했는데, 음이 유사한 하밀돈으로 차자한 경우에 해당함.

러시아 의사가 운집함과 같을 것이니, 이는 제시가 힘을 쓰는 것 여하에 존재할 따름이다.

—'본회의 제3회 기념', 『태극학보』 제25호

이 기념사에서 확인할 수 있듯이, 태극학회는 유학생의 어학 능력을 길러주기 위해 조직한 '태극학교'를 모태로 출발한 학회였다. 김기주 (1993)에 따르면 이 학교는 일종의 강습소 형태의 기관인데, 유학생 감독 한치유(韓致愈)의 도움으로 학회로 발전했다. 이러한 사정은 『태극학보』 제1~3호에 실린 한치유의 '태극학회총설(太極學會總說)'에 잘 나타나 있다.

【 太極學會總說 】

是蓋陰陽之所迭運 晝夜之所相禪 不能無尖斜曲直方圓 黑白爲之相對 而與之相反. 此其理則又所謂太極也. 今此諸公讀東亞之書 學泰西之說 而參古酌今 當有折衷之妙矣. 若專就太極之說 而求其精深微密則自有易學在焉. 此則另俟他日爲諸公一講之. (이상 제1호) 我學生之設此會 果何爲也. 官私費來學日本者 蓋千餘人 而所食之區域遠近不一 所就之庠塾等級不齊 星散碁落不相管攝 無以通親愛之意而資麗澤之益 是以有志者 若爾人起議 以每月指日一會所講者 同胞之義所論者學術之妙 而掇拾其講論之餘登梓 而廣布之此所以有此學會之設也. 會員 崔錫夏 全永爵 等 嘗來言於余曰 先生旣在學生監督之位 實有贊成此會之責 生等不可不枚擧 而詳陳之也. 此會 發起者 張膺震 崔錫夏 全永爵 金志侃 崔先玉 金東元 金鴻亮 安甲 金淵穆 蔡奎丙 金鎭初 張志台 李潤柱 柳東秀 等 五十餘人 其人也. 會務所 則東京本鄕區 元町 二丁目 其地也. 會定期 則每月上旬 日曜日 其日也. 會員則 我十三道學生 凡來留日本者 皆所許也. 由會中立一校 名曰太極學校 所以收我學生新來者 使之習日語 而進普通也. 學報發刊則 每月一回 而政治得失之談國際利病之論則在所禁也.

번역 이것은 모두 음양의 운동 법칙과 주야가 서로 이어져, 첨사곡직방원(尖斜曲直方圓)이 없이 흑백이 서로 상대하며 서로 상반하는 것이다. 이 이치가 곧 태극이다. 지금 제공이 동아의 서적을 읽고, 태서의 학설을 공부하며 고금을 참작하여 마땅히 절충의 묘가 있어야 한다. 만약 태극의 설을 취해 깊이 탐구하고 세밀하게 연구하면 스스로 배움이 쉬울 따름이다. 이는 것 다른 날을 기다려 제공에게 알리고자 한다. 우리 학생들이 이 회를 설립한 것은 무엇 때문인가. 관사비로 일본에 오는 자가 모두 천여 명이니 주거 구역의 원근이 불일하고 취학하는 학교나 등급이 같지 않아 별처럼 흩어져 서로 상관하지 않고 소통과 친애의 뜻이 없으니 여택의 이익을 제공하기 어렵다. 이에 유지자 몇 사람이 발의하여 매월 날을 정해 한 장소에 모여 동포의 의론을 연구하고 학술의 묘리를 논의하며 그 강론을 모아 등재하여 널리 펴고자 하니 이것이 이 학회를 설립한 까닭이다. 회원 최석하, 전영작 등이 일찍이 내게 와서 말하기를, 선생은 이미 학생 감독의 지위에 있으니 실로 이 회에 찬성하고 학생들 모두를 맡기를 바란다는 뜻을 상세히 설명하였다. 이 회의 발기인은 장응진, 최석하, 전영작, 김지간, 최선옥, 김동원, 김홍량, 안갑, 김연목, 채규병, 김진초, 장지태, 이윤주, 유동수 등 50여 명이 그 사람들이다. 회무소는 동경 본향구 원정 2정목이 그 자리였다. 회는 정기적으로 매월 상순 일요일이 그 날이다. 회원은 곧 우리 13도 학생으로 일본에 온 자는 모두 허용하였다. 회중 한 학교를 설립하여 이름하여 태극학교라고 하고, 우리 학생 가운데 신래자를 받아들여 일어 학습을 시키며 보통 수준에 나아가도록 하였다. 학보 발간은 곧 매월 1회로 정치득실의 담, 국제 이익과 병폐의 논리는 곧 금지하였다.

—한치유, '태극학회총설', 『태극학보』 제1호, 제2호

한치유의 글에는 '태극학회'에서 '태극'이 갖는 의미, 학회 창립 과정과 목적, 운영 방식 등이 비교적 자세히 소개되어 있다. 곧 태극은 음양

의 이치를 의미하며, 동서양 학문의 절충을 의미한다. 학회 창립 이전에 존재했던 '태극학교'는 최석하, 전영작이 한치유의 도움을 받아 만든 어학 보조 강습소로, 유학 신래자에게 일본어를 보통 수준으로 구사할 수 있도록 돕는 기능을 하였다. 이 학교를 중심으로 50여 명(태극학교 졸업자)이 발기하여 '태극학회'를 만들고, 『태극학보』를 발간하였는데, 흥미로운 것은 '정치득실지담(政治得失之談)', '국제이병지론(國際移病之論)'을 금하는 것이었다. 여기서 정치득실담과 국제이병론이 구체적으로 어떤 것을 의미하는지는 좀 더 고찰해 보아야 할 것으로 보이나, 본국의 정치 사정 또는 국가 이익과 관련된 논의를 자제하도록 한 것이 아닌가 추정된다. 이러한 원칙은 이 시기 계몽 담론과도 무관하지 않을 것으로 보이는데, '태극학보 발간 서문'에 나타나듯이, 학보에서 중시하고자 한 것은 '국민교육', '지식 개발'의 애국계몽담론이었다.

【 太極學報 發刊의 序 】

今日 文明時代에 處ᄒ야 個人的 國民的을 不論ᄒ고 學識을 不修ᄒ면 戰國時代에 處ᄒ야 武藝를 不習ᄒ에 無異ᄒ니 엇지 社會에 容立키 能ᄒ리오. 是故로 近日 憂國憂時의 士ㅣ 반닷시 國民敎育 四字로 標幟唱導치 아님이 無ᄒ나 凡事가 唱ᄒ기 易ᄒ고 實行키 難홈은 人世의 常態로다. 惟我太極學會가 呱呱의 聲을 發ᄒ고 東都一隅에 萌出홈이 於玆에 逾年이라. 此間에 幾多頓挫辛苦의 悲境이 不少ᄒ여스나 盤根을 不遇ᄒ면 利刀를 難辨이라. 倚我 會員의 血誠所湧이여 一致團心으로 相勸相救ᄒ며 相導相携ᄒ야 一步를 退縮ᄒ면 數步를 更進ᄒ고 難關을 遭遇ᄒ면 百折不屈의 精神으로 勇氣를 倍進ᄒ니 此ᄂ 本會가 今日 漸次 旺盛ᄒᄂ 域에 進홈이요 時時 演說 講演 或 討論 等으로써 學識을 交換硏磨ᄒ야 他日 雄飛의 準備를 不怠ᄒ고 學暇를 利用ᄒ야ᄂ 各自 學習ᄒᄂ 바 專門普通으로 論作之飜譯之ᄒ야 我同胞國民의 智識을 開發ᄒᄂ 一分의 助力이 되고져 ᄒᄂ 微誠에 出홈이니 此ᄂ 本報가 創刊되ᄂ 盛運에 達호 者인ㅣ져. 一粒의 土도 積ᄒ면 泰山을

成ᄒ고 一滴의 水도 合ᄒ면 大海를 成ᄒᄂ니 吾儕도 ᄯᅩᄒᆫ 我 二千萬 國民의 各 一分子라 各 一臂의 力을 出ᄒ야 國民의 天職을 萬分一이라도 盡홈이 有ᄒ면 此ᄂᆫ 吾儕의 衷心으로 熱望ᄒᄂᆫ 바로다.

번역 금일 문명시대에 처해 개인적 차원과 국민적 차원을 물론하고 학식을 닦지 않으면 전국시대에 처해 무예를 익히지 않음과 다름이 없으니, 어찌 사회에 용이하게 존립할 수 있겠는가. 그러므로 근일 우국우시의 선비들이 반드시 국민교육 네 자로 표지를 삼아 창도하지 않음이 없으나, 무릇 부르짖기는 쉽고 실행하기는 어려운 것이 세태이다. 오직 우리 태극학회가 고고한 소리를 질러 동도 한 구석에서 싹을 틔운 것이 몇 년이 되었다. 우리 회원들이 혈성으로 분출함이여. 일치단결하여 서로 권하고 서로 구제하며 사로 이끌고 손잡아 한 걸음을 물러나면 몇 보를 더 나아가고 난관을 만나면 백절불굴의 정신으로 용기를 배나 내니 이는 본회가 금일 점차 왕성한 지경에 나아간 것이며, 때로 연설, 강연 혹 토론 등으로 학식을 교환하고 연마하여 타일 웅비의 준비를 게을리 하지 않고, 배움의 틈을 이용하여 각자 학습하는 바 전문, 보통으로 글을 짓고, 번역하여 우리 동포 국민의 지식을 개발하는 데 조금이라도 조력이 되고자 하는 작은 성의에서 나온 것이니, 이는 본보가 창간되는 융성한 기운에 도달한 것이다. 한 알의 흙도 쌓이면 태산을 이루고, 한 방울의 물도 합하면 대해를 이루니 우리들도 또한 우리 이천만 동포의 각 일분자이다. 각자 한 팔의 힘을 내어 국민의 천직을 만분의 일이라도 다함이 있다면 이는 우리들이 진심으로 열망하는 바이다.

—'태극학보 발간의 서', 『태극학보』 제1호

이 글에서도 문명진보론과 국민 의무론을 기반으로 한 애국계몽 담론이 중심을 이루고 있음을 확인할 수 있다. 계몽의 주된 수단은 전문·보통의 지식에 대한 '연설, 강연, 토론', '논작지(論作之)', '번역지(飜譯之)'이다. 이러한 취지에서 비롯된 『태극학보』는 이 시기 다른 유학생 단체의 잡지와는 달리 27호라는 비교적 오랜 기간 발행되었다. 이 점은 이 학보에 수록된 분야별 학술 담론도 다른 학보에 비해 많음을 의미하는데, '논설'이나 '강단학원(講壇學園)' 등에 실린 논문을 조사하면 107종이 등장한다. 이들 논문을 분야별로 구분하면 다음과 같다.

【 『태극학보』 소재 분야별 학술 담론 분포 】

분야	세분		계
경제	경제학	2	
	국가경제	2	5
	상업학	1	
광물	광물학	1	1
교육	가정교육	4	
	교과학	1	
	교육론	1	
	교육학	1	
	보통교육론	1	12
	사범교육	2	
	사회교육	1	
	아동교육	1	
농업	과수	2	
	농학	2	
	산림학	3	
	원예	1	13
	축산학	4	
	농업기술	1	
동물	진화론	1	
	동물 일반	6	7
물리	물리현상	8	8
법	국가학	1	
	조세법	1	
	헌법	1	4
	기타	1	

분야	세분		계
생리위생	생리학	1	
	위생학	11	13
	해부학, 생리학, 위생학	1	
산술	수학사상	1	2
	산술	1	
식물	식물 현상	2	2
심리	심리학	1	1
어업	어업	1	1
언어	국문론	1	2
	언어학	1	
역사	동양사	1	
	문명사	1	3
	민속학	1	
이학	동물, 식물, 천문학	1	1
정치	경찰학	3	
	국가학	1	
	삼권분립론	1	7
	식민주의	1	
	정부론	1	
종교		1	1
지리	외국지리	1	2
	본국지리	1	
지문	지구과학	6	
	지리 지구	1	
	지질학	2	10
	기타	1	
천문	천문학	2	2
철학	철학	1	1
학문론	신구학	1	
	연구방법	4	6
	후쿠자와유키지	1	
화학	화학	3	3
계		107	107

이 학회보의 학술 담론의 분야별 분포는 농업(13), 생리위생(13), 교육(12), 지문(10) 순으로 나타나는데, 이 시기 국내 학회보가 '정치', '법률'의 비중이 높았음을 고려한다면, 이 학회보는 실용적인 분야의 비중이 높았던 것으로 볼 수 있다. 농업 담론으로는 김만규의 '농자는 백업의 근이오, 행복의 원인이라'(제4, 5, 6호)와 같은 논설을 비롯하여, 김진초의 '양계설'(제7, 12, 13, 14호), '농원 양돈설'(제9, 10호), 김낙영의 '삼수식 재조림법'(제13호), 박상락의 '접목법'(제15, 16, 17, 18호), 김지간의 '과수 전정법'(제20, 21, 22, 24, 26호) 등과 같이 실용적인 기술을 소개하는 논문이 많다. 이처럼 농축산 관련 기술을 소개한 것은 국내 동포들에게 농업 기술을 소개하여 생산성 향상에 도움을 주고자 하는 의도에서 비롯된 것이라고 할 수 있다. 생리위생과 관련하여 강병옥의 '위생'(제1, 2호), 김진초의 '미균론'(黴菌論, 제2호), 유전의 '음료수'(제2, 4호), 박상락의 '구급 치료법'(제2, 4호), '위생문답'(제5, 6, 8호), 이규영의 '심장운동과 혈액순환의 요론'(제10, 11호), '위생편담'(제12호), 김영재의 '천연두 예방법'(제19호), 연구생이라는 필명의 '독물(毒物)의 연구'(제25호), '뇌와 신경의 건전법'(제26호) 등이 나타난다. 교육 담론과 지문은 근대 계몽기 대부분의 신문·잡지에서 중시했던 분야인데, 『태극학보』의 경우 장계택의 '가정교육'(제2호), 오석유의 '가정교육'(제6호), 김철수의 '가정교육봅'(제16호) 등과 같이 가정교육과 관련된 논문이 다수 게재되었으며, 장응진의 '교수와 교과에 대하여'(제13, 14, 15호)와 같은 교과학 관련 논문이 게재된 점도 특징이다. 지문(地文) 관련 논문은 '석탄'(장지태, 제1호), '석유'(신성호, 제1호) 등과 같은 자원 문제나 '화산설'(장응진, 제2호), '지진설'(박상락, 제9호) 등과 같은 지구 현상 관련 논문이 게재되었는데, 이러한 흐름은 이 시기 다른 학회보와 큰 차이가 없다. 그럼에도 장응진의 '과학론'(제5호), 연구생의 '학문의 목적'(제17호), 김영재의 '과학의 급무'(제20호), 서병현의 '연구는 진화의 본'(제24호) 등과 같은 과학 담론이 출현한 것은 주목할 만한 일이라고 할 수 있다.

유학생 단체가 분립했던 시기 제국청년회의 뒤를 이은 단체는 '대한유학생구락부', '대한유학생회'이다. 이에 대해서는『학지광』제6호(1915. 7)의 '일본유학생사'에서 비교적 상세히 설명한 바 있는데, 이에 따르면 재일 유학생계는 '제국청년회' 해산 이후 2년 동안은 단체 결성이 없다가 광무9년(1905) 공사관 철폐와 함께 '유학생 감독부'가 신설된 뒤, 이해 12월 30일 학생 131인이 감독부에 모여 '유학생구락부(留學生倶樂部)'를 조직했다고 한다.19) '제국청년회', '대한유학생구락부', '대한유학생회'의 연혁은 다음 취지서에도 나타난다.

【 대한유학생회 취지서 】

窃惟本會의 成立홈은 云雖今日이나 其原因인즉 遠且深矣라 可云홀지라. 初焉인 帝國靑年會가 有ᄒ고 次焉인 大韓留學生倶樂部가 有ᄒ고 今焉인 大韓留學生會가 되얏시니 其組織은 一是我留學生이어늘 其名稱인즉 何故로 會與部라 數變ᄒ며 且嗟吾風潮中國民으로 分爲學生ᄒ야 于晝于夜에 是學是習ᄒ며 惟晷惟刻을 乃惜乃競ᄒ야도 頹運의 挽回홈을 惟恐不能이온 況奈之何로 會而部 部而會ᄒ야 難再之光陰을 費度ᄒᄂ뇨. 嗚呼라 此世는 卽何世며 今日은 卽何日고. 宗社의 及業이니 生靈의 塗炭이니 홈은 論時之例談에 猶歸홀지라. 其眞象을 欲言인ᄃᆡ 實로 筆不忍口不能의 境遇에 在홀지라. 屬

---

19) 그 이후 결성된 단체로 '태극학회, 공수학회, 동인학회, 낙동친목회, 광무학회, 광무학우회' 등과 함께 '한철청년회(漢鐵靑年會)', '호남학계(湖南學稧)', '연수학회(硏修學會)' 등의 이름이 등장한다. 이 가운데 '한철청년회'는 김기주(1993)에서 언급한 '한금청년회(漢錦靑年會)'로 추정되는데, 이 단체의 이름은『대한매일신보』1907년 5월 16일 잡보의 '유일본단지학생(留日本斷指學生)의 내함(來涵)'에 등장한다. 또한 김기주(1993)의 '호남학회(湖南學會)'는 '호남학계(湖南學稧)'의 오식으로 보인다. 이 단체는『황성신문』1908년 3월 6일의 잡보 '태극독립(太極獨立)'에 등장한다. "本報第二千七百十号欄內에 日本에 留學ᄒᄂ 學生의 各其成立會名을 合同ᄒ야 大韓學會를 組織ᄒ얏다고 揭載ᄒ얏더니 追聞흔즉 東京內에 大韓留學生會, 洛洞親睦會, 湖南學稧만 合同ᄒ야 大韓學會를 組織ᄒ얏고 太極學會는 依前히 獨立ᄒ얏더라(본보 제2710호란 내에 일본에 유학하는 학생의 각기 성립한 회가 합동하여 대한학회를 조성하였다고 게재하였더니, 추후 들은즉 동경 내 대한유학생회, 낙동친목회, 호남학계만 합동하여 대한학회를 조직하였고, 태극학회는 예전과 같이 독립하였더라)."

之於天ᄒᆞ야 寧欲無言이어니와 古人이 有言호ᄃᆡ 天時地利가 皆不如人和라
ᄒᆞ고 西人이 有言호ᄃᆡ 從今天下가 敎育者手中에 墮在라 ᄒᆞ니 古今東西가
云殊ᄒᆞ나 其理則一也. 現我萬口一唱으로 賢愚同知知ᄒᆞᄂᆞᆫ 者ᄂᆞᆫ 曰民智發
達 曰敎育擴張 曰社會振興 曰團體共公이니 亦二者之說에 不外한지라. 一體
國民의 均有ᄒᆞᆫ 義務어니와 惟我在外ᄒᆞᆫ 者ᄂᆞᆫ 其責任이 一層尤重ᄒᆞᆫ지라. 何
者오. 當此日新之時ᄒᆞ야 遊學名目으로 出於海外ᄒᆞ얏스니 內地同胞의 希望
ᄒᆞᄂᆞᆫ 바이며 旣出疆外ᄒᆞ니 親戚故里를 遠別이오 公領事가 已廢ᄒᆞ니 官憲保
護가 亦無ᄒᆞᆫ지라. 不幸히 疾病困厄을 當ᄒᆞ면 救濟ᄒᆞᆯ 者ㅣ 其誰며 生斯同國
이나 方殊南北ᄒᆞ야 情義相通은 姑舍ᄒᆞ고 面目生疎가 居半이니 親愛之道가
從何리요. 此ㅣ 本會의 不能已不可無ᄒᆞᆫ 事實이라. 肆以로 光武九年四月에
靑年會發起가 有ᄒᆞ고 同年十二月 公使撤廢ᄒᆞᆫ 後에 本留學生監督 韓致愈 氏
의 贊成으로 俱樂部가 成立ᄒᆞ얏시나 其分立의 弊가 團合의 不完ᄒᆞᆷ이 有ᄒᆞ
더니 本年 六月에 至ᄒᆞ야 趙公 閔公 以下 殉國 七忠의 追吊會를 因ᄒᆞ야 本會
가 發起되야 詢謀僉同ᄒᆞ니 於是에 靑年會俱樂部의 名稱은 廢棄ᄒᆞ고 其交誼
親密ᄒᆞ야 學業相勸ᄒᆞ며 疾厄相救ᄒᆞᄂᆞᆫ 目的을 因用ᄒᆞ고 每月一回式必會ᄒᆞ
야 生疎之弊가 無케 ᄒᆞ며 知識交換으로 討論或演說ᄒᆞ야 祖國精神을 富케
ᄒᆞ며 編纂部를 并設ᄒᆞ야 內外國緊要事項과 學問上必要問題를 雜誌로 發刊
ᄒᆞ야 一般國民의 考覽又聞識를 供ᄒᆞ고 玆에 顚末를 略陳ᄒᆞ야 趣旨로 公布
ᄒᆞ오니 凡我同志ᄂᆞᆫ 協心贊成ᄒᆞ야 使之有始有終케 ᄒᆞ시믈 幸甚

번역 감히 본회의 성립을 말하건대 비록 오늘에 이루어졌으나 그 시작
은 오래고 깊다고 말할 것이다. 처음에는 제국청년회가 있었고 그
다음에 대한유학생구락부가 있고 지금은 대한유학생회가 되었으니 그 조
직은 하나로 우리 유학생이거늘 그 명칭이 왜 '회'와 '부'라고 몇 번이나
변했으며, 또 우리 풍조 가운데 국민으로 나뉘어 학생이 되어 주야에 이
것을 배우고 학습하며 오직 한줌 햇볕과 시각을 아끼며 경쟁해도 퇴락한
국운을 만회하는 것이 불가능할까 두렵거늘 하물며 어찌 회가 부가 되고,
부가 회가 되어 다시 시간을 낭비하는가. 오호라. 이 세상은 어떤 세상이

며, 금일은 어떠한 날인가. 종사의 급업이니, 생령이 도탄이니 하는 것은 시세를 논하는 말에 돌아감과 같은지라. 그 진상을 말하고자 하되 실로 붓으로 다하고 입으로 할 수 없는 경우에 있다. 천하에 속하여 차라리 말하지 않을지나 고인이 말하되 천시지리가 모두 인화만 같지 못하다 하고, 서양인이 말하되 지금 천하가 교육자의 수중에 있다 하니, 고금동서가 다르다고 하나 그 이치는 한가지이다. 현재 우리가 모든 사람이 함께 부르짖어 현자나 어리석은 자가 모두 알 듯이, '민지발달(民智發達)'이니 '교육확장'이니, '사회 진흥(社會振興)'이니 '단체 공공(團體公共)'을 말하니 이것 또한 이 두 가지의 설에서 벗어나지 않는다. 모든 국민이 공통으로 갖고 있는 의무이자 오직 나 이외에 존재하는 것은 그 책임이 한층 더 중요하다. 어째서 그런가. 지금 날로 새로워져야 할 날에 유학이라는 명목으로 해외에 나왔으니 내지 동포가 희망하는 바이며, 이미 강토 외에 나섰으니 친척 고향을 멀리 이별한 것이요, 공사 영사를 이미 폐지하였으니 관헌의 보호가 또한 없는지라. 불행히 질병 곤액을 당하면 구제할 자가 누구며, 같은 나라에 살지만 남북이 달라 정의가 상통하는 것은 고사하고 보는 것도 생소한 때가 거반이니 어찌 친애의 도가 따르겠는가. 이것이 본회가 없어서는 안 될 사실이다. 이로써 광무 9년(1905) 4월에 청년회 발기가 있었고 같은 해 12월 공사 철폐 후 본 유학생 감독 한치유(韓致愈) 씨의 찬성으로 구락부가 성립되었으나, 그 분립의 폐가 단합을 불완전하게 하더니 본년 6월에 이르러 조공, 민공 이하 순국 칠 충신 추모회에 따라 본회가 발기되어 동지들이 함께 (단체 결성을) 도모하니, 이에 청년회구락부 명칭은 포기하고 그 친분으로 학업을 서로 권하고 질액을 서로 구제하고자 하는 목적으로 매월 1회씩 회를 열어 생소의 폐가 없게 하며, 지식 교환을 위해 토론과 연설을 하여 조국정신(祖國精神)을 풍부하게 하며, 편찬부를 창설하여 내외국의 긴요한 사항과 학문상의 문제를 잡지로 발간하여 일반 국민이 살펴보고 식견을 넓힐 수 있도록 제공하고, 이에 전말을 간략히 서술하여 취지를 공포하니 무릇 우리 동지는 협심 찬성하여 시작과 같이 있게 하시기를 깊이 바람.

　　　　　　—'대한유학생회취지서', 『대한매일신보』, 1906.12.20/12.29

이 취지서에 따르면 유학생 단체는 '제국청년회', '대한유학생구락부'를 거쳐 '대한유학생회'로 변화해 간 것을 확인할 수 있다. 김기주 (1993)에서 논의한 바와 같이, 제국청년회 이후의 유학생 단체는 몇 개의 단체로 나뉘었는데, '대한유학생구락부'는 관비 유학생과 사비 유학생이 모두 참여했던 단체로, 『황성신문』 1908년 3월 6일의 잡보 기사에서 확인되듯이, 경상도 출신 유학생이 중심이 되었던 '낙동친목회', 호남 출신자들이 중심이 되었을 것으로 추정되는 '호남학계(湖南學楔)'와 연합하여 '대한유학생회'가 되었다.20) 이 단체의 창립 배경은 공사관 철폐에 따른 유학생 서로간의 '질액구제(疾厄救濟)'가 중요 요인이었지만, 이를 바탕으로 '지식 교환', '조국 정신 배양', '국민 식견 증진' 등의 애국계몽운동을 목표로 하였다.

몇 개의 단체로 분립되었던 유학생 단체가 통합을 이룬 것은 '대한학회'에 이르러서이다. 이에 대해서는 『황성신문』의 다음 논설에서도 확인할 수 있다.

【 賀大韓學會 組織 】

然ᄒ나 同胞도 外國의 留學生을 屈指ᄒ면 日本에 最多數라. 一葦可航의 隣邦으로 通信이 頻ᄒ야 其血心勤做홈은 日로 聞흔바어니와 但訝然흔 一段이 有ᄒ니 卽不團合의 缺點이라. 據ᄒ건디 曰太極學會니 曰洛東親睦會니 曰漢錦靑年會니 曰共修學會니 曰同寅學會니 曰湖南學契니ᄒᄂ 許多各目이

---

20) 분립된 시기의 유학생 단체가 발행한 학보로는 『낙동친목회학보』(1907.10 제1호~1908.1 제4호까지), 『공수학보』(1907.1 제1호부터 1908.3 제5호까지), 『동인학보』(1907.7 제1호) 가 있다. 이 세 종의 잡지는 2012년 소명출판사에서 '아담문고 미공개 자료 총서 2012'로 영인하였다. 이들 학회보는 간행 횟수가 많지 않고, 분립된 시기의 회보여서 『태극학보』나 유학생 단체가 통합된 이후의 학보에 비해 학술 담론이 미약해 보인다.

各自分派ᄒᆞ야 門戶를 立ᄒᆞ얏스니 此ㅣ 學界上으로 論ᄒᆞ면 競爭의 心이 稍有
ᄒᆞᆫ 덧ᄒᆞ나 國民團體上으로 論ᄒᆞ면 其些少ᄒᆞᆫ 層節이 無키 難ᄒᆞ리로다. 然ᄒᆞ
나 以若聰俊諸氏의 感覺心으로 엇지 一步를 更進ᄒᆞᆷ이 無ᄒᆞ리오. 果然各會
를 團合ᄒᆞ야 大韓學會를 組織ᄒᆞ고 大韓學會報를 發刊ᄒᆞ니 其趣旨書를 一覽
ᄒᆞᆷ이 發越ᄒᆞᆫ 國民精神이 紙幅에 光耀ᄒᆞ기로 此를 報面에 揭布ᄒᆞ야 全國同
胞로ᄒᆞ야곰 我留學生의 文明ᄒᆞᆫ 學力과 良好ᄒᆞᆫ 性質이 他日國內學生의 模範
됨을 誇張ᄒᆞ고 兼ᄒᆞ야 該學會의 萬歲를 祝ᄒᆞ얏도다.

번역 그러나 동포도 외국 유학생을 손꼽으면 일본에 가장 많다. 한번 헤져으면 갈 수 있는 이웃 나라로 통신이 빈번하여 그 혈심 근면함은 날로 들은 바이지만, 단지 아연한 것이 있으니 곧 단합하지 않는 결점이다. 그 증거가 태극학회니 낙동친목회니 한금청년회니 공수학회니 동인학회니 호남학회니 하는 허다히 각자 자기 분파에 따라 문호를 세웠으니, 이로 학계상 경쟁심이 더 있는 듯하나, 국민 단체상으로 논한다면 사소한 층절이 없기 어렵다. 그러나 만약 총준 제씨의 감각하는 마음으로 어찌 일보를 다시 나아감이 없겠는가. 과연 각 회를 단합하여 대한학회를 조직하고 대한학보를 발간하니, 그 취지서를 한 번 봄에 뛰어난 국민정신이 지폭에 빛나기에 이를 지면에 게재하여 전국 동포로 하여금 우리 유학생의 문명한 학력과 양호한 성질이 타일 국내 학생의 모범됨을 널리 드러내고 겸하여 이 학회의 만세를 축하한다.

—'하 대한학회 조직', 『황성신문』, 1908.3.25

대한학회는 분립된 학회가 연합하여 만든 통일된 유학생 단체였다. 이 논설에도 드러났듯이, 이 시기 재일 유학생계의 가장 큰 문제점은 분파와 대립이었다. 특히 국권 침탈기, 국가의 위기가 고조되는 상황에서 분립은 학문상, 또한 국민정신상 심각한 문제로 인식되었던 것이다. 이를 극복하고자 결성된 단체라는 점에서 『대한학회월보』(1908.2, 제1호 ~1908.9, 제9호까지)에는 '단합', '국가', '국민교육' 등과 관련된 학술 담

론이 다수를 차지한다. 비록 발행 횟수가 많지 않기 때문에 학술 담론
의 수도 제한적이기는 하지만, 이한경의 '단합은 국의 요소'(제1호), '국
가와 종교'(제3호), 박병철의 '자주와 자유'(제1호), 김갑순의 '대성질호
아국민적 정신'(제3호) 등과 같은 정치 담론이 상대적으로 많은 비중을
차지한다. 또한 이승근의 '세계 문명의 내력을 논함'(제2, 7, 8호), 강매의
'논 서양 윤리학 요의'(제8, 9호), 이동초의 '한반도 문화 개관'(제2, 4호)
등의 문명론 관련 논문도 이 시기 애국계몽의 차원에서 문명진보를 촉
구하기 위한 목적에서 쓰인 논문으로 볼 수 있다.

학회 통합의 차원에서 대한학회는 '대한유학생회, 낙동친목회, 호남
학계'의 부분 통합이 이루어진 단체라고 할 수 있다. 이 점에서 1909년
1월 '대한학회, 태극학회, 공수학회'와 이 시기 새로 만들어진 '연학회
(研學會)'가 통합하여 결성한 단체가 '대한흥학회'이다.21) 이 단체는 국
권 상실 직전까지 활동하였으나22) 활동 기간 내내 경비 문제가 심각했
던 것으로 나타난다. 『대한흥학보』는 1909년 3월 창간되어 1910년 5월
제13호까지 발행되었는데, 학술 담론의 경향은 『대한학회월보』와 유사
하다. 특히 최석하의 '일본 문명관'(제1, 2, 3호), 한흥교의 '정치상으로
관(觀)한 황백 인종의 지위'(제1호), 이혁의 '가축 개량의 급무'(제1호)는
『대한학보』(대한학회월보의 줄임) 제9호의 연재물이며, 김수철의 '가정
교육법'(제1호)은 『태극학보』 제27호의 연재물이다.

이상과 같이 국권 침탈기 재일 유학생들의 애국계몽 차원의 학술 담
론은 근대 계몽기 한국의 학문 형성과 지식 보급에 많은 영향을 주었

---

21) 대한흥학회의 탄생 과정에 대해서는 『대한흥학보』 제1호(1909.3)의 '대한흥학회 취지서',
'보설(報說)' 등을 참고할 수 있다.

22) (잡보) '흥학회 해산(興學會解散)', 『황성신문』, 1910.9.2. "東京留學生이 組織ᄒ 大韓興學會
ᄂ 事實上鮮散을 宣告ᄒ고 去二十九日에 門牌를 撤去ᄒ얏스며 監督李晚奎氏ᄂ 紛雜을 避
ᄒ야 外縣으로 旅行ᄒ얏다더라(동경 유학생이 조직한 대한흥학회는 사실상 해산을 선고
하고 지난 29일에 문패를 철거하였으며 감독 이만규 씨는 분잡을 피하여 외현으로 여행
하였다더라)."

다. 이러한 유학생 잡지에 실린 논설 가운데 중요한 의미를 갖는 것들은 국내에서 발행된 신문에 전재(轉載)된 경우도 많았는데, 예를 들어 『대한매일신보』 1907년 10월 3일자 별보의 '한국이 갈망하는 인물'(최석하), 10월 9일자 별보의 '무비론', 『황성신문』 1907년 9월 6일~7일의 '희망의 서광'(장응진) 등은 『태극학보』 소재 논설을 조등(照謄)한 것이다. 이처럼 옮겨 실은 학술 담론이 많은 것은, 근대 계몽기 지식 유통의 특징 가운데 두드러진 현상으로 볼 수 있는데, 이는 계몽의 절박성에서 비롯된 것으로 해석된다.[23]

4. 일제 강점기의 잡지와 학술 담론

4.1. 잡지 발행 실태

일제 강점기의 잡지 발행은 이른바 무단통치기와 문화정치기, 병참기지화 정책이 실시된 이후에 따라 큰 변화를 보인다. 한국잡지협회(1972)의 잡지 목록에 따르면 일제 강점기 발행된 잡지는 대략 740종 정도가 파악되는데,[24] 이 목록을 잡지의 성격(내용, 독자에 따른 분류)과 시대별로 구분하여 계량하면 다음과 같다.[25]

---

23) 이 문제는 별도의 연구가 필요하다. 저작권 개념이 확립되지 않은 상황에서, 타인의 저작물일지라도 계몽에 필요한 것을 전재한 사례는 빈번히 발견된다. 예를 들어 『호남학보』에 연재된 각종 역사·전기물은 대부분 현채의 『동국역사』, 『유년필독』을 전재한 것이며, 유사한 내용을 재편집한 것들도 있다. 이러한 경향은 교과서류에도 나타나는데 최광옥의 『대한문전』이 유길준의 『조선문전』을 전재한 것임은 널리 알려져 있다. 『대한매일신보』, 1909.9.13, '잡보'에는 정인호가 현채의 '이과서'를 무단으로 전재하여 갈등이 유발된 사건이 등장하는데, 이 또한 저작권 개념이 불충분한 상황에서 계몽의 절박성과 경제적인 요인이 작용하여 발생한 사건으로 해석된다.
24) 한국잡지협회(1972)에서는 일제 강점기의 잡지를 잡지 발달사의 제2기로 설정한 뒤, 이 시대 잡지를 조사하여 목록을 만들었다. 그러나 『동아일보』의 광고란과 비교하면, 누락된 잡지명도 다수 발견되므로, 이 목록은 추후에 수정될 수 있다.

【 일제 강점기 시대별, 잡지의 성격별 분포 】

성격	1910년대	1920년대	1930년대	1940년대	총 합계
문예·문학·시·평론·예술	7	46	79	1	134
종합	6	38	36	6	86
종교(불교·유교)	22	21	42		85
회보·회지	4	21	24		40
아동	3	20	14	1	38
공산주의		35	2		37
기타	3	23	14	2	36
사상		25	10		35
여성		16	14		30
독립	1	24	2		27
기관	1	10	7	2	20
교지	1	8	10		19
학술		8	4	1	13
연극·영화		1	10		11
농업·농촌		2	7		10
교양	3	4	3		10
오락		3	7		10
노동·농민		3	4	1	8
대중		1	7		8
의약·의학	2	1	4		7
시사	1		5		6
실업	1	2	3		6
과학		2	3		5
체육		2	2		4
교육		2	2		4
경제			4		4
산업		2	2		4
계몽		3			3
미술		1	1		2
사회		1	1		2

---

25) 구분 내용은 부록으로 제시한다.

성격	1910년대	1920년대	1930년대	1940년대	총 합계
광업			2		2
언어		1	1		2
지방			2		2
보건			2		2
법률	2				2
민속			1		1
수산			1		1
사보(社報)			1		1
가정		1			1
공업		1			1
경학	1				1
출판			1		1
학생			1		1
건축				1	1
학습		1			1
건강			1		1
총 합계	57	330	336	17	740

이 표에서 확인할 수 있듯이, 시대별 잡지 발행 건수는 1910년대 57
건, 1920년대 330건, 1930년대 336건으로 증가하다가, 1940년부터 1945
년까지는 17건으로 급감한다. 이와 같은 발행 건수 변화는 무단통치기,
문화정치기의 특성을 반영한 것으로 보이는데, 1930년대는 비록 병참
기지화 정책 하에서 1920년대 잡지 발행 풍토가 이어진 것으로 보인다.
그러나 1940년대는 준전시 하에서 잡지 발행도 급격히 제한될 수밖에
없었던 것으로 볼 수 있다.

흥미로운 것은 주제별 잡지 발행의 변화인데, 일제 강점기 가장 많은
잡지는 이른바 문예잡지(문예, 시, 소설, 평론 등)이다. 문예(예술 포함) 잡
지는 1910년대 17종, 1920년대 46종, 1930년대 79종으로 급격히 증가한
다. 이처럼 문예 잡지가 시대별로 급증한 데는 여러 가지 요인이 있겠
지만, 문예에 대한 관심이 높아지고, 다른 분야에 비해 통제를 덜 받는

분야였기 때문으로 보인다. 다음은 종합지와 종교 잡지의 순으로 나타나는데, 종합지는 1910년대 6종, 1920년대 38종, 1930년대 36종의 분포를 보인다. 1920년대와 1930년대가 비슷한 비중을 보이나 시대별 종합지의 내용을 분석하면, 종합지의 오락성 강화가 두드러진 현상이 된다. 종교 잡지는 1910년대 22종, 1920년대 21종, 1930년대 42종으로 변화했는데, 1930년대 발행 종수가 많아진 점이 특징이다. 이 또한 종교와 사회 현실의 관계를 반영한 것으로 추측된다.

이처럼 시대별 분포에서 공산주의 관련 잡지, 사상 관련 잡지, 독립운동 관계 잡지는 1920년대 집중적으로 나타나다가 1930년대에는 등장하지 않는다. 이 또한 이들 계통의 잡지가 발행될 수 있는 시대 상황과 밀접한 관련이 있을 것으로 추정된다.

이와 같이 잡지 발행 종수가 급증한 것이 학술 발달의 증거로 해석될 수는 없다. 왜냐하면 잡지의 특성과 독자와의 관계, 연구자 상호간의 교류, 학문 연구의 제약 조건 등이 일제 강점기의 학술 발달을 가로막는 장애물이 되었기 때문이다. 특히 1910년대는 애국계몽기의 계몽 담론에 비해 학술 발달에서 큰 진보가 없었던 것으로 해석할 수 있는데, 그렇기 때문에 이종수(1934, 1936)에서도 이 시기의 대표적인 잡지로 『청춘』, 『창조』를 중심으로 『학지광』, 『태서문예신보』, 『붉은저고리』(최남선), 『천도교회월보』, 『삼광(三光)』(홍난파, 동경 발행), 『학우(學友)』(1919.2. 일본 교토 발행 학생 언론지) 등만을 간략히 서술하고 있다.

이종수(1934)의 잡지 발달사에서는 1920년대 이후의 잡지 발달사를 연도별로 나누어 제시하였는데, 1919~1921년 사이의 대표적인 잡지로는 『서광(曙光)』(1919.3. 장응진, 이병조), 『개벽』, 『폐허』, 『공제(共濟)』, 『아성(我聲)』 등을 제시하고, 1922~1925년 사이는 '조선사회운동 방향 전환기 이전'으로 규정하면서 사회주의 계열의 잡지와 사회주의 경향이 없는 잡지로 구분하였다. 전자에는 『신천지』, 『조선지광』, 『신생활』이 대표적인 잡지로 거론되었고, 후자로는 『동명』, 『금성』, 『폐허이후』, 『조선문단』, 『가면(假面)』(김안서 발행 시가 잡지), 『상조(相助)』(이재우 발행) 등이 있었다고 설명하였다. 1926년 이후는 '조선사회운동'이 일대 전환기를 맞이하여 '조합주의적(組合主義的) 경제투쟁(經濟鬪爭)으로부터 대중적(大衆的) 정치투쟁(政治鬪爭)으로 전환'한 시기라고 하였다. 이를 고려하여 '계급적 관점'이 내재된 잡지와 그렇지 않은 잡지로 구분하고 있는데, 엄밀히 말하면 이러한 경향성은 이 시기 학술 발달이나 계몽정신을 그대로 반영한 것이라고 보기는 어렵다. 이 점에서 한국잡지협회 (1972)에서 정리한 일제 강점기 잡지의 경향을 살펴보는 것은 이 시기 학술 변화의 모습을 짐작하는 데 좀 더 유용하다.

【 한국잡지협회(1972)에서 서술한 일제 강점기 잡지 경향 】

ㄱ. 무단통치시대(1910~1919)의 잡지류: 과거의 왕성하던 민족주의적 정치 잡지는 하나도 발견할 수가 없을 만큼 제한을 받았다.

　㉠ 비교적 종교 잡지가 많이 발간되었다.

　㉡ 계몽적 잡지가 많이 발간되었다.

　㉢ 약간의 기술지(技術誌)가 발간되었다.

　㉣ 신문지법에 의한 잡지가 없었다.

ㄴ. 문화통치기(1919~1937): 전기에 발간된 잡지의 총수가 49종에 비하여 이 기간에 발간된 잡지의 총수가 440여 종으로 그야말로 비교가 되지 않으니, 이는 곧 3.1운동 후 문화적, 정치적 자각이나 의식이 그만큼 고조되었음을 뜻하는 동시에 매스컴에 대한 신뢰도나 독자수의 증가를 뜻하는 것으로 볼 수 있다. 또한 잡지의 성격도 전기에 속한 잡지가 대개 계몽적 성격에 그치고 언론지, 사상지로서의 구실을 하지 못한데 비하여 이 기간에 발간된 잡지는 신문지법에 의해 발간된 잡지가 있었으므로, 사상면이나 언론 창달을 위한 가치 있는 잡지가 많이 출현되었다는 사실이다. 뿐만 아니라 근대사상을 선도하는 입장에서의 잡지는 엘리트 양성을 위한 집중적 투자로 일관해 왔음을 주목하게

된다. (…중략…)

㉠ 민족주의적 사상이 확립되고 자립의 길을 모색하기 위한 정치 경제 면의 제문제가 논구되어 있기 때문에 종합지의 붐이 출현했다.

㉡ 근대 문학의 확립을 이룩케 했으니 이는 3.1 운동 실패 뒤에 오는 반발과 또한 식민지 하에서 가능한 활동이 문학 이외에서는 택할 수가 없었다는 이유로서 많은 문학지가 출현했다.

㉢ 한국 연구에 대한 자각이 싹트고 이에 따라 학술 전문지가 출현했다.

㉣ 사회주의 사상이 발생되어 이에 따른 잡지가 간행되었다.

ㄷ. 암흑기(1937~1945): 이 시대를 통하여 굳이 잡지의 특징을 찾는다면, 첫째는 친일적 색채가 얼마만큼 팽창하여 민족을 그릇된 길로 오도하였다는 점, 둘째는 비록 타의나 주위의 상황으로 어찌할 수 없이 집필은 하였다 하지만 은연 중 민족의식이나 민족사상을 표현하기에 기교를 썼나 하는 점을 더듬어 보는 것이 고작일 것이다.

한국잡지협회(1972)의 일제 강점기 잡지 발달사 기술에 대해서는 다소 다른 차원에서 해석할 수도 있다. 예를 들어 '사회주의사상 발생'과 관련된 문제는 적어도 근대 계몽기의 사회의식 발생과 서양 근대 지식의 유입 과정부터 시작된 것으로 해석될 가능성이 높기 때문이다. 또한 1920년대 신문과 잡지에 소재한 사회주의, 러시아 소비에트 혁명 관련 논의 등이 자유롭게 민족문제나 계급문제로 귀결될 수 있었는가 하는 문제 등은 전적으로 자료를 어떻게 해석하는가에 따라 달라질 문제이다.26) 이러한 차원에서 일제 강점기 잡지의 양적 증가를 단순한 학술

---

26) 1920년대 초 『동아일보』의 연재물이나 『개벽』 등에서 사회주의를 소개하면서 이를 위험한 사상으로 간주하는 설명을 부가한 경우가 빈번히 발견된다. 예를 들어 『개벽』 제3호 (1920.8)에 소재한 고접(孤蝶)의 '사회주의(社會主義)의 약의(略義)'에서는 "사회주의라 함은 금일 세계의 최대문제로 기중(其中)에는 위험천만한 사상도 업지 안이하며 우(又) 기중(其中)에는 온건 정대(穩健正大)한 사상도 포함하야 장래 세계발전상--연구 우(又) 이용의 재료도 적지 안이하다. 이제 오인(吾人)이 이를 쓰고저 함은 원래-- 본문제의 가

발전으로 해석하는 것은 적절하지 않을 것으로 보인다. 그럼에도 이 시기 잡지를 통해 근대 계몽기 이후 도입된 방법론의 문제, 과학적 사고의 문제, 분야별 학문 지식과 관련된 논문 등을 찾아볼 수 있다.

4.2. 잡지의 학술 담론: 개념화와 방법론과 관련하여

일제 강점기 잡지 소재 분야별 학문 지식을 정리하는 것은 양적 측면에서 결코 쉬운 일이 아니다. 그러나 근대 계몽기 학회보를 통해 형성된 학문지(學問知)와 학문 체계, 연구 방법론의 문제 등이 좀 더 세밀하게 논의되기 시작하였다. 이러한 경향은 종합잡지와 유학생 잡지, 특정 학문 분야의 전문 잡지 등에서 뚜렷이 나타난다.

먼저 1910년대 종합지인 『청춘』의 학문 담론에서 주목할 만한 것은 제1호~제2호(1914)의 '백학명해(百學名解)', 제2호의 '진화론(進化論)' 등이다. '백학명해'는 학문 관련 개념어가 형성되는 과정을 보여주는 자료로, 근대 계몽기 학문 체계에 대한 논의와 같은 맥락을 갖는다. 이 자료에서는 '학(學)', '과학', '궁리학(철학)', '논리학', '윤리학', '심리학'의 개념을 사전식으로 정리하였다. 그 내용은 다음과 같다.

【 백학명해[27] 】

ㄱ. 학명(英Science, 獨Wissenschaft): 학(學)은 '조직(組織)된 지식(知識, Partially unified knowledge)이란 뜻이니 자세히 말하자면, 제일(第一)은 널니

치 여하 우(又) 그가 장래에 급(及)하는 영향여하 우(又) 그를 찬부(贊否)하는 의사여하를 발표코저 함이 안이오, 다못 그 종류의 명의(名義)뿐 들어 그 정의의 개략을 일언(一言)으로써 잠술(暫述)코저 함에 불외(不外)하며"라고 진술한 뒤, '공산주의', '공유주의', '과격한 혁명적 사회주의', '강단사회주의(일명 국가사회주의)', '사회정책'에 대해 설명하였다. 이처럼 사회주의의 과격성, 위험성을 거론하는 것은 사회주의의 본질을 비판하고자하는 의도도 있었지만, 사상 통제를 의식한 면도 있었을 것으로 추측된다.

27) 이 자료는 국한문체로 쓰였으나 가독성을 위해 한글(한자)를 병기하였음.

관찰(觀察)하야 만흔 재료(材料)를 한 대 뭉쳐 그 전반(全般)에 관통(貫通)되는 말들만 개괄적 지식(槪括的知識)이오, 제이(第二)는 그 재료(材料)를 수집 배열(蒐集排列)하는대 일정(一定)한 방법(方法)을 쪼차 계통(系統)을 명정(明正)하게 하야 분류(分類)를 한 체계적 지식(體系的 知識)이오, 제삼(第三)은 정돈(整頓)된 재료 사실(材料事實)의 관계(關係)를 밝혀 그 사이에 잇는 이법(理法)을 정확(正確)하게 단정(斷定)하야 그 사실(事實)을 설명(說明할 수 잇는 합리적 지식(合理的 智識)이라야 하는 것이다. (…중략…)

ㄴ. 과학(科學): 두 쯧으로 쓰나니라. 일(一). 학(學)과 동의(同意)니 곳 일상(日常) 개개(個個)의 지식(智識)을 가지고 이를 통일(統一)하고 조직(組織)하야 일과(一科)의 학(學)을 만든 것이니 '조직(組織)된 지식(知識)'이란 쯧이니라. 이(二). 궁리학(窮理學, 哲學)의 對象이 전반적(全般的)임에 대(對)하야 그 대상(對象)의 범위(範圍)가 부분적(部分的)인 것이니, 생물학(生物學), 심리학(心理學)이 각각 만유(萬有)의 일부분(一部分)인 생물계(生物界), 정신현상(精神現象)을 고구(考究)하는 류(類)라.28) (…중략…)

ㄷ. 궁리학(窮理學, 혹 철학(哲學) 英 Philosophy, 德 Philosophie): 끄레시아 시대(時代)에는 온갖 순궁리적(純窮理的) 지식(知識)을 포괄(包括)하얏더니 먼저 수학(數學)과 뒤에 자연과학(自然科學)과 다음 정신과학(精神科學)이 썰어져 독립(獨立)하고 지금은 만유 전반(萬有全般), 우주(宇宙), 인생(人生), 지식(知識) 등(等)의 근본 원리(根本原理)를 고구(考究)하는 학(學)으로 정의(定義)되나니라. (…중략…)29)

ㄹ. 논리학(論理學, 英 Logic, 德 Logik): 논리학(論理學)은 사유(思惟, 생각)

---

28) 과학의 유형은 '자연과학'(천문학, 물리학 등), '정신과학'(심리학, 경제학 등), '규범과학'(논리학, 윤리학 등)으로 나누었다.

29) 궁리학은 '지식이학(知識理學)'(현실 문제의 인식론, 이상 문제인 인식론과 논리학), '자연이학(自然理學)'(현실적인 자연성생론=우주론, 실체론 등, 이상적인 자연 목적론=윤리학, 신학 등, '인생이학(人生理學)'(현실적인 인생관, 이상적인 윤리학)으로 체계화하였다.

의 형식적 법칙(形式的 法則, 개념, 판단, 추론)과 밋 연구법(硏究法)을
고구(考究)하는 학(學)이니라. (…중략…)

ㅁ. 윤리학(倫理學, 英 Ethics, 德 Ethik): 윤리학(倫理學)은 도덕현상(道德現
象)을 연구(硏究)하는 학(學)이니라. (…중략…)

ㅂ. 심리학(心理學, 英 Psychology, 德 Psychologik): 감각(感覺), 감정(感情),
욕구(欲求) 등(等) 온갖 심(心, 마음)에서 생기는 일을 연구(硏究)하는
학(學)이니라.

―『청춘』 제1호~제2호, '백학명해'

이 시기 주요 학문의 개념을 소개한 '백학명해'는 '학, 과학, 궁리학,
논리학, 윤리학, 심리학' 등 6개 개념을 소개한 짧은 자료이지만, 이 글
에는 지식의 개념과 각 분야의 학문 연구 대상, 연구 방법이 간략히
소개되어 있다. 여기에 쓰인 용어와 개념은 현대의 전문 용어 사전과
비교할 경우 큰 차이가 없다. 이는 개념사의 관점에서 1910년대 이후
현대의 지식 체계가 형성되어 감을 의미한다. 이러한 차원에서 유학생
잡지인 『학지광』의 학문 담론도 주목할 필요가 있다. 『학지광』에서 찾
을 수 있는 대표적인 학술 담론을 정리하면 다음과 같다.

【 『학지광』 소재 학술 담론 】

호수	필자	제목	내용
제4호 (1915.2)	두남공민 (斗南公民)	과학계(科學界)의 일대 혁명(一 大革命)	라듐 발견
	유석우(庾錫祐)	서양철학사서론(西洋哲學史序 論)	철학의 사상, 철학의 기원, 철학 사상의 변천, 철학사 공구(攻究) 의 필요, 철학사 공구의 방법. 철 학사의 분류
제10호 (1916.9)	연구생	조선어학자의 오해	어학 연구의 과학적 방법 문제
제12호 (1917.4)	오상근(吳祥根)	조선사의 각시대(各時代)	역사학의 시대 구분론과 조선사 시대 구분 실제

제13호 (1917.7)	김양수(金良洙)	사회문제(社會問題)에 대(對)한 관념(觀念)	사회문제 연구의 목적과 주의할 점
제17호 (1919.1)	여진우(余辰宇)	상식(常識)과 과학(科學)	문자 오해의 폐해, 상식의 의의, 상식여성(常識餘成)의 필요, 과학의 특징, 과학의 연구법
제18호 (1919.1)	김준연(金俊淵)	따윈의 도태론(淘汰論)과 사회적 진화(社會的進化)	사회진화론
제20호 (1920.7)	최정순(崔珵淳)	사회 생장의 사회학적 원리(社會學的原理)	진화론과 환경결정론적 차원에서 사회제도와 인간의 관계 고찰
제21호 (1921.1)	김종필(金鍾弼)	사회와 법률(法律)	사회생활의 개념, 사회생활의 형식과 성질, 법의 관념 급 사명
제26호 (1925.5)	대관(大觀)	자연과학(自然科學)과 사회과학(社會科學)의 인생가치(人生價値)의 관계(關係)를 논(論)함	사회과학과 자연과학의 성격, 지향점, 특징 등에 대한 강의
제27호	CS생	철학적 정신(哲學的精神)	철학의 개념과 비판 원리

『학지광』 소재 학술론의 두드러진 특징 가운데 하나는 지식 체계와 연구 방법론에 관한 것이다. 예를 들어 유석우의 '서양철학사서론'은 '철학의 사상, 기원, 변천'을 논의한 뒤, '철학사 연구의 필요'와 '방법'을 제시하였다. 그 중 한 부분을 살펴보자.

【 西洋哲學史 序論 】

四. 哲學史 攻究의 必要: (…中略…) 大抵 哲學은 以上에 屢屢히 論호 바이 어니와, <u>自然과 人生과 知識 等의 原理를 論호 學問인 故로, 其 目的이 極히 高尙</u>호고 其 方法이 頗히 複雜호여, 世人으로 하여금 必要를 不感케 홀 뿐 아니라 其 必要를 疑惑호여 "吾人은 哲學이란 語義도 未知 하는 者이라. (…中略…) 今日 吾人의 生活은 單히 生理的 生命을 有홀 뿐 아니라, 某 目的을 向하여 進步호는 活動임을 認知호는 者로, 世界 戰爭에 空中 飛翔 攻擊을 無難히 行호는 活劇 舞臺에 處호여, 學術 進 步와 事業 發明을 非認홀 者ㅣ 誰오. 然則 <u>吾人의 精神的 活動의 根本的 原動力이오, 古來 歷史上 一大 變動의 原理로, 人類의 精神을 支配하는 바의 哲學을 研究함</u>에 必要가 有홈은 更論을 不待호여도 可察호리라

ᄒ노라.

五. 哲學史 攻究의 方法: (…中略…) 批評的 思索으로 學說의 價値를 定코져
ᄒᆞᆯ 時에는 밧닷히 次의 三個條에 對ᄒᆞ야 注意를 要ᄒᆞᄂᆞ니, (1) 如何ᄒᆞᆫ
先入未發의 問題와 解釋을 提出ᄒᆞ엿ᄂᆞᆫ가. (…中略…) (2) 學說의 內部에
自家撞着의 點이 有ᄒᆞᆫ가 或은 無ᄒᆞᆫ가. (3) 其 解釋이 果然 其統一코져
ᄒᆞᄂᆞᆫ 事項을 悉皆 統合ᄒᆞ엿ᄂᆞᆫ가.

[번역] 사. 철학사 연구의 필요: 대저 철학은 이상 누누이 논한 바와 같이,
자연과 인생과 지식 등의 원리를 논한 학문인 까닭에 그 목적
이 고상하고 그 방법이 파히 복잡하여 세인으로 하여금 필요를 느끼
지 못하게 할 뿐 아니라, 그 필요를 의혹하여, 우리는 철학이란 말의
뜻도 알지 못하는 자라. (…중략…) 금일 오인의 생활은 단지 생리적
생명이 있을 뿐만 아니라 그 목적을 향하여 진보하는 활동임을 인지
하는 것으로 세계 전쟁에 공중 비상 공격을 무난히 행하는 활극 무대
에서 학술 진보와 사업 발명을 인식하지 못하는 자가 누구인가. 그런
즉 우리의 정신적 활동의 근본 원동력이요, 고래 역사의 일대 변동
원리로 인류의 정신을 지배하는 바 철학을 연구할 필요가 있음은 다
시 말할 필요도 없이 고찰할 수 있다.

오. 철학사 연구의 방법: (…중략…) 비평적 사색으로 학설의 가치를 정하
고자 할 때는 반드시 다음 세 가지에 주의할 필요가 있으니, (1) 어떤
선입 미발의 문제와 해석을 하였는가. (…중략…) (2) 학설의 내부에
자가당착이 있는가, 혹은 없는가. (3) 그 해석이 과연 통일하고자 하는
사항을 모두 통합하였는가.

—유석우, '서양철학사서론', 『학지광』 제4호, 1915.2

이 논문에서는 철학 연구가 원리 탐구이며, 그 방법에서 '해석의 필
연성', '해석의 논리적 타당성', '통일성과 매거(枚擧)의 원칙' 등을 강조
하였다. 이러한 논의는 여진우의 '상식과 과학'에서 좀 더 체계적이고

자세하게 풀이되고 있는데, 이 논문에서 제시한 '과학적 연구법'은 '관찰(觀察), 실험(實驗), 추리(推理)'의 방법이다. 특히 추리 방법으로 제시한 '연역 추리'와 '귀납 추리', '유추'는 현대의 학문 방법과 크게 다르지 않다. 이처럼『학지광』에 소재한 학문론은 법률, 사회학, 자연과학 등의 분야별 학문 지식뿐만 아니라, 각 학문 분야에서 공통으로 적용하는 학문 방법론에 대한 논의가 많아진 점이 특징이다. 이는 비록 자유로운 학문 연구를 수행할 풍토가 조성되지는 않았지만, 점진적인 학문 발달 가능성을 의미하는 것으로 해석할 수 있다.

이러한 경향은 1920년대 유학생 잡지인『현대』,『학조(學潮)』(1926년 재경도조선유학생학우회), 경성제국대학 법문학부의『조선어문학회보』(1931년 창간, 제7호까지 발행한 조선어로 된 잡지), 조선어연구회(후에 조선어학회)의『한글』(1927년 동인지, 그 후 기관지로 바뀜), 조선어학연구회의『정음』(1933년 창간, 통권 21호 발행) 등의 학술 관련 잡지에도 나타난다. 그뿐만 아니라 사회주의와 계급론에 대한 비판 철학이 빈번히 등장하는 것도 일제 강점기 학문 담론의 특징 가운데 하나이다. 특히 연구 방법론의 발달이 조선어학, 특히 '한글맞춤법통일안'과 같은 어문 규범의 확립에 기여한 바는 매우 크다. 그럼에도 이 시기의 방법론이 현재의 학문 각 분야에 균일하게 적용될 수 있었는지에 대한 논의는 좀 더 천착해 보아야 할 과제가 된다. 엄밀히 말하면 사회과학이나 자연과학 분야에서 일제 강점기의 과학적 방법론이 슬로건처럼 비추어져 '맹목적 과학론'에 대한 비판이 제기되기도 했음은 이 시기 학술 담론을 연구할 때 주의해야 할 대목으로 보인다. 이에 대해서는 추후 좀 더 많은 자료를 검토해 가며 논의할 예정이다.

참고문헌

가네야마[金山春樹], 「구한말 한국에서의 일본에 교육에 관한 일고찰」, 고려대학교 석사논문, 2006.

강남욱(2005), 「〈몽학필독〉에 대한 해제」, 『선청어문』 33, 서울대학교 국어국문학회, 356~399쪽.

강내희(1998), 『지식생산, 학문전략, 대학개혁』, 문화과학사.

강대민(2008), 『근대 부산의 민족운동』, 京仁文化社.

강동진(1970), 「일제 지배하의 노동 야학」, 『역사학보』 46, 역사학회, 1~39쪽.

강동진(1980), 『일제의 한국 침략정책사』, 한길사.

강명구(2013), 「희관이 본 동아시아 근대언론의 생성」, 『언론정보연구』 50, 서울대학교 언론정보연구소, 101~121쪽.

강상순(2011), 「고전소설의 근대적 재인식과 정전화 과정」, 『民族文化研究』 55, 고려대학교 민족문화연구원, 47~93쪽.

강소영(2012), 「근대계몽기 두뇌의 의미 변화 연구」, 『한국문화연구』 22, 이화여자대학교 한국문화연구원, 57~86쪽.

강손근(2011), 「근대 예술 개념의 성립에 관한 연구」, 『哲學論叢』 65, 새한철학회, 3~30쪽.

강용훈(2014), 「한국 근대 문학사 연구의 형성 과정: 당대(當代) 문학을 규정하는 방식의 변화를 중심으로」(〈기획〉 근대 학문 형성기의 국어국문학 연구), 『우리어문연구』 49, 우리어문학회, 123~153쪽.

강웅식(2000), 「애국계몽기와 근대문학」, 『어문논집』 41, 안암어문학회, 71

~82쪽.

강윤호(1973), 『개화기의 교육용 도서』, 교육출판사.

강재순(2004), 「한말 유길준의 실업활동과 노동관」, 『역사와 경계』 50, 부산경남사학회, 1~32쪽.

강재언(1983), 『근대한국사상사연구』, 한울.

강정구(2006), 「1970~90년대 민족문학론의 근대성 비판」, 『국제어문』 38, 국제어문학회, 287~310쪽.

강정구(2009), 「근대계몽기 시조에 나타난 시간성 연구」, 『世界文學比較研究』 29, 韓國世界文學比較學會, 5~26쪽.

강진호(2006), 「근대 교육의 정착과 피식민지 주체」, 『상허학보』 16, 상허학회, 153~183쪽.

강진호(2014), 「국어 교과서와 근대 서사의 수용: 『신정심상소학』(1896)을 중심으로」, 『일본학』 39, 동국대학교 일본학연구소, 36~73쪽.

강진호(2014), 「전통 교육과 '국어' 교과서의 형성」, 『상허학보』 41, 상허학회, 95~126쪽.

강태경(1994), 「동양척식주식회사의 농지 수탈의 목적」, 『일본학지』 14, 일본연구학회, 9~40쪽.

강현조(2012), 「근대 초기 학술사의 지형 읽기, 텍스트가 곧 지도인가?」(서평), 『민족문학사연구』 50, 민족문학사학회, 546~551쪽.

강현조(2013), 「근대초기 신문의 전래 서사 수용 및 변전 양상 연구: 『한성신보』와 『제국신문』의 공통 게재 서사물을 중심으로」, 『현대문학의 연구』 51, 한국문학연구학회, 229~278쪽.

강효숙(2011), 「1940년대 초반 도쿄·요코하마 지역 항일운동」, 『전북사학』 39, 전북대 사학회, 247~276쪽.

경원대학교 아시아문화연구소(2008), 『동아시아 지식 사회와 문화 커뮤니케이션』, 역락.

계명대학교 한국학연구원(2012), 『근대 전환기의 학문적 단절 잇기』, 계명대학교 출판부.

고미숙(2001), 「근대 계몽기, 그 이중적 역설의 공간」, 『사회와 철학』 2, 사회와철학연구회, 35~56쪽.

고미숙(2003), 「계몽시가를 통해 본 근대적 시간표상의 몇 국면」, 『민족문학사연구』 22, 민족문학사학회, 140~158쪽.

고미숙(2014), 『계몽의 시대』, 북드라망.

고미숙(2014), 『고미숙의 근대성 3부작』, 북드라망.

고미영(1998), 「탈근대주의 시대의 사회사업실천」, 『한국사회복지학회 학술대회 자료집』 1998, 한국사회복지학회, 95~107쪽.

고봉준(2011), 「근대문학과 공동체 그 이후」, 『상허학보』 33, 상허학회, 31~67쪽.

고부응(2012), 「근대 대학의 형성: 칸트의 이성의 대학에서 훔볼트의 학문의 자유 대학으로」, 『비평과이론』 17, 한국비평이론학회, 5~39쪽.

고영근(1998), 『한국 어문운동과 근대화』, 탑출판사.

고영근(2008), 『민족어의 수호와 발전』, 제이앤씨.

고영희(2013), 「근대 동아시아 민족성 담론과 유학: 『무사도』와 『중국인의 정신』을 중심으로」, 『儒學硏究』 28, 충남대학교 유학연구소, 371~393쪽.

고천소·이성옥(2006), 『구한말 근대학교의 형성』, 경인문화사.

고판사랑(2007), 『근대라는 아포리아』, 이학사.

공제욱·정근식(2006), 『식민지의 일상』, 문화과학사.

곽승미(2008), 「근대 계몽기 서사의 이국취향을 통해 본 문화의 재배치 과정」, 『한국고전연구』 17, 한국고전연구학회, 91~119쪽.

구모룡(2003), 「한국근대문학과 미적 근대성의 관련 양상」, 『국제어문』 29, 국제어문학회, 119~145쪽.

구수경(2007), 「근대적 시간규율의 도입과정과 그 의미」, 『교육사회학연구』 17, 한국교육사회학회, 1~26쪽.

구연상(2008), 『우리말로 학문하기의 사무침』, 푸른사상사.

구자황(2004), 「'독본(讀本)'을 통해 본 근대적 텍스트의 형성과 변화」, 『상허학보』 13, 상허학회, 213~244쪽.

구자황(2011), 「교과서의 발견과 국민·민족의 배치」, 『語文研究』 70, 어문연구학회, 265~287쪽.

구자황(2013), 「근대 계몽기 교과서의 생산과 흐름: 新訂尋常小學(1896)의 경우」, 『韓民族語文學』 65, 한민족어문학회, 501~538쪽.

구장률(2012), 『근대 초기 잡지와 분과학문의 형성』, 케포이북스.

구재진(2012), 『'조선적인 것'의 형성과 근대문화담론』, 누리미디어.

구중서(1997), 『한국 근대문학 연구』, 태학사.

구희진(2010), 「한말 근대개혁의 추진과 '格物致知' 인식의 변화」, 『歷史敎育』 114, 歷史敎育研究會, 395~434쪽.

국제어문학회(2004), 『한국 근대 문학의 형성과 발전』, 보고사.

권대웅(2001), 「한말 한주학파의 계몽운동」(〈기획〉 근대의 유교학맥과 민족운동 3: 한주학파의 민족운동), 『大東文化研究』 38, 성균관대학교 대동문화연구원, 389~418쪽.

권순긍(2013), 「계몽기 서사의 영혼과 육신, 그 모색의 경로」(〈특집〉 근대 언어와 매체의 다층성), 『泮矯語文研究』 35, 반교어문학회, 5~33쪽.

권영민(2000), 『서사양식과 담론의 근대성』, 서울대학교 출판부.

권오영(2012), 『근대이행기의 유림』, 돌베개.

권일찬(2010), 『동양과학개론』, 충북대학교 출판부.

권정임(2007), 「근대성에 대한 생태적 비판: 초기 계몽주의의 사회형성론 및 자연지배이데올로기를 중심으로」, 『시대와 철학』 18, 한국철학사상연구회, 117~152쪽.

권희영(2001), 『한국사의 근대성 연구』, 백산서당.

금장태(1995), 『韓國近代思想의 挑戰』, 전통문화연구회.

금장태(1999), 『韓國近代의 儒學思想』, 서울대학교 출판부.

금장태(2003), 『한국 근대사상의 도전』, 한국학술정보.

기유정(2014), 「근대 한국의 정치학과 그 학적 전환의 논리」, 『정치사상연구』 20, 한국정치사상학회, 9~36쪽.

김경남(2012), 「근대 이후 이순신 인물 서사 변화 과정의 의미 연구」, 『韓民族語文學』 61, 한민족어문학회, 279~309쪽.

김경남(2012), 「근대계몽기 독본, 수신 교과서의 우화 텍스트의 변화 양상」, 『우리말 글』 55, 우리말글학회, 243~266쪽.

김경남(2013), 「근대적 기행 담론 형성과 기행문 연구」, 『한국민족문화』 47, 부산대학교 한국민족문화연구소, 93~117쪽.

김경남(2014), 「근대 계몽기 여자 교육 담론과 수신·독본 텍스트의 내용 변화」, 『한국언어문학』 89, 한국언어문학회, 149~171쪽.

김경동(2002), 『韓國社會發展論』, 집문당.

김경미(1998), 「갑오개혁 전후의 교육 정책 전개 과정 연구」, 연세대학교 박사논문.

김경연(2007), 「근대계몽기 여성의 국민화와 가족-국가의 상상력: 매일신문을 중심으로」, 『韓國文學論叢』 45, 한국문학회, 209~238쪽.

김경연(2010), 「근대 여성 잡지와 여성 독자의 형성」, 『韓國文學論叢』 54, 한국문학회, 137~174쪽.

김경일(2006), 『우리 안의 보편성』, 한울아카데미.

김경호(2011), 「동아시아 유학적 전통에서 권학의 문제」, 『儒學研究』 24, 忠南大學校 儒學研究所, 357~384쪽.

김규창(1985), 『조선어과 시말과 일어교육의 역사적 배경』, 김규창교수유고논문집 간행위원회.

김기란(2011), 「근대계몽기 매체의 코드화 과정을 통한 여성인식의 개연화 과정 고찰: 『제국신문』의 여성 관련 기사 분석을 통해」(특집논문), 『여성문학연구』 26, 한국여성문학학회, 7~39쪽.

김기수(1996), 「근대적 교육이념에 대한 포스트모던적 담론의 난점」, 『教

育學硏究』34, 한국교육학회, 25~42쪽.

김기왕(1998), 「在日朝鮮留學生の民族解放運動に關する硏究: 1920년대を中心に」, 日本: 神戶大學 박사논문.

김기주(1989), 「舊韓末 在日韓國留學生의 抗日運動」, 『역사학연구』3, 전남사학회, 165~205쪽.

김기주(1991), 「구한말 재일한국유학생의 민족운동 연구」, 전남대학교 박사논문.

김기주(1993), 『韓末 在日韓國留學生의 民族運動』, 느티나무.

김대균(1948), 『近代文學思潮』, 正音社.

김대성(1996), 「在日韓國人의 民族敎育에 관한 硏究」, 단국대학교 박사논문.

김도형(2002), 「근대개혁기의 역사서술과 변법론」, 『2002년 한국문화연구원 가을 학술 대회: 한국에서의 근대 학문체계의 형성과 전개』, 이화여자대학교 한국문화연구원, 25~38쪽.

김도형(2003), 「근대적 학문체계의 형성과 전개: 근대개혁기의 역사서술과 변법론」(특집논문), 『한국문화연구』3, 이화여자대학교 한국문화연구원, 79~111쪽.

김도형(2014), 「19세기 후반 하회(河回) "병유(屛儒)"의 가학(家學)과 척사(斥邪) 활동」(〈기획〉 서애(西厓) 류성용(柳成龍)의 학문(學問)과 계승(繼承)), 『퇴계학과 유교문화』55, 경북대학교 퇴계연구소, 1~58쪽.

김도훈(2007), 「이광수 소설에 투영된 근대적 주체의 염원과 식민지 근대성에 관한 연구: 제7회 『사회연구 학술상』 우수상 수상논문」, 『사회연구』14, 한국사회조사연구소, 99~123쪽.

김동수(1996), 『韓國史論著 分類總目』, 혜안.

김동식(2002), 「철도의 근대성: 「경부철도노래」와 「세계일주가」를 중심으로」, 『돈암어문학』15, 돈암어문학회, 39~67쪽.

김동택(2010), 「대한제국기 근대국가형성의 세 가지 구상」, 『21세기 정치학회보』20, 21세기 정치학회, 99~121쪽.

김동환(2002), 「일제강점기 진학준비교육과 정책적 대응의 성격」, 『교육사
　　회학연구』 12(3), 한국교육사회학회, 25~53쪽.

김미영(2004), 「1920년대 계몽적 남성 지식인의 여성 담론 연구」, 『국학연
　　구』 4, 한국국학진흥원, 277~311쪽.

김미정(2014), 「유교와 계몽」, 『사회와 이론』 24, 한국이론사회학회, 287~
　　337쪽.

김민남(1999), 「일제하 교재를 통해 본 야학교육활동」, 『중등교육연구』 44,
　　경북대 중등교육연구소, 59~84쪽.

김민수(1973), 『국어정책론』, 탑출판사.

김민재(2013), 「근대계몽기 여학생용 초등 수신서의 특징과 한계 연구」, 『초
　　등도덕교육』 43, 한국초등도덕교육학회, 29~60쪽.

김민정(2010), 「1920년대 『조선농민』 담론 연구」, 성균관대학교 석사논문.

김병문(2014), 「근대계몽기 한자 훈독식 표기에 대한 연구」, 『동방학지』
　　165, 연세대학교 국학연구원, 101~128쪽.

김복순(2014), 『제국신문과 근대』, 현실문화.

김상회(2009), 『근대의 위기와 정치의 위기』, 국민대학교 출판부.

김선민 외(2013), 『동아시아의 근대, 그 중심과 주변』, 소명출판.

김선양(1988), 『愛國啓蒙運動과 近代教育活動에 관한 研究』, 仁荷大學校.

김성수(2009), 「근대적 글쓰기로서의 서간(書簡)양식 연구(2): 근대 서간텍
　　스트의 역사적 변천과 문학사적 의미」, 『현대소설연구』 42, 한국현
　　대소설학회, 137~163쪽.

김성수(2014), 『한국 근대 서간 문화사(書簡文化史) 연구』, 성균관대학교
　　출판부.

김성은(2014), 「근대 사상 번역과 한자: 한일 기독교 문헌 비교를 중심으로」,
　　『일본근대학연구』 45, 한국일본근대학회, 297~314쪽.

김소영(2011), 「재일조선유학생들의 '국민론'과 '애국론'」, 『한국민족운동
　　사연구』 66, 한국민족운동사연구회, 5~48쪽.

김수영(2011), 「중국 근대 지식지형의 형성과 패러다임: 전문지식과 전문가 집단의 탄생을 중심으로」, 『中國史研究』 71, 중국사학회, 215~246쪽.

김수자(2011), 「『독립신문』에 나타난 개화지식인들의 근대주의와 儒學 인식」, 『東洋古典研究』 45, 동양고전학회, 249~275쪽.

김승룡(2012), 「근대계몽기 김택영의 南通 생활에 대한 소고」, 『大東漢文學』 36, 대동한문학회, 365~404쪽.

김승우(2006), 「근대계몽기 『대한민보』 소재 시조의 위상」, 『한국문학이론과 비평』 33, 한국문학이론과 비평학회, 187~215쪽.

김승욱(2010), 「1930년대 신계몽주의자의 "五四" 기억」, 『역사문화연구』 37, 한국외국어대학교 역사문화연구소, 207~240쪽.

김승태(1989), 「사건으로 본 한국 기독교사 24: 2.8 '독립선언'의 조직 배경: 1910년대 후반의 재일 조선인 유학생 단체의 조직과 활동을 중심으로」, 『한국기독교사연구회소식』 25, 한국기독교역사학회, 44~46쪽.

김양선(2010), 「근대 여성작가의 지식/지성 생산에 대한 계보학적 탐색」, 『여성문학연구』 24, 한국여성문학학회, 7~30쪽.

김언식(1993), 「西洋 近代 啓蒙絶對主義의 성격」, 『韓國史市民講座』 13, 일조각, 194~213쪽.

김영례(2011), 「칸트의 계몽 정신의 유효성」, 『동서철학연구』 62, 한국동서철학회, 125~144쪽.

김영만(2011), 「재일조선인 유학생의 '東京' 체험과 자아정체성의 재구성: 1905~10년 유학생 학회지를 중심으로」, 고려대학교 석사논문.

김영문(2003), 「근대 전환기 지식인들의 學問觀 변화의 이론적 기반」, 『중국어문학』 41, 영남중국어문학회, 405~436쪽.

김영민(2003), 「서구문화의 수용과 한국 근대문학」, 『동방학지』 120, 연세대학교 국학연구원, 229~253쪽.

김영민(2004), 「근대 계몽기 기독교 신문과 한국 근대 서사문학」, 『동방학지』127, 연세대학교 국학연구원, 245~286쪽.

김영민(2006), 「근대계몽기 문학 연구의 성과와 과제: '신소설'에 대한 논
의를 중심으로」(〈특집〉 근대 계몽기의 국민국가 담론), 『人文硏究』
50, 영남대학교 인문과학연구소, 21~50쪽.

김영민(2008), 「근대적 문학제도의 탄생과 근대문학 지형도의 변화 (1): 잡
보(雜報) 및 소설(小說)란의 정착 과정」, 『사이』 5, 국제한국문학문
화학회, 9~48쪽.

김영민(2009), 「근대 계몽기 문체 연구」, 『동방학지』 148, 연세대학교 국학
연구원, 391~428쪽.

김영민(2011), 「근대 매체의 독자(讀者) 창작 참여 제도 연구(1)」, 『현대문
학의 연구』 43, 한국문학연구학회, 97~128쪽.

김영민(2012), 『문학제도 및 민족어의 형성과 한국 근대문학(1890~1945)』,
소명출판.

김영민(2013), 「근대 개념어(槪念語)의 출현과 의미 변화의 계보: 식민지
시기 "장편소설"의 경우」, 『현대문학의 연구』 49, 한국문학연구학
회, 7~46쪽.

김영선(2010), 「결혼·가족담론을 통해 본 한국 식민지근대성의 구성 요소
와 특징」, 『여성과 역사』 13, 한국여성사학회, 131~172쪽.

김영옥(2003), 「『무정』과 「광인일기」의 근대성 연구」, 『한국어문교육』 12,
한국교원대학교 한국어문교육연구소, 277~310쪽.

김영작(2006), 『근대 한일관계의 明暗』, 백산서당.

김영찬·김종희(2012), 「1960년대 후반 여성지를 통해 본 근대적 패션과
소비문화에 관한 연구」, 『커뮤니케이션 이론』 8, 한국언론학회, 154
~196쪽.

김옥란(2004), 「근대 여성 주체로서의 여학생과 독서 체험」, 『상허학보』
13, 상허학회, 245~276쪽.

김용달(2003), 『일제의 농업 정책과 조선 농회』, 혜안.

김용달(2009), 『농민운동』, 한국독립운동사 편찬위원회·독립기념관 한국
　　독립운동사연구소.

김용덕(2002), 『근대 교류사와 상호인식』, 아연 출판부.

김용섭 외(2008), 『동아시아 역사 속의 한국 문명의 전환: 충격, 대응, 통합
　　의 문명으로』, 지식산업사.

김용성(2003), 『한국근대작가연구』, 三知院.

김용헌(2000), 「탈근대적 주체의 모색과 유가사상」, 『退溪學』 11, 안동대학
　　교, 167~195쪽.

김우필·최혜실(2010), 「식민지 조선의 과학, 기술 담론에 나타난 근대성:
　　인문주의 대 과학주의 합리성 논의를 중심으로」, 『한민족문화연구』
　　34, 한민족문화학회, 249~280쪽.

김운태(2001), 『朝鮮王朝 政治·行政史』, 博英社.

김원(2004), 「근대화 시기 주변부 여성노동에 대한 담론」, 『아시아여성연구』
　　43, 숙명여자대학교 아시아여성연구소, 181~236쪽.

김원식(2007), 「근대성의 역설과 프랑크푸르트 학파 비판이론의 전개」, 『사
　　회와 철학』 14, 사회와철학연구회, 35~64쪽.

김원희(1985), 『韓國의 開化敎育思想』, 學文社.

김윤선(2010), 「『帝國新聞』에 나타난 美國 留學과 留學生 寄書(便紙) 硏究」,
　　『語文硏究』 38, 한국어문교육연구회, 309~333쪽.

김윤식(1984), 『한국근대문학사상연구』, 一志社.

김윤식(1997), 『한국문학의 근대성과 이데올로기 비판』, 서울대학교 출판부.

김윤재(2002), 『한국 근대 초기 문학론과 소설창작의 관련 양상』, 보고사.

김인규(1998), 「北學思想 硏究: 學文的 基盤과 近代的 性格을 中心으로」, 성
　　균관대학교 박사논문.

김인덕(2010), 「일제시대 재일한인 민족운동의 시론적 재구성」, 『숭실사학』
　　25, 숭실사학회, 239~274쪽.

김인택(2008), 「〈친목회회보(親睦會會報)〉의 재독(再讀)(1)」, 『사이』 5, 국

제한국문학문화학회, 51~79쪽.

김재영(2006), 「근대 계몽기 '소설' 인식의 한 양상」, 『국어국문학』 143, 국어국문학회, 431~456쪽.

김재영(2012), 『한국 근대문학과 신문』, 동국대학교 출판부.

김재용(1993), 『한국근대민족문학사』, 한길사.

김재현(2002), 「근대적 학문체계의 성립과 서양철학 수용의 특징」, 『한국문화연구』 3, 이화여자대학교 한국문화연구원, 113~138쪽.

김재현(2003), 「근대적 학문체계의 성립과 서양철학 수용의 특징」(〈특집〉 근대적 학문체계의 형성과 전개), 『한국문화연구』 3, 이화여자대학교 한국문화연구원, 113~138쪽.

김재현(2004), 「철학 원전 번역을 통해 본 우리의 근현대」, 『시대와 철학』 15, 한국철학사상연구회, 305~331쪽.

김재현(2007), 「한국에서 근대적 학문으로서 철학의 형성과 그 특징」, 『시대와 철학』 18, 한국철학사상연구회, 179~217쪽.

김정근 편(1998), 『학술 연구에서 문화기술법이란 무엇인가』, 한울.

김정근(2000), 『우리 문헌정보학의 길, 어떻게 걸어갈 것인가』, 태일사.

김정의(1992), 『한국 소년 운동사』, 민족문화사.

김정주(2003), 「근대의 이성적 인간과 자기의식에 관한 연구」, 『汎韓哲學』 31, 범한철학회, 179~202쪽.

김종수(2000), 「한국근대소설의 정치적 담론 수용 양상 연구」, 『現代文學理論研究』 13, 현대문학이론학회, 119~139쪽.

김종옥(2006), 「한국근대만화의 예술적 특징에 관한 연구」, 『만화애니메이션연구』 10, 한국만화애니메이션학회, 33~53쪽.

김종진(2004), 「개화기 이후 독본 교과서에 나타난 노동 담론의 변모 양상: 노동야학독본과 중등교육조선어급한문독본을 중심으로」, 『한국어문학연구』 42, 한국어문학회, 57~78쪽.

김종철(2003), 「근대 초기(初期)의 독서론(讀書論)」, 『독서연구』 10, 한국독서학회, 77~100쪽.

김종희·김영찬(2008), 「1960~1970년대 여성지에 나타난 근대적 주거공간 및 주거문화 담론에 관한 연구」, 『미디어, 젠더 & 문화』 10, 한국여성커뮤니케이션학회, 109~155쪽.

김주현(2010), 「근대 초기 문사의식과 예술가 형상의 상관성」, 『韓國文學論叢』 54, 한국문학회, 175~204쪽.

김준연·배용준(2005), 『존재와 인식』, 문경출판사.

김지영(2006), 「학문적 글쓰기의 근대적 전환」, 『우리어문연구』 27, 우리어문학회, 323~360쪽.

김지영(2007), 「최남선의 시문독본 연구」, 『한국현대문학연구』 23, 한국현대문학회, 83~129쪽.

김지영(2014), 「1910년대 대중문학 인식 형성 과정 연구: 소설의 오락성 인식을 중심으로」(〈기획〉 근대 학문 형성기의 국어국문학 연구), 『우리어문연구』 49, 우리어문학회, 155~203쪽.

김진균(1997), 『근대주체와 식민지 규율권력』, 문화과학사.

김진균(2008), 「20세기 초반의 계몽담론과 한문」, 『정신문화연구』 31, 한국학중앙연구원, 275~299쪽.

김진균(2011), 「태식록(太息錄)」을 통해 본 동산(東山) 류인식(柳寅植)의 계몽의식」, 『漢文學論集』 33, 근역한문학회, 159~180쪽.

김진균(2013), 「근대한문학의 진정성 시론(試論)」, 『漢文古典研究』 26, 한국한문고전학회(구 성신한문학회), 205~229쪽.

김진균(2014), 「근대 척독 교본 서문의 척독 인식」, 『한민족문화연구』 46, 한민족문화학회, 133~156쪽.

김진두(1996), 「1910년대 매일신보의 성격에 관한 연구: 사설 내용분석을 중심으로」, 중앙대학교 박사논문.

김진영(2011), 「아시아 근대불교와 문화제국주의 비판: 근대 영국의 문화제국주의와 인도불교의 학문화 과정」, 『印度哲學』 31, 인도철학회,

151~180쪽.

김찬기(2003), 「근대 계몽기 전(傳) 양식의 향방」, 『現代文學理論研究』 19, 현대문학이론학회, 41~63쪽.

김찬기(2003), 「근대계몽기 전(傳) 양식의 근대적 성격」, 『상허학보』 10, 상허학회, 13~33쪽.

김찬기(2004), 『한국 근대소설의 형성과 전』, 소명출판.

김찬기(2006), 「근대계몽기 세 서사의 영웅과 그 인물 형상: 傳과 몽유록, 그리고 신소설을 중심으로」, 『고전과 해석』 1, 고전문학한문학연구학회, 35~55쪽.

김찬기(2007), 「근대계몽기 몽유록의 양식적 변이상과 갱신의 두 시선」, 『국제어문』 39, 국제어문학회, 315~341쪽.

김찬기(2009), 「단재와 국초의 자리」, 『한국근대문학연구』 19, 한국근대문학회, 123~145쪽.

김찬기(2012), 「근대 초기 국어 교과서와 계몽의 언어」, 『2012년 국제어문학회 학술대회 자료집』, 국제어문학회, 50~58쪽.

김찬기(2013), 「근대 초기 국어 교과서와 계몽의 언어」, 『民族文化研究』 58, 고려대학교 민족문화연구원, 621~647쪽.

김창수(1987), 『韓國近代의 民族意識 研究』, 同和出版公社.

김채수(2010), 『학문과 예술의 이론적 탐구』, 박이정.

김춘식(2000), 「계몽주의적 세속성과 낭만주의적 내면: 근대성과 자연, 전통, 서정」, 『불교어문논집』 5, 한국불교어문학회, 225~237쪽.

김춘식(2003), 『근대성과 민족문학의 경계』, 역락.

김춘식(2003), 『미적 근대성과 동인지 문단』, 소명출판.

김택호(2011), 「천도교와 아나키즘의 결합: 조선농민사 기관지 『조선농민』과 『농민』을 중심으로」, 『동학학보』 21, 동학학회, 41~65쪽.

김현숙(2010), 「대한제국기 운동회의 기능과 표상」, 『동아시아 문화연구』 48, 한양대학교 동아시아문화연구소(구 한양대학교 한국학연구소),

7~31쪽.

김현주(2002), 「이광수의 문화 이념 연구」, 연세대학교 박사논문.

김현주(2007), 「근대 개념어 연구의 동향과 성과」, 『상허학보』 19, 상허학
회, 205~241쪽.

김현주(2010), 「신채호 소설의 근대국민국가 기획에 관한 연구」, 『韓民族語
文學』 57, 한민족어문학회, 447~469쪽.

김현주(2011), 「『제국신문』에 나타난 혼인제도와 근대적 파트너십」, 『한국
근대문학연구』 23, 한국근대문학회, 123~160쪽.

김형목(2000), 「한말·1910년대 여자야학의 성격」, 『중앙사론』 14, 한국중
앙사학회, 28~29쪽.

김형목(2001), 「1910년대 동화정책과 사립경성유치원」, 『한국민족운동사
연구』 28, 한국민족운동사학회, 111~147쪽.

김형목(2001), 「1910년 전후 야학운동의 실태와 기능」, 중앙대학교 박사논문.

김형목(2005), 「일제강점 초기 개량서당의 기능과 성격」, 『사학연구』 78,
한국사학회, 231~265쪽.

김형목(2005), 「한말 야학 운동의 기능과 성격」, 『중앙사론』 21, 중앙대학
교 중앙사학연구회, 394~424쪽.

김형목(2005), 『대한제국기 야학운동』, 경인문화사.

김형중(2001), 『애국계몽기의 신문 연재소설』, 한국문화사.

김혜경.(2006), 『식민지하 근대가족의 형성과 젠더』, 창비.

김혜정(2003), 「근대 계몽기 국어교과서 내적 구성 원리 탐색」, 『국어교육
연구』 11, 서울대학교 국어교육연구소, 283~322쪽.

김호일(2005), 『한국 근대 학생운동사』, 선인.

김홍일(1987), 『韓國近代 民族主義 運動硏究』, 금문당.

김화(2012), 「在日 외국인 유학생 취업에 관한 연구」, 동의대학교 석사논문.

김환석(2003), 「근대적 과학기술의 '암흑상자' 열기」, 『社會科學硏究』 16,
국민대학교 사회과학연구소, 271~296쪽.

김효전(2000), 『근대 한국의 국가사상』, 철학과현실사.

나카스카[中塚明](1983), 「내재적 발전론과 제국주의 연구」, 조선사연구회 엮음, 『새로운 한국사연구』, 돌베개.

남송우(2011), 『근대 초기 한일 문제문학 비교연구』, 지식과교양.

남창균(1995), 「일제의 일본어 보급정책에 관한 연구: 일제말기(1937~1945)를 중심으로」, 경희대학교 박사논문.

노관범(2007), 「장지연(張志淵)의 경세사학(經世史學)」(한국사상(韓國思想): 사학(史學)), 『韓國思想과 文化』 40, 한국사상문화학회, 135~166쪽.

노관범(2013), 「대한제국기 실학 개념의 역사적 이해」, 『한국실학연구』 25, 한국실학학회, 417~462쪽.

노병호(2010), 「전전 일본의 '초근대주의'의 도전」, 『동양정치사상사』 9, 한국동양정치사상사학회, 49~82쪽.

노선희(2011), 「한국의 근대화 논의에 대한 비판적 성찰」, 『인문사회과학연구』 12, 부경대학교 인문사회과학연구소, 83~108쪽.

노영돈(2003), 「근대적 자연관과 독일 자연주의」, 『人文學研究』 35, 中央大學校 人文科學研究所, 90~108쪽.

노영숙(2013), 「개화기 선교사들의 기독교 교육이 근대 교육·문화에 기여한 교육적 의의」, 『기독교교육논총』 34, 한국기독교교육학회, 349~388쪽.

노영택(1979), 『일제하 민중교육운동사』, 탐구당.

노재식(2011), 「근대 중국 여성문제에 대한 인식 연구」, 『진단학보』 113, 진단학회, 251~270쪽.

노춘기(2011), 「근대문학형성기의 詩歌와 情育論 연구」, 고려대학교 박사논문.

노춘기(2012), 「근대계몽기 유학생집단의 시가 장르와 표기체계에 관한 인식 연구: 『태극학보』를 중심으로」, 『한민족문화연구』 40, 한민족문화학회, 177~215쪽.

녹야정직·서정완(2008), 『근대 일본의 학문』, 소화.

단국대학교 동양학연구소(2009), 『한국 근대 일상생활과 매체』, 단국대학교 출판부.

데이비드크리스천(2011), 「위대한 출현: 호모 사피엔스의 자산, 근대성」, 『梨花史學研究』 42, 이화사학연구소, 253~278쪽.

독서신문사(1972), 『20世紀의 學問·思想』, 讀書出版社.

루이-쟝 칼베, 김병욱 옮김(2004), 『언어와 식민주의』, 유로서적.

류보선(2011), 「이식의 발명과 또 다른 근대: 1930년대 후반기 임화 비평의 경우」, 『비교한국학』 19, 국제비교한국학회, 71~120쪽.

류승완(2010), 「한국유교에 나타난 전통과 근대의 불연속성: 유교자본주의론(儒敎資本主義論)을 중심으로」, 『儒學研究』 23, 충남대학교 유학연구소, 169~225쪽.

류시현(2000), 「『근대 계몽기의 학술·문예사상』」, 『역사비평』 52, 역사비평사, 250~250쪽.

마스모토(2011), 『조선 농촌의 식민지 근대 경험』, 논형.

마쓰모토 다케노리, 윤해동 옮김(2011), 『조선 농촌의 식민지 근대 체험』, 논형.

문선영·한태문(2009), 「문화로 읽는 근대 이행기 시가문학: 『대한매일신보』를 대상으로」(한국사상(韓國思想): (문학(文學)), 『韓國思想과 文化』 50, 한국사상문화학회, 83~110쪽.

문연경(2007), 「近代 '趣味' 개념의 형성과 專有 樣相 고찰」, 『語文研究』 35, 한국어문교육연구회, 343~369쪽.

문학과사상연구회(2007), 『근대계몽기 문학의 재인식』, 소명출판.

문학사와비평연구회(1999), 『한국문학과 계몽담론』, 새미.

문한별(2010), 「근대전환기 번역 및 번안 서사의 두 가지 양상: 애국과 교육 계몽 담론의 수용 양상을 중심으로」, 『現代文學理論研究』 42, 현대문학이론학회, 95~116쪽.

문한별(2011), 「근대전환기 학회지 수록 몽유 서사 연구」, 『현대소설연구』 46, 한국현대소설학회, 339~361쪽.

문형만(1982), 「韓國의 近代學校 發達에 관한 硏究」, 『1982년 한국교육학회 학술대회 자료집』, 한국교육학회, 1~5쪽.

문혜윤(2013), 「근대계몽기 여성 교과서의 열녀전(列女傳/烈女傳), 그리고 애국부인들: 장지연의 『여자독본』을 중심으로」(근대 언어와 매체의 다층성), 『泮矯語文硏究』 35, 반교어문학회, 97~128쪽.

미승우(1983), 『일제 농림 수탈상』, 녹원출판사.

민족문학사연구소 기초학문연구단(2004), 『제도로서의 한국 근대문학과 탈식민성』, 소명출판.

민족문학사연구소 기초학문연구단(2004), 『한국 근대문학의 형성과 문학장의 재발견』, 소명출판.

민족문학사연구소 기초학문연구단(2006), 『탈식민의 역학』, 소명출판.

민족문학사연구소(1995), 『민족문학과 근대성』, 문학과지성사.

민족문학사연구소(1998), 『근대 계몽기 문예운동의 시각』, 민족문학사연구소.

민족문학사연구소(2000), 『(근대 계몽기의) 학술, 문예사상』, 소명출판.

박경주(1998), 「근대 계몽기의 불교개혁운동과 국문시가의 관계」, 『古典文學硏究』 14, 한국고전문학회, 87~116쪽.

박계리(2008), 「『每日申報』와 1910년대 전반 근대 이미지」, 『美術史論壇』 26, 한국미술연구소, 101~139쪽.

박노종(2009), 「동아시아적 근대 학문의 관념과 체계에 대하여」, 『2009년 중국인문학회 정기학술대회 발표논문집』, 중국인문학회, 101~106쪽.

박노종·권혁건(2009), 「동아시아적 근대 학문의 관념과 체계에 대하여」, 『中國人文科學』 43, 중국인문학회, 597~619쪽.

박민영(1999), 「금계 이근원의 생애와 학문」(〈기획〉 근대의 유교학맥과 민족운동 1: 화서학파의 학맥과 민족운동), 『大東文化硏究』 35, 성균관대학교 대동문화연구원, 79~100쪽.

박병기(2007), 「도덕 교과와 철학, 그 연속성과 불연속성」, 『사회와 철학』 14, 사회와철학연구회, 65~90쪽.

박붕배(1987), 『국어교육전사』 상·중·하, 대한교과서주식회사.

박삼열(2006), 「서양 근대 과학과 기독교의 대립과 갈등에서 철학의 역할」, 『철학탐구』 19, 중앙대학교 중앙철학연구소, 181~210쪽.

박상란(2009), 「근대 불교잡지 동화의 형성과 계몽성 문제」, 『한국어문학연구』 52, 한국어문학연구학회, 89~115쪽.

박상만(1959), 『한국 교육사』 상·중·하, 중앙교육연구소 대한교육연합회.

박상익(2010), 「근대 계몽기 가족 내 부권의 변동과 외국 유학: 신소설 『은세계』, 『혈의누』, 『추월색』을 중심으로」, 『한민족문화연구』 32, 한민족문화학회, 39~67쪽.

박상준(2008), 「한국 근대소설의 형성 및 분화와 우연의 구사 양상 시론」, 『한국현대문학연구』 25, 한국현대문학회, 257~281쪽.

박상환(2005), 「동아시아의 선택: 전통과 근대」, 『유교사상문화연구』 22, 韓國儒敎學會, 365~392쪽.

박상환(2007), 「인문학의 '위기'와 문화연구를 위한 시론: 분과학문의 배타성을 넘어 공존의 학문으로」, 『大東文化硏究』 57, 성균관대학교 대동문화연구원, 117~137쪽.

박선미(2004), 「植民地時期における朝鮮人女子日本留學生の研究」, 日本: 京都大學 박사논문.

박선영(2013), 「근대계몽기 여성교육용 독본과 가치 혼재 양상」, 『한국문예비평연구』 42, 한국현대문예비평학회, 447~472쪽.

박섭 외(2004), 『식민지 근대화론의 이해와 비판』, 백산서당.

박성란(2004), 「근대계몽기 교과용 도서와 언문일치」, 『한국학연구』 13, 인하대학교 한국학연구소, 185~201쪽.

박성순(2013), 「文一平 近代史學의 本領, 朝鮮學運動」, 『東洋古典研究』 50,

東洋古典學會, 29~54쪽.

박성진(2003), 『사회진화론과 식민지 사회사상』, 선인.

박소현(2010), 「과도기의 형식과 근대성: 근대계몽기 신문연재소설 ≪신단공
　　　안≫과 형식의 계보학」, 『中國文學』 63, 韓國中國語文學會, 125~147쪽.

박숙자(2011), 「근대국가의 파토스, '공감'의 (불)가능성」, 『서강인문논총』
　　　32, 서강대학교 인문과학연구소, 71~102쪽.

박순애·배종각(2000), 「일제의 대한 언어 정책과 언어 정책론」, 『한양일본
　　　학』 8, 일본어문학회. 189~206쪽.

박승억(2012), 「학문 분류의 문제와 후설 현상학」, 『철학과 현상학 연구』
　　　54, 한국현상학회, 27~50쪽.

박양신(2008), 「근대 초기 일본의 문명 개념 수용과 그 세속화」, 『개념과
　　　소통』 1, 한림대학교 한림과학원, 33~74쪽.

박연수(2007), 「강화 하곡학파의 근대적 성향」, 『인천학연구』 7, 인천대학
　　　교 인천학연구원, 37~68쪽.

박영미(2010), 「근대 조선 유림의 눈에 비친 나카에 도쥬(中江藤樹)像」, 『일
　　　본학연구』 29, 단국대학교 일본연구소, 135~158쪽.

박영신(2010), 「인식 분절화가 낳은'도덕 비극'에 대하여」, 『현상과 인식』
　　　34, 한국인문사회과학회, 15~35쪽.

박용찬(2014), 「근대계몽기 대구의 문학장 형성과 우현서루」, 『국어교육연
　　　구』 56, 국어교육학회, 397~420쪽.

박의경(2009), 「근대정치사상과 인권 그리고 여성」, 『한국정치외교사논총』
　　　30, 한국정치외교사학회, 127~151쪽.

박의경(2013), 「계몽과 근대의 아포리아, 여성」, 『민주주의와 인권』 13, 전
　　　남대학교 5.18연구소, 167~198쪽.

박정심(2012), 「자강기(自强期) 신구학체용론(新舊學體用論)의 논리구조에
　　　대한 비평적 연구」(한국철학), 『東洋哲學研究』 71, 동양철학연구회,
　　　157~184쪽.

박정심(2013), 「자강기신구학체용론(自强期新舊學體用論)의 문명론(文明論)과 주체인식에 관한 연구」(〈특집 기획〉 동아시아 전환기 지식인의 고뇌와 성찰), 『東洋哲學硏究』 73, 동양철학연구회, 35~64쪽.

박종린(2008), 「1910년대 재일유학생의 사회주의사상 수용과 '김철수 그룹'」, 『史林』 30, 수선사학회, 153~172쪽.

박지태(1997), 「조선농민사의 조직과 활동」, 숭실대학교 석사논문.

박지태(1998), 「朝鮮農民社의 組織과 活動」, 『한국민족운동사연구』 19, 한국민족운동사학회, 277~309쪽.

박진영(2013), 「근대 번역문학사 연구와 번역 주체」, 『현대문학의 연구』 50, 한국문학연구학회, 219~256쪽.

박진우(2005), 『근대 일본 형성기의 국가와 민중』, 제이앤씨.

박창원(2002), 「학문적 특징으로 보는 근대국어학」, 『한국문화연구』 3, 이화여자대학교 한국문화연구원, 41~78쪽.

박창원(2003), 「학문적 특징으로 보는 근대국어학」(〈특집〉 근대적 학문체계의 형성과 전개), 『한국문화연구』 3, 이화여자대학교 한국문화연구원, 41~78쪽.

박철희(2007), 『한국 근대시사 연구』, 일조각.

박태호(2004), 「근대 계몽기 영토적 공간개념의 형성」, 『한국의 근대와 근대경험(II): 1900~1904, 계몽의 공백』(2004년 한국문화연구원 학술대회), 이화여자대학교 한국문화연구원, 29~60쪽.

박학철(1998), 「舊韓末 在日 韓國 留學生에 관한 考察」, 경성대학교 석사논문.

박희(2014), 「동아시아의 다중 근대성과 유교 근대화 담론」, 『아시아연구』 17, 한국아시아학회, 113~151쪽.

박희병(2003), 『운화와 근대』, 돌베개.

방기중(1992), 『한국근대현대사상사연구』, 역사비평사.

배수정(2012), 「근대계몽기 문학교육의 형성과 혼적: 근대초기 서양문학 수용의 세 국면과 문학교육」, 『문학교육학』 39, 한국문학교육학회,

61~77쪽.

배수찬(2006), 「노동야학독본의 시대적 성격에 대한 연구」, 『국어교육』 119, 한국어교육학회, 599~626쪽.

배윤기(2012), 「경계, 근대적 공간, 그리고 그 너머」, 『인문과학연구』 34, 강원대학교 인문과학연구소, 437~469쪽.

배현자(2012), 「근대계몽기 한글 신문의 환상적 단형서사연구」, 『국학연구론총』 9, 택민국학연구원, 137~174쪽.

백낙청(2000), 『현대 학문의 성격』, 민음사.

백종기(1981), 『韓國近代史硏究』, 博英社.

백지운(2003), 「代性 담론을 통한 梁啓超 啓蒙思想 재고찰」, 연세대학교 박사논문.

백현미(2008), 「근대계몽기 한국연극사의 전통담론 연구」, 『한국근대문학연구』 30, 한국근대문학회, 269~303쪽.

보성전문학교의 법학 경상학교육과 한국의 근대화 연구위원회(1986), 『近代西歐學問의 受容과 普專』, 고려대학교 출판부.

부산대학교(2013), 『동아시아, 근대를 번역하다』, 점필재.

상허문학회(1996), 『근대문학과 구인회』, 깊은샘.

상허학회(2003), 『한국 근대문학 양식의 형성과 전개』, 깊은샘.

서울대학교(1982), 『韓國近代史의 再照明』, 서울대학교 출판부.

서은영(2011), 「근대 계몽기 '국민'담론과 외교론의 전개」, 『동북아 문화연구』 28, 동북아시아문화학회, 189~207.

서은영(2012), 「근대 인쇄문화의 형성과 『대한민보』 "삽화"의 등장: 애국계몽기를 중심으로」, 『우리어문연구』 44, 우리어문학회, 541~573쪽.

서준섭(2002), 「근대 계몽기 한문 세대의 근대 충격 경험과 그 문학적 대응의 몇 가지 양상」, 『한중인문학연구』 8, 中韓人文科學硏究會, 216~237쪽.

서지영(2010), 「부상하는 주체들: 근대 매체와 젠더 정치」, 『여성과 역사』 12, 한국여성사학회, 189~230쪽.

서태정(2012), 「대한제국기 평택지역 계몽운동의 전개양상과 성격」, 『한국 민족운동사연구』 71, 한국민족운동사학회, 87~126쪽.

성균관대학교 BK21 동아시아학 융합사업단(2009), 『근대 동아시아 지식인 의 삶과 학문』, 성균관대학교 출판부.

성균관대학교 동아시아학술원(2003), 『근대 전환기 동아시아 3국의 한국 인식』, 성균관대학교.

성주현(2002), 「일제의 동화정책과 종교계 동향」, 『식민지 조선과 매일신 보: 1910년대』, 신서원.

성주현(2009), 「천도교청년당(1923~1939) 연구」, 한양대학교 박사논문.

성준덕 편(1955), 『한국 신문사』, 신문학회 발행.

성해준(2012), 「일본 국학과 근대한국 범부 김정설의 국학사상 고찰」, 『동 아시아불교문화』 11, 동아시아불교문화학회, 254~280쪽.

성해준·나카쓰카 아키라(2005), 『근대 일본의 조선인식』, 청어람미디어.

소래섭(2012), 「근대문학 형성 과정에 나타난 열정이라는 감정의 역할」, 『한국현대문학연구』 37, 한국현대문학회, 5~32쪽.

소영현(2003), 「근대소설과 낭만주의」, 『상허학보』 10, 상허학회, 61~87쪽.

소영현(2006), 「근대 인쇄 매체와 수양론·교양론·입신출세주의」, 『상허학 보』 18, 상허학회, 195~227쪽.

소영현(2010), 「제도와 문학: 문학의 아카데미즘화와 학술적 글쓰기의 형 성」, 『한국근대문학연구』 22, 한국근대문학회, 265~299쪽.

손남훈(2007), 「개화계몽담론과 놀이의 근대적 재편: 『매일신문』을 중심 으로」, 『韓國文學論叢』 47, 한국문학회, 73~109쪽.

손애리(2013), 「근대 일본 식민정책학의 전개와 귀결: 1942년 대일본척식 학대회를 중심으로」, 『翰林日本學』 22, 한림대학교 일본학연구소, 61~90쪽.

손염홍(2008), 「北京지역 韓人사회(1910~1948년) 연구」, 국민대학교 박사 논문.

손인수(1971), 『한국근대교육사』, 연세대학교 출판부.

손인수(1997), 『韓國 近代 民族敎育의 理念硏究』, 文音社.

손환(1998), 「戰前の在日朝鮮人留學生のスポ: ツ活動に關する歷史的硏究」, 日本: 筑波大學 박사논문.

손환(2000), 「광복 이전 재일 한국인 유학생의 스포츠 활동에 관한 연구」, 『한국체육학회지』 39(3), 한국체육학회.

손흥철(2009), 「다산학의 재조명을 위한 시론」, 『다산학』 15, 다산학술문화 재단, 5~39쪽.

송기섭(2012), 『근대적 서사의 조건들』, 충남대학교출판문화원.

송기한(2010), 「최남선의 계몽의 기획과 글쓰기 연구」, 『韓民族語文學』 57, 한민족어문학회, 421~446쪽.

송기한(2012), 「근대성과 "소통"의 공간으로서의 『질마재 신화(神話)』」, 『韓民族語文學』 61, 한민족어문학회, 553~584쪽.

송민호(2008), 「1920년대 근대 지식 체계와 『개벽』」, 『한국현대문학연구』 24, 한국현대문학회, 7~35쪽.

송인화(2003), 「이태준의 『청춘무성』考」, 『여성문학연구』 9, 한국여성문학 학회, 157~187쪽.

송종복(1977), 「朝鮮 農民社 運動」, 『낙원지』 12(1), 건국대학교, 79~89쪽.

송지연(2008), 「1910년대 계몽의 기획」, 『구보학보』 4, 구보학회, 119~158쪽.

송철의(2013), 『한국 근대 초기의 어문학자』, 태학사.

송현호(2005), 『한국근대문학론』, 국학자료원.

수요역사연구회(2002), 『식민지 조선과 매일신보』, 신서원.

신범순(1988), 『韓國 近代 文學硏究資料集』, 國學資料院.

신상필(2007), 「근대(近代) 언론매체(言論媒體)와 한자(漢字),한문(漢文) 교육(敎育)의 한 양상(樣相): 『신문계(新文界)』를 중심으로」, 『漢字 漢文敎育』 18, 한국한자한문교육학회, 1~26쪽.

신성환(2014), 「근대계몽기 여성의 호명과 교육, 그리고 『片片奇談警世歌』:

〈녀자교육편〉을 중심으로」, 『어문논집』 71, 민족어문학회, 37~62쪽.

신수정(2006), 「韓國 近代女性小說에 나타나는 基督敎的 經驗의 히스테리적 변용 양상」, 『語文硏究』 34, 한국어문교육연구회, 327~349쪽.

신승환(2003), 「문화철학의 근대적 기원과 탈근대적 현상」, 『존재론 연구』 8, 한국하이데거학회, 145~172쪽.

신승환(2006), 「학문 이해의 역사와 존재해석학적 학문론」, 『인간연구』 11, 가톨릭대학교 인간학연구소, 250~266쪽.

신용하(1987), 『韓國近代社會思想史硏究』, 一志社.

신용하(2004), 『한말 애국계몽운동의 사회사』, 나남출판.

신익철(2003), 「근대문학 형성기 卞榮晚의 사상적 지향과 문학세계」, 『韓國漢文學硏究』 32, 한국한문학회, 415~449쪽.

신종화(2003), 「정치적 과제들의 창조적 구상을 위한 근대성의 재인식」, 『사회와 이론』 2, 한국이론사회학회, 177~205쪽.

신지영(2012), 『부(不)/재(在)의 시대』, 소명출판.

신혜경(1993), 「대한제국기 국민교육회 연구」, 『이화사학연구』 20·21합집, 이화여자대학교 사학연구회, 147~187쪽.

심선옥(2002), 「애국계몽기와 1910년대 '민요조시가'의 양상과 근대적 의미」, 『민족문학사연구』 20, 민족문학사학회, 30~61쪽.

심희찬(2013), 「근대역사학과 식민주의 역사학의 거리」, 『韓國史學史學報』 28, 한국사학사학회, 277~320쪽.

안동대학교 인문과학연구소(2009), 『동아시아와 한국의 근대』, 月印.

안외순(2006), 「유길준의 해외체험과 민주주의의 유교적 수용」, 『한국문화연구』 11, 이화여자대학교 한국문화연구원, 157~197쪽.

안용희(2008), 「모험의 가능성과 제국의 균열」, 『국제어문』 43, 국제어문학회, 277~301쪽.

안종화(2011), 『근대 수신 교과서』, 소명출판.

앙드레슈미트(2008), 「주변부에서 한미관계를 매개하는 한국학」(〈특집논문〉한국/학의 근대성과 로컬리티),『사이』4, 국제한국문학문화학회, 9~34쪽.

양문규(2002),『한국 근대소설과 현실 인식의 역사』, 소명출판.

양세라(2007),「한국 근대 '희곡' 형성의 양식적 기반」,『드라마연구』26, 한국드라마학회, 73~98쪽.

양은용(2012),『한국근대사상사 탐구』, 논형.

양일모(2004),「근대 중국의 서양학문 수용과 번역」,『시대와 철학』15, 한국철학사상연구회, 119~152쪽.

양일모(2007),「옌푸(嚴復)의 근대성 인식」,『東洋哲學硏究』52, 東洋哲學硏究會, 41~65쪽.

양일모·홍영두(2008),「근대 계몽기의 윤리관과 정통적 지식인」,『哲學硏究』106, 대한철학회, 161~186쪽.

양통문(2003),「근대 전야 한중지식인과 동북아시아」,『국제한국학연구』1, 명지대학교 국제한국학연구소, 71~79쪽.

엄호진(2002),「〈學之光〉論說로 본 1910年代 在日留學生의 現實認識」, 한국교원대학교 석사논문.

여신호(2009),「전근대 일본사회의 교육제도와 이념」,『교육문화연구』15, 인하대학교 교육연구소, 129~157쪽.

여태천(2005),「계몽가사의 담론과 비유체계 연구」,『한국근대문학연구』6, 한국근대문학회, 139~170쪽.

역사비평 편집위원회(2007),『한국 전근대사의 주요쟁점』, 역사비평사.

연세대학교 국학연구원(2004),『일제의 식민 지배와 일상생활』, 혜안.

연세대학교 국학연구원(2005),『근대학문의 형성과 연희전문』, 연세대학교 출판부.

연세대학교 근대한국학연구소 기초학문연구팀(2005),『한국 근대 서사양식의 발생 및 전개와 매체의 역할』, 소명출판.

연세대학교(2005),『근대계몽기 단형 서사문학 연구』, 소명출판

오경석(2005), 『韓國 近代知性史 研究』, 서울대학교 출판부.

오노[小野容照](2011), 「1910년대 전반 재일유학생의 민족운동」, 『숭실사학』 27, 숭실사학회, 225~256쪽.

오백야(2012), 「청중엽(淸中葉)의 사(士)·상(商)의 상호작용의 사례연구」(〈특집〉 전근대 동아시아 역사상의 사(士)(1): 한강아집(韓江雅集)), 『大東文化研究』 80, 성균관대학교 대동문화연구원, 191~234쪽.

오보라(2014), 「당천(唐川) 이한룡(李漢龍)의 문학론(文學論)과 저술(著述)의 의미(意味)」(〈기획〉 근대 학문 형성기의 국어국문학 연구), 『우리어문연구』 49, 우리어문학회, 45~80쪽.

오세근(2006), 「유교 학문론·공부론의 탈근대학문 언어체계로의 적용 가능성에 관한 연구」, 『사회사상과 문화』 13, 동양사회사상학회, 53~91쪽.

오세정(2008), 「민속학으로서의 구비문학의 정체성과 연구방향」, 『韓國民俗學』 47, 한국민속학회, 103~133쪽.

오순방(2003), 「科技啓蒙到小說啓蒙: 晩淸時期傅蘭雅的啓蒙活動」, 『中國小說論叢』 18, 한국중국소설학회, 57~75쪽.

오영진(1982), 「近代 日本 啓蒙主義 詩 小考」, 『논문집』 14, 제주대학교, 177~202쪽.

오진석(2014), 「해방 전후 최호진(崔虎鎭)의 학문세계와 학술활동」, 『延世經濟研究』 21, 연세대학교 경제연구소, 109~172쪽.

우미영(2008), 「식민지 시대 이주자의 자기 인식과 미국」, 『한국근대문학연구』 17, 한국근대문학회, 325~359쪽.

우한용(2000), 「韓國 文學敎育의 近代性 認識에 대한 考察」, 『한중인문학연구』 4, 中韓人文科學研究會, 219~249쪽.

우한용(2009), 『한국 근대문학교육사 연구』, 서울대학교 출판부.

원영상(2011), 「근대 일본불교의 서양사상의 수용과 전개: 정상엔료(井上円了)를 중심으로」, 『東洋哲學研究』 67, 동양철학연구회, 341~371쪽.

원진(2000), 「試論中國近代對文學本體的認識」, 『中國語文論譯叢刊』 5, 중국 어문논역학회, 98~112쪽.

유권종(2007), 「유교문화 전통연구에 관한 통합학문의 전망」, 『철학탐구』 22, 중앙대학교 부설 중앙철학연구소, 5~34쪽.

유길준전서 편찬위원회(1982), 『유길준전서』, 일조각.

유남상·남명진·신동호·김길락(1993), 「조선조 유학에 있어서의 근대정신 의 형성과 전개」, 『동서철학연구』 10, 한국동서철학회, 5~84쪽.

유동준(1987), 『유길준전』, 일조각.

유봉호(1995), 신학제 100년 중등 교육의 성장 과정, 『근대 교육 100년의 성과와 전망』, 한국정신문화연구원 근대학제 도입 100주년 세미나, 한국정신문화연구원.

유성희·박은경(1998), 「일본제국주의의 식민정책의 특징과 전개과정」, 『인 문사회과학연구』 1, 용인대인문사회과학연구소, 141~157쪽.

유세종(1996), 「5.4전후기 계몽주의와 근대개혁론」, 『中國現代文學』 11, 한 국중국현대문학학회(구 중국현대문학회), 123~144쪽.

유영렬(2006), 『한국근대사의 탐구』, 景仁文化社.

유영만(2009), 「교육 테크놀로지와 교육에서의 지식융합의 전망」, 『한국교 육학회 학술대회』 2009, 한국교육학회, 43~55쪽.

유영옥(2009), 「근대 계몽기 정전화(正典化) 모델의 일변화(一變化): "성군 (聖君)"에서 "영웅(英雄)"으로」, 『大東文化硏究』 67, 성균관대학교 대 동문화연구원, 295~326쪽.

유정숙(2009), 「근대계몽기 '여성' 담론의 형성과 계기들」, 『한국언어문화』 40, 한국언어문화학회, 159~183쪽.

유종호 외(2012), 『한국인의 가치, 해체에서 재구성으로』, 푸른역사.

유준기(1994), 『韓國近代儒敎改革運動史』, 삼문.

유준기(2004), 「한국근대민족운동사와 민족정기」, 『한국보훈논총』 3, 한국 보훈학회, 25~37쪽.

유지아(2011), 「대학교양교육을 위한 동아시아사 교육방안연구」, 『교양교육연구』 5, 한국교양교육학회, 195~228쪽.

유초하(2004), 「근대여명기 3대 민족운동에 대한 남과 북의 시각」, 『泰東古典硏究』 20, 한림대학교 태동고전연구소, 173~203쪽.

유춘동(2010), 「근대 계몽기 조선의 『이솝우화』」, 『淵民學志』 13, 연민학회, 211~232쪽.

유현정(1993), 「일제하 朝鮮農民社운동의 전개와 성격 변화」, 동아대학교 석사논문.

윤건차(1989), 『한국근대교육의 사상과 운동』, 靑史.

윤건차·심성보(1989), 『한국근대교육의 사상과 운동』, 靑史.

윤금선(2003), 「근대 계몽기 신문에 나타난 어문교육의 양상」, 『국어교육연구』 11, 서울대학교 국어교육연구소, 323~368쪽.

윤금선(2009), 『우리 책읽기의 역사』 1~2, 월인.

윤기헌·정양수(2009), 「중국 근대만화의 역사적 고찰」, 『한국디자인포럼』 24, 한국디자인트렌드학회, 101~108쪽.

윤대원(1993), 『한국근대사』, 풀빛.

윤덕진(2012), 「근대시 출현 계기로서의 개인 서정화: 육당 최남선의 경우」, 『국학연구론총』 10, 택민국학연구원, 49~80쪽.

윤덕진(2012), 「애국계몽기 가사의 전통양식 계승과 개신」, 『열상고전연구』 36, 열상고전연구회, 313~338쪽.

윤명구(2000), 『한국근대문학연구』, 인하대학교 출판부.

윤상인(2006), 『'일본'의 발명과 근대』, 이산.

윤여탁 외(2005), 『국어교육 100년사』 1~2, 서울대학교 출판부.

윤여탁(2005), 「한국의 근대화와 국어교육: 근대 계몽기와 일제 강점기를 중심으로」(기획논문 1: 국제 비교를 통해 본 국어교육의 역사와 논리), 『국어교육』 117, 한국어교육학회, 1~22쪽.

윤영실(2011), 「근대계몽기 '역사적 서사(역사/소설)'의 사실, 허구, 진리」,

『한국현대문학연구』 34, 한국현대문학회, 61~103쪽.

윤영실(2011), 「근대계몽기 신채호의 민족론에 나타난 '아(我)'의 의미」, 『한국학연구』 24, 인하대학교 한국학연구소, 273~309쪽.

윤영철(2013), 「적극적 일반예방이론의 계몽주의적 성과에 관한 소고」, 『慶熙法學』 48, 경희대학교 경희법학연구소, 257~287쪽.

윤의섭(2012), 「근대시의 미적 자율성 형성 과정 연구」, 『한국시학연구』 33, 한국시학회, 273~308쪽.

윤정일 외(1991), 『한국의 교육정책』, 교육과학사.

윤종갑·박정심(2014), 「동아시아의 근대 불교와 서양철학」, 『哲學論叢』 75, 새한철학회, 405~438쪽.

윤지영(2010), 「근대 초기 소설에 나타난 폭력의 재현과 근대성」, 『인간과 문화 연구』 17, 동의대학교 인문사회연구소, 5~32쪽.

윤해동 외(2006), 『근대를 다시 읽는다』, 역사비평사.

윤해동(2010), 『근대역사학의 황혼』, 책과함께.

윤해동(2012), 「'협력'의 보편성과 근대국가」, 『한국민족운동사연구』 71, 한국민족운동사학회, 295~326쪽.

이건상(2013), 『일본의 근대화와 조선의 근대』, 모시는사람들.

이경민(2010), 『제국의 렌즈』, 웅진씽크빅.

이경하(2004), 「『제국신문』 여성독자투고에 나타난 근대계몽담론」, 『한국고전여성문학연구』 8, 한국고전여성문학회, 67~98쪽.

이광린(1979), 『한국 개화사 연구』, 일조각.

이광린(1986), 『한국의 개화사상의 제문제』, 일조각.

이규수(2012), 「근대 일본의 식민정책학에 나타난 조선인식」, 『아시아문화연구』 26, 경원대학교 아시아문화연구소, 65~89쪽.

이규수(2014), 「일본의 근대 학문과 국사 편찬」, 『역사문화연구』 50, 한국외국어대학교 역사문화연구소, 111~137쪽.

이규인(2010), 「유럽에서의 근대성위기와 시대진단의 담론들」, 『유럽헌법

연구』 8, 유럽헌법학회, 127~158쪽.

이근화(2004), 「근대 계몽기 단형 서사물의 특성 연구: 신문 논설과 근대 서사 양식의 연계성을 중심으로」, 『比較文學』 34, 한국비교문학회, 49~70쪽.

이근화(2012), 『근대적 시어의 탄생과 조선어의 위상』, 서정시학.

이기동(2011), 「현대 학문의 문제와 유학적 극복원리」, 『儒敎文化硏究』 18, 성균관대학교 유교문화연구소, 405~437쪽.

이기문(1976), 『주시경전집』(상·하), 아세아문화사.

이기훈(2014), 『청년아 청년아 우리 청년아』, 돌베개.

이만규(1949), 『조선교육사』(1991, 거름출판사에서 다시 펴냄)

이만열(1996), 『近代文明과 韓國近代史』, 한국정신문화연구원.

이면우(2005), 「초기 일본유학생들의 학회활동을 통한 과학문화의 기여: 1895~1910」, 『일본문화연구』 16, 동아시아일본학회, 109~132쪽.

이면우(2007), 「근대 일본 과학문화의 전개」, 『일본문화연구』 21, 동아시아 일본학회, 131~147쪽.

이면우·최승언(1996), 「근대교육 초기(19세기 후반) 과학 계몽서의 내용과 특징」, 『1996년도 정기총회 및 학술발표회』, 한국지구과학회, 32~33쪽.

이명실(1987), 「일제하 야학의 민족 교육에 관한 연구: 1920년대를 중심으로」, 숙명여자대학교 석사논문.

이민용(2012), 「근대 불교,학의 형성과 아카데미즘에서의 위상: 서구 불교학 형성에 대한 반성적 성찰」, 『한국교수불자연합학회지』 18, 한국교수불자연합회, 7~39쪽.

이민주(2006), 「일제시기 재일 유학생의 문화·문명 인식: 학지광(學之光)을 중심으로」, 『지역사회』 53, 한국지역사회연구소, 54~58쪽.

이병담(2005), 「근대일본 아동의 탄생과 신민 만들기」, 『일본어문학』 25, 韓國日本語文學會, 239~265쪽.

이병담(2006), 「식민지 아동의 의식작용과 식민성의 환원」, 『일어일문학』 31, 대한일어일문학회, 261~277쪽.

이병철(2011), 「근대 담론 형성과 국문운동 연구」(한국사상(韓國思想): (문학(文學)), 『韓國思想과 文化』 58, 한국사상문화학회, 99~125쪽.

이병철(2012), 「근대계몽기 계몽담론의 전개와 서사 구현 양상」, 고려대학교 박사논문.

이병철(2013), 「제3부 한국인의 효문화: 교육 계몽담론과 여성의 위상」, 『韓國의 靑少年文化』 21, 한국청소년효문화학회(구 한국청소년문화학회), 225~251쪽.

이병철(2014), 「근대 풍속 계몽담론 소고」(한국사상(韓國思想): (문학(文學)), 『韓國思想과 文化』 73, 한국사상문화학회, 55~82쪽.

이병혁 편저(1986), 『언어사회학 서설: 이데올로기와 언어』, 까치.

이봉일(2008), 「개화기 문예에 나타난 '근대적 내면성'의 성립 과정 연구」, 『국제어문』 42, 국제어문학회, 243~271쪽.

이상갑(2006), 『민족문학론과 근대성』, 역락.

이상경(2002), 『한국근대여성문학사론』, 소명출판.

이상면(2011), 「마술환등 영상의 환상성과 계몽성: 근대 영상기구 마술환등의 과학기술적 발전과 영상문화의 변화」, 『영상문화』 17, 한국영상문화학회, 66~93쪽.

이상엽(2003), 「삶과 학문」, 『철학과 현상학 연구』 21, 한국현상학회, 441~464쪽.

이상옥(2010), 「타오싱즈(陶行知) 실용주의교육을 통해 본 근대 중국의 계몽교육」, 『교육철학』 41, 한국교육철학회, 379~406쪽.

이상우(2006), 「근대계몽기의 연극개량론과 서사문학에 나타난 국민국가 인식」, 『어문논집』 54, 민족어문학회, 415~452쪽.

이상철(1982), 『커뮤니케이션 발달사』, 일지사.

이상혁(2014), 「근대 학문 형성기 근대 국어의 성격에 대하여」, 『아시아문화연구』 35, 가천대학교 아시아문화연구소, 167~194쪽.

이상현(2006),「근대 독일 민속학자들의 민족 이데올로기와 사회적 실천」, 『아시아문화』 22, 한림대학교 아시아문화연구소, 3~28쪽.

이상현(2008),「제국들의 조선학, 정전의 통국가적 구성과 유통」, 『한국근대문학연구』 18, 한국근대문학회, 67~100쪽.

이상현(2008), 『동아시아의 근대와 민속학의 창출』, 민속원.

이상화(2011),「근대 중국의 계몽, 그 의미와 한계: 예교를 대체한 민주, 유교를 해체한 과학에 관하여」, 『大東文化硏究』 74, 성균관대학교 대동문화연구원, 351~377쪽.

이성연(1988),「열강의 식민지 언어정책에 관한 연구」, 전남대학교 박사논문.

이송희(2011), 『대한제국기의 애국계몽운동과 사상』, 국학자료원.

이수자(1998),「근대적 여성주체 형성과 유교적 합리성의 역학관계」, 『한독사회과학논총』 8, 한독사회과학회, 203~231쪽.

이수진(2013),「근대계몽기 『황성신문』 소재 시가 작품 연구」, 『溫知論叢』 33, 온지학회, 67~93쪽.

이숙인(2014),「근대초기 '여권女權'의 유입과 유교의 재구성」, 『국학연구』 24, 한국국학진흥원, 187~218쪽.

이숙진(2014),「박인덕의 연설활동과 근대적 주체의 탄생」, 『여성신학논집』 11, 이화여자대학교 여성신학연구소, 1~27쪽.

이순애(2000),「계몽주의 작가 레싱」, 『獨語敎育』 20, 한국독어독문학교육학회, 507~547쪽.

이순예(2010),「근대성, 합리와 비합리성의 변증법」, 『담론 201』 13, 한국사회역사학회, 5~33쪽.

이승원(2004),「'소리'의 메타포와 근대의 일상성」, 『한국근대문학연구』 5, 한국근대문학회, 197~228쪽.

이승원·오선민·정여울(2003), 『국민국가의 정치적 상상력』, 소명출판.

이승일 외(2008), 『일본의 식민지 지배와 식민지적 근대』, 동북아역사재단.

이승희(2013), 「계몽의 감옥과 근대적 통속의 시간」, 『상허학보』 37, 상허
　　학회, 199~235쪽.

이신철(2013), 『동아시아 근대 역사학과 한국의 역사인식』, 선인.

이안(2006), 「근대기 인천의 외국인 거주공간 특성에 관한 연구」, 『인천학
　　연구』 5, 인천대학교 인천학연구원, 159~206쪽.

이연수(1985), 「일본의 식민지언어정책과 한국인의 대일의식」, 한국외국
　　어대학교 박사논문.

이영상(1997), 「한국 근대교육운동의 연구: 근대교육의 성과를 중심으로」,
　　『金龜論叢』 4, 東國專門大學, 1~21쪽.

이영석(2009), 「근대성으로서의 행복: 역사적 접근(감성의 형성), 『호남문
　　화연구』 45, 전남대학교 호남학연구원, 29~64쪽.

이영석(2009), 「근대성으로서의 행복: 역사적 접근」, 『호남문화연구』 45,
　　전남대학교 호남학연구원, 29~64쪽.

이영희(2006), 「근대기 한·일시인들의 근대,국가의식: 망향시를 중심으로」
　　(〈특집〉 근대 계몽기의 국민국가 담론), 『人文硏究』 50, 영남대학교
　　인문과학연구소, 173~201쪽.

이완재(1998), 『(韓國近代)初期開化思想의 硏究』, 漢陽大學校出版部.

이용일(2008), 「유럽중심주의와 근대화」, 『역사와 경계』 69, 부산경남사학
　　회, 421~453쪽.

이용주(2009), 『동아시아 근대사상론』, 이학사.

이용철(2008), 「1910~1920년대 재일조선인 청년조직과 민족운동」, 한신대
　　학교 석사논문.

이원호(1987), 「한국 교육학사의 이론과 전개」, 『한국교육사학』 9, 한국교
　　육학회.

이유미(2007), 「근대초기 신문소설의 여성인물 재현 양상 연구」, 『한국근
　　대문학연구』 16, 한국근대문학회, 75~98쪽.

이윤갑(2011), 「근대 민족사학의 전통 역사학 평가 재검토」, 『한국학논집』

43, 계명대학교 한국학연구소, 71~102쪽.

이윤선(2007), 「조선농민사의 사회운동」, 한림대학교 석사논문.

이은주(2006), 「근대체험의 내면화와 새로운 글쓰기」, 『상허학보』 16, 상허학회, 41~68쪽.

이을호 편(2008), 『계몽주의 시대의 서양 철학』, 중원문화.

이응호(1973), 『개화기 한글 운동사』, 성청사.

이응호(1976), 『미군정기 한글운동사』, 성청사.

이이화(1985), 『韓國近代人物의 解明』, 학민사.

이인규(2011), 「벤담의 파놉티콘과 근대 계몽주의 기획」, 『경제와 사회』 91, 비판사회학회, 143~166쪽.

이자호(2010), 「近代의 接尾辭에 대한 研究」, 『日本語學研究』 28, 한국일본어학회, 175~194쪽.

이재복(2001), 「이상 소설의 각혈하는 몸과 근대성에 관한 연구」, 『여성문학연구』 6, 한국여성문학학회, 159~193쪽.

이재봉(2007), 「근대계몽기 신문 매체와 근대의 글쓰기: 『매일신문』을 중심으로」, 『韓國文學論叢』 45, 한국문학회, 273~304쪽.

이정덕(2008), 「서구의 근대자의식과 쌀문명」, 『쌀삶문명 연구』 1, 쌀·삶문명연구원, 250~268쪽.

이정옥(2010), 「애국계몽기 연설과 토론의 수용 과정」, 『現代文學理論研究』 43, 현대문학이론학회, 175~197쪽.

이정옥(2011), 「근대 초기 회의 규범의 수용과정(1)」, 『韓國文學論叢』 59, 한국문학회, 379~409쪽.

이정희(2003), 「근대 여성지 속의 자기서사 연구」, 『현대소설연구』 19, 한국현대소설학회, 149~175쪽.

이종국(1992), 『한국의 교과서: 근대교과용도서의 성립과 발전』, 대한교과서주식회사.

이종국(2002), 『한국의 교과서 출판 변천 연구』, 일진사.

이준식(2002), 「일제 강점기의 대학 제도와 학문 체계」, 『사회와 역사』 61, 한국사회사학회, 191~218쪽.

이지양(2000), 『(근대계몽기의) 학술, 문예 사상』, 소명출판.

이지연 외(2008), 「근대 계몽기의 격조사 목록과 기능 연구」, 『국제어문』 44, 국제어문학회, 107~141쪽.

이지원(2007), 『한국 근대 문화사상사 연구』, 혜안.

이진경(2007), 「근대 계몽기 『대한매일신보』에서 근대적 역사 개념의 탄생」, 『사회와 역사』 74, 한국사회사학회, 109~140쪽.

이진복(2006), 「'성찰적 근대화(reflexive modernization)'의 논의구도」, 『시민사회와 NGO』 4, 한양대학교 제3섹터연구소, 177~205쪽.

이진일(2012), 『서구학문의 유입과 동아시아 지성의 변모』, 선인.

이진일(2013), 「근대 국민국가의 탄생과 '국사(national history)'」, 『韓國史學史學報』 27, 한국사학사학회, 285~320쪽.

이태숙(2000), 「근대성과 여성성 정체성의 정립」, 『여성문학연구』 3, 한국여성문학학회, 7~35쪽.

이태훈(2013), 「한말 일본유학생들의 자기인식과 계몽논리: 1900년대 일본유학생을 중심으로」, 『韓國思想史學』 45, 한국사상사학회, 1~34쪽.

이해명(1991), 『개화기 교육 개혁 연구』, 을유문화사.

이해주·조준현(2001), 『근대 사회 경제 사상사의 이해』, 신지서원.

이해창(1971), 『한국 신문사 연구』, 성문각.

이행훈(2009), 「근대 이행기 타자 이해와 소통구조」, 『개념과 소통』 2, 한림대학교 한림과학원, 129~164쪽.

이행훈(2009), 「學問 개념의 근대적 변환: '格致', '窮理' 개념을 중심으로」, 『東洋古典研究』 37, 동양고전학회, 377~410쪽.

이현구(2003), 「한문서학서와 근대적 학술용어 형성의 문제」, 『시대와 철학』 14, 한국철학사상연구회, 171~186쪽.

이현식(2006), 『제도사(制度史)로서의 한국 근대문학』, 소명출판.

이현종(1979), 『근대 민족의식의 맥락』, 아세아문화사.

이현희(1987), 「(書評) 金昌洙 著, 『韓國近代의 民族意識研究』(서울: 同和出版社, 1987)」, 『동국사학』 21, 동국사학회, 136~138쪽.

이현희(2003), 『韓國 近代 女性 開化』, 한국학술정보.

이현희(2003), 『韓國 近代史의 摸索』, 한국학술정보.

이형대(2004), 「근대계몽기 시가의 풍자 대상과 방법: 『대한미일신보』소재 계몽시가를 중심으로」, 『韓國 詩歌研究』 16, 한국시가학회, 315~345쪽.

이형대(2006), 「풍속 개량 담론을 통해 본 근대계몽가사의 욕망과 문명의 시선: 대한매일신보를 중심으로」, 『고전과 해석』 1, 고전문학한문학연구학회, 7~33쪽.

이형대(2007), 「규방가사·민요·계몽가사의 모성 표상」, 『한국고전여성문학연구』 14, 한국고전여성문학회, 153~184쪽.

이형대(2007), 「고대에서 근대전환기까지 모성 담론의 문화적 조명: 규방가사, 민요, 계몽가사의 모성 표상」(〈특집〉 모성 담론의 문화적 형성과 재현), 『한국고전여성문학연구』 14, 한국고전여성문학회, 153~184쪽.

이형대(2010), 「근대계몽기 시가 장르의 존재 양상과 근대적 대응」, 『時調學論叢』 32, 韓國時調學會, 9~33쪽.

이형대(2014), 「근대계몽기 시가의 역사의미론적 이해」, 『韓國 詩歌研究』 37, 한국시가학회, 7~32쪽.

이혜진(2006), 「근대 계몽기 '민족'의 탄생과 '국민'의 거처: 『대한매일신보』논설을 중심으로」(〈특집〉 근대 계몽기의 국민국가 담론), 『人文研究』 50, 영남대학교 인문과학연구소, 51~79쪽.

이화여대 한국문화연구원(2005), 『근대계몽기 지식개념의 수용과 그 변용』, 소명출판.

이화여대 한국문화연구원(2006), 『근대계몽기 지식의 발견과 사유 지평의 확대』, 소명출판.

이화여대 한국문화연구원(2007), 『근대계몽기 지식의 굴절과 현실적 심화』, 소명출판.

이희병·김영란(2011), 「近代韓國춤의 價値에 관한 一考」, 『한국엔터테인먼트산업학회논문지』 5, 한국엔터테인먼트산업학회, 47~56쪽.

이희복(2007), 「환산진남(丸山眞男)의 근대화론과 탈근대」, 『東洋哲學硏究』 52, 東洋哲學硏究會, 67~110쪽.

인하대학교 한국학연구소(2012), 『동아시아 개항도시의 형성과 네트워크』, 글로벌콘텐츠.

임경석·차혜영(2007), 『개벽에 비친 식민지 조선의 얼굴』, 모시는사람들.

임미원(2008), 「칸트와 역사법학」, 『法史學硏究』 38, 한국법사학회, 49~71쪽.

임상석(2011), 「'번역'과 '사이공간', 『산수격몽요결(刪修擊蒙要訣)』 연구」, 『코기토』 69, 부산대학교 인문학연구소, 53~84쪽.

임상석(2013), 「근대계몽기 가정학의 번역과 수용」, 『한국고전여성문학연구』 27, 한국고전여성문학회, 151~171쪽.

임상석(2014), 「근대계몽기 잡지의 번역과 분과학문의 형성: 『조양보』와 『대한자강회월보』의 사례」, 『우리어문연구』 50, 우리어문학회, 279~304쪽.

임우경(2014), 『근대 중국의 민족서사와 젠더』, 창비.

임재진(1997), 「계몽주의와 근대」, 『汎韓哲學』 14, 범한철학회, 329~356쪽.

임재해(2010), 「민속학에서 본 민족주의와 문화 정체성을 넘어선 생태주의」, 『민족학연구』 9, 한국민족학회, 31~84쪽.

임종영(1964), 「商業의 學問」, 『經商論集』 1, 朝鮮大學校 法政大學 經商學會 學生會, 24~30쪽.

임준태(2010), 「한국 근대경찰사 小考」, 『한국 공안행정학회보』 41, 한국공안행정학회, 374~414쪽.

임지현(2011), 『근대 한국, '제국'과 '민족'의 교차로』, 책과함께.

임한영(1959), 『교육사상사』, 박우사.

임형택(2008), 『흔들리는 언어들』, 성균관대학교 출판부.

임형택(2011), 「한국근대의 '국문학'과 문학사: 1930년대 조윤제(趙潤濟)와 김태준(金台俊)의 조선문학연구」, 『민족문학사연구』 46, 민족문학사학회 민족문학사연구소, 196~215쪽.

임회록(2007), 「근대계몽기 법 담론과 그 균열의 양상: 『매일신문』을 중심으로」, 『韓國文學論叢』 45, 한국문학회, 305~335쪽.

장사선(2008), 「한국 근대 초기 문예평론 형성의 비교문학적 연구」, 『한국현대문학연구』 26, 한국현대문학회, 35~69쪽.

장상호(1997), 『학문과 교육』, 서울대학교 출판부.

장성진(2003), 「한국과 중국 초기 근대시 방향 설정에 대한 대비적 고찰」, 『문학과 언어』 25, 문학과언어연구회, 387~420쪽.

장세원(2011), 「근대 아랍문예운동과 계몽」, 『중동연구』 29, 한국외국어대학교 중동연구소, 261~285쪽.

장승구(2001), 『정약용과 실천의 철학』, 서광사.

장원재(2004), 「상호문화주의 한국 일본 및 아시아 근대 연극사 비교 연구」, 『여가학연구』 2, 한국여가문화학회, 1~13쪽.

장유승(2012), 「19세기 지식인의 정체성 변화와 그 배경: 괴정(槐庭) 오상규(吳相奎)의 생평과 근대 문명 인식」, 『古典文學硏究』 41, 한국고전문학회, 447~474쪽.

장지용(2008), 『근대사회 경제사상의 탐구』, 시그마프레스.

장철문(2010), 「근대계몽기 시가의 매체텍스트 구축 양상」, 『한국근대문학연구』 22, 한국근대문학회, 355~387쪽.

장현근(2003), 「유교근대화와 계몽주의적 한민족국가 구상」, 『동양정치사상사』 3, 한국동양정치사상사학회, 139~168쪽.

장현근(2012), 「근대 한국정치학과 '정치'인식의 불연속성」, 『현대정치연구』 5, 서강대학교 현대정치연구소, 155~180쪽.

재일한국유학생연합회(1988), 『日本留學100年史』, 재일한국유학생연합회.

전광식(1997), 「최근의 학문이론에 대한 기독교적 비판」, 『통합연구』 10, 통합연구학회, 97~133쪽.

전명희(2013), 「근대 청소년의 다문화주의적 소통과 공감의 지평화」, 『한국아동문학연구』 24, 한국아동문학학회, 193~230쪽.

전미경(2005), 『근대계몽기 가족론과 국민 생산 프로젝트』, 소명출판.

전병철(2014), 「한국사 근대 기점에 대한 고등학생들의 인식 분석」, 『역사교육연구』 19, 한국역사교육학회, 153~202쪽.

전상숙(2012), 「유교 지식인의 '근대' 인식과 서구 '사회과학'의 이해: 개국 전후 김윤식의 개화 인식과 서양학문 수용론을 중심으로」, 『사회이론』 42, 한국사회이론학회, 275~308쪽.

전상숙(2012), 「한말 신문, 잡지 언설을 통해 본 근대 서양 '사회과학' 수용의 역사정치적 성격: 한국 초기 '사회과학' 형성의 문제의식과 특성」, 『담론 201』 15, 한국사회역사학회, 45~80쪽.

전상숙·노상균(2013), 「병합 이전 한국 정부의 근대적 교육체제 개혁과 관학」, 『동양정치사상사』 12, 한국동양정치사상사학회, 87~112쪽.

전은경(2009), 『근대계몽기 문학과 독자의 발견』, 역락.

전은경(2010), 「근대 초기 독자층의 형성과 매체의 역할: 『대한매일신보』를 중심으로」(제도로서의 '독자'), 『현대문학의 연구』 40, 한국문학연구학회, 41~74쪽.

전은경(2011), 「근대 계몽기의 신문 매체와 '독자' 개념의 근대성: 번역어 '독자'의 성립 과정과 의사소통의 장」, 『現代文學理論研究』 46, 현대문학이론학회, 175~200쪽.

전은경(2012), 「근대 계몽기 번역문학과 독자층 연구」, 『우리말 글』 56, 우리말글학회, 765~802쪽.

전은경(2012), 「근대 계몽기 한·일 번역문학과 근대 독자층 비교 연구」, 『語文學』 117, 한국어문학회, 231~266쪽.

전은경(2013), 「근대계몽기 지식인 독자의 '읽기'와 '쓰기'」, 『국어국문학』 165, 국어국문학회, 513~554쪽.

전일주(2002), 「近代 啓蒙期의 辭典 編纂과 그 歷史的 意義: 특히 『國漢文新玉篇』을 중심으로」, 『大東漢文學』 17, 대동한문학회, 77~104쪽.

전주대학교 호남학연구소(1988), 『近代湖南 儒學의 學派와 學問的 特質에 關한 研究』, 全州大學校 湖南學研究所.

정가람(2005), 「근대계몽기 『경향신문』 소재 소설 〈히외고학〉의 근대적 특성 연구」, 『현대문학의 연구』 25, 한국문학연구학회, 397~424쪽.

정경훈(2009), 「근대(近代) 의당학파(毅堂學派)의 한 면모: 명와(明窩) 정규해(鄭糺海)의 생애(生涯)와 학문관(學問觀)을 중심으로」, 『동서철학연구』 53, 한국동서철학회, 381~399쪽.

정고운(2009), 「애국계몽운동과 근대적 교육열의 형성」, 『2009년 한국사회학회 사회학대회 논문집』, 한국사회학회, 1187~1200쪽.

정대성(2010), 「근대적 사유의 권위적 특성과 대안적 사유의 가능성에 대하여」, 『가톨릭철학』 14, 한국가톨릭철학회, 83~107쪽.

정덕기(2014), 「위당(爲堂) 정인보(鄭寅普)의 실학(實學)인식과 학문주체론: 「양명학연론(陽明學演論)」을 중심으로」(〈기획〉 '근대 한국' 구상의 사상적/제도적 성찰), 『동방학지』 167, 연세대학교 국학연구원, 33~66쪽.

정문권·조보로(2012), 「장지연과 양계초의 애국계몽사상 비교 연구」, 『한국문예비평연구』 37, 한국현대문예비평학회, 317~344쪽.

정미량(2006), 「1920年代 在日朝鮮留學生의 自由主義的 文化運動 研究」, 한국학중앙연구원 박사논문.

정미량(2008), 「1920년대 일제의 재일조선유학생 후원사업과 그 성격」, 『한국교육사학』 30, 한국교육사학회.

정미량(2012), 『(1920년대) 재일조선유학생의 문화운동: 개인과 민족, 그 융합과 분열의 경계』, 지식산업사.

정병국(2014), 「계몽주의에서 아이작 뉴턴의 역할에 대한 비평」, 『인문과
학연구』 41, 강원대학교 인문과학연구소, 225~244쪽.

정선태(2006), 「근대계몽기 민족,국민 서사의 정치적 시학:『대한매일신보』
논설을 중심으로」(근대 계몽기의 국민국가 담론), 『人文研究』 50, 영
남대학교 인문과학연구소, 147~171쪽.

정선태(2008), 『한국 근대문학의 수렴과 발산』, 소명출판.

정여울(2003), 「근대계몽기 민족담론의 경계와 그 균열」, 『한국근대문학연
구』 4, 한국근대문학회, 9~46쪽.

정연태(2015), 「일제의 한국 지배에 대한 인식의 갈등과 그 지양」, 『역사문
화연구』 53, 한국외국어대학교 역사문화연구소, 3~34쪽.

정영미 외(2012), 『근대 이행기의 한일 경계와 인식에 대한 연구』, 동북아
역사재단.

정영순(2011), 「제2장 단재 신채호의 역사사상에 관한 연구」, 『민족사상』
5, 한국민족사상학회, 41~75쪽.

정영희(2009), 『교육입국론과 항일독립운동』, 경인문화사.

정옥희(2007), 「근대 이후 학교 미술교육의 문화 재생산적 담론」, 『美術敎
育論叢』 21, 한국미술교육학회, 271~301쪽.

정용화(2004), 「유길준의 생애와 사상」, 『한힌샘연구』 17, 한글학회, 7~31쪽.

정용화(2008), 『일제하 서구문화의 수용과 근대성』, 혜안.

정우봉(2005), 「근대 계몽기 수사학 논의의 한 국면」, 『한국수사학회 월례
학술발표회』, 한국수사학회, 14~22쪽.

정인문(2006), 『1910·20년대의 한일 근대문학 교류사』, J&C.

정일균(2011), 「일제의 식민통치와 식민주의적 근대지식의 형성」, 『사회와
역사』 91, 한국사회사학회, 165~216쪽.

정재철(1985), 『일제의 대 한국 식민지 교육정책사』, 일지사.

정정호(2004), 『계몽과 근대의 대화』, 중앙대학교 출판부.

정준섭(1995), 『국어과 교육과정의 변천』, 대한교과서주식회사.

정진석(1999), 『문자보급운동교재』, LG상남언론재단.

정충권(2012), 「근대초 단형서사의 설화 구현 양상과 그 의의」, 『구비문학연구』 35, 한국구비문학회, 1~31쪽.

정혜원(2008), 「1910년대 아동잡지의 계몽성 변화양상」, 『돈암어문학』 20, 돈암어문학회, 261~290쪽.

정혜정(2007), 「日帝下 天道教 農民教育運動」, 『한국민족운동사연구』 29.

정혜정(2011), 「개화기 계몽교과서에 나타난 근대국가수립론: 『국민수지(國民須知)』를 중심으로」, 『한국교육사학』 33, 한국교육사학회, 125~150쪽.

정호웅(2012), 「근대계몽기 문학교육의 형성과 흔적: 근대계몽기 문학과 문학교육」, 『문학교육학』 39, 한국문학교육학회, 9~32쪽.

정환국(2004), 「근대계몽기 역사전기물 번역에 대하여: 『월남망국사(越南亡國史)』와 『이태리건국삼걸전(伊太利建國三傑傳)』의 경우」(근대전환기 언어 질서의 변동과 근대적 매체 등장의 상관성), 『大東文化研究』 48, 성균관대학교 대동문화연구원, 1~32쪽.

정환국(2005), 「대한제국기 계몽지식인들의 '구국주체' 인식의 궤적」(근대 동아시아 세계의 상호인식과 자의식), 『史林』 23, 수선사학회, 1~25쪽.

조관연(2010), 「근대적 주체로서의 여성상과 타자화」, 『인문콘텐츠』 17, 인문콘텐츠학회, 147~171쪽.

조규태(2006), 「天道教 新派의 自治運動과 朝鮮農民社의 크레스틴테른 加入活動」, 『한국민족운동사연구』 48.

조규헌(2009), 「제국일본 시기 민간학에서 관학으로의 이행과 그 특징」, 『일본근대학연구』 25, 한국일본근대학회, 143~162쪽.

조동걸(1978), 「조선농민사의 농민운동과 농민야학」, 『한국사상』 16, 한국사상연구회, 225~226쪽.

조동걸(2010), 『한국계몽주의와 민족교육』, 역사공간.

조동길(2013), 「근대 문예지 백웅(白熊) 연구: 제2호의 내용을 중심으로」

(국문학),『새국어교육』96, 한국국어교육학회, 409~432쪽.

조동일(1995), 「근대 극복의 과제와 한·일 학문」,『東亞文化』33, 서울대학교 동아문화연구소, 3~32쪽.

조동일(1996),『우리 학문의 길』, 지식산업사.

조동일(2000),『이 땅에서 학문하기 위하여』, 지식산업사.

조동일(2002), 「국문학에서 시도하는 근대학문의 체계 극복」,『한국문화연구』3, 이화여자대학교 한국문화연구원, 7~40쪽.

조동일(2003), 「근대적 학문체계의 형성과 전개: 국문학에서 시도하는 근대학문의 체계 극복」,『한국문화연구』3, 이화여자대학교 한국문화연구원, 1~34쪽.

조동일(2010),『동아시아 문명론』, 지식산업사.

조병한(2012), 「(정년퇴임 교수의 회고) 중국 근대의 사상적 기원을 찾다」,『명청사연구』37, 명청사학회, 275~293쪽.

조상식(2010), 「MacIntyre의 반(反)계몽주의에 대한 교육사상사적 검토」,『헤겔연구』28, 한국헤겔학회, 545~567쪽.

조상제·권인혁(1993),『한국 근대 농민 항쟁사』, 느티나무.

조성면(2005), 「철도와 문학: 경인선 철도를 통해서 본 한국의 근대문학」,『인천학연구』4, 인천대학교 인천학연구원, 367~392쪽.

조성운 외(2011),『시선의 탄생: 식민지 조선의 근대 관광』, 선인.

조성운(2003), 「日帝下 朝鮮農民共生組合의 組織과 活動」,『동학연구』13, 한국동학학회, 133~153쪽.

조성운(2011),『식민지 근대 관광과 일본 시찰』, 경인문화사.

조성택(2008), 「한국사상사에 있어 '불교사상' 기술에 관하여: 기당 현상윤의『조선사상사』를 중심으로」(기당(幾堂) 현상윤(玄相允) 선생(先生) 전집(全集) 출간(出刊) 기념(紀念) 기당(幾堂) 현상윤(玄相允) 선생(先生)의 학문(學問)과 사상(思想)),『孔子學』15, 韓國孔子學會, 79~99쪽.

조승미(2009), 「일본의 근대불교학 형성과 대승 비불설(非佛說) 문제」, 『佛敎研究』 30, 한국불교연구원, 214~256쪽.

조아담(2008), 「재일 조선불교유학생들의 활동」, 『불교학보』 48, 동국대학교 불교문화연구원, 205~222쪽.

조연주(1986), 「1920년대 야학의 교육적 저항에 관한 연구」, 연세대학교 석사논문.

조용만(1982), 「일제하의 우리 신문화 운동」, 『일제하의 문화운동사』, 현음사.

조우호(2010), 「근대화 이후 한국의 괴테 수용 연구」, 『코기토』 68, 부산대학교 인문학연구소, 143~171쪽.

조은숙(2002), 「근대계몽담론과 '소년'의 표상」, 『어문논집』 46, 민족어문학회, 213~247쪽.

조은정(2003), 「한국전쟁기 남한 미술인의 전쟁 체험에 대한 연구: 종군화가단과 유격대의 미술인을 중심으로」(〈특집〉 근대적 학문체계의 형성과 전개), 『한국문화연구』 3, 이화여자대학교 한국문화연구원, 139~193쪽.

조인선(2000), 「日帝下 平安道 지방의 農民夜學 硏究」, 중앙대학교 석사논문.

조정봉(2001), 「일제하 야학의 교육적 실천」, 경북대학교 박사논문.

조정봉(2007), 「일제하 야학교재 『農民讀本』과 『大衆讀本』의 체제와 내용」, 『정신문화연구』 30(4), 한국학중앙연구원, 63~87쪽.

조정환(2007), 「한국문학의 근대성과 탈근대성」, 『상허학보』 19, 상허학회, 137~165쪽.

조종환(1999), 「백암 박은식의 근대화 인식론 고찰」, 『論文集』 29, 가톨릭상지대학 사회개발·산업기술연구소, 19~38쪽.

조주현(2012), 「후기 근대와 사회적인 것의 위기」, 『경제와 사회』 95, 비판사회학회, 163~189쪽.

조창록(2009), 「서유구의 학문관과 『임원경제지』의 글쓰기 방식」, 『쌀삶문명 연구』 2, 쌀·삶·문명연구원, 93~108쪽.

조항래(1993), 『1900年代의 愛國啓蒙運動研究』, 亞細亞文化社.

조해숙(2009), 「『대한민보(大韓民報)』 시조에 나타난 계몽기 시가의 전환과 대응 양상 (1): 매체 변화와 내용 특성을 중심으로」(한국시가의 근대적 대응 양상), 『韓國 詩歌硏究』 26, 한국시가학회, 79~110쪽.

조헌국(2014), 「근대 과학자와 예술가의 사례를 통해 살펴 본 융복합교육으로서의 과학교육: 과학과 예술을 중심으로」, 『한국과학교육학회지』 34, 한국과학교육학회, 755~765쪽.

조현일(2004), 『한국문학의 근대성과 리얼리즘』, 월인.

조형래(2012), 「학회지의 사이언스」, 『한국문학연구』 42, 동국대학교 한국문학연구소, 45~93쪽.

조형래(2014), 「근대 한국의 과학과 문학 개념 형성과정 연구」, 동국대학교 박사논문.

조혜인(2013), 『동에서 서로 퍼진 근대 공민사회』, 집문당.

조희정(2002), 「근대 계몽기 어문교육 연구의 개념 및 범주: 『서우(西友)』를 중심으로」, 『先淸語文』 30, 서울대학교 국어교육과, 285~310쪽.

조희정(2003), 「근대 계몽기 '어문' 교과서 형성에 관한 시론: 『태극학보』를 중심으로」, 『한말연구학회 학회발표집』 17, 한말연구학회, 100~109쪽.

조희정(2003), 「근대 계몽기 어문 교과의 형성에 관한 연구」, 『國語敎育學硏究』 16, 국어교육학회, 499~531쪽.

조희정(2003), 「근대 계몽기 어문교육 연구의 특성」, 『국어교육연구』 11, 서울대학교 국어교육연구소, 411~455쪽.

주봉로(1990), 「1920年代 「朝鮮農民社」의 農民社會敎育活動에 관한 硏究」, 단국대학교 박사논문.

주연수(2014), 「실천신학의 학문적 발달에 대한 고찰과 포스트모던 상황에서의 방향성 모색」, 『신학과 실천』 42, 한국실천신학회, 7~36쪽.

지수걸(1985), 「朝鮮農民社의 團體性格에 관한 硏究: 天道敎靑年黨과의 관

계를 中心으로」, 『역사학보』 106, 歷史學會, 169~207쪽.

진덕규 외(2013), 『한국 사회의 근대적 전환과 서구 '사회과학'의 수용』, 선인.

진성곤 외(2011), 『근대 동아시아 담론의 역설과 굴절』, 소명출판.

진소명(2008), 『근대 중국사상사 약론』, 그린비.

진원중(1981), 『教育社會學原論』, 法文社.

진재교(2006), 「한문의 서사전통과 근대계몽기 신문의 서사: 서사의 근대적 모색」(한문학 연구의 문화론적 방향), 『韓國漢文學研究』 37, 한국한문학회, 65~101쪽.

진재교(2008), 「근대전환기와 한시의 대응: 근대 인쇄 매체와 한시와의 상관성」(동아시아의 시가문학과 근대의 발견), 『韓國 詩歌研究』 24, 한국시가학회, 77~111쪽.

진재교(2013), 『학문장(場)과 동아시아』, 성균관대학교 출판부.

차기벽(1985), 「일본 제국주의 식민정책의 형성 배경과 그 전개 과정」, 『일제의 한국 식민 통치』, 정음사.

차미희(2003), 「근대적 학문체계의 형성과 전개: 조선 초기 문과 급제자의 6품직 승진」, 『한국문화연구』 3, 이화여자대학교 한국문화연구원, 195~220쪽.

차봉준(2010), 「안국선의 기독교 담론과 근대적 정치성 연구」, 『한중인문학연구』 31, 한중인문학회, 119~142쪽.

차상엽(2007), 「近代中國에 있어서 티벳불교연구의 전개」, 『한국선학』 16, 한국선학회, 141~172쪽.

차석기(1999), 『한국 민족주의 교육의 생성과 전개』, 태학사.

차성연(2011), 「1930년대 농촌계몽소설에 나타난 농촌의 의미」, 『韓國文學論叢』 57, 한국문학회, 97~121쪽.

차승기(1999), 「근대 계몽기 민족주의의 성격에 관한 고찰」, 『현대문학의 연구』 12, 한국문학연구학회, 361~390쪽.

차혜영(2004), 『한국근대 문학제도와 소설양식의 형성』, 역락.

채백(2008), 「근대 민족주의의 형성과 개화기 출판」, 『한국언론정보학보』 41, 한국언론정보학회, 7~40쪽.

채성주(2009), 『근대교육형성기의 모성담론』, 학지사.

채현경(2014), 「동아시아 음악연구와 데이터베이스 구축의 쟁점들」, 『이화음악논집』 18, 이화여자대학교 음악연구소, 147~179쪽.

채호석(1999), 『한국 근대문학과 계몽의 서사』, 소명출판.

천정환(2004), 「계몽주의 문학과 '재미'의 근대화」, 『역사비평』 66, 역사문제연구소, 343~363쪽.

최경봉(2014), 「근대 학문 형성기, 구어(口語)의 발견과 문법학적 모색」(근대 학문 형성기의 국어국문학 연구), 『우리어문연구』 49, 우리어문학회, 81~122쪽.

최근식(1993), 「일제시대 야학운동의 규모와 성격」, 고려대학교 석사논문.

최기숙(2003), 「이인(異人), 소수 문화, 그 차별화 전략과 동화의 처세술: 18, 19세기 야담집 소재 '남성 이인담'을 중심으로」(〈특집〉 근대적 학문체계의 형성과 전개), 『한국문화연구』 3, 이화여자대학교 한국문화연구원, 221~266쪽.

최기숙(2011), 「1950~1960년대 인문학 학회지에서의 한국학 연구 구성의 특징: 개념·범주·방법론」, 『열상고전연구』 33, 열상고전연구회, 265~301쪽.

최기숙(2013), 「언문소설의 문화적 위치와 문자적 근대의 역설: 근대초기 '춘향전'의 매체 변이와 표기문자, 독자층의 상호관련성」, 『民族文化研究』 60, 고려대학교 민족문화연구원, 405~444쪽.

최기숙(2014), 「전통과 근대의 '부정교합', 표류하는, 서사의 근대성: 『제국신문』(1898.8~1907.10) 소재 서사와 담론의 근대성 재성찰」(번역과 전파, 장르와 매체의 변화), 『古小說 硏究』 37, 한국고소설학회, 49~89쪽.

최기숙(2014), 「이념의 근대와 분열/착종되는 근대 여성의 정체성과 담론: 『제국신문』 논설, 기서(별보), 서사의 여성 담곤과 재현」, 『여성문학연구』 31, 한국여성문학학회, 77~117쪽.

최기숙(2014), 「이념의 근대와 분열/착종되는 근대 여성의 정체성과 담론」, 『여성문학연구』 31, 한국여성문학학회, 77~117쪽.

최기영(1994), 「한말 국민교육회의 설립에 관한 검토」, 『한국근현대사연구』 1, 한국근현대사연구회, 29~62쪽.

최기영(2003), 『식민지 시기 민족 지성과 문화 운동』, 한울아카데미.

최기영(2003), 『한국 근대 계몽사상 연구』, 일조각.

최기영(2009), 『애국 계몽 운동』 1~2, 한국독립운동사 편찬 위원회·독립기념관 한국독립운동사연구소.

최남선·류시현(2013), 『근대문명문화론』, 경인문화사.

최덕수(2009), 「근대 계몽기 한국과 일본 지식인의 '보호국론' 비교 연구」, 『東北亞歷史論叢』 24, 동북아역사재단, 113~141쪽.

최동규(2013), 「교회성장학의 학문적 특성과 실천신학적 평가」, 『신학과 실천』 36, 한국실천신학회, 39~64쪽.

최명관(1984), 『근대 계몽 사상의 비교론』, 高麗苑.

최문형(2010), 「조선 예학사상의 근대적 해석에 관한 소고(小考): 호르크하이머의 사회철학을 중심으로」(한국철학), 『東洋哲學硏究』 64, 동양철학연구회, 101~135쪽.

최문형(2011), 「다산 정약용의 인간이해와 근대성」(한국철학), 『東洋哲學硏究』 66, 동양철학연구회, 75~95쪽.

최상민(2014), 「식민지 계몽주체의 근대기획과 좌절: 희곡작가 김송의 경우」, 『現代文學理論硏究』 57, 현대문학이론학회, 273~297쪽.

최석호(2003), 「학제간 여가연구를 위한 경제사회학 접근」, 『여가학연구』 1, 한국여가문화학회, 43~56쪽.

최선웅(2006), 「1910년대 재일유학생단체 신아동맹당의 반일운동과 근대적 구상」, 『역사와 현실』 60.

최성민(2012), 『근대 서사 텍스트와 미디어 테크놀로지』, 소명출판.

최성윤(2014), 「근대 초기의 비평 논쟁과 '묘사' 개념의 구체화 과정」(〈기획〉 근대 학문 형성기의 국어국문학 연구), 『우리어문연구』 49, 우리어문학회, 205~229쪽.

최영철·허재영(2014), 「개항 이후 학제 도입 이전까지의 한국 근대 학문론과 어문 문제」, 『인문과학연구』 40, 강원대학교 인문과학연구소, 181~207쪽.

최영철·허재영(2014), 「근대 계몽기 일본인의 한국어에 대한 관심과 한국어 학습서의 변화」, 『語文論集』 57, 중앙어문학회, 453~477쪽.

최옥경(1993), 「일제의 대한 식민지 언어정책의 배경과 언어관 고찰」, 전남대학교 석사논문.

최원규(1978). 『韓國近代詩論』, 學文社.

최원규(2000), 「동양척식주식회사의 이민사업과 동척이민 반대 운동」, 『한국민족문화연구』 16, 부산대학교 민족문화연구소, 69~118쪽.

최원식(2002), 『한국계몽주의 문학사론』, 소명출판.

최은진(2010), 「『신가정(新家庭)』 잡지와 1930년대 상하이 '신가정'」(〈특집(特輯)〉 20세기 초 동아시아 모던문화와 근대체험: 도시대중과 일상생활), 『梨花史學硏究』 41, 이화여자대학교 이화사학연구소, 51~81쪽.

최인숙(2005), 「칸트철학에서 계몽의 의미」, 『철학·사상·문화』 1, 동국대학교 동서사상연구소, 1~26쪽.

최인숙(2008), 「한·중 여성 계몽서사에 나타난 신여성의 표상」, 『한국문학연구』 35, 동국대학교 한국문학연구소, 355~382쪽.

최재목(2008), 「近代 韓國·日本의 「陽明先生肖像」에 나타난 思想 戰略」, 『陽明學』 21, 한국양명학회, 233~260쪽.

최치원(2013), 「'미완의 근대기획'으로서 동북아시아」, 『정치사상연구』 19, 한국정치사상학회, 143~176쪽.

최한빈(2007), 「일제강점기 기독교철학의 정체성에 대한 일고: 박형룡의 경우」, 『신앙과 학문』 12, 기독교학문연구회, 172~195쪽.

최현식(2008), 「『대한매일신보』의 이중판본 정책과 근대어 형성」, 『현대문학의 연구』 35, 한국문학연구학회, 445~481쪽.

최현식(2009), 「근대계몽기 '한양-경성'의 이중 표상과 시적 번역」, 『상허학보』 26, 상허학회, 195~227쪽.

충북대학교 내포지역연구단(2006), 『근대이행기 지역엘리트 연구』, 경인문화사.

편무진(2003), 「개화기 한국에서의 일본어교육과 일본에서의 한국어 교육」, 『2003 단국대학교 동양학연구소 학술 세미나 자료집』, 단국대학교 동양학연구소, 81~96쪽.

표영수(1997), 「大韓帝國 末期 在日本留學生의 愛國啓蒙思想」, 숭실대학교 석사논문.

하재연(2011), 「근대시 형성기 시들의 형식과 변화 과정」, 『批評文學』 39, 韓國批評文學會, 503~532쪽.

하지연(2013), 「다보하시 기요시(田保橋 潔)의 『근대일선관계의 연구』와 한국근대사 인식」, 『숭실사학』 31, 숭실사학회, 157~205쪽.

한경민(2002), 「헝가리 계몽주의: 개혁시대의 문학」, 『동유럽발칸학』 4, 한국동유럽발칸학회, 442~479쪽.

한국경제사학회(1971), 『한국사 시대구분론』, 을유문화사.

한국정신문화연구원 현대사연구소 편(1998), 『한국 현대사의 재인식』 1~6, 오름.

한국철학회(2001), 『21세기의 도전과 희망의 철학』, 철학과현실사.

한기언(1969), 『한국교육사상사 연구』, 서울대학교 출판부.

한기형(2006), 『근대어·근대매체·근대문학』, 성균관대학교 대동문화연구원.

한배호(1975), 『일본근대화연구』, 고려대학교 출판부.

한영규(2011), 「20세기 전반기, 이언진 문학의 호명 양상」(〈특집〉 근대문학과

'번역/번안'의 문제), 『泮矯語文研究』 31, 반교어문학회, 65~99쪽.

한영균(2013), 「近代啓蒙期 國漢混用文의 類型·文體 特性·使用 樣相」, 『口訣研究』 30, 구결학회, 219~256쪽.

한용수(2002), 「한국 근대시기의 한어(漢語) 교육」, 『국제학술대회 자료집』 8, 한중인문학논총, 50~56쪽.

한용진(2004), 「성학당에 관한 연구」, 『한국교육사학』 26(2), 한국교육사학회, 267~293쪽.

한용진(2005), 「개화기 일본 민간단체 설립 학교 고찰: 경성학당을 중심으로」, 『동양학』 38, 단국대학교 동양학연구소, 185~217쪽.

한지은(2011), 「근대 중국에서 지리학 학지의 형성」, 『개념과 소통』 7, 한림과학원, 73~103쪽.

함돈균(2005), 「근대계몽기 우화 형식 단형서사 연구」, 『국제어문』 34, 국제어문학회, 121~147쪽.

허기림(2013), 『왜 다시 계몽이 필요한가』, 글항아리.

허남춘(2010), 「조선후기 예학과 실학, 그리고 시악(詩樂): 문체반정과 악풍반정」, 『泮矯語文研究』 28, 반교어문학회, 181~221쪽.

허성일(2005), 『유길준의 사상과 시문학』, 한국문화사.

허영란(2010), 「한국 근대사 연구의 '문화사적 전환'」(〈특집〉 문화연구의 비판적 성찰), 『民族文化研究』 53, 고려대학교 민족문화연구원, 65~100쪽.

허재영(2002), 「근대 계몽기의 어문 정책」, 『국어교육연구』 10, 서울대학교 국어교육연구소, 97~149쪽.

허재영(2003), 「근대 계몽기 이후의 국어 연구가 한글맞춤법에 미친 영향」, 『겨레어문학』 31, 겨레어문학회, 35~77쪽.

허재영(2003), 「근대 계몽기의 어문 문제와 어문 운동의 흐름」, 『국어교육연구』 11, 서울대학교 국어교육연구소, 457~490쪽.

허재영(2004), 「근대 계몽기 이후 문맹퇴치 및 계몽운동의 흐름」, 『국어교육연구』 13, 서울대학교 국어교육연구소, 577~605쪽.

허재영(2005), 「근대계몽기 국어교과의 성립 과정 연구」, 『중등교육연구』 53, 경북대학교 사범대학 부속 중등교육연구소, 127~164쪽.

허재영(2006), 「근대계몽기 여성의 문자 생활: 여자 교육 교재를 중심으로」, 『사회언어학』 14, 한국사회언어학회, 187~206쪽.

허재영(2009), 『근대 계몽기 어문 정책과 국어 교육』, 보고사.

허재영(2009), 『통감시대 어문 교육과 교과서 침탈의 역사』, 도서출판 경진

허재영(2010), 「근현대 언어 권력 지형과 언어 교과의 위상 변화 연구」, 『민족의 언어와 이데올로기』(고길섶 외), 박이정, 149~190쪽.

허재영(2010), 『근대 계몽기 어문 정책과 국어 교육』, 보고사.

허재영(2011), 「국어사에서 근대 계몽기의 설정과 사전 편찬의 필요성」, 『한국사전학』 17, 한국사전학회, 267~288쪽.

허재영(2011), 「근대 계몽기 교과서를 대상으로 한 연구의 경향」, 『국어사 연구』 13, 국어사학회, 185~209쪽.

허재영(2011), 「근대 계몽기 교육학과 어문 교육」, 『한민족문화연구』 36, 한민족문화학회, 397~420쪽.

허재영(2011), 「근대 계몽기 언문일치의 본질과 국한문체의 유형」, 『語文學』 114, 한국어문학회, 441~467쪽.

허재영(2012), 「근대 계몽기 야학의 대상과 교재 연구」, 『語文論集』 51, 중앙어문학회, 137~161쪽.

허재영(2012), 「근대 계몽기의 교과론과 교육학, 교수법 자료 연구」, 『한국민족문화』 45, 釜山大學校 韓國民族文化硏究所, 205~235쪽.

허재영(2012), 『근대 계몽기의 교육학 연구와 교과서』, 지식과교양.

허재영(2012), 『근대 계몽기의 노동 야학과 성인 강습』, 역락.

허재영(2013), 「근대 계몽기부터 일제 강점기까지의 화법 교육 연구」, 『語文學』 120, 한국어문학회, 85~109쪽.

허재영(2013), 「근대어 사전 편찬을 위한 어휘 자료 기초 연구」, 『國文學論

集』22, 檀國大學校 國語國文學科, 471~495쪽.

허재영(2013), 『한국 근대의 학문론과 어문교육』, 지식과교양.

허재영(2014), 「『독립신문』의 학문론과 어문 사상 연구」, 『語文研究』 80, 어문연구학회, 405~432쪽.

허재영·김경남(2012), 「근대 계몽기 독본류 교과서의 교재 연구」, 『東方學』 24, 한서대학교 동양고전연구소, 239~263쪽.

허재영(2013), 『한국 근대의 학문론과 어문교육』, 지식과교양.

허창수(2008), 「나의 삶과 한국 다문화 교육의 위치」, 『다문화교육연구』 1, 한국다문화교육학회, 25~58쪽.

현영아(2007), 「韓國의 近代 西洋印刷術 流入의 影響에 관한 研究」, 『서지학연구』 36, 서지학회, 5~37쪽.

호사카 유우지(2002), 『일본제국주의의 민족동화정책 분석: 조선과 만주, 대만을 중심으로』, J&C.

홍사중(1997), 『근대시민사회사상사』, 한길사.

홍석표(2005), 「근대 중국의 '서학(西學)' 수용의 이념적 논리와 '국학(國學)'」, 『中國現代文學』 32, 한국중국현대문학학회(구 중국현대문학회), 149~178쪽.

홍선표(2004), 「'한국회화사' 재구축의 과제」, 『美術史學研究』 241, 한국미술사학회, 105~125쪽.

홍순애(2007), 「근대계몽기 단형서사에 나타난 법의식 연구: 『경향신문』의 '쇼셜'란을 중심으로」, 『한민족문화연구』 23, 한민족문화학회, 305~333쪽.

홍순애(2009), 「근대계몽기 지리적 상상력과 서사적 재현」, 『현대소설연구』 40, 한국현대소설학회, 359~380쪽.

홍순애(2011), 「근대초기 지리학의 수용과 국토여행의 논리」, 『한중인문학연구』 34, 한중인문학회, 33~53쪽.

홍승표(2007), 「신학문을 위한 시론」, 『사회사상과 문화』 15, 동양사회사상학회, 161~182쪽.

홍승표(2007), 「현대 학문의 위기와 새로운 학문관의 모색」, 『한국학논집』 35, 계명대학교한국학연구소, 7~26쪽.

홍영두(2003), 「마르크스주의 철학사상 원전 번역사와 우리의 근대성」, 『시대와 철학』 14, 한국철학사상연구회, 55~101쪽.

홍완표(2001), 『韓國近代史』, 創文閣.

홍유진(2010), 「서구 제국주의 지리학의 영향을 받은 19세기 말 20세기 초 한국과 일본의 근대 지리학적 사고에 대한 비교학적 고찰」, 『地理教育論集』 54, 서울대학교 지리교육과, 27~44쪽.

홍인숙(2006), 「근대계몽기 여성 글쓰기의 양상과 '여성주체'의 형성 과정」, 『한국고전연구』 14, 한국고전연구학회, 103~130쪽.

홍인숙(2007), 「근대계몽기 女性談論 研究」, 이화여자대학교 박사논문.

홍인숙(2008), 「근대계몽기 개신 유학자들의 성 담론과 그 의의」, 『동양한문학연구』 27, 동양한문학회(구 부산한문학회), 411~436쪽.

홍인숙(2009), 『근대계몽기 여성 담론』, 혜안.

홍인숙(2010), 「근대계몽기 지식, 여성, 글쓰기의 관계」, 『여성문학연구』 24, 한국여성문학학회, 57~86쪽.

홍혜원(2006), 「담론의 공백기에서 발견한 근대 개념과 사유체계」, 『한국문화연구』 11, 이화여자대학교 한국문화연구원, 439~454쪽.

황민호(2002), 「1910년대 조선총독부의 언론정책과 매일신보」, 『식민지 조선과 매일신보: 1910년대』, 신서원.

황민호(2009), 「개항 이후 근대여행의 시작과 여행자」, 『숭실사학』 22, 숭실사학회, 5~34쪽.

황재문(2014), 「1908년~1909년 장지연의 저술 활동과 그 의의: 『회중신경(懷中新鏡)』과 『만국사물기원력사(萬國事物紀原歷史)』를 중심으로」 (〈기획〉 근대 학문 형성기의 국어국문학 연구), 『우리어문연구』 49, 우리어문학회, 13~44쪽.

황지영(2010), 「1910년대 잡지의 특성과 유학생 글쓰기: 學之光을 중심으로」, 연세대학교 석사논문.

황태연(1997), 「계몽과 근대기획」, 『韓國 政治 硏究』 7, 서울대학교 한국정치연구소, 171~206쪽.

황태연(1997), 「근대 합리성 이념과 환경위기의 합리적 이해」, 『공간과 사회』 9, 한국공간환경학회, 8~30쪽.

황태연(2004), 『계몽의 기획』, 동국대학교 출판부.

황호덕 외(2010), 『근대어의 탄생과 한문』, 현실문화연구.

황호덕(2010), 「번역가의 왼손, 이중어사전의 통국가적 생산과 유통」, 『상허학보』 28, 상허학회, 93~145쪽.

D. 라이트·S. 켈러, 노치준·길태근 옮김(1995), 『사회학입문』, 한울아카데미.

S. W. 리틀존, 김홍규 역(1996), 『커뮤니케이션이론』, 나남출판.

徐興武(1967), 『中國近代史實硏究』, 米爾書店.

尹健次(1982), 『朝鮮近代敎育の思想と運動』, 東京大學校出版會.

稻葉繼雄(1997), 『旧韓末 日語學校の硏究』, 九州大學出版會.

加田哲二(1940), 『植民政策』, グイアモント社.

乙竹岩造(1938), 『日本敎育學敎授法摘要』, 培風館.

帝國地方行政學會(1923), 『綜合敎育學敎科書』, 朝鮮印刷株式會社.

舊韓國時代 新聞類: 『皇城新聞』, 『帝國新聞』, 『大韓每日申報』, 『萬歲報』 影印本.

사단법인 한국신문연구소(1977), 『大韓每日申報』 1~6, 경인문화사.

亞細亞文化史(1977), 『舊韓國 官報』, 亞細亞文化史.

이원규(1911), 『노성인 강습용 목민집설』(판권 낙장).

日帝强占期 新聞類: 『東亞日報』, 『朝鮮日報』.

朝鮮敎育會, 『文敎の朝鮮』, MT出版(總 87冊 中 目次), 1925~1945.

朝鮮新聞社, 『朝鮮統治の回顧と批判』, 朝鮮新聞社. 1936.

朝鮮總督府, 『施政年譜』, 國學資料院(總 24冊), 1910~1945.

朝鮮總督府, 『月刊朝鮮』, 高麗書林(總 47冊), 1920~1945.

朝鮮總督府, 『朝鮮總督府官報』, 亞細亞文化社(總 144冊), 1910~1945.

한국문화개발사(1907), 『독립신문』 1~6, 명신문화사.

한국학문헌연구소(1977), 『개화기교과서총서』 1~20, 아세아문화사.

한국학문헌연구소(1985), 『뎨국신문』 상·하, 아세아문화사.

한국학문헌연구소(1985), 『만세보』 상·하, 아세아문화사(기타 영인본 자료
　　목록은 별도로 제시하지 않음).